Wissen aus 400 Jahren Chemie in Hamburg
Hamburgs Geschichte einmal anders, Teil 4

Abbildung 0.1:
Otto Stern (1888–1969) im Labor
in der Physikalischen Chemie in der Hamburger Universität
Fachbereich Chemie, Sammlung Thieme

Nuncius Hamburgensis

Beiträge zur Geschichte der Naturwissenschaften

Band 25

Gudrun Wolfschmidt (Hg.)

Wissen aus 400 Jahren Chemie in Hamburg

Hamburgs Geschichte einmal anders

Entwicklung der Naturwissenschaften,

Medizin und Technik, Teil 4

Hamburg: tredition 2016

Nuncius Hamburgensis
Beiträge zur Geschichte der Naturwissenschaften

Hg. von Gudrun Wolfschmidt, Universität Hamburg,
Zentrum für Geschichte der Naturwissenschaft und Technik
(ISSN 1610-6164).

*Diese Reihe „Nuncius Hamburgensis"
wird gefördert von der Hans Schimank-Gedächtnisstiftung.
Dieser Titel wurde inspiriert von „Sidereus Nuncius"
und von „Wandsbeker Bote".*

Wolfschmidt, Gudrun (Hg.): Wissen aus 400 Jahren Chemie in Hamburg.
Hamburgs Geschichte einmal anders – Entwicklung der
Naturwissenschaften, Medizin und Technik, Teil 4.
Hamburg: tredition (Nuncius Hamburgensis –
Beiträge zur Geschichte der Naturwissenschaften, Band 25) 2016.

Abbildung auf dem Cover vorne: Zuckermolekülmodell

Frontispiz: Otto Stern (1888–1969) im Labor, FB Chemie, Sammlung Thieme

Titelblatt: Nanostruktur Flaschen, © Horst Weller, FB Chemie, UHH

Abbildung auf dem Cover hinten: Hosten-Bier vom Fass, Foto: G. Wolfschmidt

Zentrum für Geschichte der Naturwissenschaft und Technik, Hamburger Sternwarte,
Fachbereich Physik, MIN Fakultät, Universität Hamburg
Bundesstraße 55 – Geomatikum, D-20146 Hamburg
`http://www.hs.uni-hamburg.de/DE/GNT/w.htm`

Dieser Band wurde gefördert von Prof. em. Dr. Erwin Weiß, FB Chemie UHH.

Verlag: tredition GmbH, Mittelweg 177, 20148 Hamburg
ISBN 978-3-7345-1048-9 – ©2016 Gudrun Wolfschmidt. Printed in Germany.

Inhaltsverzeichnis

Vorwort: 400 Jahre Chemie in Hamburg – Handwerk, Wissenschaft und Industrie

Hamburgs Geschichte einmal anders – Entwicklung der Naturwissenschaften, Medizin und Technik, Teil 4

Gudrun Wolfschmidt (Hamburg)

Der Band *Hamburgs Geschichte einmal anders – Entwicklung der Naturwissenschaften, Medizin und Technik, Teil 4* thematisiert 400 Jahre Chemie in Hamburg.[1] Der bereits 2014 erschienene Band von Vill, Volkmar und Thomas Behrens: *400 Jahre Chemie als Wissenschaft in Hamburg*[2] hat den Schwerpunkt auf der modernen Entwicklung der Chemie im 19. und besonders im 20. Jahrhundert ab der Gründung der Universität (1919).

0.1 Alchemie

Die Geschichte der Chemie in Hamburg soll bereits im Mittelalter, und zwar mit einer Episode, begonnen werden. Der Bremer Domherr Adam von Bremen (vor 1050–1081/85) berichtet in seiner *Gesta Hammaburgensis ecclesiae pontificum* (um 1070 bis 1076) über wichtige Ereignisse aus der Hamburgischen (Kirchen-)Geschichte und über Erzbischof Adalbert von Bremen (um 1000–1072); hier geht es um die Ankunft eines Alchemisten.

> „... *Unter diesen befand sich ein Einwanderer, Paulus, ein zum Christentum bekehrter Jude, der, nachdem er, ich weiß nicht, ob aus Habsucht oder Wißbegier, nach Griechenland ausgewandert war, nach seiner Rückkunft sich an unseren Erzbischof hängte, indem er sich rühmte, gar viele Künste zu verstehen, so daß er aus solchen, die nicht lesen könnten, in drei Jahre vollendete Weltweise und aus Kupfer rotes Gold machen könne. Leicht brachte er den Erzbischof dazu, alles zu glauben, was er ihm sagte, indem er zu all seinen Lügen noch die hinzufügte, daß er sehr bald dafür sorgen werde, daß in Hamburg eine öffentliche Goldmünze eingerichtet werde, worauf dann statt der Denare Byzantiner ausgegeben werden würden.*"[3]

---

1 Der Teil 6 der Reihe *Hamburgs Geschichte einmal anders – Entwicklung der Naturwissenschaften, Medizin und Technik* wird sich in Fortsetzung dieses Bandes mit *400 Jahre Physik in Hamburg* beschäftigen.

2 Vill und Behrens, 2014.

3 Adam von Bremen: Hamburgische Kirchengeschichte, 1986, S. 323, Scholien 78.

Abbildung 0.2:
Hamburger Taler (1582)
Foto: Gudrun Wolfschmidt (HamburgMuseum 2016)

Die alchemischen Laboratorien wurden auch für metallurgische Untersuchungen verwendet. In kleinen Schmelzöfen wurden Erze geschmolzen, zum Beispiel Kupfer verarbeitet oder Legierungen hergestellt. Diese Chemiker hießen Probierer oder Guardein (Wardein), die den Münzmeister, der die Legierungen zur Prägung von Münzen herstellte, kontrollierten. 1574 publizierte Lazarus Ercker ($\sim$1528–1594) in Prag ein umfassendes Buch zur Metallverarbeitung, das für zwei Jahrhunderte Standardwerk dieser Kunst blieb.

Hamburg hat eine lange Tradition in der Herstellung von Gold- und Silbermünzen. Bereits 834 ließ Bischof Ansgar (801–865) eine erste Münze prägen; das Münzrecht hatte der Erzbischof zu „Hammaburg". Kaiser Barbarossa verlieh 1189 das kaiserliche Recht *„potestas examinandi"* zur Prüfung der Echtheit der Münzen der Gräflich Schauenburgischen Münzstätte. 1325 bekommt Hamburg das Recht, eigene Münzen zu prägen (1325 „Ewiger Pfennig", 1435, und zwar Gold-Gulden nach dem Münzfuss der rheinischen Kurfürsten,[4] 1475 Dukaten-Goldprägung nach dem lübschen Münzfuss,[5] 1553 Portugaleser und Taler (1 Taler = 2 Mark lübisch), vgl. Abb. 0.2).[6] Die

---

4 Die Kölner Mark ist Grundlage für das Münzgewicht: etwa 234 g Feinsilber.

5 Im Lübischen Münzsystem, einschließlich Hamburg, galt (1379–1569): 1 Mark lübisch (Ml.) = 16 Schillinge lübisch (ßl.), 1 ßl. = 12 Pfennig lübisch (dl., lat. denarius).

6 Hatz: Streifzug durch die hamburgische Münzgeschichte, 1975, S. 10–21. Vgl. http://www.hagen-bobzin.de/hobby/muenzverein_wendisch.html (24.3.2016).

städtische Hamburger Münze befand sich vom 14. Jahrhundert bis 1813 im *Eimbeck-schen Haus* (vgl. S. 196).

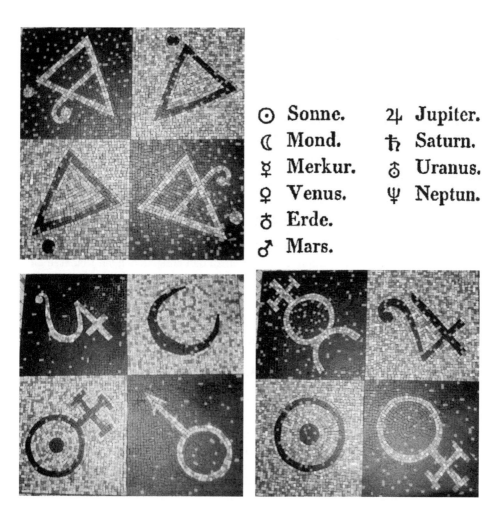

⊙	Sonne.	♃	Jupiter.
☾	Mond.	♄	Saturn.
☿	Merkur.	♅	Uranus.
♀	Venus.	♆	Neptun.
♁	Erde.		
♂	Mars.		

Abbildung 0.3:
Mosaiken im FB Chemie der Universität Hamburg, Hans Leistikow (1892–1962)
Oben links: Vier Elemente der Antike: Feuer, Wasser, Luft und Erde
Oben rechts und unten: Planetensysmbole und chemische Elemente

Foto: Gudrun Wolfschmidt (2014), Oben rechts: Berliner Astronomisches Jahrbuch für 1853.

Der Astronom und Alchemist Tycho Brahe (1546–1601) residierte 1597 bis 1599 im Schloß des Grafen Heinrich von Rantzau (1526–1598) in Wandsbe(c)k bei Hamburg. Eine Tafel in der Schloßstraße in Wandsbek und eine Büste von Tycho erinnern daran. Im Schloß verfaßte er sein mit zahlreichen Holzschnitten illustriertes Werk *Astronomiae instauratae mechanica* (Wandsbek 1598), gedruckt vom Hamburger Drucker Philipp von Ohr. Dadurch bekommen wir eine genaue Vorstellung von seinen Sternwarten Uraniborg (Himmelsburg, 1576) und Stjerneborg (Sternenburg, 1584) sowie ihrer neuzeitlichen instrumentellen Ausstattung: Armillarsphären, Quadranten, Sextanten, Triquetrum und Himmelsglobus.

Für Tycho gab es eine enge Verbindung zwischen der siderischen und tellurischen Astrologie, womit er sich auf Astronomie und Alchemie bezog; die Druckvignette zeigt das folgende Motto: *„Svspiciendo despicio"* (indem ich emporsehe, sehe ich hinab) sowie *„Despiciendo svspicio"* (indem ich herabsehe, sehe ich empor). Wegen der Analogie der siderischen Welt mit der tellurischen Welt kann die eine nicht ohne die andere erforscht werden.

Nach der Naturphilosophie des Mittelalters verbinden sich die vier Elemente (Wasser, Feuer, Luft und Erde (vgl. Abb. 0.3, S. 17 oben links) mit den vier Naturen oder Qualitäten (kalt, heiß, feucht, trocken) zur „materia prima" aller Mineralien, nämlich Quecksilber und Schwefel. Quecksilber und Schwefel erzeugen die einzelnen Metalle. Die Metalle werden unter dem Einfluß der sieben Planeten erzeugt, wobei es eine feste Zuordnung von bestimmten Metallen zu den entsprechenden Planeten gibt. Beispielsweise entspricht dem rötlichen Mars das rötliche Metall Eisen. Den sieben „Planeten" waren folgende Metalle zugeordnet (vgl. auch Abb. 0.3, S. 17 unten): Sonne (Gold), Mond (Silber), Merkur (Quecksilber), Venus (Kupfer), Erde (Antimon), Mars (Eisen), Jupiter (Zinn) und Saturn (Blei).[7]

Das Ziel der Alchemie war die Veredlung und Verwandlung der Metalle; dies hatte theologische und naturphilosophische Bedeutung. Während der Arbeit an der »Vollendung der Metalle« erstrebte der Alchemist gleichzeitig seine eigene seelische Vollendung. Zum praktischen Gerät der Alchemisten zählte das Destilliergefäß (vgl. Abb. 9.7, S. 242) mit seinem helmartigen Aufsatz (Alembik) und der chemische Ofen (Athanor). Letzterer ist mit Symbolik verbunden; der wahre Athanor der mystischen Alchemie ist der menschliche Körper, der seinerseits ein Abbild des Kosmos darstellt.

Aus der Alchemie heraus entstanden unter anderem erste bedeutende Entdeckungen, abgesehen von medizinischen Elixieren: das neue chemische Element Phosphor (um 1669), vgl. den Beitrag von Bernd Elsner (Kapitel 3, S. 81) zu Hennig Brand (~1630–1692) und die Involvierung von Gottfried Wilhelm Leibniz (1646–1716), der darüber aus seiner Sicht berichtete, ferner das Goldrubinglas (vgl. Abb. 1.2, S. 36) und das Porzellan.[8]

---

7 Diese Mosaiken auf dem Fußboden im Fachbereich Chemie der Universität Hamburg stammen von Hans Leistikow (1892–1962), der zur Gruppe um Ernst May (1886–1970) gehört (Neues Bauen im Frankfurt der 20er Jahre).

8 1708 Johann Friedrich Böttger (1682–1719) und Ehrenfried Walther von Tschirnhaus (1651–1708) in Dresden.

Abbildung 0.4:
Phosphor-Entdeckung (Das Kind links hält eine Flasche mit Phosphor)
Gemälde von Cornelis Willemsz de Man (1621–1706):
Gruppenportrait in der Delfter Apotheke „In de Spiegel", um 1670
Öl auf Leinwand, 90 cm × 112 cm,
Muzeum Narodowe, Warszawa (Wikimedia)

0.2 Vom Handwerk zum Manufakturwesen

Das Handwerk ist verbunden mit vielen historischen chemischen Techniken, man denke an das Färben[9] oder das Gerben, vgl. das Kapitel 5 Gerberhandwerk in Hamburg von K. E. und V. Vill, S. 127. Im Mittelalter wurde Pottasche (Kaliumcarbonat, K_2CO_3) durch Auslaugen von Pflanzen- und Holzasche gewonnen. Von dem Ein-

---

9 Der Kupferhof in Bergedorf war 16. Jahrhundert ein Kupferhammer, 1793 eine Farbenhandlung.

dampfen der Lauge im „Pott" hat die Pottasche ihren Namen. Die Pottasche wurde hauptsächlich in den großen Waldgebieten Norddeutschlands gewonnen und war wichtiges Handelsobjekt der Hanse für Holland, England und Schottland. Hauptabnehmer war die flandrische Tuchindustrie. Besonders für die Schießpulverherstellung war die Pottasche als Läuterungsmittel von Salpeter äußerst wichtig. Schon frühzeitig verwendete man Pottasche für Keramikglasuren und für die Färberei, aber auch zur Glasfabrikation (Kristallglas, Glasfenster oder Butzenscheiben) und zur Seifenherstellung; Glas und Seife waren damals Luxusgüter.

Das Kapitel 8, S. 189, von G. Wolfschmidt widmet sich dem Thema *Hamburg – das „Brauhaus der Hanse"*, beginnend im Mittelalter bis zur Industrialisierung. Neben Bier gibt es Destillationsprodukte wie Hamburger Kümmel (Abb. 9.8, S. 244), Heinrich Helbing GmbH Hamburg (*1836), oder Advokat Eierlikör. Im Kapitel 9 beschreiben S. Rohn; L. Voges und V. Vill die Herstellung von Whisky sowie Geschichten zur Genussmittelverfälschung und Lebensmittelkontrolle in Hamburg.

Der Beitrag Kapitel 6 von G. Wolfschmidt schildert Hamburg als ein Zentrum der Zuckersiederei, was auch noch nach Züchtung der Zuckerrübe und der Gründung der ersten Rübenzuckerfabriken eine gewisse Zeit anhielt. Die moderne Entwicklung der Zuckerforschung im 20. Jahrhundert, besonders an der Universität Hamburg, stellen M. Böge, J. Thiem & V. Vill in Kapitel 7 vor.

0.3 Vom Akademischen Gymnasium über das Chemische Staatsinstitut zur Gründung der Hamburger Universität (1919)

Die Bildungsgeschichte Hamburgs erlebte einen Aufschwung mit der Reformation und in der Folge mit der Gründung des *Akademischen Gymnasiums*.[10] 1629 wurde Joachim Jungius (1587–1657) als Rektor und Professor für Logik und Physik berufen (bis 1657). Besonders von Bedeutung sind seine Arbeiten zur Atomistik und zur Begründung der Chemie als Naturwissenschaft, vgl. das Kapitel 2 von Eike Harden *„Über die Prinzipien der Naturkörper"*, S. 55. Das *Akademische Gymnasium* war ein wichtiger Vorläufer der 1919 gegründeten Universität, vgl. den Beitrag von M. Reinhard und V. Vill: Von Gymnasiasten und Goldgräbern, S. 31. Ferner wird hier das *Chemische Laboratorium* in Hamburg dokumentiert, das ab dem 19. Jahrhundert von Karl Wie-

---

10 V. Vill   bietet   das   Matrikel   des   *Akademischen   Gymnasiums*   online: `http: //www.chemie.uni-hamburg.de/publikationen/erweiterung/suche/GenSer.php?ct= HH-Akademisches-Gymnasium-Matrikel&Search=Suchen`. Erfaßt wurden die Liste aller Professoren, alle Vorlesungsverzeichnisse, Liste aller Studienarbeiten und Liste aller Studenten.

bel (1808–1888), seinem Sohn Ferdinand Wibel,[11] Max Dennstedt (1852–1931)[12] und
Paul Rabe (1869–1952) geleitet wurde. Unter Paul Rabe wird das *Chemische Staatslaboratorium* als *Chemisches Staatsinstitut* Teil der Hamburger Universität. Schließlich
beschäftigt sich das Kapitel 23, S. 569, von G. Wolfschmidt mit Modellen in Chemie
und Physik. Interessant wäre es auch, die chemischen Sammlungen des *Akademischen
Gymnasiums* zu rekonstruieren. Von der Entwicklung der Chemie in der Universität
Hamburg wird insbesondere das *Institut für Physikalische Chemie* thematisiert; 1923
wird Otto Stern (1888–1969) als ordentlicher Professor und Direktor berufen, der
1943 für seine Forschungen der Hamburger Zeit den Nobelpreis verliehen bekam. Mit
der Ära Adolf Knappwost (1913–2007) in der *Physikalischen Chemie* beschäftigen sich
H. Wochnowski; V. Vill in Kapitel 22. In diesem Kontext sollten noch Industrielabora-
torien wie das chemische Labor der Firma Zeise (vgl. Abb. 0.6) oder das Laboratorium
der Zollverwaltung in Hamburg (Kapitel 19) von E. Schüttpelz exemplarisch erwähnt
bzw. vorgestellt werden.

0.4 Chemische Industrie und Technische Chemie in der Metropolregion Hamburg

Hamburg hat eine lange Tradition in Kolonialwaren, hier sollen nicht nur Kaffee, Tee,
Kakao, Zucker, Palmöl, usw. erwähnt werden.[13] Im Bereich der Düngemittelindustrie
könnte in Hamburg noch das General-Depot und Aufbereitungswerk für Guano aus
Peru und Chile genannt werden; das Chile-Haus erinnert noch an diese Tradition.
Die Beiträge, das Kapitel 10, S. 247, von Katrin Cura *Frühe Teerforschung im Spie-
gel der beginnenden Globalisierung und Industrialisierung* und das Kapitel 11, S. 311,
von J. Ellermeyer *Die New-York Hamburger Gummi-Waaren Compagnie* beleuchten
die Anfänge der Industrialisierung in Hamburg im 19. und beginnenden 20. Jahrhundert. Neben dem Hartgummi sollte auch der Weichgummi, also das 1856 gegründete
Phoenix-Werk in Harburg, erwähnt werden. Ferner hat sich in Hamburg durch die
Nähe zu den Werften die Herstellung von Schiffsfarben entwickelt. Die Chemie in der
Metropolregion Hamburg profitiert von der Verfügbarkeit der Rohstoffe. Das betrifft
beispielsweise auch die Rohölverarbeitung in Raffinerien.

Außerdem ist Hamburg für Drogerieprodukte (Schönheitspflege und Klebebänder)
bekannt, vgl. den Beitrag von Katrin Cura (Kap. 12, S. 371) über die Produkte der
Hamburger Firma *Beiersdorf AG* wie Nivea, Tesa, Hansa- und Leukoplast. Neben
den Apothekern Paul Carl Beiersdorf (1836–1896) und Oscar Troplowitz (1863–1918)

---

11 Vgl. auch das Kapitel 4, S. 87, von Miriam N. Reinhard und Volkmar Vill über den
   Chemiker und Apotheker Ernst Brackebusch (1851–1912), der bei Ferdinand Wibel (1840–
   1902) promovierte und sich später schriftstellerisch betätigte.
12 Max Dennstedt reformierte nicht nur die Chemische Elementanalytik, sondern er war auch
   Sammler römischer Skulpturen, vgl. das Kapitel 15, S. 421, von A. Hillert u. V. Vill über
   Chemie, Militär und antike Welt.
13 Canavas: Die Hamburger Speicherstadt und der Kaffee. In: Wolfschmidt, 2011, S. 144–167.

war der Chemiker Isaac Lifschütz (1852–1938) von Bedeutung, der einen stabilen
Emulgator als Grundlage für die industrielle Produktion von Salben entwickelt hatte.[14] In diesem Zusammenhang sollen auch Rama, Öl und Seife (Kap. 13, S. 381)
von G. Wolfschmidt erwähnt werden. Hier können die Firmen *Henkel* oder *Unilever
Deutschland GmbH* mit Marken wie *Schwarzkopf*, *Dove* und *Coral* genannt werden.
Auch die Pharmaindustrie hat in Hamburg große Bedeutung. Das Kapitel 20, S. 513,
von L. Cortes Dericks präsentiert Instrumente für die naturwissenschaftliche und medizinische Forschung. Der weltgrößte Chemikalienhändler, die *Helm AG* (1900) hat
in Hamburg ihren Sitz. Das Kapitel 21, S. 537, von L. Cortes Dericks *Von der Milchschleuder zur Ultra-Zentrifuge* über die mechanische Trenntechnik ist weit über die
Milchproduktion hinaus wichtig für alle Bereiche, wo Flüssigkeitsgemische per Zentrifuge bearbeitet werden, also Filtration im Brauereiwesen, die Reinigung der Motoröle
für den Schiffsantrieb oder die Reinigung der Abwässer und Aufbereitung zu Trinkwasser.

Die Abb. 0.5 zeigt das Gaswerk Altona-Neumühlen (um 1857) und das Gaswerk
Hamburg-Grasbrook (1840/50er Jahre). Letzteres mußte nach einem Brand von William Lindley (1808–1900) 1846 neu erbaut werden: 73 m hoher Schornstein, Gasturm
(1848), nach Lindleys Entwurf drei Gasbehälter (1851), Reinigungshaus, zwei Re-
tortenhäuser und noch drei Gasbehälter (1858). 1878 entstand auf dem Grasbrook
der größte Gasbehälter Europas mit 50.000 m^3 Inhalt.[15] Wofür war das Gas wichtig?
Zunächst für die Beleuchtungsindustrie. 1890 erfolgte die Gründung eines „Vereins
der Laternenanzünder". Die Stadt Hamburg übernahm 1891 die Gaswerke und ließ
das Riesen-Gasometer Grasbrook für 200.000 cbm Gas errichten (1909). Dies war ein
neuer Europarekord, explodierte aber wenige Wochen nach seiner Inbetriebnahme. Es
wurde repariert und 1911 erneut in Betrieb genommen.

Nachdem bereits die Münzherstellung erwähnt wurde, soll schließlich ein für Hamburg besonders wichtiger Bereich der chemischen Industrie thematisiert werden, die
Metallverarbeitung. Im Mittelalter kam das Kupfer aus dem Harz, das in Hamburg
von den Kupferschmieden oder Bronzegießern verarbeitet wurde. Durch den Handel
in der Hansezeit kam Kupfer besonders aus Schweden, aber auch aus Ungarn, im
17. Jahrhundert aus Amsterdam. 1868 wurden zwei bedeutende metallverarbeitende
Betriebe gegründet: *Theodor Zeise*[16] als Spezialfabrik für Schiffsschrauben in Altona, die größte deutsche Schiffspropellerfabrik (vgl. auch Abb. 27.1, S. 624), sowie die
Gießerei und Maschinenfabrik *Heidenreich & Harbeck* in der Glashüttenstraße (Karolinenviertel), ab 1917 in Hamburg-Barmbek, die neben Werkzeugmaschinen u. a. für
den Hamburger Schmidtspiegel 1951/54 die Montierung produzierte und auch 1963
für ESO in La Silla, Chile.

---

14 Pamperrien, Sabine: Der Doktor aus Pinsk. In: Jüdische Allgemeine (15.09.2011),
   http://www.juedische-allgemeine.de/article/view/id/11240 (15.6.2016).
15 Grobecker und Hartung: Anderthalb Jahrhunderte HeinGas, Hamburg 1994.
16 Die Propeller erreichten ein Gesamtgewicht von 61 Tonnen und einen Durchmesser von
   9,4 m. Mahn: Propeller des Fortschritts, 2008.

Abbildung 0.5:
Gaswerk Altona-Neumühlen (um 1857), Johann Jürgen Sickert (1803–1864),
Gaswerk „*Gas-Compagnie*" Hamburg-Grasbrook (1844)
Foto: Gudrun Wolfschmidt (2015)

Abbildung 0.6:
Theodor Zeise – Spezialfabrik für Schiffsschrauben, Altona,
Oben: Schiffsschraube für den Seeschlepper Fairplay IX (1971),
Unten: Laboratorium für Chemische Metallanalysen und Schliffproben
Foto: Gudrun Wolfschmidt (unten: im Altonaer Museum)

Das Hüttenwerk Markus Salomon Beit (1724–1810), der aus einer sephardischen Judenfamilie stammte, begann bereits 1770 mit der Gewinnung von Gold und Silber mithilfe eines Silberscheid- und Schmelzofens; das Werk befand sich in der I. Elbstraße Nr. 43 (heute Neanderstraße). Es wurden kupfer-, silber-, gold- und bleihaltige Legierungen hergestellt, als Nebenprodukte ergaben sich Kupfer- und Eisenvitriol. Mit der Industrialisierung, mit dem Einzug der Dampfmaschine und der Telegraphie im 19. Jahrhundert, erhöhte sich die Nachfrage nach Kupfer; die Firma erwarb Kupfererzgruben in Hessen-Nassau. 1830 gelang es, durch Kooperation mit der Reederei *Johan Cesar Godeffroy & Sohn* Erze aus Chile zu bekommen. Durch Fusion von *Lipman Raffael Beit & Co.* mit der Reederei 1846 entstand das Elbkupferwerk auf Steinwerder. In dieser Tradition wurde schließlich 1866 die für Hamburg besonders wichtige Firma *Norddeutsche Affinerie* gegründet.[17]

Abbildung 0.7:
Kupferblock Norddeutsche Affinerie, Luftaufnahme Aurubis Werk Hamburg 2007
Foto: Gudrun Wolfschmidt (im HamburgMuseum); Wikipedia

1876 begann Dr. Emil Wohlwill (1835–1912) mit seiner Kupferelektrolyse; es war die erste dauerhaft arbeitende Anlage dieser Art in der Welt. Vom französischen Wort *affiner* (reinigen, veredeln, raffinieren) stammt der Firmenname, also die Raffination von Edelmetallen. 1913 wurde der Firmensitz von der Elbstraße auf die Peute (Veddel) verlegt. Diese Firma (kurz *Affi* genannt) lieferte z. B. die neue Kupferverkleidung für den Turm der Petrikirche und für den Michel. 1936 wurde neben der Kupferproduktion noch ein Erzflammofen zur Erzeugung von Schwefelsäure in Betrieb genommen

---

17 Ein weiterer Scheidebtrieb war *Heymann, Abr. Jonas, Goldscheider*, ab 1809 *Jonas, Heymann, Abraham, Goldscheider*, 1873 von der *Norddeutschen Affinerie* aufgekauft. Zur Firmengeschichte siehe „100 Jahre Norddeutsche Affinerie." und „Aurubis – Historischer Zeitstrahl."

sowie mit der Verarbeitung von Kupferkonzentraten begonnen. 1949 gelang das vollkontinuierliche Stranggußverfahren. 2009 wurde die Norddeutsche Affinerie in *Aurubis AG* umbenannt und ist Europas größter Kupferproduzent.

0.5 Licht und Schatten – Chemie im 20. Jahrhundert

Im Beitrag 26, S. 613, von V. Vill werden Licht und Schatten in der Geschichte der Chemie in Hamburg beleuchtet, insbesondere die Geschichte von *Tesch & Stabenow*[18] als Händler von Zyklon B oder die Skandale bei der Firma Stoltzenberg; in diesem Zusammenhang siehe auch das Kapitel 24 von Constantin Canavas, S. 585.[19] Auch der Beitrag 14, S. 409, von M. Reinhard & V. Vill über die Familie Wohlwill thematisiert Wissenschaft und Verantwortung. Es soll ferner an die erste Sprengstoff-Fabrik von Alfred Bernhard Nobel (1833–1896) in Krümmel bei Geesthacht erinnert werden.[20] Mit Experimenten auf einem Floß auf der Elbe soll er das Dynamit entwickelt und erprobt haben.

Das Kapitel 16, S. 449, von M. Reinhard widmet sich den Exilgeschichten unter der Überschrift *Spaltung ihrer Orte – Reflexionen zur Erinnerung an das Exil in den (naturwissenschaftlichen) Disziplinen*. B. Kastening et al. untersuchen die Frage *Begann in Hamburg das Nuklearzeitalter?* (Kapitel 25, S. 597) und analysieren den Beitrag Paul Hartecks (1902–1985) beim Uranprojekt.

Zusammenfassend kann man sagen, daß die Chemie über mehr als vier Jahrhunderte eine bedeutende Rolle in Hamburgs Geschichte gespielt hat, angefangen vom Handwerk, das mit chemischen Prozessen in Verbindung steht (Färberei, Gerberei, Metallurgie), über die chemische Industrie bis zur wissenschaftlichen Entwicklung, beginnend beim *Akademischen Gymnasium* über das *Chemische Staatsinstitut* bis zur Gründung der *Hamburger Universität* (1919) und weiter bis ins 21. Jahrhundert zum 100jährigem Jubliäum dieser Bildungsinstitution 2019. Dabei dürfen auch nicht die Schattenseiten bei der Entwicklung der Chemie übersehen werden.

0.6 Literatur

ADAM VON BREMEN: *Hamburgische Kirchengeschichte. Geschichte der Erzbischöfe von Hamburg.* Übersetzt von J. C. M. LAURENT UND W. WATTENBACH. Hg. von ALEXANDER HEINE. Essen, Stuttgart: Phaidon 1986

BÖGE, MATTHIAS: Nobel, Sprengstoffe und Hamburg. In: WOLFSCHMIDT, GUDRUN (Hg.): *Hamburgs Geschichte einmal anders – Entwicklung der Naturwissenschaften, Medizin und Technik, Teil 2.* Norderstedt: Books on Demand (Nuncius Hamburgensis; Band 7) 2009, S. 124–147.

---

18 Kalthoff und Werner 1998.
19 Vgl. außerdem die Forschungsarbeiten von Henning Schweer 2008 und Schweer 2009.
20 Böge: Nobel, Sprengstoffe und Hamburg. In: Wolfschmidt 2009, S. 124–147.

CANAVAS, CONSTANTIN: Die Hamburger Speicherstadt und der Kaffee: Ein Baudenk-
mal und sein Duft. In: WOLFSCHMIDT, GUDRUN (Hg.): *Hamburgs Geschichte
einmal anders – Entwicklung der Naturwissenschaften, Medizin und Technik,
Teil 3.* Hamburg: tradition (Nuncius Hamburgensis; Band 20) 2011, S. 144–167.

ELSNER, BERND: Joachim Jungius (1587–1657). In: WOLFSCHMIDT, GUDRUN (Hg.):
*Hamburgs Geschichte einmal anders – Entwicklung der Naturwissenschaften,
Medizin und Technik – Teil 1.* Norderstedt: Books on Demand (Nuncius Ham-
burgensis; Band 2) 2007, S. 13–29.

ERCKER, LAZARUS: *Beschreibung allerfürnemisten Mineralischen Ertzt, unnd Berg-
wercks arten, wie dieselbigen, unnd eine jede insonderheit, der Natur und Eigenschafft nach, auff alle Metale Probirt ... In fünff Bücher verfast.* Prag:
Georg Schwartz 1574.

GROBECKER, KURT UND WILHELM HARTUNG: *Anderthalb Jahrhunderte HeinGas.*
Hamburg 1994.

HATZ, GERT: Streifzug durch die hamburgische Münzgeschichte. In: HAMBURGI-
SCHE MÜNZE (Hg.): *650 Jahre Hamburgisches Münzwesen. Eine Festschrift.*
Hamburg: Kampen 1975.

HERKT-JANUSCHEK, CLAUDIUS: Joachim Jungius (1587–1657) – ein wissenschaftlicher Revolutionär in Hamburg. In: WOLFSCHMIDT, GUDRUN (Hg.): *Hamburgs
Geschichte einmal anders – Entwicklung der Naturwissenschaften, Medizin und
Technik – Teil 2.* Norderstedt: Books on Demand (Nuncius Hamburgensis; Band
7) 2009, S. 11–28.

JUNGCLAUSSEN, CAESAR ALBRECHT: *Geschichte der Hamburgischen Apotheken seit
Inkrafttreten der Medizinalordnung von 1818 bis zum Abschluß des Jahres 1912.*
Hamburg: Selbstverlag des Apotheker-Vereins 1913.

KALTHOFF, JÜRGEN UND MARTIN WERNER: *Die Händler des Zyklon B: Tesch &
Stabenow. Eine Firmengeschichte zwischen Hamburg und Auschwitz.* Hamburg:
VSA-Verlag 1998.

MAHN, ANNE; ALTONAER MUSEUM (Hg.): *Propeller des Fortschritts. Die Schiffs-
schraubenfabrik Theodor Zeise.* Hamburg 2008.

SCHWEER, HENNING: *Die Chemische Fabrik Stoltzenberg bis zum Ende des Zweiten
Weltkrieges. Ein Überblick über die Zeit von 1923 bis 1945 unter Einbeziehung
des historischen Umfeldes mit einem Ausblick auf die Entwicklung nach 1945.*
Diepholz: GNT 2008.

SCHWEER, HENNING: Die Chemische Fabrik Stoltzenberg zu Hamburg von 1923 bis
1945. In: WOLFSCHMIDT, GUDRUN (Hg.): *Hamburgs Geschichte einmal anders:
Entwicklung der Naturwissenschaften, Medizin und Technik, Teil 2.* Norderstedt: Books on Demand (Nuncius Hamburgensis; Band 7) 2009, S. 149–161.

VILL, VOLKMAR UND THOMAS BEHRENS (Hg.): *400 Jahre Chemie als Wissenschaft
in Hamburg. Von der Gründung des Akademischen Gymnasiums bis zu aktuellen Forschungsthemen am Fachbereich Chemie der Universität Hamburg.*
Berlin: lehmanns media 2014.

Vorgeschichte der naturwissen

Joachim Jungius (1587-1657)
Der Universalgelehrte war von 1629 bis 1657 Rektor des Akademischen Gymnasiums.

Johann A. Reimarus (1729-1814)
1796 bis 1813 war er Professor am **Akademischen Gymnasium**. Er etablierte Blitzableiter und führte die Pockenschutzimpfung in Hamburg ein.

Alfred Brehm (1829-1884)
1862 bis 1866 war er der erste Direktor des **Zoologischen Gartens** in Hamburg.

Otto Stern (1888-1969)
Er war 1923 bis 1933 Direktor des **Instituts für Physikalische Chemie**. 1943 bekam er für seine Molekularstrahlversuche in Hamburg einen Nobelpreis.

Die Hauptentwicklungsstränge werden farbig hervorgehoben, sie gehen hervor aus:

Dem Akademischen Gymnasium (Professioneller Lehrbereich).

Dem Naturwissenschaftlichen Verein (Bildungsbürgertum).

Technisch arbeitende und mathematisch interessierte Bürger.

Weitere Gründungen aufgrund staatlicher Bedürfnisse und aus Initiativen von Bürgern.

Viele Entwicklungen mündeten letztendlich in Institutionen der 1919 gegründeten Universität.

Die hier gezeigte Darstellung ist vereinfacht, da spätestens seit Gründung des Kolonialinstituts die Zahl der Institutionen die Abbildungsmöglichkeiten übersteigt. Die Darstellung endet ca. 1930, viele der Institute bestehen bis heute.

Max Dennstedt (1852 - 1931)
1893 bis 1910 war er Direktor des **Chemischen Staatslaboratoriums**. Er refomierte die Elementaranalyse grundlegend und war Pionier der Photographie vor Gericht.

Amalie Dietrich (1821-1891)
Sie war eine der bedeutesten Naturforscherinnen im 19. Jahrhundert. Sie arbeite u.a. für das **Museum Godeffroy**.

Akademisches Gymnasium

Physikalisches Kabinett

C. A. Jungclaussen (1855-1916)
Er war Apotheker und Professor in Hamburg. Von 1896 bis 1916 war er Direktor der **Pharmazeutischen Lehranstalt**.

Johann Georg Repsold (1770-1830)
Gründer der **Sternwarte**, Oberspritzenmeister und Instrumentenbauer in Hamburg, Firma Repsold 1799-1919.

Georg von Neumayer (1826-1909)
Gründete und leitete 1876 bis 1903 die **deutsche Seewarte**.

1. Sternwarte

Alfred Wegener (1880-1930)
1919 bis 1924 war er Leiter der Abteilung Theoretische Meteorologie der **deutschen Seewarte** in Hamburg, von 1921 bis 1924 auch Professor an der **Universität**.

1597-1598 **Tycho Brahe** arbeitet und publiziert in Wandsbek.

1624 Der Hamburger Arzt **Stephan von Schonfelde** gibt das Buch "Ichthyologia et nomenclaturae ..." heraus.

1747 - 1763
Das Hamburgische Magazin war die erste wissenschaftliche Zeitschrift in Hamburg.

1749 Gründung der Navigationsschule.

1600   1650   1700   1750   1800

1618 - 1648
30 Jähriger Krieg.

1669
Hennig Brand entdeckt das Element Phosphor.

1619
Hamburg ist größte Stadt Deutschlands mit 40.000 Einwohnern, davon ein Viertel Ausländer.

Gründung der Patriotischen Gesellschaft.

1712 - 1714
Pestjahre in Hamburg.

1765

1806 - 1814
Französische Besetzung Hamburgs.

1810 - 1813
Botanischer Garten des Johannes Flügge.

1818
Medizinalreform
u.a. Neuordnung des Apothekenwesens.

Autoren: Volkmar Vill, Lucas Voges - Version 1.0 (Juli 2014)

Abbildung 0.8:
Vorgeschichte der naturwissenschaftlichen Institute in Hamburg
Entwurf: Volkmar Vill, Layout: Lucas Filipo Voges

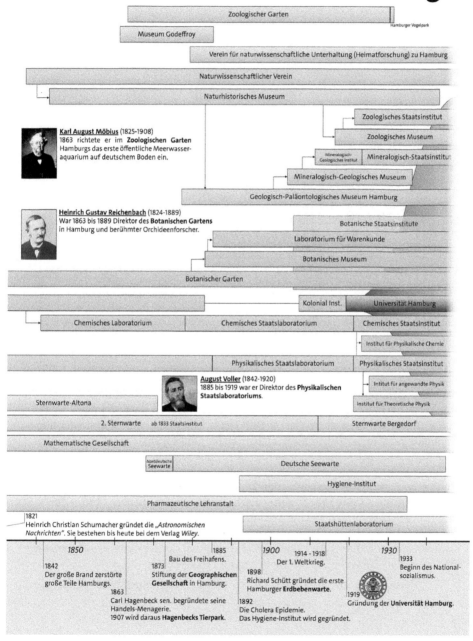

schaftlichen Institute in Hamburg

Abbildung 0.9:
Vorgeschichte der naturwissenschaftlichen Institute in Hamburg
Entwurf: Volkmar Vill, Layout: Lucas Filipo Voges

Abbildung 1.1:
Max Liebermann (1847–1935): Der Hamburgische Professorenkonvent 1905/06

Die neun Direktoren der Hamburger wissenschaftlichen Anstalten:
Von links nach rechts: Direktor der Stadtbibliothek Robert Münzel (1858–
1917), Prof. Dr. August Voller (1842–1920), Direktor des Physikalischen
Staatslaboratoriums, Prof. Dr. Karl Kraepelin (1848–1915), Direktor des Naturhistorischen Museums und Leiter des Zoologischen Staatsinstituts, am
Tisch vorn Max Dennstedt (1852–1931), Direktor des Chemischen Staatslaboratoriums, dahinter, stehend, der Direktor des Museums für Völkerkunde
Georg Thilenius (1868–1937), weiter nach rechts Richard Schorr (1867–1951),
Direktor der Hamburger Sternwarte am Millerntor, der Historiker Adolf Wohlwill (1843–1916), Verein für Hamburgische Geschichte, der Direktor des Botanischen Gartens Eduard Zacharias (1852–1911) und der Direktor des Museums
für Kunst und Gewerbe Justus Brinckmann (1843–1915).

Hamburger Kunsthalle (Inventar-Nr. 1697), Foto: Gudrun Wolfschmidt

Von Gymnasiasten und Goldgräbern – Einblick in Geschichte und Entwicklung der Naturwissenschaftlichen Institute in Hamburg

Miriam N. Reinhard und Volkmar Vill (Hamburg)

1.1 Allgemeines

Will man die Geschichte der Naturwissenschaftlichen Institute in Hamburg verstehen, so wird schnell deutlich, dass es nicht genügt, dafür allein auf die Geschichte der Hamburger Universität zu blicken. Das interessante an der naturwissenschaftlichen Forschung Hamburgs ist gerade, dass ihre Tradition sich lange vor der Gründung der Universität aufzubauen beginnt, sie dann aber die Universität und ihre naturwissenschaftlichen Institute prägt und in gewisser Weise bis heute fortgesetzt wird. Die Geschichte der naturwissenschaftlichen Institute Hamburgs kann damit sowohl als Fach-, als auch Stadt- und Zeitgeschichte gelesen werden, die an ihr entzifferbar wird.

Das in Hamburg im Jahr 1613 gegründete *Akademische Gymnasium* gilt als ein Vorläufer der erst 1919 gegründeten Universität. Die aus dem Bildungsbestreben der Reformationszeit stammende Schulform des Akademischen Gymnasiums hatte zum Ziel schulische und wissenschaftliche Ausbildung miteinander zu verbinden; jedoch war man dort nicht berechtigt akademische Grade für wissenschaftliche Forschung zu verleihen, was zur damaligen Zeit kaiserliches Privileg bleibt. Da aber dennoch die Ausbildung ihrem Selbstverständnis nach akademisch war, lohnt es sich darauf zu blicken, inwieweit die Institute der späteren Universität durch das Akademische Gymnasium vorgeprägt sind. Dies soll hier für die naturwissenschaftlichen Institute getan werden. Wir versuchen eine Antwort auf die Frage zu finden, ob die Naturwissenschaften schon zur Zeit des Akademischen Gymnasiums nicht nur einen Teil der Lehre bildeten, sondern auch bereits ein Forschungsfeld etabliert haben und inwiefern hier bereits die Grundlage für Themen wissenschaftlicher Auseinandersetzung gelegt worden ist, denen sich dann später die universitäre Naturwissenschaft anzunehmen beginnt – und die sie bis heute bewegen. Im Folgenden geben wir zunächst einen Überblick darüber, welche – oft sehr eigenwilligen Persönlichkeiten – als Professoren am Gymnasium gewirkt haben, welche Fächer im Vergleich dazu heute in Hamburg vertreten sind und welche anderen Akteure und Institutionen in Hamburg zur Zeit des Akademischen Gymnasiums Einfluss auf die naturwissenschaftliche Forschung nehmen konnten.

1.2 Die Professoren der Naturwissenschaften im Akademischen Gymnasium

Mit Gründung des Akademischen Gymnasiums wird zunächst eine Professur für den Bereich Mathematik und Naturwissenschaften eingerichtet[1] auf die 1613 zunächst Matthias Wolther berufen wird. Nachdem dieser den Ruf ablehnt, geht der Ruf noch im gleichen Jahr an Peter Lauremberg (1585–1639), der 1614 das Amt antritt. Lauremberg begründet damit diesen Lehrstuhl von 1614 bis 1624 als Professor der Physik und Mathematik. Ihm folgen:

    1628 bis 1654 Johann Adolph Tassius (1585–1654) (Professor für Mathematik),

    1655 bis 1660 Michael Kirsten (1620–1678) (Professor für Mathematik),

    1660 bis 1671 Johann Müller (1611–1671) (Professor für Mathematik),

    1675 bis 1691 Heinrich Sivers (1626–1691) (Professor für Mathematik),

    1691 bis 1694 Caspar Büßing (Professor für Mathematik),

    1695 bis 1727 Balthasar Mentzer III (1651–1727) (Professor für Mathematik),

    1727 bis 1753 Christoph Heinrich Dornemann (1682–1753) (Professor der Mathematik),

    1754 bis 1755 Lorenz Johann Daniel Succow (1722–1801) (Professor der Mathematik),

    1756 bis 1800 Johann Georg Büsch (1728–1800) (Professor der Mathematik),

    1800 bis 1805 Peter Heinrich Christoph Brodhagen (1753–1805) (Professor der Mathematik),

    1805 bis 1836 Carl Friedrich Hipp (1763–1838) (Professor der Mathematik und Physik) und

    1837 bis 1881 Karl Wiebel (1808–1888) (Professor der Mathematik, Physik und Chemie).

Der im Kern mathematisch ausgerichtete Lehrstuhl ermöglicht den Professoren die Setzung individueller Schwerpunkte. So unterrichtet etwa Wiebel, der letzte dieser Lehrstuhlinhaber, sowohl Mathematik, Physik und Chemie, während seine Forschungsschwerpunkte nur in der Chemie liegen. Aber auch schon Lauremberg deckt

---

1 Joachim Anton Rudolph Janssen 1826, S. 425–472.

wesentliche Bereiche der Naturwissenschaften ab, die über den engen mathematischen Bereich hinausgehen. Von dieser „Offenheit" zeugt auch seine Biographie: 1585 in Rostock geboren, wo sein Vater Wilhelm Lauremberg bereits Professor ist, promoviert er 1611 in Paris in Medizin und wird zunächst Professor in Montaunan. Zwischen 1614 und 1624 lebt und lehrt er in Hamburg und ist ab 1624 bis zu seinem Lebensende 1639 Professor in Rostock. Er veröffentlicht zahlreiche Schriften zur Mathematik (Arithmetik), Medizin (Anatomie), Botanik, Chemie und zum Gartenbau, daneben publizierte er eine umfangreiche Kuriositäten-Anthologie, die auch nach seinem Tode von anderen weitergeführt wird. In den Bereich der Chemie fällt 1624 die Publikation *„Pet. Laurenbergi Rostochiensis in Synopsin Aphorismorum Chymiatricorum Angeli Salæ Vicentini, Notae Et Animadversiones; Quibus nuper Parasitaster aliquis opposuit Responsionem".*[2] (Des Rostockers Peter Laurenbergs Bemerkungen und Meinungen zur Übersicht über die chemischen Aphorismen des Angelo Sala aus Vicenza; denen kürzlich irgendein übler Schmarotzer eine Antwort entgegengestellt hat).[3]

1629 gewinnt das Akademische Gymnasium mit der Berufung von Joachim Jungius als Rektor und Professor für Logik und Physik verstärkt an Profil. Jungius ist ein vielseitiger, seiner Zeit voraus seiender Forscher, der noch bis heute im großen Ansehen steht, und als Namensgeber der „Joachim Jungius-Stiftung der Wissenschaften zu Hamburg" der Hamburger Universität im Gedächtnis bleibt. Er beschäftigt sich intensiv mit der Atomistik und den chemischen Elementen und kann damit als einer der Wegbereiter der Chemie als Naturwissenschaft gelten.[4][5] Jungius stirbt 1657. Drei Jahre später wechselt Michael Kirsten (s.o.) seine Professur von der Mathematik zur Professur für „Physik und Dichtkunst", die dann unter dieser Bezeichnung weiter besetzt wird. Somit ist ein zweiter Lehrstuhl etabliert, der direkt der Naturgeschichte bzw. den Naturwissenschaften gewidmet ist:

1660 bis 1678 Michael Kirsten (1620–1678) (Professor für Physik und Dichtkunst),

1678 bis 1696 Daniel Büttner (1642–1696) (Professor für Physik und Dichtkunst),

1696 bis 1724 Johannes Müller (1651–1724) (Professor für Physik und Dichtkunst),

1725 bis 1770 Johann Christian Wolf (1689–1770) (Professor für Physik und Dichtkunst),

1771 bis 1796 Paul Dietrich Giseke (1745–1796) (Professor für Physik und Dichtkunst),

1796 bis 1814 Johann Albert Heinrich Reimarus (1729–1814) (Professor für Naturlehre und Naturbeschreibung),

1818 bis 1860 Johann Georg Christian Lehmann (1792–1860) (Professor für Naturgeschichte und Botanik) und

1863 bis 1883 Heinrich Gustav Reichenbach (1824–1889) (Professor für Botanik).

---

2 Peter Lauremberg 1624.
3 Übersetzung des Titels von Gudrun Parson. Im Original wird tatsächlich die Schreibung Laurenbergi statt Laurembergi verwendet.
4 Emil Wohlwill 1887, S. II/1–II/66.
5 Christoph Meinel 1982, Bd. 66, S. 313–338.

Jungius lässt sich zeitlich also gut in diese Reihe einordnen, die spätestens ab Kirsten einen festen Platz im Lehrprogramm des Akademischen Gymnasiums einnimmt. Die beiden letzten Vertreter dieser Reihe, Lehmann und Reichenbach widmen sich vollständig der Botanik, ebenso auch Giseke. Alle drei Forscher haben neue Pflanzen beschrieben, die bis heute mit ihren botanischen Autorenkürzeln gekennzeichnet sind. Reimarus widmet sich eher der Medizin, Pharmazie und Chemie. Zu seinen besonderen Verdiensten zählen die Einführung der Pockenimpfung und der Blitzableiter in Hamburg.[6] Die Naturwissenschaften sind also von Gründung an sowohl Lehr- als auch Forschungsgebiet des Akademischen Gymnasiums. In den ersten Jahrhunderten des *Akademischen Gymnasiums* entstehen eher individuelle naturwissenschaftliche Monographien, die noch nicht auf Forschungskontinuität hin ausgerichtet sind. Ab dem 19. Jahrhundert werden aber bereits langfristige Forschungsstrukturen aufgebaut und Institutionen geschaffen, die bis heute als Bestandteil der jetzigen Universität weitergeführt werden. Die Entstehung der naturwissenschaftlichen Fachbereiche der Universität Hamburg aus den im Akademischen Gymnasium geformten Strukturen soll im Folgenden beschrieben und diskutiert werden.

1.3 Botanik (Biologie)

Herbarien und botanische Gärten sind für die Ausbildung von Apothekern, Nahrungsmittelchemikern und Botanikern essentiell. Noch grundlegender sind sie aber als Ort zur Anzucht von Heilmitteln. So gibt es eine lange Vorgeschichte von botanischen Gärten in Hamburg.[7] Wohl ab Ende des 13. Jahrhunderts besitzen die Ratsapotheker in Hamburg einen Botanischen Garten. Dieser wird vom Ratsapotheker Dr. med. Veit Scharp 1547 wesentlich erweitert und besteht bis 1782. Prof. Giseke (s.o.) versucht während seiner Amtszeit eine Schließung zu verhindern, ist aber nicht erfolgreich. Erst 1810 wird von Johannes Flügge ein neuer Garten gegründet. Flügge wird 1775 in Hamburg geboren und ist von 1792 bis 1795 Student des Akademischen Gymnasiums (Matrikel 3068). Nach einem Medizinstudium in Jena, widmet er sich dann aber der Botanik und erwirbt 1800 den Doktor der Philosophie. Seine Forschungen vertieft er besonders auf Studienreisen. Bis 1809 reist er durch Europa, um botanische Studien durchzuführen. Im Mai 1810 erwirbt er den Buek'schen Garten vor dem Hamburger Dammtor, um ihn als Botanischen Garten auszubauen. Im Rahmen der Napoleonischen Kriege kommt es 1813 zur Zerstörung des Gartens. Da auch Flügge am 28. Juni 1816 stirbt, ist die Geschichte des Gartens damit endgültig besiegelt. 1818 wird Lehmann als Nachfolger von Reimarus Professor für Naturlehre am Akademischen Gymnasium, der sich sofort intensiv und erfolgreich für einen neuen Garten engagiert. Im November 1821 pflanzt er im neuen Botanischen Garten am Dammtor eine Platane, die man bis heute bewundern kann: Dieser Garten heißt heute *„Planten und Blomen"* und der Baum hat jetzt eine stattliche Größe erreicht. 1832 wird

---

6 David Veit 1807.
7 Alfred Voigt 1897, S. 3–31.

dieser Garten offiziell ein Staatsinstitut, bleibt aber mit dem Akademischen Gymnasium verbunden und Lehmann bleibt viele Jahre Direktor des Gartens. Später wird auch Prof. Reichenbach (s.o.) Direktor des Gartens. Besonders zu erwähnen ist noch Eduard Zacharias, der 1894 die Leitung des Gartens übernimmt. Er ist einer der letzten Studenten des Akademischen Gymnasiums (Matrikel 3697).

Mit dem Botanischen Garten werden so im doppelten Sinne die Wurzeln für die Botanischen Staatsinstitute in Hamburg gelegt. Aus dem Botanischen Garten entwickelt sich später das Botanische Museum (1883), das Laboratorium für Warenkunde (1885) und die Botanischen Staatsinstitute (1906), die ab 1919 Bestandteil der Universität werden und heute als „Biozentrum Klein Flottbeck" wesentlicher Teil des Fachbereiches Biologie sind.

1.4 Chemie

Die Beschäftigung mit der Chemie beginnt bereits im 17. Jahrhundert und wird besonders durch Joachim Jungius geprägt, der von 1629–1657 Rektor des Gymnasiums und Professor für Physik und Logik ist. Besonders durch seine Auseinandersetzung mit der Atomistik trägt Jungius maßgeblich zur Begründung der Chemie als Naturwissenschaft bei. Bereits mit seinen wissenschaftlichen Prämissen bringt Jungius eine Wende in die naturwissenschaftliche Diskussion: Chemische Elemente sind für ihn *„einheitliche, nicht weiter zerlegbare Stoffe"*, womit er sich von der Vorstellung des Altertums von den 4 Elementen „Feuer, Erde, Luft und Wasser" abgrenzt und auch nicht mehr von den 3 Elementen „Quecksilber, Schwefel und Salz" ausgeht, die die Alchemie betrachtet. Von dieser grenzt er sich darüber hinaus insofern ab, dass er nicht mehr annimmt, Gold könne durch die Umwandlung anderer Metalle gewonnen werden. Darüber hinaus liefert Jungius Beiträge zur Pharmazie und Biologie, so dass er als einer der wichtigsten Wegbereiter der universitären Naturwissenschaften in Hamburg gelten kann.[8],[9] In den gedruckten Vorlesungsverzeichnissen lassen sich ab 1801 Vorlesungen zur Chemie bei Prof. Reimarus (s.o.) belegen. Sein Nachfolger Lehmann entwickelt den Schwerpunkt dieses Lehrstuhls weiter in Richtung Botanik. Die Chemie wird dann ein zentrales Thema von Karl Wiebel, der als Nachfolger von Hipp 1837 berufen wird. Er unterrichtet nicht nur die Fächer Mathematik, Physik und Chemie, sondern richtet zudem auch Laboratorien für die praktische Arbeit ein.[10] Während er für das physikalische Kabinett schon einige Geräte vorfinden konnte, ist ein Gerätebestand in der Chemie so gut wie nicht vorhanden gewesen. So baut Wiebel die Chemie im buchstäblichen Sinne aus:

1839 entwirft er ein neues Gebäude für ein Chemisches Laboratorium, das 1841 fertig gestellt wird und bald seine Arbeit aufnimmt. Dieses Laboratorium dient nicht nur zur Ausbildung der Studierenden, sondern – da Wiebel dieses Laboratorium von

8 Emil Wohlwill 1887, II/1–II/66.
9 Christoph Meinel 1982, S. 313–338.
10 David Veit 1807.

Beginn an auch der weiteren Öffentlichkeit zugänglich macht – erhält auch im Laufe der Zeit Analyseaufträge von Behörden und Gerichten.

ANDREÆ CASSII D.
HAMBURGENSIS
DE EXTREMO ILLO ET
PERFECTISSIMO
NATURÆ OPIFICIO
AC
PRINCIPE TERRÆ-
NORUM SIDERE
AURO
De admirandâ ejus naturâ, ge-
neratione, affectionibus, effectis, atque
ad operationes artis habi-
tudine.
COGITATA
Nobilioribus experimentis illuftrata.
Aurum & Adamas typi æternitatis.

HAMBURGI,
Sumptibus GEORGII WOLFFI,
ANNO M DC LXXXV.

Abbildung 1.2:
Links: Goldrubinglas-Schale (Rubis doré)
Rechts: Andreas D. Cassius Hamburgensis: *De extremo illo et perfectissimo naturae opificio ac principe terraenorum sidere auro.* Wolffus 1685.
Wikipedia, Bayerische Staatsbibliothek München

Ab 1835 sind in den jährlich erscheinenden Vorlesungsverzeichnissen des Akademischen Gymnasiums die Titel der Abschlussarbeiten der Studierenden aufgeführt. 1850 finden sich hier erstmals zwei experimentelle Arbeiten aus der Chemie: Hermann Cohen (Matrikel 3590) erstellt eine Arbeit zum Thema *„Chemische Analyse des Goldes von Elmina"* und Friedrich Gustav Möller (Matrikel 3596) arbeitet über *„Chemische Untersuchung des Goldes von Kalifornien".*[11] Karl Wiebel, der diese Arbeiten in seinem Labor wohl angeleitet hat, publiziert 1852 über *„Das Gold der Goldküste, besonders das von Elmina".*[12] In dieser Arbeit finden sich chemische Analysen von Goldproben. Entweder sind hier experimentelle Daten seiner Schüler direkt einge-

11 Karl Wiebel 1850, XII.
12 Karl Wiebel 1852, S. 87–108.

flossen, oder die Arbeiten seiner Schüler haben die eigenen Untersuchungen begleitet und somit indirekt geprägt. Ferdinand Wibel, der Sohn von Karl Wiebel, ebenso ein Schüler des Akademischen Gymnasiums (Matrikel 3637) promoviert 1864 bei Friedrich Wöhler in Göttingen und wird ab 1865 Dozent für Chemie und Physik an der Lehrerbildungsanstalt des Akademischen Gymnasiums. Später übernimmt er auch die Chemievorlesungen seines Vaters und „erbt" zudem die Leitung des Chemischen Laboratoriums. Wohl um seine Selbstständigkeit gegenüber seinen prominenten Vater zu betonen, schreibt er seinen Familiennamen fortan mit „i" statt mit „ie". Als 1878 das Laboratorium als eigenständiges Chemisches Staatslaboratorium aus der Zuständigkeit des Gymnasiums herausgelöst wird, wird Ferdinand Wibel (1840–1902) dessen erster Direktor. Ihm folgen Max Dennstedt (1852–1931) und Paul Rabe (1869–1952), unter dessen Leitung dann das Institut als *Chemisches Staatsinstitut* zu einem Teil der Universität Hamburg wird. Später wird hier der Lehrstuhl für Physikalische Chemie eingerichtet, der schließlich unter der Leitung Otto Sterns (1888–1969) ein eigenständiges Institut im Fach Chemie geworden ist. Im Zuge der Universitätsreformationen im Jahre 1968 wird aus den beiden Instituten schließlich der bis heute bestehende Fachbereich Chemie gebildet.

1.5 Physik

Während der Amtszeit Karl Wiebels (1808–1888) wird auch das *Physikalische Kabinett* zur eigenen Institution.[13] Allerdings beherbergt das Gymnasium in seiner Bibliothek schon lange Zeit zuvor eine Sammlung physikalischer Instrumente, mit denen das Physikalische Kabinett seine Lehre durchführen kann. Als 1878 das Chemische Laboratorium vom Akademischen Gymnasium getrennt wird, muss damit auch das Physikalische Kabinett organisatorisch von dem Chemischen Laboratorium gelöst werden. Wiebel setzt August Voller (1842–1920), tätig als Professor am Johanneum, als Leiter ("provisorischer Verwalter") ein, der dann auch eine Dozentur für Physik am Gymnasium innehat. Nach Auflösung des *Akademischen Gymnasiums* 1883 betreut Voller das *Physikalische Kabinett* privat weiter, bis es 1885 dann mit ihm als Direktor offiziell zum *Physikalischen Staatslaboratorium* erhoben wird. Auch dieses Staatsinstitut wird 1919 ein Teil der Universität und dann in *„Physikalisches Staatsinstitut"* umbenannt. Das Physikalische Staatslaboratorium übernimmt, wie das *Chemische Staatslaboratorium*, gutachterliche Tätigkeiten für Behörden und wird mit amtlichen Untersuchungen betraut.[14]

---

13 Karl Wiebel 1863, S. 1–36.
14 Heinrich Bolau 1887, I/1–I/32.

1.6 Andere Naturwissenschaften: Geologie, Mineralogie, Zoologie

Ist der Einfluss des Gymnasiums für die universitären Naturwissenschaften, wie gezeigt worden ist, sicher prägend, so muss man doch sagen, dass die meisten naturwissenschaftlichen Fächer der heutigen Hamburger Universität nur mittelbar ihren Ursprung im Gymnasium finden. Entscheidender für ihre Entwicklung sind vielmehr Hamburger Bürger, die sich 1837 im Naturwissenschaftlichen Verein zusammenschließen. Zunächst besteht der Verein aus 32 interessierten Bürgern der Stadt Hamburg – unter ihnen finden sich überwiegend Ärzte, Apotheker, aber auch jeweils ein Lehrer, Diakon, Kaufmann und ein Metzger. Der zuvor als Staatsrat und Minister in Russland tätige Heinrich von Struve (1772–1851) übernimmt den Vorsitz des Vereins, der sich fortan bemüht, die in Hamburg vorhandenen naturwissenschaftlichen Sammlungen von Einzelpersonen der Öffentlichkeit zugänglich zu machen. Die Motivation dabei ist es, eine naturwissenschaftliche Institution in Hamburg zu etablieren, die die naturwissenschaftliche Forschung in Hamburg stärkt und den Bestand der Sammlungen über den Tod ihrer Besitzer hinaus sicherstellt. Mit diesem Versuch ist der Verein erfolgreich: 1843 werden die einzelnen Sammlungen auf Initiative des Vereins zu einem Naturhistorischen Museum zusammengeschlossen.[15] Aus ihm entwickelt sich 1916 das *Zoologische Museum*, aus dem 1921 das *Zoologische Staatsinstitut* hervorgeht. Ferner nimmt die Mineralogische Forschung aus dem *Naturhistorischen Museum* ihren weiteren Verlauf: Aus der zunächst bestehenden *Mineralogisch-geologischen Abteilung* des Naturhistorischen Museums entwickelt sich 1907 das *Mineralogisch-Geologische Institut*.

1.7 Sternwarte / Astronomie

Einen besonderen Weg innerhalb der einzelnen Disziplinen hat die Astronomie genommen. Bereits ab 1800 wird von Peter Heinrich Christoph Brodhagen Astronomie am Akademischen Gymnasium mit unterrichtet. Brodhagen erkrankt jedoch schwer und stirbt schon 1805. Die nachfolgenden Professoren berücksichtigen die Astronomie nicht mehr in dem Maße, in dem Brodhagen es mit seiner Forschung und Lehre tat.

Die Gründung der *Sternwarte* geht auf die Privatinitiative des Feuerwehrmannes und Feinmechanikers Johann Georg Repsold zurück. Dieser beantragt 1802 beim Hamburger Senat, ihm ein ehemaliges Wachhäuschen auf den Wallanlagen zu überlassen; der Antrag wird bewilligt und Repsold betreibt diese kleine Sternwarte, bis sie aufgrund der französischen Besetzung niedergerissen wird, um das Gelände militärisch zu nutzen. Erst 1825 kommt es zu einem Neubau der Sternwarte.[16]

Ab 1854 wird in den jährlichen Vorlesungsankündigungen des Akademischen Gymnasiums auch ein Bericht der Sternwarte mit aufgenommen und sie als angeschlossene

---

15 Heinrich August Ulex 1913, S. 47–59.
16 Ausführlich zur Sternwarte in Hamburg: Gudrun Wolfschmidt 2007, 111 ff.

Anstalt mit aufgeführt. Ab 1859 übernimmt George Rümker das Direktorat der Sternwarte, der dann auch als Dozent für Mathematik am Akademischen Gymnasium tätig ist. Möglicherweise schließt Rümker damit eine bestehende Lücke in der Mathematik, für deren Lehre zwar zu dieser Zeit Wiebel als Professor für Mathematik und Physik zuständig ist, der jedoch seinen Schwerpunkt zunehmend in die Chemie zu verlegen beginnt.

1.8 Das Verhältnis zwischen dem Naturwissenschaftlichen Verein und den Professoren des Akademischen Gymnasiums

Aus der bisherigen Beschreibung wird deutlich, dass das *Akademische Gymnasium* als Vorläufer der Institute für Botanik, Chemie und Physik gelten kann, hingegen der *Naturwissenschaftliche Verein* als der Initiator für die Institute der Geographie, Geologie, Mineralogie und Zoologie, sowie vieler heutiger Museen der Universität angesehen werden muss. Zwischen diesen beiden Institutionen bestehen bereits sehr früh personelle Verbindungen: Die am Gymnasium tätigen Professoren Wiebel und Lehmann (s.o.) werden sehr früh Mitglieder des Naturwissenschaftlichen Vereins und Wiebel übernimmt von 1847 bis 1864 sogar das Amt des Präsidenten. Auf den ersten Blick scheinen also zunächst durchaus starke Synergien zwischen dem Verein und dem Gymnasium zu bestehen. Blickt man jedoch tiefer in die Geschichte hinein, so wird deutlich, dass diese Verbindung nicht frei von Problemen gewesen ist, die wohl in dem unterschiedlichen Selbstverständnis der beiden Gruppierungen zu finden sind: Der Verein versteht sich in erster Linie als ein Zusammenschluss interessierter Bürgern, die naturwissenschaftliche Forschung in ihrer Freizeit betreiben und insbesondere auch durch das Anlegen von Sammlungen ihrem naturwissenschaftlichen Hobby Ausdruck verleihen. Nur wenige Mitglieder des Vereins sind hauptberuflich als Naturwissenschaftler tätig. Zu nennen sind sicher die bereits erwähnten beiden Professoren des Gymnasiums, sowie die Mitglieder des Hamburger Gesundheitsrates.

In diesem Zusammenhang muss Georg Ludwig Ulex erwähnt werden.[17] Ulex, seit 1838 als Apotheker in Hamburg tätig, gründet 1847 in Hamburg das erste öffentliche *Chemische Handelslaboratorium* Europas. Von 1840 bis 1870 lehrt er als Dozent für Chemie und Physik an der *Pharmazeutischen Lehranstalt* in Hamburg, 1845 ist er Gründungsmitglied des *Bildungsvereins für Arbeiter* und gehört 1859 bis 1874 der Hamburger Bürgerschaft an. Zwischen ihm und Wiebel kommt es des Öfteren zu fachlichen Auseinandersetzungen, die auch nicht frei von persönlichen Angriffen sind. Der Konflikt zwischen den beiden Gelehrten findet seinen vorläufigen Höhepunkt 1842 in einem heftigen 'Bilderstreit' zur Daguerreotypie.[18] Die Daguerreotypie ist ein Fotografie-Verfahren, das zwischen 1835 und 1839 in Paris entwickelt wird.

---

17 Ebd.
18 Wilhelm Weimar 1916, S. 10–18.

Abbildung 1.3:
Dr. Georg Ludwig Ulex (1811–1883), Apotheker in Hamburg
Weimar, Wilhelm: Die Daguerreotypie in Hamburg 1839–1860. Ein Beitrag zur Geschichte
der Photographie. In: Jahrbuch der Hamburgischen Wissenschaftlichen Anstalten (1915),
Beiheft 32 (1), Hamburg: Otto Meissners Verlag.

Auf mit Silberjodid beschichteten Kupferplatten lassen sich fein strukturiere Bilder erzeugen, die durch Quecksilberbedampfung fixiert werden. Schon ab 1840 wird dieses Verfahren in Hamburg eingesetzt. Der Maler Hermann Biow fotografiert damit die Brandruinen von 1842. Er bietet die ganze Kollektion dem *Historischen Verein* zum Kauf an. Dieser Verein holt sich Rat bezüglich der Haltbarkeit der Bilder beim Naturwissenschaftlichen Verein, der die Thematik daraufhin in mehreren Sitzungen diskutiert. Wiebel und Ulex führen einige chemische Experimente durch, deren Ergebnisse sie in den Sitzungen präsentieren. Wiebel „beweist", dass sich die Bilder in gesättigter Schwefelwasserstoffatmosphäre schwärzen. Darum votiert er gegen den Ankauf. Ulex hingegen beweist mit seinen Verfahren die Haltbarkeit dieser Bilder und spricht sich für einen Ankauf aus. Trotz intensiver Diskussion kann er sich im Naturwissenschaftlichen Verein nicht durchsetzen, der die Bilder der Brandruinen nun nicht anschafft. Ein Irrtum, wie wir heute wissen, denn viele andere Bilder Biows zeigen noch heute ihre Brillanz.[19] Wiebels Irrtum lässt sich folgendermaßen rekonstruieren: Auch Nichtchemikern ist bekannt, dass man Eier nicht mit Silberlöffeln essen soll, da die schwefelhaltigen Verbindungen des Eies mit dem Silber einen Belag von schwarzem Silbersulfid erzeugen können. Ähnlich bildet auch Quecksilber ein schwarzes Sulfid. Für Wiebel liegt es deshalb nahe, eine chemische Reaktion zwischen Schwefelwasserstoff und den versilberten Platten zu untersuchen. Allerdings gebraucht er für seinen Versuch sehr drastische Methoden, um eine Schwärzung der Platten zu erreichen. Schwefelwasserstoff ist außerordentlich giftig – vergleichbar mit Blausäure – und kommt in der normalen Raumluft praktisch nicht vor. Ulex hingegen löst die Aufgabe, indem er mit niedrigeren Schwefelwasserstoff-Konzentrationen arbeitet und dabei keine Schwärzung der Platten beobachtet. Wiebels Versuchsaufbau ist auch schon deswegen als grotesk zu bewerten, da die Bedingungen seines Experimentes in keiner Weise ein Äquivalent in den realen Umwelteinflüssen finden. Dennoch folgt der Verein Wiebel, wohl weil sein Amt als Professor des Akademischen Gymnasiums innerhalb des Vereins schwerer wirkt und vertrauenerweckender ist, als der legendäre Ruf, den Ulex als analytischer Chemiker in der spezialisierten Fachwelt genießt. Neben diesem Konflikt finden sich „ganze Protokolle mit Streitigkeiten, Protesten und ähnlichen Dingen", die 1845 zur Spaltung des Vereines führen.[20][21] Alle Vorstandsmitglieder bis auf Wiebel treten von ihren Ämtern zurück und Heinrich von Struve legt seine Würde als Ehrenpräsident nieder. Die Zurückgetretenen gründen nun die *Naturwissenschaftliche Gesellschaft*, die bis 1865 besteht. Die Gesellschaft bleibt zahlenmäßig kleiner als der Verein, den Wiebel ab 1847 leitet, aber er umfasst einen bedeutsamen Personenkreis: die beiden Initiatoren des ursprünglichen Vereins, Pastor Heinrich Julius Müller und der Arzt Karl Gottfried Zimmermann, der Staatsrat Von Struve und die beiden Apotheker Ulex und Semper werden die Gründungsmitglieder der neuen Gesellschaft. Bereits in ihrem Gründungsjahr kommt es zu einem weiteren erbitterten Streit zwischen Ulex und Wiebel, der hauptsächlich in der loka-

---

19 Ebd.
20 Heinrich Bolau 1887, I/1–I/32.
21 Heinrich Bolau 1887, S. 18.

len Tagespresse der Stadt Hamburg ausgetragen wird. Die Monographie „*Controverse über die Frage: ‚Was ist Mineral-Species?' veranlaßt durch die im Herbste 1845 beim Grundbaue der St. Nicolaikirche in Hamburg entdeckten Cristalle*" fasst eine Abfolge von 17 Zeitungsbeiträgen der Jahre 1845/46 zusammen. Die Zeitungsbeiträge sind fortlaufend nummeriert und sollen im Folgenden nur über die in der Monographie angegebenen Kapitelnummern referenziert werden.[22]

In {1} berichtet der Apotheker Georg Ludwig Ulex:

> „*An gewissen Orten zeigte nämlich die gegrabene, moderartige Erde beim auffallenden Sonnenschein glänzende Stellen, welche die Arbeiter für Glasstückchen hielten.*" Diese Materialien werden Ulex und Wiebel zur Analyse gegeben. Ulex erkennt „*dass die Crystalle eine neue Mineral-Species bilden, deren natürliches Vorkommen man bisher nirgends beobachtete. Die genauere physikalische und chemische Beschreibung, so wie die Erklärung der muthmasslichen Bildung wurde in der letzten Sitzung der naturwissenschaftlichen Gesellschaft gegeben. Das neue Mineral [. . .] wurde zu Ehren des Präses jener Gesellschaft [. . .] Struvit genannt.*"

Für Karl Wiebel, seit 1845 stellvertretender Vorsitzender des *Naturwissenschaftlichen Vereins* und dort insbesondere für die Sektion für Mineralogie, Geologie und Petrefaktenkunde zuständig, ist der in der Hamburger Öffentlichkeit vorgetragene Erfolg der Konkurrenzorganisation nur schwer auszuhalten. Tatsächlich ist die Entdeckung neuer Minerale in einer Großstadt auch als sehr ungewöhnlich zu werten. Minerale müssen natürlich, ohne die gezielte Tätigkeit von Menschen entstehen. Man findet sie in der freien Natur und fast alle Minerale sind anorganischer Natur und vor Jahrtausenden entstanden. Struvit ist in Folge der menschlichen Zivilisation ungeplant entstanden und hat einen organischen Ursprung, der nur wenige Jahrhunderte zurückliegt. In der entstehenden Debatte wird – wie in der Dokumentation {2} nachvollzogen werden kann – anonym sehr scharf gegen Ulex „geschossen". Der Fundort sei ja früher ein „Hasenmoor" gewesen, also eine Kloake, „*die ohne irgend eine Vermauerung, im Erdreiche ausgegraben und häufig, ohne geregelte Ableitung, die Abflüsse aus den Häusern etc. aufnehmen und, durch die Stagnation der faulen Massen, keine geringe Belästigung für die Anwohner bilden.*" Die Kristalle seien also menschlichen Ursprungs, damit keine Mineralien, und von ihrer Zusammensetzung auch nicht neu. In {3} bis {6} ist die Diskussionen zwischen Ulex und seinen anonymen Kritikern dokumentiert. In {7} meldet sich dann Karl Wiebel namentlich. Er bestätigt die bisherige Kritik und ergänzt, auch er hätte damals die Kristalle zur Untersuchung bekommen, dennoch „*[liessen] [v]ielfache dringende Berufsgeschäfte mir keine Zeit übrig zu einer augenblicklichen genauen Untersuchung.*" Er habe sie jetzt jedoch doch genauer angeschaut und festgestellt, dass man diese Körper nicht „*als neu, am allerwenigsten aber als eine neue Mineral-Species*" betrachten könnte. In seiner Antwort {8} setzt Ulex nun „Professor der Chemie" in Anführungszeichen. Dafür bekommt er dann eine Richtigstellung zurück {9}: „*Ein Fachgelehrter, Herr*

---

22 Georg Ludwig Ulex, Karl Wiebel, Carl Michael Marx 1846.

Abbildung 1.4:
Struvit – Orginalproben aus dem *Mineralogischen Museum*
der Universität Hamburg, benannt nach Heinrich von Struve (1772–1851)
Kustos: Jochen Schlüter, Aufnahme: K. C. Lyncker

Professor Wiebel, hat das Wort in dieser Angelegenheit ergriffen, und es unterliegt keinem Zweifel, dass derselbe, durch seine Stellung veranlasst, das grob-drähtige Gewebe [...] entwirren und Herrn Ulex mit seiner neuen Mineralspecies [...] sicher unter die mineralogischen [...] Nullitäten bringen wird." Ganz so schwer trifft es Ulex in der Folge allerdings nicht. Ulex berichtet {14} von den ausdrücklichen Zustimmungen von auswärtigen Fachleuten {14}, z. B. Forchheimer, J. J. Berzelius, Wöhler, Hausmann und Leonhardt. Wiebel kontert nun zwar immer ausführlicher, doch auch diese tendenziell epische Ausbreitung der Thematik, kann den Erfolg von Ulex' Thesen nicht mehr stoppen. *Struvit,* ein wasserhaltiges Ammoniummagnesiumphosphat $((NH_4)Mg(PO_4)\dot{6}H_2O)$, entsteht bei den Fäulnisprozessen tierischer Stoffe. Es ist ein wohlbeschriebenes Mineral. Das *Mineralogische Museum* der Universität Hamburg zeigt in seinen Ausstellungsräumen originale Fundstücke. Später wird sogar das Mineral Ulexit $((NaCaB_5O_6(OH)_6\dot{5}H_2O,$ ein Fasermineral mit Bildleiteffekten) nach Georg Ludwig Ulex benannt. Ein Mineral, das ebenso wie das Struvit eine organische Herkunft hat, wird einige Jahre später von Ferdinand Wibel beschrieben. Diese Publikation ist als Publikation des Akademischen Gymnasiums ausgewiesen. Dem von ihm beschriebenen Guanovulit wird aber die Anerkennung als Mineral verweigert, d. h. es handelt sich dabei um Mischkristalle, die keine neuen Mineralien enthalten.[23] Vielleicht ist Wiebels Kritik an dieser Stelle doch gerechtfertigt? Die hier geschilderte Episode soll aber nicht den Eindruck erwecken, dass der eine Wissenschaftler ein Held der Forschung und der andere das Gegenteil ist. Irrtümer in der Forschung gehören zum Erkenntnisprozess und die naturwissenschaftliche Diskussion befindet sich 1845 in Hamburg noch in den Anfängen. Die wissenschaftlichen Publikationen von Wiebel selbst sind durchaus anerkannt. Auch Ulex hat einmal einen, wie wir heute wissen, wissenschaftlichen Irrtum verbreitet, als er schreibt:

> *„Im Hamburger zoologischen Garten starben vom 17. bis 19. Mai dieses Jahres [1865] gegen ein Dutzend Raubthiere unter Symptomen, die auf zufällige oder absichtliche Vergiftung schliessen liessen. Die vorgenommene Section derselben gab keine sicheren Anhaltspunkte, man hoffte daher durch chemische Untersuchung der Eingeweide Aufklärung zu erhalten, die mir zu dem Ende übertragen wurde. Phosphor, Arsen, Strychnin etc. konnten nicht entdeckt werden, dagegen fand man in allen Gegenständen kleine Mengen Kupfer. Sämmtliche Thiere waren mit Fleisch von einem und demselben Pferde gefüttert, und da von diesem glücklicherweise noch vorhanden war, so konnte es mit in den Kreis der Untersuchung gezogen werden. In der That wurde auch hier Kupfer nachgewiesen. Ich glaubte nun im Kupfer die Ursache des plötzlichen Todes aller dieser Thiere gefunden zu haben und hoffte die Angelegenheit mit Nachweis der Abwesenheit von Kupfer im Fleisch eines gesunden frisch geschlachteten Pferdes abschliessen zu können. Zur nicht geringen Ueberraschung fand sich aber auch hier Kupfer und zwar in unzweideutigster Weise."*[24]

---

23 Ferdinand Wibel 1874, S. 392–396.
24 Georg Ludwig Ulex 1865, S. 367–374.

Ulex dehnt die Untersuchungen nun auf eine Vielfalt von Tieren aus und findet in allen Proben, die er untersucht, Kupfer. Einen Messfehler schließt er dabei ausdrücklich aus. Schließlich folgert er: „*Aus dem Vorstehenden ergiebt sich demnach die ausserordentliche Verbreitung des Kupfers in allen Naturreichen, eine Thatsache, deren Bedeutung für die Physiologie, sowie für die gerichtliche Medicin und Staatsarzneikunde auf der Hand liegt , und deren Verfolgung hoffentlich zu weiteren Forschungen in dieser Richtung Anlass geben wird.*"[25] Tatsächlich ist aber sein eigener Bunsenbrenner, mit dem er die Proben verascht hatte, die Quelle des Kupfers. Zu seiner Ehrenrettung muss man allerdings erwähnen, dass nicht nur bis heute polizeiliche Behörden bei ihren Ermittlungen hin und wieder versäumen, die Verfasstheit ihrer eigenen Instrumente bei ihren Spurensicherungen zu hinterfragen (die von 2007–2009 von der deutschen Polizei irrtümlich gejagte „Phantomfrau" zeugt davon) zudem ist Kupfer inzwischen als Spurenelement anerkannt, allerdings in wesentlich kleineren Konzentrationen, als Ulex damals glaubt, sie nachgewiesen zu haben.

Belegen solche Konflikte immer auch die recht eigenwilligen Persönlichkeiten ihrer Beteiligten – die genauen Ursachen der Spaltung des *Naturwissenschaftlichen Vereines* lassen sich heute nicht mehr zweifelsfrei rekonstruieren.[26] Vermutlich ist auch der zweite Professor des *Akademischen Gymnasiums*, Johann Georg Christian Lehmann, nicht frei von professoralen Eitelkeiten gewesen. Bei den Diskussionen zur Gründung des *Naturhistorischen Museums* vertritt Lehmann 1840 eine Maximalforderung, nämlich, dass der Vorsitz der Kommission allein für den Biologen des Akademischen Gymnasiums, also seinerzeit Lehmann selbst, zu reservieren sei. Lehmann wird allerdings später in Folge eines Rechtsstreites mit dem Pächter Staudinger 1844 seiner Ämter enthoben und erst 1849 wieder rehabilitiert, so dass er nicht als großer Wortführer der Dispute im Verein erscheint. Die Dispute, die man von ihm findet zeigen allerdings, dass auch Lehmann dazu neigt, wissenschaftlichen Kontroversen eine sehr hohe „persönliche Note" beizumischen. So führt er 1828 einen heftigen Streit mit dem Gärtner „Booth und Söhne", in dem er dessen Rose „Königin von Dänemark" auf polemische Weise Originalität abspricht, ohne seine Meinung wirklich beweisen zu können,[27] was letztendlich auch als Angriff auf die dänische Königin gewertet wird.[28] 1856 wird in der Zeitschrift „Bonplantia" ein Briefwechsel zwischen Lehmann und Johann Friedrich Klotzsch veröffentlicht.[29] Klotzsch sieht seine Ehre durch einen anonymen Artikelschreiber gekränkt und er vermutet, dass es sich bei diesem wohl um Lehmann handelt. Er schaltet sogar die Polizei ein. Lehmann gibt zwar zu, dass er

---

25 Ebd.
26 Heinrich Bolau 1887, I/1–I/32.
27 George Booth 1834.
28 Hierzu schreibt Hans Helmut Poppendieck: „*Im Rosenstreit hatte Lehmann angezweifelt, dass die von den Flottbeker Baumschulen der Gebrüder Booth benannte und als Neuheit in den Handel gebrachte Rose 'Königin von Dänemark' eine wirkliche Neuheit sei; es handele sich vielmehr um die alte Sorte 'Belle Courtisane'. Die Pikanterie der Angelegenheit wird schon aus dem Vergleich der beiden Sortennamen deutlich, von den Zeitgenossen wurde dies als Entehrung der dänischen Königin angesehen.*" Poppendieck 2007, S. 259.
29 Joachim Steetz 1856, S. 280–281.

dem Inhalt des anonymen Schreibens zustimmt, bekennt aber nicht der Schreiber des Artikels zu sein.

An den geschilderten Ereignissen wird deutlich, dass das Verhältnis zwischen den Professoren des Gymnasiums und den anderen Mitgliedern des Naturwissenschaftlichen Vereins durchaus nicht unbelastet ist, aber auch, dass es der eigenwilligen Streitkultur der Beteiligten zu verdanken ist, dass die eine oder andere überraschende Erkenntnis zutage gefördert wurde.

1.9 Weitere Einrichtungen, die die Naturwissenschaft in Hamburg prägten

Neben dem *Akademischen Gymnasium* und dem *Naturwissenschaftlichen Verein* gibt es weitere Faktoren, die auf die Entwicklung der Naturwissenschaften in Hamburg Einfluss nehmen. Ab 1747 wird das *„Hamburgisches Magazin oder gesammelte Schriften, zum Unterricht und Vergnügen, aus der Naturforschung und den angenehmen Wissenschaften überhaupt"* herausgegeben. Es enthält allerdings kaum Originalarbeiten, sondern referiert zunächst Publikationen der Akademien in Paris, London und Sankt-Petersburg. Später werden aber auch Arbeiten der Professoren des Akademischen Gymnasiums dort mitbesprochen.

Abschließend sollen noch zwei weitere naturwissenschaftliche Institutionen erwähnt werden: 1892 wird als Folge der Choleraepidemie das *„Hygienische Staatsinstitut"* gegründet, das sich bewusst nicht in die Tradition der Hamburger wissenschaftlichen Institutionen (medizinisch und naturwissenschaftlich) stellt, da man den Hamburger Behörden vorwarf, die Choleraepidemie nicht verhindert zu haben. Das „Hygienische Staatsinstitut" wird später auch Bestandteil der Universität und besteht bis heute als Teil der Behörde. 1824 bis 1935 existiert in Hamburg die *„pharmazeutische Lehranstalt"*, die als akademische Organisation erst 1894 anerkannt wird. Prof. Lehmann ist auch hier Lehrer tätig, ferner auch Ulex und weitere berühmte Apotheker Hamburgs. Die Professoren des Akademischen Gymnasiums schlagen der Behörde wohl des Öfteren vor, diese Lehranstalt dem Gymnasium anzugliedern,[30] können diese davon aber nicht überzeugen.

1.10 Die ersten naturwissenschaftlichen Promotionen in Hamburg

Ein Promotionsrecht in Hamburg besteht erst mit Gründung der Universität, da ein *Akademisches Gymnasium* grundsätzlich nicht berechtigt ist, akademische Grade zu verleihen. Allerdings ist es ausgesprochen bemerkenswert, dass in Hamburg dennoch naturwissenschaftliche Promotionsarbeiten am Akademischen Gymnasium abgefasst

---

30 Christian Petersen 1849, IV.

werden, die dann an anderen Universitäten, z. B. in Göttingen oder Kiel, als Promotionsarbeiten angenommen werden. Das heutige Identifizieren dieser Arbeiten ist allerdings nicht so einfach, da in den Publikationen oft die Namen der Betreuer nicht genannt werden. Nachgewiesen werden kann ein solches Verfahren aber für die Promotionsleistungen der Gebrüder Brackebusch. Im Vorlesungsverzeichnis des Akademischen Gymnasiums weist Ferdinand Wibel auf die Durchführung abgeschlossener wissenschaftlicher Arbeiten hin.[31] Diese Arbeiten finden sich dann als Dissertationen der Universität Göttingen wieder: Hans Brackebusch promoviert im Jahre 1873[32] und Ernst Brackebusch 1874, vgl. auch den Beitrag von Miriam N. Reinhard und Volkmar Vill Kapitel 4, S. 87.[33] Zusätzlich werden die Arbeiten auch in einer renommierten chemischen Fachzeitschrift publiziert. Hier gibt Ernst Brackebusch als Adresse auch das *Chemische Laboratorium* in Hamburg an.[34] Während die frühere Arbeit seines Bruders Hans Brackebusch wohl nur auf positive Resonanz trifft, löst die Arbeit von Ernst Brackebusch Kontroversen aus. Robert Schiff schreibt: „Diese Mittheilungen enthalten einige wenig wahrscheinliche Punkte".[35] Er wiederholt die Experimente von Brackebusch und muss dabei feststellen: „Diese, von den Angaben des Hrn Brackebusch völlig abweichenden Resultate veranlassten eine schriftlich Anfrage bei Hrn. Dr. Wibel in Hamburg und dieser hatte die Gefälligkeit, eine grössere Abhandlung des Hrn. Brackebusch zu übersenden, welche der philosophischen Facultät in Göttingen als Inauguraldissertation vorgelegt worden ist, und in welcher die, in diesen Berichten nur kurz beschriebenen Versuche ausführlich mitgetheilt und durch Analysen belegt sind. Auffallend erschien es, dass in dieser Abhandlung, für die beschriebenen Produkte theilweise ganz andere Eigenschaften angegeben sind, als in der Mittheilung in den Berichten." Schließlich führt er aus: „Ich veröffentliche diese rein negativen Resultate, um auf die Schwierigkeiten hinzuweisen, die sich bei der Ausführung der von Brackebusch beschriebenen Versuche zeigen und die man bei der Lectüre seiner Arbeit gewiss nicht im Entferntesten vermuthet. Ich kann durch meine Versuche seine Angaben nicht als widerlegt betrachten, da positive Resultate mehr als negative beweisen; doch gebe ich mich der Hoffnung hin, dass meine Publication Hrn. Brackebusch veranlassen werde, die Bedingungen näher mitzutheilen, unter denen man arbeiten muss, um die von ihm erzielten Resultate bestätigen zu können".[36] Hierauf antwortet der Bruder Hans Brackebusch:

> „Betreffend die Mittheilung des Hrn. Robert Schiff, d. Ber. VII, Heft 13 Seite 1141 et seq., bemerke ich, dass die gewünschte Auskunft von meinem Bruder Ernst Brackebusch nicht so bald zu erwarten ist, da dieser, wie privatim zu erfahren gewesen wäre, im Dienste der Wissenschaft am Logan river, Queensland (Australien) reist. Hoffentlich findet dersel-

---

31 Robert Schiff (1874), S. 1141–1145.
32 Hans Brackebusch 1873.
33 Ernst Brackebusch 1874.
34 Ebd., S. 225–226.
35 Robert Schiff (1874), S. 1141–1145.
36 Ebd.

be bald Zeit und Gelegenheit durch erneute Experimente die Zweifel des Hrn. Robert Schiff zu zerstreuen."[37]

Weitere Informationen zur wissenschaftlichen Disputation sind nicht mehr in der Literatur belegt.

Ob die Reise von Ernst Brackebusch 1874 nach Australien tatsächlich, wie von seinem Bruder Hans hier behauptet, „im Dienste der Wissenschaft" stattfindet, wäre eine eigene Frage. Belegt werden kann, dass Ernst Brackebusch nach dem Abschluss seiner Dissertation die familiären Kontakte nach Australien nutzt und dort 4 Jahre lang als Apothekengehilfe und Goldgräber tätig ist.[38] Einen Teil seiner Eindrücke aus dieser Zeit hat er zudem literarisch verarbeitet: Seine in die „Apotheker-Zeitung" als „Fortsetzungsroman" veröffentlichte Erzählung „Der ‚Rush' von Funning-Downs. Erzählung aus dem australischen Goldgräberleben"[39] ist eine recht eigenwillige Geschichte über eine Gruppe Goldgräber in Australien, die sich von vergleichbaren kolonialen Abenteuererzählungen besonders darin unterscheidet, dass ihr das Abenteuer fehlt.

Nach seinem Australienaufenthalt verlegt Ernst Brackebusch seinen Lebensmittelpunkt wieder nach Deutschland, wo er sich schließlich eine Apotheke in Stadthagen erwirbt. In dieser Apotheke wird später August Oetker, der Gründer der gleichnamigen Lebensmittelfirma, seine berufliche Karriere als Apotheker beginnen.[40] Aus der heutigen Sicht ist nicht ganz klar, wie die beiden Brackebusch-Brüder überhaupt die Initiative zu ihren Promotionsarbeiten in Hamburg finden konnten. Karl Wiebel und Ferdinand Wibel, der Professor und der Laborleiter, haben ihre Stärken in der anorganischen Chemie und nicht in der organischen Chemie, sodass sie das Thema vermutlich selbst nicht vorgeschlagen haben werden und inhaltlich wohl auch nicht betreuen konnten. Auch sind die Brackebusch-Brüder nicht Studenten des Akademischen Gymnasiums. Da die Professoren des Gymnasiums aber auch öffentliche Vorträge halten und das Laboratorium selbst sich ausdrücklich auch für Privatstudien zur Verfügung stellt, haben die Brackebusch-Brüder vielleicht auf diese Weise Kontakt zu den Lehrenden des Akademischen Gymnasiums bekommen.

1.11 Zusammenfassung

Genauso, wie der Weg bis zur Gründung Hamburg Universität als recht steinig bezeichnet werden kann, so lässt sich auch für die Entwicklung der naturwissenschaftlichen Forschung sagen, dass sie nicht immer den „einfachen Weg" im Verlauf ihrer Geschichte wählt.

---

37 Hans Brackebusch 1874, S. 1335–1335.
38 W. Bartels 1912, S. 883–883.
39 Ernst Brackebusch 1899, S. 187–189, 193–194, 199–200, 209–210, 225–227, 235–237, 245–247, 255–257, 265–267.
40 Christoph Friedrich 2012, Bd. 157, S. 118–122.

Für die Chemie lässt sich dennoch eine Genealogie von Forschern verzeichnen, die zunehmend professioneller und erfolgreicher agiert. Zunächst ist hier die Abfolge der Professoren von Lauremberg bis Wiebel dokumentiert. Unter Wiebel wird dann sein Sohn Wibel Leiter des *Chemischen Laboratoriums* des *Akademischen Gymnasiums*, dessen Nachfolger Max Dennstedt und Paul Rabe waren. Wibel macht sich einen bekannten Namen als chemischer Archäologe, der Knochen- und Kupferfunde der norddeutschen Hünengräber untersucht hat. Max Dennstedt reformiert die Chemische Elementanalytik. Seine Verfahren werden über Jahrzehnte weltweit eingesetzt, da sie insbesondere die Qualität der Naturstoffanalytik verbesserten. Paul Rabe gelingt erstmals die Synthese des Chinins. Seine Erfolge werden gerade in neuerer Zeit wiederentdeckt und diskutiert.[41] Rabe führt das *Chemische Staatslaboratorium* als *Chemisches Staatsinstitut* in die neue Universität. Nach ihm beginnt der Weg sich zeitweilig zu gabeln. Otto Stern wird 1923 ordentlicher Professor und Direktor des neu gegründeten *Instituts für Physikalische Chemie*, während Hans Heinrich Schlubach, der ab 1926 außerplanmäßiger Professor für spezielle organische Chemie ist, 1942 Direktor des Chemischen Staatsinstituts wird. Zu Otto Stern muss man noch erwähnen, dass er für seine zwischen 1923 und 1933 erbrachte Forschung in Hamburg 1943 den Nobelpreis verliehen bekommt. Mit der Machtergreifung der Nazis, werden drei der vier für ihn tätigen Assistenten entlassen – er selbst kommt einer Entlassung zuvor und reicht seine Kündigung bei der Landesschulbehörde ein. Erkennend, dass seine Forschung in Hamburg durch die Herrschaft der Nazis keine Zukunft mehr haben kann, verlässt 1933 Deutschland und setzt seine Forschungen im amerikanischen Exil fort. Sein Nachfolger Paul Harteck (1902–1985) wird als politisch unbelasteter Forscher nach dem Krieg der erste Rektor der neuerwachenden Universität. Hans Heinrich Schlubach begründet die Kohlenhydratforschung in Hamburg, die bis heute einen internationalen Ruf genießt. Auch die Physik, Klimaforschung und viele andere Bereiche der Naturwissenschaften in Hamburg haben Forschungsleistung von Weltrang erbracht. Auch sind einige bekannte Naturwissenschaftler außerhalb Hamburgs vorher Studenten des *Akademischen Gymnasiums* in Hamburg gewesen. Zwischenzeitlich machen weitere prominente Naturwissenschaftler in Hamburg Station, die nicht in Verbindung zum alten Gymnasium oder dem *Naturwissenschaftlichen Verein* oder der Universität stehen: Besonders zu nennen sind hier der Alchemist Hennig Brand, der vermutlich um 1669[42] in Hamburg zwar nicht – wie er es eigentlich plant – den „Stein der Weisen", dafür aber das chemische Element Phosphor zufällig entdeckt und Alfred Brehm, der 1862 erster Direktor des *Zoologischen Gartens* wird und in Hamburg die ersten Bände seines berühmt gewordenen „Tierlebens" verfasst.

Damit lässt sich insgesamt sagen: Die heutigen Fachbereiche Chemie und Physik der Universität Hamburg sind in direkter personeller und organisatorischer Folge aus dem *Akademischen Gymnasium* entstanden. Auch der Fachbereich Biologie ist in Teilen im Gymnasium vorgezeichnet worden. Der Bedarf an Gutachten und Messtechnik durch

---

41 Aaron C. Smith und Robert M. Williams 2008, S. 1736–1740.

42 Das exakte Entdeckungsdatum lässt sich heute nicht mehr rekonstruieren; vgl. hierzu auch: Elena Roussanova 2007, 224 ff.

die Behörden und Gerichte wird zu einer wichtigen Triebfeder für die Etablierung naturwissenschaftlicher Institute. Die damalige Wissenschaft basierte stark auf dem „freiwilligen" Arbeitswillen der Professoren. Schon vor der Gründung der Universität 1919 unterstützen diese Promotionen von Studenten, ohne sie selbst als Promotionen anerkennen zu können. Die naturwissenschaftliche Forschung in Hamburg zeigt sich also im besten Sinne schon dann als universitäre Forschung, noch bevor überhaupt eine Universität besteht.

Abbildung 1.5:
Nobelpreisträger Otto Stern (1888–1969), Institut für Physikalische Chemie
Fachbereich Chemie der Universität Hamburg (Sammlung von Fritz Thieme)

Der Nobelpreis, der Otto Stern 1943 für seine Forschungsarbeiten aus seiner Hamburger Zeit verliehen wird, bildet einen besonderen Höhepunkt in der Entwicklung der Naturwissenschaftlichen Forschungsstätten dieser Stadt. Zugleich erinnert die Biographie Sterns die Universität als soziale Institution an ihre gesellschaftliche Verantwortung – auch über Hamburg und die Naturwissenschaften hinaus.

Danksagung

Wir danken Fritz Thieme und der Wittenborn-Stiftung für die Förderung dieser Arbeit.

1.12 Literatur

BARTELS, W.: Ernst Brackebusch †. In: *Die Apothekerzeitung. Organ des Deutschen Apothekervereins* Nr. 27. Berlin (1912), S. 883–883.

BOLAU, HEINRICH: Zur Geschichte des Naturwissenschaftlichen Vereins in Hamburg. In: *Festschrift zur Feier des fünfzigjährigen Bestehens des Naturwissenschaftlichen Vereins in Hamburg*. Hamburg 1887.

BOOTH, GEORGE: *Sieg der Rose Königin von Dänemark durch Enthüllung der Anschläge des Professors J. G. C. Lehmann*. Paris 1834.

BRACKEBUSCH, HANS: *Ueber Derivate der acetylirten Aminbasen der Benzolreihe*. Hamburg 1873.

BRACKEBUSCH, ERNST: *Ueber Nitroderivate der Propylreihe*. Göttingen 1874.

BRACKEBUSCH, HANS: Ueber Nitroverbindungen aus der Allylreihe. In: *Berichte der Deutschen Chemischen Gesellschaft* (1874), Bd. 7, S. 225–226.

BRACKEBUSCH, HANS: Der Rush von Fanning-Downs. Erzählung aus dem australischen Goldgräberleben. In: *Apotheker Zeitung*, Nr. 29: S. 187–189, Nr. 30: S. 193–194, Nr. 31: 199–200, Nr. 32: 209–210, Nr. 34: 225–227, Nr.35: 235–237, Nr. 36: 245–247, Nr. 37: 255–257, Nr. 38: 265–267.

SMITH, AARON C. UND ROBERT M. WILLIAMS: Rabe Rest in Peace: Confirmation of the Rabe-Kindler Conversion of d-Quinotoxine Into Quinine: Experimental Affirmation of the Woodward-Doering Formal Total Synthesis of Quinine. In: *Angewandte Chemie International Edition*, Bd. 47. Weinheim (2008), S. 1736–1740.

FRIEDRICH, CHRISTOPH: 150. Geburtstag: Dr. August Oetker – Apotheker und Lebensmittelfabrikant. In: *Pharmazeutische Zeitung*, Nr. 157. Eschborn (2012), S. 118–122.

JANSSEN, JOACHIM ANTON RUDOLPH: *Ausführliche Nachrichten über die sämmtlichen evangelisch=protestantischen Kirchen und Geistlichen der freyen und Hansestadt Hamburg und ihres Gebiethes sowie über deren Johanneum, Gymnasium, Bibliothek, und die dabey angestellten Männer*. Hamburg 1826, S. 425–472.

LAUREMBERG, PETER: *Pet. Laurenbergi Rostochiensis in Synopsin Aphorismorum Chymiatricorum Angeli Salæ Vicentini, Notae Et Animadversiones; Quibus nuper Parasitaster aliquis opposuit Responsionem*. Hamburg 1624.

MEINEL, CHRISTOPH: Der Begriff des chemischen Elementes bei Joachim Jungius. In: *Sudhoffs Archiv* (1982), Bd. 66, S. 313–338.

ROUSSANOVA, ELENA: Chemie in Hamburg. Entwicklungslinien in der Retroperspektive. In: WOLFSCHMIDT, GUDRUN (Hg.): *Hamburgs Geschichte einmal anders*, 2007, S. 217–238.

STEETZ, JOACHIM: Klotzsch's Angreifer. In: *Bonplandia*, Bd. 4. Hannover (1856), S. 280–281.

POPPENDIECK, HANS-HELMUT: Ein Garten für den gebildeten Kaufmann – Zur Geschichte des Botanischen Gartens in Hamburg. In: WOLFSCHMIDT, GUDRUN (Hg.): *Hamburgs Geschichte einmal anders*, 2007, S. 253–286.

PROCHOWNICK, LUDWIG: Ueber die Wurzel des Baumwollenstrauches als Ersatzmittel des Mutterkorns. In: *Centralblatt für Gynäkologie*, Heft 5. Leipzig (1884), S. 56–69.

ULEX, GEORG LUDWIG: Ueber Verbreitung des Kupfers im Thierreiche. In: *Archiv der Pharmacie*, Band 175. Hannover (1866), S. 72–76.

ULEX, HEINRICH AUGUST: *Zur Geschichte der Familie Ulex. Aufzeichnungen von Dr. jur. Heinrich Ulex.* Hamburg 1913, S. 47–59.

VEIT, DAVID: *Johann Albert Heinrich Reimarus nach zurückgelegten Funfzig Jahren seiner medizinischen Laufbahn. Ein biographischer Beytrag zur Feyer des 19sten Aprils.* Hamburg 1807.

VOIGT, ALFRED: *Die botanischen Institute der Freien und Hansestadt Hamburg.* Hamburg, Leipzig 1897, S. 3–31.

VOLLER, AUGUST: Das Physikalische Staats-Laboratorium. In: *Hamburg in Naturwissenschaftlicher und Medizinischer Beziehung – Den Teilnehmern der 73. Versammlung deutscher Naturforscher und Ärzte als Festgabe gewidmet.* Hamburg 1901, S. 205–212.

WEIMAR, WILHELM: Die Daguerreotypie in Hamburg. In: *Jahrbuch der Hamburgischen Wissenschaftlichen Anstalten*, Bd. 32, 1. Beiheft. Hamburg 1916, S. 10–18.

WIBEL, FERDINAND: Ueber Guanovulit, ein neues Mineral in den Vogeleiern des Peru-Guanos. Mittheilungen aus dem chemischen Laboratorium des akademischen und Real-Gymnasiums zu Hamburg. V. In: *Berichte der Deutschen Chemischen Gesellschaft*, (1874), Bd. 7, S. 392–396.

WIEBEL, KARL: Das physikalische Kabinet und chemische Laboratorium des Akademischen Gymnasiums zu Hamburg. Geschichte ihrer Entwicklung und Schilderung ihres jetzigen Zustandes. In: *Verzeichniss der Vorlesungen, welche am Hamburgischen Akademischen und Real-Gymnasium von Ostern 1863 bis Ostern 1864 gehalten werden.*Hamburg 1863, S. 1–36.

WIEBEL, KARL: *Verzeichniss der öffentlichen und Privat-Vorlesungen, welche am Hamburgischen Akademischen Gymnasium von Ostern 1850 bis Ostern 1851 gehalten werden.* Hamburg 1850, XII.

WIEBEL, KARL: Das Gold der Goldküste, besonders das von Elmina. In: NATURWISSENSCHAFTLICHER VEREIN HAMBURG (Hg.): *Abhandlungen aus dem Gebiete der Naturwissenschaften* Hamburg 1852, Bd. 2 (2), S. 87–108.

Wohlwill, Emil: Joachim Jungius und die Erneuerung atomistischer Lehren im 17. Jahrhundert. In: *Festschrift zur Feier des fünfzigjährigen Bestehens des Naturwissenschaftlichen Vereins in Hamburg.* Hamburg 1887, II/1–II/66.

Wolfschmidt, Gudrun: Sterne über Hamburg – Höhepunkte der Entwicklung der Astronomie. In: Wolfschmidt, Gudrun (Hg.): *Hamburgs Geschichte einmal anders*, 2007, S. 103–138.

Wolfschmidt, Gudrun (Hg.): *Hamburgs Geschichte einmal anders – Entwicklung der Naturwissenschaften, Medizin und Technik – Teil I.* Norderstedt /Nuncius Hamburgensis – Beiträge zur Geschichte der Naturwissenschaften; Band 2) 2007.

Q. D. S.

DISPUTATIONUM
De
Principiis
Corporum Naturalium
Prima
In Gymnasio Hamburgensi publicè proposita
Præside
IOACHIMO IVNGIO Phil.
ac Med. Doctore, Physicæ ac p. t. Logicæ
Professore, Gymnasijq;
Rectore.

Respondente
JOHANNE HOGIO
Hamburg.
Habebitur xxx. Martij horis matutinis.

HAMBURGI,
Literis HENRICI VVERNERI *exscripta.*
Anno, M. DC. XLII.

Abbildung 2.1:
Titelblatt der *Disputatio De principiis corporum naturalium I*
SUB Hamburg, NJJ: Pe. 18b, S. 89r.

„Über die Prinzipien der Naturkörper"

Eike Harden (Hamburg)

Die Kontextabhängigkeit der Deutung frühneuzeitlicher naturphilosophischer Terminologien

2.1 Einführung

Der Hamburger Gelehrte Joachim Jungius (1587–1657) hat reichhaltige Notizen hinterlassen, von denen über 40.000 Blatt erhalten sind. Der größte Teil dieses handschriftlichen Nachlasses ist nicht ediert; von den edierten Werken ist der größere Teil erst nach Jungius' Tod erschienen. Das macht Jungius zu einem interessanten Forschungsobjekt.[1]

Seit Mitte der 1980er Jahre sind auch keine Jungius-Werke mehr erschienen, die sich mit Themen beschäftigen, die wir heute als der Chemie zugehörig betrachten.[2] Vieles hat sich seither getan: z. B. stehen digitale Faksimiles im Internet zur Verfügung;[3] die buchhistorische Forschung bewertet das Verhältnis von Randbemerkung, Notiz, Manuskript, Druckwerk und postumer Edition nach verschiedenen Maßstäben völlig neu;[4] in den letzten dreißig Jahren hat sich die Wissenschaft vom Übersetzen (Translatologie) wesentlich weiterentwickelt, so dass Voraussetzungen und Ziele von Übersetzungen heute völlig anders definiert werden.[5] Auch deshalb erscheint eine Neubetrachtung wünschenswert.

Ich möchte im Folgenden zunächst die Jungius-Rezeption im 19. und 20. Jahrhundert rekapitulieren, bevor ich an einigen wenigen Beispielen zeige, wie sich mit den neuen Erkenntnissen und Werkzeugen der historischen Forschung Jungius in ei-

---

1 Auch im Rahmen dieser Reihe ist Jungius untersucht worden: Elsner 2007, Herkt-Januschek 2009.
2 Jungius/Meinel 1982 ist die letzte einschlägige Edition.
3 `http://www.sub.uni-hamburg.de/jungius-nachlass`.
4 Finkelstein / McCleery 2005 geben eine gute Übersicht.
5 Siever 2010 zur modernen Geschichte der Translatologie.

nem anderen Licht zeigen kann. Beginnen muss ich mit einer Theorie der technischen Übersetzung.

2.2 Kleine Theorie der „technischen" Übersetzung

„Wer übersetzt, interpretiert", lautet die Grundüberzeugung der modernen Translatologie. Das bedeutet, dass niemand seine Übersetzung als „wahr" oder „richtig" beweisen, sondern nur seine Entscheidungen plausibel machen kann.[6] Durch jede Übersetzung entsteht wegen der Deutung des Übersetzers zwangsläufig etwas Neues, das auf einen bestimmten Zweck zugeschnitten sein kann und auf eine bestimmte Zeit.[7] Man kann also eine Variabilität des Zieltextes (ZT) annehmen, selbst wenn der Ausgangstext (AT) stabilisiert worden ist. Diese Stabilität ist ihrerseits nicht selbstverständlich, sei aber hier als gegeben angenommen.

Wissenschaftliche AT können eine „technische" statt einer „literarischen" Übersetzung erfordern. Grob gesprochen ist eine technische Übersetzung immer dann angezeigt, wenn ein „Gebrauchstext" übersetzt werden soll.[8] Gebrauchstexte sind von Fachleuten geschriebene AT und Fachleute wiederum werde ich hier als Teilnehmer an der wissenschaftlichen Forschung verstehen. Insbesondere soll der Status eines Autors als Fachmann nicht bedeuten, dass ihm sachliche Fehlerfreiheit zu unterstellen ist, denn auch Fachleuten können Fehler unterlaufen, gerade in der sprachlichen Darstellung ihrer Ergebnisse.[9] Im Gegenteil: Sollen Fachleute den ZT lesen, kann es darauf ankommen, sachliche Fehler als außertextlich zu erkennen und den ZT von ihnen zu bereinigen. Das ist gerechtfertigt, weil eine Übersetzung nur dem ZT-Rezipienten zuliebe angefertigt wird und ein Übersetzer daher alles unternehmen muss, damit das Publikum den ZT verstehen kann.[10]

Eine besondere Schwierigkeit stellt das interchronale Übersetzen dar, dem ein AT aus einer fernen Vergangenheit zugrundeliegt. Der Einfachheit halber sei das Kriterium der „Ferne", dass sich kein lebender Übersetzer mehr an die Entstehungszeit des AT erinnern kann. Solche Übersetzungen sind bisher kaum in das Blickfeld der Translatologie geraten.[11] Sie unterscheiden sich von anderen Übersetzungen dadurch, dass es keinem modernen Übersetzer möglich ist, nach dem Vorbild des Ethnologen in die Kultur „einzutauchen", innerhalb derer der AT entstanden ist. Die kulturelle Kompetenz des interchronalen Übersetzers ist daher gegenüber kontemporären Übersetzern mangelhaft.

Im konkreten Fall der neulateinischen AT von Jungius geht es um interchronales technisches Übersetzen. Jungius verfügte über ein ausgeprägtes Sprachbewusstsein und hielt die Nominaldefinition, also die Klärung der *Termini technici,* für eines der

---

6 Siever 2010, S. 229–231.
7 Siever 2010, S. 271–273.
8 Horn-Helf 1999, S. 48–50.
9 Horn-Helf 1999, S. 104–107.
10 Horn-Helf 1999, S. 141.
11 Siever 2010, S. 225.

zentralen Anliegen der „erneuerten" wissenschaftlichen Methode.[12] Ihm eine mangelnde Beherrschung der Sprache zu unterstellen, liefe daher in die falsche Richtung. Dennoch sind seine AT aus anderen Gründen gewiss oft falsch: Jungius hat nicht immer selbst geschrieben, sondern Schüler mitschreiben lassen oder externe Schreiber beschäftigt, so dass Textdefekte aufgrund der Unzulänglichkeiten dieser Schreibmethode anzunehmen sind; ebenso gut ist es möglich, dass Jungius unter Zeitdruck gestanden hat. Insgesamt lässt sich nicht beurteilen, ob und welche Fehler im AT bestehen. Sie machen aber den Unterschied zwischen Jungius' „wahrer" Intention und dem Verständnis des unbefangenen Lesers aus, selbst wenn er in der Kultur des AT kompetent sein könnte.

Diese Situation können wir nicht ganz auflösen, aber einige weitere Überlegungen helfen zu einer besseren technischen Übersetzung zu gelangen. Erstens sollte der Übersetzer „pragmatische Äquivalenz" anstreben: *Tacit knowledge* des AT muss in einigen Fällen für den ZT-Rezipienten expliziert werden, seltener können umgekehrt lange Ausführungen des AT, die dem ursprünglichen Publikum geschuldet waren, im ZT gekürzt oder ausgelassen werden, weil sie allgemein bekannt sind. Es gilt dabei genau abzuwägen, um den Rezipienten nicht zu unterfordern.

Zweitens kann der Übersetzer die Thema-Rhema-Markierung, die Gewichtung von Bekanntem und Unbekanntem also, weitgehend zu erhalten versuchen. Drittens sollte er eine „textnormative Äquivalenz" anstreben: Die Funktion des AT ersetzt er durch einen funktional gleichartigen ZT, der die kulturellen Übereinkünfte der ZT-Kultur einhält. Dazu gehören selten beachtete Aspekte wie die Typografie: Eine frühneuzeitliche Disputation hat ohne Ansehen des Inhalts ebenso ein typisches Erscheinungsbild im Druck wie ein moderner Fachzeitschriftenaufsatz.[13] Der AT wurde von einem Fachmann für Fachleute geschrieben, nicht von einer historischen Persönlichkeit für die Wissenschaftshistoriker der Nachwelt. Diese Art Übersetzung birgt zwar die Gefahr eines Anachronismus, kann aber die Deutungsmöglichkeiten erweitern oder führt überhaupt erst dazu, dass der AT-Produzent in seinen Anliegen ernstgenommen wird. Viertens sollte auch „terminologische Äquivalenz" angestrebt werden, also die Übersetzung von Fachausdrücken als Fachausdrücke.[14]

---

12 Jungius widmete dem Thema eine gedruckte Disputation: Jungius, Joachim; Hagmeier, Joachim: *De Nominalium definitione necessitate*. Hamburg: Henricus Wernerus, [gehalten am 4./14. April] 1635. Wieder abgedruckt in Jungius/Müller-Glauser 1988, S. 153–163, Faksimile des Titelblatts S. 151, Faksimile des Widmungsblatts S. 644, Zusammenfassung der weiteren Informationen S. 152.

13 Wehde 2000, S. 119-126 zu solchen „typographischen Dispositiven".

14 Horn-Helf 1999, S. 116 und 125–129 zu den drei Äquivalenzen, S. 273–277 zur Rechtfertigung.

2.3 Rezeptionsgeschichte von Joachim Jungius als Chemiker

Als Jungius 1657 starb, hinterließ er sein Geld einer Stipendienstiftung, die jungen Wissenschaftlern erlauben sollte aus seinen Notizen „Werke" zu erstellen. Dass dieser Gedanke nicht ungewöhnlich war und für Erfolg versprechend gehalten wurde, kann man daran erkennen, dass noch Gottfried Wilhelm Leibniz (1646–1716) sich sehr darum bemühte, Jungius' handschriftliche Aufzeichnungen für die Hannoveraner Bibliothek zu erwerben. Allerdings hing der Erfolg der Bemühungen stark von den spezifischen Interessen der jeweiligen Bearbeiter ab. So brachte Martin Vogelius (1634–1675), ein ausgebildeter Arzt, 1662 die in erster Linie als „chemisch" oder „biologisch" zu betrachtenden *Doxoscopiae Physicae minores*[15] heraus.

Bis ins späte 19. Jahrhundert hinein verlief die Jungius-Rezeption nur sehr schleppend, während z. B. Francis Bacon (1561–1626) in James Speddings (1808–1881) *Works und Life and Letters* und Galileo Galilei (1564–1642) in Antonio Favaros (1847–1922) *Edizione Nazionale* bleibende Denkmäler gesetzt wurden. Der auch für seine Forschungen zu Galilei bekannte Hamburger Chemiker und Wissenschaftshistoriker Emil Wohlwill (1835–1912) war der erste, der sich genauer mit Jungius' wissenschaftlichen Forschungen beschäftigte. Er konzentrierte sich dabei auf „chemische" Fragestellungen, besonders auf den Atomismus.[16] Einige seiner Thesen wurden später von Hans Kangro (1916–1977) und dann von Christoph Meinel wieder aufgegriffen. Dabei spielten neben einigen neu gefundenen Texten immer wieder auch die gleichen alten Texte eine Rolle, die nur verschieden gelesen wurden.

2.3.1 Emil Wohlwill und die „Prinzipien (Teile) der Naturkörper"

Dass Wohlwill wenig sensibel für Fragen der Sprache war, zeigt eine Anekdote: Wohlwill zitierte einmal aus dem Jungius-Nachlass und gab als Fundstelle „Medica in 4°, Bl. 168" an. Seine deutsche Übersetzung lautet: „[...] *keinesfalls kann die Verwerfung eines einzelnen guten und nützlichen Vorschlags so viel Nachtheil oder Schaden bringen, als ein allgemeiner Verzicht auf Freiheit der Entscheidung.*" Statt hier die medizinische Implikation zu erwägen, schrieb Wohlwill Jungius eine „republikanische Gesinnung" zu![17] Ich vermute, dass Jungius vielmehr auf die Bedeutung der medizinischen Praxis und Erfahrung gegen die Autoritätenhörigkeit einiger Kollegen hinweisen wollte.

---

15 Jungius/Vogelius 1662.
16 Schütt 1972, S. 135.
17 Wohlwill 1888, S. 17–18; er hat die Stelle aus SUB [Staats- und Universitätsbibliothek] Hamburg, NJJ [Nachlass Joachim Jungius]: Suppl. 3, Bl. 167 unter dem Titel „Auctoritas" entnommen. Dort lese ich: „*Non enim tantum incommodi aut damni afferre potest, particularis alicujus consilii boni atque utilis rejectio, quantum [von Wohlwill in eckige Klammern gesetzt, obwohl im Original lesbar: cuique comm-]oda atque universalis liberi judicii resignatio.*" Wohlwills Transkription: SUB Hamburg, NJJ: Suppl. 15.

Auch als Wissenschaftshistoriker ist Wohlwill aus heutiger Sicht problematisch, da er das Fortschrittsideal des 19. Jahrhunderts ziemlich ungebrochen vertrat.[18] Jungius erschien ihm als zu wenig fortschrittlich, zu sehr an Aristoteles angelehnt, um einen Abdruck irgendeines weiteren Teils seines Nachlasses verantworten zu können: Jungius im Original konnte nach Wohlwills fester und oft geäußerter Ansicht den Leser des 19. Jahrhunderts nur abschrecken.[19] So tauchen Übersetzungen bei Wohlwill nur an zwei Stellen auf: Erstens im Argumentationsgang, wo sie oft schlecht nachgewiesen sind, zweitens in *„Zwei Disputationen über die Prinzipien (Teile) der Naturkörper",*[20] allerdings weder vollständig noch vom Originaltext begleitet.

In seiner 1928 hinzugefügten Einleitung zu dieser Übersetzung schrieb Adolf Meyer[-Abich] (1893–1971, später Meyer-Abich), Wohlwill habe die Bedeutung der beiden Disputationen *„für das Lebenswerk von Jungius" „sichergestellt".* Er gab weder eine Belegstelle an, noch führte er aus, was die Bedeutung sei oder wie Wohlwill sie sichergestellt hätte.[21] Dieser Mangel zieht sich durch die gesamte Frühgeschichte der Jungius-Forschung und sollte sich erst in Kangros Werken ändern.

Inzwischen gibt es eine kritische Edition der Disputationen, die allerdings auch schon wieder 25 Jahre alt ist und die aktuellen Forschungsergebnisse zum akademischen Kleinschrifttum nicht berücksichtigen konnte.[22] Damit stehen uns die Originaltexte in einer „stabilen" Form zur Verfügung. Es handelt sich um die folgenden Werke:

- JUNGIUS, JOACHIM (Präses); HOGIUS, JOHANNES ([† nach 1643], Respondens): *[De principiis corporum naturalium I] Disputationum De Principiis Corporum Naturalium Prima* [...]. Hamburg: Henricus Wernerus, [gehalten am 30. März / 9. April] 1642.[23]
- JUNGIUS, JOACHIM (Präses); SLAPHIUS [SCHLAFF], JODOCUS († nach 1663, Respondens): *[De principiis corporum naturalium II] Disputationum De Principiis Corporum Naturalium Altera* [...]. Hamburg: Henricus Wernerus, [gehalten am 2./12. April] 1642.[24]

---

18 Schütt 1972, S. 46.
19 Z. B. Wohlwill 1888, S. 27–28, Wohlwill 1929, S. 16–17.
20 Jungius 1928.
21 Jungius 1928, S. 8.
22 Jungius/Müller-Glauser 1988, zu Disputationen: u. a. Marti 1999, Marti 2001, Marti 2010, Marti 2011.
23 Jungius/Müller-Glauser 1988, S. 371–384, Faksimile des Titelblatts S. 371, Faksimile des Widmungsblatts S. 649, Zusammenfassung der weiteren Informationen S. 372. Für die Textkonstitution wurden ein Exemplar der Universitätsbibliothek Erlangen und zwei der SUB Hamburg verwendet, wobei letztere bearbeitet wurden: NJJ: Pe. 18a, Bl. 79–85 von Martin Vogelius, der offenbar eine postume Neuausgabe der Disputation geplant hatte und NJJ: Pe. 18b, Bl. 87-99 von Jungius selbst, außerdem wurden zwei Blätter mit Korrekturen aus NJJ: Pe. 61a, Bl. 19–20 benutzt.
24 Jungius/Müller-Glauser 1988, S. 385–400, Faksimile des Titelblatts, S. 385, Faksimile des Widmungsblatts, S. 649, Zusammenfassung der weiteren Informationen S. 386. Für die Textkonstitution wurden je ein Exemplar der Universitätsbibliothek Erlangen und der

Wir wissen heute, dass es sich bei Disputationen um eine Standardform des Hochschulunterrichts der Frühen Neuzeit handelte, wobei die im mündlichen „Unterricht" abgehandelten Fragen öffentlich zugänglich gemacht wurden und manchmal auch noch im Druck vorliegen. Diese „Thesendrucke" erreichten oft eine außerordentliche Verbreitung, die mehr vom Ruf des „Präses", des vorsitzenden Professors, abhing als von den Themen oder auch nur dem Ruf der Hochschule, und dass Disputationen an *Akademischen Gymnasien* sich von solchen an Universitäten grundsätzlich nicht unterschieden. Der beteiligte Student konnte entweder nur als „Respondens" auftreten oder auch als Mitautor – zumindest bei Jungius. Des Weiteren sind die Widmungsblätter ebenso zu berücksichtigen wie die Zeitumstände der Veröffentlichung. Alles dies wusste Wohlwill nicht. Zudem weisen beide Disputationen „Corollaria" auf, d. h. Sammlungen von Thesen, die nicht zum Kernthema des Werks gehören und mit „*Corollaria Logico-Metaphysica*" überschrieben waren. Wohlwill hat sie ignoriert.

Wohlwill scheint geglaubt zu haben, diese Disputationen seien Jungius' zusammengefasste Äußerungen zur Atomistik gewesen, seinem Kernthema. Deshalb hat Wohlwill viele der einleitenden Thesen und die *Corollaria* fortgelassen, die sich nicht an der Atomistik orientierten, und deshalb hat er gerade diese Werke aus der deutlich größeren Zahl der im Hamburger Nachlass existierenden Thesendrucke herausgegriffen. Zeittypisch hat er dabei weder berücksichtigt, dass viele Disputationen nur im Manuskript veröffentlicht worden waren, noch, dass bereits Martin Vogelius für seine geplante Neuausgabe eine Vorauswahl getroffen hatte, die sich mehr an Vogelius' eigenen Interessen – Vogelius war Mediziner – orientiert haben dürfte als daran, was aus einer späteren Sicht für die Wissenschaft interessant sein könnte. Mit anderen Worten: Wohlwills Auswahl geschah durch die Brille der Fortschrittsideologie seiner Zeit.

Wir können als Zweck der Wohlwillschen Übersetzung festhalten: Es ging um den Nachweis von Wohlwills These, dass Jungius Atomist gewesen sei. Er zog nicht einmal in Betracht, dass die Beispiele um der Finanziers willen ausgewählt worden sein könnten. Die erste Disputation war allein dem Hamburger Stadtphysicus Johannes Ebeling (†1658) gewidmet, und in den meisten Fällen erhielt derjenige eine solche Widmung, der den Druck bezahlt hatte.

Kurzum könnte man vermuten, Jungius sei es um den Nachweis gegangen, dass seine allgemeine naturwissenschaftliche Methode auch in der Medizin angewendet werden könnte.

British Library London sowie zwei der SUB Hamburg verwendet, wobei letztere wiederum bearbeitet wurden: NJJ: Pe. 18b, Bl. 100–113 von Vogelius, NJJ: Pe. 18b, Bl. 114–126 von Jungius selbst. NJJ: Pe. 18a, Bl. 86–97 enthält von Jungius vermutlich autorisierte Erweiterungen, die zur Textkonstitution nicht berücksichtigt wurden, NJJ: Wo. 23, [„Manipel" mit der so von Meinel geklammerten Nummer:] [2] *Exercitatio II de principiis hypostaticis* von 1632 [?] ist eine Disputation zum selben Thema, allerdings im Anschluss an Daniel Sennerts (1572–1637) Epitome Naturalis Scientiae.

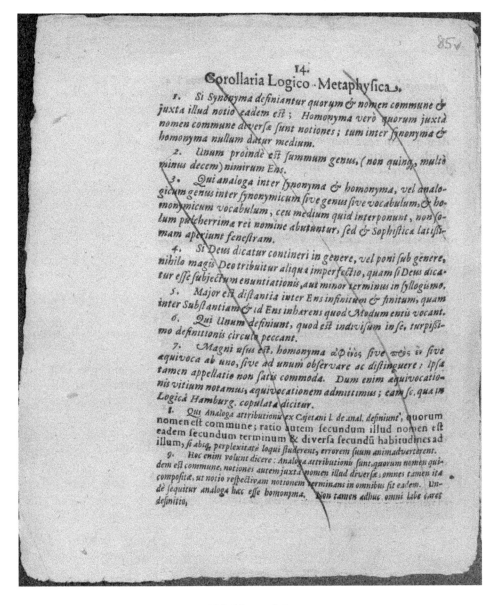

Abbildung 2.2:
Die Seite mit den *Corollaria Logico-Metaphysica*
sind in dieser Ausgabe von Martin Vogelius durchgestrichen worden,
der die Disputationen für den Druck vorbereitete.
SUB Hamburg, NJJ: Pe. 18a, S. 85v.

Ich möchte nun Wohlwills Übersetzung am Maßstab der „kleinen Theorie" messen. Suchen wir daher eine Stelle, in der die Termini „Prinzip", „Körper" und „Atom" vorkommen:

> *71) Erst wenn man durch auflösende Beobachtung zu den ersten hyposta-*
> *tischen **Prinzipien** [alle Herv.: d. Verf.], d. h. zu absolut gleichartigen,*
> *aus **Atomen** derselben Art bestehenden **Körpern** gelangt sein wird, wird*
> *sich mit Sicherheit erforschen lassen, ob es synhypostatische Prinzipien*
> *gibt und wenn es ihrer gibt, welche und wieviel der Art nach es sind."[25]*

Was steht im Original?

> *„71. Postquam resolutoriâ observatione ad **principia** prima hypostatica,*
> *hoc est corpora exquisitè similaria ex ejusdem speciei atomis constantia*
> *perventum fuerit, tum demum principia synhypostatica an sint et quaen-*
> *am ac quotnam specie sint, si qua sunt, investigari certò poterit."*

Betrachten wir die Übersetzung mit Hilfe unserer „kleinen Theorie". Ohne tiefere Beschäftigung erkennen wir die folgenden Kritikpunkte:

* Wohlwill hat die Möglichkeit außertextlicher Fehlerquellen nicht in Betracht gezogen. Er hat auch keine anderen Quellen herangezogen.
* Wohlwill hat auf den AT verzichtet und deshalb seine deutenden Entscheidungen nicht explizit und damit überprüfbar gemacht.
* Wohlwill hat die Thema-Rhema-Markierung beibehalten, indem er sich jeder Umstellung der Gliedsätze und Satzteile enthalten hat; eine pragmatische Äquivalenz hat er damit allerdings keinesfalls hergestellt, denn er hat Unbekanntes nicht expliziert.
* Wohlwill hat sich über die textnormative Äquivalenz keine Gedanken gemacht, sondern die Konventionen der Ausgangskultur nachgeäfft, die keinem Lebenden mehr etwas sagen.
* Wohlwill hat sich der terminologischen Äquivalenz verweigert, indem er die Fachausdrücke einfach nicht übersetzt hat. „Prinzipien", „Körper" und „Atome" sind nun einmal keine Übersetzungen von *principia, corpora* und *atomis*.

2.3.2 Hans Kangro und die „Begründung der Chemie als Wissenschaft"

Kangros umfangreiches *„Joachim Jungius' Experimente und Gedanken zur Begründung der Chemie als Wissenschaft"* wurde sehr gut aufgenommen. In ihrer Rezension für „Isis" urteilte Audrey Davis (1934(?)–2006), es handle sich um ein „nützliches und

---

25 Jungius 1928, S. 19–20; es handelt sich bei These 71 tatsächlich um die erste, in der Atome, Naturkörper und Prinzipien zusammen vorkommen und in Beziehung gesetzt werden.

erfolgreiches Buch".[26] Außerdem stellte sie fest, dass Kangro gezeigt habe, wie Jungius seine breiten Interessen auf die Chemie bündeln wollte.[27] Er habe damit James Partington (1886–1965) widerlegt, der befunden hatte, Jungius habe seine Energie auf zu viele verschiedene Projekte gerichtet.[28]

Diesen Nachweis kann ich bei Kangro nicht finden: Er nimmt vielmehr als Ausgangspunkt an, was er doch bewiesen haben sollte und beginnt und beendet sein Werk mit der Chemie, indem er alle anderen Wissensgebiete in Beziehung zu ihr setzt. Das beweist nur, dass Jungius' Gedanken sich je nach Interesse des Rezipienten auf Verschiedenes beziehen lassen. Kangro zitiert viel aus den *Doxoscopiae Physicae Minores*, weil seine Interessen sich weitgehend mit denen von Vogelius deckten.[29] Zugleich verzichtet Kangro weitgehend darauf, die Disputationen genauer anzusehen.[30]

Manchmal führt Kangro Stellen aus Jungius' Schriften an, ohne sich den Anschein zu geben, sie übersetzen oder auch nur verstehen zu wollen: „[V]on einer *proportio atomorum* ist [da] die Rede",[31] schreibt Kangro über die These 24 der Disputation *De Forma Substantiali*.[32]

In anderen Fällen paraphrasiert Kangro statt zu übersetzen und gibt auch das Original nicht an, so beim ersten Satz der ersten Hamburger Disputation: *„Auch die Führungsrolle der Logik in der Naturforschung lehnte der Gelehrte ab."*[33] Einem Vergleich mit dem Original hätte diese Paraphrase kaum standgehalten, denn Jungius beendet seine Ausführungen in etwa mit: *„Unsinn wäre es, den Unterricht der eigentlichen Wissenschaft in eine Erklärung ihrer Methodologie umzuwandeln."*[34]

---

26 Davis 1969, S. 572.

27 Davis 1969, S. 571: *„Rather, Kangro shows, Jungius was anxious to bring his broad understanding of nature to focus on the problems posed by seventeenth-century chemistry".*

28 Partington 1961 ist hier gemeint.

29 Kangro 1968, S. 120–121 in F[ußnote] 174 schreibt ausdrücklich: „In den Doxoscopiae Physicae Minores, aus denen wir die meisten Jungianischen Einzelansichten über die Naturkörper schöpfen [...]".

30 Ein ganz kurzer Vergleich der Namensregister zwischen Jungius / Müller-Glauser 1988, S. 671–677 und Kangro 1968, S. 424–433 zeigt das folgende erstaunliche Ergebnis: Während in den Hamburger Disputationen der Paduaner Averroismus und Zabarella ebenso prominent vertreten sind wie Aristoteles selbst, kümmerte sich Kangro mehr um so unbekannte Chemiker der frühen Neuzeit wie Anton Günther Billich (1598–1640) oder Angelo Sala (1576(?)–1637) als um Zabarella. Dabei ist Billichs Name im umfangreichen Jungius-Nachlass kaum einmal zu finden. Eine solche Prominenz Billichs in einem Werk über Jungius muss daher schon erstaunen.

31 Kangro 1968, S. 158 in Fußnote 249.

32 Jungius, Joachim (Präs.); Weland, Woldeck (Autor, Resp.): [De Forma Substantiali] D. D. De Forma Substantiali Disputatio [...]. Hamburg: Henricus Wernerus, [gehalten am 23. März / 2. April] 1633. Wieder abgedruckt in: Jungius / Müller-Glauser 1988, S. 97–111. Hier: S. 103: „24. Utut sit: quicquid ab altero differt, vel se ipso differt vel suis principijs vel denique atomorum ordine ac proportione, ita ut nullâ hîc formâ substantiali sit opus. Majorem itaque hujus syllogismi nullo modo admittendam esse censeo."

33 Kangro 1968, S. 98.

34 [...] „absurdum enim foret in ipso scientiae quasi cursu ad modum sciendi explicandum deflectere." Jungius, Joachim (Präs.); Prescher, Jacob (Resp.): [De modo sciendi physico I]

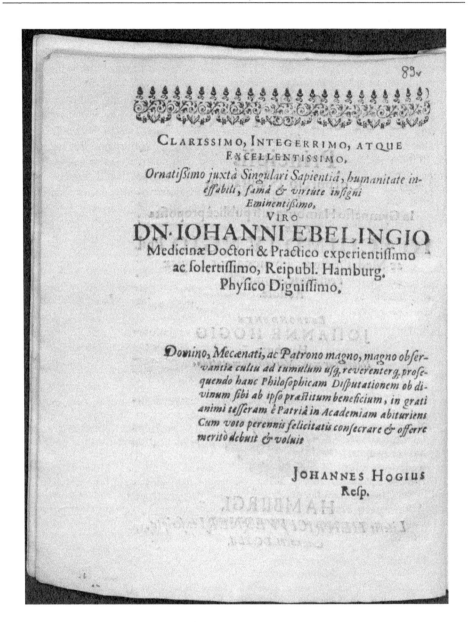

Abbildung 2.3:
Widmungsblatt der Disputation *De principiis corporum naturalium I* aus dem von
Jungius selbst bearbeiteten Exemplar.
SUB Hamburg, NJJ: Pe. 18b, S. 89v.

Jungius trennte Fakten- und Methodenwissen, was etwas völlig Anderes ist als die Kangro-Paraphrase. Im Original versah Jungius einen altgriechischen Text von Aristoteles mit einer eigenen lateinischen Wiedergabe. Daraus können wir Schlüsse ziehen, wie Jungius den Text verstanden hat: griech. τρόπος übersetzte er mit *modus*, beides heißt „Art und Weise", „Ziel" oder „Richtung". Es geht um die Richtung der Untersuchung, ihre Methodologie. Ferner übersetzte Jungius griech. ζητεῖν ἐπιστήμην mit *in ipso scientiae cursu* und machte aus der wissenschaftlichen Untersuchung den Fachunterricht. Das lässt sich damit erklären, dass Jungius die vorhergehenden Sätze in seiner Übersetzung berücksichtigte, in denen Aristoteles vom Unterricht ausging: Jungius berücksichtigte den Kontext – im Unterschied zu Kangro.

Nehmen wir der Fairness halber eine Stelle, die Kangro übersetzte, um seine Maßstäbe der Übersetzung zu prüfen:

> „[...] *sind die Korpuskeln* [...] *Jungius' abtrennbar und nicht selbst unmittelbar auf bestimmte Eigenschaften bezogen. Erst ihre spezielle Lage und Folge verursachen auch unmittelbar bestimmte Eigenschaften, welche oft Folge der Atomabstände sind, so bei Jungius die Dichtigkeit und Lichtdurchlässigkeit."*[35]

Auf den ersten Blick schon erkennt man, dass Kangro nicht die sklavisch am Original hängende Übersetzungsmethode eines Emil Wohlwill wählte.[36]

> „77. *Deindè si atomi non sphaericae, sed angulosae et praesertim irregulari figurâ praeditae sint, multis modis earum situs et contactus mutuus variari potest. Situs autem variationem comitatur etiam meatuum sive inanium inter atomos spatiorum major minorve laxitas et angustia. Meatuum autem constitutionem attributa deindè alia consequi videntur, uti pelluciditas, opacitas, densitas, raritas, durities, mollities etc.; quae*

[...] De Modo sciendi Physico Primum [...]. Hamburg: Johannes Mosa, [gehalten am 26. Juni / 6. Juli] 1630, vgl. Jungius / Müller-Glauser 1988, S. 3–12, Faksimile des Titelblatts S. 3, Faksimile des Widmungsblatts, S. 641, Zusammenfassung der weiteren Informationen S. 4. Für die Textkonstitution wurden auch zwei Exemplare der SUB Hamburg verwendet: NJJ: Pe. 18a, Bl. 542–547 ist ein Druck mit handschriftlichen Anmerkungen von Jungius, NJJ: Suppl. 9, S. 13–25 eine Schülerhandschrift mit Marginalien von derselben Schülerhand, hier S. 5.

35 Kangro 1968, S. 176; es handelt sich um die auch von Wohlwill übersetzte Disputation, s. Anm. 22.

36 Kangro beherrschte auch diese. Bei Wohlwill steht: „77. *Wenn endlich die Atome nicht kugelförmig, sondern eckig und insbesondere von unregelmäßiger Figur sind, so kann ihre wechselseitige Lage und Berührung in vielfacher Weise der Abänderung unterliegen. Mit der Änderung der Lage aber ist auch die größere oder geringere Weite und Enge der leeren Räume zwischen den Atomen verbunden. Aus der Beschaffenheit der Zwischenräume aber scheinen dann andere Eigenschaften sich zu ergeben, wie die Durchsichtigkeit, die Opazität, Dichte, Dünne, Härte, Weichheit usw.; ob jedoch diese Eigenschaften nur der Anordnung der Atome zuzuschreiben sind, würde zu entscheiden noch nicht an der Zeit sein."*

tamen attributa utrum soli atomorum dispositioni tribuenda sint, jam decidere intempestivum fuerit", steht bei Jungius.

- Kangro hat die Möglichkeit außertextlicher Fehlerquellen nicht in Betracht gezogen, aber er hat Vergleiche mit anderen Atomtheorien des frühen 17. Jahrhunderts unternommen.

- Kangro hat auf den AT verzichtet und deshalb seine deutenden Entscheidungen nicht explizit und damit überprüfbar gemacht. Das ist aber ein weniger grundlegender Mangel als bei Wohlwill, denn wenn Kangro es einmal unternimmt, ganze Texte zu übersetzen, gibt er auch den Originaltext dazu.

- Kangro hat die Thema-Rhema-Markierung weitgehend beibehalten und sich um pragmatische Äquivalenz bemüht: Im Vergleich zum ausschweifenden Original fasst er sich kurz.

- Kangro hat sich über die textnormative Äquivalenz vermutlich keine Gedanken gemacht, aber seine Übersetzung in seinen eigenen Fließtext eingebaut, so dass sie sich nahtlos in die Wissenschaftskultur des 20. Jahrhunderts fügte.

- Kangro hat sich um terminologische Äquivalenz bemüht: „Atomabstände" sind eine echte deutende Wiedergabe von *inter atomos spatiorum major minorve laxitas et angustia*.

Kurzum: Kangros Übersetzungen genügen in den besten Beispielen den Bedingungen unserer „kleinen Theorie" weitgehend.

2.3.3 Christoph Meinel und das jungiussche „Forschungsprogramm"

Christoph Meinel folgte den beiden großen Jungius-Forschern Wohlwill und Kangro darin, sich auf die Chemie zu konzentrieren. Beginnend mit der historisch-kritischen Ausgabe der „Physik"-Vorlesungen[37] von Jungius wurde Meinel zum einflussreichsten und fleißigsten Artikelschreiber über Jungius überhaupt. Mit dieser Edition versuchte Meinel – nach Ansicht des Rezensenten Owen Hannaway (1939–2006) etwas gezwungen –[38] Martin Vogelius' *Doxoscopiae Physicae minores* zu ersetzen.

Meinel stellte einen anderen Jungius dar als Wohlwill und Kangro: Er räumte ein,

> „daß Jungius selbst in der Naturforschung den Primat der Logik anerkannte, bis hin zu der skeptischen Frage, ob eine Naturlehre sich überhaupt an die Erforschung der Prinzipien der Naturkörper wagen dürfe, ehe die Prinzipien der Erkenntnis ausreichend geklärt seien."[39]

---

37 Jungius/Meinel 1982.
38 Hannaway 1984, S. 395.
39 Meinel 1982, S. 319.

Zur oben diskutierten These 71, deren ursprünglichen Text Meinel in einer nur handschriftlich erhaltenen Disputation von 1632 wiederentdeckt hatte,[40] und dessen Bedeutung für das Lebenswerk Wohlwill ja angeblich sichergestellt hatte, schrieb Meinel:

> „*Ein Satz wie dieser steht nicht nur im Werk von Joachim Jungius, sondern im gesamten Kontext seiner Zeit einzig da, nimmt er doch mit einer erst dem 19. Jahrhundert verfügbaren Gewißheit die Gleichsetzung und gegenseitige Wesensbestimmung von chemischem Grundbestandteil, abtrennbarem reinem Stoff und Identität der atomaren Zusammensetzung vor.*"[41]

Um den Befund zu erklären, dass Jungius wenigstens einmal das chemische Element so definiert hat wie wir heute auch, fährt er so fort: Jungius sei es nicht darum gegangen,

> „*einen Elementbegriff zu definieren, sondern darum, die Ergebnisse der chemischen Analyse zur Voraussetzung für die Entscheidung zu machen, ob die Suche nach weiteren Prinzipien überhaupt sinnvoll sei, oder ob man nicht in den dann vorliegenden Resultaten bereits voll ausreichende Erklärungsgründe besitze.*"[42]

Gegenüber Wohlwill wie Kangro besteht Meinels Fortschritt darin anzuerkennen, dass Jungius in der Disputation eine Metaebene betrat und sich zur Methodologie der Chemie äußerte: Jungius habe ein „Forschungsprogramm" beschrieben.

Da wir aber nicht sicher sein können, ob für Jungius die erste These der ersten Hamburger Disputation, man solle Fakten- und Methodenwissen trennen (s. o.), streng innerhalb einer Disputation gelten sollte oder nur innerhalb einer einzelnen These, und da ferner Meinel die These 71 nicht übersetzte, sondern nur paraphrasierte, suchen wir uns für die Beurteilung der meinelschen Übersetzungen eine andere These aus:

> „*daß Jungius selbst in der Naturforschung den Primat der Logik anerkannte, bis hin zu der skeptischen Frage, ob eine Naturlehre sich überhaupt an die Erforschung der Prinzipien der Naturkörper wagen dürfe, ehe die Prinzipien der Erkenntnis ausreichend geklärt seien.*"[43]

Jungius schrieb im Original:

> „*1. Qui physicam hodiè docent, primam operam in principijs corporum naturalium explicandis insumunt. Quamvis enim satius foret â cognitionis principijs, definitionibus scilicet notionalibus, axiomatibus, postulatis,*

---

40 NJJ: Wo. 23, [2] Exercitatio II de principiis hypostaticis, ad cap. 3, vgl. Anm. 23, S. 59. Dieses Stück ist nicht explizit mit einer Jahreszahl datiert, so dass Meinel das Entstehungsjahr erschließen musste.
41 Meinel 1982, S. 336.
42 Meinel 1982, S. 336.
43 Meinel 1982, S. 319, bereits identisch zitiert, vgl. Anm. 38.

hypothesibus ordiri, sine quibus abdita corporum principia in lucem pro-
trahi nequeunt, [...]".[44]

Nun hat Meinel zwar nicht explizit den Anspruch vertreten, die Stelle übersetzt zu
haben, aber wenn wir seinen Text als Übersetzung nehmen, kommen wir zur folgenden
Einschätzung:

- Meinel hat Vergleiche mit anderen Textzeugen aus dem Jungius-Nachlass vorgenommen, wenn ihm das hilfreich erschien und damit eine Methode angewendet,
  die geeignet ist, außertextliche Fehlerquellen aufzuspüren.
- Meinel hat den AT wiedergegeben – obwohl er in diesem Beispiel nicht einmal übersetzen wollte – und so seine deutenden Entscheidungen überprüfbar
  gemacht.
- Meinel hat die Thema-Rhema-Markierung in diesem Beispiel zwar nicht beibehalten, aber das dürfte seiner Absicht zu paraphrasieren geschuldet sein. Um
  pragmatische Äquivalenz hat Meinel sich bemüht, aber auch das könnte seiner
  Absicht zu paraphrasieren zu verdanken sein.
- Meinel hat sich über die textnormative Äquivalenz vermutlich keine Gedanken
  gemacht, aber wie Kangro hat er häufig jungiussche Argumentationen in seinen eigenen Text eingebaut und ihn somit an die Wissenschaftskultur des 20.
  Jahrhunderts angepasst.
- Meinel hat sich um terminologische Äquivalenz nicht bemüht: Wie Wohlwill
  verweigert er eine sinngemäße Übertragung von *principia* und *corpus naturale*.

Wenn wir Kangro und Meinel betrachten, stellen wir fest, dass erstaunlich viele
Forderungen der Translatologie von ihnen erfüllt wurden. Die Ausnahmen davon sind
vor allem die textnormative und die terminologische Äquivalenz.

2.4 Alternative Sichtweisen

2.4.1 Julius Schuster und das Problem der Problemgeschichte

Ein besonders negatives Bild von Jungius als Forscher machte sich Julius Schuster (1886–1949):[45] Jungius sei ein bloßer Stubengelehrter gewesen, der nur logisch-
philosophische Aristoteles-Kritik betrieb und selbst weder experimentierte noch beobachtete oder auch nur Pflanzen sammelte.[46] In den geschichtlichen Darstellungen

---

44 Wohlwill übersetzte: „Die heute Physik lehren, verwenden ihr erstes Bemühen darauf, die
   Grundbestandteile der Naturkörper kennen zu lehren. Denn obgleich es angemessener wäre, mit den Prinzipien der Erkenntnis, nämlich Begriffserklärungen, Axiomen, Postulaten,
   Hypothesen zu beginnen, ohne welche die verborgenen Bestandteile der Körper nicht ans
   Licht gebracht werden können [...]". Natürlich ist der Satz so unvollständig; er endet mit:
   „so wollen sie doch, weil dies von Aristoteles verabsäumt worden, lieber auf dem herge-
   brachten Wege vorgehen, als den richtigen aufsuchen".
45 Schusters Lebenslauf ist aufgearbeitet worden von Gerd Simon in Simon 2006.
46 Mevius 1957, S. 75; Schuster 1929, S. 30–31.

der Botanik war Jungius als bedeutender Taxonom bekannt. Schuster kritisierte seine Vorgänger, denn viele von ihnen seien „Materialisten" gewesen, Schuster aber sah sich selbst als Begründer der wissenschaftlichen Problemgeschichte.[47]

Schusters Vorgehensweise war methodisch mehr als fragwürdig: Er erweckte z. B. den Eindruck, er habe nicht nur die Disputationen selbst gelesen, sondern auch den handschriftlichen Nachlass eingesehen, während aus dem Briefwechsel von Johannes Lemke mit Adolf Meyer-Abich hervorgeht, dass Schuster mit seiner Arbeit am Nachlass, die er fest zugesagt hatte, niemals auch nur begonnen hat.[48]

Schuster, der 1911 seine Habilitationsschrift wegen eines Plagiatsvorwurfs hatte zurückziehen müssen, blieb ein Blender und Opportunist, der sich zunächst zum Katholizismus und dann zum Nationalsozialismus bekehrte, um in den 1930er und 1940er Jahren in immer einflussreichere Positionen zu bekommen, bis er schließlich antisowjetische „Gegnerforschung" betreiben und geraubtes Kulturgut osteuropäischer Provenienz begutachten durfte. Die Erlangung eines Lehrstuhls in Berlin und Schusters Eintritt in die NSDAP lagen nur wenige Tage auseinander. 1949 entzog sich Schuster durch Selbstmord dem Urteil der Spruchkammer: Ohne gültige Habilitation und mit einer Geschichte als Betrüger, selbsternannter überzeugter Nationalsozialist und Verstrickung in den Kulturraub in Osteuropa konnte er wohl kaum hoffen, wieder eine Professur zu erreichen – schon gar nicht auf seiner alten Position in der sowjetisch besetzten Zone. Interessanterweise konnte Schusters Sicht sich über 70 Jahre lang einen gewissen Einfluss bewahren und wurde erst durch Brigitte Hoppe im Jahr 2000 endgültig zurückgewiesen (s. u.). Es war deutlich an der Zeit, Jungius von den wissenschaftlich fragwürdigen Einlassungen Schusters zu befreien.

2.4.2 Earline Jennifer Ashworth und die Logica Hamburgensis

Während in der deutschen Forschung die *Logica Hamburgensis* zwar als Jungius' Hauptwerk bezeichnet und in alle Untersuchungen indirekt eingeflossen ist, gab es in der internationalen Forschung ausführlichere Darstellungen dieses Werks, um das sich besonders die Kanadierin E. Jennifer Ashworth verdient gemacht hat. Bereits zu Beginn ihrer Beschäftigung mit Jungius, in der Mitte der 1960er Jahre, wurde Jungius als Logiker hoch geschätzt. Seine Logik wurde als positives Gegenbild derjenigen von Port-Royal gegenübergestellt und auch Leibniz' Wertschätzung für Jungius, die aber nicht ausschließlich in der Logik begründet war, wurde gerne wiederholt.[49] Die Logik des 17. Jahrhunderts insgesamt galt aber als eher uninteressant, so dass unwichtige und konventionelle Denker wie Jungius' Lehrer Conrad Dieterich (1575–1639) herausstechen konnten.[50]

---

47 Schuster 1929, S. 33–34.
48 SUB Hamburg, NAMA [Nachlass Adolf Meyer-Abich], Korrespondenz mit Johannes („Hans") Lemke, zu ersehen derzeit in einem handschriftlichen Verzeichnis im Handschriftenlesesaal.
49 Ashworth 1967, S. 72–73.
50 Ashworth 1967, S. 76.

Wenn auch als Lehrbuch für den Anfängerunterricht auf „Sekundarniveau" gedacht und vordergründig eine langweilige Wiedergabe der aristotelischen Syllogistik, seien in der *Logica Hamburgensis* doch die Anzahl der Lehrsätze, die nie zuvor so gut und genau dargestellt worden waren, die große Zahl der Beispiele und die Meisterschaft, mit der der Autor sie beherrschte und anwendete, einmalig gewesen und hätten alleine schon das Urteil gerechtfertigt, dass Jungius das herausragende Logiklehrbuch der frühen Neuzeit vor Leibniz verfasst habe.[51]

Darüber hinaus habe Jungius noch eine bemerkenswerte Bearbeitung der Relationslogik gegeben, bei der er anders als seine Zeitgenossen dieses Thema in den Gesamtzusammenhang einbaute statt es abgetrennt zu betrachten.[52] Auch sei Jungius offenbar bewusst gewesen, dass er es hier nicht mit den altbekannten einwertigen Prädikaten zu tun hatte und dass die Kopula kein Prädikat wie jedes andere ist: Gerade diese Behandlung machte Leibniz das Leben schwer, weil er Jungius in diesem Punkt nicht richtig einordnen und verstehen konnte.[53]

Schließlich behandelte Jungius als erster den Schluss *a rectis ad obliqua*, z. B.

> *Jeder Kreis ist eine geometrische Figur. → Jeder, der einen Kreis zeichnet, zeichnet eine geometrische Figur.*[54]

Für Ashworth stellte sich Jungius somit als eifriger Leser seiner Vorgänger heraus, der aus einer gründlichen Kenntnis aller wichtigen Quellen und einer vollkommenen Beherrschung ihrer Methoden heraus zu originellen, neuen Erkenntnissen gelangen konnte.

2.4.3 Brigitte Hoppe über Jungius' Empirismus

Aus ihren Untersuchungen der jungiusschen Botanik erhielt Brigitte Hoppe noch einmal völlig andere Ergebnisse als einerseits Julius Schuster, aber auch andererseits die Chemiehistoriker. In ihrer Habilitation von 1976 schrieb sie:

> *„Jungius bezeichnete den Erkenntnisweg der Naturwissenschaft genauer, da ihm Ergebnisse der Naturforschung des 16. Jahrhunderts vor Augen führten, daß es nicht genügt, einzelne Beobachtungen und Erfahrungen (observationes) festzustellen und zu beschreiben. Sie müssen vielmehr miteinander verglichen, voneinander unterschieden und nach bestimmten Grundsätzen geordnet werden, um in wissenschaftliche Erkenntnis überführt zu werden."*[55]

---

51 Ashworth 1967, S. 83–84.
52 Ashworth 1967, S. 78.
53 Ashworth 1967, S. 82–83.
54 Ashworth 1967, S. 80, dort wird im lateinischen Original zitiert: *„Ut omnis circulus est figura, Ergo Quicunque circulum describit, figuram describit."* Jungius wies auch darauf hin, dass die Umkehrung nicht gilt.
55 Hoppe 1976, S. 81.

In einem 2000 erschienenen Artikel[56] fragte sie insbesondere, ob Jungius selbst beobachtet habe oder ob er sich damit begnügte, die Beobachtungen anderer aus der Literatur zu exzerpieren und dann zu ordnen. Sie griff dazu ihre älteren Erkenntnisse auf und stellte klar, dass Jungius botanische Feldstudien betrieben haben muss, denn anders lasse sich der Befund des botanischen Anteils im Nachlass nicht erklären:[57] Aus der Hamburger Zeit sind drei Gärten belegt, die Jungius gehörten, getrocknete Pflanzenteile sind als Reste seines *Herbariums* im Nachlass erhalten, seine Schüler berichten von botanischen Exkursionen und im Briefwechsel werden Tausch, Kauf und Schenkung von Sämereien verabredet – Jungius muss sowohl intensives Literaturstudium betrieben haben als auch ein erfahrener Beobachter gewesen sein.[58]

> *„Besonders bemerkenswert ist [...], daß er sich nicht in Spekulationen verlor, sondern gerade die empirische Einzelforschung zugrundelegte. Er kann daher als einer der herausragenden, wegweisenden Naturforscher, der eine neuzeitliche Biologie, die sich als eine Naturwissenschaft versteht, zu schaffen bestrebt war, gelten."*[59]

2.5 Versuch einer Neuübersetzung einiger wichtiger Stellen

2.5.1 Eine gründliche Reform der physikalischen Forschung

> *„1. Qui physicam hodiè docent, primam operam in principijs corporum naturalium explicandis insumunt. Quamvis enim satius foret â cognitionis principijs, definitionibus scilicet notionalibus, axiomatibus, postulatis, hypothesibus ordiri, sine quibus abdita corporum principia in lucem protrahi nequeunt, tamèn, quia id ab Aristotele fuit neglectum, tritâ potius viâ progredi quam legitimam indagare malunt."*

Was sagen die Parallelquellen zu dieser Stelle? Besonders vielversprechend erscheint hier die *Logica Hamburgensis*,[60] weil Jungius darin viele seiner Fachbegriffe definierte und zudem der zeitliche Unterschied vernachlässigt werden kann – die *Logica* erschien 1638, die Disputationen sind 1642 gehalten, aber die darin vorgebrachten Gedanken haben sich mindestens seit 1632 entwickelt, wie Meinel gezeigt hat.[61]

> *„Die* [Sätze], *welche bloß Vordersätze der Demonstrationen sind, nennt man* **Prinzipien** [alle Herv. Jungius] *".*[62]

---

56 Hoppe 2000.
57 Hoppe 2000, S. 120–122, besonders S. 122.
58 Hoppe 2000, S. 124.
59 Hoppe 2000, S. 129.
60 Jungius 1957, ich benutze hier – der Einfachheit und Kürze des Artikels zuliebe – die Übersetzung von Rudolf Meyer.
61 Vgl. Anm. 40.
62 Jungius 1957, S. 534 (Logica Hamburgensis, Buch IV, Kapitel IV, Nr. 3–4).

> *„**Körper** ist eine Substanz, [. . .] die mit Länge, Breite und Tiefe ausgestattet ist".*[63]

Wie könnte dieser Satz lauten, wenn er unter Beachtung der textnormativen Äquivalenz als ein Satz aus einem modernen wissenschaftlichen Artikel formuliert würde? Vielleicht so:

> „[Ein Zeitzeuge berichtet:] *Wer im frühen 17. Jahrhundert über „Physica" schrieb, verwendete die bedeutendste Mühe darauf, die Grundsätze der Struktur der Materie auszubreiten. Viel besser wäre sicherlich gewesen, zunächst die Grundsätze der Erkenntnis auszubreiten, d. h. zu erklären, was die Bausteine der Materie sind und wie sie miteinander interagieren, weil sie* [doch] *sonst die schwer zugänglichen Grundsätze der Materie nicht erreichen können. Doch: Statt diesen richtigen Weg auszuprobieren, folgten diese „Physiker" dem einmal eingeschlagenen Pfad,* [der nur deshalb überhaupt beschritten wurde,] *weil schon Aristoteles* [solche axiomatisch aufgebauten Wissenschaften] *gering schätzte."*

Gegenüber dem Original habe ich hier die logischen Fachbegriffe *definitiones notionales* usw. mit ihrer Funktion wiedergegeben, die sie im wissenschaftstheoretischen Kontext des frühen 17. Jahrhunderts hatten, um eine pragmatische Äquivalenz herzustellen, die Metapher der verborgenen Grundsätze, die ans Licht gebracht werden, habe ich durch die gleichbedeutende Metapher von schwer zugänglichen Grundsätzen, die erreicht werden, ersetzt, und im Zielkonflikt von pragmatischer Äquivalenz und Thema-Rhema-Markierung, habe ich beschlossen, die Begründung – die „Physiker" hängen an der aristotelischen Tradition – als heute so unbekannt und insgesamt so bedeutend aufzufassen, dass ich sie ans Ende stellen müsste.

2.5.2 Wie kann man emergente Phänomene aufspüren?

> *„71. Postquam resolutoriâ observatione ad principia prima hypostatica, hoc est corpora exquisitè similaria ex ejusdem speciei atomis constantia perventum fuerit, tum demum principia synhypostatica an sint et quaenam ac quotnam specie sint, si qua sunt, investigari certò poterit."*

Was sagt die *Logica*?

> *„Die analytische* [d. h. resolutive] *Ordnung schlägt den der synthetischen (Ordnung) entgegengesetzten* [d. h. vom Ganzen zu den Teilen oder den Prinzipien] *Weg ein. Eine* [solche] *wird z. B. vom Physiker befolgt, wenn er von grob gleichgearteten zu vorzüglich gleichgearteten Körpern fortschreitet."*[64]

---

63 Jungius 1957, S. 413 (Logica Hamburgensis, Buch I, Kapitel IV, Nr. 5).
64 Jungius 1957, S. 546–547 (Logica Hamburgensis, Buch IV, Kapitel XVIII).

> „*Beobachtung* [für die Erwerbung der Erfahrung] *ist eine geordnete Reihe von Empfindungen, die auf Grund einer bestimmten Überlegung (Beratung) um des Wissens willen aufgestellt wurde; solcherart sind die Beobachtungen der Astronomen, der [. . .] Mediziner, ebenso die vom Philosophen veranstalteten Beobachtungen in der Chemie.*"[65]

> „*Logisch wird jene* [Ähnlichkeit] *genannt, die gleichzeitig irgendwelche Beweiskraft besitzt*".[66]

Species ist ebenfalls ein Fachbegriff der *Logica Hamburgensis*, die betreffenden Schlussregeln findet man im VIII. Kapitel des V. Buchs.[67]

Ich versuche nun, mit diesen zusätzlichen Informationen Jungius' These als einen Satz aus einem wissenschaftstheoretischen Artikel zu übersetzen, der die Anwendbarkeit in der Pharmazie nachweist:

> „[Wie kann man emergente Phänomene aufspüren?]
> [Der Wissenschaftler] *muss zunächst durch Beobachtungsreihen stufenweise* [die Grundsätze finden (z. B. der Pharmazeut) die elementare Zusammensetzung des zu untersuchenden Stoffs], *bevor er untersuchen kann,* [1.] *ob,* [2.] *welche und* [3.] *wie viele emergente Phänomene es gibt* [(z. B.] Isomerien, die bekanntermaßen eine bedeutende pharmakologische Wirkung haben können)]."

Dabei habe ich z. B. die Thesenzählung durch eine Zwischenüberschrift ersetzt, die komplizierten Ausführungen über die gleichartigen Atome zu „Element" zusammengefasst und die „synhypostatischen Prinzipien" als emergente Phänomene wiedergegeben, um die heutige Terminologie zu benutzen. Die Isomerie habe ich als Beispiel angefügt, weil Jungius zugeschrieben worden ist, sie entdeckt zu haben.[68] Die hier entwickelte Deutung impliziert, dass Jungius zwar nicht die Isomerie als solche entdeckt oder nur ihre Möglichkeit bewiesen hat, dass er aber die methodischen Grundlagen für ihr Auffinden kannte. Es ging Jungius, wie Meinel ganz richtig bemerkte, nicht darum, den Begriff „Element" zu definieren, sondern darum, die Stufenfolge der Forschung zu betonen.

---

65 Jungius 1957, S. 523 (Logica Hamburgensis, Buch IV, Kapitel IV, Nr. 19–20).
66 Jungius 1957, S. 599 (Logica Hamburgensis, Buch V, Kapitel XXII, Nr. 6).
67 Jungius 1957, S. 564–566.
68 Kangro 1968, S. 174–176 in den Fußnoten 275 und 279 widerlegt diese Annahme. S. 208–209 erklärt er: „Der Hamburger Gelehrte verzichtet grundsätzlich [. . .] auf eine Ableitung aller Körpereigenschaften aus den Eigenschaften der innewohnenden Elemente, und er begründet dies mit dem Wahlspruch der Nominalisten: '*Nicht so viele Wesenheiten [. . .] wie Eigenschaften*'". Mit anderen Worten: Kangro schreibt Jungius die Vorstellung der Emergenz („Das Ganze ist mehr als die Summe seiner Teile") ebenso zu wie die Begründung aus einem metaphysisch-logischen Grundprinzip.

2.5.3 Wie können Atomabstände die Eigenschaften der Stoffe erklären

> „77. Deindè si atomi non sphaericae, sed angulosae et praesertim irre-
> gulari figurâ praeditae sint, multis modis earum situs et contactus mu-
> tuus variari potest. Situs autem variationem comitatur etiam meatuum
> sive inanium inter atomos spatiorum major minorve laxitas et angustia.
> Meatuum autem constitutionem attributa deindè alia consequi videntur,
> uti pelluciditas, opacitas, densitas, raritas, durities, mollities etc.; quae
> tamen attributa utrum soli atomorum dispositioni tribuenda sint, jam
> decidere intempestivum fuerit."

Da Kangro diese Stelle bereits recht gut übersetzt hatte und die Fachausdrücke
weniger technisch sind, werde ich mich darum bemühen, dicht an Kangros Vorschlag
zu bleiben:

> „[Wie können Atomabstände die Eigenschaften der Stoffe erklären?]
> Angenommen, die Atome seien nicht kugelförmig, sondern kantig und
> von unregelmäßiger Gestalt: Sie können dann auf viele verschiedene Ar-
> ten zueinander liegen und miteinander interagieren. Denn verschiedene
> Lagen bedeuten verschiedene Atomabstände oder -bewegungen und daraus
> wiederum könnten Eigenschaften wie Lichtdurchlässigkeit, Dichte, Härte
> usw. unmittelbar folgen. Noch lässt sich aber nicht entscheiden, ob diese
> Eigenschaften nur damit zu erklären sind [und ob die Grundlagen der
> Zusammensetzung des Stoffs mit den Atomen schon gefunden sind.]"

Jungius gibt also hier noch zu bedenken, dass weitere Beobachtungen neue Erkenntnisse erbringen könnten. Mir scheint, dass dies die Chemie von der Botanik
grundsätzlich unterscheidet: In der Chemie wollte Jungius alles auf Atome zurückführen, die man noch nicht direkt untersuchen konnte, während die Pflanzenteile
allesamt bestimmbar waren, so dass Jungius in der Botanik viel zuversichtlicher sein
konnte, dass seine Klassifikation endgültig sein würde.

2.6 Kommentar: „Chemische" Texte für astronomische Leser

Was hat diese kurze Untersuchung weniger ausgewählter Stellen, garniert mit ein
bisschen Forschungsgeschichte, für Jungius' Wissenschaft ergeben? Jungius war kein
reiner Empiriker, dem es nach Art der Naturgeschichte darum ging, möglichst viele
Beobachtungen zu sammeln, sondern er wollte die Beobachtungen voneinander unterscheiden, sie klassifizieren und ordnen, um darauf eine neue Wissenschaft aufzubauen.
Ihm war dabei klar, dass es zwei getrennte und deutlich zu unterscheidende Projekte
je Wissenschaft gab: Einerseits die empirische Forschung und inhaltliche Theoriebil-

dung, andererseits die Entwicklung einer angemessenen Methodologie, die auch die Grundbegriffe und -methoden festlegen müsste.

Ferner war Jungius klar, dass verschiedene Wissenschaften verschieden weit auf diesem Weg gelangt waren. Die Grundbegriffe der Botanik entwickelte er so weit, dass seine Schüler sie als *Isagoge phytoscopica* veröffentlichen konnten, die Grundbegriffe der Chemie hingegen erschienen ihm schwer zugänglich (*abditus*) und waren noch unerforscht (*indagandus*). Den Grund dafür können wir gewiss in der Art der empirischen Forschung in beiden Gebieten suchen: Die Ausstattung des Botanikers ist deutlich weniger aufwändig und technisch hoch entwickelt als die des Chemikers, die Forschungsobjekte des Botanikers leichter zu erreichen und einfacher zu untersuchen.

Dennoch ließ Jungius, einer der besten Logiker seiner Zeit, erfahrener empirischer Forscher und begeisterter Erkenntnistheoretiker, es sich nicht nehmen, an der Entwicklung der chemischen Methodologie teilzunehmen, selbst wenn er nicht immer die Mittel hatte, selbst chemische Experimente zu betreiben. Größtes Hemmnis dabei schien Jungius die aristotelische Philosophie, denn Aristoteles' Naturphilosophie sei Klassifikation von Einzeltatsachen ohne Methode, ein Haus ohne Fundament. Der oben zitierte Satz steht dabei nicht vereinzelt dar, sondern zieht sich durch alle Disputationen. Das entkräftet nicht Wohlwills Argument, dass ein moderner Leser für seinen Geschmack zu stark mit Aristoteles konfrontiert würde, wenn er Jungius in alle Winkel folgen wollte, aber dieses Problem ist dadurch zu lösen, dass ein Herausgeber weiterer Teile des Nachlasses aus der Translatologie das Konzept der „pragmatischen Äquivalenz" übernimmt.

Dass Jungius die Erklärungskraft der Atomtheorie für deutlich größer hielt als die der verschiedenen Stofftheorien, die von einer vorab festgelegten Anzahl von Elementen mit ebenso vorab festgelegten Eigenschaften ausging, dürfte klar sein. Jungius spekulierte nicht nur darüber, wie verschiedene, rein mechanisch-geometrische Eigenschaften der Atome das Verhalten der aus Atomen aufgebauten Materie erklären könnte, sondern schlug auch weitere Ansätze vor, falls Phänomene der Materie mit Form, Lage und Bewegung der Atome einmal nicht erklärt werden könnten. Das ist Methodologie, nicht „Logik" im modernen Sinne, aber Jungius nannte sie manchmal auch „Logik"[69] Insofern konnte er auch die Vorrangstellung einer „Logik" nicht leugnen, wenn er zugleich überzeugt war, diese sei etwas vom empirischen Gehalt der Wissenschaft Getrenntes, Eigenes.

Tatsächlich gilt es für jede Wissenschaft im Jungius-Nachlass einzeln zu erforschen, wie sehr Jungius Empirie und wie sehr er Methodologie betrieb. In der Logik erkannte E. Jennifer Ashworth einen Jungius, der besonders in der „Empirie" auf der Höhe seiner Zeit war und eine Behandlung von Sätzen der natürlichen Sprachen versuchte, die sich den aristotelischen Syllogismen nicht beugen wollten. In der Botanik erkannte Brigitte Hoppe einen Jungius, der zwar ein erfahrener Sammler und Beobachter war, aber keine Gelegenheit hatte, viele noch unbeschriebene Pflanzen zu entdecken und der sich deshalb an einer Taxonomie versuchte, die auf äußerlichen Merkmalen

---

69 Z. B. in der Disputation *De modo sciendi physico I*, vgl. Anm. 34, in Th. 27: *„propriam physicae logicam"*.

der verschiedenen Pflanzenteile beruhte. Zu diesem Zweck musste Jungius auch die Methodologie vorantreiben und Begrifflichkeiten klarstellen. In der Chemie schließlich erkannte Christoph Meinel einen Jungius, der sich größtenteils in der Methodologie engagierte und ein Forschungsprogramm formulierte, zu dessen empirischer Untermauerung er selbst kaum beitrug.

In der Astronomie – um ein wenig untersuchtes Feld aufzugreifen – war Jungius ein aktiver und erfolgreicher Beobachter.[70] Eine seiner Entdeckungen war die Helligkeitsschwankung der *Mira Ceti*, eines veränderlichen Sterns. Um *„den richtigen Weg auszuprobieren"* schlug Jungius den Namen *Mira* [...] statt *Nova stella in Ceto* für dieses von Novae verschiedene Phänomen vor und erklärte, es sei möglicherweise durch eine verschiedene Lage und Bewegung zweier oder mehrerer Sterne zueinander zu erklären.[71] Dieses Erklärungsprinzip entspricht genau der These 71: Verschiedene relative Positionen könnten unmittelbar die Lichterscheinung erklären.

Ob das als Erklärung genügt, konnte Jungius noch nicht entscheiden. Heute wissen wir jedoch, dass es Bedeckungsveränderliche (Sterne) gibt, für die Jungius' Erklärung zutrifft, aber auch andere Typen Veränderlicher Sterne und dass die *Mira Ceti* kein Bedeckungs-, sondern ein Pulsationsveränderlicher ist, dessen Helligkeitsschwankungen sich aus Prozessen im Sterninnern ergeben. Man wird Jungius deswegen weder absprechen wollen, dass er einen gangbaren Weg zur Erklärung der Veränderlichen Sterne aufgezeigt, noch, dass er ein durchaus erfolgreiches Forschungsprogramm formuliert hat, denn seine Anregung, diesen Stern zu untersuchen, fiel bei Johannes Hevelius (1611–1687) schließlich auf einen sehr fruchtbaren Boden.

2.7 Literatur

Ashworth 1967 – ASHWORTH, EARLINE JENNIFER: Joachim Jungius (1587–1657) and the Logic of Relations. In: *Archiv für Geschichte der Philosophie* **49** (1967), S. 72–85.

Davis 1969 – DAVIS, AUDREY BLYMAN (Rez.): Joachim Jungius' Experimente und Gedanken zur Begründung der Chemie als Wissenschaft. Ein Beitrag zur Geistesgeschichte des 17. Jahrhunderts by HANS KANGRO. In: *Isis* **60** (1969), Nr. 4, S. 570–572. – [http://www.jstor.org/stable/229131, abgerufen im Februar 2014]

Elsner 2007 – ELSNER, BERND: Joachim Jungius (1587–1657). In: WOLFSCHMIDT, GUDRUN (Hg.): *Hamburgs Geschichte einmal anders – Entwicklung der Naturwissenschaften, Medizin und Technik – Teil 1.* Norderstedt: Books on Demand, 2007 (Nuncius Hamburgensis 2), S. 13–29.

---

70 Vgl. Harden 2014.

71 *„Operae pretium esset stellulas istas vel spatium, in quo sunt, accurato telescopio diligenter observari, ut exploretur, utrum ex coitione quarundam nascatur mira illa."* SUB Hamburg, NJJ: Pe. 5, Bl. 55, Brief an Lorenz Eichstaedt vom 3./13. November 1647.

Finkelstein/McCleery 2005 – FINKELSTEIN, DAVID UND ALISTAIR MCCLEERY: *An Introduction to Book History*. New York: Routledge, 2005.

Hannaway 1984 – HANNAWAY, OWEN (Rez.): Praelectiones Physicae: Historisch-kritische Edition by JOACHIM JUNGIUS / CHRISTOPH MEINEL. In: *Isis* **75** (1984), Nr. 2, S. 394–395. – [http://www.jstor.org/stable/231852, abgerufen im Februar 2014].

Harden 2014 – HARDEN, EIKE-CHRISTIAN: Joachim Jungius's Astronomical Achievements. In: WOLFSCHMIDT, GUDRUN (Hg.): *Der Himmel über Tübingen. Barocksternwarten – Landesvermessung – Astrophysik*. Hamburg: tredition (Nuncius Hamburgensis; Band 28) 2014, S. 137–153.

Herkt-Januschek 2009 – HERKT-JANUSCHEK, CLAUDIUS: Joachim Jungius (1587–1657) – ein wissenschaftlicher Revolutionär in Hamburg. In: WOLFSCHMIDT, GUDRUN (Hg.): *Hamburgs Geschichte einmal anders – Entwicklung der Naturwissenschaften, Medizin und Technik – Teil 2*. Norderstedt: Books on Demand (Nuncius Hamburgensis; 7) 2009, S. 11–28.

Hoppe 1976 – HOPPE, BRIGITTE: *Biologie, Wissenschaft von der belebten Materie von der Antike zur Neuzeit. Biologische Methodologie und Lehren von der stofflichen Zusammensetzung der Organismen*. Wiesbaden: Steiner (Sudhoffs Archiv Beihefte; 17) 1976.

Hoppe 2000 – HOPPE, BRIGITTE: Empirie und Geometrie als Grundlagen der Botanik von Joachim Jungius (1587–1657). In: HÖXTERMANN, EKKEHARD ET AL. (Hg.): *Berichte zur Geschichte der Hydro- und Meeresbiologie. Und weitere Beiträge zur 8. Jahrestagung der DGGTB in Rostock 1999*, S. 119–130.

Horn-Helf 1999 – HORN-HELF, BRIGITTE: *Technisches Übersetzen in Theorie und Praxis*. Tübingen: Francke 1999.

Jungius/Vogelius 1662 – JUNGIUS, JOACHIM (Verf.); VOGELIUS, MARTIN (Hg.): *Doxoscopiae Physicae Minores, sive Isagoge Doxoscopia Physica. In qua praecipuae Opiniones In Physica passim receptae breviter quidem, sed accuratissime examinantur*. Hamburg: Naumann 1662.

Jungius et al. 1928 – JUNGIUS, JOACHIM (Verf.); MEYER, ADOLF (Hg.); WOHLWILL, EMIL (Übers.): *Zwei Disputationen über die Prinzipien (Teile) der Naturkörper [. . .]*. Hamburg: Gutenberg-Verlag Christensen 1928.

Jungius/Meinel 1982 – JUNGIUS, JOACHIM (Verf.); MEINEL, CHRISTOPH (Hg., Bearb.): *Praelectiones Physicae. Historisch-kritische Edition*. Göttingen: Vandenhoeck & Ruprecht (Veröffentlichung der Joachim-Jungius-Gesellschaft der Wissenschaften Hamburg; 45) 1982.

Jungius/Müller-Glauser 1988 – JUNGIUS, JOACHIM (Verf.); MÜLLER-GLAUSER, CLEMENS (Hg.): *Disputationes Hamburgenses. Kritische Edition*. Göttingen: Vandenhoeck & Ruprecht (Veröffentlichung der Joachim-Jungius-Gesellschaft der Wissenschaften Hamburg 59) 1988.

Kangro 1968 – KANGRO, HANS: Joachim Jungius' *Experimente und Gedanken zur Begründung der Chemie als Wissenschaft. Ein Beitrag zur Geistesgeschichte des 17. Jahrhunderts.* Wiesbaden: Steiner (Boethius; 7) 1968. – Zugleich: Dissertation, Hamburg, Universität, 1968.

Marti 1999 – MARTI, HANSPETER: Philosophieunterricht und philosophische Dissertationen im 17. und 18. Jahrhundert. In: SCHWINGES, RAINER CHRISTOPH (Hg.): *Artisten und Philosophen. Wissenschafts- und Wirkungsgeschichte einer Fakultät vom 13. bis zum 19. Jahrhundert.* Basel: Schwabe (Veröffentlichungen der Gesellschaft für Universitäts- und Wissenschaftsgeschichte; 1) 1999, S. 207–232.

Marti 2001 – MARTI, HANSPETER: Dissertation und Promotion an frühneuzeitlichen Universitäten des deutschen Sprachraums. Versuch eines skizzenhaften Überblicks. In: MÜLLER, RAINER A. (Hg.): *Promotionen und Promotionswesen: an deutschen Hochschulen der Frühmoderne.* Köln: SH-Verlag (Abhandlungen zum Studenten- und Hochschulwesen; 10) 2001, S. 1–20.

Marti 2010 – MARTI, HANSPETER: Disputation und Dissertation. Kontinuität und Wandel im 18. Jahrhundert. In: GINDHARDT, MARION; KUNDERT, URSULA (Hg.): *Disputatio 1200–1800. Form, Funktion und Wirkung eines Leitmediums universitärer Wissenskultur.* Berlin: de Gruyter (Trends in Medieval Philology; 20) 2010, S. 63–85.

Marti 2011 – MARTI, HANSPETER: Dissertationen. In: RASCHE, ULRICH (Hg.): *Quellen zur frühneuzeitlichen Universitätsgeschichte. Typen, Bestände, Forschungsperspektiven.* Wiesbaden: Harrassowitz 2011, S. 293–312.

Meinel 1982 – MEINEL, CHRISTOPH: Der Begriff des chemischen Elements bei Joachim Jungius. In: *Sudhoffs Archiv* **66** (1982), Heft 4, S. 313–338.

Meinel 1984 – MEINEL, CHRISTOPH: *In physicis futurum saeculum respicio. Joachim Jungius und die naturwissenschaftliche Revolution des 17. Jahrhunderts.* Göttingen: Vandenhoeck & Ruprecht (Veröffentlichung der Joachim-Jungius-Gesellschaft der Wissenschaften Hamburg 52) 1984.

Mevius 1957 – MEVIUS, WALTHER: Der Botaniker Joachim Jungius und das Urteil der Nachwelt. In: JOACHIM JUNGIUS-GESELLSCHAFT DER WISSENSCHAFTEN: *Die Entfaltung der Wissenschaft. Zum Gedenken an Joachim Jungius (1587–1657).* Hamburg: Augustin, 1957 (Veröffentlichung der Joachim Jungius-Gesellschaft der Wissenschaften Hamburg 2), S. 67–77.

Meyer 1929 – MEYER[-ABICH], ADOLF: *Beiträge zur Jungius-Forschung. Prolegomena zu der von der Hamburgischen Universität beschlossenen Ausgabe der Werke von Joachim Jungius (1587–1657).* Hamburg: Hartung, 1929.

Partington 1961 – PARTINGTON, JAMES RIDDICK: *A History of Chemistry. 4 Bände,* hier: Band 2. London: Macmillan, 1961.

Schuster 1929 – SCHUSTER, JULIUS: Jungius' Botanik als Verdienst und Schicksal. In: MEYER 1929, S. 27–50.

Schütt 1972 – SCHÜTT, HANS-WERNER: *Emil Wohlwill. Galilei-Forscher, Chemiker, Hamburger Bürger im 19. Jahrhundert.* Hildesheim: Gerstenberg (arbor scientiarum R. A. 2) 1972.

Siever 2010 – SIEVER, HOLGER: *Übersetzen und Interpretation. Die Herausbildung der Übersetzungswissenschaft als eigenständige Disziplin im deutschen Sprachraum von 1960 bis 2000.* Frankfurt am Main: Peter Lang, 2010 (Leipziger Studien zur angewandten Linguistik und Translatologie 8).

Simon 2006 – SIMON, GERD: *Chronologie: Schuster, Julius.* Letztfassung vom November 2006. – [`http://homepages.uni-tuebingen.de/gerd.simon/ChrSchuster.pdf`, abgerufen im Oktober 2013].

Wehde 2000 – WEHDE, SUSANNE: *Typographische Kultur. Eine zeichentheoretische und kulturgeschichtliche Studie zur Typographie und ihrer Entwicklung.* Tübingen: Niemeyer, 2000.

Wohlwill 1888 – WOHLWILL, EMIL: *Joachim Jungius. Festrede zur Feier seines dreihundertsten Geburtstages [. . .].* Hamburg: Leopold Voss 1888.

Wohlwill 1929 – WOHLWILL, EMIL: Für eine Veröffentlichung von Jungius' Werken und seine künftige Biographie. In: MEYER 1929, S. 15–20.

Abbildung 3.1:
Illustration von Hennig Brands Entdeckung des Phosphors in Hamburg (1669)

Joseph Wright of Derby: „*The Alchemist in Search of the Philosopher's Stone*" (1771) – Der Alchemist bei der Suche nach dem Stein der Weisen

Derby Museum and Art Gallery – Wikipedia

Die Erfindung des Rubinglases und die Entdeckung des Phosphors

Bernd Elsner (Hamburg)

Die wichtigsten naturwissenschaftlichen Ereignisse spielten sich in der zweiten Hälfte des 17. Jahrhunderts in Hamburg nicht am Akademischen Gymnasium ab, sondern in Kreisen außerhalb desselben, unter den Ärzten und unter den Lehrern der Elementarschulen.

3.1 Alchemie im 17. Jahrhundert

An alchemistische Bestrebungen knüpfen auch zwei Entdeckungen an, die in der zweiten Hälfte des 17. Jahrhunderts in Hamburg gemacht wurden und die für die technische wie für die wissenschaftliche Chemie von Bedeutung geworden sind. Die Erfindung des Rubinglases (vgl. Abb. 1.2, S. 36) geht auf den Arzt Andreas Cassius (1605/06–1673) aus Schleswig zurück. Cassius verstand es, mit Hilfe des nach ihm benannten Goldpurpurs kleine Glasproben rubinrot zu färben, die gleichmäßige Durchfärbung größerer Glasmassen wollte ihm aber nicht glücken.

Erst Johann Kunckel (1630–1702), der von Cassius' Versuchen hörte, war hierin erfolgreich. Dieser diente als Pharmazeut, Alchemist und Glasforscher nacheinander dem Herzog von Sachsen-Lauenburg, den Kurfürsten von Sachsen und Brandenburg und zuletzt dem König von Schweden Karl XI. (1655–1697), der ihn als *„Herrn von Löwenstern"* adelte. Kunckel berichtet selbst darüber:

> *„Als ich dies erfuhr, legte ich sofort Hand an, aber was ich vor Mühe hatte, die Composition zu treffen und zu finden und wie man es beständig rot kriegen sollte, weiß ich am besten."*

Es steht ziemlich sicher fest, dass Kunckel auf diese chemisch-technologische Leistung Anspruch erheben darf. Seine Behauptung, den Phosphor selbständig und unabhängig von dem eigentlichen Entdecker dargestellt zu haben, muss aber zurückgewiesen werden. Was uns aus authentischen Dokumenten erhalten ist, beweist, dass wir

Abbildung 3.2:
Goldrubinglas (Reiseapotheke), Süddeutschland, 18. Jahrhundert
Glasmuseum Hentrich, Museum Kunstpalast, Düsseldorf
Foto: Gudrun Wolfschmidt (2014)

in dem Hamburger Chemiker Hennig Brand den Entdecker des Phosphors zu sehen
haben.

3.2 Hennig Brand (um 1630–1692)

Dieser Hennig Brand (um 1630–1692) war eine schillernde Persönlichkeit. In seiner
Jugend soll er Offizier gewesen, mit selbst angefertigten chemischen Medikamenten
trieb er Handel. Zu der Zeit, um die es sich hier handelt war er mit einer Witwe verheiratet und praktizierte als Arzt in Hamburg. Trotz verhältnismäßig guter Einnahmen
befand er sich in ständiger Geldverlegenheit. In den an ihn gerichteten Briefen wird
er als Doktor der Medizin und der Weltweisheit bezeichnet, ob zu recht oder un-
recht, steht dahin. Im Inskriptionsbuch der Mitglieder des *Collegium medicum* findet
sich sein Name nicht verzeichnet. Seine Benutzung des Plattdeutschen im familiären
Verkehr spricht für eine niederdeutsche Herkunft. Auf welche Weise er die ausgedehnten chemischen und metallurgischen Kenntnisse erworben hatte, um derentwillen ihn
Gottfried Wilhelm Leibniz (1646–1716) wie Kunckel schätzten, ist unbekannt. Aus
dem Briefwechsel zwischen Leibniz und Brand lernt man diesen als einen rasch auf-
brausenden, aber auch leicht zu begütigenden Charakter kennen, als einen Menschen

voll vieler, oft abenteuerlicher Pläne und Ideen, deren Tragweite und Wert er häufig
selbst nicht erkannte.

3.3 Der Briefwechsel zwischen Brand und Leibniz um die Darstellung des Phosphors

Die Darstellung des Phosphors gelang ihm, als er eine besondere Flüssigkeit darstellen
wollte, mit der er Silber in Gold verwandeln könnte. Er dampfte Urin so weit ein, dass
nur noch ein trockener Rückstand übrig blieb. Diesen glühte er in Tonretorten unter
Luftabschluss, wobei aus dem Phosphorsalz des Harns,

$$PO_4HNaNH_44H_2O \quad ,$$

zunächst Metaphosphat, PO_3Na, und aus diesem durch die reduzierende Wirkung
der verkohlten organischen Stoffe freier Phosphor entstand. Diese Masse sandte ein
eigenartiges Licht aus, ohne erkennbar zu brennen oder zu glühen. Leibniz berichtet
1710 in den *Miscellenea berolinensia* über die Entdeckung. Der Artikel lautet in der
Übersetzung von Hermann Peters:

> „Nicht die unbedeutendste unter den Entdeckungen unseres Jahrhunderts
> ist der Phosphor igneus, welcher sich von andern selbstleuchtenden Kör-
> pern dadurch unterscheidet, dass er tatsächlich nichts anderes als ein
> geheimes Feuer ist, das sich durch Licht und Rauch kundgibt; sobald er
> stärker gerieben wird, bricht er aber zur Flamme aus und gleicht, auf Klei-
> der übertragen, dem Mantel der Medea. Seine Erfindung wurde ums Jahr
> 1677 bekannt.[1] Die Erfindung des Phosphors aber verhält sich so. Brand
> war auf ein chemisches, noch in einem Druckwerke vorhandenes Ver-
> fahren geraten, nach welchem aus Urin eine Flüssigkeit gewonnen wird,
> geeignet, die Verwandlung des Silbers in Gold zu beschleunigen. Hierbei
> erfand er den Phosphor. Inzwischen machte er Bekanntschaft mit Johann
> Daniel Krafft, dem Rat für Handel bei dem sächsischen Kurfürsten, und
> durch diesen mit Johann Kunckel, dem Kammerdiener jenes Fürsten,
> welcher unter diesem Deckmantel chemischen Arbeiten oblag. Als diese
> dem Brand Hoffnung gemacht hatten, dass sie dies **Arkanum** (Geheim-
> mittel) an Fürstlichkeiten um hohen Preis verkaufen könnten und sich in
> den Besitz seines Präparates gesetzt hatten, erfuhren sie dessen Berei-
> tung. Als sich nämlich beide von Dresden nach Hamburg begaben, sahen
> sie bei dem Erfinder die Darstellung und erlernten sie. Als nun Kunckel
> nach Hause zurückkehrte und in den Handgriffen noch unerfahren war,
> konnte er lange den Phosphor nicht darstellen. Er schickte Klagebriefe
> an Brand, die ich gesehen habe, in denen er jammerte, dass er ihm das

---

1 Der Phosphor wurde schon mindestens ein Jahr früher bekannt, wahrscheinlich schon 1669.

*Geheimnis nicht aufrichtig offenbart habe. Brand aber, der bereute, dass
er sein Geheimnis so billig preisgegeben hatte, verweigerte, dem Irrenden
den Weg zu zeigen. Inzwischen erkannte Kunckel beim Herumexperimen-
tieren selbst seinen Fehler, so dass ihm daraus die Anmaßung erwuchs,
sich selbst für den Erfinder auszugeben, während Brand über diese dreiste
Behauptung bitter klagte."*

Abbildung 3.3:
Gottfried Wilhelm Leibniz (1646–1716)
Porträt von Christoph Bernhard Francke, um 1700
Herzog Anton Ulrich-Museum, Braunschweig (Wikipedia)

In seinem letzten an Leibniz gerichteten Brief äußerte Brand den Wunsch, als Angestellter der *Ostindischen Compagnie* nach Indien zu gehen und erbat Leibniz' Unterstützung bei diesem Unternehmen. Der Plan scheiterte aber offensichtlich, denn
im Jahre 1688 finden wir Brand, nach dem Bericht der *Sperlingschen Chronik*, in
Hamburg wieder. Weiter heißt es in der Chronik:

„Derselbe Chymicus wollte auch eine Medizin erfunden haben, womit er den Teufel aus den Besessenen treiben konnte, welches er an das besessene Mädchen versucht hatte."

Schließen möchte ich diesen Abschnitt mit einem Auszug aus einem Brief, den Brand am 30. April 1679 an Leibniz richtete und in dem er Angaben über seine Ausbeute an Phosphor und über dessen leichte Entflammbarkeit macht. Brand schreibt:

„Als möchte ich wohl gern wissen, ob nicht bald derselbe Urin genug gesammelt wäre, denn mein Stiefsohn soll bei ander Leuten, als wollte ich gerne, dass diese Arbeit bevor getan würde. Wenn der Urin nicht eben 100 Tonnen (zu je 131,4 Liter) seien, in währender Arbeit kann auch eine Qualität gesammlet werden, also dass man den Anfang machen kann, wenn auch man 10 Tonnen da sein. In die Zeit, dass er verraucht ist, kann wieder so viel gesammlet werden. Ich sähe es von Herzen gerne, nach dem mal ein groß Geheimnisse Gottes dahinter stecket, dass man einmal erführ, was dahinter vergraben wäre. Denn dieser Tage von demselben Feuer in meiner Hand hatte und tat nicht mehr, als dass ich mit meinem Odem oder Wind hinblaset, da zündete sich das Feuer an, so wahr mir Gott helfen soll; meine die Haut aus der Hand, ja in die harten Stein hineingebrannt, dass meine Kinder schrien und riefen, dass es schrecklich anzusehen war."

3.4 Literatur

BRAHM, FELIX: Brand, Henni(n)g. In: *Hamburgische Biografie, Band 3*, Wallstein. Göttingen 2006, S. 56.

EIS, GERHARD: Cassius, Andreas. In: *Neue Deutsche Biographie* 3 (1957), S. 170 f. http://www.deutsche-biographie.de/pnd140042091.html.

SARING, HANS: Brand, Hennig. In: *Neue Deutsche Biographie* (NDB). Band 2, Duncker & Humblot, Berlin 1955, S. 515 f.

SCHIMANK, HANS: *Zur Geschichte der exakten Naturwissenschaften in Hamburg.* Hamburg 1928.

Abbildung 4.1:
Dr. Ernst Brackebusch (1851–1912): Gold Rush
BARTELS, W.: Ernst Brackebusch †. In: *Die Apothekerzeitung. Organ des Deutschen Apothekervereins* Nr. 27. Berlin (1912), S. 883–883.

„Lebensgefährliche Menschen". Der Apotheker, Chemiker und Erzähler Dr. Ernst Brackebusch

Miriam N. Reinhard und Volkmar Vill[1] (Hamburg)

4.1 Einleitendes

„Lebensgefährliche Menschen" (187)[2] seien diejenigen, die das Schreiben ihrer Reiseberichte zum Beruf erhoben hätten – mit diesen Worten wird der Lesende in der Vorrede zur Erzählung *»Der „Rush" von Fanning – Downs. Erzählung aus dem australischen Goldgräberleben«* vor einer Lektüre gewarnt. Ihr Autor, Dr. Ernst Brackebusch, weiß sich zugehörig zu einer Berufsgruppe, die das Leben gerade erhalten, zumindest zu seiner Gesundheit beitragen will: Er ist als Pharmazeut und Chemiker ausgebildet und, als er diese Erzählung verfasst, bereits seit vielen Jahren als selbstständiger Apotheker tätig.

Wir wollen uns hier dem Chemiker und Erzähler Ernst Brackebusch widmen. Es lohnt sich einen Blick in diese Biographie (und ihre „Hinterlassenschaften") zu werfen, die in gewisser Hinsicht als typisch für das deutsche Bürgertum zur Jahrhundertwende in einem allgemeineren und auch für Hamburger (Bildungs-)Geschichte in einem besonderen Sinne gelten kann. Dieses Spezifikum hat uns zum ihm geführt: Das „typische" des Bürgertums, das dieser Biographie inhärent ist, ließ dieses Leben für uns noch nicht „auffindbar" werden. Es war vielmehr Brackebuschs Kontakt zum Hamburger Akademischen Gymnasium, der es in das Blickfeld unserer Forschung brachte und

---

1 Dieser Essay ist mit besonderem Dank Fritz-Thieme gewidmet, der durch die Mittel der Wittenborn-Stiftung die Arbeit an ihm ermöglicht hat.

2 Hier und im Folgenden verweisen die Angaben in Klammern auf: Ernst Brackebusch: *»Der „Rush" von Funning-Downs. Erzählung aus dem australischen Goldgräberleben.«* In Der Rush von Fanning-Downs. Erzählung aus dem australischen Goldgräberleben. In: *Apotheker Zeitung*, Nr. 29: 187–189, Nr. 30: 193–194, Nr. 31: 199–200, Nr. 32: 209–210, Nr. 34: 225–227, Nr. 35: 235–237, Nr. 36: 245–247, Nr. 37: 255–257, Nr. 38: 265–267 (Berlin 1899), auch onlinie abrufbar unter: `http://www.digibib.tu-bs.de/?docid=00039102`.

uns dann auf weitere von seinen Publikationen aufmerksam werden ließ. Aufgrund ihrer z. T. überraschenden Inhalte, entschieden wir, einige von ihnen zum Gegenstand einer interdisziplinären Reflexion zu nehmen.

4.2 Der Bürger Ernst Brackebusch (1851–1912)

Ernst Brackebusch wird am 20. Mai 1851 in Berkum bei Hannover geboren. Mit 14 Jahren beginnt er eine Lehre als Apothekengehilfe und ist nach der pharmazeutischen Vorprüfung im Jahre 1868 u. a. auch in Hamburg als Apothekengehilfe weiterhin tätig. Er absolviert danach das 2-semestrige Pflichtstudium der Pharmazie in Berlin und promoviert 1874 – betreut durch Ferdinand Wibel einen Lehrenden des Akademischen Gymnasiums in Hamburg – sich an der Universität Göttingen in Chemie. Von 1880 bis 1889 pachtet er eine Apotheke in Stadthagen, übernimmt ihre Leitung und bildet hier auch selber Lehrlinge aus: Zu seinen „Azubis" zählt u. a. August Oetker, dem es kurze Zeit später schon gelingen wird, Backpulver zwar nicht in Gold, aber doch in ein enormes Vermögen zu verwandeln. Um die Jahrhundertwende herum erwirbt Brackebusch schließlich eine eigene Apotheke in Wiesbaden, die er bis 1904 leitet. Er stirbt 1912 in Kassel. Diese Stationen sprechen für ein Leben, das sich auf den ersten Blick ganz einer bürgerlichen Karriere in den „angewandten Naturwissenschaften" verschrieben zu haben scheint. Es ist eine fast schon zu gewöhnliche Biographie aus dem protestantischen Bürgertum Deutschlands. (Brackebuschs Vater Hans ist von 1837 bis 1880 evangelisch-lutherischer Pfarrer der bis heute bestehenden St. Annen Kirchengemeinde in Berkum.) Doch das 19. Jahrhundert, dem Ernst Brackebuschs Biographie auch noch zugehörig ist, ist auch in besonderer Weise durch den Kolonialismus geprägt,[3] der auch in Deutschland integraler Bestandteil des nationalen Selbstverständnisses wird[4] und dessen maßgebliches Interesse zu dieser Zeit darin besteht, Gold aus den kolonialisierten Gebieten zu gewinnen. So unterbricht 1874 auch der damals 23jährige Ernst Brackebusch, unmittelbar nach Abschluss des

---

3 Zu der Bedeutung des Kolonialismus ab Mitte des 19. Jahrhunderts formuliert Sebastian Conrad. *„Seit der zweiten Hälfte des 19. Jahrhunderts, wenn nicht vorher, waren koloniale Verhältnisse integraler Bestandteil der internationalen Ordnung. [...] Die Verflechtung der Welt vollzog sich im späten 19. und frühen 20. Jahrhundert unter kolonialen Bedingungen."* Sebastian Conrad: Kolonialismus und Postkolonialismus. Schlüsselbegriffe der aktuellen Debatte. In: Bundeszentrale politische Bildung (Hg.): Kolonialismus. APuZ 44-45/2012, 3–10, hier 5, [Auslassung durch Verf.].

4 Am 28. März 1884 gründet sich die „Gesellschaft für deutsche Kolonisation, die sich schon wenige Wochen später mit folgenden Worten an die Öffentlichkeit wendet: *„Die deutsche Nation ist bei der Verteilung der Erde, wie sie vom Ausgang des 15. Jahrhunderts bis auf unsere Tage hin stattgefunden hat, leer ausgegangen. In dieser, für den Nationalstolz so schmerzlichen Tatsache liegt ein ungeheurer wirtschaftlicher Nachteil für unser Volk! Diese Kraftmasse strömt meistens unmittelbar in das Lager unserer wirtschaftlichen Konkurrenten ab und vermehrt die Stärke unserer Gegner."* Hier zitiert aus: Bundeszentrale politische Bildung [Hg.]: Das 19. Jahrhundert. Informationen zur politischen Bildung Nr. 315/2012, 61, [Auslassung durch Verf.].

Promotionsverfahrens, zunächst die sich andeutende „Geradlinigkeit" einer deutschen Apothekerlaufbahn und hält sich für vier Jahre in Queensland in Australien auf. Auch dort beginnt er als Apotheker zu arbeiten. Doch es ist noch immer die Zeit des „australischen Goldrausches" – und es ist naheliegend, dass der junge Mann, der sich im „Verkehr zu abenteuerlichen Leuten"[5] befindet (wie in einem Nachruf auf ihn zu lesen ist), ebenfalls als Goldgräber sein Glück versucht haben wird.

Bevor wir uns Brackebuschs Verhältnis zum „Goldgräbertum" in Form seiner Erzählung *»Der „Rush" von Fanning – Downs«* genauer widmen, soll zunächst der Chemiker Brackebusch und dessen Forschung im Kontext der Hamburger Bildungsgeschichte näher vorgestellt werden.

4.3 Der Chemiker Ernst Brackebusch

4.3.1 Chemische Forschung am Akademischen Gymnasium

Wie bereits erwähnt wird die chemische Forschung Brackebuschs am Akademischen Gymnasium in Hamburg betreut und an der Universität Göttingen als Promotionsarbeit eingereicht und angenommen. Dieses geteilte Verfahren mutet auf den ersten Blick seltsam an, ist aber der „Realität" und Besonderheit des Akademischen Gymnasiums geschuldet. Bei dem Akademischen Gymnasium handelt sich um eine aus dem Bildungsbestreben der Reformationszeit entstandene Schulform, die gymnasiale und universitäre Studien zu verbinden versucht. In Hamburg besteht das Akademische Gymnasium bereits seit 1613. Sein berühmtester Direktor Joachim Jungius (Direktor von 1628–1657) kann als Universalgelehrter seiner Zeit bezeichnet werden. Gilt er auch wissenschaftsgeschichtlich maßgeblich als Logiker, so hat gerade die jüngere Forschung darauf hingewiesen, dass er doch maßgeblich dazu beigetragen hat, dass Chemie als Naturwissenschaft etabliert wird.[6] Dabei ist das besondere an seinem Denken, dass er weder das aristotelische „4-Elemente-Schema" (Feuer, Erde, Luft und Wasser) noch die paracelsische „Drei-Prinzipien-Lehre" (Quecksilber, Schwefel, Salz) für hinreichend hält, um Aufschluss über die Substanz der Materie gewinnen zu können.[7] Das Akademische Gymnasium in Hamburg ist durch Jungius damit für die Entwicklung der Chemie als Wissenschaft ein wichtiger Ort.

Zurück zur Zeit Brackebuschs: 1837 wird Karl Wiebel als Professor für Physik, Mathematik und Chemie berufen. Sein erstes, vordringliches Ziel ist die Einrichtung eines Chemischen Laboratoriums. Dies soll sowohl den Studierenden des Gymnasiums, als auch interessierten Bürgern der Stadt ermöglichen, experimentelle chemische Arbeiten durchzuführen. Um 1866 übernimmt sein Sohn Ferdinand Wibel die

---

5 Vgl. den von W. Bartels verfassten Nachruf auf Brackebusch. In: Die Apothekerzeitung. Organ des Deutschen Apothekervereins Nr. 27, S. 883–883 (Berlin 1912).

6 Vgl. hierzu auch: hierzu auch Christoph Meinel: Der Begriff des chemischen Elementes bei Joachim Jungius. Erschienen in: Sudhoffs Archiv. Bd. 66, H. 4, 1982. 4. Quartal, S. 331–338, hier S. 315 f.

7 Vgl. ebd.: S. 320.

Leitung des Laboratoriums, der dann Betreuer von Brackebuschs Promotionsarbeit wird. Der Zeitpunkt, zu dem Brackebusch an diesem Laboratorium seine wissenschaftlichen Experimente durchführt, ist eine Zeit, wo das Gymnasium insgesamt sich vor einem Wendepunkt befindet: Als Akademisches Gymnasium, als eine vorbereitende Ausbildungsstätte für die Universitäten, befindet es sich im Abstieg, da sich immer weniger Studierende dort immatrikulieren: 3708 Studenten in 270 Jahren – das entspricht einem Durchschnitt von ca. 14 Studierenden pro Jahr. 1873, also genau zu dem Zeitpunkt, wo Brackebusch forscht, immatrikuliert sich der letzte Studierende Carl Gottsche. Auch er erstellt seine Studienarbeiten im Chemischen Laboratorium. Denn steht auch das Gymnasium vor dem Ende seiner Geschichte (es wird 1883 aufgehoben), so kommt zu dieser Zeit auch immer mehr zu einem Aufstieg der chemischen Forschung in Hamburg, die das *Chemische Laboratorium* unabhängig vom Gymnasium weiterhin eine wichtige Rolle spielen lässt.

Als Kaufmannstadt ist Hamburg zu dieser Zeit wenig daran interessiert, akademische Forschung als rein geistige Erbauung zu finanzieren. Der Handel und die städtische Verwaltung brauchen aber zunehmend Chemiker, um die Qualität der Lebensbedingungen (Trinkwasser, Lebensmittelüberwachung, Petroleumkontrolle) zu sichern, die Qualitätskontrolle von Handelsgütern zu gewährleisten und Gutachten für Gerichte und Behörden anzufertigen. Es reicht für diesen enormen Bedarf an Fachkräften nicht aus, Chemiker anderer Universitäten in der Stadt zu beschäftigen, damit solche Standardoperationen durchgeführt werden können. Man braucht die Kreativität der Wissenschaftler und vor allem einen festen Laborplatz vor Ort, um Lösungen für Tagesfragen zu erarbeiten. Und somit bleibt am Chemischen Laboratorium auch die wissenschaftliche Forschung und Diskussion in Bewegung: 1871 kann der Laborleiter Ferndinad Wibel in der Fachwelt durch eine vierteilige Publikationen in den „Berichte[n] der Deutschen Chemischen Gesellschaft" glänzen. Daraus entsteht eine Serie von wissenschaftlichen Publikationen des „chemischen Laboratorium des akademischen Gymnasiums zu Hamburg". Wibel selbst publiziert noch die Folgen 2, 3 und 5 und Ernst Brackebusch veröffentlicht den vierten Beitrag der Reihe, dessen Titel lautet „Ueber Nitroverbindungen aus der Allylreihe", Berichte der Deutschen Chemischen Gesellschaft 7 (1874), S. 225–226. Durch diese Publikationen in der renommierten Fachpresse zeigt sich das Chemische Laboratorium jetzt als ebenbürtig und konkurrenzfähig gegenüber der universitären Forschung und wird auch von dieser wahrgenommen. Auch der Beitrag von Brackebusch wird von der Fachwelt gelesen und kontrovers diskutiert. Schon im gleichen Jahr publiziert Robert Schiff, ein Mitarbeiter von Victor Meyer in Zürich, den deutlichen Kommentar: *„Diese Mittheilungen enthalten einige wenig wahrscheinliche Punkte."*[8] Er wiederholt die Experimente von Brackebusch und stellt fest:

> *„Diese, von den Angaben des Hrn. Brackebusch völlig abweichenden Resultate veranlassten eine schriftlich Anfrage bei Hrn. Dr. Wibel in Hamburg und dieser hatte die Gefälligkeit, eine grössere Abhandlung des Hrn.*

---

8 Robert Schiff in: Berichte der Deutschen Chemischen Gesellschaft 7 (1874), Teil 2, S. 1141.

Brackebusch zu übersenden, welche der philosophischen Facultät in Göttingen als Inauguraldissertation vorgelegt worden ist, und in welcher die, in diesen Berichten nur kurz beschriebenen Versuche ausführlich mitgetheilt und durch Analysen belegt sind. Auffallend erschien es, dass in dieser Abhandlung, für die beschriebenen Produkte theilweise ganz andere Eigenschaften angegeben sind, als in der Mittheilung in den Berichten"[9]

Schließlich führt er aus:

„Ich veröffentliche diese rein negativen Resultate, um auf die Schwierigkeiten hinzuweisen, die sich bei der Ausführung der von Brackebusch beschriebenen Versuche zeigen und die man bei der Lectüre seiner Arbeit gewiss nicht im Entferntesten vermuthet. Ich kann durch meine Versuche seine Angaben nicht als widerlegt betrachten, da positive Resultate mehr als negative beweisen; doch gebe ich mich der Hoffnung hin, dass meine Publication Hrn. Brackebusch veranlassen werde, die Bedingungen näher mitzutheilen, unter denen man arbeiten muss, um die von ihm erzielten Resultate bestätigen zu können."[10]

Die Kritik, die Robert Schiff an den Ergebnissen übt, kann als berechtigt gelten. Für Brackebusch selbst ist diese chemische Forschung wohl nur ein kurzer Lebensabschnitt, weswegen er diese Fragen selbst nicht weiter wissenschaftlich vertieft. Auch auf die Kritik von Schiff reagiert er nicht persönlich. Nicht zuletzt deswegen nicht, weil er sich genau zu dieser Zeit in Australien befindet – und ob er dort wirklich primär im „Dienste der Wissenschaft" verweilt, wie es sein in Deutschland verbliebener Bruder Hans dann Robert Schiff gegenüber behauptet,[11] bleibt fraglich, wenn man auf das blickt, was Brackebusch von diesem Ort zu erzählen beginnt.

4.4 Der Erzähler Ernst Brackebusch

Brackebuschs Erzählung »Der „Rush" von Fanning – Downs« entsteht nicht als unmittelbares Zeugnis aus den Eindrücken seines eigenen Australienaufenthaltes heraus: Er beginnt erst 1899, 25 Jahre nach seinem Aufenthalt in Australien, als inzwischen „gesetzter Apotheker" in Wiesbaden, sich schriftstellerisch zu betätigen. Die Erzählung erscheint im Presseorgan seiner beruflichen Zunft: Die „Apotheker-Zeitung" druckt sie im Stile einer „Fortsetzungsgeschichte" in 10 aufeinanderfolgenden Nummern ab. Die Geschichte handelt von den Erlebnissen einer multinationalen Goldgräbergruppe

---

9 Ebd., S. 1142.
10 Ebd., S. 1144.
11 Hans Brackebusch weist in einer unter dem Stichwort „Bemerkung" abgedruckten kurzen Stellungnahme darauf hin, dass die Ankunft seines Bruders in Deutschland „nicht so bald zu erwarten ist", da dieser sich „im Dienste der Wissenschaft am Logan river" aufhalte. Vgl. Hans Brackebusch, abgedruckt unter „Bemerkung H. Brackebusch" in: Bemerkung H. Brackebusch, in: Berichte der deutschen chemischen Gesellschaft 1874, Band 7, Teil 2, 1335.

in Australien. Ihre Mitglieder stammen aus Deutschland, England, Irland, Italien und Schottland und zu ihr gehört auch der Erzähler der Geschichte, ein Apotheker mit dem Namen Brackebusch. Ohne Frage ist es naheliegend davon auszugehen, dass es damit auch autobiographische Impressionen sind, die in dieser Erzählung verarbeitet werden. Dennoch lohnt sich eine Lektüre, die schon aufgrund der zeitlichen Distanz zwischen des Australienaufenthaltes des Autors und dem Entstehen des Textes keine Reduktion auf Biographie vornehmen kann - nicht zuletzt, weil sie die Grenze zwischen biographischen und fiktionalen Erzählen selbst zur Verhandlung stellt. Auf interessante Weise vermischen sich in dieser Erzählung naturwissenschaftliche Diskursstränge, das konkrete Wissen eines Apothekers, mit der Schilderung der kolonialen Expedition und beginnen Fragen von Wahrheit und Identität aufzuwerfen. Dabei ist das Erstaunliche an dieser Erzählung, dass ihr ein größeres „koloniales Abenteuer" zu fehlen scheint, so wie es nicht weniger irritierend ist, dass auch die Entdeckung eines „fremden Territoriums" sowie die „Überwindung von Gefahren" in einem solchen, nicht in der geschilderten eigenen Betrachtung, sondern in den Reden der Anderen von vergangenen Expeditionen aufzutauchen beginnt. Dieser Text zeigt sich damit als ein Hybrid[12], indem er schon im Erzählen immer wieder die Erzählungen anderer zum Gegenstand nimmt. Er ist auch hybrid in dem Sinne, da der Erzähler es erlaubt, die Grenzen zwischen den Disziplinen durchlässig werden zu lassen, die im ausgehenden 19. Jahrhundert sich wieder in zunehmender Distanz zueinander befinden, um ihren Anspruch auf Wahrheit nicht zu gefährden.[13] Mit genau dieser Gefährdung der Wahrheit allerdings spielt die Erzählung – auch wenn sie zunächst suggeriert, dass sie zu den „ungefährlicheren" Texten gehören müsste – wofür sich in der Vorrede bemerkenswerte Zeugen verbürgen sollen. Doch wofür diese Zeugen denn schlussendlich eigentlich stehen, ist die Frage, der wir hier nachgehen werden.

---

12 Die Bezeichnung „Hybrid" eignet sich in diesem Zusammenhang besonders, da er sowohl eine naturwissenschaftliche, als auch eine kulturwissenschaftliche Komponente hat. In den Kulturwissenschaften bezeichnet man durch ihn, wie Bronfen und Marius formulieren, „alles, was sich einer Vermischung von Traditionslinien oder Signifikatenketten verdankt, was unterschiedliche Diskurse oder Technologien verknüpft". Vgl. Bronfen/Marius: Hybride Kulturen. Einleitung zur anglo-amerikanischen Multikulturalismusdebatte. In: Dies. u. Therese Steffen (Hg.): Hybride Kulturen. Beiträge zur anglo-amerikanischen Multikulturalismusdebatte, S. 1–29, hier S. 14 (Zürich 1997). So wird durch den Begriff der Hybridität u. a. die Mehrdimensionalität kultureller Phänomene beschreibbar; Bachmann-Medick: *„Kultur gilt nicht mehr länger als Bedeutungssystem oder Behälter von Traditionszuschreibungen, sondern als in sich widersprüchliche Überlagerung verschiedener, konfliktreich ineinander wirkender Ansprüche, Artikulationen, Selbstverständnisse und abgedrängter Diskursbereiche. Ein solches Kulturkonzept bringt nicht nur Verschwiegenes und Unbewusstes innerhalb von Kulturen ans Licht."* Vgl. Bachmann-Medick 2010, S. 204.
13 Michel Foucault hat darauf hingewiesen, dass die „Wahrheit einer Disziplin" komplexen diskursiven Regeln gehorcht, die die Möglichkeiten reglementieren, in welcher Weise das Subjekt, das an dieser Disziplin partizipieren will Sätze formulieren kann, die „im Wahren" sind und damit als für den Diskurs relevante Sätze zur Kenntnis genommen werden. Vgl. Foucault 1993, S. 22–25.

4.4.1 Unvernehmbare Zeugen

Bereits der Titel der Erzählung weckt beim Leser bestimmte Erwartungen: „Rush"
spielt einerseits auf den direkten „gold rush" an, womit auch der Untertitel der Erzählung korrespondiert. Unabhängig davon ist er ein Begriff, der eine enorme Dynamik
birgt; auch der Erzähler weist auf eine Bedeutung hin, die unabhängig vom konkreten Goldrausch besteht, indem er in einer Fußnote den Lesenden auf die Übersetzung:
„To rush=sich auf etwas stürzen" (29) aufmerksam macht. Damit hat man die Erwar-
tung, jenes „australische Goldgräberleben", um das es nun gehen soll, wird in enormer
Weise in Bewegung, vielleicht auf „Abwege" oder „unvorhergesehene Pfade" geraten:
Im Titel deutet sich also ein Abenteuer an. Doch zunächst ist der Erzähler damit beschäftigt eine Reihe von Abgrenzungen vorzunehmen, die in erster Linie verdeutlichen
sollen, dass nun garantiert nicht etwas folgt, was man gemeinhin in diesem Zusammenhang als eine „interessante Geschichte" bezeichnen würde. Eine solche entstehe
nämlich nur dort, wo die Lesenden „hinters Licht geführt werden" (ebd.). Eindringlich
warnt der Erzähler vor den Lügen derer, die sonst üblicherweise solche Reiseberichte
verfassen und deren Bereitschaft zur Unwahrheit schon daran zu erkennen sei, dass sie
„keine Zeugen" nennen, die sich für die „Wahrheit ihrer Behauptungen" (187) verbürgen könnten. Weil das Territorium, das ihr Erzählen beschreibt, weit genug entfernt
ist, bleibt es sehr unwahrscheinlich, dass die Lesenden selbst zur Überprüfung des Erzählten sich aufmachen wegen, weswegen die Schriftsteller, die „Geschichte erzählen,
die sich auf den Goldfeldern Nordaustraliens zugetragen haben, in der angenehmsten
Lage von der Welt [befinden]". Es sind also die Erzähler, die es mit der Wahrheit
nicht ganz so genau nehmen, um dem Publikum die Geschichten liefern zu können,
die genau seinen Erwartungen entsprechen – es ist damit, so teilt uns der Erzähler
mit, also noch nicht alles Gold, was glänzt . . . .

Wenn der Erzähler sich genau davon abgrenzt, so scheint es ihm auf den ersten
Blick im Gegensatz zu diesen Erzählungen, zunächst um nichts Geringeres zu gehen,
als die Wahrheit selbst ins Werk zu setzen – denn diesmal werden die geforderten
Zeugen genannt. Diese werden nicht nur namentlich erwähnt, sondern auch mit ihrer Herkunft und einigen charakterlichen Besonderheiten ausgewiesen. Wer sind diese
Zeugen? Was zeichnet sie aus? Neben William Palmer, der später „Minister für Bergwerke" (188) wird, Daniel Murphy (187) und Douglas Mc Donald (188), die beide
als mehrfache Millionäre gelten, sollen für die Wahrheit des Geschriebenen zeugen:
Carl Koch aus Schlesien, „gen. Kapitän Cook", der „König der Kannibalen", der im
„dringenden Verdacht [steht], selbst Menschenfresser zu sein und der zwischenzeitlich „erschlagen und verzehrt" (187–188) worden ist. Ohne Frage wird mit „Kapitän
Cook", die Erinnerung an den Seefahrer und Entdecker James Cook aufgerufen, der
ein geradezu historischer Bürge für das erzählerische Unterfangen abgeben würde.
Doch es erklärt sich von selbst, dass jener bereits 1779 verstorbene britische Marine-
offizier nicht mit dem von Kannibalen verzehrten Carl Koch aus Schlesien identisch
sein kann. Koch seinerseits scheint dennoch selbst eine Nähe zwischen dem historischen Cook und seiner Person herstellen zu wollen, wenn er von sich selbst als den
„Entdecker der Fidschi-Inseln" spricht (247 ff.), auf denen James Cook 1774 gelandet

ist. Damit erscheint Koch als jemand, der unbedingt eine Rolle auf historischer Bühne
spielen möchte, wenn er sich dafür auch der Identität eines anderen bedienen muss -
ein durchaus ironisches Bild für das koloniale Projekt insgesamt, das damit gezeichnet wird. Versucht der Schlesier Koch mit dieser geborgten Identität seine Größe zu
behaupten, so wird – dadurch, dass der Erzähler ihm diese „Kapitän-Cook-Identität"
zunächst scheinbar unkritisch zugesteht, indem er sie reproduziert – in der gleichen
Bewegung die Größe James Cooks dekonstruiert: Auch sie könnte sich letztendlich
als eine bloßes Narration erweisen. Dies ist insofern interessant, wenn man bedenkt,
dass derjenige der als Begründer der modernen Reiseliteratur gilt, Georg Forster,
gerade mit einem Buch über James Cook zum bedeutenden Autor seiner Zeit avan-
cierte. Einem Buch, in dem sich in der Vorrede der in diesem Zusammenhang nicht
uninteressante Satz findet:

> *„Der Name des Weltumseglers Cook ist zu allgemein bekannt und seine
> Seereisen haben ihn in die Bewunderung seiner Zeitgenossen in einem
> viel zu hohem Grade erworben, als daß noch jemand fragen könnte; wer
> war Cook und was that er?"*[14]

An Karl Koch aus Schlesien führt Brackebusch damit auch die Mythologisierung einer
Person und ihre literarische Aktualisierung vor. Nicht zuletzt parodiert er mit seinem
eigenen Erzählen einer Cook-Geschichte auf geschickte Weise Forster, der ebenfalls
mit seinen Reiseberichten versucht, eine „ganze andere" als die gewohnte Literatur
zu verfassen und sich zudem auch als Kritiker von verfassten Reiseberichten seiner
Zeit betätigt.[15]

Zu diesem Kapitän Cook als Zeugen gesellen sich weiter: Pasqualo Nigro, der sich
dadurch auszeichnet, dass er „nichts gelernt [hat]", außer an verschiedenen Orten der
Welt Wirtshäuser zu betreiben. (188) Michael O'Flaherty, der sich gegenwärtig für
„unbestimmte Zeit im Rausch" (188) befindet und über den wir später erfahren, dass
er Analphabet ist und nur durch Täuschung eines Richters einen Beruf als königlicher
Konstabler erhält.

Von den hier erwähnten Zeugen können also mindestens zwei als überhaupt nicht
vernehmungsfähig gelten: Carl Koch, der zum Zeitpunkt des Erzählens bereits als

---

14 Vgl. Georg Forster 1843, S. 60.
15 Tilman Fischer arbeitet heraus, dass Forster mit seinen eigenen Reiseberichten einen Bil-
dungsanspruch erhebt, den er auch als Maßstab seinen Kritiken an den Reiseberichten
zugrunde legt. Dabei ist es Forsters Interesse, sowohl zu einer „Öffnung der Gattung für
die Unterhaltungsbedürfnisse des stetig wachsenden Lesepublikums beizutragen" und zugleich eine Reiseliteratur zu verfassen, die „zugleich aufklärerisch bzw. bildend" wirkt. Vgl.
Tilman Fischer 2002, S. 577–607, hier S. 602 u. 603. Brackebusch scheint in der Vorrede
zunächst eine ähnliche Kritik an verfasster Literatur zu üben, wie Forster es tut, wenn er
sowohl die „[l]angweilige Gelehrsamkeit" (187) mancher Berichte einerseits, als auch andererseits die reinen Phantasiegeschichten, jener Schreiber, die bloß „flunkern" (ebd.), um
das Publikum zu unterhalten kritisiert. Im Gegensatz zu Forster scheint er aber kein großes
didaktisches Projekt mit seiner Erzählung zu verfolgen, vielleicht weil ihm das hinter einer
solchen Didaktik stehende τέλος der Geschichte fragwürdig erscheint.

verzehrt gilt und Flaherty, der dauerhaft betrunken, keine verlässlichen Angaben machen kann, zudem selbst mal einen Richter täuschte und es so mit Wahrheit nicht unbedingt genau zu nehmen scheint, wenn sie dem eigenen Vorteil dient. Nigro ist vielleicht „vernehmungsfähig", scheint aber nicht von sonderlicher Intelligenz zu sein und der im schwankenden Zwischenraum eines Schiffes geborene Schindler und dessen „Geburtstag wie Jahr unentschieden" (188), also nicht sicher angegeben werden kann, ist für den Erzähler selbst eine Person, die zwiespältig bleibt.

Durchaus anzweifelbar kann man also diese Zeugen nennen, die der Erzähler hier anruft um sein Zeugnis von Geschichten vergleichbarer Art als „wahrhaftig" abzugrenzen. Hier kalkuliert also jemand zu Beginn seines Berichtes bereits mit ironischer Geste ein, dass die Akkreditierung seiner Glaubwürdigkeit durch die Lesenden aufgrund der Unzuverlässigkeit der von ihm genannten Zeugen scheitern wird. In dieser Vorrede geht es also nur auf den ersten Blick um die Konstruktion einer gesicherten, wahrhaftig-authentischen Identität, da sich der Erzähler auf dem zweiten Blick selbst den Unsicherheiten zweifelhafter Zeugen aussetzt. Der große Anspruch der Wahrheit, der zunächst behauptet wird, wird also direkt mit Beginn des Erzählens ironisch gebrochen, nicht zuletzt in Anspielung auf jene Schriftsteller wie Forster, die mit ihren Schriften ihrerseits der Wahrheit im Sinne der Aufklärung dienen wollten.

Fragen der Identität und der Verlässlichkeit des Erzählens wird der Erzähler fortan immer wieder aufwerfen und es stellt sich die Frage, wie dies sich zur kolonialen Goldgräberexpedition verhält, über die nun von ihm berichtet wird.

4.4.2 Die alten Geschichten in der neuen Welt

In der „Kolonie Queensland" beginnt die Expedition zu einem neuen Goldfeld, die dem Erzähler als vielversprechend angepriesen wird, denn „[j]etzt gilt es Arzt, Apotheker und Bankhalter in einer Person zu sein". Der Sprecher dieses Satzes, Cecil Henning (keiner, der von dem Erzähler zuvor als Zeuge benannt worden ist) weist seine Autorität mit dem Hinweis aus, er sei ein Mann mit „10 Jahren kolonialer Erfahrung" (188), mit der er den davon wenig beeindruckten Apotheker dann erst einmal in das nahegelegene Wirtshaus führt – eines von vielen „Kneipe[n], von jener Urwüchsigkeit, wie sie nur der australische Busch hervorbringt". Eine in sich absurde Konstruktion, in die ein „importiertes" Bauwerk, das von den Goldgräbern besucht wird und die angebliche „Urwüchsigkeit" hier ins Verhältnis zueinander gestellt werden. Das, was der Erzähler hier als „Naturzustand" benennt, ist also alles andere als natürlich, es ist überhaupt keine „Urwüchsigkeit" mehr zu erkennen, die nicht schon durch den von den Goldgräbergruppen in das Land importierten „way of life" überformt worden wäre. Eine „Buschkneipe" ist – so sagt es der Erzähler ironisch – *ein Institut* [...] *[h]alb fest gebaut, halb transportabel* [...]" (210) und es sind solche Bestrebungen der Beheimatung, mit denen jeder „zivilisiert[e] Europäer, vom Stamm der Vandalen" (210) an der Zerstörung der Umwelt aktiv beteiligt ist. Es ist also ein ziemlich ernüchterndes Bild, das der Erzähler von der europäischen

Zivilisation entwirft, die für ihn immer mehr in einen verrohten Zustand zu geraten
scheint. So wird auch das Verhalten der Tiere, die in der Erzählung auftauchen, in
Kontrast zu menschlichem Verhalten gestellt. Korrespondieren in vergleichbaren Erzählungen die Wildheit der Landschaft mit der der Tiere und der der „Eingeborenen"
(die in dieser Erzählung überhaupt nicht auftauchen) so dienen die Tiere hier dazu,
um im Kontrast zu den Goldgräbern auf deren potentielle Brutalität zu verweisen:

> *„Sie [die Pferde, Anm. Verf.] fingen sofort an kunst- und sachgemäss*
> *zu schwimmen und versuchten nicht, sich gegenseitig umzubringen, wie*
> *die Vertreter der kultivierten Menschheit jedesmal thun, wenn sie sich in*
> *ähnlicher Lage befinden."* (199)

Der Erzähler positioniert sich an vielen Stellen kritisch zu der angeblichen Überlegenheit des Menschen gegenüber dem Tier. Auch dies kann als eine kritische Auseinandersetzung mit Forster gelesen werden. Denn dieser betont, es sei die „Sittlichkeit,
die zwar unzählige Schattirungen und Stufen hat, aber das einzige ist, wodurch er
[der Mensch, Anm. Verf.] sich vom Thier unterscheidet."[16]

Damit teilt der Erzähler nicht die Idee eines „evolutionären Fortschrittes", an dessen Spitze der europäische Mensch „den höchsten Gipfel der Bildung" erreicht, wie
Forster es in seinen geschichtsphilosophischen Entwürfen formuliert.[17] Diese Skepsis
wird auch deutlich, als O'Flaherty anhand des Dingos den „Negativbeweis" darwini-
stischer Theorie liefern möchte, indem er ausführt:

> *„Der Dingo ist* [...] *ein Zuchtwahlprodukt dritten Grades von Wolf,*
> *Fuchs und Hund. In jedem Zwischengliede ist das Produkt schäbiger ge-*
> *worden, bis es schließlich beim Dingo angekommen ist* [...]" (227).

Ironisch kommentiert der Erzähler nicht nur die Argumentation O'Flahertys,
sondern auch zeitgenössische Debatten um die Evolutionstheorie, wenn er
anmerkt O'Flaherty *„blieb* [...] *das unbestreitbare Verdienst, schon vor*
vielen Jahren im australischen Busch die Darwinsche Theorie auf den
Dingo gebracht zu haben, lange zuvor, ehe ein bekannter und berühmter
Gelehrter in zarter Weise auf die Schaftheorie verwies" (227).

Diese Anspielung auf einen 1894 gemachten Kommentar Rudolf Virchows zur Evolutionstheorie, mit dem dieser ihr vorwirft, sie sei bloße Spekulation und hätte ebenso
gut statt zu einer „Affentheorie bei einer Schaf oder Elefantentheorie"[18] gelangen

---

16 Georg Forster 1843, S. 63.
17 Ebd., S. 232.
18 Rudolf Steiner, der Virchow eine „prinzipielle Gegnerschaft" gegen die „Weltanschauung"
   der Evolutionstheorie vorwirft, bezieht sich in seinem 1899 erst mals publizierten Aufsatz
   „Haeckel und seine Gegner" polemisch auf diesen Ausspruch Virchows: „Beim fünfund-
   zwanzigjährigen Stiftungsfest der «Deutschen Anthropologischen Gesellschaft», am 24.
   August 1894, kleidete er [Virchow, Anm. Verf.] sogar diesen Satz in die wenig geschmack-
   vollen Worte: «Auf dem Wege der Spekulation ist man zu der Affentheorie gekommen; man
   hätte ebenso gut ... zu einer Elefantentheorie oder einer Schaftheorie kommen können.»
   Dieser Ausspruch hat natürlich gegenüber den Ergebnissen der vergleichenden Zoologie
   nicht den geringsten Sinn. Vgl. Rudolf Steiner 1899, S. 32.

Abbildung 4.2:
Dingo Taronga
Wikipedia

können, scheint hier doch eine gewisse, wenn auch ironisch-gebrochene Unterstützung zu erfahren, wenn man bedenkt, dass O'Flaherty mit seiner Erzählung eben genau beansprucht, die Darwinistische Theorie anhand des Dingos nur unter umgekehrten Vorzeichen bewiesen zu haben. Zumindest wird mit dem hier gelieferten „Beweis" der Evolutionstheorie aus der „Bastard-Identität", als die der Dingo in der Schilderung O'Flahertys erscheint, jeder Versuch aus ihr einen teleologischen Fortschrittsgedanken abzuleiten, an dessen Spitze der Mensch dann sich wiederfinden könnte, fragwürdig erscheinen. Doch nicht zuletzt wird mit der hier aufgezeigten Möglichkeit, die Evolutionstheorie „auf den Dingo zu bringen" von dem Erzähler auch erneut eine bestimmte Geste des Erzählens markiert. Eines Erzählens, das Überlegenheit nicht nur durch Abwertung zu behaupten, sondern darüber hinaus auch wissenschaftlich zu fundieren versucht. Doch O'Flaherty, der seinen „Beweis" aus einem eigens erlebten „Dingoabenteuer" herleiten will, wird bereits am Ende seiner Erzählung der Lüge überführt – von Schindler, der es wissen muss, denn er behauptet, er selbst „habe sie [die Geschichte über die Dingos, Anm. Verf.] bereits vor fünfundzwanzig Jahren erfunden" (227). So führt am Ende nicht mehr die Wahrhaftigkeit der Geschichte oder die Gültigkeit

der Evolutionstheorie, sondern die Frage, wer dann Anspruch auf die Autorschaft der
Lüge erheben kann, zum Konflikt in der Gruppe.

Doch den Höhepunkt ihrer Konflikte erreicht die Gruppe an einem weitaus bedroh-
licherem Punkt: als es zu einem Vergiftungsversuch an Cook kommt, der zudem auch
seines gefundenen Goldes beraubt wird. Es ist nicht zuletzt das medizinische Wissen
des Apothekers Brackebusch, das eine Behandlung Cooks ermöglicht und schließlich
die Verhandlung des Falls und die Vernehmung Cooks erlaubt; denn diese zutage ge-
tretene „Monstrosität" (256) – wie Palmer sie nennt – erfordert eine „prompte Justiz",
die dazu dienen soll in der, durch das Verhalten ihrer eigenen Mitglieder bedrohten
Gemeinschaft „Zucht und Ordnung", „Ehre und Ansehen", den „guten Namen" (256)
wiederherzustellen. Palmer bemerkt, man befände sich schließlich in einer Gegend, „in
der kein ordentlicher Richter zu finden ist" (256) – das dies auch damit zusammenhängen könnte, dass es bislang diese Art des Verbrechens an diesem Ort nicht gibt,
die jene „prompte Justiz" erforderlich machen würde, sondern die Goldgräber, die
einzigen sind, von denen an diesem Ort Gewalt ausgeht, bemerkt er nicht. Doch es
ist Cook selbst, der nicht mehr daran zu glauben scheint, dass etwas durch diesen
Prozess wieder in Ordnung kommen könnte, wenn er direkt zu Verhandlungsbeginn
sagt: „Mein Glück ist verloren, meine Seele ist gebrochen und mein Leib ist vergiftet"
(256). So kann auch der schließlich als tatverdächtig angenommene Mr. Sparrow zunächst entkommen und dann – als er nach Monaten gefasst ist – der Tat nicht mehr
überführt werden, weil Cook es nicht zu beweisen gelingt, dass das Gold, das man bei
Sparrow findet tatsächlich das ist, das aus seinem Besitz geraubt worden ist (267).

Die Beraubung und Vergiftung Cooks, so wie der daran sich anschließende Prozess sind so ziemlich die einzigen „Abenteuer", denen der Erzähler selbst als Zeuge
beiwohnt, wenn man unter Abenteuer großzügig auch jene Ereignisse fassen will, die
nicht zu einem durchschnittlichen Alltag gehören – mehr ereignet sich auf dieser Expedition nicht. Was ist damit erzählt, was ist mit den aufgerufenen Zeugen bezeugt?

4.4.3 Das Abenteuer der Erzählung

Im ausgehenden 19. Jahrhundert versucht das deutsche Bürgertum seinen Platz in der
sich verändernden Wirklichkeit neu zu bestimmen; es steht unter dem Druck sowohl
innenpolitisch seine Stimme zu behalten, als auch außenpolitisch als deutsches Bürgertum, als (noch junge) deutsche Nation mitspielen zu wollen, wo andere Nationen
längst schon auf der Seite der „Gewinner" der Geschichte sich wähnen, auf ihre „koloniale Erfahrung" verweisen. Warum, so kann man sich bei der Lektüre der Erzählung
fragen, spielt diese überhaupt in Australien, wenn die „kolonialen Abenteuer" nur an
einem anderen Ort erzählt werden, vor Ort selbst sich aber nichts entscheidendes,
außer dieses Erzählen vergangener Abenteuer ereignet, mit denen eine Gruppe sich
selbst bestätigt Abenteurer zu sein – während sie doch im Moment des Sprechens
genau diesen Beweis schuldig bleibt. Was Brackebusch doch zu erkennen scheint ist,
dass der Kolonialismus eine Erzählung ist: Ein Narrativ, das die Stärke des weißen
„erfahrenen Mannes" bezeugen soll. Dieser versucht an allen Orten der Welt in erster

Linie sich selbst reden zu hören und sich damit ein-zureden, dass er den Gefahren und Herausforderungen der Wirklichkeit gewachsen ist – er beweist vor der so-arrangierten Wirklichkeit und damit in erster Linie vor sich selbst seine Stärke.

Seine Reiseliteratur spiegelt damit auch immer eine Reise in das Selbst, das er gerne sein würde. Nicht zufällig erscheint bei Brackebusch nicht der „Busch" primär als gefährlich markiert, sondern eine bestimmte *Geste des Erzählens über ihn*. In letzter Konsequenz könnte man sagen, dass mit Brackebuschs Erzählung der Kolonialismus auch als ein Selbstgespräch der langsam im Verfall begriffenen Zivilisation wahrgenommen werden kann, das diese mit einer solchen Vehemenz führt, dass sie von der eigenen Überzeugung berauscht, eine andere Stimme nicht zu vernehmen vermag. Deswegen gibt es auch keine Verständigungsprobleme innerhalb der geschilderten Gruppe, keine Form von Mehrsprachigkeit. Dieses Übertönen des Anderen, die Selbst-Setzung ins Zentrum führt uns Brackebusch mit ironischer Geste vor: Die Zeugen, die sich für die Wahrhaftigkeit des Erzählten verbürgen sollen, sind zum großen Teil nicht mehr fähig, jemals eine Aussage zu machen und geben auch ihrerseits stolz an, in ihrem bisherigen Leben durch Täuschung an den Ort gelangt zu sein, an dem sie nun stehen. Sie haben ungesicherte oder selbst-erfundene Identitäten. Die Geschichten ihrer Abenteuer gehen – so sagt es der Erzähler über den Bericht seines „Kapitän Cooks" – „*mit Seestürmen, Schiffbrüchen und eingeborenen Menschenfressern* [...] *verschwenderisch um*" (247), bis diese Erzählungen sich schließlich gegen sie selbst zu richten beginnen. Die, das erkennt auch der „ehrenwerte Gentlemen" Palmer, „Monstrosität" (256) bringen die mit ins Land, deren „Seele" ausschließlich vom „Hunger nach Gold" (237) erfüllt ist. Wenn es, wie der „Mann von kolonialer Erfahrung", Henning behauptet nun darum gehe, „Arzt, Apotheker und Bankhalter in einer Person zu [sein]" (188), dann lässt sich im Hinblick auf die Erzählung sagen: Arzt und Apotheker können die Vergiftungserscheinungen noch erkennen und diagnostizieren, die die künftigen Bankhalter einander und nicht zuletzt ihrer Umwelt anzutun bereit sind. Sie sind auch noch befähigt, die oberflächliche Symptomatik zu behandeln, die sie auf die Vergiftung aufmerksam machte. Aufhalten und Heilen können sie sie allerdings nicht. Die Vergiftungen, so scheint es ja auch Cook zu ahnen, sind grundsätzlicher, als dass man ihnen medizinisch noch beikommen kann. Brackebuschs Zeugen bezeugen somit etwas anderes: Die Verunsicherung über die eigene Identität, der man auch am anderen Ort nicht entkommen kann, wenn man sie dort auch zu verdrängen und zu verschleiern und sich auf verschiedene Weise daran zu berauschen versuchte. Die Alternative, die der Wiesbadener Apotheker durch seine Erzählung bietet ist, die eigene Geschichte nicht mit allzu großer Ernsthaftigkeit zu erzählen. So, als würde er darauf hinweisen wollen, dass es auch die ausgesprochene Humorlosigkeit des westlichen Selbstgespräches gewesen ist, die solche Geschichten unter der Ägide eines aufgeklärten Gedankens und eines unbedingten Anspruches auf Wahrheit und Geltung immer wieder ihr durchaus „lebensgefährliches" Potential entfalten ließ.

4.5 Quellen und Literatur

4.5.1 Quellen

BARTELS, W.: Nachruf auf Ernst Brackebusch. In: *Apotheker Zeitung* Berlin (1912), Nr. 90, S. 883.

BRACKEBUSCH, ERNST: Bemerkung H. Brackebusch. In: *Berichte der Deutschen Chemischen Gesellschaft* **7**, Teil 2 (1874), S. 1335.

BRACKEBUSCH, ERNST: Der Rush von Fanning-Downs. Erzählung aus dem australischen Goldgräberleben. In: *Apotheker Zeitung*, Nr. 29: 187–189, Nr. 30: 193–194, Nr. 31: 199–200, Nr. 32: 209–210, Nr. 34: 225–227, Nr.35: 235–237, Nr. 36: 245–247, Nr. 37: 255–257, Nr. 38: 265–267. Berlin 1899, auch online unter: http://www.digibib.tu-bs.de/?docid=00039112.

BRACKEBUSCH, ERNST: Ueber Nitroverbindungen aus der Allylreihe (Nitro-compounds of the allyl series). In: *Berichte der Deutschen Chemischen Gesellschaft* **7** (1874), S. 225–226.

BRACKEBUSCH, ERNST: *Ueber Nitroderivate der Propylreihe*. Dissertation Göttingen. Hamburg 1874.

SCHIFF, ROBERT: In: *Berichte der Deutschen Chemischen Gesellschaft* **7**, Teil 2 (1874), S. 1141–1144.

4.5.2 Weitere Literatur

BACHMANN-MEDICK, DORIS: *Cultural Turns. Neuorientierungen in den Kulturwissenschaften*. Hamburg 2010.

BRONFEN, ELISABETH UND BENJAMIN MARIUS: Hybride Kulturen. Einleitung zur anglo-amerikanischen Multikulturalismusdebatte. In: BRONFEN, ELISABETH UND THERESE STEFFEN (Hg.): *Hybride Kulturen. Beiträge zur anglo-amerikanischen Multikulturalismusdebatte*. Zürich 1997, S. 1–29.

Wie Reisebeschreibungen zu schreiben und zu lesen sind. Georg Forsters Gattungsreflexion in seinen Rezensionen und Vorreden. In: *Deutsche Vierteljahrsschrift für Literaturwissenschaft und Geistesgeschichte*. Stuttgart: Metzler 2002, S. 577–607.

FORSTER, GEORG: Über James Cook und andere Essays. In: FORSTER, GEORG: *Sämtliche Schriften zu neun Bänden*. Fünfter Band. Leipzig1843.

FOUCAULT, MICHEL: *Die Ordnung des Diskurses*. Frankfurt am Main 1993.

STEINER, RUDOLF: Haeckel und seine Gegner. In: *Die Gesellschaft* **15** (Aug./Sep. 1899), Bd. 3, Heft 4, 5, 6.

4.5.3 Zeitschriftenartikel

BUNDESZENTRALE POLITISCHE BILDUNG (Hg.): *Das 19. Jahrhundert. Informationen zur politischen Bildung*, Nr. 315/2012, S. 61.

CONRAD, SEBASTIAN: Kolonialismus und Postkolonialismus. Schlüsselbegriffe der aktuellen Debatte. In: BUNDESZENTRALE POLITISCHE BILDUNG (Hg.): Kolonialismus. APuZ 44-45/2012, S. 3–10.

MEINEL, CHRISTOPH: Der Begriff des chemischen Elementes bei Joachim Jungius. In: *Sudhoffs Archiv* **66** (1982), H. 4, 4. Quartal, S. 331–338.

4.6 BRACKEBUSCH, ERNST: *Der „Rush" von Fanning-Downs.*[19]

Erzählung aus dem australischen Goldgräberleben.
In: *Apotheker Zeitung*, Nr. 29–38, Berlin 1899.

VORREDE[20]

Wer heutzutage Geschichten erzählen will, die sich auf den Goldfeldern von Nordaustralien zugetragen haben, der befindet sich in der angenehmsten Lage von der Welt.

Australien mit seinen Känguruhs, Dingos, Wombats und Schnabeltieren, seinen Flüssen, die nicht fliessen, seinen Blumen, die nicht duften und seinen Vögeln, die nicht singen, ist so weit, weit entfernt, dass ein phantasievoller Darsteller schon allerhand Seltenheiten erzählen darf, ohne befürchten zu müssen, auf Schritt und Tritt der Unwahrhaftigkeit überführt zu werden. Lebendige Zeugen zur Erhärtung des Gegenteils behaupteter Thatsachen pflegen nicht zur Stelle zu sein; Erhebungen irgendwelcher Art, lassen kein befriedigendes Ergebnis erhoffen, nach Verlauf von 20 Jahren, welche verflossen sind, seit sich die hier beschriebenen Dinge ereigneten. Bücher, welche hin und wieder von gelehrten Theoretikern über Australien und seine Goldfelder geschrieben wurden, sind in der Regel äusserst langweilig.

Von interessanten Ereignissen, selbsterlebten Kämpfen zwischen Australnegern und Papuanern, Beutel- und Schnabeltieren keine Spur. Langweilige Gelehrsamkeit und öde Beschreibung einer Expedition ins Innere „um die grossen Seen zu entdecken", bei welchen die Führer entweder umkommen, oder was noch reizloser ist, umkehren, machen das Wesen solcher Schriften aus. Andere Skribenten ahmen das schlechte Beispiel berühmter Reisender nach, die entweder reisten, zum zu schreiben, oder schrieben, um zu reisen.

Diese leichtfertigen Seelen wollen durchaus interessant sein und sind es auch wirklich zuweilen, aber merkwürdigerweise in der Regel nur dann, wenn sie flunkern, oder was eigentlich häufiger vorkommt, wenn sie hinters Licht geführt worden sind. Vor Reiseschreibern von Beruf muss überhaupt im Interesse der Wahrhaftigkeit dringend

---

19 To „rush" = sich auf etwas stürzen.

20 Mit der Veröffentlichung der nachstehenden geist- und humorvollen Schilderungen aus dem Leben eines hervorragenden Fachgenossen, die zwar mehr durch die Person ihres Verfassers als durch den Gegenstand der Darstellung Berührung mit der Pharmazie haben, glauben wir den Wünschen der Leser entgegenzukommen. Red.

gewarnt werden, sie sind lebensgefährliche Menschen, vergiften die unschuldvolle Seele harmloser Leser, die leicht geneigt sind, das zu glauben, was gedruckt ist.

Sie führen niemals Zeugen für ihre Behauptungen auf und vor den Kritikern fürchten sie sich gar nicht – und das gefällt mir eigentlich am besten an ihnen.

Aus den angestellten Betrachtungen ergibt sich nun für jeden honetten Schreiber die unbedingte Notwendigkeit, dass er Zeugen für seine Mitteilungen namhaft machen muss, wenn er Anspruch auf Glaubhaftigkeit machen will. Natürlich können da ein oder zwei Zeugen nichts verschlagen, es müssen mindestens ein halbes Dutzend Glaubwürdige vorhanden sein. Glücklicherweise kann ich mit mehr als zwei Dutzend Namen herauskommen, beschränke mich aber auf folgende, indem ich zugleich einiges über die Persönlichkeiten hinzufüge, betr. Geburt, Stand u.s.w., was zu erfahren die Leser vielleicht interessieren könnte.

Daniel Murphy, gen. Mining Bismarck, Goldgräber, Werkführer der Goldmine St. Patrick No. 1, geb. in Kilkenny, Irland Später vielfacher Millionär.

Carl Koch, gen. Kapitän Cook, Goldgräber, geb. in Warmbrunn in Schlesien, Entdecker der Fidschi-Inseln, deshalb auch König der Kannibalen-Inseln genannt. Steht im dringenden Verdacht, selbst Menschenfresser zu sein, aus welchem Grunde er s. Z. von Kannibalen am Endeaver river erschlagen und verzehrt wurde.

Pasquale Nigro, gen. Bosco, geb. in Neapel, fliegender Wirtshausbesitzer, hat nichts gelernt, kann aber alles, namentlich ausgezeichnet Geige spielen. Von Neidern als elender Lazzarone verschrien, in Wirklichkeit grosser Ehrenmann.

William Palmer Esq., gen. General Palmer, geb. in Somerset, England, Goldgräber. Früher Gutsbesitzer, später Minister für Bergwerke und öffentliche Arbeiten.

Douglas Mc Donald, geb. in Edingborough, gen. Graf Grossmaul, Goldgräber, früher Photograph. Vereinigt alle Künste und Fertigkeiten in seiner Person. War, nach seiner glaubwürdigen Angabe, bereits zweimal Millionär und wurde es zum dritten Mal.

Michael O'Flaherty, geb. in der Grafschaft Tippenary, Irland. Vermag über seinen Geburtsort und über seine Eltern nichts anzugeben. Ehemals Konstabler, obgleich er weder lesen noch schreiben kann. Demnächst reitender Schafmeister in Neu-Süd-Wales, später Verfolger australischer Buschklepper als Kommandant einer Abteilung der Schwarzen Polizei. Gegenwärtig „on the spree", d. h. für unbestimmte Zeit im Rausch; im nüchternen Zustande Verfechter von Recht und Gerechtigkeit.

Adolphus Schindler, geb. auf dem Meere in der Nähe des 180. Längengrades, beim Jahreswechsel 1850/51. Da der Kapitän des Schiffes zur Zeit der Geburt Schindlers nicht nüchtern, und der Steuermann, wie meeresüblich, beim Durchsegeln des 180. Grades betrunken war, so blieb sowohl Geburtstag wie Jahr unentschieden. Nur die Thatsächlichkeit des Ereignisses blieb feststehend. Die Folge der geschilderten Unsicherheit warf von jeher ein zweifelhaftes Licht auf des Dasein Schindlers, diente aber auch gleichzeitig als ausreichende Entschuldigung hinsichtlich mancher Thaten dieses seltenen Exemplares der menschlichen Gesellschaft, dessen genauere Charakteristik sich im Laufe der Ereignisse von selbst dargestellt findet.

Seit 14 Tagen sind sie fort, sagte Mr. Henning, in dessen Hause ich auf dem Goldfelde von Charters Towers in der Kolonie Queensland wohnte, zu mir, die berühmten

*Entdecker dieses Goldfeldes Mr. Mosman, Clarke und Mobray. Sie haben etwas neu-
es gefunden, so wahr mein Name Henning ist, redete der kleine Mann eifrig weiter,
etwas neues, sehr gutes, ausgezeichnetes. Ich bin meiner Sache sichre. Auch Murphy,
Palmer, Captain Cook, Goldgräber allerbester Güte, Spürhunde von Erfahrung, sind
davon. Sie werden was erleben, ein neues Feld wird aufgethan, das grossartigste von
ganz Australien, die Zeiten von Gympie und Ravenswood kehren wieder, wo man das
Chinin mit Gold aufwog, und jede Flasche Arznei zehn Schillinge kostete. Ihr Glück
ist gemacht, junger Mann. Jetzt gilt es Arzt, Apotheker und Bankhalter in einer Person zu sein. Packen Sie Ihren Mantelsack, sorgen Sie für sich und Ihr Pferd, alles
andere nehme ich in die Hand. Ich sage Ihnen, ich bin ein Mann von Erfahrung, von
kolonialer Erfahrung Sie, oder mein Name ist nicht Cecil Henning.*

*Sie könnten ebenso gut Cecil Hahn statt Henning heissen und doch von kolonialer
Erfahrung sein, erlaubte ich mir gegen diese Zudringlichkeit einzuwenden.*

*Hören Sie auf mit Ihrem deutschen Jabbern, Sir, sage ich! Sir, ich heisse Henning,
habe ein halbes Dutzend Goldfelder entstehen und verschwinden sehen, Sir. Zehn Jahre
kolonialer Erfahrung. Ein rush ist ausgebrochen, Sir, wie der von Carpentaria. Alles
auf den Beinen!" Sie müssen hin, verwandeln Chinin in Gold, Aloe in Silber, Calmo-
el in Pfundnoten. Jede Konsultation ein Pfund. Zahnausreissen zehn Schilling. Jede Wundnadel fünf Schilling. Medikamente besonders berechnet. Knochenbrüche zehn
Pfund. Viele Wunden, Sir, viele Knochenbrüche. Gold in Menge, viel Kognak, Champagner mit Porter, Whisky heiss und kalt. Engländer, Irländer, Schotten, Jankees,
alles betrunken am Sonnabend Abend. Sehr geschäftiger Abend, soviel wie die ganze Woche wert, oder mein Name ist nicht – Cecil Henning. Also übermorgen reiten.
Pferde, Hunde, Revolver, Pflasterkasten. Come on Sir, let ushave a drink.*

*Mit dem grössten Vergnügen, sagte ich, denn ohne einen kräftigen Drink kann kein
ordentliches Unternehmen auf einem Goldfelde gedeihen.*

*Unser Haus in Charters Towers war, nach den Begriffen von Goldgräbern unge-
mein günstig gelegen, wie alle Häuser, die keine Wirtshäuser waren, günstig lagen.
Rechts von demselben befand sich nämlich, wie jeder Sachkenner voraussetzen wird,
ein Wirtshaus, während sich links von demselben ebenfalls ein Wirtshaus befand. Gerade gegenüber rage das stattlichste Gebäude des ganzen Goldfeldes empor, welches
natürlich gleichfalls ein Wirtshaus war. Dieses war das Klubhaushotel.*

Das Haus zur Linken hiess der hüpfende Frosch, das zur Rechten das Känguruh.

*Mr. Hennings koloniale Erfahrung führte uns als einfach über die Strasse in die Of-
fene Thür des Klubhaushotels. Da in jenem Hotel nur Gentlemen verkehrten und alle
Goldgräber Gentlemen sind, so befanden wir uns in der angenehmsten Gesellschaft.
Da kommen die Herren Henning und Brackebusch, gentlemen vom reinsten Wasser
und Leute von Bedeutung, schrie uns ein riesenhafter Irländer an. Meine Herren, was
belieben Sie zu trinken? Seit einer halben Stunde streite ich mich hier mit der ganzen Gesellschaft herum, ob ein rush ausbrechen wird oder nicht. Dieser langbeinige
Bergschotte sag „nein", es giebt keinen rush, obgleich er nicht nichts davon versteht;
dieser Irländer aus dem „schwarzen Norden" sagt „nein", weil ich aus dem südlichen
Irland bin, jener untersetzte Engländer sagt „nein", weil er alles besser wessen will*

wie Irländer und Schotten. Der rothaarige russische Finne sagt „nein", weil er immer widersetzlich ist. Ich habe meine Ehre verpfändet, meine Herren, dass es einen rush giebt, aber selbst darauf hin wollen sie es nicht glauben.

Der arme Mann schien der Verzweiflung nahe zu sein und wäre fast in Trunkenheit versunken, als sein irischer Mutterwitz ihm eine Idee eingab, mit der er siegreich aus dem Gefecht hervorging. Meine Herren, sagte er, ich könnte sie aller der Reihe nach zu Boden schlagen, wie eine Herde Ochsen, darum, dass sie nicht glauben wollten, was ich bei meiner Ehre versicherte, mir bietet sich indessen jetzt Gelegenheit zu einem höheren Triumph. Ich bitte diese Herren um Ihr Urteil, und ich erkläre ausdrücklich und bestimmt bei der Ehre dieser Herren, es giebt einen rush.

Allerdings, sagte Mr. Henning, hat Michael ganz recht, es giebt einen rush, einen wahrhaftigen rush, welcher wäscht, welcher so gut wäscht, wie ich diesen Brandy hinunterwasche; Ihre Gesundheit meine Herren. Wir tranken dann eine Runde mit Mr. Henning, dann eine mit Mr. Flaherty, dann eine mit dem russischen Finnen, dann wieder mit Mr. O'Flaherty, dann mit dem anderen Irländer aus dem schwarzen Norden, dann mit dem Engländer, die sich alle die Ehre nicht entschlüpfen lassen wollten, mit uns eine Runde zu trinken, bis endlich Mr. O'Flaherty die Genugthuung hatte, seine sämtlichen Gegner in einem schönen und anmutigen Kreise um sich herum liegen zu sehen, ohne nötig gehabt zu haben, sie einen nach dem anderen niederzuschlagen wie eine Herde Ochsen. Endlich wurde der 'tapfere selbst besiegt von seinem Meister, dem Whisky. Er stemmte seinen Rücken gegen den Schanktisch, streckte seine Beine lang und breit von sich und lallte, ehe ihn der Schlaf umfing, freudestrahlend vor sich hin: upon the honour of these gen-tle-men.

Ein Pferd, ein Pferd. ein Königreich für ein Pferd, lässt der grosse englische Dichter einem bedrängten König ausrufen. In ganz ähnlicher Lage befindet sich der Goldgräber in Australien, nur mit dem Unterschiede, dass ein Goldgräber, wenn er in unerforschte Gegenden reisen will, sogar zwei Pferde nötig hat.

(Fortsetzung folgt.)

FORTSETZUNG

Zu eher solchen Expedition gehören zwei Pferde, nämlich eins zum Reiten und ein anderes zum Tragen der mancherlei Bedürfnisse, die selbst ein Goldgräber hat. Mag er auch noch so abgehärtet, so gänzlich entwöhnt von allen Annehmlichkeiten der Welt sein, wie es nur ein Goldgräber zu sein vermag, so muss er doch für Lebensmittel, Handwerkszeug, Zelte, Waffen und dergleichen sorgen- Er muss sein eigener Bäcker, Koch und Kellner sein, er muss wenigstens Vorrate für einen Monat mit sich führen, da er sonst einfach umkommen würde. Das Pferd ist das Kamel der australischen Goldgräbereinöde. Es ist treu und zuverlässig und verlässt seinen Reiter eicht, wenn es nicht durch vagabundierendes Pferde zum Ausreissen verleitet, oder, was allerdings das schlimmste aller bösen Ereignisse für einen Goldgräber ist, wenn es nicht gestohlen wird. Jeder Diebstahl eines Pferdes im australischen „Busch-, wie man den Urwald nennt, ist das niederträchtigste Verbrechen, auf welchem die höchste Strafe steht. Einen auf frischer That ertappten Pferdedieb schiesst man ohne weiteres über den Haufen. Wer einem Goldgräber seine Pferde raubt, überliefert ihn dem Verderben.

Pferde spielen im australischen Leben überhaupt eine grosse Rolle. Der Ehrgeiz eines jeden Ankömmlings träumt alsbald von dem Besitz eines Pferdes. Er ruht nicht eher, bis das Ziel seiner Wünsche erreicht ist. Stolz reitet er darauf am Sonntag spazieren und überhört die Neckereien seiner guten Freunde, die hinter ihm herrufen: „Das erste Pferd in der Familie.' Wie in Deutschland jeder Bettler seine Kiepe loben soll, was ich leider in meinem langen Leben noch niemals gehört habe, so lobt in Australien jeder Goldgräber sein Pferd. Wer aber kein Goldgräber ist, lobt sein Pferd auch und ebenso erging es mir. Ich besass ein Pferd, welches mich niemals im Stich gelassen hat und welches natürlich den rush von Fanning-Downs mitmachen musste. Es pflegte sich nie weiter als einige hundert Schritt vom Lager zu entfernen und hatte die besten Eigenschaften, die solch ein Vierfüsser haben kann.

Am dritten Tage nach den oben geschilderten Ereignissen wurde früh mit der Sonne gesattelt und geritten. Pferde, Hunde, Revolver usw., alles war richtig zur Stelle. Das Merkwürdigste an der ganzen Sachlage war nur, dass das Reiseziel unbekannt war. Das neuentdeckte Goldfeld sollte irgendwo im Norden gelegen sein, am Fanningflusse. Das war für australische Goldgräber-Geographie schon eine sehr gründliche Orientierung.

Auf der Landkarte war der Fanning allerdings als ein Nebenfluss des bedeutendsten aller australischen Flüsse, des Burdekin angedeutet. Er mündete also in den Burdekin, wie sein Lauf aber sein mochte, war gänzlich unbekannt. Das Goldfeld von Charters Towene liegt auf der Südseite des genannten Flusses. Der Burdekin musste also überschritten werden, und das weitere musste sich finden.

Als ich den Burdekin zum ersten Male in meinem Leben sah, war er ein kleines, erbärmliches Wässerchen, durch welches unser Postwagen hindurchfuhr ohne Schwierigkeit.

Mir fielen allerdinge schon damals die gewaltig hohen Ufer des Flusses auf, die sich in drei Stufen übereinander auftürmten. Damals war es um die Zeit der grössten Dürre, d. h. im Winter gewesen.

Wie erstaunte ich also, als ich noch einem scharfen Ritt von ungefähr 20 englischen Meilen, an dem besagten Morgen an den Fluss kam. Das ganze ungeheuere Bett war mit Wasser gefüllt bis zum Bande. Erst jetzt gewahrte man, dass der Burdekin, der König der australischen Flüsse, ein reissender Strom sein konnte, wenn nämlich die nasse Jahreszeit ihre Schuldigkeit gethan hatte. Und das war in jenem Jahre reichlich der Fall. Sechs Wochen lang pflegt es im tropischen Neuholland mit mehr oder minder grosser Heftigkeit und Unterbrechung zu regnen Von solch einem australischen Regen har man in Deutschland keine Vorstellung. Die Vergleiche mit grossen Tropfen, Bindfaden oder wie mit Mollen gegossen sind kläglicher Natur. Ich würde zur Nachahmung des Experimentes einen kolossalen Durchschlag bauen lassen, mit Löchern von der Grösse einer Erbse und dieses Gefäss mit Wasser speisen, dann würde ungefähr eine gleiche Wirkung hervorgebracht werden. – Der Verkehr war natürlich auf beiden Seiten des Flusses seit Wochen unterbrochen gewesen. Lange Wagenzüge warteten bis es möglich werden würde, die Güter überzuführen. Nur notdürftig wurde eine Verbindung durch ein einziges schlecht gebautes und kleines Boot hergestellt. Auf jeder Seite des Flusses lag natürlich eine Kneipe von jener Urwüchsigkeit, wie sie nur

der australische Busch hervorbringt Diesseits des Flusses wurde nur noch Brandy ver-
zapft, während Lebensmittel gänzlich aufgezehrt waren – Bei der Annäherung an das
Haus konnte man schon von weitem den Lärm zechender Gesellen hören, das Bellen
von Hunden und das Wiehern von Pferden, welches die neuen Ankömmlinge begrüs-
ste. Ein Beobachter der Natur kann bei einer solchen Gelegenheit die Unterschiede
der Gefühlsäusserung von Mensch und Tier auf das wundervollste kennen lernen. Das
Pferd empfängt seinesgleichen mit einem lauten, langgestreckten Ausruf ungeheuchel-
ter Freude der immer lauter und verlockender wird. Die Ankömmlinge setzen sich in
immer schnellere Gangart und die wartenden Tiere springen, vor Vergnügen hinten
und vorn ausschlagend, umher. Oft nähern sie sich ganz und gar, stossen ein ver-
ständnisinniges, ruckweises Geräusch aus und erklären sich offenbar sehr befriedigt
von der neuen Bekanntschaft. So wohlanständig beträgt sich natürlich nur ein frei-
es australisches Buschpferd, seine kulturbeleckten Genossen nehmen, wie zivilisierte
Menschen, keinen oder nur geringen Anteil an einander.

Die Hunde betragen sich schon mehr ihrer Bildung und Ihrem Charakter entspre-
chend Die ersten Begrüssungsausrufe, die sie von sieh geben, sind entschieden von
liebenswürdiger Natur Es geschieht aber leicht, namentlich bei älteren Exemplaren,
dass die Tonart eine andere wird, je naher sie einander kommen. Das Gebell wird
alsdann oft drohender, als man erwarten sollte, wenigstens der treue Hüter des Hau-
ses hielt es für seine Pflicht, darauf aufmerksam zu machen, dass er Anspruch auf
Beachtung zu machen hat Er lässt aber doch mit sich reden, beschnuppert die Neulinge,
erst mit Würde, dann mit Interesse und schliesslich mit jener delikaten Zärtlichkeit,
die eher nur Hunden eigen ist. Nachdem die Vorstellung beendet, ist alles Freundlich-
keit und Lust, solange nicht der händelsüchtige Mensch etwa einen Knochen unter die
Gesellschaft wirft und damit der Zwietracht Samen mit vollen Hände aussäet. Solche
Beobachtungen konnte man dort am Flussufer machen.

Wie ganz anders und wie unangenehm nimmt sich dagegen oft die Begegnung von
Menschen aus. Welch kreischender Lärm und welch rohes Gelächter ertönte nicht
aus jener Spelunke am Ufer des Flusses, die sich wie zum Hohn auf die Kultur, der
Prinz von Wales' nannte. Von einer freundlichen Begrüssung wie bei Hunden und
Pferden keine Spur. In dem Augenblick, als ich an der Schwelle des Hauses anlangte,
lieg ein Gegenstand mit sonderbarer Geschwindigkeit aus dem Innern des Hauses
heraus, überschlug sich sozusagen nach allen Richtungen und langte gerade vor den
Hufen meines Pferdes auf der Erde an. Zur Schande des gesamten Geschlechtes muss
ich mit der Wahrhaftigkeit, die diesen ganzen Bericht auszeichnet, gestehen, dass
die angedeutete Flugmaschine sieh als ein Mensch offenbarte, als ich Musse fand zu
näherer Betrachtung.

Entschuldigen Sie, mein Herr, sagte der Auswürfling, wenn ich mich Ihnen unter
ausserordentlichen Umständen vorstelle; mein Name ist Schindler, mein Herr. Ich
habe das Unglück, überall unfreundlich aufgenommen und freundlich hinausgeworfen
zu werden. Sonst hat die Sache weiter keine Bedeutung, die alten Knochen sind noch
heil, und der Hinauswerfer wird zur Strafe eine Runde bezahlen müssen, weil er sich
an einem Gentlemen vergriffen hat.

Nicht wahr, meine Herren, wandte sich Mr. Schindler an die Gesellschaft in der Hütte, sie werden das als eine gerechte und billige Strafe erachten für die unüberlegte Art, die Mr. O'Flaherty an den Tag legte, indem er einen der liebenswürdigsten Menschen aus ihrer angenehmen Gesellschaft entfernte, ohne die Folgen zu bedenken. – Nur der gedankenloseste aller Goldgräber hätte ein Gegner dieses Vorschlags zur Güte sein können, und so hatte Mr. O'Flaherty, denn kein anderer hatte das freiwillige Geschäft des Hinauswerfens besorgt, die Ehre, für die ganze Gesellschaft eine Runde auszugeben.

Nachdem infolge des gemeinsamen Winks eine Versöhnungsfeierlichkeit zwischen den streitenden Parteien stattgefunden hatte, meldete der Fuhrmann des halbverfaulten Bootes, dass der Augenblick zum Übersetzen über den Fluss gekommen und günstig sei, da gegenwärtig keine grösseren Hindernisse in Gestalt von treibenden Baumstämmen, toten Ochsen und dergleichen zu sehen wären. Das Boot wurde also hart am Ufer des Flusses stromaufwärts gezogen, in Rücksicht auf das unvermeidliche Abtreiben in der Mitte der Strömung, um das jenseitige Ufer an der rechten Stelle treffen zu können.

(Fortsetzung folgt)

FORTSETZUNG

Den Pferden wurden Sattel und Verpackung abgenommen, ein halbes Dutzend Männer bestiegen das Boot, in welches die Hunde mit hineingenommen wurden, und jeder Reiter fasste den Zügel seines Pferden am äussersten Ende, worauf das Boot vom Ufer abgestossen wurde. In demselben Augenblick wurden die Pferde von den zurückbleibenden Männern ins Wasser getrieben und ehe sie sich versahen, schwammen sie mitten im Strom. Nur die Köpfe ragten hervor, welche durch die Zügel kräftig angezogen wurden. Obgleich den Tieren eine solche Wasserfahrt ganz gewiss etwas Neues war, so fanden sie sich merkwürdig schnell in ihre neue Lage. Sie fingen sofort an kunst- und sachgemäss zu schwimmen und versuchten nicht, sich gegenseitig umzubringen, wie die Vertreter der kultivierten Menschheit jedesmal thun, wenn sie sich in ähnlicher Lage befinden. Nur ein einziges Pferd, und zwar ein Mutterpferd, versuchte einige Male den Kopf nach dem verlassenen Ufer zu wenden, von welchem her das ängstliche Geschrei eines viertel jährigen Füllens erschallte, das zurückgeblieben war.

Das Füllen rannte, ängstlich um Hilfe wiehernd, am Ufer hin und her, bis es auf einmal, wie vom rechten Gedanken erfasst, in die Flut stürzte. Wir hielten das Tierchen natürlich für verloren. täuschten uns aber sehr. Es wusste so kräftig zu schwimmen, und nahm eine so richtige Stellung zum Strome ein, dass es schien, als ob es ein lustiges Seepferdchen wäre. Das Köpfchen ragte hübsch ordentlich aus dem Wasser hervor und folgte der Richtung unseres Bootes. Mr. Schiedler beobachtete mit Aufmerksamkeit das Schauspiel und wettete sogleich um 10 Pfund Sterling, die er gar nicht besass, dass das Tierchen glücklich das andere Ufer erreichen würde. Er entwickelte sodann eine erstaunliche Beredsamkeit über das angemessenste Verhalten von Menschen und Tieren in Feuer und Wassersnot, in Gefahr, von wilden Bestien zerrissen oder von Krokodilen und Haifischen gefressen zu werden - Inzwischen näherten wir uns dem anderen Ufer und bewerkstelligten unsere Ausschiffung sowie die Landung unserer

Pferde, das kleine Füllen kämpfte noch tapfer mit den Wellen, es gelang ihm aber, angefeuert von den Zurufen seiner Mutter. einige hundert Meter unterhalb unserer Landungsstelle das Ufer zu gewinnen, worauf es mit lustigen Sprüngen und hellem Geschrei herbei kam und eine Magenstärkung zu sich nahm.

Nachdem die Pferde wieder trocken geworden waren, was in der heissen Mittagssonne nicht lange dauerte, machten wir uns reisefertig und setzten unsern Weg nach Norden fort, denn vorläufig hatten wir noch einen Weg, der nach Norden führte. Wir mochten etwa eine Stunde weiter geritten sein, als die Hitze anfing unbequem zu werden, und wir beschlossen in der Nähe eines kleinen Teiches, der ziemlich gut mit Gras umgeben war, Mittag zu machen. Hunde, Menschen und Pferde stärkten sich zunächst mit Wasser aus derselben Quelle, die Menschen mit dem bezeichnenden Unterschiede, dass sie Branntwein in das Wasser gossen mit instinktiver Rücksichtnahme auf die damals noch unbekannten Fieberbazillen. Ein Feuer wurde angezündet, um die vorhandenen Vorräte von rohem Rindfleisch, die vorsorglich mit Pfeffer und Salz eingerieben waren, zu braten und um ein grösseres Quantum Thee zu bereiten, den die Engländer bekanntlich zu jeder Tageszeit trinken können. Das Mittagemahl. welches ausser aus den angegebenen Dingen noch aus Brot und Konserven bestand, von denen jeder hergab, was er hatte, schmeckte vortrefflich. Es unterliegt für jeden Sachkenner ganz und gar keinem Zweifel, dass ein solches Mittagsmahl, mitten im australischen Busch, jede andere, noch so umständlich bergerichtete Mahlzeit übertrifft. Was ist ein kunstvolles Roastbeef* des besten Hotels von der Weit, gegen ein richtig zubereitetes, in glühender Asche gebratenes Stück Rindfleisch in Australien? Das ist ein wohldurchgebratenes, nicht rohes und nicht verbranntes, äusserlich köstlich madeirafarben geröstetes Stück Fleisch, welches allen Saft und alle Kraft in sich hat, wie die Ziegen das Fett.

Allein der Mensch ist unzufrieden, weil nichts in der Welt vollkommen ist und weil der Mensch seinerseits unvollkommen ist.

Nach einem bekömmlichen Mahle sehnt das Gemüt sich nach Ruhe und der Körper sich, unter der tropischen Sonne, nach Schatten. Das war nun aber die Schwierigkeit. Der harmlose Leser wird sich nun natürlich sofort des Umstandes erinnern, dass wir mitten im australischen Urwald waren; er denkt deshalb, das ist so ein dichter Wald, durch den weder Sonne noch Mond scheint. Das ist nun aber wieder in Australien alles ganz anders als sonst wo auf der Welt. Da stehen allerdings Bäume genug umher, alte, tüchtige, mehrere hundert Fuss hohe Bäume, aber Schatten geben diese nicht. oder doch nur sehr wenig. Die roten und blauen Gummibäume bilden den Hauptbestand der. australischen Wälder. Solch ein ansehnlicher Geselle schiesst zunächst vielleicht seine achtzig oder hundert Fuss gradenwegs In die Höhe, dann bildet er eine Krone und schiesst wieder etwa fünfzig Fuss in die Höhe, worauf eine zweite Krone angewachsen ist. Diese Kronen haben viele Tausende von schmalen, langen Blättern, aber Schatten geben diese nicht und insonderheit nicht um die Mittagsstunde. Die Blätter stehen nämlich nicht flach vom Baume ab, wie respektable Blätter in unserem Erdteil, sondern sie hängen senkrecht von oben herunter und bieten den Sonnenstrahlen keine Fläche dar. Die Sonne scheint also zwischen den Blättern hindurch. Das macht sich am unangenehmsten bemerkbar, wenn es Mittag ist, weil dann auch die Stämme

*keinen Schatten geben. Zweimal im Jahre hat man bekanntlich innerhalb der Wende-
kreise für längere Zeit das Vergnügen, von der Sonne um Mittag lediglich von oben
auf den Kopf beschienen zu werden. Geht man um diese Zeit, etwa unter einem der
sehr breiträndrigen Kohlpalmenbasthüte, spazieren, so sieht man auf der Erde nur den
Schatten des Hutes gerade unter sich. Sitzt man zu Pferde, so sind die Umrisse des
Pferdekörpers. von oben gesehen, scharf auf den Boden gezeichnet. In der Mitte des
Rumpfes zeichnet sich der besagte Hut auf beiden Seiten wie eine grosse Bratpfanne
ab; ausserdem werfen noch die Kniee des Reiters ihren Schatten und die Vorderhufe
des Pferdes, wenn es sich bewegt.*

*Da wir nun. wie erwähnt, nicht Im Schatten ruhen oder schlafen konnten, so mach-
ten wir uns alsbald hei 1200 Fahrenheit in der Sonne auf den Weg und hingen interes-
selos in unsern Sätteln. Nur Mr. O'Flaherty und Mr. Schindler gerieten alsbald in ein
eifriges Gespräch, indem ersterer den letzteren mit allerhand Vorwürfen überhäufte
und mit verdächtigenden Redensarten beschädigte. Mr. O'Flaherty unterzog die Bemerkungen, die Mr. Schindler im Boote während der Überfahrt über den Burdekin
gemacht hatte, einer böswilligen Kritik, und bezweifelte namentli:h, dass Mr. Schindler selbst irgend welchen Mut zeigen würde. wenn er auch nur der geringsten Gefahr
sich gegenüber befände. Gegen derartige Herausforderungen legte Mr. Schindler entschieden Protest ein, indem er andeutete, dass er Geschichten aus seinem Leben erzählen könnte, die seine Hörer in Erstaunen setzen würden; er dränge sich und seine
interessanten Geschichten aber niemand auf und erachte Mr. O' Flaherty auch nicht
für würdig, gute Erzählungen anhören zu dürfen. Diese für hungrige Goldgräberseelen
len schön ersonnene Vorrede hatte natürlich zur Folge, dass Mr. Schindler von allen
Seiten bestürmt wurde, eines seiner Erlebnisse zu erzählen. Ein herkulischer Reiter
drängte sein Pferd zwischen die beiden Streithähne und Mr. Schindler liess sich herbei,
eine Geschichte zum besten zu geben.*

*Sie wissen, meine Herren, dass ich überall auf der Welt gewesen bin. Alle Meere,
alle Festlande und selbst die meisten der grossen Inseln dieser Erde habe ich gesehen, überall mein Glück suchend, ohne es zu finden. Es ging mir überall schlecht,
in den schönsten Ländern immer noch schlechter, als in den weniger angenehmen
Am aller miserabelsten erging es mir in Brasilien. Ich war als Sprachkundiger bei
einer Expedition ins Innere angeworben, die das Land erforschen sollte in der Nähe des Zusammenflusses des Madeira und des Amazonenstromes. Wir waren bis an
jenen Punkt mit einem Dampfer gefahren und hatten unsere Aufgabe glänzend gelöst so, dass wir beschlossen, weiter zu reisen- Da die Abreise auf den Nachmittag
festgesetzt wurde, so gelüstete es mich, den schönen Morgen noch auszukaufen durch
einen längeren Spazierritt im schattigen Urwald. Das ist ein ganz anderes Vergnügen, meine Herren, im tropischen Urwalde von Brasilien zu reiten, als in dieser öden
Sand-und Lehmkuhle. Ich ritt also lustig darauf los: Gegen Mittag kam ich an eine
saftige Waldwiese, wo mein Mustang das leckerste Futter fand, während ich mich im
Schatten einer Riesenpalme auf schwellendem Moos lagerte, um mein Mittagsmahl.
welches aus kalter Küche bestand, zu verzehren. Die Sonne brannte heiss, konnte mir
aber in meinem sicheren Schatten nichts anhaben, und obendrein rieselte neben mir,*

aus einem Felsen, herrliches kühles Wasser. Nachdem die Mahlzeit beendet und ein Fläschchen Portwein geleert war, überliess ich mich den angenehmsten Träumen und war eingeschlafen, schneller als Sie denken ich mochte vielleicht eine Stunde geschlafen haben, als Ich plötzlich durch ein dumpfes Geräusch geweckt wurde. Ich erwachte mit dem grössten Entsetzen, denn auf der anderen Seite der Waldwiese gewahrte ich ein Paar Panther von fürchterlicher Grösse, die sich mit lautem Gebrüll anschickten, mein Pferd anzufallen und mit gewaltigen Sätzen herankamen. Mein Mustang hatte die Gefahr kaum erkannt, als er im gestreckten Galopp zu mir zurückkehrte, mir ebenso viel Zeit liess, als zum Aufsitzen nötig ist und dann seinen Lauf nach unserem Landungsplatze fortsetze. Es war ein Ritt auf Tod und Leben. Anfänglich schien meinem Pferde die Sache nicht so bedenklich zu sein, allein bald zeigte sich, dass die verfolgenden Bestien uns doch allmählich naher kamen. Die Gefahr wuchs von Minute zu Minute und noch hatten wir mehrere Meilen zu durchmessen, ehe ich auf Beistand von seiten meiner Gefährten hoffen konnte. Ich versuchte deshalb alle Kunstgriffe, die ein erfahrener Buschmann und Reiter, der ich bin, wie alle wissen, versuchen kann. Ich drehte mich mit einem kühnen sicheren Schwungs im Sattel herum, zog meinen Revolver aus dem Gürtel und begann auf die Bestien zu feuern Der erste Schuss machte die Tiere stutzig, da er aber leider fehl ging, so nahmen die Katzen die Verfolgung bald wieder auf. Sie rückten näher und immer näher. Da nahm ich eins der Tiere aufs Korn, drückte los und mit wütendem Geheul stürzte das Ungeheuer zu Boden. Es sprang aber sofort wieder auf und man konnte sehen, dass nur ein Streifschuss am Kopfe gesessen hatte, Der Schmerz und die Blutgier verdoppelte die Anstrengungen der Verfolger und die Gefahr wuchs aufn neue.

(Fortsetzung folgt.)

FORTSETZUNG

In demselben Grade wuchs natürlich auch meine Energie und Kaltblütigkeit Ich liess die Bestien absichtlich eine Zeit lang in Ruhe, nahm dann das andere Tier aufs Korn. zielte nach dem linken Auge, und schoss dasselbe über den Haufen. Mit einem furchtbaren salto mortale schlug es zu Boden. Durch diesen Meisterschuss gewannen wir einen tüchtigen Vorsprung, ehe das andere Vieh sich von dein Anblick seines gefallenen Gefährten trennte. Allein dafür nahm es die Verfolgung um so wirkungsvoller auf, als mein wackeres Pferd anfing, von der langen Jagd zu erlahmen. Ich hatte nur noch eine Kugel im Lauf und beschloss deshalb, diese bis zum letzten Augenblick zu sparen. Der Panther kam naher und näher und ich musste mich jeden Augenblick darauf gefasst machen, dass er auf den Rücken des Pferdes springen würde. Ich konzentrierte also meine ganze Aufmerksamkeit auf Miene und Bewegung des Unholdes. Da schien plötzlich neue Kraft in mein Pferd zu kommen, der Wald wurde lichter, der Weg ebener, wir mussten in der Nähe des Flusses sein. Aber auch der Panther holte zu einer letzten Anstrengung aus, da er den Entscheidungspunkt für gekommen erachtete. Ich merkte, dass das Pferd auf eine mir unerklärlich scheinende Weise unentschlossen zu sein schien, ob es weiter laufen sollte oder nicht, ja es sah fast aus wie plötzlich beabsichtigter Stillstand. Diesen Augenblick machte sich der Panther zu Nutze, holte zu einem furchtbaren Sprunge aus und hatte mich sofort an der Kehle ge-

habt, wenn ich nicht siegesgewiss meinen Revolver in den weit aufgerissenen Rachen des Ungeheuers abgefeuert hatte. Ich muss gestehen, nach dieser Grossthat wurde mir etwas schwindlig zu Mute Ich fühlte den Körper meines Pferdes unter mir verschwinden, sah, dass der wackere Mustang gewaltig hinten ausschlug, den Panther mitten vor die Brust traf und – fand mich auf einem weichen Lager von Baumwolle nach einer Minute wieder.

Als ich mich aufraffte, übersah ich mit Blitzesschnelle die Sachlage. Das Pferd war am Ufer des Amazonenstromes angekommen, hatte einen Moment gestutzt, wie zur Überlegung. dann hinten ausgeschlagen, war selbst in den Strom gesprungen und hatte mich im schönen Bogen in ein mit Baumwolle halb gefülltes Boot geworfen. Der Panther lag todt am Ufer, das Pferd im Wasser und ich im Boote.

Das Boot war, offenbar infolge des starken Anpralls meines Körpers, losgerissen und abgetrieben, während das kluge Pferd, dem Strome folgend, auf dasselbe losschwamm. Ich begriff sofort, was zu thun sei, wartete, bis das Pferd nahe genug war, ergriff die Zügel und zog den Kopf des Thieres aus dem Wasser. Da wir, wie ich bald bemerkte, oberhalb das Ankerplatzes unseres Schiffes in den Fluss geraten waren, so brauchten wir nur hinunterzutreiben und hatten so alle Aussicht, gerettet zu werden, wozu ich selbst nichts beitragen konnte, weil das Boot gänzlich ohne Ruder war. Ich hielt es deshalb für an. gemessen. mir in aller Gemütsruhe eine Zigarre anzuzünden; jedenfalls das Beste, was man in einer solchen Lage thun kann.

Kaum aber war dies geschehen, so bemerkte ich eine sonderbare Unruhe an meinem Pferde. Es schien, als ob das Tier im Wasser hinten und vorn auszuschlagen sich bemühte. Wer aber beschreibt meinen Schrecken, als ich die Ursache dieser Bewegungen kennen lernte. Sie wissen alle, meine Herren, dass der Amazonenstrom von Krokodilen zu vielen Tausenden bewohnt wird, und diese Hyänen der Flut waren es, die Pferd und Reiter ein neues Verderben bereiteten Ich warf meine Oberkleider und Zigarre von mir und suchte meinem Lebensretter beizustehen, so gut ich konnte, stach mit meinem grossen Bowiemesser den von allen Seiten heraneilenden Krokodilen die Augen aus und verbreitete grosse Blutlachen um das Boot herum. Ich bemerkte aber doch, dass mein Pferd nicht lange im stande war, den Angriffen von allen Seiten zu wider. stehen. Nach kurzer Zeit wurde das treue Tier vor meinen Augen in die Tiefe gezogen. Mit unbeschreiblicher Gier fielen die Amphibien über ihr Opfer her und zerrissen es in hundert Stücke.

Das alles aber schien nur ein Vorspiel zu dem Schicksal zu sein, das meiner harrte Denn was erblickten meine von dieser Schreckensscene sich abwendenden Augen? – Das Boot, in dem ich sass, stand in hellen Flammen. Die fortgeworfene Zigarre musste die Baumwolle in Brand gesetzt haben und so schien mein Tod in den Flammen oder im Wasser unvermeidlich zu sein ich weiss nicht, meine Herren, oh viele von Ihnen jemals in Todesgefahr geschwebt haben, jedenfalls werden Sie nicht die Wahl gehabt haben, entweder bei lebendigem Leibe verbrannt zu werden. oder zu ertrinken, und, noch ehe Sie damit recht fertig geworden sind, von Krokodilen gefressen zu werden. Sie glauben nicht, welche Ueberlegung ein Mann von Entschlossenheit und Charakter, ein beherzter Mann. in solchen Augenblicken an den Tag legen kann. Ich überlegte in der Geschwindigkeit, was ich thun wollte und entschied mich für keine der beiden dargebotenen angenehmen Möglichkeiten. Ich gewahrte nämlich unser Schiff, etwa eine vierte' englische Steile unterhalb jenes Punktes im Strome liegend, stürzte mich im letzten Momente, als ich das brennende Boot verlassen musste, auf den Nacken eines mächtigen Krokodils, stach ihm die Augen aus und zwang es mit Hilfe der grossen mexikanischen Sporen, die ich an den Stiefeln hatte, die Richtung nach dem Schiff zu den Strom hinabzuschwimmen und gelangte glücklich an der Falltreppe unseres Schiffes an. Der Kapitän und die Besatzung hatten den letzten Teil meiner Expedition selbst mit angesehen und überboten sich mir gegenüber in Lobeserhebungen und Aufmerksamkeiten, die ich aber alle, mit Ausnahme einer Flasche Portwein, dankend ablehnte. –

Unsere reitende Gesellschaft hatte im Laufe der Erzählung von mehreren besonders glaubwürdig erscheinenden Stellen sich bei- oder missfällig geäußert, je nach Geschmack und Charakteranlage der einzelnen Zuhörer; im ganzen aber erntete Mr. Schindler den Beifall der Menge. Nur Mr. O'Flaherty, der alte Gegner des Erzählers, war hinterlistig genug, den Helden der Geschichte zu fragen, was er glaube, warum er so glücklich aus Panthers-, Feuers-, Wassers- und Krokodilsgefahr entronnen sei? Als Mr. Schindler hierauf ausser stande war, zu antworten, sagte Mr. O'Flaherty in seiner die strengen Regeln der Logik nicht immer genau einhaltenden Weise, so will ichs Ihnen sagen: „Wer geboren worden ist, um gehängt zu werden. ersäuft nicht auf dem Meere." Er gab seinem Pferde die Sporen und lustig jagte die Kavalkade der sich in der Ferne zeigenden Buschkneipe zu.

Eine Buschkneipe in Nordaustralien ist ein Institut, welches sich mit keinem anderen, ähnlichen Aufgaben dienenden Institut vergleichen lässt. Halb fest gebaut, halb transportabel, steht es in schmuckloser Einfachheit da. Es scheint nur Haut und Knochengerüst zu sein. Die Sonne vermag dem Gebäude nichts anzuhaben, der Regen findet schon eher eine Fuge, durch die er dringt, aber der Wind pfeift durch das ganze Haus; und das soll er auch gerade.

Niemand auf der weiten Gotteswelt wohnt in des Wortes wörtlichster Bedeutung mehr innerhalb seiner vier Pfähle, als der australische Buschmann, mag er nun Kneipwirt, Goldgräber oder Schafmeister sein. Sobald er ein Haus haben will, fängt er damit an, vier Pfähle möglichst regelrecht in die Erde zu schlagen. Diese Pfähle werden oben, in der Mitte und unten durch Querstangen mit einander verbunden. An einer Seite bleibt eine Oeffnung für die Thüre. Auf die oberen Querstangen setzt man einige sparrenartig verbundene Stangen auf, so ist das Gerippe fertig. Wände und Dächer werden aus der Borke grosser Bäume hergestellt., und zwar auf folgende Weise. Der Buschmann nimmt seine Axt zur Hand und fängt bei einem grossen Baume an, die Borke über der Wurzel rings umher abzuhauen, sodann wiederholt er dasselbe Experiment etwa in zwei Meter Höhe, oder so hoch er mit seiner Axt reichen kann. Nachdem dieses geschehen, haut er eine Kerbe in die Rinde von oben bis unten und löst die Borke mit der Schneide der Axt nach rechts und links ab. Sobald das Werk etwas gefördert Ist, geht er mit dem Stiele der Axt zwischen Rinde und Holzstamm, worauf es nicht lange dauert, bis das Zerstörungswerk beendet ist. Die abgebogene Borke wird platt auf die Erde gelegt, mit abgesagten Stammen oder Steinen beschwert und so in der Sonne getrocknet. Der abgeschälte Baum ist natürlich dem Verderben geweiht und einige Dutzend solcher Baume zeigen an, dass ein zivilisierter Europäer vom Stamm der Vandalen oder dergleichen dort seine Hütte aufgeschlagen hatte. Die trockene flache Borke wird um das Hausgerüst und oben auf dasselbe gelegt und das Haus ist fertig. Es gewahrt den angenehmsten, luftig und kühlsten Aufenthalt, den man dort haben kann. Veranden ziehen sich vorn und hinten, oder auch von allen Seiten um das Haus.

(Fortsetzung folgt.)

FORTSETZUNG

Die Buschkneipe, der wir uns, wie angedeutet, näherten, war ein Bau wie soeben beschrieben, aber von ansehnlicher Grösse. Sie lag an einer Stelle, an welcher sich mehrere sogenannte Wege kreuzten. Von dort aus reiste man nach Charters Towers, Townsville, Ravenswood und Broughton. Das Haus hatte deshalb eitlen lebhaften Verkehr. Von allen Seiten waren Goldgräber herbei-gekommen, um auf dem neuen Felde die ersten zu sein und ihr 'Glück zu machen'. Verwetterte Gestalten aus der ganzen Welt waren da versammelt, die Herzen geschwellt von Hoffnung, dass es diesmal gelingen würde, einen grossen Fund zu thun. Gruppenweise sassen sie beisammen in und ausserhalb des Hauses, jeden neuen Ankömmling mit einigem Misstrauen betrachtend. Die meisten zogen nach kurzer Rast, und nachdem sie selbstverständlich eine Anzahl von Drinks durch die Kehle gesandt, weiter, während wir beschlossen, in dem Hotel des „Nord-Australiers" zu übernachten. Gepäck, Sattel und Zaume der Pferde wurden auf' dem Hausflur zusammen geworfen und die Tiere in den Paddok des Hotels gebracht Der Wirt versorgte uns gut mit Speise und Trank und wir schliefen, für etliche Wochen zum letzten Male, in sogenannten Betten, d. h. auf einem auf vier Pfählen ruhenden, mit alten Reiesäcken überzogenen Gestell, sogenannten stretchers, die den Vorzug haben, ungemein billig und luftig zu sein. Sein Oberbett führt jeder Reisende in Gestalt einer mächtigen roten Flanelldecke mit sich. Die elenden Moskitos hält man durch ein von oben herabhängendes, über dem Oberkörper ringförmig ausgebreitetes Musselinetz ab. Man pflegt diese Moskitonetze, ehe man unter dieselben schlüpft, genau zu untersuchen, ob sich nicht schon etliche jener scheusslichen Mückenart eingeschlichen haben, die alsdann, vorhandenenfalls, abgefangen werden müssen.

Wir schliefen alle so gut wir konnten, was die Menschen bekanntlich immer zu thun pflegen, mögen sie nun auf alten Reissäcken, in Hängematten, auf dem Erdboden oder auf Sprungfederrahmen mit Eiderdaunen liegen. Die Furcht, dass die Hotelrechnung zu gross werden möchte, konnte unsere Seelen nicht beunruhigen. Hausknecht, Stubenmädchen und Kellner gab es nicht tief im australischen Busch, und der Wirt war es nicht gewöhnt, überhaupt Rechnungen zu schreiben, da er in paradiesischer Unschuld des Schreibens ganz unkundig war.

Am folgenden Morgen galt es, früh mit' der Sonne zu satteln und zu reiten. Das Leben erwachte deshalb zu rechter Zeit. Unsere Pferde waren von einem kundigen Bündiger herbeigetrieben und eingefangen worden, d.h. sie befanden sich in einem kleineren Gehege im Hofe des Wirtshauses. Wir nahmen in einiger Eile unseren Kaffee ein, sattelten die Tiere und ritten in nord-westlicher Richtung davon. Anfänglich hatten wir noch so eine Art von Weg in unserer Richtung, einen sogenannten bridletrack, wie der Buschmann sagt, also etwa das, was man auf deutsch einen Saumpfad nennt. Sodann ging es querbuschein. Ein solcher Ritt ist natürlich für Pferd und Reiter nicht gerade angenehm, im ganzen aber doch im australischen Urwald wegen seiner geschilderten Eigenschaften erträglich.

Nur zuweilen zogen sich Stellen mit dichteren, Unterholz in die Quere, oder auch sumpfige Partien, dann suchte sich jeder Reiter durchzuschlagen auf seine Weise. Damit wir nicht getrennt wurden, erfolgten von Zeit zu Zeit Zurufe, bis die Gesellschaft sich wieder vereinigte. Trat ein Fluss oder ein Bach als Hindernis auf, so wurde eine Furt gesucht und das sicherste und erfahrendeste Pferd wurde als Führer voraufgeschickt. Gegen Mittag machten wir Halt an einem grösseren Wasserbecken. Douglas Mc. Donald übernahm die Geschäfte des Kochs und operierte so kunstgerecht mit Blechtöpfen und Bratenspiessen, dass man glauben sollte, er sei Koch von Beruf. Er verstand es, eine schmackhafte Suppe zu bereiten, briet das vorhandene mit Salz und Pfeffer eingeriebene Rindfleisch in der Asche, dass es eine Lust war zu schauen. Wenn Mr. Goldsmith in seinem Pastor von Wakefield von der vortrefflichen Hausfrau sagt, dass niemand in der Gegend sie übertraf in Einmachen, Kochen und Präservieren, so verdiente Douglas dasselbe Lob in Bezug auf Braten und Backen; denn auch zu backen verstand er ausgezeichnet, selbst unter so schwierigen Umständen, in welchen wir uns bei jener Gelegenheit befanden. Seine Hauptkunst bestand in der Bereitung der sogenannten Reisekuchen, ein Gebäck, welches mit dem in Norddeutschland bekannten Gasterkuchen die meiste Aehnlichkeit hat, aber zehnmal besser schmeckte, hervorgegangen aus Mr. Mc Donalds zarter Hand.-Es ist überhaupt erwähnenswert, welch' grossartige Begabungen man an Menschen beobachten kann, unter veränderten Lebensverhältnissen.

So lernte Ich einst in Brisbane einen ehemaligen deutschen Reiteroffizier kennen, der ein hervorragender .Billardmarqeur war, eine Beschäftigung, welche nebenbei bemerkt, ihren Mann nährt und als eine gentlemanly occupation galt. Ein früherer schottischer Student der Medizin, war der berühmteste Kutscher in Sidney.

Doch zu unserer Geschichte. Wir setzten unsere Reise nach einigen Stunden Rast weiter fort; immer in nordwestlicher Richtung, dabei scharf beobachtend, ob sich keine Zeichen menschlicher Gesellschaft offenbaren würden. Wir nahmen aber nichts wahr, als die Tiere der Wildnis, Papageien, Kakadus, Emus, Spuren von Känguruhs und Schlangen und Eidechsen.

Unter jagdbaren Tieren zeigten sich Buschtauben und braune Fasanen. Von letzteren wurden einige erlegt und am Abend verzehrt.

Der wandernde und suchende Goldgräber achtet auf jedes Zeichen, das ihn die Nähe von Menschen verraten kann. Ein Stück Papier, eine alte Zinnbüchse, ein verlorenes Hufeisen sind für ihn wertvolle Funde. Sieht er einen verlassenen Rastplatz, so untersucht er, wie lange derselbe verlassen sein kann. Oft pflegen solche Plätze verwischt zu sein, so dass sie nur ein Kundiger entdeckt. Das beste und wichtigste Erkennungs-

zeichen ist natürlich der Rauch und ein ausgebranntes Feuer. Jeder Hügel und jeder Felsen wird deshalb bestiegen um nach Rauch und Feuer zu spähen. Diejenigen Goldgräber, die einen Fundort entdeckt haben, vermeiden es deshalb, Feuer anzulegen, weil sie dadurch ihren Standort verraten wurden. So fanden wir den ganzen Nachmittag nichts und gelangten endlich gegen Abend an einen schönen Fluss, der glücklicherweise an der betreffenden Stelle flach und sandig war; hier wurde unser Nachtquartier aufgeschlagen. Der Mensch freut sich, wenn er zwölf Stunden des Tages im Sattel gesessen hat, recht sehr auf seine eigenen Beine zu kommen, und mancher kühne Reitersmann hängt oft schon nach sechs Stunden im Sattel, wie eine Feuerzange.

Die Pferde wurden für die Nacht, wie der Kunstausdruck lautet, ausgehobbelt, d.h. die Vorderfüsse werden gefesselt. so dass es den Tieren unmöglich gemacht wird, sich schnell zu bewegen. Ein solcher Hobbel besteht aus zwei starken Riemen, die um die Füsse geschnallt werden und die untereinander durch eine kurze Kette verbunden sind.

Ausserdem hängt man den Pferden Glocken um den Hals, damit man an dem Geläut hören kann, wo sie sich aufhalten. Wir richteten uns so komfortabel wie möglich ein, d. h. jeder nach seiner Weise. Für das Nachtlager schnitten wir uns hohes Gras zusammen. Da der Himmel klar war, brauchten wir keine Zelte aufzuschlagen. Die grosse Decke dient zum Schutz des ganzen Menschen und der Sattel als Kopfkissen. An dieses Kopfkissen muss man sich erst gewöhnen, ehe man findet, dass ein Sattel eigentlich die praktikabelste Einrichtung für jenen Zweck ist. Ein mächtiges Feuer wurde angelegt und Holz genug herbeigeschafft, um dasselbe die ganze Nacht unterhalten zu können.

Hinsichtlich der Anlegung eines solchen Feuers bedient man sich wieder eines jener zahlreichen Kunstgriffe, die dem Ur- und Buschmenschen so sehr vor dem kulturverpfuschten Europäer auszeichnen. Man legt das Feuer so an, dass der Rauch und die Wärme über die Lagerstätten hinwegstreichen, oder wie der Seemann sich ausdrückt, „unter dem Winde". Man bedient sich dieses Mutterwitzes gegen die Moskitos und gegen die Kälte des Morgens, da mitten im australischen Busch keine Moskitonetze und keine Federbetten zu haben sind. Douglas Mac Donald leitete alle diese Anordnungen mit grosser Umsicht, indem er gleichzeitig beschrieb, wie er sich in seinen Schlössern eingerichtet hatte, als er noch Millionär war.

Er bereitete uns sodann einen herzstärkenden Punsch aus Thee, Zucker und Kognak, der allgemeine Anerkennung fand. Mr. Douglas unterhielt sodann die ganze Gesellschaft mit angenehmen Erzählungen aus seiner Millionenvergangenheit, die den Beifall Mr. Schindlers fanden, während Mr. O'Flaherty sich mehrfach missfällig äusserte, worauf nahezu ein regelrechter Faustkampf zwischen ihm und Schindler entstanden wäre, wenn nicht Mr. Douglas sich ins Mittel geschlagen hätte.

Hören Sie nichts? schrie er so laut er konnte. Alles horchte wie auf Kommando, so gut man es vermochte. Da wurden plötzlich die Hunde knurrig, während ein freudiges Lächeln über die Züge Mac Donalds glitt. Wir werden morgen nach Westen reiten, ich habe soeben bestimmt von dorther Hundegebell gehört.

Da sozusagen keine Behauptung in der Welt ohne Widerspruch bestehen kann, so nahm Mr. O'Flaherty sogleich eine Wette auf von 100 Lstrl., dass das kaum vernehm-

bare Gebell nicht von Hunden sondern von Dingos herkomme. Er sei seiner Sache ganz gewiss und der einzige Urteilsfähige in dieser Angelegenheit. Selbst der Vorwurf, der ihm nicht erspart blieb, dass er seit 14 Tagen betrunken sei, vermochte nicht ihn irre zu machen. Er behauptete sogar, nur in diesem Zustande seien die menschlichen Organe genügend geschärft, um allerlei zu unterscheiden, was ein Nüchterner kaum wahrnehmen könne.

Insonderheit könne man nur dann das Bellen von Hunden und Dingos auseinanderhalten. Niemand in ganz Australien, einschliesslich Neu-Guinea, Tasmanien und Neuseeland, kenne das Organ der Dingos so genau wie er, Mr. Elaherty von Tipperary, Irland. Er allein habe Not und Gefahr unter den Dingos ausgestanden, und zur Bekräftigung seiner Behauptung erzählte er folgende höchst wahrscheinlich klingende Geschichte.

Es sind nun 20 Jahre her, als ich mit einige Gefährten von Sidney aufbrach, um Gold zu suchen. Wir nahmen unsere Richtung einfach mich Westen, in der ganz richtigen Voraussetzung, dass wir ebenso sicher im Westen Gold finden könnten, als in irgend einer anderen Richtung.

Wir waren schon vier Wochen lang unterwegs gewesen und allmählich in eine Gegend gekommen, die nur noch von Dingos bewohnt wurde. Sie wissen alle, meine Herren, möge Ihre Erziehung in Bezug auf Naturwissenschaft auch noch so vernachlässigt sein, dass der Dingo oder australische Steppenhund als ein feiger Geselle verschrieen ist. Der Dingo ist so recht ein Beweis für die Richtigkeit der Darwinschen Theorie von der Zuchtwahl, das heisst mit entgegengesetzten Resultaten. Der Dingo ist nämlich nach meinen wissenschaftlichen Forschungen ein Zuchtwahlprodukt dritten Grades von Wolf, Fuchs und Hund. In jedem einzelnen Zwischengliede ist das Produkt schäbiger geworden, bis es schliesslich beim Dingo angekommen ist, einer scheusslichen Kreatur, die nicht grau und nicht braun oder rot anzuschauen ist, sondern ein schmutziges Gemisch aller dieser Farben zu tragen verdammt ist. Der Dingo ist allerdings feige und nur der wütendste Hunger vermag ihn zu heroischen Thaten anzutreiben, wie wir eine solche auf unserer Expedition erlebten. Wir wurden also in jener Gegend von Neusüdwales allnächtlich von Dingos umschwärmt und hielten es anfänglich für nötig, Nachts abwechselnd Wachen auszustellen, die gelegentlich ein Exemplar zusammenschossen, wenn die Biester sich zu frech heranwagten.

Das Gold Mr. Schindlers war inzwischen in die Taschen Mr. Käseschinkens übergegangen, der nun alles aufgeboten hatte, die erschienenen Gäste zu erfreuen. Die Küche hatte einen geräucherten und gekochten Schinken geliefert und an Getränken waren Kognak, Ale und Porter vorhanden. Sogar einige Flaschen Rotwein glänzten im Mondlicht und gegen Schluss der Sitzung machten etliche Flaschen Champagner ihre geheimnisvolle Erscheinung.

Arthur Murphy führte den Vorsitz, oder, wie die Engländer sich ausdrücken, befand sich „im Stuhl". was in diesem Falle allerdings eine Gesellschaftslüge war, denn Stühle gab es dort in keiner Weise. Als letzter von allen Gästen erschien Kapitän Cook. Er nahte sich als schwankende Gestalt, welche Erscheinung erst später ihre Erklärung fand.

*Nachdem alle Gäste beisammen waren, erhob sich der Präsident zu einer schwung-
vollen Rede, in welcher er kurz erläuterte, welch freudiges Ereignis uns zusammengeführt. Er ging sodann dazu über, hervorzuheben, dass es eine alte, sehr gute und
für alle Völker von loyaler Gesinnung nachahmenswerte Sitte des englischen Volkes
sei und ewig bleiben würde, bei Festlichkeiten jeder Art zunächst auf das Wohl Ihrer
Majestät zu trinken. Dieses geschah unter Absingung des God save the Queen, welcher Hochgesang in jener Gegend noch nie ertönt war. Sodann wurde auf das Wohl
des Prinzen von Wales, der Prinzessin von Wales und der ganzen königlichen Familie
getrunken.*

*Hierauf erhob sich Mr. Palmer, um das Geburtstagskind zu feiern. Er müsse zwar
zugeben, über die eigentlichen Verdienste des Herrn Schindler ununterrichtet zu sein,
er sei indessen ganz und garnicht im Zweifel, dass diese sehr bedeutende sein müssten.
Herr Schindler gehöre zu jenen seltenen Menschen, die aus allzu grosser Bescheidenheit von sich und ihren Verdiensten um die „Humanität" nicht gern redeten und (der
Herr machte sogar in diesem Augenblicke eine abwehrende Handbewegung) die lieber
das Lob anderer Leute sängen. Allein schon die Thatsache, die dem Redner bekannt
sei, nämlich, dass Mr. Schindler die ganze Welt zu Lande und zur See bereist habe,
bürge dafür, er sei ein ausgezeichneter Charakter. Und, so fuhr Palmer fort, Charakter ist es was wir brauchen. Mr. Schindler habe trotz seiner ausgedehnten Reisen,
trotz seiner vielseitigen Kenntnisse, namentlich auf dem Gebiete der Sprachwissen-
schaften, die er unwillkürlich an den Tag lege, doch niemals für sich selbst gesorgt.
Er sei deshalb so recht eigentlich ein Charakter der Selbstlosigkeit und als solchen
schlage er vor, ihn zu feiern und ihm noch viele fröhliche Geburtstage zu wünschen.
Meine Herren, Mr. Schindler er lebe hoch, hepp hepp burrah, hepp hepp hurrah, hepp
hepp hurrah!*

*Mr. Schindler bedankte sich mit der soeben an ihm gepriesenen Selbstlosigkeit, die
ihm allerdings recht schlecht von der Hand ging und beteuerte, seinen bisher befolgten
Prinzipien treu sein und bleiben zu wollen.*

*Gesänge und Deklamationen füllten sodann den Abend aus. Es kann indessen nicht
meine Aufgabe sein, alle Einzelheiten des Gelages zu erzählen, die mir auch nicht
sämtlich mehr gegenwärtig sind. Ich erinnere mich aber, dass General Palmer die
Schlacht von Trafalgar, mit seinem Helden Nelson besang, worin der allgemein be-
herzigenswerte Kehrreim vorkommt: „England erwartet, dass jeder Mann seine Schuldigkeit thue". Der lange Schotte deklamierte das wundervolle Gedicht von Thomas
Burns: „Tam O'Shanter" und Mr. Murphy sang das merkwürdige irische Volkslied:
„Alt-Irland, wo das Gras wächst grün".*

*Mr. Bosco hatte die Harfe Davids, wie er seine Geige nannte, auf den Knieen und
entlockte derselben in neapolitanischer Weise wahre Blumensträusse von Melodien,
wie sie mir ein echter Italiano hervorzubringen vermag. Die Santa Lucia konnte garnicht prächtiger variiert werden. Mr. O'Flaherty musste erzählen, wie er seiner Zeit
Konstabler geworden wäre, eine Geschichte, die ich für interessant genug halte, um
sie hier der Nachwelt zum ewigen Andenken an Michael O'Flaherty zu übermitteln.*

Der Mutterwitz der Irländer ist berühmt, und es wäre schade, wenn diese kleine Geschichte verloren ginge.

Michael O'Flaherty setzte sich möglichst gravitätisch auf seinem alten Kaffeesack fest und hub an: „Meine Herren, Sie alle wissen, dass man meinen Landsleuten vorwirft, ihre Bildung und Erziehung sei in der Regel fürchterlich vernachlässigt. Sollte dieses wahr sein, so müssen wir uns bescheiden. Allein der Vorwurf betrifft doch nur unwesentliche Dinge und ich finde es garnicht liebenswürdig, wenn einige sogar meinen, Irländer, die nicht lesen und schreiben könnten, seien keine Gentlemen. Das ist schon aus dem Grunde unwahr, weil es längst vor der Zeit, da man lesen und schreiben lernte, Gentlemen gegeben hat Ein Gentlemen muss überhaupt erst da sein, ehe er lesen und schreiben lernt.

Dem möge nun aber sein wie ihm wolle; ich bin recht gut bisher durch die Welt gekommen, ohne diese Künste zu verstehen. Nur was das Schreiben anbelangt entstand einmal eine Schwierigkeit in meinem Dasein, die mich allerdings veranlasste, wenigstens meinen Namen schreiben zu lernen und diese Geschichte will ich Ihnen erzählen:

In meinem Heimatsort wurde einst bekannt gemacht, es würden einige Konstabler gesucht. Als Vorbedingung wurde Fertigkeit im Lesen und Schreiben verlangt. Ein solcher Konstablerposten war schon lange ein geheimer Wunsch von mir gewesen, wenn nur das fatale Lesen und Schreiben nicht gefordert worden wäre. Was aber, glauben Sie, that ich in dieser schwierigen Lage? Ich wendete mich an einen Freund, den Schreiber des Friedensrichters und sagte zu ihm: Patrik, sagte ich, Du weist, ich habe Dir manchen Gefallen gethan. Ueberall wo wir einen dummen Streich zusammen ausfrassen, habe ich die Hiebe übernommen und Dir den Rücken gedeckt. Zeige Dich jetzt erkenntlich und hilf mir zu einer Anstellung als Konstabler; ich werde Dich auch niemals einstecken, wenn Du zu lange in der Kneipe sitzt. Mein Freund der Schreiber lächelte verschmitzt und sagte: Der Friedensrichter ist ein herzensguter Mann, der selbst nicht viel von Lesen und Schreiben versteht. Als er noch Käsehändler war, hatte er alle seine Geschäftsbücher im Kopfe, und er ist doch ein reicher Mann und Friedensriehter geworden. Jetzt schreibt er nur noch seinen Namen unter die Akten, die ich ihm unterbreite. Er erntet das beste Lob über seine Geschäftsführung in ganz Irland, weil er ein kluger Mann ist, der seinem Schreiber nicht ins Handwerk pfuscht, wie so mancher andere Friedensrichter. Geh zu ihm, Michael, und melde Dich bei ihm, für alles andere werde ich schon sorgen. In acht Tagen ist die Sitzung, in welcher das Examen und die Auswahl stattfindet, bis dahin kommst Du jeden Abend zu mir und wir bereiten Dich für das Examen vor. Gesagt, getban. Nach acht Tagen befand ich mich im Sitzungssaal des Friedensrichters. Der ganze Zuhörerraum war erfüllt von meinen Freunden, die leider erfahren hatten, dass ich Konstabler werden wollte und nun begierig waren, mich durch das Examen fallen zu sehen. Ich gestehe, mir wurde bei diesem Anblick schlecht zu Mute. Indessen ich nahm mich zusammen. Ehren Friedensrichter erschien und befahl dem Gerichtsdiener, Ruhe zu gebieten und die Sitzung anzukündigen. Ruhe, gebot der Diener des Gerichts; des Friedensrichters Hof ist nun eröffnet! Liegt irgend ein Geschäft vor? sagte der Richter zu seinem Schreiber.

Michael O'Flaherty hat sich zum Konstableramt gemeldet, Euer Ehren, antwortete der Schreiber Patrik. Kann er lesen? fragte der Richter. Allerdings, Euer Ehren. Kann er schreiben? Ich denke wohl. Ein lautes Husten und Kichern ging durch den Saal. Gerichtsdiener, gebietet Ruhe, befahl der Richter. Ruhe, sagte der Diener, und zückte sein Schwert.

Habt Ihr irgend ein Buch, Schreiber, so lasst den Applikanten etwas lesen. Der Schreiber reichte mir ein aufgeschlagenes Buch und ich fing an zu buchstabieren: W-e-m G-o-t-t e-i-n A-m-t g-e-g-e-b-e-n h-a-t, dem giebt er – Halt, sagte der Richter, welcher sehr unruhig geworden war, halt, sage ich, es ist sehr gut, es ist völlig genug. Schreiber schreiben Sie: Applikant kann lesen.

Ich war froh, dass dieser Teil des Examens vorüber war und fasste neuen Mut, da ich durch den Schreiber wusste, dass der Richter in Bezug auf Schreiben nur die Namensschrift zu fordern pflegte. Als mein Freund auf das Geheiss seiner Ehren mir einen Bogen Papier vorlegte, griff ich getrost zur Feder und sah den Richter erwartungsvoll an. Schreiben Sie ihren Namen auf das Papier, Michael, lautete sein Befehl. Mit heimlicher Freude bemerkte ich die lebhafte Bewegung unter der Zuhörerschaft, als ich in Ruhe die Feder in die Tinte tauchte und mit grossen Zügen meinen Namen auf das Papier warf.

Da erhob sich ein furchtbarer Lärm unter den Zuschauern. Einige waren ganz begeistert von dieser Leistung, riefen bravo oder klatschten mit den Händen, so dass der Richter nicht wusste, was er davon denken sollte. Er liess deshalb wieder Ruhe gebieten und sagte: Michael, Ihr habt Eure Sache gut gemacht, als plötzlich eine Stimme aus dem Volke rief: lasst ihn einen anderen Namen schreiben Euer Ehren. Der Richter stutzte, besann sich einen Augenblick und sagte zu mir: schreibt einmal meinen Namen, Michael. Ich stand wie bedonnert da, griff mechanisch nach der Feder, legte sie aber sogleich wieder hin und sagte: Euer Ehren werden mich sicherlich nicht zur Fälschung Eurer Unterschrift verleiten wollen?! Das ist brav von Euch Michael, erwiderte der Richter, ich ernenne Euch zum Konstabler Ihrer Majestät.

Meine Freunde und Feinde führten mich im Triumph aus dem Gerichtssaal, und jener Tag bedeutete mein Glück. Er trug mir eine gute Stellung ein und machte mich später zum Führer einer Schutztruppe der schwarzen Buschpolizei in Neu-Süd-Wales.

Diese Erzählung befriedigte die Tafelrunde über die Maßen, wie sie unsere ganze Aufmerksamkeit in Anspruch genommen hatte.vNiemand beobachtete während der Zeit das Gebahren des Mr. Schindler, der seinem Nachbar, dem Kapitän Cook, fleissig zugetrunken hatte.

Kapitän Cook war bei einem hohen Grade der Begeisterung angelangt, weshalb er gern dem mehrfach ausgesprochen Wunsch willfahrte, uns die Geschichte seiner angeblichen Entdeckung der Fidschi-Inseln umständlich zu er zählen, wobei er nicht etwa mit Anstreicher- oder Maurerpinseln, sondern mit wahren Haarbesen die Farben auftrug. Er ging dabei mit Seestürmen, Schiffbrüchen und eingeborenen Menschenfressern so verschwenderisch um, dass ich nicht wagen dürfte, diese Dinge hier zu wiederholen, sondern die freundlichen Leser lieber auf die Beschreibung der Seereisen

Kapitän Cooks in irgend einem weitläufigen Konversationslexikon hinzuweisen mir erlaube.

Während seines Vortrages hatte der Kapitän fleissig dem Becher zugesprochen, welcher ihm von der freundlichem, Hand Schindlers bereitet wurde. Er enthielt jenes seltene Gemisch aus Porter und Champagner, welches nicht jeder Trinker in grossen Mengen vertragen kann. Es ruft leicht Schwindel und Hunger hervor, während später zuweilen ein anhaltender Katzenjammer eintritt.

Kapitän Cook befand sich am Ende seiner Erzählung im zweiten Stadium, dem Hungerzustande. Er verlangte deshalb nach Brot und Käse, wie solches landesüblich war. Allein das letzte Stück Käse aus dem ursprünglichen Reichtum des Herrn Käseschinken befand sich in den Händen Mr. Schindlers. Dieser erbot sich sogleich mit dem Kapitän zu teilen, holte aber zum Entsetzen aller Zuschauer aus der Seitentasche des Kapitäns ein Stück gelbe Seife hervor, schnitt eine tüchtige Scheibe davon ab und bestrich dieselbe gewaltig auf beiden Seiten mit Senf. So wohl zubereitet reichte er dem Entdecker der Fidschi-Inseln den seltensten Leckerbissen von der Welt dar. In demselben Augenblicke wandte sich Douglas McDonald an den Kapitän mit der Behauptung, dass Käse mit Senf ungefähr so schmecke, wie Kaviar mit Seife, was Cook natürlich bestritt, weil er nie Kaviar gegessen hatte. Die Streitenden ereiferten sich sehr und Kapitän Cook schäumte im Weiteressen, Trinken und Sprechen derartig. von Seife und vor Wut, dass die ganze Gesellschaft in banaler Freude vor Lachen von den Sitzen fiel. Dieses Ereignis hatte nun die gute Folge, dass etliche von den Umgefallenen liegen blieben, um ohne weiteres einzuschlafen, die andern aber sich mit mehr oder weniger Geschicklichkeit in ihre hotten rückwärts konzentrierten.

(Fortsetzung folgt.)

(Schluss.)

Mr. Palmer fühlte sich nun aber selbst in diesem, für den abwesenden Verbrecher bedrohlichen Augenblicke kaum geneigt, der sogenannten Gottesstimme zu willfahren, da er nichts weniger als der Vertreter schroffer Maßregeln war. Er gab deshalb zu erwägen, ob man den Mörder ohne weiteres hängen solle für den Fall, dass man ihn finge, oder ob man ihm vielleicht Gelegenheit geben möchte, sich zu verteidigen? Von Verteidigung wollte aber die aufgeregte Menge nichts wissen. Sie schrie durch einander: haben wir nicht die Aussage Kapitän Cooks; ist nicht der Hut ein Alibi für Michael? Ist Laudanum kein Gift und haben wir hier nicht die Flasche? Macht kurzen Prozess und hängt den Hallunken. Hat nicht Mr. O'Flaherty gesagt: wer geboren ist, um gehängt zu werden, ersäuft nicht auf dem Meere? Her mit dem Lump, hängt ihn in die Schlinge.

Da schwang sich Mr. O'Flaherty auf den nächsten Stein, brach in ein schallendes Gelächter aus und rief: nur immer her mit dem Hallunken, wir wollen ihn schon hängen, doch haben wir ihn nicht. Ich will Euch etwas sagen, Ihr versteht von solchen Dingen nichts! Schindler ist ein feiger Geselle, er würde garnicht den Mut haben, hier diesen selbigen Kapitän Cook zu vergiften. Ich kenne ihn besser. Er ist ganz der Mann danach einen feigen oder dummen Streich zu machen, aber Menschen zu vergiften versteht er nicht. Dazu, Gentlemen, gehört Mut, und Mut hat der Bursche nicht. Der könnte keinen Hund vergiften, geschweige denn einen leibhaftigen Kapitän. Und was den Diebstahl anbelangt, so möchte er immerhin einige Nuggets vertragen können und sich damit begnügen – Aber ein ganzes Vermögen zu stehlen, würde er nicht unternehmen. Geben Sie acht, 'meine Herren, ich will Ihnen ein Zeichen Rehen, daran Sie die Wahrheit erkennen sollen. Entweder kommt der Mörder wieder und dann bin ich sicher, ist er kein Mörder und- also auch kein Dieb, und dann brauchten Sie ihn nicht zu hängen, oder er kommt nicht wieder, und dann ist er kein Mörder sondern ein Dieb und dann wollen wir ihn hängen, ich selbst hänge ihn dann mit eigener Hand.

Wohlgesprochen Michael, brav gemacht Michael, tönte es von allen Seiten und „hoch Michael" – schrie eine allbekannte Stimme, nämlich die des Herrn Schindler, in das Stimmengewirr hinein. Hoch Michael O'Flaherty, Seht, seht, hier ist Euer Mörder, Dieb und Vergifter, sagte Michael, untersucht ihn, ob er auch nur ein Körnchen Gold an seinem Leibe hat. Wucht ihn wie eine Wagenladung Sand und ihr werdet kein Stäubchen an ihm entdecken. Mr. Schindler wurde nun mit den löblichen, für ihn recht wohlwollend lautenden Absichten, die soeben gegen seine werte Person vorgetragen worden waren, bekannt gemacht.

Er blickte zu der Schlinge empor, welche sich in nächster Nähe seines Hauptes befand und sagte: Es thut mir leid, Gentlemen, Sie um ein so genussreiches Vergnügen, wie Sie solches veranstalten wollten, betrügen zu müssen. Es käme mir allerdings nicht darauf an, ein Stündchen in der Luft zu baumeln, allein es könnte Sie dieser Scherz gereuen, wenn Sie bedenken, dass es Ihnen unmöglich werden würde, mich wieder auf die Beine zu stellen.

Ich möchte auch nicht leugnen, dass ein solches Ende für mich garnicht das schlechteste wäre, immerhin noch ein besseres, als von Papuanern erschlagen und aufgefressen zu werden. Indessen, um Ihretwillen schlage ich vor, mit dem Aufhängen noch einige Zeit zu warten, bis Sie ganz sicher sind, den rechten zu hängen.

Macht keine schlechten Witze, alter Sünder, sagte Mr. Murphy, erzählt uns doch, wo Ihr das Gold vergraben habt. Sagt uns, wo waret Ihr den ganzen Tag, Hallunke?! Ihr seid selbst ein Hallunke! Ich aber will Euch dennoch sagen wo ich war. Ich ritt mit Mr. Sparrow fort, um Fische zu fangen und Fasanen zu schiessen, und endlich von einer entfernten Station frisches Fleisch für Herrn Käseschinkens berühmte Tafel zu holen, was ich auch alles bestens besorgte, wie Ihr an den Vorräten sehen könnt, die ich abgeladen habe.

Thatet Ihr das im Auftrage des Herrn Käseschinken, fragte Mr. Palmer? Allerdings Euer Ehren, antwortete Schindler und es gefalle Euch, Herrn Käseschinken hiernach zu fragen.

Mr. Palmer richtete also diese Frage an den belämmert dastehenden Speisewirt, der wohl oder übel ja antworten musste.

Warum sagtet Ihr das nicht gleich, Ihr Träumer, herrschte Mr. Palmer beleidigt den Schenkwirt an. Ja warum sagtet Ihr das nicht früher, schrie Mr. Murphy.

Weil Ihr nicht danach fragtet, antwortete Herr Käseschinken halb wehmütig, halb frech.

Allerdings, warf sich Mr. O'Flaherty in das Gespräch, warum fragtet Ihr Mr. Murphy, Ihr Mr. Bismarck das nicht gleich?

Hier, Mr. Schindler, steckt Euren Riechkolben einmal in diese Flasche und sagt wonach die riecht. Riecht die nach Kognak?

Die riecht nach mehr, Michael, die riecht nach Laudanum, so sicher ich Schindler heisse, lautete die Antwort.

Hört Ihrs, Ihr klugen Richter, frohlockte Mr. O'Flaherty, habt Ihr jemals gehört, dass ein Giftmischer so unbefangen sagte, das ist Laudanum? Hängt Euch selbst Ihr klugen Richter, es ist nichts mit Mr. Schindler. Hängt Bismarck, Gladstone oder Disraeli, ich habe Recht behalten.

Wo aber ist Sparrow, fragte Mr. Palmer. Der ist seit Mittag unter-wegs, um nach der Küste zu reiten. sagte Mr. Schindler. Er habe einen Auftrag für Herrn Käseschinken auszurichten, und er würde in einigen Tagen, zurück sein, teilte er mir mit Oder Hallunke, jammerte Herr Käseschinken der Betrüger, Gauner, Giftmischer, Dieb und Mörder, der einen Auftrag von mir? Fünf Pfund Sterling hat er von mir geliehen auf Nimmerwiedersehen! heute Morgen geliehen und ausserdem noch keinen Pfennig für Kost und Logis bezahlt. 0 dieser Sparrow.

Ja dieser Sparrow (Sperling), ja dieser Swallow (Schwalbe), Mr. Käseschinken, jubilierte Michael.

Er hat mir auf die Seele gebunden Euch zu grüssen, Mr. Käseschinken, fügte Schindler hinzu. Michael aber schrie: Hängt Mr. Sparrow, Gentlemen, hängt einen Sperling in diese Schlinge, das Seil ist stark genug, einen Ochsen zu tragen, Gentlemen. Michael O'Flaherty hat Recht behalten. Er riss das Seil rückwärts vom Betun herunter und rief mit feierlicher Stimme:

Das Lynchgericht ist nun geschlossen, die Königin pflegt wieder Recht. I am loyal my queen, but I can't forget old Ireland where the grass grows green.

Das war das Ende des Lynchgerichts von Fanning-Downs. Die Vorkommnisse, welche sich nach dem denkwürdigen Lynchgericht zutrugen, waren alle zusammen genommen nicht halb so interessant wie dieses eine. Sie verdienen daher auch nicht im besonderen geschildert zu werden. Denn solche Dinge, wie Fights zwischen zwei oder mehreren Rowdies, oder in der zivilisierten Sprache der Goldgräber zwischen „Gentlemen", verdienen nicht ausführlich beschrieben zu werden, obgleich die Engländer diese Kämpfe unter die „edle" Kunst der Selbstverteidigung zusammenfassen. So einige Verrenkungen, zerschlagene Nasen, blutige Gesichter und „blaue Augen" können keinen zartfühlenden Menschen zur dramatischen oder prosaischen Bearbeitung veranlassen.

Das Spielen mit Revolvern und allerhand anderen Schiessgewehren führte zwar auch zu einigen Beschädigungen, jedoch betrafen diese die glücklichen Besitzer selbst, während andere Mitmenschen verschont blieben. In Ermangelung von Spezialärzten teer Hieb-, Stich- und Schusswunden fanden einigermaßen urwüchsige Behandlungen solcher Fälle statt, wobei die Kranken merkwürdigerweise doch immer genasen und niemand an Wundfieber zu Grunde ging.

An Krankheiten war fast nur die Malaria vorhanden, und es ereignete sich der Fall, dass das Chinin mit Gold aufgewogen wurde, ein Handel, bei dem man In kurzer Zeit reich werden kann, wenn das Geschäft flott geht.

An Sonntagnachmittagen pflegten Streifzüge im Busch unternommen zu werden, die je nach Gelegenheiten in Jagden auf Strausse oder Känguruhs ausarteten. In beiden Fällen kam es darauf an, tüchtige Pferde, tüchtige Reiter und noch tüchtigere Hunde zu haben. Solche Jagden aber zu beschreiben ist an dieser Stelle nicht angemessen. Ich will deshalb nur erwähnen, dass die Jagden auf Känguruhs den Vorzug vor denen auf Emus verdienen, weil die Beuteltiere eher zu erlegen sind als die zweiklauigen Vogel, von denen wir nie ein Exemplar zur Strecke brachten.

Von Eingeborenen, welche stolz wie Spanier mit nach aussen gerichteten Füssen spazieren zu gelten pflegen, bekamen wir am Fanning river nichts xu sehen und so wurde meine Hoffnung, einen corrohory, Festversammlung mit Gesang und Tanz, derselben aus eigener Anschauung kennen zu lernen, leider nicht erfüllt.

Die Arbeiten in dem Flüsschen und seiner nächsten Umgebung nahmen einen raschen Fortgang, so dass in ungefähr vier Wochen die besten Strecken ausgearbeitet waren.

Es wurde nur Alluvialgold gewonnen, während sich goldhaltige Quarzadern leider nicht entdecken liessen.

So geschah es denn, dass die Zahl der Goldsucher sich zerstreute. Die meisten derselben gingen ebenso arm oder noch ärmer wie sie gekommen waren davon, während eine Minderheit recht gute Erfolge aufzuweisen hatte. Unter diesen befand sich, wie schon gesagt, Mr. Murphi, aber auch Mr. Mac Donald war ein glücklicher Besitzer.

William Palmer Esquire brachte es auch dort nicht weiter als zur Fortexistenz seines respektabeln Charakters als Gentleman, dessen erste und Haupteigenschaft die ist, immer Geld zu haben. Unsere anderen Bekannten kamen mit einem blauen Auge davon: das heisst, sie konnten ihre Schulden bezahlen und erwarben noch soviel obendrein, um sich für eine neue Expedition ausrüsten zu können. Ein grosser Teil der Goldhungerer aber kehrte nach Charters Towers zurück. So erkannten denn auch Mr. Bosco und ich die Notwendigkeit, unsere Hütte abzubrechen. Allein Herr Käseschinken liess es dazu nicht kommen. Dieser Industrielle eröffnete einen neuen Erwerbszweig, eine Spezialität, wie sie nur selten in der Welt vorkommt. Er kaufte Zelte, Einrichtungen und Warenvorräte jeglicher Art zu angemessenen Preisen auf. So war er denn sehr glücklich, die einzige Gelegenheit benutzen zu können, eine Busch-Apotheke zu erstehen und da er die vorzüglichsten Eigenschaften eines Buscharztes bereits besass, so ist es einleuchtend, dass er die glänzendsten Kuren von der Welt zu machen im stande war und auch gemacht hat. Glücklicherweise konnte er mit Opiumtinktur keinen Schaden anrichten, da diese, wie wir wissen, gestohlen worden war.

Dass der Mensch kein Affentier ist, zeigt sich immer und überall wieder aufs neue, wenn er sich anschickt, von einem Orte Abschied zu nehmen, an dem er einige Zeit gelebt hat. So und nicht anders erging es meinem Reisegenossen Pasqual Nigro genannt Bosco aus Neapel und mir. Wir verliessen den Kamp von Fanning-Downs nicht ohne uns noch einige Male zärtlich umzuschauen, wie um uns die anmutig interessan-

te Scenerie fest in die Seele zu prägen. Mr. Bosco summte das schwärmerische Lied, „Holdes Neapel, Ort süsser Freuden" vor sich hin, und vorwärts gings nach Süden, der alten Heimat zu.

Gegen Mittag erreichten wir den Fanning river, welcher zwar wohl mit Wasser versehen, aber an jener Stelle sehr langsam fliessend war.

Infolge dieses Umstandes fand eine reiche Vegetation in demselben statt. Unter dieser befand sich eine prachtvolle Wasserlilie von herrlich blauer Farbe. Eine Art, die sonst vielleicht nicht weiter vorkommt und welche das schönste Thema für eine Doktorschrift abgegeben haben würde, wenn sie in die geeigneten Hände gefallen wäre. Nymphaea violacea wurde sie in der Geschwindigkeit genannt und damit ihrem Schicksal der Vergessenheit wieder übergeben. Wir durchritten den Fluss ohne Fährlichkeit und setzten unsere Reise fort; gegen Abend panierten wir eine Gegend, die mit sehr hohem Steppengrase bewachsen war, untermischt mit vereinzelten Wasserlöchern. In derartigen Gegenden halten sich gern die grossen Eidechsen und Schlangen auf. Und so war es auch dort. In einem Augenblick, als wir an eins der Wasserlöcher herankamen, warf sich uns eine dicke schwarze etwa zwanzig Fuss lange Schlange in den Weg. Glücklicherweise konnten wir aber uniere Pferde augenblicklich anhalten, wodurch die Schlange Zeit gewann, sich die Begegnung zu überlegen. Da man nie weiss, ob diese Tiere Giftzähne haben und ein so grosses Exemplar schon immer an and für sich gefährlich werden kann, so waren wir sehr mit dem Verschwinden dieses schwarzen Feindes einverstanden.

Mr. Bosco, der als Vollblut-Italiener ein lustiger Gefährte war, erzählte bei der Gelegenheit eine Buschgeschichte, die darauf hinaus lief, dass ein als guter Schütze bekannter Herr in einer der unseren ähnlichen Lage, eine Schlange mit einem Revolver vom Sattel aus mitten durch geschossen habe. Natürlich war gleich ein anderer Scharfschütze zur Stelle gewesen, der diesen Meisterschuss für ganz unbedeutend erklärte, und den Gefährten erzählte, dass er die Gewohnheit habe, abends im Bette die ihn umsummenden Moskitos einzeln an die Wand zu schiessen. –

Inzwischen waren wir auf einen Weg gekommen, von dem wir wussten, dass er nach Dalrymple führte. Wir brauchten demselben nur zu folgen, um gegen Abend nach einer Buschkneipe zu gelangen. Dort fanden wir ein freundliches Haus und einen freundlichen Wirt, der sich mit Gartenkultur und Viehzucht beschäftigte. Der gute Mann konnte nicht viel mit seiner Gastwirtschaft verdienen, trotzdem wir für jedes Glas Kognak einen Schilling zu zahlen hatten. Wir übernachteten in diesem „Wanderers home" sehr comfortable und wurden am anderen Morgen auf den rechten Weg gebracht, „nach Hause". Der Burdekin, so sagte der Wirt, ist noch so hoch, dass Sie denselben nur an der Stelle durchreiten können, zu der Sie dieser Saumpfad führt. Sie müssen aber äusserst vorsichtig sein, sonst kann Ihnen etwas Menschliches passieren.

Wir empfanden die Wahrheit dieser Mitteilung nur zu sehr, als wir an das Flussufer kamen. Der Burdekin hatte zwar den majestätischen Anblick verloren, er war aber so unendlich breit, dass wir ihm sehr ernstlich misstrauten, zumal wir beide nicht schwimmen konnten. Die Pferde mussten also, wie gewöhnlich in ähnlichen gefährlichen Lagen, das beste thun. Und sie thaten es auch. Es ereignete sich aber doch, dass sie in der Mitte des Stromes den Grund unter den Füssen verloren und dass sie eine Strecke schwimmen mussten. Wir sahen uns in dieser Lage recht hilflos um und hätten, für unsere gegenseitigen Leben kein Pfund Sterling gegeben oder gewettet. Allein, so gross die Versuchung auch erscheint, bei diesem letzten Akt dieser Beschreibung noch etwas Ausserordentliches, Lebensgefährlichen geschehen zu lassen, so sehr der geneigte Leser auch Anspruch auf einen dramatisch fatalen Abschluss haben mag, so wahrhaftig muss ich doch berichten, wir kamen alle mit dem Leben davon. Ross und Reiter gewannen das jenseitige Ufer und der Leser wird wieder betrogen. Mr. Schindler wurde nicht gehängt und wir ertranken nicht im Meere. Ueberhaupt ging der ganze rush von Fanning downs, wie wir gesehen haben, ohne Verlust von Menschen- und Tierleben ab und er kann sich also mit den grossartigen, allerdings meist erlogenen Beschreibungen des amerikanischen Goldgräberlebens in keiner Weise vergleichen. Noch an dem Abend desselbigen Tages erreichten wir die township von Charters Towers, eine Stätte der Kultur der Menschheit im Vergleich zu der Urwäldlichkeit des Kamps von Fanning downs. Wir fanden, dass die Zeitungen dieser Stadt, deren es natürlich mehrere gab, Wunderdinge über die Begebenheiten am Fanning zu erzählen gewusst hatten. Die eine hatte sich für Mr. Cook und gegen Mr. Schindler aufgeregt, während die andere das Umgekehrte gethan hatte.

Von Mr. Sparrows dunkler Thätigkeit hatten beide nichts gewusst und die „öffentliche Meinung" entpuppte sich wieder einmal als „gar keine Meinung", bis endlich nach einigen Monaten Mr. Sparrow ergriffen ward und vor die Geschworenen gebracht wurde. Ein Teil des Goldes fand sich in seinem Besitz.

Allein da Mr. Cook sich nicht in der Lage befand, beschwören zu können, dass das vorgezeigte Gold ihm gestohlen worden wäre, so wurde der „Sperling" wieder freigelassen und er erhielt auch das Gold zurück, an welchem die Thränen und das vermeintliche Glück eines alten Mannes aus Warmbrunn in Schlesien hingen, welcher später von über die Torresstrasse herübergekommenen Kannibalen bei Somerset erschlagen und aufgefressen wurde.

Abbildung 5.1:
Gerber-Wappen
Das Wappen zeigt die früher üblichen Werkzeuge des Gerbers:
Enthaar-Eisen, Streich-Eisen, Handfalzmesser und Stollmond.
Es wurde aus massivem Eichenholz vom Künstler
K. Maul, Lübeck, um 1968 erstellt.
Foto: Karl Vill im Gerbereimuseum Enger

Spurensuche zum Gerberhandwerk in Hamburg – eine der sehr frühen Anwendungen der Chemie

Karl Ernst Vill (Korschenbroich) und Volkmar Vill (Hamburg)

Gerben ist ein sehr altes Handwerk. Die Ursprünge gehen vermutlich auf Zeiten zurück, als unsere Vorfahren lernten, das Feuer zu beherrschen. Heute scheint das Gerberhandwerk aber zum „Zivilisationsflüchtling" zu werden, da es sich zunächst von den Städten in die Dörfer, und nun von den Industrieländern in die Entwicklungsländer verschiebt. In der Wahrnehmung Hamburger Bürger heute kommt das Gerberhandwerk kaum noch vor. Es war aber für Jahrhunderte durchaus wichtig und erfolgreich – und es hat auch Spuren hinterlassen, die im Folgenden aufgezeigt werden sollen.

5.1 Geschichte und wissenschaftlicher Hintergrund des Gerbens

Die Rahmenbedingungen für diese Entwicklung waren:

- erfolgreiches Jagen und Erlegen von Tieren zum Zweck des Überlebens
  - Nahrungsmittel (wertvolle Proteinquelle), jedoch das Fell war nicht zum Essen geeignet
  - mit Mitteln der Steinzeit war das Abhäuten des erlegten Tieres kein Problem.
  - der Bedarf zum Bau von Zelten, Beuteln, Schuhen und generell von Bekleidung war gegeben.
- notwendige Stoffe für einen Gerbprozess waren reichlich vorhanden:

- Wasser (Siedlungen befanden sich auch aus anderen Gründen vorwiegend dort)
- Holzasche (legt man rohe Felle in wässrige Holzasche, dann können nach ca. 4 Tagen Einwirkungszeit die Haare mechanisch vom Fell abgeschabt werden)
- gerbstoffhaltige Pflanzenteile, z. B.: Eichenrinde, Eicheln, Fichtenrinde
- Öle bzw. Fette zur Geschmeidigkeit des Leders (hier wurde zunächst bequem Hirnmasse der Tiere verwendet, bis man lernte auch Fischtran und andere Fette einzusetzen).

Zu beachten war und ist, dass rohe Felle genau so schnell verderben (schrecklicher Fäulnisgestank!) wie das Fleisch der Tiere. Also mussten unsere Vorfahren schon früh über Konservierungsverfahren empirisch geforscht haben, die vermutlich auch zu Impulsen in der Entwicklung von verschiedenen Gerbverfahren führten: z. B. die Lohgerbung (loh-gare Leder mit pflanzlichen Extrakten), Alaun-Gerbung (Funde in Pyramiden Ägyptens), Fett-Gerbung mit Hirnmasse und Fischtran, sowie nicht zuletzt die „Rauchgerbung", die der Chemiker als Gerbung mit reaktiven Aldehyden aus den hochsteigenden Gasen eines jeden Holzfeuers erkennt.

Grundsätzlich müssen wir den Gerbprozess als eine Folge von mechanischer Handarbeit (Entfernung von Fleischresten, Fett und Haaren) und auch Einwirkung von chemischen Substanzen, welche Zeit für Penetration und Bindung an das Kollagen benötigen, verstehen. Diese Prozesse dauerten über Wochen. Die Durchgerbung von Sohlleder in Gruben mit Lohe (gemahlene Rinde, meist Gemisch von Eichen- und Fichtenrinde) war im Mittelalter bereits zur handwerklichen Spitzenleistung entwickelt und dauerte ein Jahr. Qualitätsnormen und Kontrollen der Berufsverbände (Zünfte, Gilden) haben bis heute den Begriff „echt Altgrubengerbung" als unübertroffene Lederqualität geprägt.

Die natürliche Haut liegt als sehr komplexes Gewebe mit verschiedenen Einlagerungen vor. Wertvoll für die Struktur und Festigkeit des späteren Leders ist allein die Faserstruktur der verdrillten Kollagen-Eiweißketten: dreidimensionale Verflechtung verschiedener Faserbündel, die sich verzweigen und wieder vereinen, ohne Anfang und Ende einer Einzelfaser.

Die Lederhaut aus Kollagen hat nach außen einen Abschluss durch die Oberhaut, die aus Keratin-Eiweiß besteht, wie auch die Haare. Bei Wunsch auf Pelzfelle lässt der Gerber diese Keratin-Substanzen bestehen. Bei Wunsch auf Leder kann der Gerber das Keratin nach Einwirkung des „Äscher" (in Urzeiten die Holzasche, später überwiegend mit gebranntem und gelöschten Kalk) aufweichen und mechanisch abstoßen.

Der Ablauf in der Gerberei ist zunächst vom Ziel bestimmt, d. h. ob ein Pelz, ein Leder ohne Haare oder gar nur Pergament hergestellt werden soll.

Das Pergament hatte eine besondere Bedeutung in uralten Schriftarchiven und in der Verteidigung gegen Waffen wie Pfeile, Speere und Schwerter als leichtes Schild (mit Pergament überspannter Holzrahmen). Pergament ist die aufgetrocknete Haut nach Entfernung von Fleisch-, Fettanhang und der Haare. Ohne Konservierung, also ohne Gerbung ist es im getrocknetem Zustand über Jahrtausende ohne Schaden haltbar. Heute kennen wir noch Pergament als durchscheinendes Material für Lampenschirme und als Trommel-„Fell" (Trommeln / Pauken). In der Frühzeit, bevor man Papyrus und Papier kannte, wurde auf Pergament geschrieben. (siehe auch Gerbersprüche „das geht auf keine Kuh-Haut"). Meist war es Pergament aus Ziegenfellen, die auch zu langen Schriftrollen kunstvoll zusammen genäht wurden. So ist auch das Alte Testament der Juden auf solchen Schriftrollen überliefert. Zur Herstellung von leichtgewichtigen Schilden mit extremer Zähigkeit wurden dickere Häute von Rindern oder Wildschweinen verwendet. Dabei wurde das noch nasse Pergament auf einen leichten Holzrahmen gespannt. Während der Trocknung zurrt sich das Pergament straff zusammen und ist für scharfe Pfeile und Speere kaum durchdringbar. Das war ein Know-How-Vorsprung der Römer im Streit mit den Germanen.

Im Mittelalter hatte fast jede Stadt Kolonien von kleinen Gerbereien. Stets waren sie an kleineren Flussläufen und Bächen mit wenig Hochwasserrisiko lokalisiert, weil hoher Wasserbedarf bestand. Nahe den Elbufern wären die Gefahr der Grubenüberflutung und das Weg-Schimmeln der Häute zu groß gewesen. (siehe Gerbersprüche „dem Gerber schwimmen die Häute fort"). Außerdem waren die Gerbereien allgemein außerhalb der Stadtmauern angesiedelt – als Grund ist häufiger Gestank und Verschmutzung einleuchtend.

Mit dem Einzug der Dampfmaschine, den elektrischen Motoren und den Erzeugnissen der Chemischen Industrie haben sich für das Gerberhandwerk Erleichterungen und Prozessbeschleunigungen ergeben. Dies führte zu den größeren Einheiten: „Lederfabriken".

Obwohl um 1910 die Gerbung mit dreiwertigem Chromsulfat entwickelt wurde, fiel der Bedarf an pflanzlichen Gerbstoffen nicht grundsätzlich ab. Die Chromgerbung erforderte zwar die Investition von rotierenden Gerbfässern, konnte aber in Tagen durchgeführt werden im Gegensatz zu Monaten bei der pflanzlichen Gerbung. Die „chrom-garen" Leder öffneten neue Absatz- bzw. Anwendungsmöglichkeiten, weil sie besser färbbar waren und neue, weichere Lederarten zum Markterfolg brachten. Gerbwirkung hat nur das 3-wertige Chrom. Das 6-wertige Chrom hat keinerlei Gerbwirkung und wird in Gerbereien deshalb auch nicht verwendet. 6-Wertiges Chrom (z. B. in Chromaten und Bichromaten) ist krebserregend und deshalb 'geächtet'. In vielen Medienberichten wird fälschlicherweise problematisiert, dass Gerbereien 6-wertiges Chrom einsetzen. Die „loh-garen" Leder konnten dank ihrer Eigenschaften den Platz im Markt für z. B. Sohl- und Brandsohlleder, Geschirrleder und Werkzeugtaschen behalten.

Der nicht nachlassende Bedarf an pflanzlichen Gerbstoffen konnte durch einheimische Wälder (Eiche, Fichte) nicht abgedeckt werden. Die deutschen Handelsbeziehungen zu Afrika, Argentinien und Asien ermöglichten den Import von Naturgerbstoffen anderer Baumarten. Meist erfolgte der Import als Extrakt (wässrige Extraktion im Herkunftsland und Konzentration / Sprühtrocknung) über den Hafen Hamburg für alle deutschen Lederfabriken. Produktnamen dieser Importgüter sind u. a. Quebracho ordinary, Quebracho sulfitiert, Mimosa, Myrobalanen.

Die nach dem Ende des Ersten Weltkrieges stark expandierende Lederindustrie brachte in Deutschland auch den wachsenden Bedarf an rohen Häuten und Fellen mit sich. So wurden rohe gesalzene Rinderhäute aus den USA und Südamerika über den Hamburger Hafen importiert. Aus Asien kamen vegetabil-vorgegerbte Ziegenhäute neben trocken gesalzenen Kipse und Büffelhäute. Aus Afrika stammten rein luftgetrocknete Felle, bei denen beim Auspacken vor der Milzbrand-Gefahr (Antrax) gewarnt wurde.

5.2 Gerbereichemie – Gerben als Wissenschaft – Gerbstoffe

Viele Vorgänge des Gerbens sind chemischer bzw. biochemischer Natur. Über Jahrtausende hinweg hatte man rein empirische Prozesse entwickelt. Ab ca. 1850 begann man, diese Prozesse wissenschaftlich zu erklären. [1] Dadurch wurde der Gerbprozess wesentlich verbessert und sogar neuartige Gerbtechniken entwickelt. Statt einer Grubengerbung, die bis zu 2 Jahre brauchte, konnte man nun in wenigen Tagen Leder herstellen. Das Gerben besteht dabei aber nicht aus einem Schritt, sondern der Abfolge essentieller Teilschritte.

5.2.1 Weiche

In der Weiche wird die Haut zum Gerben vorbereitet. Mist, Blut und Konservierungsstoffe (z. B. Salz) werden ausgewaschen und die Haut quillt im Wasser auf. Dann werden enzymatisch (biokatalytisch) die nicht-faser gebundenen Eiweißstoffe abgebaut, damit reines Kollagen und Keratin zurückbleibt. Dazu wird üblicherweise Lab aus Kälbermagen-Extrakten eingesetzt oder andere industriell produzierten Enzyme. Früher gab es auch die Weiche in fließenden Gewässern (s. u.). Als Enzymquelle wurde auch Hunde- oder Tauben-Kot eingesetzt. Das wird auch heute noch in einigen Entwicklungsländern in Familienbetrieben praktiziert. Diese Praxis begründet wohl den oft schlechten Ruf der Gerbereien. Auch Abfälle des Gerbers (Haut-Teile wie Schwanz, Ohren, abgeschabtes Fleisch) wurden mancher Orts unbekümmert offen gelagert. Schon nach wenigen Stunden entwickeln sich Fäulnisprozesse mit unkontrollierter Enzymproduktion – Nebeneffekt ist erbärmlicher Gestank. Alle diese „Stinkprozesse" sind aber in modernen Gerbereien nicht mehr vorhanden. Diese enzymatischen Prozesse sind nicht auf Gerbereien beschränkt: auch unsere heutigen Waschmittel enthalten Enzyme.

5.2.2 Äscher

Der Äscher wird (nur) dann benötigt, wenn man statt dem Fell mit Haaren reines Leder erzeugen möchte. Die Haare und die oberste Hautschicht bestehen nämlich aus Keratin, während der Rest der Haut aus Kollagen besteht. Die beiden Stoffe haben charakteristische Unterschiede, die sich auch zur Separierung nutzen lassen. Aus den täglichen Erfahrungen weiß man ja, dass Haare robuster sind als Haut. Keratin hat besonders viel Cystein, das Disulfidbrücken bildet und die Fasern vernetzt. Dadurch werden sie fester, temperaturresistenter und widerstandsfähiger gegen Säuren und Laugen als Kollagen. Die Natur hat dem Keratin aber eine „Archillisferse" mitgegeben. Durch Reduktionsmittel lassen sich die Disulfidbrücken lösen und dann ist Keratin sehr empfindlich gegen Basen (= Alkali). Die Mischung aus Natriumsulfid (als Reduktionsmittel, genannt „Schwefelnatrium") und gelöschtem Kalk (Calciumhydroxid als Base) wird deshalb zum Enthaaren der Häute eingesetzt. Ursprünglich wurde auch Holzasche (Kaliumcarbonat) als Alkali eingesetzt. Auch kurzfristige Fäulnisprozesse wurden zum Enthaaren genutzt.

Die besonderen Eigenschaften des Keratins werden auf ähnliche Art auch beim Friseur und in der Kosmetik genutzt. Enthaarungscremes enthalten Reduktionsmittel und Alkali, damit die Haare ganz entfernt werden. Bei der Dauerwelle werden nur Reduktionsmittel eingesetzt. Durch das Lösen der Disulfidbrücken wird das Haar verformbar und nach der Neubildung dieser Bindungen dann in der neuen Form fixiert.

5.2.3 Das eigentliche Gerben

Die nun vorbereiteten Häute (Blößen) werden durch den eigentlichen Gerbprozess zu Leder. Dieser Schritt ist keine „Konservierung", sondern eine echte chemische Umwandlung in ein neues Material. Die Fasern werden chemisch verbunden. Sie quellen jetzt nicht mehr in Wasser und können auch nicht mehr von Mikroorganismen verdaut werden. Zum Gerben kann man vielerlei bi- bzw. multifunktionale Stoffe verwenden, die echte kovalente Bindungen oder multivalente Wasserstoffbrücken zum Proteingerüst aufbauen können, z. B.:

Metallhydroxide, die „verolen", d. h. makroskopische Netzwerke aufbauen. Als Metalle sind hier zweckmäßig Aluminium und Chrom zu verwenden. In besonderen Fällen wird auch Zirkonium eingesetzt. Auch das Eisen hat gute Gerbwirkung. Hier führte aber der ständige Redoxvorgang Fe(II) / Fe(III) zu einer katalytischen Oxidation des Leders (quasi eine innere Verbrennung innerhalb von Monaten)

natürliche Polyphenole, die pflanzlichen Gerbstoffe. Gerbstoffe sind im Pflanzenreich weit verbreitet. Diese Phenole können mit fast allen Metallen Koordinationsverbindungen („Farblacke") bilden, die den Gerbprozeß zusätzlich fixieren und dem Leder charakteristische Farben geben. Selbst schwarzer Tee enthält deutliche Mengen Gerbstoff. Läßt man ihn auf die eigene Haut wirken, bilden sich recht waschbeständige, braune Flecken. Fasst man nun rostige Gegenstände an, werden die Flecken richtig schwarz-grün und können nur noch durch Abschuppen beseitigt werden. Auch wer einmal die äußeren, grünen Schalen der Walnüsse in der Hand gehabt hat, wird hier sein blaues (bzw. dunkelbraunes) Wunder erlebt haben ...

Reaktive und/oder bifunktionelle Aldehyde, z. B. Formaldehyd und Glutaraldehyd

Fette und Fischöle enthalten Doppelbindungen, die durch Luftsauerstoff spaltbar sind und bifunktionelle, reaktive Aldehyde ergeben.

5.2.4 Färbung mit wasserlöslichen Farben

Vor dem Erscheinen der synthetischen Farben (im Sprachgebrauch der Gerber werden alle künstlichen, wasserlöslichen Farben als Anilin-Farben bezeichnet, wenn auch heute der Baustein Anilin in Farbstoffen ersetzt ist) gab es nur wenig Auswahl von Farbtönen.

Hellbraun und rotbraun konnten durch Wahl/Kombination der pflanzlichen Gerbmittel erreicht werden. Schwarze Leder konnten durch Verlackung mit Eisensalzen gefertigt werden (in alten Rezepten heißt es z. B. „abbürsten mit Eisenvitriol-Lösung").

Synthetische Farbstoffe erlauben fast jeden Modeton. Die Bindung an das Leder kann dabei erfolgen an das Kollagen (wie bei pflanzlichen Gerbstoffen) oder im Fall der chromgaren Leder auch in den Chromkomplex.

5.2.5 Fetten

Leder ohne Fette wären hart und nicht sehr reißfest. Durch das Fett können die Fasern etwas gleiten, sich ausrichten und beim Zug gemeinsam halten. Ohne Fett reißt jede Faser für sich, wie beim Papier. Das natürliche Fett der Haut ist zum Schmieren der Fasern nicht geeignet. Bei Rindern wäre der Naturfettgehalt von ca. 2% sowieso nicht ausreichend. Bei Schafen und Schweinen wird oft über 30% Naturfett festgestellt. Jedoch das Naturfett (Talg) ist in Zellen ungünstig verteilt, hat einen Schmelzbereich von 35–40°C und kann nach der Gerbung und besonders auch im Gebrauch der Lederartikel an die Lederoberfläche wandern und weiße Ausschläge bewirken. Stark naturfetthaltige Rohfelle sollten daher im Extra-Prozess entfettet werden. Dazu ist der Gebrauch von Lösungsmitteln abzulehnen. Heute gibt es synthetische Tenside, z. B. ethoxilierte Fettalkohole, die eine effiziente und umweltfreundliche Emulgier-Entfettung erlauben. Dazu eine Anmerkung zum Sprachgebrauch. Für einen Chemiker ist es klar, dass Öle und Fette Triglyceride von Fettsäuren sind. Solche Verbindungen findet man natürlich bei Pflanzen und Tieren. Der Gerber versteht unter Fettungsmittel jedoch alles, was eine fettende Wirkung auf die Lederfaser hat, einschließlich Alkane und Silikone.

Die ältesten Fettungsmittel waren Hirnmasse und Eigelb (Lecithin). Auch Fischöle haben eine uralte Tradition, wobei noch ein gerbender Effekt genutzt werden kann (typisch für Sämisch-Leder). Für eine günstige Verteilung der Fettstoffe im Leder ist es wichtig, dass vor der Trocknung das Leders gefettet wird. Allein im Fall von standigen lohgaren Ledertypen wie für Sohlleder und Werkzeugtaschen reicht es aus, wenn die noch feuchten Leder leicht von Hand (Schwamm, Lappen) abgeölt werden. Während der Ledertrocknung dringt das „Fett" ausreichend und automatisch ins Lederinnere. Bei weichen Lederarten sind mechanische oder chemische Kniffe erforderlich, um das Fettungsmittel in die feuchten Leder eindringen zu lassen. Die chemischen Kniffe bestanden in den Anfängen des 20. Jahrhunderts hauptsächlich durch Einfügung von hydrophilen Gruppen bei natürlichen „Fettrohstoffen", die bei Doppelbindungen oder freien OH-Gruppen das Andocken von Sulfat-, Sulfonat- oder Phosphat-Gruppen erlaubten. Die Palette der wasser-emulgierbaren Fettungsmittel für den Gerber hat sich bis heute fast unübersichtlich stark erweitert, nicht zuletzt auch durch Verfahren der Polymerchemie.

5.2.6 Stollen (mechanisches Weichmachen)

Nach dem Trocknen haben sich die Fasern etwas verklebt, ähnlich wie es auch bei einigen Textilien bekannt ist. Diese Trockenstarre kann durch Handarbeit (rubbeln) oder durch Maschinen behoben werden, u. a.: trocken-walken, krispeln; läutern bei Pelzfellen.

Abbildung 5.2:
Karl Vill beim Stollen
Foto: Volkmar Vill

5.2.7 Zurichten und Färben mit Pigmenten

Anschließend kann das trockene Leder noch mit Pigmenten abgedeckt werden, um
Naturfehler zu kaschieren. Damit die Pigmente reibecht auf der Oberfläche verbleiben,
müssen diese in ein Bindemittel eingearbeitet sein. Ein klassisches Rezept war die
Verwendung von Casein mit geringen, weichmachenden Zusätzen von emulgierbaren
Ölen (u. a. sulfatiertes Rizinusöl). Das alte Rezept mit Casein kann die heutigen
Ansprüche an die Beständigkeit gegen Versprödung und Wassereinwirkung nicht mehr
erfüllen. Die Polymertechnik hat neue, bessere Bindemittel auf der Basis von Acrylat,
Butadien, Urethan und anderen geschaffen.

Einige Leder erhalten noch einen Imprägnierauftrag (Wasserfestigkeit auf Basis der
Silikon-Chemie). Abschließende Maschinenarbeitsgänge sind für Glätte, Glanz oder
Prägung ganz nach Wunsch üblich.

Abbildung 5.3:
Lohmühle
Foto: Volkmar Vill im Heimatmuseum Wandsbek

5.3 Das Gerberhandwerk und die Lederindustrie in Hamburg

Adolph Ulrich Hansen [2] schreibt 1834 in seiner „Chronik von Wandsbeck": *„Wir haben hier eine Lederfabrik, den Herrn Lütgens gehörig, eine der größten in Nord-Deutschland; dies Geschäft eignet sich unstreitig mehr für das Land als für die Stadt, und wird hier durch directe Verbindung mit Amerika, England, Holland (Häute und Gerbstoffe) sehr erleichtert."* Diese Zeilen sagen schon viel aus, denn Gerbereien findet man üblicherweise nicht in der Stadt (Hamburg). Es gibt aber eine große Fabrik in Wandsbek (damals noch kein Stadtteil von Hamburg). Der Hafen Hamburg wird als das wesentliche Plus für diese Firma beschrieben. Und mehr als 2 Zeilen in einer 71 seitigen Beschreibung gibt Hansen dem Gerberhandwerk aber nicht. Die Lederfabrik Luetkens wurde 1790 gegründet. Ihr Bild hängt in Raum 3 des Heimatmuseums Wandsbek in der Unterabteilung „Der Fabrikort Wandsbek". Bis 1872 war sie eine Gerberei und wurde später zur Wandsbeker Lederfabrik, die bis 1929 an der Holzmühlenstraße / Wandse bestehen blieb.

Abbildung 5.4:
Wandsbeker Lederfabrik Lütkens
Heimatmuseum Wandsbek

Abbildung 5.5:
Aktie 5.000 Mark Wandsbeker Lederfabrik (1922)

Als touristische Sehenswürdigkeit ist die *Mühle in Hamburg-Bergedorf* bekannt. Ein Bergedorfer Lohgerber erbaute die Mühle 1831. „Loh" bezeichnet in der Lederherstellung zerkleinerte pflanzliche Gerbstoffe. In der „Lohmühle" wurde Eichenrinde gemahlen und über den nahen Fluss „Bille" zur Gerberei transportiert. 1880 wurde die Lohgerberei eingestellt und die Mühle zur Kornwindmühle mit drei Mahlgängen umgebaut. Erweitert mit einem Maschinenhaus und Lagerräumen, wurde die Bergedorfer Mühle bis in die 1960er Jahre des 20. Jahrhunderts betrieben. Sie stellte hauptsächlich Backschrot und Futtermittel her. 1995 gründete sich der Verein „*Bergedorfer Mühle e. V.*". Die Mühle wurde wieder in einen funktionsfähigen Zustand versetzt und der Öffentlichkeit zugänglich gemacht. Das Gebäude wurde aufgrund seiner technischen Besonderheiten zum Denkmal erklärt. 2005 übergab die *Stiftung Denkmalpflege* die Mühle an den Verein.

Abbildung 5.6:
Bergedorfer Mühle
Foto: Volkmar Vill

Eine weiteres Ausflugsziel in Hamburg ist der Eichtalpark. Seit der ersten urkund-lichen Erwähnung Hinschenfeldes im Jahr 1336 gab es auf dem Gelände des heutigen Eichtalparks auch eine Wassermühle, die Lütkens seinerzeit als Lohmühle für seine Lederfabrik nutzte. Sie diente dem Mahlen der Lohe, also von Rinde, Holz und Laub der Bäume. Heute befindet sich an dieser Stelle das Restaurant „Zum Eichtalpark". Das jetzige Gebäude wurde 1888 nach dem Brand des Vorgängers errichtet und 1928 in ein Restaurant umgewandelt, wobei man jedoch erst zwei Jahre später das Wasserrad entfernte. [2a]

Der heute wohl bekannteste Gerber Hamburgs ist vermutlich Paul Roosen (1582–1649). Dieser war mennonitischer Diakon und Gerbereibesitzer in Altona. Die Paul-Roosen-Straße in Hamburg-St. Pauli ist nach ihm benannt worden.

5.4 Gerbereichemie und Gerbereiwissenschaft in Hamburg

Als städtisches Zentrum ist Hamburg wohl kein guter Standort für die Gerbstoff- und Lederproduktion. Tatsächlich hat es aber bemerkenswerte Forschungen zum Gerb-prozess in Hamburg gegeben, sowohl in den staatlichen Instituten, als auch in der Industrie und den privaten Forschungslaboratorien. Hier spiegelt sich auch eine Charakteristik Hamburgs wieder, die sich auch in den anderen Artikeln dieses Buches oft wiederfindet: Die Kaufleute Hamburgs wollen kein Geld für Allgemeinbildung „ver-schwenden". Die Universität Hamburg wurde darum auch erst 1919 (notgedrungen) gegründet. Dafür gab es in Hamburg die weltweit ersten Handelslaboratorien [3], als privatwirtschaftliche Labore, die im Auftrag Lebensmittel, Fertigwaren, Erze u.v.a. untersuchten und in ihren analytischen Fähigkeiten mit den Universitäten und Staats-instituten konkurrierten. In Hamburg gab es deshalb Forschungen zur Gerbereichemie in den Staatsinstituten, der Industrie und in den Handelslaboratorien. Einige ihrer Forscher sollen im folgenden vorgestellt werden. Einige Gemeinsamkeiten scheinen sie zu haben: sie waren motiviert, vielseitig, produktiv – aber bisher nicht in Biogra-phien erfasst, nicht im Staatsarchiv belegt und bleiben deshalb oft auch noch etwas mysteriös.

5.4.1 Franz Hassler (1874–1942)

Franz Hassler (1874–1942) war Chemiker und Kunstsammler. [4] Von 1897 bis 1927 war er wissenschaftlicher Mitarbeiter des *Chemischen Staatslaboratoriums* in Ham-burg. Als Mitarbeiter von Max Dennstedt hat er mit ihm (oder für ihn) wohl die bahn-brechenden Arbeiten für die „vereinfachte Elementaranalyse" durchgeführt. Nach der Pensionierung von Dennstedt (1910) widmete er sich eigenen Projekten, der Gerbe-reichemie. 1912 findet sich die erste Publikation „Über Kolloid- oder Kapillarchemie" [5]. Dem folgten zunächst noch einige Publikationen zum Gerbprozess im Allgemei-nen und dann ab 1921 viele Patente zu Gerbstoffen. 1927 verließ er das Staatsinstitut, aber er patentierte bis zu seinem Lebensende für verschiedene Firmen, z. B. BASF, Röhm & Haas, Chemical Foundation Inc. Warum er das Institut verließ und in welchem Arbeitsverhältnis er zu den Firmen stand, kann noch nicht geklärt werden. Im Staatsarchiv existiert leider keine Personalakte von ihm; und im Internet finden sich immer nur kurze Zitate zu Hassler, z. B. als passives Mitglied der „Brücke" und als Eigentümer von Bildern von Franz Radziwill. Möglicherweise bildete die Gerbereichemie für ihn die Brücke zwischen Arbeit und Interesse, bzw. zwischen Wissenschaft und Kunst.

5.4.2 Willy Moeller (*1879)

Willy Moeller (*1879) ist ein Zeitgenosse von Franz Hassler, der aber nicht der Academia angehörte, sondern direkt in der Industrie arbeitete. [6] Er promovierte 1903 in Rostock bei August Michaelis [7] und wurde dann Mitarbeiter der „Gerb- und Farbstoffwerke H. Renner & Co., Actien-Gesellschaft", die zu diesem Zeitpunkt wohl noch von Hermann Renner selbst geleitet wurde. 1920 führt ihn dann das Hamburger Adressbuch als Direktor dieser Firma auf. Für einen Industriechemiker sind Patente ja die Pflicht und wissenschaftliche Publikationen eher die Kür. Neben mehr als 10 Patenten findet sich bei Moeller aber eine ausgeprägt Publikationstätigkeit. Er hat viele Publikationen in den Fachjournalen geschrieben (z. B. „Ledertechnische Rundschau", „Der Gerber", „Collegium"). Ab 1921 gab er dann sogar selbst eine Fachzeitschrift heraus: *„Zeitschrift für Leder- und Gerberei-Chemie"*, gedruckt bei Otto Meissners Verlag in Hamburg. In dieser Zeitschrift publizierte er selbst umfangreiche, experimentelle Arbeiten zu allen Teilprozessen der Gerbung. Gegenüber anderen Fachzeitschriften, die oft eine Balance zwischen wissenschaftlichen Arbeiten und fach-kulturellen Berichten schaffen, ist in seiner Zeitschrift die reine Wissenschaft abgebildet. Seine Publikationen belegen auch eine intensive experimentelle Forschungstätigkeit seiner Firma in Hamburg. Aber schon 1923 bricht dieser Forschungsstrang ab. Die Zeitschrift wird eingestellt und Moeller erstellt keine neuen Patente, publiziert auch nicht mehr in anderen Zeitschriften und steht auch nicht mehr im Adressbuch. Die Gründe dafür sind noch nicht ganz klar.

Das Jahr 1923 ist natürlich auch von der Inflation geprägt. Seine Firma gab sogar eigenes Notgeld heraus:

Die Firma selbst hatte wohl nach 1923 Finanzprobleme. 1931 wurde das Grundkapital stark herabgesetzt, 1932 bis 1942 wurden keine Dividenden ausgezahlt und 1943 wurde die Firma aufgelöst. [8] Ob wirtschaftliche und/oder gesundheitliche Probleme 1923 zum Abriss der Forschungen führten, muss hier noch offen bleiben. Derzeit sehen wir von Willy Moeller eine ungewöhnlich breite wissenschaftliche Tätigkeit in einer nur kurzen Phase.

Abbildung 5.7:
Notgeld 500.000 Mark, Gerb- und Farbstoffwerke H. Renner & Co. (1923)

5.4.3 Martin Auerbach (1876–1937)

Martin Auerbach ist ebenfalls ein Zeitgenosse der beiden oben vorgestellten Forscher,
der aber einen Weg als beeideter Handelschemiker und Leiter eines Handelslabora-
toriums einschlug. Auch sein Lebensweg ist nicht in allen Details bekannt. [9] 1911
kam er als promovierter Chemiker (oder Apotheker) nach Hamburg und arbeitete
zunächst als Chemiker im Spezial-Laboratorium für die Oel- und Fett-Industrie von
Dr. Louis Allen, Hamburg, wohl von 1912 bis 1915. Dann legte er selbst eine Prüfung als beeidigter Handelschemiker ab und trat wieder in die Firma ein. 1923 finden
wir ihn als Inhaber des Laboratoriums Dr. Louis Allen, Hamburg. Das Hamburger
Adressbuch von 1930 beschreibt ihn als „Dr. Martin H. Auerbach, beeidigter Handelschemiker und in den Firmen Dr. Louis Allen und Chemisches Laboratorium Dr.
Hermann Ulex". Er hat umfangreiche Publikationen zur Gerbereichemie geschrieben,
auch in der Zeitung von Willy Moeller. Allerdings hat er auch andere Publikationen
zur Fettanalytik geschrieben und den Namen seiner Firma passte er den Bedürfnissen
an:

1928 in der Ledertechnischen Rundschau: Fachlaboratorium für die Lederindustrie von Dr. Louis Allen

1929 in der Chemischen Umschau: Fachlaboratorium der Fett-Industrie Dr. Louis Allen

1931 in der Chemischen Umschau: Oeffentliches Handelslaboratorium Dr. Louis Allen

1932 in der Chemischen Umschau: Fachlaboratorium für die Oel- und Fett-Industrie Dr. Louis Allen.

Seine letzte Publikation erschien 1934 in der französischen Zeitschrift „Cuir Technique" über die Lederproduktion in Palästina. Im Adressbuch von Hamburg ist er bis 1933 noch mit seiner Firma gelistet, 1934 nur noch als Privatperson und ab 1935 fehlt er ganz. Dafür gibt er als Adresse in der Publikation 1934 Tel-Aviv an. Das Ende seiner wissenschaftlichen Tätigkeit hängt somit wohl mit dem Rassenwahn der Nationalsozialisten zusammen.

Neben diesen drei Chemikern haben andere Personen und Institutionen zur Gerbereichemie geforscht. Dr. Georg Klenk war wohl der Vorgänger von Willy Moeller bei Renner & Co. Er hat einige Patente zu pflanzlichen Gerbstoffen verfasst. Auch mehrere Chemiker, Pharmazeuten und Botaniker der Universität Hamburg haben einzelne Publikationen zu den pflanzlichen Gerbstoffen herausgegeben. Das Kolonialinstitut in Hamburg sah sogar die „Nutzung kolonialer Gerbstoffe" als eine seiner Hauptaufgaben an. Eichenrinde ist tatsächlich ein sehr guter Gerbstoff und vielen anderen überlegen, aber die Mengen dieses Gerbstoffes waren damals in Deutschland viel zu knapp.

5.5 Leder als Material

Lederproduktion und Forschung sind zunehmend ins Ausland verschoben worden. Die Chemie hat viele, neue Materialien entwickelt. Schon 1948 wurde die Marke Vileda (wie-leder) geprägt von der Firma Freudenberg, die ihren Ursprung in der Gerbereichemie hatte. Heute stellen einige Kreise Fleischverzehr und Ledernutzung insgesamt in Frage. Darum mag sich eine provokante Frage stellen:

Ist Leder Geschichte? Kann man Leder durch synthetische Materialien ersetzen?

Nur einige Antworten zu dieser Frage: Es kann jedes Jahr nur soviel Leder hergestellt werden, wie entsprechende Mengen Fleisch konsumiert werden. Tiere werden also nicht wegen dem Leder gezüchtet und geschlachtet, sondern wegen dem Fleisch. Die Eigenschaften des Leders können heute noch nicht von Kunstprodukten geschaffen werden. Schweißaufnahme, Geschmeidigkeit kann man schnell „ergreifen". Tatsächlich

verhält sich Leder wie eine zweite Haut bei den Schuhen. Von morgens bis abends
wächst das Schuhleder mit den Füßen seines Trägers. Darum bestehen Schuhe auch
heute fast immer noch aus Leder.

5.6 Spuren in unserer Sprache

Gerbereien sind aus den deutschen Stadtbildern heute praktisch vollständig ver-
schwunden. Im Mittelalter waren aber Gerbereihandwerk und Gerbstoffgewinnung
allgegenwärtige Tätigkeiten, die deshalb auch von der Sprachentwicklung aufgenommen wurden. Geblieben sind aber viele Eigennamen, Stadt- und Feldnamen und Re-
dewendungen.

So findet man im Hamburger Strassenverzeichnis:

Gerberstrasse (Altona)

Lohe (Ohlstedt)

Lohmühlenstr. (St. Georg)

Am Lohmühlenpark (St. Georg)

An der Lohe (Niendorf)

Lohheide (Meiendorf)

Lohmühlenteich (Harburg)

Lohbekstieg (Lokstedt)

Lohkoppelweg (Lokstedt)

Diese Flurnamen belegen die vormalige Nutzung der Gelände für Gerbstoff- und
Lederproduktion.

Interessanter sind aber die Relikte in unserer täglichen Sprache, von denen hier nur
wenige vorgestellt werden sollen.

5.7 Volkssprüche über Leder und Lederherstellung:

Es schwimmen einem die Felle weg.
    Früher wurden Häute auch zur Weiche (s. o.) in den Fluss gehängt. Waren sie
    nicht richtig befestigt, schwammen sie weg. Das konnte sehr teuer sein!
Das geht auf keine Kuh-Haut.
    Es gibt die Sage, dass der Teufel alle Fehltaten der Seele auf Ziegenpergament
    notiert. Bei größeren Sünden wurde ein Kuhfell notwendig. Aber wenn auch ein
    Kuhfell zu klein wurde, dann waren die bösen Taten nicht mehr zu beschreiben.
Aus fremdem Leder kann man breite Gürtel schneiden.
    Leder war wichtig, aber auch teuer.
Einem das Fell gerben.
    Das sollte sich jetzt von alleine verstehen. Nur ein zusätzlicher Hinweis: Fell
    (mit Haaren) braucht natürlich keinen Äscherprozess . . . .

Diese Zeilen haben hoffentlich den Nichtgerbern unter den Lesern Einblick in ein altes Handwerk und in seine Wissenschaft gegeben. Aber wohl nur die Gerber unter den Lesern werden die beiden letzten Sprüche verstehen:

Arbeit, die stinkt, bringt Geld das es klingt.

Wenn's Häute regnet, dann wird das Leder billiger.

5.8 Literatur

1 Bibliographie der gerbereichemischen und ledertechnischen Literatur 1700–1956. In: SAGOSCHEN, J. A.: *Handbuch der Gerbereichemie und Lederfabrikation, Band 4.* Wien: Springer-Verlag 1960.

2 HANSEN, ADOLPH ULRICH: *Chronik von Wandsbeck.* Altona: Karl Aue 1834 (71 Seiten), `http://books.google.de/books?id=SMJCAAAAcAAJ`.

2a `http://www.hamburg.de/parkanlagen/3055706/eichtalpark.html`.

3 GEORG LUDWIG ULEX gründete 1847 das weltweit erste öffentliche chemische Handelslaboratorium in Hamburg, siehe S. 39. Siehe auch das Kapitel „Von Gymnasiasten und Goldgräbern – Einblick in Geschichte und Entwicklung der Naturwissenschaftlichen Institute in Hamburg" in diesem Buch, S. 1, S. 31.

4 Publikationsliste von FRANZ HASSLER, `http://www.chemie.uni-hamburg.de/oc/publikationen/Hassler.html`.

5 HASSLER, FRANZ: Über Kolloid- oder Kapillarchemie. In: *Verhandlungen des Naturwissenschaftlichen Vereins in Hamburg* (Hamburg: L. Friederichsen & Co), Dritte Folge, **19** (1912), LXXXIX–XC.

6 Publikationsliste von WILLY MOELLER: `http://www.chemie.uni-hamburg.de/publikationen/erweiterung/suche/SimSer.php?q=Willy+Moeller\&Search=Suchen`.

7 MOELLER, WILLY: Ueber das 1-Phenyl-2,3,4-trimethyl-2,5-thiopyrazol, oder Methylthiopyrin. Betreuer: August Michaelis, Dissertation, Rostock (1903), Rostock: C. Hinstorff.

8 `http://www.albert-gieseler.de/dampf_de/firmen4/firmadet48060.shtml`.

9 Publikationen von Martin Auerbach. `https://www.chemie.uni-hamburg.de/publikationen/erweiterung/suche/SimSer.php?q=Martin-Auerbach&Search=Suchen`. Vgl. zu Auerbach auch HEIKO MORISSE: Die Soncino-Gesellschaft der Freunde des jüdischen Buchs und ihre Hamburger Mitglieder. In: *Liskor – Erinnern, Magazin der Hamburger Gesellschaft für jüdische Genealogie e. V.* 2016 (in Vorbereitung).

Abbildung 6.1:
Hamburgisches Kaufmannshaus auf dem Cremon –
Zuckerverarbeitung und Zuckerhandel um 1800 (Modell im HamburgMuseum):
zweigeschossige Diele mit Kontor, Speicher, Wohnräume am Nikolaifleet
Foto: Gudrun Wolfschmidt (2004 im HamburgMuseum)

Hamburg – ein Zentrum der Zuckersiederei

Gudrun Wolfschmidt (Hamburg)

6.1 Einleitung: Zucker

Das Zuckerrohr (Saccharum officinarum) stammt aus Indien (oder aus Neu-Guinea). Die Bezeichnung geht auf das Wort *sarkara / sakkhara* in Sanskrit bzw. mittelindisch zurück (um 300 vor Chr.). „Sarkara" bedeutet zerissenes Stück und weist damit auf die Zerkleinerung von Zuckerrohr hin. Nearchos, Admiral von Alexander dem Großen (356–323 v.Chr.), berichtet von einer neuen Sorte Honig, die er bei seinen Feldzug in Indien 326 v. Chr. kennengelernt hatte (*sal indicum*): „*daß in Indien das Schilf einen Honig gebe, der nicht von Bienen hervorgebracht worden sey.*"[1] Plinius der Ältere (∼23–79) spricht in seiner *Naturalis historia* (Naturgeschichte) von *saccharum*, worin er besonders medizinischen Nutzen sieht (Lib. XII, c. 8).[2] Der Zucker nahm seine Verbreitung ins Perserreich (heute Iran) um 600 nach Chr., weiter zu den Arabern nach Palästina um 1100. Über den islamischen Kulturkreis kam der Zucker nach Sizilien und Spanien um 900. Durch einen Karawanenüberfall wurde die Kunst des Zuckersiedens im Abendland bekannt und besonders Venedig entwickelte sich zu einem Zentrum des Zuckerhandels. Mit Christoph Kolumbus (1451–1506) kam er über Portugal nach „West-Indien", in die Neue Welt.

6.2 Zuckerrohrplantagen, Rohrzucker-Mühle und Siederei

Die Zuckeranbaugebiete teilen sich auf in tropische und subtropische Gebiete für Zuckerrohr. Es gab z. B. Zuckerrohr-Plantagen in den Kolonien in Brasilien, Martinique und Guadeloupe (Karibik, „West-Indien"), Mauritius (östlich von Madagaskar)

---

1 McCulloch, Richter: Handbuch für Kaufleute, Band 2, 1834, S. 1048.
2 Rohr (1973).

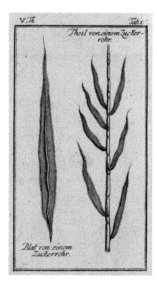 

Abbildung 6.2:
Zuckerrohrblatt und Titelblatt von Pater Labats
Abhandlung vom Zucker (1742, 1785)
Labat, Jean-Baptiste: Nouveau voyage aux isles de l'Amerique. Paris 1742.
Abhandlung vom Zucker. Übers. von Georg Friedrich Casimir Schad. Nürnberg 1785.

und Java (Batavia).[3] In den Zuckerrohr-Plantagen wurden seit dem 15. bis ins 19. Jahrhundert Sklaven aus Schwarzafrika beschäftigt. Es beginnt der bekannte Dreieckshandel zwischen Europa, Afrika und der Neuen Welt: Die Händler aus Europa bringen ihre Waren, auch Waffen, Stoffe und Alkohol nach Westafrika. Von dort werden Sklaven in Schiffen verladen und nach Amerika als Plantagenarbeiter gebracht. Aus der Neuen Welt kommen Kolonialwaren (Zucker, Kakao, Kaffee, Tabak und Baumwolle) nach Europa.

Der Dominikaner Jean-Baptiste Labat (1663–1738) verfaßte ein Werk über Westindien mit einer Abhandlung über Zuckerfabrikation 1696: *Nouveau voyage aux isles de l'Amerique*, Paris 1722, deutsche Übersetzung: Nürnberg 1782–1787. Labat berichtet, daß Zucker 1648 auf den Antilleninseln in der Karibik von – aus Brasilien geflüchteten – Holländern eingeführt wurde. Der Dominikanermönch Jean-Baptiste du Tertre (1610–1687) beschreibt in seiner *Histoire générale des Antilles* (1667) ausführlich die Zuckerverarbeitung auf Guadeloupe, mit Illustrationen von Sébastien Le Clerc.[4]

Der Rohrzucker wird gewonnen durch Reinigen, Abkochen, Bleichen und Trocknen:

---

3 Kantowsky, 2002.
4 Du Tertre: Histoire générale des Antilles, 1667, S. 122.

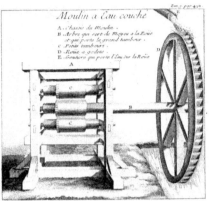

Abbildung 6.3:
Windmühle (Aquatinta) und Wassermühle zum Zerkleinern des Zuckerrohrs
Clark, William: Ten Views in the Island of Antigua. London: Thomas Clay 1823.
Labat, Jean-Baptiste: Nouveau voyage aux isles de l'Amerique. Paris 1742.

1. Das Auspressen der Zuckerrohr-Halme geschieht mit Göpelantrieb. Durch eine
   Leitung fließt die Flüssigkeit hinunter zum Siedeofen.

2. Für das Sieden (Kochen) gibt es den Siedeofen.

3. Letzter Schritt ist die Kristallisation.

In gemäßigten Klimazonen wie Europa, Kleinasien und Nordamerika wurden ab
dem 19. Jahrhundert Zuckerrüben angebaut.[5]

6.3 Zuckerhandel und Zuckerfabrik, um 1800

Die Hauptumschlagplätze für Rohzucker waren zunächst 1508 Antwerpen, dann ab
1625 Amsterdam, später Gent. In Großbritannien (besonders in London, Bristol und
Liverpool) entstand das Gewerbe der Zuckersieder und Zuckerbäcker, nachdem die
Insel Jamaika 1655 in Besitz genommen worden war. Eine gesteigerte Nachfrage ergab
sich durch den Kaffee- und Teegenuß im 17. Jahrhundert.

Die Tafelbilder *Art de rafiner le sucre* (die Kunst, Zucker zu raffinieren) vom Mitglied der *Academie des Sciences* Henri Louis Duhamel du Monceau (1700–1780) wurde
im Jahr 1764 veröffentlicht.[6] Hier wurden alle Arbeitsschritte in der Zuckersiederei
dargestellt, – in einer bis dahin völlig unbekannten wissenschaftlichen Präzision. Der

---

5 Lippmann: Die Geschichte des Zuckers, 1890, 1929.
6 Duhamel du Monceau: Schauplatz der Künste und Handwerke, 1765, Tafel IX.

Abbildung 6.4:
Rohrzuckermühle mit Göpelantrieb in Surinam, Philippe Fermin (1730–1813), 1765
Fermin: Histoire Naturelle de la Hollande Equinoxiale, 1765.

ausgepresste Saft aus dem Zuckerrohr bzw. aus der Zuckerrübe wird durch Sieden ein-
gedickt und man erhält einen bräunlichen Sirup. Der daraus kristallisierende (braune)
Zucker muß noch gereinigt werden; dieser Vorgang heißt Raffination. Der restliche Sirup wird als Melasse bezeichnet und kann als Viehfutter verwendet werden oder durch
Vergärung zu Ethanol weiterverarbeitet werden.

In Deutschland entwickelte sich Hamburg zu einem Zentrum der Zuckerraffination.
Verarbeitet wurde der Rohrzucker aus Westindien und Lateinamerika, der im Hamburger Hafen ankam. Hier erfolgte die Raffination (Siedeprozeß, Abkühlung, Trocknung) bis zum Endprodukt „Zuckerhut", der sich im 17. und 18. Jahrhundert großer
Beliebtheit erfreute. Um 1690 sollen etwa 8000 Menschen davon gelebt haben. Um
1750 gab es in Hamburg fast 400 Zuckerbäckereien (365), bis 1825 sank die Zahl auf
250. Die Einführung der Zuckerrübe beendete dieses Gewerbe.

1848 wurde in St. Pauli eine Dampfzuckersiederei gegründet mit modernsten Maschinen. Vgl. Modell im HamburgMuseum, Abb. 6.6, S. 150, Abb. 6.7, S. 151 und
Abb. 6.8, S. 152:

• Anlieferung des Rohrzuckers in Kisten, Fässern und Säcken

Abbildung 6.5:
Zuckersiederei (1775)
Spengel, Hartwig: Handwerke und Künste, 1775–1782.

Abbildung 6.6:
Zuckersiederei um 1800:
Oben: Siederaum: mehrfaches Kochen und Filtrieren des Zuckers
unter Zusatz von Kalkwasser, Ochsenblut, Eiern und Butter.
Unten: 1. Anlieferung der Zuckers und Herstellung der Fässer,
2. Einfüllen des flüssigen und abgekühlten Zuckers in Tonformen,
3. Setzen der Formen auf Töpfe (Potten) zum Ablaufen des Zuckersirups.
Fotos: Gudrun Wolfschmidt (2014, Modell im HamburgMuseum)

Abbildung 6.7:
Zuckersiederei um 1800:
Oben: Prüfung der Zuckerhüte (Broden) auf Brauchbarkeit,
Unten: Abdecken der Formen mit weißem Ton zwecks Reinigung des Zuckers,
Waschen und Weichen der Tonformen.
Fotos: Gudrun Wolfschmidt (2014, Modell im HamburgMuseum)

Abbildung 6.8:
Zuckersiederei um 1800:
Oben: Wiederherstellung zerbrochener Tonformen,
Erhitzen der Zuckerhüte in der Trockenkammer (Stove),
Unten: Einwickeln, Verpacken, Wiegen, Lagern der fertigen Zuckerhüte.
Fotos: Gudrun Wolfschmidt (2014, Modell im HamburgMuseum)

- Siederaum: Kochen, Filtrieren – Zusatz von Kalkwasser, Eiern, Ochsenblut und Butter
- Einfüllen des abgekühlten Zuckers in Tonformen
- Setzen der Formen auf Töpfe (Potten) zum Ablaufen des Sirups
- Prüfung der Zuckerhüte (Broden)
- Abdecken der Formen mit weißem Ton zwecks Reinigung.

Abbildung 6.9:
Dampfzucker-Siederei in Hamburg-St. Pauli, 1848–1885
Lithographie von Loeillet nach Zeichnung von Julius Gottheil (1848)

In Berlin wurden die ersten Zuckerraffinerien von David Splitgerber (1683–1764), Inhaber des Zuckermonopols in Preußen, gegründet (1749, 1751, 1755) – viel später als in Hamburg.

6.4 Von der Runkelrübe zur Zuckerrübe: Marggraf, Achard, Hermbstädt

Den Zuckergehalt von Rüben (von Wurzeln des weißen Mangold und von roten Rüben) entdeckte Andreas Sigismund Marggraf (1709–1782) 1747 in Berlin.[7]

---

7 Zur Zuckerfabrikation, siehe auch Hermbstädt, 1830. Olbrich: Zucker-Museum, 1989.

Abbildung 6.10:
Links: Tongefäße zum Kristallieren des Zuckersaftes, Zuckerhüte,
kupferner Löschlöffel zum Dämpfen des Feuers,
Rechts: „Zuckerbecker in der Fabricke“, Hamburger Tracht
(Christoffer Suhr, 1801–1806).
Foto: Gudrun Wolfschmidt (2014 im HamburgMuseum)

Franz Carl Achard (1753–1821) beschäftigte sich auf Anregung von Friedrich dem Großen ab 1784 in seinem Gut Kaulsdorf bei Berlin mit der Züchtung der Runkelrübe, um den Zuckergehalt zu erhöhen. Die Wurzeln der Zuckerrübe enthielten damals etwa 5% Saccharose.[8]

Heutige Züchtungen weisen rund 20% Zucker auf. Geerntet wird die zweijährige Pflanze bereits im ersten Jahr, wenn sich die Wurzelrübe ausgebildet hat und die Blattrosette abzusterben beginnt.

Die Experimente von Hermbstädt (1814)

Wegen eines Aufstandes auf der Zuckerinsel San Domingo (Haiti) wurde Zucker 1791 in Preußen knapp und teuer. Sigismund Friedrich Hermbstädt (1760–1833) sollte da-

---

8 Achard: Die Europäische Zuckerfabrikation aus Runkelrüben, 1809. Siehe auch Achard 1803.

her nach Ersatzlösungen suchen.[9] Obwohl Andreas Sigismund Marggrafs und Franz Karl Achards Arbeiten bekannt waren, führte Hermbstädt eigene umfangreiche Untersuchungen an einheimischen Pflanzen wie Äpfeln, Birnen, Pflaumen, Türkischem Weizen, Weinmost, Bärenklau, Birken, Rüben, Ahornsaft, Mais und anderen Pflanzen durch. Letztlich blieben seine Arbeiten, wie die seines „Widersachers" Achard, im ausgehenden 18. Jahrhundert ohne Erfolg.

Abbildung 6.11:
Andreas Sigismund Marggraf (1709–1782),
Briefmarke zum 125. Jubiläum der Gründung des Zuckerinstitutes Berlin,
Franz Carl Achard (1753–1821)
Wikipedia, Deutsche Bundespost (1992), Wikipedia

6.5 Erste Rübenzuckerfabrikation der Welt, um 1805

Mit finanzieller Unterstützung von König Friedrich Wilhelm III. wurden ab 1799 unter Anleitung von Franz Carl Achard (1753–1821) die beiden ersten Rübenzuckerfabriken der Welt in Schlesien geplant und gebaut (1801/02–07 abgebrannt, 1810–1945 in Cunern und 1805–11 in Krayn). In der Fabrik in Cunern wurde auch auf Anweisung des Königs eine Lehranstalt zur Fortbildung errichtet.

Achards Methode wurde schnell rezipiert,[10] in Frankreich bereits 1809 durch Louis Crespel-Dellise (1789–1865), in anderen Ländern, die guten Zugang zu Kolonialprodukten hatten, wie die USA (seit 1838) oder England (ab 1913), entsprechend später.

---

9 Hermbstädt: Anleitung zur praktisch-ökonomischen Fabrikation des Zuckers aus den Runkelrüben, (2. Ausg.) 1814. Hermbstädt, 1814. Hermbstädt: Gewinnung und Raffination des Zuckers, 1815.
10 Baxa (1953), S. 27–28.

Abbildung 6.12:
Erste Rübenzuckerfabrikation in Krayn, Schlesien, 1805–11:

Ochsen-Tretrad (rechts), Waschtrommeln, Rübenreibe, Walzen-
presse, Saftreinigung in der Kammer, Siederei – Kochstation,
Regale mit Kristallierschalen, Zuckerreinigung in Hutformen.
Diorama im Deutschen Museum München

Die Produktion verläuft in Abb. 6.12, S. 156, von rechts nach links:[11]

- Vorderseite Erdgeschoß rechts: Waschen, Zerkleinern und Auspressen:
  Ein Ochsen-Tretrad treibt die Maschinen an. Die Rüben werden zuerst in der
  Waschtrommel gewaschen. Mit der Rübenreibe werden dann die Rüben zer-
  kleinert. Anschließend wird in der langen Walzenpresse (im Vordergrund) der
  Rohsaft vollständig ausgepresst.

- Vorderseite Erdgeschoß – links unten: Eindampfen und Verkochen:
  In der Siederei im Erdgeschoß – gekennzeichnet durch Öfen und große Kup-
  ferkessel – kommt der Rohsaft erst, wenn er in der Säuerungskammer mit ver-
  dünnter Schwefelsäure versetzt wurde. Die Säure bewirkt eine Gerinnung des
  Eiweisses. Zur Neutralisation wird Kreide und zum Binden der Kohlensäure
  Ätzkalk zugegeben.[12] Zur Weiterverarbeitung wird der Zuckersaft mit einer
  Winde in den 1. Stock hochgezogen.

---

11 Auf der Rückseite des Gebäudes wird die Anlieferung dargestellt. Im Erdgeschoß befinden
   sich das Rübenlager, im 1. Stock die Wohn- und Schlafräume. Unter dem Dach stehen
   Kristallierschalen.
12 Der Saft wird gerade abgeschäumt (links), dann abgelassen (rechts), filtriert und nochmals
   zum Eindicken erhitzt (hinten).

- Vorderseite 1. Stock – links oben: Kristallisieren zu Zuckerhüten:
  Der zähe Zuckersaft (Zuckersud) wird durch die Öffnung im Boden des 1. Stocks mit einer Winde hochgezogen (links) und in den Regalen zu Kristallisation aufgestellt. Abschließend wird er zur Reinigung in Zuckerhutformen gefüllt, wobei er dann zu festen Zuckerhüten kristallisiert.[13] Durch ein Loch an der Spitze des trichterförmigen Gefäßes tropft brauner Sirup aus der erkalteten, kristallisierenden Zuckermasse ab. Zurück bleibt der helle (wenngleich noch nicht ganz weiße!) Zuckerhut.[14]

Um 1800 existierten in Hamburg noch etwa 300 Zuckerfabriken, die kaum eine Einschränkung durch die preußische Konkurrenz bekamen.[15] Daher waren die ersten Rübenzuckerfabriken anfangs wirtschaftlich noch nicht erfolgreich, doch lieferte ihr Betrieb den entscheidenden Beweis, daß sich auch auf europäischem Boden – über die „Weiße Schlesische Rübe" – Zucker in industriellen Maßstab gewinnen ließ, aus der sich moderne Rübenzuckerfabriken entwickelten.

Durch die von Napoleon am 21.11.1806 verfügte Kontinentalsperre gegen britische Kolonialwaren wurde der Aufbau von Rübenzuckerfabriken wesentlich gefördert, vgl. den Abschnitt über Surrogate, S. 381. Napoleon veranlaßte auch 1811/12 die Einführung der Zuckerrübe in Frankreich (in Passy bei Paris, Fabrikant Benjamin Delessert). Das Herzogtum Braunschweig wurde im 19. Jahrhundert zum größten deutschen Rübenzuckerproduzenten außerhalb Preußens. 1891 gab es dort bereits 406 Firmen, 1838 begannen die Nordzucker-Werke.[16]

6.6 Zucker-Raffination und Qualitätsprüfung

Den ersten Vakuum-Kochapparat erfand Edward Charles Howard (1774–1816) 1813, kam in Deutschland aber erst in den 1850er Jahren zum Durchbruch. In Rübenzuckerfabriken kam 1845 die Wattsche Dampfmaschine für die Unterdruckverkochung im Vakuumapparat in Gebrauch.

Die Klärung der chemischen Summenformel ($C_{12}H_{22}O_{11}$) von Rohr-, Rübenzucker bzw. *Saccharose* gelang 1834 Justus von Liebig (1803–1873), vgl. die Abbildung eines Zuckermoleküls auf dem Titelblatt des Buches. Der Haushaltszucker *Saccharose* (Rohrzucker) besteht aus einer Verknüpfung von einem Molekül *Glucose* (Traubenzucker) und *Fructose* (Fruchtzucker). In grünen Pflanzen bildet sich durch Sonnenenergie aufgrund des grünen Blattfarbstoffs (*Chlorophyll*) Zucker, der Energie für die Pflanzen liefert. Der Prozeß der Zuckerbildung wird mit *Photosynthese* bezeichnet.

---

13 Die Hutreinigungsmethode wurde bereits 600 nach Chr. durch die Perser erfunden. Sie wurde nicht erst bei der Rübenzucker-Erzeugung, sondern schon bei der Rohrzucker-Gewinnung über ein Jahrtausend lang angewandt.

14 So weiß wie wir Zucker heute kennen, wird er erst durch Raffination, zum Beispiel mit einem Vakuum-Apparat.

15 Vgl. Büsch 1790 und Büsch 1800.

16 175 Jahre Nordzucker AG – Chronik, Braunschweig: http://www.175jahre-nordzucker.de/ (20.12.2014).

Abbildung 6.13:
Links: Kaffee-Service mit Zuckerdosen
Rechts: Hamburger Rathaus in Zucker (Modell im HamburgMuseum)
Foto: Gudrun Wolfschmidt (2014 im HamburgMuseum)

$$n \cdot CO_2 + n \cdot H_2O \rightarrow (h\nu) \rightarrow C_nH_{2n}O_n + n \cdot O_2$$

Eilhard Mitscherlich (1794–1863) entwickelte eine optische Methode der Zuckerbestimmung, das Polarisationsverfahren mit *Saccharimeter*.[17] Neben dieser Bestimmung des Saccharosegehaltes kann der Trockensubstanzgehalt mit dem Refraktor-
meter (Carl Pulfrich, Carl Zeiss Jena, 1895) gemessen werden, ferner gab es Analy-
sewaagen sowie Aräometer zur Bestimmung der Dichte. Sehr reinen weißen Zucker
bester Qualität, der besonderen Ansprüchen an Reinheit entsprechen muß, stellt man
in einem gesonderten Arbeitsgang her.[18] Im Labor des *Instituts für Zuckerindustrie,*

17 Mit diesem Polarisationsapparat entdeckte er 1844 bei der Untersuchung der optischen
   Eigenschaften, daß Weinsäure rechtsdrehend und Traubensäure optisch inaktiv ist, vgl.
   Biot, Jean-Baptiste: Communication d'une note de M. Mitscherlich. In: Comptes rendus
   hebdomadaires des séances de l'Académie des sciences, vol. 19 (1844), Nr. 16, S. 719–725.
18 Dabei wird aufgelöster Zucker filtriert, gereinigt oder entfärbt, um schließlich ein Produkt
   von heute über 99,9% reiner Saccharose zu erhalten, die sog. Raffinade.

Berlin-Wedding, wurden einheitliche Verfahren zur Zuckeranalytik entwickelt;[19] auf dieser Grundlage wurde 1895 in Hamburg die *International Commission for Uniform Methods of Sugar Analysis* gegründet.

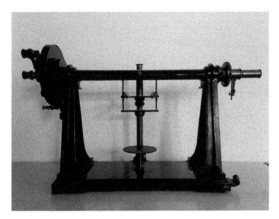

Abbildung 6.14:
Polarimeter/Saccharimeter (Fachbereich Chemie),
Zucker unter dem Polfilter (150fach)
Foto: Gudrun Wolfschmidt (2014), Wikipedia

6.7 Schokolade, Kakao und Marzipan

6.7.1 Verarbeitung der Kakaofrucht zu Schokolade

Das Wort Kakao stammt aus dem Bereich der Olmeken und Mayas; über das Aztekische gelangte es mit Hernán Cortés (1485–1547) 1528 nach Spanien. In Mittelamerika trank man „Xocólatl" (bitteres Wasser), ein Getränk aus gemahlenem Kakao, mit Cayennepfeffer, Vanille und Honig.

Nach der Ernte werden die Kakaobohnen (Samen des Kakaobaumes) aus den Kakaofrüchten herausgetrennt und werden für einige Tage fermentiert. Bei diesem Gärprozeß beginnt eine Keimung, die aber durch die entstehenden höheren Temperaturen schnell gestoppt wird; dadurch werden die Bohnen haltbar und erhalten die braune Farbe. Dann erfolgt die Trocknung, die mit einem hohen Gewichts- und Wasserverlust einhergeht. Dabei entwickelt sich das Aroma. Wenn die Kakaobohnen in Hamburg mit den Schiffen ankommen, werden sie in der Fabrik zunächst gereinigt und thermisch gegen Bakterien behandelt. Dann werden die Bohnen bei mindestens 100°C

---

19 Seit 1901 gab es erstmals Kurse für die Ausbildung von Chemikerinnen im Labor.

Abbildung 6.15:
Reklame für Kakao (Blooker's holländ. Cacao)
auf einem Pferdeomnibus Hamburg-Altona, um 1870
Foto: Gudrun Wolfschmidt (2015)

geröstet. Durch Walzen werden die Bohnen zerkleinert und im Druckreaktor veredelt (Conchieren). Nun wird der Kakaobruch zermahlen, dabei entsteht flüssige Kakaomasse. Schließlich muß daraus Kakaopulver von der Kakaobutter getrennt werden. Die Kakaobutter wird mit Zucker, Milchpulver usw. verrührt, dann noch feingewalzt (Raffinieren), dann unter Umrühren auf 90°C erwärmt (Conchieren) und langsam abgekühlt (Temperieren) und in Formen gegossen.

6.7.2 Verbreitung des Kakaos in Europa

In der Barockzeit wurden Häuser für Trinkschokolade eröffnet, allerdings kostete 1776 ein Pound (453 Gramm) in England noch 35 Pence, also den Wochenlohn eines Landarbeiters.[20]

Mitte des 19. Jahrhunderts entstand eine „Massenproduktion" aufgrund des billigeren Rübenzuckers. Die Firma Fry machte 1839 die erste Milchschokolade, erfand 1848 die Schokoladentafel. Weitere wichtige Erfindungen sind:

- Mélangeur (Mixer) 1826, Philippe Suchard, Neuchâtel,

---

20 Führend waren England und Holland. Die Firma Fry in Bristol wurde 1728 gegründet; ab 1789 wurde schon Dampfschokolade in England produziert.

Abbildung 6.16:
Links: Frucht und Samen des Kakaobaums, Koehler's Medicinal-Plants, 1887
Rechts: Chemische Formel von Theobromin $C_7H_8N_4O_2$
(griech. „theos", „Gott", „broma", „Speise"),
Unten: Kakaobohnen
Wikipedia, Foto: Gudrun Wolfschmidt im HamburgMuseum (2016)

Abbildung 6.17:
Kakao als Arzneimittel und Kakaozubereitung im 18. Jahrhundert
Foto: Gudrun Wolfschmidt im Altonaer Museum (2016)

- Hydraulische Presse (Trennung Kakaobutter/Schokolade), 1828,
  Coenraad Johannes van Houten, Amsterdam,
- Conche (Fondant-Schokolade), 1879, Lindt & Sprüngli, Bern.

Viele Firmen in verschiedenen Ländern eröffneten: J. F. Miethe, Halle/Saale, 1804
(Halloren), Hildebrand, (Stollwerck, 1869), Wilhelm Felsche, Leipzig, 1821, J.M. Lehmann, Dresden, 1834, Stollwerck, Köln, 1839, Waldbaur, Stuttgart, 1848, Eszet –
Staengel & Ziller, Stuttgart, 1857, Sprengel, Harburg, 1851, Hannover, 1853, Sarotti,
Berlin, 1852, Café Reber, Bad Reichenhall, 1865, Firma Mohr, Altona-Bahrenfeld,
1870,[21] Hachez in Bremen, 1890, Reichardt-Kakao-Werk,[22] Wandsbek, 1898, Chocoladen-Fabrik C.H.C. Gartmann in Altona, 1810.

Der Jahresverbrauch von Kakaobohnen in den deutschen Landen war 1836 2 g,
1936 dagegen war der Verbrauch gestiegen auf 1120 g. Durch den Bau der Kanä-
le (1871 Suez, 1914 Panama) wurde der Transport noch kürzer und sicherer. Die

21 Freiwald, Eckhard und Gabriele Freiwald-Korth 2013.
22 Plagemann 1984, S. 51.

L. C. OETKER, Dampf-Marzipan-Fabrik, Altona-Bahrenfeld.
SPEZIALITÄTEN: MARZIPAN, NOUGAT und NUSS-MASSEN GEGRÜNDET 1870.
MANDEL-FABRIKATE :: FONDANT.

Abbildung 6.18:
Oben: L. C. Oetker Dampf-Marzipan-Fabrik, Altona-Ottensen (*1870)
Unten links: Kakao-Compagnie Theodor Reichhardt,
Hamburg-Wandsbek 1898–1928 (Schokoladenfabrik) –
Unten rechts: Fabrikarbeiter bei den Röstapparaten im Reichardt Kakao-Werk
Kleiner Führer durch die Stadt Altona. Altona: Hammerich & Lesser 1927; Postkarten

Chocoladen-Fabrik C.H.C. Gartmann in Altona hatte besondere Vermarktungside-
en, nämlich Automaten zum Schokoladenverkauf und Sammelbilder, z. B. mit dem
Thema Leuchttürme.

6.8 Quellen und Literatur

ACHARD, FRANZ CARL: *Anleitung zum Anbau der zur Zuckerfabrication anwendbaren Runkelrüben und zur vortheilhaften Gewinnung des Zuckers aus denselben.* Breslau, Wien 1803.

ACHARD, FRANZ CARL: *Die Europäische Zuckerfabrikation aus Runkelrüben.* Leipzig 1809, Tafel I.

BAXA, JAKOB: Achard, Franz Karl. In: *Neue Deutsche Biographie* 1 (1953), S. 27–28.

BIOT, JEAN-BAPTISTE: Communication d'une note de M. Mitscherlich. In: *Comptes rendus hebdomadaires des séances de l'Académie des sciences*, vol. **19** (1844), Nr. 16, S. 719–725.

BÜSCH, JOHANN GEORG: Über die hamburgischen Zuckerfabriken und den vergeblichen Wetteifer der nordischen Staaten mit denselben. In: *Allgemeine Literatur-Zeitung*, Band 4 (1790), No. 338.

BÜSCH, JOHANN GEORG: *Anmerkungen über die Zuckersiedereyen in den preußischen Staaten.* Berlin, Stettin: Friedrich Nicolai 1792.

CLARK, WILLIAM: *Ten Views in the Island of Antigua.* London: Thomas Clay 1823.

DUHAMEL DU MONCEAU, HENRI LOUIS: *Schauplatz der Künste und Handwerke, oder vollständige Beschreibung derselben, verfertigt oder gebilliget von denen Herren der Akademie der Wissenschaften zu Paris, Band 4.* Leipzig, Königsberg, Mitau 1765, Tafel IX.

DU TERTRE, JEAN-BAPTISTE: *Histoire générale des Antilles habitées par les Français*, Tome II. Paris 1667.

FERMIN, PHILIPPE: *Histoire Naturelle de la Hollande Equinoxiale: ou Déscription des animaux, plantes, fruits, et autres curiosités naturelles, qui se trouvent dans la colobie de Surinam avec leurs noms differents, tant François, que Latins, Hollandais, Indiens & Nègre-Anglois.* Amsterdam: Martinus Magerus 1765.

FREIWALD, ECKHARD UND GABRIELE FREIWALD-KORTH: *Hamburgs Alte Fabriken – einst und jetzt.* Erfurt: Sutton Verlag 2013.

GLASER, HERMANN, hg. mit W. RUPPERT UND N. NEUDECKER: *Nürnberg. Eine deutsche Stadt im Maschinenzeitalter.* München: C. H. Beck (Industriekultur deutscher Städte und Regionen) 1980.

HERMBSTÄDT, SIGISMUND FRIEDRICH: *Anleitung zur praktisch-ökonomischen Fabrikation des Zuckers aus den Runkelrüben: nebst e. Anweisung zur Fabrikation des Syrups und Zuckers aus Stärke, aus Ahornsaft, aus Aepfeln und Birnen, aus Weinmost, aus Pflaumen, aus Moorrüben, aus Mais etc., so wie zur Benutzung jener Substanzen auf Branntwein und auf Essig; mit 5 Kupfern.* Berlin: Realschul-Buchhandlung (2. Ausg.) 1814.

HERMBSTÄDT, SIGISMUND FRIEDRICH: *Anleitung zur Fabrikation des Syrups und des Zuckers aus Stärke . . . .* Berlin: Realschul-Buchhandlung 1814.

HERMBSTÄDT, SIGISMUND FRIEDRICH: *Gewinnung und Raffination des Zuckers.* Berlin 1815.

HERMBSTÄDT, SIGISMUND FRIEDRICH: *Grundriß der Technologie; oder Anleitung zur rationellen Kenntniß und Beurtheilung derjenigen Künste, Fabriken, Manufakturen und Handwerke, welche mit der Kameral- und Policeywissenschaft, so wie der Landwirthschaft in nächster Verbindung stehen.* 2 Teile in 1 Band. Berlin: Reimer (2. völlig umgearbeitete und vermehrte Auflage) 1830.

KANTOWSKY, DETLEF: *Zucker aus Bénarès. Zur Ausbreitung süßen Lebens am Beispiel von Mauritius.* Konstanz: Universität Konstanz 2002.

LABAT, JEAN-BAPTISTE: *Nouveau voyage aux isles de l'Amerique, contenant l'histoire naturelle de ces pays, l'origine, les moeurs, la religion & le gouvernement des habitans anciens & modernes. Les guerres & les evenemens singuliers qui y sont arrivez pendant le séjour que l'auteur y a fait. Par le R.P. Labat, de l'ordre des freres prêcheurs.* Paris 1742.
Des Pater Labats, aus dem Orden der Prediger Mönche, Abhandlung vom Zucker, dessen Bau, Zubereitung und mancherley Gattungen. Nach der neuesten Pariser Ausgabe übersetzt, und mit verschiedenen Zusätzen und einem Register versehen von GEORG FRIEDRICH CASIMIR SCHAD. Nürnberg: G.N. Raspe 1785.

LIPPMANN, EDMUND O. VON: *Die Geschichte des Zuckers seit den ältesten Zeiten bis zum Beginne der Rübenzuckerfabrikation. Ein Beitrag zur Kulturgeschichte.* Leipzig: Hesse 1890. Berlin: Springer Verlag (2. Auflage) 1929.

McCULLOCH, JOHN RAMSAY UND KARL FRIEDRICH ENOCH RICHTER: *Handbuch für Kaufleute oder Uebersicht der wichtigsten Gegenstände des Handels und Manufakturwesens, ...*, Band 2: Indianische Vogelnester – Zucker. Stuttgart, Tübingen: J. G. Cotta 1834.

OLBRICH, HUBERT (Hg.): *Zucker-Museum.* Berlin (Schriftenreihe des Museums Bd. 26) 1989.

PLAGEMANN, VOLKER (Hg.): *Industriekultur in Hamburg. Des Deutschen Reiches Tor zur Welt.* München: C. H. Beck 1984.

PLINIUS DER ÄLTERE: C. Plinii Secundi *Naturalis Historiae,* herausgegeben und übersetzt von RODERICH KÖNIG in Zusammenarbeit mit GERHARD WINKLER. Darmstadt: Wissenschaftliche Buchgesellschaft 1978.

REITH, REINHOLD (Hg.): *Lexikon des alten Handwerks. Vom Spätmittelalter bis ins 20. Jahrhundert.* München: Verlag C. H. Beck 1990.

ROHR, JOHANNES ANDREAS: *Über das Zuckerrohr heilkundliche Inauguraldissertation aus dem Jahre 1719. Beiträge zur Entwicklungsgeschichte der Zuckerwirtschaft und der Zuckerindustrie.* Herausgegeben von H. OLBRICH. Heft 1 (1973).

SPENGEL, PETER NATH UND O. L. HARTWIG: *Handwerke und Künste in Tabellen.* Berlin: Realschule 1775–1782.

Abbildung 7.1:
Oben: Cellulose-Aufschluss (1930); Unten: Labor von Schlubach (1929)
Sammlung von Fritz Thieme

Geschichte und Bedeutung der Zuckerforschung in Hamburg

Matthias Böge, Joachim Thiem und Volkmar Vill (Hamburg)

Unter dem Begriff Zucker versteht man im allgemeinen Sprachgebrauch unterschiedliche Dinge: entweder ganz konkret die genau definierte Verbindung „Rohrzucker" (Sucrose, Saccharose), oder aber alle Kohlenhydrate, die als Süßstoffe dienen, oder die riesige Naturstoffklasse der Zucker (=Kohlenhydrate). Umfangreiche Forschungen über diese Verbindungen sind von großer Bedeutung und Hamburg stellt eines der weltweit gewichtigsten Forschungszentren dar.

7.1 Geschichte der frühen Kohlenhydratforschung

Andreas Sigismund Marggraf (1709–1782) war 1747 der erste, der dem Zucker nicht nur qualitative, sondern auch quantitative Eigenschaften zuschrieb. Er verglich die gereinigten und kristallisierten Proben anhand deren Geschmacks, aber vor allem aufgrund der Beschaffenheit der Kristalle. Dafür verglich er die Eigenschaften von Zuckerkristallen unter dem Mikroskop.[1] Auf diese Weise stellte er die Übereinstimmung der süßen Extrakte heimischer Pflanzen mit dem Rohrzucker fest.[2] Dabei hatte er auch den Zucker aus Trauben und den aus Birkensaft von gemeinem (Rohr-)Zucker unterschieden.[3]

Das erste Fachbuch zum Thema Zucker erschien 1637 in Rostock. Der Verfasser der *Saccharologia* / Zuckerkunde, der Arzt Angelus Sala (1576–1637),[4] stammte aus Venedig.[5]

---

1 Lippmann (1907), S. 69.
2 Marggraf; in Lippmann (1907), S. 3–15.
3 Kopp 1966, (Bd. IV), S. 405; Lippmann (1907), S. 13, 70.
4 Gantenbein, Urs Leo: „Sala, Angelus." In: Neue Deutsche Biographie 22 (2005), S. 359–360.
5 Baxa/Bruhns 1967, S. 42.

Der Milchzucker (Lactose, enthält Galactose) wurde schon 1619 von Fabrizio Bartoletti (1576–1630) in seiner *Encyclopaedia hermetico-dogmatica* beschrieben. Ludovico Testi von Reggio (1640–1707) pries den Milchzucker 1698 in seiner *Relazione concernente il zuccaro di latte* als wirksame Arznei. Torben Olof Bergmann (1735–1784) schlug den Namen *galacticum Bartoleti* vor.[6] Doch erst Carl Wilhelm Scheele (1742–1786) bezeichnete die Verbindung erstmalig eindeutig als Zucker.[7] Heinrich Vogel (1778–1867; 1812: Glucose)[8] und Louis Pasteur (1822–1895; 1856: Galactose)[9] entdeckten später die Bestandteile der Lactose.

Johann Tobias Lowitz entdeckte 1792 den Traubenzucker (Glucose) im Honig.[10] Joseph Louis Proust (1754–1826) stellte nochmals die Verschiedenartigkeit des Traubenzuckers vom Rohrzucker heraus und beschrieb die Eigenschaften des Schleimzuckers (Galactose), den er aus Birkensaft gewonnen hatte, und die des Mannazuckers (D-Mannitol).[11] Die Summenformeln des Rohrzuckers (Saccharose) und des Monohydrats der Glucose, gewonnen aus Honig, wurden zuerst von William Prout (1785–1850) im Jahr 1827 beschrieben.[12] Die Klärung der chemischen Summenformel von Rohr-, Rübenzucker bzw. Saccharose, Stärke und dem Monohydrat des Traubenzuckers gelang Liebig im Jahr 1834.[13] Hermann Fehling (1811–1885) und Bernhard Tollens (1841–1918) entdeckten Nachweismethoden für reduzierende Zucker.[14]

Die Ringstruktur der Zucker (Pyranosen, Furanosen) wurde 1883 von Bernhard Tollens beschrieben.[15] Die Konstitution der Glucose wurde 1891 von Emil Fischer (1852–1919)[16] aufgeklärt. Er beschrieb auch die Strukturen der Fructose (Fruchtzucker), Galactose und Mannose und erhielt dafür 1902 den Nobelpreis für Chemie.[17]

Der Aufbau der Saccharose, dem Rohrzucker, wurde erst im 20. Jahrhundert durch Walter Norman Haworth (1883–1950) aufgeklärt, der auch den Aufbau der Cellulose entdeckte.[18] Dafür erhielt dieser 1937 den Nobelpreis für Chemie.[19] Die erste Synthese der Saccharose wurde 1953 durch Lemieux (s. u.) und Huber durchgeführt.[20]

---

6 Kopp (Bd. IV) 1966, S. 405.

7 Scheele, Carl Wilhelm (1780).

8 Vogel, Heinrich: Über die Verwandlung der Stärke & anderer Körper in Zucker (1812).

9 Pasteur, Louis: Note sur le sucre de lait, (1856).

10 Ihde 1964, S. 166 f.

11 D-Mannitol verwandt mit Mannose. Kopp (Bd. IV) 1966, S. 406. Rosenplenter/Nöhle 2007, S. 386 f.

12 Prout, William (1828).

13 Liebig (1834).

14 Ihde 1964, S. 300, 344.

15 Engels/Stolz 1989, S. 385.

16 Freudenberg, Karl, „Fischer, Hermann Emil." In: Neue Deutsche Biographie 5 (1961), S. 181–182.

17 Fischer, Emil: Ueber die Configuration des Traubenzuckers und seiner Isomeren (1891). Fischer, Emil: Ueber die Configuration der Rhamnose und Galactose (1894). Ihde 1964, S. 346 f.

18 Ihde 1964, S. 636 f.

19 Engels/Stolz 1989, S. 204.

20 Lemieux und Huber: A Chemical Synthesis of Sucrose, (1953).

Den Begriff der Kohlenhydrate prägte Carl Schmidt (1822–1894)[21] aufgrund der Summenformel von Monosacchariden $C_6H_{12}O_6$, die sechs Atomen Kohlenstoff und sechs Molekülen Wasser entspricht.[22] Obwohl sich Kohlenhydrate durch Erhitzen in genau diese Bestandteile zersetzen lassen (Zuckerkohle), entspricht die Zusammensetzung aus Kohle und Wasser nicht ihrem Aufbau (Konstitution).

Constantin Kirchhoff (1764–1833)[23] entdeckte 1811 die Gewinnung von Traubenzucker aus Stärke,[24] Henri Braconnot (1780–1855) im Jahr 1819 die Spaltung der Cellulose zu Traubenzucker.[25] Johann Wolfgang Döbereiner (1780–1849)[26] errichtete 1812 in Tiefurt eine kleine Fabrik zur Stärkeverzuckerung.[27] Die alkoholische Gärung von Zucker zu Ethanol und Kohlendioxid wurde 1897 durch Eduard Buchner (1860–1917) aufgeklärt, der 1907 dafür den Nobelpreis für Chemie erhielt.[28]

An der Erforschung der Photosynthese, dem Prozess durch den Bakterien und Pflanzen Kohlenhydrate produzieren, waren und sind viele Wissenschaftler beteiligt. Die Nettoreaktionsgleichung wurde 1931 von Cornelius Bernardus van Niel (1897–1985) aufgestellt.[29]

Jean-Baptiste Biot (1774–1862) hatte 1813 die Rotation der Polarisation des Lichts beobachtet.[30] Später entwickelte Eilhard Mitscherlich (1794–1863) eine optische Methode der Zuckerbestimmung, das Polarisationsverfahren mit Saccharimeter (ein Soleil-Ventzke'sches Polarimeter, das mit monochromatischem Licht arbeitet).[31] Das Saccharimeter (Zucker-Polarimeter) wurde ab 1843 von Karl Josef Napoleon Balling (1805–1868) in der Industrie eingeführt.[32] Nach dessen Weiterentwicklung durch Carl Wilhelm Bernhard Scheibler (1827–1899)[33] wurde es 1870 auch zur amtlichen Prüfung der Reinheit des Zuckers anerkannt.[34]

---

21 Roß, R. Stefan, „Schmidt, Ernst Carl Heinrich." In: Neue Deutsche Biographie 23 (2007), S. 199–200.

22 Schmidt, Carl (1844), S. 30.

23 Hickel, Erika: „Kirchhoff, Constantin." In: Neue Deutsche Biographie 11 (1977), S. 653 f.

24 Ihde 1964, S. 167, 344. Kirchhoff (1814), S. 389.

25 Ihde 1964, S. 167. Braconnot, (1819).

26 Zaunick, Rudolph, „Döbereiner, Johann Wolfgang." In: Neue Deutsche Biographie 4 (1959), S. 11 f.

27 Ihde 1964, S. 167.

28 Klemm, Friedrich: „Buchner, Eduard." In: Neue Deutsche Biographie 2 (1955), S. 705.

29 Ihde 1964, S. 656 f.

30 Ihde 1964, S. 295.

31 Mit diesem Polarisationsapparat entdeckte er 1844 bei der Untersuchung der optischen Eigenschaften, dass Weinsäure rechtsdrehend und Traubensäure optisch inaktiv war, vgl. Biot, Jean-Baptiste (1844). Ihde 1964, S. 295.

32 Gicklhorn, Josef: „Balling, Karl Josef Napoleon." In: Neue Deutsche Biographie 1 (1953), S. 562 f.

33 Engel, Michael: „Scheibler, Carl Wilhelm Bernhard." In: Neue Deutsche Biographie 22 (2005), S. 627–628.

34 Verein der Zuckerindustrie (1978), S. 31.

7.2 Strukturen und Funktionen der Stoffklasse der Zucker

Die Zucker lassen sich sowohl nach chemischen Merkmalen als auch nach der biologischen Funktion weiter unterscheiden.[35] Zucker lassen sich chemisch leicht verketten. So ergeben sich kleine Moleküle (Monosaccharide = 1 Zuckerbaustein, Disaccharide = 2 Zuckerbausteine), mittelgroße Moleküle (Oligosaccharide) und riesige Moleküle (Polysaccharide). Bei den Mono- und Disacchariden findet man Energielieferanten wie den Traubenzucker (chemischer Name: D-Glucose) und den Rohrzucker (chemischer Name: Sucrose). Der Haushaltszucker Sucrose/Saccharose (Rohrzucker) besteht aus einer Verknüpfung von einem Molekül Glucose (Traubenzucker) und Fructose (Fruchtzucker).[36] Da Zucker oft besser wasserlöslich sind als andere Naturstoffe, dienen Zucker auch oft als Lösungsvermittler für andere Stoffe. Es entstehen dann „Glycoside", die aus einem Zuckerteil und einem „Aglycon", dem Nichtzuckerteil, bestehen. Bei den Herzglycosiden, z. B. Digitalis, machen die Zucker den eigentlichen Wirkstoff wasserlöslich und membrangängig. Ein ähnliches Grundprinzip nutzt auch der Stoffwechsel des Körpers: Stör- und Abfallstoffe werden chemisch mit einem Zucker, hier der Glucuronsäure, verbunden, damit sie durch den Urin ausgeschieden werden können. Bei der Dopinganalyse im Urin von Sportlern lassen sich so viele Medikamente als Zucker-gebundene Derivate nachweisen. Glycoside mit ausgewogenen Verhältnissen zwischen polarem Zuckerkopf und unpolarem Aglycon können im Wasser selbstorganisierte Strukturen aufbauen. So bestehen pflanzliche Membrane oft aus Glycosiden, wie auch das technische Waschmittel „Plantaren". Eine ganz besondere Funktion haben komplexe Glycoside in der Außenhaut der Zelle. Da die Strukturen derartig komplex und „undurchschaubar" sind, dienen sie quasi als Ausweis in der Kommunikation zwischen den Zellen untereinander. Sie legen u. a. die Blutgruppenzugehörigkeit fest und haben eine Schlüsselrolle bei Infektionen und deren Abwehr. Schließlich gibt es für die Polysaccharide noch zwei große biologische Funktionsbereiche: Energiespeicher und Gerüstsubstanzen. So dient die Stärke als Energiespeicher in Mais, Kartoffeln und vielen anderen Pflanzen. Hingegen bildet die Cellulose das Basismaterial des Holzes und der Baumwolle und stellt als Baustein der Zellwände von Pflanzen den häufigsten Naturstoff der Erde dar. Im Tierreich findet sich Chitin als Grundstoff für Insektenpanzer.

In grünen Pflanzenteilen bildet sich mit Sonnenenergie katalysiert durch den grünen Blattfarbstoff (Chlorophyll) Zucker, der Energie und Zellbausteine für die Pflanzen liefert. Der Prozess der Zuckerbildung wird als Photosynthese bezeichnet.[37]

$$n \cdot CO_2 + n \cdot H_2O \ (h\nu) \longrightarrow C_nH_{2n}O_n + n \cdot O_2$$

---

35 Vgl. Lehmann 1996: *Kohlenhydrate*.
36 Lehmann 1996, S. 33 f.
37 Lehmann 1996, S. 287 f.

7.3 Forschung und Überwachung der Zucker (und Lebensmittel) in Hamburg vor der Gründung der Universität

Die Stadt Hamburg ist geprägt von den Kaufleuten. Akademische Forschung hatte lange keinen Platz in Hamburg gefunden. „Chemie und Physik wird in Hamburg nur in der Ausdehnung getrieben als diese Wissenschaften eine praktische Anwendung finden" schreibt Philipp Schmidt 1831.[38] 1837 wird Karl Wiebel als Professor an das *Akademische Gymnasium* gerufen und er richtet 1841 das *„Chemische Laboratorium"* ein, dass zunächst der Lehre des Gymnasiums dient, aber zunehmend auch Analysenaufträge der Behörden bekommt. Unter Ferdinand Wibel wird es 1878 als *„Chemisches Staatslaboratorium"* selbständig und bekommt auch den offiziellen Auftrag der *„Kontrolle der Nahrungs- und Genussmittel sowie der Gebrauchsgegenstände nach dem Reichsgesetz vom 14. Mai 1879"*. 1892 wird als Konsequenz auf die große Cholera-Epidemie das *Hygienische Staatsinstitut* gegründet, das einen großen Teil der Lebensmittelüberwachung dann auch übernimmt. Neben diesen beiden staatlichen Instituten entwickelt Hamburg sehr früh auch einen privatwirtschaftlichen Überwachungssektor. Zunächst haben einige Apotheker zunehmend chemisch-analytische Aufgaben übernommen. Daraus entwickelte sich dann der „beeidigte Handelschemiker". Georg Ludwig Ulex (1811–1883) wurde 1856 der erste vereidigte Handelschemiker in Hamburg – und weltweit der erste. Die Handelschemiker wurden offiziell geprüft und dann gelistet in den Hamburgischen Staatskalendern. Damit hatten sie also ihre Zulassung, aber noch nicht ihren Lebensunterhalt.

Die Handelschemiker hatten also oft zusätzlich Apotheken, chemische Fabriken, Anstellungen als Lehrer usw. Aus den Vereinigungen der Handelschemiker entwickelten sich die Vereinigungen der analytischen Chemiker aus denen letztendlich auch die heute noch sehr hoch angesehene Zeitschrift *„Angewandte Chemie"* entstanden ist. Ab 1891 gab es in der Handelskammer zusätzlich den „beeidigter Zucker-Probenzieher".[39] Neben diesen offiziellen Stellen gab es auch private Initiativen wie der *„Verein gegen Verfälschung von Lebensmitteln"*, der 1878 vom beeidigter Handelschemiker Bernhard Carl Niederstadt (um 1847–1920) gegründet wurde. Martin Ullmann (1857–1921) war Landwirtschaftslehrer und leitete ab 1893 die *Agrikulturchemische Versuchs- und Vegetations-Station* in Hamburg-Horn. Auch die *Botanischen Staatsinstitute* sowie Ärzte und Apotheker haben sich vereinzelt mit Fragen der Zucker beschäftigt. Die Publikationen Hamburger Forscher zu Fragen der Zucker sind aber bis zur Berufung von Hans Heinrich Schlubach (s.u.) zahlenmäßig sehr gering.[40]

---

38 Hamburg in naturhistorischer und medicinischer Beziehung. Zum Andenken an die im September 1830 in Hamburg stattgefundene Versammlung der deutschen Naturforscher und Aerzte, Philipp Schmidt, 1831, Hoffmann & Campe, Hamburg, S. 103.

39 Bekanntmachung betreffend die Ernennung beeidigter Zucker-Probenzieher, Gesetzsammlung der Freien und Hansestadt Hamburg 28 (1891), S. 105–108.

40 Einige Beispiele sollen kurz aufgeführt werden:

7.4 Die Geschichte der Zuckerersatzstoffe

Süße Nichtnahrungsstoffe sind seit über hundert Jahren verfügbar und weltweit vielfältig in Gebrauch. Die nachfolgende Tabelle[41] listet die wichtigsten und derzeit in der EU zugelassenen Verbindungen in ihrer relativen Süßkraft bezogen auf Rohr / Rübenzucker (Saccharose) auf (Tab. 7.1):

Die Angaben über die Süßkraft schwanken wegen der Natur der Testindividuen erheblich. Neben den langbekannten Stoffen ist besonders Steviosid mit dreifach glucosylierter Diterpen-Struktur zu erwähnen, das aus den Blättern der *Stevia rebaudiana* (Honigkraut) gewonnen wird. Ähnlich süß wie Sucralose (1,6,4'-Trichlor-galactosucrose) ist Neohesperidin, ein glucosyliertes Dihydrochalkon.

Eine gewaltige Süßkraft zeigt das Pflanzenprotein Thaumatin aus den Beeren der westafrikanischen Katamfe-Pflanze. Schließlich sei das extrem süße Neotam erwähnt, bei dem es sich um ein einfaches Dipeptid-Derivat handelt, das aus Aspartam synthetisch zugänglich ist.

Vor allem bei den extrem süßen Stoffe wird häufig auf den Nach-geschmack hingewiesen (z. B. Lackritz-artig, metallisch u. ä.), so dass diese offenbar nicht nur die humanen Rezeptoren für die Süßempfindung, sondern weitere Rezeptorbereiche adressieren. Weiterhin sei erwähnt, dass ein Süßempfinden bei der Nahrungsaufnahme in endlicher Zeit abzuklingen hat, damit weitere sensorische Empfindungen auftreten können. Dies wird offenbar von den meisten Menschen bei der Saccharose als „normal" empfunden, während die Zuckerersatzstoffe davon z. T. oder wesentlich abweichen.

Handelschemiker Georg Ludwig Ulex: Verfälschung des Rohrzuckers mit Mehl. In: Archiv der Pharmacie 123 (1853), S. , 13–14.

Landwirtschaftslehrer Martin Ullmann: Die Zuckerrübe. Ein Handbuch für den praktischen Landwirt. Hamburg: Lucas Gräfe & Sillem (3. Auflage) 1896.

Chemiker des *Hygienischen Staatsinstituts* Karl Farnsteiner: Zur Überführung des Kupferoxyduls in das Oxyd bei der gewichtsanalytischen Zuckerbestimmung. Forschungs-Berichte über Lebensmittel und ihre Beziehungen zur Hygiene, über forense Chemie und Pharmakognosie 4 (1897), S. 169–171.

Der Direktor des *Städtischen Krankenhauses Altona* Friedrich Umber: Klinische Beobachtungen über Ausscheidung und Assimilation von Fruchtzucker, Beiträge zur wissenschaftlichen Medicin und Chemie. Festschrift zu Ehren des sechszigsten Geburtstages von Ernst Salkowski (1904), S. 375–384.

Biologe des *Hygienischen Staatsinstituts* Reinhold Hanne: Kartoffel und Zucker. In: Jahrbuch der Hamburgischen Wissenschaftlichen Anstalten 32 [für 1914] (V) (1915), S. 119–123.

41 Deutscher Süßstoffverband e.V.: *Sehr viel Süßkraft im Vergleich zum Zucker*, 12.01.2015. Auf: http://www.suessstoff-verband.de/. Schweizer Gesellschaft für Ernährung: Nutrinfo: http://www.sge-ssn.ch/de/nutrinfo/angebot/, 12.01.2015.

Tabelle 7.1: Süßstoffe und ihre relative Süßkraft

Süßstoff (Verbindung)	Entdeckung	relative Süßkraft
Saccharose		1
Cyclamat[1]	Michael Sveda 1937	50
Acesulfam-K[2]	Clauß und Jensen 1967	130
Aspartam[3]	Mitte 1960er Jahre	200
Steviosid[4]		300
Saccharin[5]	Constantin Fahlberg 1878	500
Neohesperidin DC[6]		600
Sucralose[7]	Leslie Hough et al. 1970er Jahre	600
Thaumatin[8]		3000
Neotam[9]	Claude Nofre und Jean-Marie Tinti	13000

[1] Die Cyclamate (Salze der Cyclosulfaminsäure) wurden 1937 von Michael Sveda entdeckt. Rosenplenter/Nöhle 2007, S. 489.

[2] Acesulfam-K wurde 1967 von Clauß und Jensen entdeckt. Rosenplenter/Nöhle 2007, S. 439.

[3] Aspartam wurde Mitte der 1960er Jahre entdeckt und ist seit 1994 in der EU zugelassen. Rosenplenter/Nöhle 2007, S. 469.

[4] Dieser Süßstoff wird aus der amerikanischen Pflanze Stevia gewonnen. Das Steviosid besitzt im Gegensatz zu den wässrigen Auszügen von Stevia-Blättern keinen Eigengeschmack. Rosenplenter/Nöhle 2007, S. 532.

[5] Saccharin (Benzoesäuresulfimid) wurde 1878 durch Constantin Fahlberg (1850–1910) entdeckt. Zunächst sollte es Glucosesirup zugesetzt werden, um dessen Süßkraft zu erhöhen. Als es 1888 in den Handel kam, wurde es bald der Zucker der armen Leute. Das Süßstoffgesetz von 1902 des Deutschen Reiches, das Saccharin unter Rezeptpflicht stellte, kam einem Verbot gleich. In der Folge blühte der Schmuggel. Merki 1993, S. 49 ff, 138 f, 183 f.

[6] Neohesperidin-Dihydrochalcon wird wegen seines Eigengeschmacks meist in Kombination mit anderen Süßstoffen eingesetzt. Rosenplenter/Nöhle 2007, S. 528 f.

[7] Sucralose wurde Mitte der 1970er Jahre von Leslie Hough und Mitarbeitern entdeckt. Rosenplenter/Nöhle 2007, S. 514.

[8] Thaumatin wird aus der westafrikanischen Katemfe-Pflanze (*Thaumatococcus daniellii*) gewonnen. Rosenplenter/Nöhle 2007, S. 539 f.

[9] Neotam wurde von Claude Nofre und Jean-Marie Tinti entwickelt. Dieser Süßstoff ist als einziger dieser Liste in der EU nicht zugelassen. Rosenplenter/Nöhle 2007, S. 532 f.

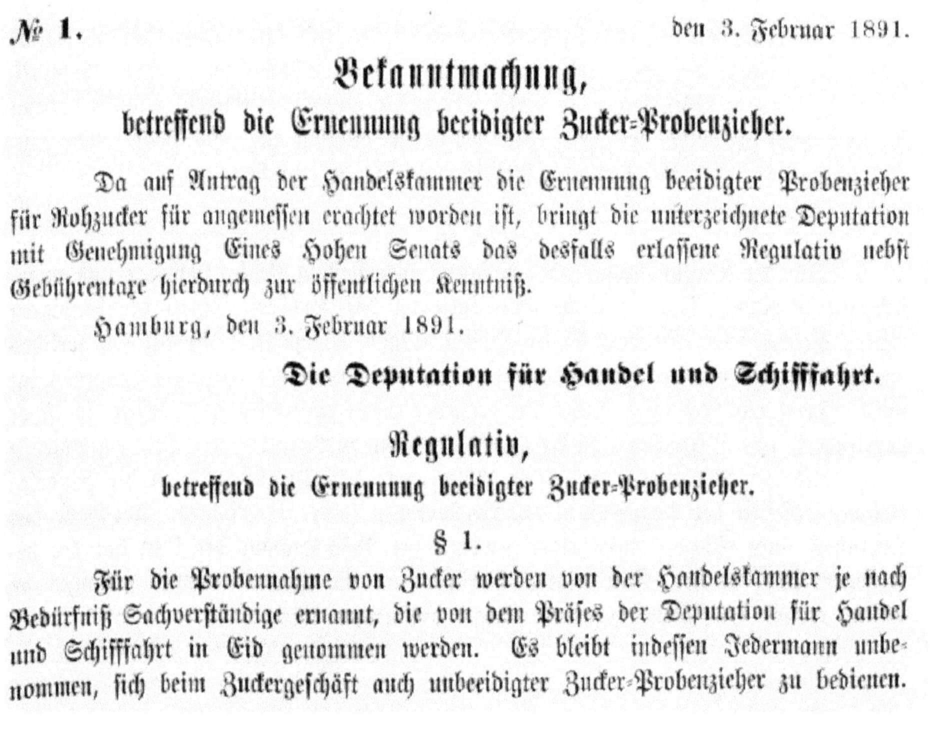

№ 1.   den 3. Februar 1891.

Bekanntmachung,
betreffend die Ernennung beeidigter Zucker-Probenzieher.

Da auf Antrag der Handelskammer die Ernennung beeidigter Probenzieher für Rohzucker für angemessen erachtet worden ist, bringt die unterzeichnete Deputation mit Genehmigung Eines Hohen Senats das desfalls erlassene Regulativ nebst Gebührentaxe hierdurch zur öffentlichen Kenntniß.

Hamburg, den 3. Februar 1891.

Die Deputation für Handel und Schifffahrt.

Regulativ,
betreffend die Ernennung beeidigter Zucker-Probenzieher.

§ 1.

Für die Probennahme von Zucker werden von der Handelskammer je nach Bedürfniß Sachverständige ernannt, die von dem Präses der Deputation für Handel und Schifffahrt in Eid genommen werden. Es bleibt indessen Jedermann unbenommen, sich beim Zuckergeschäft auch unbeeidigter Zucker-Probenzieher zu bedienen.

Abbildung 7.2:
Bekanntmachung betreffend die Ernennung beeidigter Zucker-Probenzieher (1891)
Gesetzsammlung der Freien und Hansestadt Hamburg 28 (1891), S. 105–108.

Als weitere Zuckeraustauschstoffe werden in großem Stil die Alditole[42] (Zuckeralkohole) eingesetzt, deren Zulassung z. T. bereits genehmigt ist. Besondere wirtschaftliche Bedeutung hat dabei „Isomalt" (Palatinit, Glucopyranosyl-α-,-,1-6-sorbit + Glucopyranosyl-α-,-,1-1-mannit). Diese Verbindung wird durch Hydrierung von Isomaltulose erhalten, die wiederum enzymatisch aus Saccharose gewonnen wird.[43] Bei deutlich geringerem Nährwert und natürlich nicht kariogenem Verhalten zeigt diese Verbindung nahezu ähnliche Eigenschaften in der Nahrungsmittelbereitung wie Saccharose. Andere Alditole finden sich in vielen weiteren Stoffen des täglichen Le-

---

42 Mannit ist schon lange bekannt (siehe Kapitel 7.1 „Geschichte der frühen Kohlenhydratforschung", S. 167). Sorbit wurde 1872 vom Chemiker Boussingault in Vogelbeeren entdeckt. Emil Fischer zeigte 1890, dass es sich bei Sorbit um den Zuckeralkohol der Glucose handelt. Rosenplenter/Nöhle 2007, S. 400.

43 Rosenplenter/Nöhle 2007, S. 340.

bens, wie z. B. als Zusatzstoff in Zahnpasta u. a. mehr. Größere Mengen an Alditolen werden im Säugetiermetabolismus nicht sofort abgebaut und können zu Verdauungsproblemen Anlass geben.

7.5 Moderne Kohlenhydratforschung in Hamburg

Erst 1919 wurde in Hamburg eine Universität gegründet. Darin gingen die bisher bestehenden Staatsinstitute (s. o.) auf. Die akademische Forschung wurde möglich, indem neue Professorenstellen geschaffen wurden. Allerdings blieb Forschung und Überwachung von Forschung und Industrie oft in Personalunion. 1926 wurde Hans Heinrich Schlubach als außerordentlicher Professor für spezielle organische Chemie an die Universität Hamburg berufen. Mit ihm startete eine intensive Erforschung der Zucker in Hamburg, die noch heute in der 8. Forschergeneration ein wesentliches Forschungsprojekt der Universität ist. Einige Forscher und ihre Projekte sollen hier kurz vorgestellt werden

7.5.1 Hans Heinrich Schlubach (1889–1975)

Der Hamburger kam nach Studium in München, Promotion bei Otto Wallach in Göttingen, postdoktoralem Aufenthalt bei Hermann Staudinger in Zürich, Kriegsdienst und Assistenztätigkeit bei Richard Willstätter in München 1926 als a. o. Professor für Organische Chemie an die Universität Hamburg. Von 1942 bis 1956 besetzte er den Lehrstuhl für Chemie und fungierte als Direktor des Chemischen Staatsinstituts an der Universität. Seine Forschungen waren in den schwierigen Gebieten Kohlenhydrat-Stoffwechsel von Gräsern sowie Struktur von Polysacchariden angesiedelt.

7.5.2 Kurt Heyns (1908–2005)

Nach Promotion 1931 bei Emil Abderhalden in Halle war der Hamburger zunächst in Darmstadt bei der Firma E. Merck und dann in Hamburg bei der Firma Maizena angestellt. Seine Habilitation erfolgte 1942, und nach Kriegsdienst sowie weiterer Tätigkeit in der Industrie war er von 1949 bis 1956 außerordentlicher und von 1956–1978 ordentlicher Professor in Hamburg (Abb. 7.4). Viele ehrenvolle aber auch arbeitsreiche Aufgaben außerhalb der Lehre und Forschung sind ihm zugefallen, darunter ist besonders der Neubau der Chemie mit Bezug 1962 zu zählen. Die Wertschätzung für sein Lebenswerk zeigt sich auch in der Benennung des großen Hörsaals A im Fachbereich Chemie als „Kurt Heyns Hörsaal".

Wesentliche Forschungsgebiete waren die katalytische Oxidation sowie Untersuchungen zur Maillard-Reaktion. Die katalytische Oxidation mit Platin / Sauerstoff (Luft) wird häufig als Heyns-Oxidation beschrieben. Die Bräunung bei der Bereitung von Nahrungsmittel hat den Menschen seit jeher interessiert, und bis heute stellt das Gebiet der Maillard-Reaktion einen lebhaften Forschungsgegenstand dar. Heyns et

Abbildung 7.3:
Hans Heinrich Schlubach (1889–1975)
Sammlung von Fritz Thieme

al. haben sich 1952 mit der Umsetzung von z. B. Fructose mit natürlichen Aminen befasst, die zu solchen Bräunungsprodukten führen.

7.5.3 Hans Paulsen (*1922)

Nach dem Militärdienst erfolgte das Studium in Hamburg nebst Promotion bei Kurt Heyns 1955 gefolgt von der Habilitation 1961. Nach einer Position als Universitätsprofessor 1968–1972 hatte er den Lehrstuhl für Naturstoffchemie von 1972 bis 1987 inne. Seine umfangreichen wissenschaftlichen Beiträge über Zucker mit Stickstoff im Ring, die Acyloxoniumumlagerungen, die Synthese von verzweigten Zuckern, die Oligosaccharid-Synthesen sowie die Synthese von Glycopeptiden haben ihm in

Abbildung 7.4:
Kurt Heyns (1908–2005)
Foto: ©Wittko Francke

Deutschland sowie in allen ausländischen Hochburgen der Kohlenhydratchemie höchste Anerkennung und zahlreiche Auszeichnungen beschert.

Bereits während seiner Habilitation bearbeitete er das Gebiet der Zucker mit Stickstoff im Ring und konnte erstmals 5-Amino-5-desoxy-D-glucopyranose (Nojirimycin)
beschreiben, das 1967 als wirksames Antibiotikum in der Natur entdeckt wurde.
Glycosidase-Inhibitoren dieses Typs und ihre biologische Untersuchungen sind in den
nachfolgenden Jahren intensiv bearbeitet worden und haben zu einer Reihe potenter
Derivate geführt, die im Markt etabliert werden konnten.

Abbildung 7.5:
Kurt Heyns (1908–2005) und Hans Paulsen (*1922)
Foto: ©Wittko Francke

Neben Raymond Lemieux (1920–2000), Canada, war Hans Paulsen wohl einer der weltweit führenden Zuckerchemiker in seiner aktiven Zeit. Viermal wurden sie zusammen für den Nobelpreis vorgeschlagen.

7.5.4 Joachim Thiem (*1941)

Nach Studium und Promotion 1972 bei Hans Paulsen erfolgte die Habilitation 1978 in Hamburg. Von 1983–1989 war Thiem als Professor an der Westfälischen Wilhelms-Universität in Münster tätig und folgte dann seinem akademischen Lehrer Hans Paulsen auf die Position in Hamburg, die er von 1989–2009 bekleidete. Neben zahlreichen

Aufgaben im öffentlich-wissenschaftlichen Bereich fungierte er von 1997 bis 2009 als Sprecher des Sonderforschungsbereichs 470 „Glycostrukturen in Biosystemen".

Im Arbeitskreis Thiem standen rein akademische Themen in der synthetischen Kohlenhydratchemie sowie der Nutzung von Enzymen zur Synthese im Vordergrund. Darüber hinaus wurden aber immer wieder auch einige anwendungsnähere Projekte bearbeitet.

Abbildung 7.6:
Zucker-Genealogie in Hamburg
Graphik: J. Thiem

7.5.5 Die nächste Generation

Die Hamburger Zuckerchemie nach Schlubach kann ihre direkte Abstammung auf den bedeutendsten Wissenschaftler der Zuckerforschung, den ersten Chemienobelpreisträger Emil Fischer zurückführen, bei dem Emil Abderhalden als Schüler tätig war. Über Kurt Heyns, dann Hans Paulsen und Joachim Thiem wird die aktuelle Riege der weiteren akademischen Schüler mit Prof. Bernd Meyer sowie Prof. Volkmar Vill an der

Universität Hamburg, und Prof. Thisbe Lindhorst, Universität Kiel, sowie Prof. Werner Klaffke, Universität Münster, jetzt Bayern Innovativ erreicht. Die Forschungsthemen von Bernd Meyer fokussieren auf Kohlenhydrat-Proteinwechselwirkung, z. B. in der AIDS-Forschung und Strukturaufklärungen mit Hilfe der Kernspinnresonanz. Die Forschungsprojekte von Volkmar Vill umfassen die Nutzung von Zuckern für Flüssigkristalle und Kosmetika.

In der Anorganischen Chemie wurde das Thema Zuckerchemie von Jürgen Heck aufgegriffen und seit dem Jahr 2005 zahlreiche Veröffentlichungen zu Zucker-Metall-Komplexen publiziert.[44]

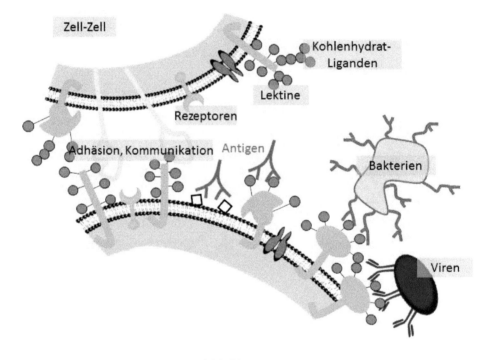

Abbildung 7.7:
Zell-Zell-Erkennung
Graphik: J. Thiem

44 Übersicht unter: Tschersich, Sebastian; Böge, Matthias und Dirk Schwidom: *Sweet Organometallics*. In: Inorganic Chemistry Reviews *31* (2011), S. 27–55.

7.6 Moderne Kohlenhydratforschung im Allgemeinen

Die Natur nutzt die Zucker für eine riesige Anzahl unterschiedlicher und meist sehr zentraler Funktionen. Lange bekannt ist ihr Beitrag im Bildung Pflanzen- und Tierreich, und Cellulose sowie Chitin stellen mengenmäßig den überwiegenden Anteil der Biomasse dar. Zucker-Derivate vor allem Stärkeprodukte als Nahrungsmittel werden ubiquitär in allen Kulturen genutzt.

Als dritte und ebenfalls wesentliche Komponente wurde etwa Mitte des vergangenen Jahrhunderts die biologischen Funktionen erkannt, wonach Zucker-Derivate als Informationsmoleküle eine entscheidende Rolle spielen. Die endständig mit komplexen Oligosacchariden dekorierten Lipide (Glycolipide) und Proteine (Glycoproteine) sind in zahlreichen Meta- sowie Katabolismen als wesentliche Elemente der Zell-Zell- bzw. Zell-Pathogen-Erkennung identifiziert worden (Abb. 7.7).

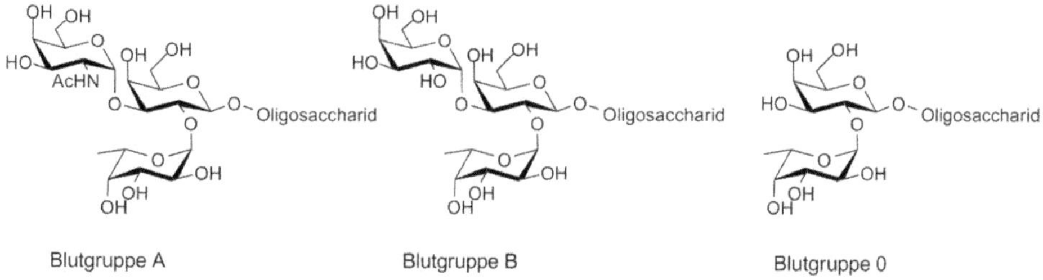

Abbildung 7.8:
Kohlenhydrat-Strukturen als Erkennungseinheiten der Blutgruppen
Graphik: J. Thiem

Breiter bekannt sind die menschlichen Blutgruppen A, B, AB und 0, die über die dargestellten Zucker-Determinanten differenziert werden (Abb. 7.8).

Dieser neue Forschungszweig unter dem Begriff *Glycobiologie* ist in weiten Teilen in der Biochemie angesiedelt und verlangt für die Aufklärung bedeutender physiologischer Phänomene ausgefeilte Reinigungs- und Analytikverfahren. Hier sind in erster Linie die Massenspektrometrie sowie die Höchstfeld-NMR-Technik zu nennen. Andererseits sind oft nur winzige Mengen interessanter Strukturen aus biologischem Material zu isolieren, und daher sind zur Untersuchung der physiologischen Befunde anspruchsvolle Synthesen für derartige hoch komplexe Strukturen erforderlich.

Aktuell nutzt man in der modernen Kohlenhydratforschung nach wie vor klassische, optimierte Darstellungen. Es wurden ebenfalls Synthesen komplexer Heterooligosaccharide und deren Konjugate an Festphasenautomaten versucht, und mit Gewinn kommen chemoenzymatische Methoden zum Einsatz. Das sich ständig erweiternde Kompendium an Verfahren findet neben der Anwendung zur Gewinnung von Glycokonjugaten auch sehr lohnende Einsätze bei der Darstellung von Glyco-Mimetika, unter denen man sich sehr gut die folgenden Generationen pharmazeutisch relevanter Verbindungen vorstellen kann.[45]

Aktuell existieren medizinisch relevante Anwendungen für die Amino-[46] und die Iminozucker.[47] Aus dem Actinobakterium *Streptomyces griseus* isolierte Selman Abraham Waksman (1888–1973) im Jahr 1943 das antibiotisch wirksame Streptomycin, ein Oligosaccharid, das Aminoglucose enthält. Er bekam dafür 1952 den Nobelpreis für Physiologie und Biologie verliehen.[48]

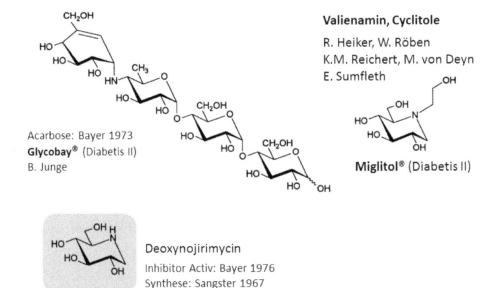

Valienamin, Cyclitole

R. Heiker, W. Röben
K.M. Reichert, M. von Deyn
E. Sumfleth

Acarbose: Bayer 1973
Glycobay® (Diabetis II)
B. Junge

Miglitol® (Diabetis II)

Deoxynojirimycin

Inhibitor Activ: Bayer 1976
Synthese: Sangster 1967

Abbildung 7.9:
Entdeckung von Glycosidase Inhibitoren
©Hans Paulsen

---

45 Zur Vertiefung siehe: Minoru Fukuda: *Glycobiology*, Elsevier, Amsterdam 2010. Minoru Fukuda: *Functional Glycomics*, Elsevier, Amsterdam 2006. Minoru Fukuda: *Glycomics*, Elsevier, Amsterdam 2006.
46 Zucker, bei dem eine oder mehrere Hydroxygruppen durch Aminogruppen ersetzt wurden.
47 Zucker, der statt eines Sauerstoffatoms eine NH-Funktion im Ring trägt.
48 Ihde 1964, S. 703, 756.

Hans Paulsen, Ian Sangster und Kurt Heyns entdeckten 1967 den Iminozucker Deoxynojirimycin (vgl. Abb. 7.9).[49] Auf dieser Struktur basierend wurden die Medikamentenwirkstoffe Miglitol[50] und Acarbose[51] entwickelt, die als α-Glucosidase-Hemmer massenhaft gegen Diabetes mellitus eingesetzt werden. Das Nojirimycin zeigt aufgrund stärkerer α-Glucosidase-Hemmung sogar antimetastatische Wirkung.[52]

Ein eher randständiges Forschungsthema im Bereich der Kohlenhydrate sind die Zucker-Metall-Komplexe. Doch auch hier sind medizinisch relevante Anwendungen bekannt. Schon seit dem Anfang des letzten Jahrhunderts wird Aurothioglucose, eine polymere Koordinationsverbindung von Thioglucose und Gold(I)-Kationen, gegen Rheuma eingesetzt.[53] Im Jahr 1976 stellten Finkelstein und Mitarbeiter mit Auranofin eine Weiterentwicklung dieser Verbindung vor.[54] Bernhard Keppler veröffentlichte Studien an cytostatischen Aminozucker-Komplexen, die strukturell von Cisplatin und verwandten Substanzen abgeleitet sind.[55]

7.7 Industrieforschung in Hamburg

Da die Zucker mit vielfälligsten Anwendungen verbunden sind, wird natürlich auch in der Industrie darüber geforscht. Der bekannteste Forscher in Hamburg war wohl Gert Graefe (1910–1988). Er hatte 1937 bei Schlubach in Hamburg promoviert. Von 1937 bis 1975 war er dann in der Wissenschaftliche Abteilung der *Deutsche Maizena Werke GmbH* in Hamburg. Dabei hielt er Kontakt zur Universität und hat hier viel mit Kurt Heyns kooperiert. 1974 bis 1987 war er dann der Editor der Fachzeitschrift *Starch / Stärke*. Er hat auch an Schul- und Lehrbücher mitgewirkt.[56]

---

49 Paulsen, Hans; Sangster; Ian und Kurt Heyns: Monosaccharide mit stickstoffhaltigem Ring, XIII. Synthese und Reaktionen von Keto-piperidinosen. In: Chemische Berichte *100* (1967), S. 802–815.

50 The Merck Index. An Encyclopaedia of Chemicals, Drugs and Biologicals. (14. Auflage) 2006, S. 1067.

51 Stichwort *Acarbose*. In: Zoebelein, Hans (Hg.): *Dictionary of Renewable Ressources.* Weinheim und New York: Wiley-VCH (2. Auflage) 1996, S. 1.

52 Asano, N.: *Glycosidase inhibitors: updates and perspectives on oral use.* In: Glycobiology *13* (2003), S. 93–104.

53 (a) M. Picon, J. Pharm. Chim. *21* (1935), S. 215–225.

54 Finkelstein, A. E.; Walz, D. T.; Batista, V.; Mizraji, M.; Roisman, F. & A. Misher: Annals of the Rheumatic Diseuses *35* (1976), S. 251–257.

55 Berger, I.; Nazarov, A. A.; Hartinger, C. G.; Groessl,M.; Valiahdi, S.-M.; Jakupec, M. A. & B. K. Keppler: Chem. Med. Chem. *2* (2007), S. 505–514.

56 Priske und Graefe: Chemie im Haushalt, 1958. Priske und Graefe: Chemie für Frauenschulen, 1961.

7.8 Verteufelung von Zucker

Seitdem Zucker nicht länger nur Genussmittel der Reichen, sondern zu geringen Preisen für alle verfügbar ist, hat es nicht an Mahnern gefehlt, die nicht nur den Kindern vom Genuss des „Süßkrams" abgeraten haben. Wie immer dürfte auch hier die maßvolle Menge empfohlen sein. Doch seit den 1970er Jahren wird der Kristallzucker regelrecht dämonisiert. Claude Fischer bezeichnete die Anti-Zucker-Bewegung, die in den 1980er Jahren zusammen mit Zuckerersatzstoffen *en vogue* wurde, als Saccharaphobia.[57]

Wenn in jüngerer Zeit nach Gründen für die Fettleibigkeit in den westlichen Ländern gesucht wird, dann wird immer auch auf Zuckerprodukte angesprochen. Tatsächlich dürfte sie aber im Wesentlichen als eine Folge des maßlosen Verzehrs minderwertiger Lebensmittel vorwiegend auf Stärkebasis erkannt sein.

Im vergangenen Jahr sich eine Diskussion aufgetan, nachdem in einer Publikation behauptet wird, dass Zucker für Diabetes verantwortlich sein soll.[58] Diese Publikation von Lerner und anderen hat unmittelbar die Öffentlichkeit erreicht, weil sie in einen umfangreichen Artikel in der *New York Times* vom 28. Februar 2013 besprochen wurde.[59] An dessen Ende liest man als Fazit: *It is not simply overeating that can make you sick; it is overeating sugar. We finally have the proof we need for a verdict: sugar is toxic.*

Vermutlich wird sich, wie stets bei so exponierten Ansichten, eine Schar weiterer Forscher mit der Verifikation respektive Falsifikation dieser Arbeit befassen, so dass es gilt, hier noch auf weitere wissenschaftliche Ergebnisse zu zuwarten. Bemerkenswert aber scheint die unmittelbare (Über)reaktion einer durchaus als seriös angesehenen Zeitung, die den Zucker mit Diabetes gerade so korreliert wie das Zigarettenrauchen mit Lungenkrebs.

Ähnlich überzogene Reaktionen haben die Arbeiten einer Forschungsgruppe aus Princeton ausgelöst, die die physiologische Wirkung von übersteigertem Zuckerkonsum und plötzlichem Zuckerverzicht auf die Gehirnchemie untersuchten.[60] Aufgrund der dabei entdeckten Hinweise auf körperliche Abhängigkeitserscheinungen bei über-

---

57 Merki 1993, S. 45 f.
58 S. Basu, P. Yoffe, N. Hills, R. H. Lerner: *PLOS ONE* 2013, 8 (2), e57873.
59 M. Bittman: The New York Times, Thursday 28 Febr. 2013, A23.
60 Kitta Macpherson: Sugar can be addictive, Princeton scientist says (10.12.2008); online: `http://www.princeton.edu/main/news/archive/S22/88/56G31/index.xml?section=topstories` (24.12.2014). Colantuoni, C.; Rada, P.; McCarthy, J.; Patten, C.; Avena, NM.; Chadeayne, A.; Hoebel, BG.: Evidence that intermittent, excessive sugar intake causes endogenous opioid dependence. In: Obesity Research 10 (2002), 478–488. Avena, NM.; Bocarsly, ME.; Rada, P.; Kim, A.; Hoebel, BG.: After daily bingeing on a sucrose solution, food deprivation induces anxiety and accumbens dopamine/acetylcholine imbalance. In: Physiological Behaviour 94 (2008), 309–315. Avena, NM.; Rada, P.; Hoebel, BG.: Evidence of sugar addiction: Behavioral and neurochemical effects of intermittent, excessive sugar intake. Neuroscience Biobehaviour Reviews 32 (2008), 20–39.

mäßigem Zuckerkonsum kam es zu einer Pauschalverurteilung von Süßigkeiten als Suchtmittel. Wie so oft wurden soziale Faktoren hierbei vernachlässigt.[61]

Abbildung 7.10:
Festveranstaltung des Fachbereichs Chemie am 11. Dezember 2015
(von links: Joachim Thiem, Hans Paulsen, Matthias Böge, Volkmar Vill)
Foto: V. Vill

---

61 Titel des Spiegel (36/2012): Droge Zucker; online: http://www.spiegel.de/spiegel/ print/index-2012-36.html (24.12.2014). Paul van der Velpen, Kopf der Gesundheitsbehörde Amsterdams, fordert Zuckerprohibition (*Zucker, die gefährlichste Droge dieser Zeit*); online: http://www.telegraph.co.uk/news/worldnews/europe/netherlands/ 10314705/Sugar-is-addictive-and-the-most-dangerous-drug-of-the-times.html (24.12.2014).

Ernährung ist ohne Zucker nicht möglich und Zucker stehen im Mittelpunkt vieler interdisziplinären Forschungsthemen. Hamburg und die Zucker sind und bleiben ein starkes Team. Das zeigte sich auch am 11. Dezember 2015, als Hans Paulsen die diamantene Doktorurkunde überreicht bekam.

7.9 Quellen und Literatur

BAXA, JAKOB UND GUNTWIN BRUHNS: *Zucker im Leben der Völker*, Verlag Dr. Albert Bartens, Berlin 1967.

BAXA, JAKOB: Achard, Franz Karl. In: *Neue Deutsche Biographie* **1** (1953), S. 27–28.

BIOT, JEAN-BAPTISTE: Communication d'une note de M. Mitscherlich. In: *Comptes rendus hebdomadaires des séances de l'Académie des sciences*, vol. **19** (1844), Nr. 16, S. 719–725.

BRACONNOT, HENRI: Verwandlungen des Holzstoffs mittelst Schwefelsäure in Gummi, Zucker und eine eigne Säure, und mittelst Kali in Ulmin. In: *Annalen der Physik* **63** (1819), S. 347–371.

ENGELS, SIEGFRIED; STOLZ, RÜDIGER (Hg.): *ABC Geschichte der Chemie*. Leipzig: VEB Deutscher Verlag für Grundstoffindustrie 1989.

FISCHER, EMIL: Ueber die Configuration des Traubenzuckers und seiner Isomeren. In: *Berichte der Deutschen Chemischen Gesellschaft* **24** (1891), S. 1836–1845, 2683–2687.

FISCHER, EMIL: Ueber die Configuration der Rhamnose und Galactose. In: *Berichte der Deutschen chemischen Gesellschaft zu Berlin* **27** (1894), S. 382–394.

IHDE, AARON, J.: *The Development of Modern Chemistry*. New York: Harper & Row 1964.

KIRCHHOFF, CONSTANTIN: Ueber die Zuckerbildung beim Malzen des Getreides. In: *Schweiggers Journal für Chemie und Physik* **14** (1815), S. 389–398.

KOPP, HERMANN: *Geschichte der Chemie, 4 Bände*. (1847) Nachdruck: Hildesheim: Georg Olms Verlagsbuchhandlung 1966.

LEHMANN, JOCHEN: *Kohlenhydrate – Chemie und Biologie*. Stuttgart: Thieme (2. Auflage) 1996.

LEMIEUX, R. U. UND G. HUBER: A Chemical Synthesis of Sucrose. In: *Journal of the American Chemical Society* **75** (1953), S. 4118.

LIEBIG, JUSTUS VON: Ueber die Constitution des Aethers und seiner Verbindungen. In: *Annalen der Physik* **107** (1834), S. 321–336.

LIPPMANN, EDMUND O. VON (Hg.): *Chymische Versuche, einen wahren Zucker aus verschiedenen Pflanzen, die in unseren Ländern wachsen, zu ziehen. Von A. S. MARGGRAF. Anleitung zum Anbau der zur Zuckerfabrikation anwendbaren Runkelrüben und zur vortheilhaften Gewinnung des Zuckers aus denselben. Von F. C. ACHARD* (Die beiden Grundschriften der Rübenzuckerfabrikation). Leipzig: Wilhelm Engelmann 1907.

Merki, Christoph Maria: *Zucker gegen Saccharin.* Frankfurt am Main: Campus Verlag 1993.

Pasteur, Louis: Note sur le sucre de lait. In: *Comptes rendus* **42** (1856), S. 347–351.

Priske, P. und Gert Graefe: *Chemie im Haushalt. Arbeitsbücher für berufsnahen naturwissenschaftlichen Unterricht an Frauenschulen 1.* Hamburg: Verlag Handwerk und Technik (Neugefasste 2. Auflage) 1958 (168 Seiten).

Priske, P. und Gert Graefe: *Chemie für Frauenschulen.* Hamburg: Verlag Handwerk und Technik (4. Auflage) 1961

Prout, William: Ueber die Zusammensetzung einiger organischen Substanzen. In: *Annalen der Physik* **87** (1828), S. 263–274.

Rosenplenter, K. und U. Nöhle (Hg.): *Handbuch Süßungsmittel.* Hamburg: Behr's Verlag 2007.

Scheele, Carl Wilhelm: „Om Mjölk och dess syra." (About milk and its acid). In: *Kongliga Vetenskaps Academiens Nya Handlingar* **1** (1780), S. 116–124.

Schmidt, Carl: Ueber Pflanzenschleim und Bassorin. In: *Annalen der Chemie* **51** (1844), S. 29–62.

Verein der Zuckerindustrie (Hg.): *Zuckerindustrie – Entwicklung in Einzeldarstellungen.* Berlin: Verlag Dr. Albert Bartens 1978.

Vogel, Heinrich: Über die Verwandlung der Stärke & anderer Körper in Zucker. In: *Annalen der Physik* **42** (1812), S. 129 f.

Abbildung 8.1:
Kogge im Hamburger Hafen mit Bierfässern
Unten: Brauerzunftwappen und Bierfahrer
Foto: Gudrun Wolfschmidt (2016 im HamburgMuseum), Wikipedia, Suhr 1809/1838.

Hamburg – das „Brauhaus der Hanse"

Gudrun Wolfschmidt (Hamburg)

8.1 Bier in Hamburg in der Hansezeit

8.1.1 Beginn der Brautradition im Mittelalter

Bier wurde im Freibrief des Kaisers Friedrich I. Barbarossa (∼1122–1190) 1189 erwähnt, und zwar in dem Kontext, daß Strafe darauf steht, wenn falsches Maß ausgeschenkt wird.[1] Hamburg galt im Mittelalter ab dem 13. Jahrhundert als das *„Brauhaus der Hanse"*.[2]

> *„Lübeck ein Kaufhaus,*
> *Lüneburg ein Salzhaus,*
> *Danzig ein Kornhaus,*
> *Köln ein Weinhaus,*
> *Hamburg ein Brauhaus."*

8.1.2 Grutbier

Im Mittelalter war es üblich, Kräuter- und Gewürz-Mischungen (*Grut*, Gruit, sog. Bierwürze) dem Bier beizusetzen (basierend auf alten Traditionen der Germanen oder Kelten), bekannt als Grutbier.[3] Das verbesserte nicht nur den Geschmack, sondern

---

1 Bereits im St. Gallener Klosterplan (820) gab es drei Brauereien.
2 Blankenburg 2001, S. 177. Übrigens stammt der älteste archäologische Fund auf deutschem Boden, der die Brauerei beweist (Bierkrüge im Grab eines Germanen, um 800 v. Chr.), aus Kulmbach (Franken). Bei den Römern hieß das Gebräu der Germanen *cervesia* (Plin. nat. 22, 164), siehe auch Tacitus' *Germania* 23.
3 Lietz 2004. Dahms 2000.

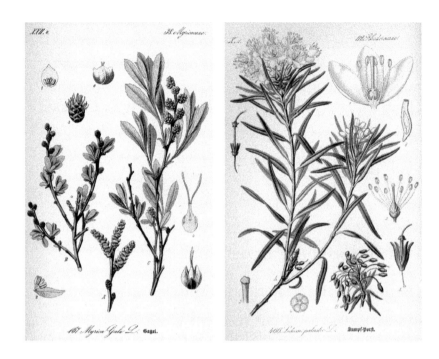

Abbildung 8.2:
Bier im Mittelalter: Grut Würzmischung:
Gagel (Myrica gale) und Sumpf-Porst (Ledum palustre L.)
Thomé, Otto Wilhelm: Flora von Deutschland, Österreich und der Schweiz. Gera 1885.
Rechts: Foto: Gudrun Wolfschmidt (2016 im HamburgMuseum)

erhöhte auch die Haltbarkeit. Insbesondere der *Gagel*[4] und der *Sumpfporst*[5] hatten
zusätzliche berauschende Wirkung.[6]

---

4 Gagel (*Myrica gale*), Familie: Gagelstrauchgewächse / Myricaceae.

5 Andere Bezeichnungen für den Sumpfporst (*Ledum palustre, Rhododendron tomentosum*,
Familie: Heidekrautgewächse / Ericaceae) sind Brauerkraut, Porsekraut, Wilder Rosmarin,
Myrtenheide.

6 Siehe auch Bautier, Bd. II, 1983, S. 135–140. Auch heute noch findet man in Deutschland
vereinzelt Biere, die mit *Grut* statt mit Hopfen hergestellt sind; Beispiele sind Brauspezia-
litäten von der Ricklinger Landbrauerei (Porsekraut), der Weißenoher Klosterbrauerei in
der Fränkischen Schweiz (Hanfbier) oder vom Gruthaus in Münster (Myrica Gale 1480),
vgl. Meußdoerffer 2014. Viel älter als Bier ist der Honigwein oder *Met* (mead), hergestellt
aus Honig, Hefe und Wasser, zusätzlich können Früchte und Gewürze zugesetzt werden.
Braggot ist eine Art Met, hergestellt aus einer Mischung aus etwa 2/3 Honig und 1/3
Gerstenmalz. Vgl. Bier-Wiki: Braggot.

8.1.3 Hausbrauereien und Bier-Herstellung

Neben der klösterlichen Brautradition gab es viele Hausbrauereien (vgl. Abb. 8.4, S. 8.4). Diese Brauer wurden „Braxatores" genannt; 1276 wurden bereits 457 Bierbrauer in Hamburg erfaßt, am Ende des Mittelalters sogar über 500 private Brauhäuser („Brauerben") in den vier Kirchspielen St. Petri, St. Jacobi, St. Catharinen und St. Nicolai. „Brauerben" bedeutet, daß die Braukonzession nicht mit der Familie, sondern mit dem Gebäude vererbt wurde. Allerdings war im Mittelalter Brauen Frauensache (ein Sudkessel gehörte zur Mitgift).[7] Das Bier wurde sogar für Kinder als geeignet angesehen, weil es abgekocht war (heute würden wir keimfrei sagen); der Alkoholgehalt des Bieres, das zum sofortigen Verbrauch bestimmt war, war außerdem relativ gering; es ergänzte als flüssiges Brot die Nahrung.

Abbildung 8.3:
Bierbreuwer (Bierbrauer) in Jost Amman (Holzschnitt, 1568)
mit Hans Sachs-Gedicht (siehe unten) und Weigel (1698)
Links: Amman, Jost: *Eygentliche Beschreibung aller Stände* (Frankfurt 1568).
Rechts: Weigel, Christoph: *Abbildung der gemein-nützlichen Haupt-Stände*, 1698.

„Auß Gersten sied ich gutes Bier,
Feißt [dickflüssig] *und Süß, auch bitter monier* [Manier],
In ein Breuwkessel weit und groß,
Darein ich denn den Hopffen stoß,

---

7 Lohberg (2009), http://www.bier-lexikon.lauftext.de/bockbier.htm.

Laß den in Brennten [Bottich] *külen baß,*
Damit füll ich darnach die Faß
Wol gebunden und wol gebicht [mit Pech abgedichtet],
Denn giert [gärt] *er und ist zugericht."*

Das Getreide für das Hamburger Bier kam aus den Gebieten südlich der Elbe oder aus Pommern.[8] Das Malz wurde in der sog. *Bornkufe* eingeweicht. Das Wasser mußte nicht aus den Fleeten genommen werden (vgl. Abb. 8.9, S. 200), sondern es gab die *Feldbrunnen-Genossenschaft Deichstraße* (seit 1430), wodurch reiche Leute Frischwasser aus Feldbrunnen durch hölzerne Röhren ins Haus bekamen, oder es gab auch die Wasserkünste an der Alster (1531). In der Nähe des *Hopfenmarktes* bei St. Nicolai, Schutzheiliger der Schiffer und Kaufleute, und an der Deichstraße (Cremon und Grimm) bei St. Katharinen, gab es die ersten Brauer im 13. Jahrhundert. Die älteste Hamburger Brauerei war der *Gröninger* (1260, heute Barockfassade 1762), ein Binnendeichgrundstück (120 m tief) auf der *Grimminsel* – von der Gröningerstaße (heute Willy-Brandt-Straße) bis zum Doovenfleet „Bei dem Zippelhause" (1580, das heutige Gebäude stammt von 1894), vgl. Abb 8.25, S. 221. Die einzelnen Arbeitsschritte zeigt Abb. 8.4:

Malzherstellung: Weichen, Keimen, Darren, Schroten – Aus dem Getreide wurden Malz und Zucker – Grundlage des Bierbrauens – gewonnen.

Oben links: Nach der Anlieferung des Getreides (Gerste oder Weizen), vgl. Abb. 8.5 wurde die Gerste auf dem Speicherboden ausgebreitet und ständig befeuchtet, regelmäßig gewendet – bis der Keimungsprozeß begann – je nach Temperatur bis zu drei Wochen Dauer. Dann mußte die Keimung abgebrochen werden.

Oben rechts: Zur Malzgewinnung wurde das Braugut auf der *Darre*, einem Steinofen mit einem Kasten aus einem Weidenrutengeflecht, erhitzt bzw. geröstet. Je höher Temperatur und Dauer der Röstung, desto dunkler und haltbarer wird das Bier. Soweit die Arbeit des Mälzers. Das gedarrte Malz wird dann gesiebt und gemahlen / geschrotet.

Brauerei: Maischen und Würzen (Maischbottich), Läutern (Stellbottich)

Mitte links: Das Malz wurde im Maischbottich in reichlich heißem Wasser eingeweicht,[9] geklärt und die (getrennt gekochte) „Hopfenwürze" wurde zugesetzt, wobei dauernd gründlich mit den langen sog. *Lungerhölzern* umgerührt wurde. Nach etwa zwei Stunden entstand die Maische (dies war Frauenarbeit).

Mitte rechts: Die Flüssigkeit wurde anschließend in einem sog. Stellbottich übergeschöpft; die Malzreste wurden dabei durch eine etwa 10 cm dicke, mit Steinen beschwerte Strohschicht zurückgehalten. Dann lief die Maische in einen kleinen Holzbot-

---

8 Dieser Abschnitt folgt der Beschreibung nach Knuth & Strothmann 2000, S. 15–17. Vgl. auch Bing (1909).
9 Hierbei wird die restliche Stärke in Zucker verwandelt.

Abbildung 8.4:
Hausbrauerei, Kaufmannshaus, Hopfensack 11 und Rückseite Brauerstraßenfleet
Oben: Malzherstellung: Weichen, Keimen, Darren,
Mitte: Maischen, Läutern, Würzen, unten: Sieden, Kühlen und Gären.
Foto: Gudrun Wolfschmidt (2016 im HamburgMuseum)

tich ab. Das Zunftzeichen der Brauer zeigt die Geräte, die wichtig beim Brauprozeß sind, den Brauerbottich mit Malzschaufel, Maische-Rührscheit, Schöpfer und Gerstenähren (Abb. 8.1 unten links, S. 188).

Sieden (Sudpfanne), Kühlen (Kühlschiff), Gärung und Lagerung

Unten links: In einer großen Sudpfanne, einem kupfernen, eingemauerten Kessel, wurde die Maische etwa $1\frac{1}{2}$ Stunden gesiedet.

Unten rechts: Anschließend wurde die Maische in einem großen, rechteckigen sog. Kühlschiff abgekühlt (bis zu 18 Stunden). Je nachdem wie schnell sie abgeschöpft wurde, erhielt man ober- oder untergäriges Bier. Dann wurde die Flüssigkeit – unter Zugabe von „Hefe" – auf mehrere Gärbottiche verteilt. In diesen Lagerfässern mußte das Bier (je nach Sorte) einige Tage bis vier Wochen ablagern, bevor es vom Bierführer (Bierhändler) abgeholt werden konnte.

Der in Hamburg geborene Jurist Heinrich Knauth [Knaust] lobte 1575 in seinem Werk *Von der Kunst / Bier zu brawen* die Qualität des Hamburger Biers als *„Königin unter allen Weizen- und Gerstenbieren".*[10]

Das Zunftzeichen der Brauer und Mälzer war der sechszackige Brauerstern (*Zoiglstern*).[11] Dieser Brauerstern symbolisiert als Hexagramm einerseits die drei Zutaten *Wasser, Malz und Hopfen* und andererseits die drei am Brauen beteiligten Elemente *Feuer, Wasser und Luft.*[12] Das Hexagramm sollte aber auch dem Brauereigebäude Schutz gegen Feuer bieten. Den Brauerstern erkennt man zum Beispiel auch im *Hausbuch der Mendelschen Zwölfbrüderstiftung*[13] (Nürnberg, 1425).

---

10 Knauth, Heinrich: *„Fünff Bücher Von der Göttlichen und Edlen Gabe / der Philosophischen / hochthewren und wunderbaren Kunst / Bier zu brawen. Auch von Namen der vornempsten Biere / in gantz Teudtschlanden / und von derer Naturen / Temperamenten, Qualiteten, Art und Eigenschafft / Gesundheit uñ ungesundheit / Sie sein Weitzen / oder Gerstem / Weisse / oder Rotte Biere / Gewürtzet oder ungewürtzet. Auffs new übersehen / und und in viel wege / uber vörige edition / gemehret und gebessert."* Erfurt 1575.

11 Zoigl, also Zeug, deutete auf (obergärige) Hefe für die Gärung hin, dieser Prozeß war damals noch nicht bekannt. Der Brauerstern war an vielen Gebäuden zu sehen, wo Bier ausgeschenkt wurde, zum Beispiel am Fachwerkhaus der 1405 gegründeten Bamberger Brauerei *Schlenkerla* (Rauchbier).

12 Hürlimann (1976). Freimark (1990).

13 Die Sozialstiftung vom Nürnberger Patrizier Konrad Mendel (1388) war ein ein Altenheim zur Wohnstätte und Verpflegung für jeweils zwölf Nürnberger Handwerker. Von 1425 bis 1806 umfaßt die Sammlung 765 Handwerker, die mit ihrem typischen Werkzeugen in ihrer Werkstatt dargestellt sind, auch beim Bild des Brauers (Braupfanne, Stange zum Umrühren, Zuber mit den Brauzutaten und Brauerstern) im *Hausbuch der Mendelschen Zwölfbrüderstiftung*, Band 1, Nürnberg 1426–1549, http://www.nuernberger-hausbuecher.de/, Herttel *pyrprew* (Bierbrauer), Amb. 317.2°, Folio 20 recto).

Abbildung 8.5:
Anlieferung der Gerste (oder des Weizens) in die Hausbrauerei,
Brawer Magd und Bierfässer
Foto: Gudrun Wolfschmidt (2016 im HamburgMuseum), Suhr 1809/1838 (Mitte).

„Die Brawer Mägd so in gemein /
Mit lehren Tonnen rumpeln herein.
Die ledign Gfeß reinign und spieln /
Ins Brawhauß bringn / und wider fülln.

8.1.4 Bier als Exportartikel der Hanse

Das Braugewerbe entwickelte sich in Hamburg also zu einem bedeutenden Gewerbezweig. Der Bierhandel der Hanse entwickelte sich allerdings zunächst in Bremen; dort wurde im 13. Jahrhundert begonnen, viel Bier nach Holland, Belgien, England und Skandinavien zu exportieren.[14] Bier war im Mittelalter normalerweise nur lokal erhältlich – wegen der geringen Haltbarkeit. Nur im Gebiet des Hansehandels, in der Ost- und Nordsee und entlang der Flüsse, gab es Bier, besonders aus Hamburg – und das begann Ende des 13. Jahrhunderts.[15] In der Blütezeit der Hanse, im 14./15. Jahrhundert war Hamburger Bier ein begehrter Exportartikel.[16] Dabei war das Hamburger Weißbier besonders beliebt.[17] Die Koggen (Abb. 8.1 oben, S. 188), die

---

14 Niehoff 1996.
15 Blankenburg 2001, S. 33. Siehe auch Michaelsen: Ein Hamburger Produkt: Das Bier, oder Kölner Stadtmuseum (1973).
16 Freudenthal 2012. Stefke 1979. Stefke (1983).
17 Blankenburg 2001, 178 f.

Segelschiffe der Hanse, transportierten die Bierfässer ins Baltikum, nach Skandinavien und auch nach Friesland, Holland und Flandern – im 14. Jahrhundert waren es mehr als 100.000 Hektoliter Bier. In Hamburg kam besonders früh die Idee auf, dem Bier viel Hopfen zuzufügen, um die Haltbarkeit zu erhöhen. Der höhere Malzgehalt führte außerdem zu einem höheren Alkoholgehalt, was auch die Haltbarkeit positiv beeinflußte. Das war wichtig für Biere, die exportiert werden sollten.

Abbildung 8.6:
Hamburgs Konkurrenz: Einbecker Bier (Bierdeckel und Flaschen)
Foto: Gudrun Wolfschmidt (2016) (Bierdeckel Leihgabe von Heidi Tauber)

Das erste Rathaus der Schauenburger Grafen in der Neustadt *„domus consulum in nova civitate"* (von der Stadtgründung 1189 bis zum 13. Jahrhundert) beim Hopfenmarkt (Kleiner Burstah) war Getreidespeicher, Hopfenmagazin und Ratsweinkeller.[18] Das Eimbecksche Haus[19] (Dornbusch, Kleine Johannisstraße) diente im 13. Jahrhundert als drittes Rathaus nach der Vereinigung von Alt- und Neustadt 1216; nur hier durfte das Einbecker Bier ausgeschenkt werden;[20] die große Konkurrenz für das Hamburger Bier wurde mit der Reformation 1531 beendet. Mit dem Vordringen von Kaffee, der im Eimbecksche Haus seit 1668 ausgeschenkt wurde, neben Tee, Schokolade, Eis, Likör, usw., ging der Bierkonsum im 17. Jahrhundert zurück.[21] Die Bacchus-Figur vom alten Weinkeller (Brand 1842) wurde in den Neubau des Ratskellers integriert.

---

18 Das Rathaus der bischöflichen Altstadt war am alten Fischmarkt.
19 Meyer 1868.
20 Lohberg (2009), http://www.bier-lexikon.lauftext.de/bockbier-2.htm.
21 Kaffee gab es seit der 2. Hälfte des 17. Jahrhunderts besonders in Hafenstädten wie London, Marseille, Amsterdam oder Hamburg. Das erste Kaffeehaus wurde 1683 in Wien eröffnet, also im Jahr als die Türken geschlagen wurden, 1687 in Hamburg.

Abbildung 8.7:
Links: *Schnellen* mit Zinndeckel, Bierkrüge
aus salzglasiertem Siegburger Steinzeug, Hans Hilgers (1595)
Rechts: Gröninger Bier, Anno 1750 (mit Bierhumpen und Brauerzunftwappen)
Foto: Gudrun Wolfschmidt (2016 im HamburgMuseum und im Gröninger)

8.2 Rohstoffe fürs Bierbrauen

8.2.1 Getreidesorten fürs Bier

Im Mittelalter wurde Bier aus vielen verschiedenen Getreidearten wie Weizen (*wheat*), Gerste (*barley*) und Hafer (*oat*), gebraut, praktisch nicht aus Roggen (*rye*) und nur selten aus Dinkel (*spelt*). Der Grund für den Einsatz von Hafer war, daß Gerste und Weizen zum Brotbacken nötiger waren. Erst allmählich setzte sich Gerste als Standard (bzw. Weizen für Weißbier) durch. Das normale Bier, das Grutbier, war dunkel, weil die Maische aus Grut und dunklem Malz gekocht wurde. Dieses Braunbier mit 1 oder 2 Vol.% war zum sofortigen Gebrauch bestimmt.

Erstaunlicherweise ist Weizenbier bereits 1374 für Hamburg nachgewiesen; in *Zythopoeia* werden drei Gründe genannt:[22] Um den teueren Hopfen für das Exportbier zu sparen, ergänzte man beim Bier für den lokalen Gebrauch die Gerste durch Weizen, was das Bier heller machte, und verwendete weniger Hopfen. Und in Hamburg als

---

22 Die folgenden Ausführungen gehen hierauf zurück: Zythopoeia – Back to the roots of wheat beer (2014).

einem Handelszentrum war Weizen nicht zu knapp, so daß man dieses Getreide dem Bier zusetzen konnte und es nicht nur für das Brotbacken verwendet werden mußte.

Die Hamburger hatten bereits das Know-how zur Herstellung von gehopften Bier, das nicht gekocht werden darf, deshalb mußten bessere Hefen zugesetzt werden. Zudem wurde das Malz luftgetrocknet und kürzer geröstet, was eine hellere rötliche Farbe zur Folge hatte. Auch das Einbecker Exportbier, das in Hamburg vom Faß verfügbar war, hatte einen höheren Weizengehalt, was die Hamburger auch inspiriert haben könnte.

Die obergärigen Lagerbiere für den Export hatten etwa den doppelten Malzgehalt (Doppelbier) und den dreifachen Hopfengehalt; dann mußte es noch etwa acht Wochen im Keller gelagert werden.[23] Dieses Bier hatte einen höheren Alkoholgehalt von wenigstens 5% und war relativ bitter aufgrund des Hopfens.

Abbildung 8.8:
Gerste (Hordeum vulgare), Malzkörner und Hopfen
Wikipedia, Wikipedia, Foto: Gudrun Wolfschmidt (2016 im Blockbräu)

8.2.2 Hopfen – das grüne Gold

„Auch Wasser wird zum edlen Tropfen, mischt man es mit Malz und Hopfen!"

Für die Klöster ist Hopfen bereits in karolingischer Zeit Anfang des 9. Jahrhunderts nachgewiesen[24] – nicht nur als Heilmittel, sondern auch, um Getränke haltbar zu machen. Besonders Kaiser Karl IV. (1316–1378) förderte durch Ordnungen (1348)

---

23 Hamme und Vallès, 1994–2005.
24 Schon Plinius erwähnt den Hopfen *Lupulum falicatum,*

den Anbau von Hopfen und bestimmte über die Ein- und Ausfuhr.[25] Der beste Hopfen gedeiht im hügeligen Gelände mit Kontinentalklima, zum Beispiel in Spalt im Nürnberger Umland.[26]

> *„Der Hopfen (Humulus Lupulus), von welchem man die Saamenschuppen der weiblichen Pflanze wegen eines gelben harzigen Mehles (Hopfenmehles), das sie führen, zur Bierbrauerei benutzt, um dem Biere einen angenehmen bittern gewürzigen Geschmack zu geben."*[27]

Zum Brauen ist nur die Dolde (der „Zapfen") der weiblichen Hopfenpflanze interessant; in der Dolde stecken klebrige, gelbliche Kügelchen, das *Lupulin* (Hopfenmehl); das Lupulin enthält das Aroma, die Bitterstoffe.

Ab dem 14. Jahrhundert begannen die Hansestädte mit Hopfenanbau.[28] Nach Borde 2006 war der Hopfenbau in der Hansezeit von Lübeck bis Flensburg, Kiel, Hamburg, Bremen, Oldenburg, aber auch in Köln und Braunschweig verbreitet. Der Hopfenmarkt in Hamburg befand sich bei der Nicolaikirche. Aufgrund der Verfügbarkeit des Hopfens in Hansestädten wurde im Laufe der Zeit bis zum 16. Jahrhundert *Grut* vollständig durch *Hopfen* ersetzt. Das erhöhte außerdem die Haltbarkeit; so wurde es insbesondere dem Exportbier beigemischt. Die Idee stammt bereits von Hildegard von Bingen (1098–1179), die in ihrer Publikation *Physica* beschreibt, daß sich Bier durch Hopfenzusatz *„wegen seiner Bittere länger halte"*. Das Zunftzeichen der Hopfenfahrer war ein achtzackiger Stern.

8.2.3 500 Jahre „Reinheitsgebot" (1516)

> *„Wir wollen auch sonderlichhen, dass füran allenthalben in unsern stetten märckthen un auf dem lannde zu kainem pier merer stückh dan allain gersten, hopfen un wasser genommen un gepraucht solle werdn."*

So lautet das sog. *Reinheitsgebot*[29] (1516) von Wilhelm IV. von Bayern (1493–1550), der außer den drei Hauptzutaten[30] Gerstenmalz, Hopfen und Wasser Bestimmungen bezüglich Qualität und Maßeinheiten erließ. Damit wurden die kommunalen Brauordnungen außer Kraft gesetzt. Doch die Tradition war wesentlich älter, es gab bereits lokal gültige Vorschriften, zum Beispiel in Nürnberg 1303, Bamberg 1315, Weimar 1348 und Weißensee 1434,[31] wobei der Wandel von milchsauren Grutbier auf Braunbier, also gehopftes Gerstenbier, vorbereitet wurde.

---

25 Ministerium: Grünes Gold, 2014, S. 11.
26 Heute ist die Hallertau in Bayern bekannt. `http://www.deutscher-hopfen.de/`.
27 Baumstark: Kameralistische Encyclopädie. Heidelberg, 1835, S. 209.
28 Freudenthal 2010.
29 Gretzschel 2015 betont, daß das *Reinheitsgebot* im wesentlichen ein Anti-Weißbier-Gesetz war. Für das Weißbier bekamen die *Weiße Bräuhäuser*, z. B. in München, ein extra Privileg.
30 Hefe wurde nicht als Zutat, sondern als Neben- oder Abfallprodukt angesehen, die bei der Gärung entsteht; in ihrer Wirkung als Mikroorganismus wurde sie erst durch Pasteur erkannt, vgl. S. 201.
31 Gretzschel 2015.

Abbildung 8.9:
Wasser zum Bierbrauen aus den Fleeten? Unwahrscheinlich!
Foto: Gudrun Wolfschmidt (2016, Gröninger)

8.3 Innovationen beim Bierbrauen – Linde und Pasteur

Zu den wichtigen Erfindungen im 19. Jahrhundert, im Zeitalter der Industrialisierung,[32] gehören einerseits die Dampfmaschine von James Watt (1785) zur Produktion von Dampfbier oder andererseits die Kältemaschine von Carl von Linde (1895); diese Innovationen eröffneten der Bierherstellung und dem Bierhandel neue Möglichkeiten. Ein frühes (untergäriges) helles Lagerbier (Märzen) wurde bei Anton Dreher (senior) in Wien-Schwechat (1848) gebraut; die originale Dampfmaschine befindet sich heute im Technischen Museum in Wien.

8.3.1 Wasser

> *„Man hat auch Schiffe, die in die Gegend von Harlem fahren, im Boden des Schiffs eine Oefnung haben, diese aufmachen, das ganze Schiff mit Wasser füllen, und mit dieser Ladung nach Amsterdam fahren, und*

---

32 Vgl. Wischermann (1985).

den Bierbrauereien das Wasser zuführen; denn um die Stadt herum gibts lauter grünes salzichtes schlechtes Seewasser."[33]

Bier besteht zu etwa 90% aus Wasser. Es ist klar, daß die Wasserqualität eine bedeutende Rolle spielt. Man war auf das lokale Wasser angewiesen. In Hamburg wurde aber möglichst nicht das Wasser aus den Fleeten verwendet, sondern seit dem 15. Jahrhundert Frischwasser aus den Wasserkünsten.

Erst seit etwa hundert Jahren kann ein Meßwert angegeben werden und dann gezielt das Wasser für das entsprechende Bier verändert werden, mehr alkalisch oder sauer. Der dänische Biochemiker Søren Peter Lauritz Sørensen (1868–1939), der im Carlsberg-Laboratorium arbeitete, führte 1909 als Maß für den sauren oder basischen Charakter einer wässrigen Lösung den Begriff *pH-Wert* ein.[34] Nun konnte das Wasser zum Brauen entsprechend der gewünschten Biersorte modifiziert werden.

8.3.2 Hefe und Gärung – Pasteur

Der Prozeß der Gärung ist bereits seit der Antike bekannt und wurde empirisch verwendet (Brot, Käse, Sauerkraut), ohne aber diesen chemisch erklären zu können. Der im Rahmen der Gärung des Bieres oben entstehende Schaum wurde als nötige Reinigung angesehen und als „Zeug" (Zoigl) bezeichnet. Die moderne Erforschung begann im 17. Jahrhundert durch Antoni van Leeuwenhoek (1632–1723) 1680, der mit seinen selbstgebauten exzellenten Mikroskopen aus einer winzigen Kugellinse Objekte in eindrucksvoller Auflösung erkennen konnte.[35]

Die Klärung des Gärungsprozesses gelang 1834/1837 unabhängig voneinander drei Forschern, die erkannten, daß Mikroorganismen, Hefen, für die alkoholische Gärung verantwortlich sind: Charles Cagniard-Latour (1777–1859),[36] Theodor Schwann[37] (1810–1882) und Friedrich Kützing (1807–1893) erkannten, daß die Hefe nicht die Ursache, sondern das Produkt der Gärung ist.

Seit den 1850er Jahren untersuchte Louis Pasteur (1822–1895) die Hefe im Bier, wobei er sorgfältig die Kontamination mit Mikroorganismen vermied. Er identifiziert die Hefe als einzellige Pilze und erkannte die genaue Wirkung der Hefepilze bei der alkoholischen Gärung.[38] Diese Mikroorganismen überlebten nicht nur ohne Sauerstoff, sondern verbrauchten sogar den Zucker schneller unter Ausschluß von Sauerstoff. Es

---

33 Sander 1783, S. 547.

34 Soerensen@Sørensen (1909), S. 131–304.

35 Zepf 2015.

36 Cagniard-Latour erkannte 1836, daß die Hefe, die bei der Bier-Fermentation eine Rolle spielt, in der Lage ist, sich fortzupflanzen; daher folgerte er, daß die Hefe ein (pflanzlicher) Organismus sei, nicht nur eine chemische Substanz.

37 Schwann untersuchte die Gärung bei Fruchtsaftlösungen in Luft und unter sterilisierter Luft. Er fand heraus, daß es sich bei der Gärung nicht um einen Oxidationsprozess handelt, sondern daß die Luft außer dem Sauerstoff noch Organismen enthält; diese bezeichnete er als „Zuckerpilz" (lat. *Saccharomyces*), also die „Hefe".

38 Pasteur, Louis: Éütudes sur la bière. Paris: Gauthier-Villars 1876. Vgl. Zepf 2015.

 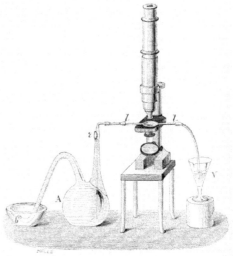

Abbildung 8.10:
Links: Louis Pasteur (1822–1895) und
(rechts) seine Apparatur zur Untersuchung der Gärung (1876)
Wikipedia, Pasteur 1876.

entstanden bei der Gärung neben Äthylalkohol (Ethanol) und Kohllendioxid diverse weitere Nebenprodukte, so daß er den Prozeß nicht in einer Reaktionsgleichung hinschreiben konnte.[39] Dagegen vertraten berühmte Chemiker wie Justus von Liebig (1803–1873) 1840 oder Jöns Jakob Berzelius (1779–1848) die Theorie einer abiotisch verursachten Gärung, also ohne Beteiligung lebender Organismen:

> „Nehmen wir jetzt nun einen Pflanzensaft, welcher reich ist an Zucker, überlassen wir ihn mit Bierhefe der gewöhnlichen Temperatur, so geräth er in Gährung, wie das Zuckerwasser; es entweicht unter Aufbrausen Kohlensäure, und in der rückständigen Flüssigkeit findet man eine dem Zuckergehalt genau entsprechende Menge Alkohol."[40]
> „Mit Wasser zerteilte Bier- und Weinhefe unter einem guten Vergrößerungsglas betrachtet stellt durchscheinende plattgedrückte Kügelchen dar. Die Naturforscher wurden durch diese Form verleitet, das Ferment für belebte organische Wesen, für Pflanzen oder Thiere zu erklären."[41]

---

39 Pasteur: Expériences et vues nouvelles sur la nature de fermentations (1861).
40 Liebig 1840, S. 229.
41 Liebig 1839, S. 285.

Als Kompromiß wurde vorgeschlagen, daß die Gärung durch *Fermente* (Enzyme) verursacht wird, die von Lebewesen ausgeschieden werden, selbst aber nicht leben.[42] Dem dänischen Chemiker Emil Christian Hansen (1842–1909) gelang 1881 schließlich die erste Bierhefe-Reinkultur, die Züchtung der pilzartigen Hefen (*Saccharomyces carlsbergensis*) in Nährlösungen.[43]

Abbildung 8.11:
Hopfen und Malz (Sack von Mich. Weyermann, Bamberg, *1879)
Wikipedia, Foto: Gudrun Wolfschmidt (2016 im Gröninger)

8.3.3 Gerste, Malz und Maische

Zum Brauen benötigt man eine spezielle Gerste, die *Braugerste*, die einen niedrigeren Eiweißgehalt und dafür einen höheren Stärkegehalt aufweist. Das Eiweiß kann zu unerwünschten Trübungen des Biers führen. Die Stärke dagegen ist die Hauptsache beim Brauen; sie soll beim Maischprozess zunächst zu Maltose, dann durch die Gärung in Alkohol verwandelt werden. In Hamburg-Eidelstedt gab es die *Tivoli-Brauerei*, die 1922 Richard Eisenbeiss (1879–1958) erwarb und als Mälzerei unter dem Namen *Tivoli Werke AG* weiterführte.[44]

> *„Das Bier ist eine flüssige, in die Weingährung übergegangene, Extraktion von Gerste, Weitzen, Hafer oder Mais. Das Getreidekorn besteht*

---

42 Berthelot: Sur la fermentation glucosique du sucre de canne (1860).
43 Glamann 2004.
44 Seit 2000 unter dem Namen *GlobalMalt*: http://www.globalmalt.de/geschichte/.

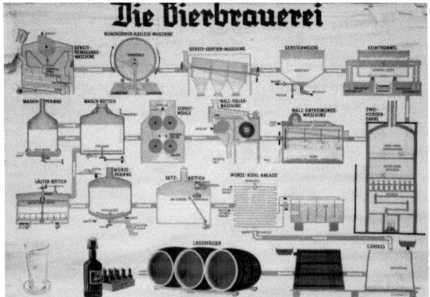

Abbildung 8.12:
Mälzerei Naefeke, Altona Fischmarkt, Malzschrotmühle
Wandtafel Bierbrauerei, 1930er Jahre:

Arbeitsschritte zur maschinellen Herstellung von der „Gerste-Reinigungs-Maschine" (oben links) bis zur Lagerung (unten Mitte). Von links 2. Reihe: Gerste in der Maischpfanne, Maischbottich, Schrotmühle, Malzentwässerungsmaschine, Darre – 3. Reihe: Läuterbottich, Würzpfanne, Setzbottich, Würzkühlanlage, Gärfaß (rechts unten), Lagerfässer.

Foto: Gudrun Wolfschmidt (2016, Mälzerei Naefeke),
Schulwandbild aus einer Serie des „Kultur" – Leipzig: Verlag für Lehrmittel.

aus Wasser, Eiweißstoff, Zuckerstoff, Schleim (Gummi), Kleber, Stärkmehl und Holzfasern. Durch die Brauoperationen soll die Verzuckerung
des Stärkmehles einer Getreideart bewirkt, und der Zucker in eine Weingährung gebracht und zersetzt werden. Unter sämmtlichen Getreiden ist
die Gerste zum Bierbrauen am tauglichsten, und insbesondere diejenige,
welche auf sandigem magerem Boden gewachsen und nicht durchnäßt ist.
Der Kleber ist entweder gekeimt oder nicht gekeimt, und nur der Erstere
ist vermöge höherer Temperatur im Stande, im Keime des Pflänzchens
das Stärkmehl in Zucker zu verwandeln. Man will zuerst einen möglichst
reichen zuckerhaltigen Extrakt (eine Würze) bereiten, und weil der Zucker
und Schleim in dem Getreide nur den kleineren Bestandtheil ausmacht,
so sucht man das Stärkmehl, welches den größten Bestandtheil bildet, in
Zucker zu verwandeln.

[Mälzen: Weichen, Keimen und Rösten]
Dies geschieht durch das Malzen, durch welches man bezweckt, die Ge-
treidekörner zum Keimen zu bringen. Die gekeimten Körner heißt man
alsdann Malz; allein dieses ist noch nicht ganz fertig. Dasselbe muß eines
Theils noch getrocknet werden, um seine Keimkraft zu unterdrücken, andern Theils aber soll dadurch, da das Stärkmehl etwa zur Hälfte blos in
Zucker verwandelt ist, der Rest auch noch so viel möglich zur Verzuckerung gebracht werden, nicht blos indem unter einem höheren Grade von
Temperatur der Kleber auf die noch feuchte Stärke wirkt, sondern auch
indem das Stärkmehl durch das Rösten gummiartig wird.

[Darre, Schrotmühle]
Das Trocknen geschieht entweder an luftigen Orten (Luftmalz) oder in
eigenen Darrkammern (Darrmalz), welche leztere Methode aus leicht ein-
zusehenden Gründen vorgezogen wird, da das Darrmalz mehr Zucker und
Schleim enthält. So weit bereitet ist das Malz tauglich, um die Zucker-
und Gummitheile aus ihm zu extrahiren. Dies kann natürlicher Weise
leichter geschehen, wenn das Malz geschroten oder gequetscht ist, und
darum kommt es vor einer weiteren Behandlung auf eine gewöhnliche
Schrotmühle, auf ein Quetschwerk oder auf eine eigene Malzschrotmühle.
Jetzt läßt man das Malzschrot noch etwas an einem feuchten Orte der
Luft ausgesetzt liegen, damit sich dasselbe mit Feuchtigkeit aus der Atmosphäre schwängere.

[Maischen, Sieden]
Hierauf folgt die Auflösung des Zucker- und Schleimstoffes durch Behandeln des Malzes mit warmem Wasser, welcher Prozeß das Maischen heißt.
Das Produkt dieses Auflösungsprozesses ist eine dicke Flüssigkeit, welche
man Würze nennt. Diese bringt man in einen Kessel (den Braukessel)

*und kocht sie einige Zeit. Während dieses Kochens wird der Hopfen auch
zugesetzt und mitgekocht. Derselbe ist wirksam hauptsächlich durch sein
eigenthümliches ätherisches Oel, seinen Bitterstoff und Harz, aber auch
dadurch, daß er die Gährung der Masse mäßigt und die saure Gährung
hindert.*

[Läuterung, Kühlung]
*Die so gekochte Flüssigkeit muß jetzt gereinigt und abgekühlt werden, und
dies geschieht, indem man sie auf irgend eine Art aus dem Braukessel
in einen Seiher (die Seiherbutte, den Hopfenkorb oder Hopfenseiher),
und durch diesen hindurch in einen großen flachen offenen Behälter (das
Kühlschiff, den Kühlstock) schafft, wo sie bis zu 10–14° Reaum. abkühlt.*

Abbildung 8.13:
Braukessel: Läuterbottich, Whirlpool und Sudkessel im Blockbräu
Foto: Gudrun Wolfschmidt (2016)

[Gärung, Lagerung]
*Endlich fehlt nur noch die Einleitung der Gährung. Zu diesem Behufe
kommt die Würze jetzt in den sogenannten Stellbottich, der von verschiedener Größe sein kann, aber für die Gährung um so besser, je größer er
ist. Man versetzt sie zu diesem Behufe mit Hefe, und es zeigen sich dabei
die gewöhnlichen Erscheinungen wie bei der Weingährung. Die Nach-
gährung wird bewirkt, wenn man das Bier jetzt in Flaschen oder Krüge
einsperrt; sie findet sogar noch in verpichten Fässern statt, weßhalb man
diese nicht fest verschließen darf. Nach vollendeter Gährung läßt man
aber das Bier ab, und hebt es in Lagerfässern einige Zeit auf. Es gibt
verschiedene Arten von Bier; aber ein Nebenprodukt der Bierbrauerei ist*

*die Bierhefe, welche man an einem kühlen Orte aufbewahrt, und, um sie
zu erhalten, täglich mit frischem Wasser begießt, nachdem man das alte
abgelassen hat.*"[45]

Im Laufe des 19. Jahrhunderts verstand man allmählich die chemischen Prozesse
beim Bierbrauen:[46] Gerstenkörner werden in Wasser eingeweicht, damit sie keimen.
So entstehen die Enzyme, die Stärke in Zucker umwandeln. Sobald sich der Zucker
ausbildet, wird der Keimvorgang gestoppt, damit der für die Alkoholbildung notwendige Zucker nicht verloren geht. Nun wird die gekeimte Gerste gedarrt (getrocknet),
wodurch Malz entsteht.[47] Während des Darrens entscheidet sich auch die spätere
Farbe des Bieres, denn Feuchtigkeit, Temperatur und Dauer der Darre bestimmen,
ob helles oder dunkles Malz entsteht, Weiß- oder Rotbier. Dann folgt der eigentliche
Brauvorgang, das gedarrte Malz wird gemahlen und mit heißem Wasser vermischt.
Diese sog. Maische kommt in den *Maischebottich*, wird etwa eine Stunde eingeweicht,
gerührt und geläutert. Das Ergebnis der Malzlösung in Wasser heißt Würze.

Im *Läuterbottich* wird dann die Maische filtriert, dabei wird der Treber (die Korn-
spelzen) von der Bierwürze getrennt.

Anschließend wird die Würze für zwei oder drei Stunden zusammen mit dem Hopfen im *Sudkessel* (Würze-Pfanne) gekocht, wodurch Aroma und Geschmack des Hopfens in das Bier übertragen werden. Das Bier wird beim Kochen auch sterilisiert und
durch gerinnendes Eiweiß geklärt. Nach Abschluss des Brauvorgangs werden Hopfen-
blätter und Eiweißsedimente entfernt, um das Bier klarer zu machen. Danach wird
die Maische gekühlt und in einen *Gärbottich* (früher Holzfässer) umgefüllt, in dem
unter Zusatz von Hefe die Gärung zu Alkohol bei bestimmten Temperaturen erfolgt.
Dies dauert drei bis vier Tage, bei Weizenbier höchstens eine Woche.

8.3.4 Haltbarkeit des Biers?
Die Revolution durch Lindes Kältetechnik

Bereits im Mittelalter benutzte man „Eiß-Kuhlen", trichterförmige Gruben in der Erde zur kühlen Lagerung. Seit dem 18. Jahrhundert wurden unterirdische Räume mit
dicken Mauern in den Berg oder Fels hineingebaut, darüber wurden schattenspen-
dende Bäume wie z. B. Kastanien gepflanzt.[48] Der Eingang wurde möglichst nach
Norden angelegt und dahinter gab es einen Vorraum mit Zugangs-Schleuse. Diese
Bierkeller oder Eiskeller dienten einerseits zur Lagerung des Biers, aber besonders
zum Brauen von untergärigen Bier. Das Eis wurde im Winter bei der „Eis-Ernte"
mit Axt und Säge herausgeschnitten, in große Blöcke zerteilt und in die Eiskeller gebracht, meist ein Vorrat für zwei Jahre. In Wilhelmsburg gab es ein Blockeiswerk der

---

45 Baumstark: Kameralistische Encyclopädie, 1835, S. 397–399. Siehe auch Hermbstädt:
   Chemische Grundsätze der Kunst Bier zu brauen (1826).
46 Michel 1906–1907.
47 Meußdoerffer 2014.
48 Lütgert 2000. Reinink et al. 1995. Man denke an Bierkeller in Franken oder Biergärten in
   München.

Firma *Wiedenbrüg & Oelke* (um 1880). In Bergedorf kann man noch die ehemaligen Brauerei-Teiche an der Chrysanderstraße sehen. In milden Wintern wurde sogar aus Norwegen Eis geliefert. In Hamburg gab es seit 1862 ein erstes Natureiswerk.[49]

Abbildung 8.14:
Oben: Bierlagerung mit Natureiskühlung, um 1880, und Kältemaschine (1873)
Unten: Altonaer Eiskeller (1876), Lessers Passage 4
Foto: Gudrun Wolfschmidt (München und Ausstellung Hamburger Unterwelten, 2012)

Während obergäriges Bier bei ungefähr Zimmertemperatur (15–25°) hergestellt werden kann, braucht man für untergäriges Bier tiefe Temperaturen von etwa 5–10°.

49 Hamburger Unterwelten e.V.

In kalten Gegenden wie der Oberpfalz („Zoigl"-Bier oder ungespundetes Zwickelbier) oder in Bayern wurde bereits im 16. Jahrhundert auch untergäriges Bier gebraut. Im 19. Jahrhundert verbreitete sich die Methode, u. a. 1841 mit Anton Dreher (1810–1863) in Schwechat und Adolf Ignaz Mautner in Wien, dafür wurden extra Kühlhäuser errichtet. 1842 wurde die Pilsner Brauart eingeführt. Das untergärige Bier reichte für den Sommer – von Georgi bis Michaeli – vom 23. April bis zum 29. September. Voraussetzung war die Kühlung sowohl beim Brauen als auch beim späteren Lagern. Es entstanden Bierlagerkeller[50] und Kühlhäuser, wo das Bier bei etwa 10°C einige Wochen während der Gärung lagern mußte.

Die Situation verbesserte sich enorm, als Carl von Linde (1842–1934), Professor an der Technischen Universität München, in den 1870er Jahren mit seinen Forschungen zur Kältetechnik begann.[51] Zum Test installierte er in der *Spaten-Brauerei* in München eine Kältemaschine (1871). Die 1879 gegründete *Linde's Eismaschinen AG* belieferte insbesondere Brauereien mit den Kühlmaschinen, womit bei konstant niedriger Temperatur von etwa 5° eine Gärung mit untergäriger Hefe möglich war. Die ersten Kühlhäuser entstanden im süddeutschen Raum, in Leipzig, Dresden, Nürnberg und München.

Abbildung 8.15:
Bierkrüge in bunter Bemalung mit Scharffeuerfarben,
Fayence-Manufakturen in Kellinghusen (1830, 1820/50, 1815)
Rechts: Blau überfangener Humpen, Deckel mit Zinneinfassung, 2. Hälfte 19. Jh.
Foto: Gudrun Wolfschmidt (2016 im Altonaer Museum und im HamburgMuseum)

---

50 Siehe auch den Eiskeller der ehemaligen *Vereinsbrauerei Bergedorf* (1864), Gerullis 2012.
51 Herrmann 2008, S. 13–37.

8.4 Brauereien und Biersorten in der Metropolregion Hamburg

8.4.1 Bier in Hamburg beim Übergang vom handwerklichen zum industriellen Brauen ab dem 19. Jahrhundert

1647 begann der Niederländer Peter I. de Voss in Altona mit dem Bierbrauen. Im Stadtarchiv Kopenhagen (2014 ausgestellt im Altonaer Museum zum 350jährigen Stadtjubiläum) gibt es eine Bauzeichnung für ein Brauhaus in Altona (1729); der Grundriß vermittelt eine Vorstellung von Arbeitsabläufen im Brauwesen um 1700.

Aus Bayern wurde bereits in den 1830er Jahren die Idee des untergärigen Biers eingeführt. Dadurch wurde das traditionelle obergärige Bier bald vom modernen untergärigen „Wiener- und Münchner Brauverfahren" abgelöst.[52] Nach dem erwähnten Niedergang des Bierverbrauchs im 17. Jahrhundert gab es 1864 mit der Gewerbefreiheit und in den 1870er Jahren mit der Reichsgründung einen Aufschwung durch die Gründung von Actienbrauereien.[53] Bernhard Carl Niederstadt (†1920) gründete 1878 den *Verein gegen Lebensmittelverfälschung* zu Hamburg und präsentierte in der *Allgemeinen Hopfenzeitung* seine Leistungsfähigkeit für Bieruntersuchungen.[54] In der Nachkriegszeit dominierten die fünf großen Brauereien (Holsten, Bavaria-St. Pauli, Elbschloß, Bill-Brauerei und Winterhuder Brauerei). 2013 gab es noch neun Brauereien:[55]

8.4.2 Groß-Brauereien

1863 Gründung der *Hamburger Aktienbrauerei* in Hamburg St. Pauli.[56]

1897 entstand die „*Bavaria Brauerei AG*" in Altona (ab 1938 Hamburg-Altona). Der Name „Bavaria" erinnert an den erwähnten holländischen Brauer (1647).[57] 1903 expandierte die „*Bavaria Brauerei AG*" und es entstand die *The Holsten Brewery Ltd.* in Wandsworth bei London. Weitere Brauereien wurden übernommen, z. B. 1914 die Vereinsbrauerei mit ihrer Exportmarke *Bergedorf Beer*, nach 1914 die Brauerei *Germania* in Wandsbek und das *Bürgerliche Brauhaus* in Eilbek (1920).[58]

---

52 Narziß 2008.
53 Nehls 1997. Schloz 2005/2006.
54 Niederstadt (1879).
55 Freiwald & Freiwald: Hamburgs alte Fabriken, 2013, S. 14. Eine Liste von Brauereien findet sich bei Speer, Bernd: Archiv Deutscher Bieretiketten: http://www.speer-fuchs.de/archivlist.htm.
56 Wyrwa (1990).
57 Die niederländische Brauerei *De Kerkdijk* (vor 1680 in Lieshout (Gemeinde Laarbeek, Nordbrabant), gegründet 1719, seit 1924 *Bavaria* genannt, als Bier nach bayerischer Brauart eingeführt wurde.
58 Siehe http://www.holsten-pilsener.de/brauerei.html.

Abbildung 8.16:
Oben: Astra-Sudpfanne (1936), Astra Bierdeckel,
Mitte: Astra Turm vor 2007 und heute,
Unten: Astra Bier, Güterwagen, DB Thermowagen G10
zum Biertransport von Astra, 1949 (HamburgMuseum)
Foto: Gudrun Wolfschmidt (2016)

Abbildung 8.17:
Hamburger Aktienbrauerei in Hamburg St. Pauli (*1863)
Foto: Gudrun Wolfschmidt (2016 im HamburgMuseum)

1909 taucht der Markenname *Astra Urtyp* erstmals auf. 1999 kam Astra zu Holsten. Die alte Astra-Sudpfanne (1936) hat überdauert; sie steht vor dem Hotel Hafen Hamburg an den Landungsbrücken. 2002 wurde sie zu einem Brunnen umgebaut und von der Holsten Brauerei an Wilhelm „Willi" Bartels (1914–2007) verschenkt.

1879 wurde die *Holsten-Brauerei AG* in Altona Nord (Holstenstraße) gegründet.[59]

Die *Elbschloss-Brauerei* (1881–1995) wurde 1881 in Nienstedten (seit 1938 Bezirk Hamburg-Altona) gegründet.[60] Als „Elbschlösschen" bezeichnet wurde diese Brauerei nach dem Landhaus Baur (Elbchaussee 372), einer klassizistischen Villa, 1806 erbaut von Christian Frederik Hansen (1756–1845) nach dem Vorbild der *Villa La Rotonda* von Andrea Palladio (1508–1580). Nach der Zerstörung im Zweiten Weltkrieg begann die Elbschloss-Brauerei 1951 mit *Ratsherrn Pils*. 1988 kam das dunkle Pils *Dübelsbrücker Dunkel* (Teufelsbrück) dazu. Schließlich wurde die Elbschloss-Brauerei 1996/97 in die Bavaria-St. Pauli-Brauerei AG integriert.

---

59 Schloz und Francke 2004.
60 Sinz 1956. Vgl. 75 Jahre Elbschloss-Brauerei.

Abbildung 8.18:
Holsten Bier Lastwagen, Bierkasten, Flaschen der Holsten-Brauerei
Foto: Gudrun Wolfschmidt (2016), (2015 im HamburgMuseum)

Abbildung 8.19:
Elbschloss-Brauerei (1881–1995), Prägebierflasche (HamburgMuseum),
Bierdeckel der Serie Tierkreiszeichen (Leihgabe David Walker)
Foto: Gudrun Wolfschmidt (2016), Siehe auch Abb. 27.3, S. 648.

1922 fusionierte die „*Bavaria Brauerei AG*" mit der „*Actien-Brauerei*" in Hamburg St. Pauli. Es entstand die *Bavaria-St. Pauli-Brauerei GmbH* (Hopfenstr. 15). 1932 wurde der Betrieb in Altona nach St. Pauli in Hamburg – einschließlich der Betriebszentrale – überführt. Viele weitere Brauereien aus der Metropolregion Hamburg wurde im Laufe der Zeit übernommen.[61] 1970 erbaute Carl-Friedrich Fischer den 18-geschossigen Büroturm, 2004/07 renoviert und umgebaut (vgl. Abb. 8.16 Mitte links).

Abbildung 8.20:
Bierkutsche der Holstenbrauerei Hamburg, Bierdeckel und Bierkrug
Wikipedia, Foto: Gudrun Wolfschmidt (2016)

22.12.1998 erwarb die *Holsten-Brauerei AG* die *Bavaria-St. Pauli-Brauerei GmbH*.[62] Bis 2003 hatte *Holsten* 19 Brauereien übernommen. Im diesem Jahr 2003 wurde die bedeutende *Bavaria-St. Pauli-Brauerei GmbH* geschlossen; die Gebäude sind inzwischen abgerissen. In den folgenden Jahren wurden drei Hochhäuser auf dem ehemaligen Brauereigelände errichtet. Die drei Hochhäuser Empire Riverside Hotel, Astra-Turm und Atlantic-Haus bilden zusammen die neue Skyline, auch Hafenkrone genannt, am Hamburger Hafen (vgl. Abb. 8.16 Mitte rechts).

Die *Holsten-Brauerei AG* wurde 2004 durch die *Carlsberg-Brauerei* übernommen. Zum 1. September 2014 wurde die *Holsten-Brauerei AG* aufgelöst.[63]

Anfang der 1970er wurden drei Braustandorte geschlossen, in den 1980/90er Jahren entstanden einige Gasthausbrauereien, 1995 verschwanden die traditionsreiche

---

61 http://www.albert-gieseler.de/dampf_de/firmen4/firmadet45944.shtml.
62 Grobecker 1979. Schloz und Francke 2004.
63 Broockmann (29.12.2005).

Abbildung 8.21:
Holstenbrauerei Hamburg (Blechschild), Holsten Salzglasur Bierkrüge
Fotos: Gudrun Wolfschmidt (2016), Blechschild und Bierkrüge Privatbesitz

Elbschloss-Brauerei und *Ratsherrn Brauerei*. Schließlich blieben heute nur noch drei aktive Brauereien in Hamburg übrig. Doch seit 2012 eröffneten erste neue Kleinbrauereien: *Block Bräu* und *Ratsherrn* (in den Schanzenhöfen).

Abbildung 8.22:
Bill Bräu Hamburg und *Winterhuder Bierbrauerei* (Blechschilder)
Foto: Gudrun Wolfschmidt (2016): Blechschilder Privatbesitz

8.4.3 Einzelne kleinere Brauereien und neue Craftsbeer Brauereien

Winterhuder Bierbrauerei (Aktiengesellschaft) in Hamburg, Dampfbrauerei (1889 bis 1999), Hamburg (Barmbecker Str. 19).[64]

Bill Bräu Bier (1889 bis 1974), Hamburg (Bullenhuser Damm 59–75) mit der Bill Kogge als Logo. Die bekannten Biere waren Bill Imperator dunkler Doppelbock, Bill Bonifatius spezial, Bill Übersee Export, Bill Übersee Export luxus. 1918 übernahm Bill die *Hansa Brauerei-Gesellschaft* und 1921 das *Brauhaus Teutonia AG*. 1927 wurde die *Bill-Brauerei A.G.* als *Hamburg's largest Brewery* bezeichnet – 35 Jahre Exporterfahrung.[65] Moravia Pils wurde nach dem

---

64 Winterhuder Bierbrauerei: Statuten, 1889–1899.
65 Anzeige aus: The Port of Hamburg. Meissner & Christiansen 1927.

Krieg hier gebraut. Aber 1956 erfolgte eine Teil-Übernahme, schließlich 1974 die vollständige Übernahme durch *Holsten.*

Bergedorfer Actien-Bierbrauerei-Gesellschaft, gegründet 1863, Chrysanderstraße. Ursprünglich gab es in Bergedorf bereits 1608 neun Brauereien.[66] Das „Bacheis" wurde im Winter aus der Bille oder aus den noch sichtbaren Brauereiteichen geschnitten.[67] Der Eiskeller der *Actien-Bierbrauerei* hat sich noch erhalten (siehe Eiskeller, Abb. 8.14). 1874 erfolgte eine Übernahme durch die *Vereinsbrauerei der Hamburg-Altonaer Gastwirthe* (Klaus-Groth-Straße, früher Mittelstraße) mit einem Eiskeller in Borgfelde.[68] Es wurde sogar in die Kolonien nach Afrika exportiert. Nach Übernahme 1914 durch die *Holsten-Brauerei* verschwand die Brauerei. Aber es gibt wieder das Bergedorfer Bier, aber gebraut in Altona, Abb. 8.24.

Friesen-Brauerei Bahrenfeld (1888), Friesenweg 3/5, *Friesen-Brauerei AG* (1909) – 1917 Übernahme durch *Bavaria-St. Pauli.*[69]

Löwen-Bräu Uhlenhorst, 1919 Übernahme der *Löwen-Brauerei* Hamburg, einschließlich der *Union-Brauerei,* durch *Bavaria-St. Pauli.*

Actien-Bier-Brauerei Marienthal, Wandsbek – Hamburg, 1871 bis 1918 (Neumann-Reichardt-Straße).

Brauhaus Hammonia Hamburg (1884), 1888 Brauerei Hansa W. F. Witter, 1918 Brauhaus Hammonia AG.

Eremiten-Bräu von der *Barmbecker Brauerei Actien Gesellschaft* aus Hamburg-Eidelstedt.

Tivoli-Brauerei, Eidelstedt, 1921 Übernahme durch *Bavaria-St. Pauli.*

Harburger Aktienbrauerei und *Brauerei Hastedt* in Harburg, 1920 von *Bavaria-St. Pauli* übernommen.

8.4.4 Neue Craftsbeer Brauereien – Renaissance der Braukunst

Gröninger Brauerei: Gröninger Pils und Hanseaten Weisse, (Zippelhaus 4 und Willy-Brandt-Straße 47), vgl. Abb. 8.25; zur Geschichte von Gröninger siehe auch S. 192.

Brauhaus Johann Albrecht – Johann Albrecht Kupfer, Adolphsbrücke 7 (Kupfer – das Malzig-Milde Dunkle, und Messing – das Hopfig-Herbe Helle), vgl. Abb. 8.26.

Blockbräu (2012), St.-Pauli-Landungsbrücken, vgl. Abb. 8.27 und die Braukessel, Abb. 8.13, S. 206.

Neue *Ratsherrn Brauerei,* Sternschanze, Craft Beer Store in den Schanzenhöfen.

---

66 Dreckmann 1992, S. 93.
67 Siehe: http://blogs.sub.uni-hamburg.de/bergedorf/?p=176.
68 http://www.unter-hamburg.de/Eiskeller-Borgfelde.464.0.html.
69 Lost Brauerei. In: Geschichtsspuren, Forum Industriegeschichte (2006):
   http://www.geschichtsspuren.de/forum/lost-brauerei-t7889.html.

Abbildung 8.23:
Porzellan Bügelverschlüsse von Bierflaschen, Hamburg und Altona:

Hamburg: 1. Reihe: Hansa-Brauerei (2x), Brauhaus Hammonia, Löwen-Brauerei,
2. Reihe: Brauerei Barmbeck, Bill-Brauerei AG, Winterhuder Bierbrauerei AG,
3. Reihe: O. Hümmeler , D. Holst St. Pauli, Victoria Brauerei Ahrensburg, H. A. Vick.
Altona: 1. Reihe: Bavaria Brauerei (2x), R. Bohmfeldt vorm. R. Schmidt & Co. (2x),
2. Reihe: E. Michelsen (2x), H. Morgenstern, C. F. Nowack,
3. Reihe: Gebr. H. & J. Sandkamp, J. H. Siahmer, Exportbrauerei Teufelsbrück AG,
J. H. Voss, J. Weitendorf.
        Foto: Gudrun Wolfschmidt (2016, Privatbesitz Gerd Wegner)

Abbildung 8.24:
Vereinsbrauerei (1876), *Bergedorfer Bier*
Foto: Gudrun Wolfschmidt (2016)

Duckstein Bier, Holstenstraße 224 (rotblondes Bier auf Buchenholz geröstet).

von Freude CraftBier-Brauerei, Tarpenbekstraße 143, Hamburg-Eppendorf (obergäriges Bier, bernsteinfarben, Hopfen aus Spalt).

Buddelship Brauerei, Warnstedtstraße 16 L, Hamburg-Stellingen.

Kreativbrauerei Kehrwieder, Sinstorfer Weg 74– 92 (Southside Session IPA, Imperial Black Prototyp, Weltmeister Weiße Framboise 2014).

Campusperle (TUHH in Harburg).

Nach der Blütezeit für Hamburger Bier in der Hanse im Mittelalter und in der Frühen Neuzeit (vom 13. bis zum 16. Jahrhundert) wurden ab den 1870er Jahren wieder viele neue Brauereien gegründet, die allerdings im Laufe des 20. Jahrhunderts allmählich fusionierten und schließlich meist von *Holsten* übernommen wurden – bis auch diese Hamburger Brauerei 2014 nicht mehr eigenständig existierte.

Doch in den letzten Jahren entwickelten sich Initiativen für *Craftsbeer* (in handwerklicher Tradition gebrautes Bier). Fünf kleinere Brauereien haben sich zusammengeschlossen,[70] um den bis in die 1970er Jahre traditionell gebrauten *Senatsbock* mit einer neuen Rezeptur wieder zu beleben (2014). Durch diese vermehrt entstehenden, kleineren Brauereien oder Braumanufakturen und damit der Einführung von Spe-

---

70 Brauer vom Blockbräu, Brauhaus Joh. Albrecht, Gröninger Privatbrauerei, Ratsherrn Brauerei und Kehrwieder Kreativbrauerei.

Abbildung 8.25:
Oben links: Gebäude der *Gröninger Brauerei*, Zippelhaus 4 (1894),
oben rechts: Maischbottich, Läuterbottich und Würze-Pfanne,
Brauereimaschinenfabrik Kaspar Schulz, Bamberg,
Mitte: Barockfassade an der ehemaligen Gröningerstaße (1762) und Bierkrug,
Unten: Gröninger Pils und Hanseaten Weisse
Foto: Gudrun Wolfschmidt (2016)

Abbildung 8.26:
Brauhaus Albrecht, Sudkessel
Foto: Gudrun Wolfschmidt (2016)

zialbieren entwickelt sich wieder mehr Vielfalt statt Massenware in der Hamburger
Bierszene.

8.5 Quellen und Literatur

75 Jahre Elbschloß-Brauerei. In: *Die Zeit* **47** (1956).
(http://www.zeit.de/1956/47/75-jahre-elbschloss-brauerei).

ACTIEN-BIER-BRAUEREI [MARIENTHAL]: *Statuten der Actien-Bierbrauerei Marien-thal [Wandsbek] in Hamburg.* Hamburg: Gente 1871.

AMMAN, JOST: Eygentliche *Beschreibung aller Stände auff Erden hoher und nid-riger, geistlicher und weltlicher, aller Künsten, Handwerken und Händeln und vom größten biß zum kleinesten auch von irem Ursprung, Erfindung und ge-breuchen [Ständebuch].* Durch den weltberümpten Hans Sachsen Gantz fleissig beschrieben und in Teutsche Reimen gefasset . . . . Frankfurt am Main 1568.

BAUMBACH, SIBYLLE UND CLAUDIA THORN: Biergenuss und Bierverdruß. Von der Bierversorgung und der Bierbrauerei im 18. und 19. Jahrhundert in Geesthacht. In: *Lauenburgische Heimat. Zeitschrift des Heimatbund und Geschichtsvereins Herzogtum Lauenburg*, Neue Folge **177** (Dezember 2007), S. 62–78, vgl. http://www.dokusearch.com/ga_2007_23kwS7_Ausschnitt.pdf.

BAUMSTARK, EDUARD: *Kameralistische Encyclopädie: Handbuch der Kameralwis-senschaften und ihrer Literatur für Rechts- und Verwaltungs-Beamten, Land-stände, Gemeinde-Räthe und Kameral-Candidaten.* Heidelberg, Leipzig: Groos 1835.

BAUTIER, ROBERT-HENRI (Hg.): *Lexikon des Mittelalters.* Band II. München, Zürich: Artemis & Winkler 1983.

Abbildung 8.27:
Blockbräu und Senatsbock
Foto: Gudrun Wolfschmidt (2016)

BAVARIA-ST.-PAULI BRAUEREI –
http://www.albert-gieseler.de/dampf_de/firmen4/firmadet45944.shtml,
https://de.wikipedia.org/w/index.php?title=Bavaria-St._Pauli-
Brauerei&oldid=140392385.

BERTHELOT, MARCELIN: Sur la fermentation glucosique du sucre de canne. In:
Comptes rendus de l'Académie des sciences **50** (1860), S. 980–984.

BING, WOLF: Hamburgs Bierbrauerei vom 14. bis zum 18. Jahrhundert. In: *Zeitschrift des Vereins für Hamburgische Geschichte* **XIV,2** (1909), S. 209–332.

BLANCKENBURG, CHRISTINE VON: *Die Hanse und ihr Bier. Brauwesen und Bierhandel im Hansischen Verkehrsgebiet.* Berlin, Technische Univ., Dissertation,
1999. Köln, Weimar, Wien: Böhlau (Quellen und Darstellungen zur hansischen
Geschichte; N.F. 51) 2001, hier „Brauwesen und Bierhandel in Hamburg", S. 33–
63.

BORDE, KARL: *„Der Hopfen treibt seltsame Blüten."* Hopfenpflanzerverband El-
be/Saale e.V. Querfurt 2006.

BRAUEREI DER HAMBURG-ALTONAER GASTWIRTHE: *Statuten der Brauerei der Hamburg-Altonaer Gastwirthe. Vormals Bergedorfer Actien-Bierbrauerei.* Hamburg:
Meyer 1874.

BROOCKMANN, KARSTEN: Als Bier noch Hamburgs Exportschlager war. In: *Hamburger Abendblatt* (29.12.2005).

CAGNIARD-LATOUR: Observations sur la fermentation du moût de bière. In: *L'Institut*
(23 novembre 1836), IV, S. 389–390.

DAHMS, GEERD: *Von Tabakpflanzern und Trunkenbolden: zur Geschichte von Bier,
Branntwein und Tabak in Norddeutschland.* Begleitheft zur Ausstellung – Siel-

hafenmuseum Carolinensiel, Hannover, Kiekeberg (Hamburg), Syke. Hg. vom KREISMUSEUM SYKE. Syke: Kreismuseum 2000.

DRECKMANN, ALFRED (Hg.): *Bergedorfer Industrie I.* Hamburg-Bergedorf 1992

FREIMARK, PETER: Davidschild und Brauerstern: zur Synonymie eines Symbols. In: *Jahrbuch der Gesellschaft für die Geschichte und Bibliographie des Brauwesens Berlin* (1990), S.13–33.

FREIWALD, ECKHARD UND GABRIELE FREIWALD: *Hamburgs alte Fabriken – einst und jetzt.* Erfurt, Wien: Sutton Verlag 2013.

FREUDENTHAL, GUNTER: Auf den Spuren des Norddeutschen Hopfenanbaus. In: *Jahrbuch der Gesellschaft für Geschichte des Brauwesens e. V.* (GGB) (2010).

FREUDENTHAL, GUNTER: Das Brauhaus der Hanse. In: *Jahrbuch der Gesellschaft für Geschichte des Brauwesens e. V.* (GGB) (2012).

GERULLIS, KAI: *Kühles Bier in den Tiefen des Geesthangs – Eiskeller der ehemaligen Vereinsbrauerei Bergedorf aus dem Jahr 1864.* (2012) `http://www.unter-hamburg.de/eiskeller-in-bergedorf.248.0.html`.

GLAMANN, KRISTOF OG KIRSTEN: *Nordens Pasteur: fortællingen om naturforskeren Emil Chr. Hansen.* København: Gyldendal 2004.

GRETZSCHEL, MORITZ: Das Reinheitsgebot ist tot – lang lebe das Reinheitsgebot. In: *brau!magazin* (Frühjahr 2015).

GROBECKER, KURT: *O Bier, du schmäckest fein: Geschichte und Geschichten, gesammelt und kommentiert zum hundertjährigen Bestehen der Holsten-Brauerei.* Hamburg-Altona: Christians 1979.

HAMME, JEAN VAN UND FRANCIS VALLÈS: *Hopfen und Malz.* Aus dem Französischen von ECKART SACKMANN. Hamburg, Hildesheim: Comicplus 1994–2005.

HERMBSTÄDT, SIGISMUND FRIEDRICH: *Chemische Grundsätze der Kunst, Branntwein zu brennen, theoretisch und practisch dargestellt: nebst einer Anweisung zur Fabrikation der wichtigsten Liqueure; mit 12 Kupfertafeln.* Berlin: Amelang 1817.

HERMBSTÄDT, SIGISMUND FRIEDRICH: *Chemische Grundsätze der Kunst, Bier zu brauen: oder Anleitung zur theoretisch-praktischen Kenntniß und rationellen Beurtheilung der neuesten und wichtigsten Entdeckungen und Verbesserungen in der Bierbrauerei, nebst Anweisung zur praktischen Darstellung der wichtigsten in Deutschland und in England gebräuchlichen Biere und einiger ganz neuen Arten derselben. Band 1–2.* Berlin: Amelang (3. Auflage) 1826.

HERRMANN, WOLFGANG A.: Ingenieur Carl von Linde. In: *München leuchtet für die Wissenschaft, Bd. 2.* Hg. von ULRIKE LEUTHEUSSER. München: Allitera-Verlag (Edition Monacensia) 2008, S. 13–37.

KNUTH, ARIANE UND DIERK STROTHMANN: *Bürger, Brauer, Zuckerbäcker: Die Hamburger Deichstraße im Spiegel der Zeit.* Hamburg: Germa Press 2000.

KÖLNER STADTMUSEUM (Hg.): *Hanse in Europa. Brücke zwischen den Märkten 12.–17. Jahrhundert. Austellung des Kölnischen Stadtmuseums 9. Juni – 9. September 1973.* Köln: Kunsthalle Köln 1973.

KÖNIG, CONRAD (Drucker): *Mandat, die Einführung des fremden Biers betreffend: den 30. Jan. Anno 1732.* Hamburg: König 1732.

KÜTZING, FRIEDRICH TRAUGOTT: Microscopische Untersuchungen über die Hefe und Essigmutter, nebst mehreren andern dazu gehörigen vegetabilischen Gebilden. In: *Journal für Praktische Chemie* **11** (1837), S. 385–409.

LIEBIG, JUSTUS VON: Ueber die Erscheinungen der Gährung, Fäulniß und Verwesung und ihre Ursachen. In: *Annalen der Pharmacie* **30** (1839), S. 250–287.

LIEBIG, JUSTUS VON: *Die organische Chemie in ihrer Anwendung auf Agricultur und Physiologie.* Braunschweig: Vieweg 1840.

LIEDTKE, CHRISTIAN: *„Das Bier in Weimar ist wirklich gut . . . ": Heinrich Heines Auseinandersetzung mit Goethe; vorgetragen im Heine-Haus Hamburg am 9. Februar 2000.* Hamburg: Heine-Haus 2000.

LIETZ, PETER: Die Roh- und Zusatzstoffe in der Geschichte der Bierbereitung. In: *Jahrbuch der Gesellschaft für Geschichte des Brauwesens e. V. (GGB)*, Berlin 2004, S. 154–156.

LOHBERG, ROLF: *Durst wird durch Bier erst schön.* (2009), http://www.bier-lexikon.lauftext.de/impressum.htm.

LÜBECK UND HAMBURG (Hg.): *Demnach Wir, Bürgermeistere und Räthe der . . . Städte Lübeck und Hamburg, mit äuserstem Misfallen vernehmen müssen, daß . . . in unserm gemeinschaftlichen Amte und Städtgen Bergedorf unterschiedene Eingesessene und Einwohner Wein, Franz-Branntewein, Bier und Essig, ohne es vorhero gebührend anzugeben und die darauf gelegte Accise zu entrichten, heimlich herein zu practisiren sich unterfangen . . .*: [Verordnung betr. Getränkeakzise vom 25.5.1758].

LÜTGERT, STEPHAN A.: *Eiskeller, Eiswerke und Kühlhäuser in Schleswig-Holstein und Hamburg.* Husum 2000.

MEUSSDOERFFER, FRANZ UND MARTIN ZARNKOW: *Das Bier: eine Geschichte von Hopfen und Malz.* München: Verlag C. H. Beck (C. H. Beck Wissen) 2014.

MEYER, EDUARD: *Das Eimbecksche Haus in Hamburg.* Hamburg 1868.

MICHAELSEN, STEPHAN: *Hamburg in der Hanse.* Kapitel: Ein Hamburger Produkt: Das Bier. http://www1.uni-hamburg.de/spaetmittelalter/Hamburg%20 Spaetmittelalter/Hamburg-Wiki/themen/HamburgInDerHanse.html

MICHEL, CARL: *Beiträge zur Entwicklungsgeschichte der Bierbrauerei: [von vor Christi Geburt bis zur Gegenwart]; eine Darstellung in Wort und Bild über die Einführung und Anwendung der Wissenschaft in den Gewerben unter besonderer Berücksichtigung der wichtigsten Vorgänge im Braugewerbe von ältester bis jüngster Zeit; mit einer Sammlung von Porträten nebst Biographien der bekanntesten Vertreter der Physik, Chemie und Botanik, welche sich um die Brauwissenschaft verdient machten, sowie derjenigen Männer, die in der Praxis Hervorragendes geleistet haben. Band 1–3.* München: Michel 1906–1907.

MINISTERIUM FÜR LANDWIRTSCHAFT UND UMWELT DES LANDES SACHSEN-ANHALT (Hg.): *Grünes Gold – die Seele des Bieres.* Magdeburg 2008, (2. Auflage) 2014.

NARZISS, LUDWIG: *Abriss der Bierbrauerei*. Weinheim: Wiley-VCH (7., aktualisierte und erweiterte Auflage, 1. Nachdruck) 2008.

NEHLS, MARGRIT (Bearb.): *Bierbrauerei in Hamburg*. Hamburg: Lafrentz (Schriftenreihe der Bauunternehmung Niko Lafrentz; 34) 1997.

NIEHOFF, LYDIA: *Bierproduktion und Bierkonsum in der Stadt Bremen vom 17. bis zum 19. Jahrhundert*. [Mikrofiche-Ausg.] 1996.

PASTEUR, LOUIS: Expériences et vues nouvelles sur la nature de fermentations. In: *Comptes rendus des séances de l'Académie des sciences* **52** (1861), S. 1260–1264.

PASTEUR, LOUIS: *Études sur la bière*. Paris: Gauthier-Villars 1876.

REININK, WESSEL; VERMEULEN, JOHAN GERARD UND MANFRED WEHDORN: *Eiskeller, Kulturgeschichte alter Kühltechniken*. Wien: Böhlau 1995.

SANDER, HEINRICH: *Beschreibung seiner Reisen durch Frankreich, die Niederlande, Holland, Deutschland und Italien: in Beziehung auf Menschenkenntnis, Industrie, Litteratur und Naturkunde insonderheit*. Bd. 1. Leipzig: Jacobäer 1783.

SCHLOZ, HARALD UND UDO FRANCKE: *Auf die Freundschaft. 125 Jahre Holsten-Brauerei AG*. Hamburg 2004.

SCHLOZ, HARALD: *Hamburg und sein Bier – der etwas andere Streifzug durch Hamburgs Brauerei-Geschichte*. Idee, gestaltet, hg. von JÜRGEN KÖHLERT. Hamburg: GDS, Grafik Design Studio 2005/2006.

SCHLOZ, HARALD: *Ratsherrn-Brauerei*. http://www.ratsherrn.de/de/brauerei/ueber-uns/hamburger-braugeschichte.html.

SINZ, HERBERT: *75 Jahre Elbschloss-Brauerei: 1881–1956*. Darmstadt: Hoppenstedt 1956.

SØRENSEN, SØREN PETER LAURITZ: Über die Messung und die Bedeutung der Wasserstoffionenkonzentration bei enzymatischen Prozessen. In: *Biochemische Zeitschrift* **21** (1909), S. 131–304.

STEFKE, GERALD: Die Hamburger Zollbücher von 1399/1400 und „1418": der Werkzoll im 14. und frühen 15. Jahrhundert und die Ausfuhr von Hamburger Bier über See im Jahre 1417. In: *Zeitschrift des Vereins für Hamburgische Geschichte* **69** (1983), S. 1–34.

STEFKE, GERALD: *Ein städtisches Exportgewerbe des Spätmittelalters in seiner Entfaltung und ersten Blüte. Untersuchung zur Geschichte der Hamburger Seebrauerei des 14. Jahrhunderts*. Hamburg, Dissertation, 1979.

SUHR, CHRISTOPH: Bierfahrer: Kleidertracht und Gewohnheit in Hamburg. In: *Hamburgische Trachten*. (Radierung, Kolorierte Kupferstiche, um 1809). Berlin: Barsdorf 1908, S. 91. [Neudr. der Ausg.: Hamburg 1838].

Vollkommener Unterricht vor Kellermeister: wie nicht alleine mit dem Weine vom Anfange der Weinlese umzugehen, sondern ... allerhand Weine anzustellen sind; desgleichen auch wie der Meth gesotten ... der Essig zu machen sey; absonderlich ist beygefügt eine accurate Keller-Ordnung, ...; wie auch vom Bier, und was dabey zu thun .... Altona 1789.

WEIGEL, CHRISTOPH: *Abbildung der gemein-nützlichen Haupt-Stände von denen Regenten und ihren so in Friedens- als Kriegs-Zeiten zugeordneten Bedienten an biss auf alle Künstler und Hand-wercker nach jedes Ambts- und Beruffs-Verrichtungen weist nach dem Leben gezeichnet /auch nach dero Ursprung, Nutzbar- und Denck-würdigkeiten kurtz doch gründlich beschrieben und ganz neu an den Tag geleget.* Regensburg 1698.

WINTERHUDER BIERBRAUEREI: *Statuten der Winterhuder Bierbrauerei (Aktiengesellschaft) in Hamburg: beschlossen in der ausserordentlichen Generalversammlung.* Hamburg 1889–1899.

WISCHERMANN, CLEMENS: Zur Industrialisierung des deutschen Braugewerbes im 19. Jahrhundert: das Beispiel der Reichsgräflichen zu Stolbergschen Brauerei Westheim in Westfalen 1860–1913. In: *Zeitschrift für Unternehmensgeschichte* **30** (1985), 3, S. 143–180.

WYRWA, ULRICH: Zum Geschmackswandel der proletarischen Trinkkultur: der kulturgeschichtliche Ort der Gründung der Actien-Bier-Brauerei in Hamburg. In: *Jahrbuch der Gesellschaft für die Geschichte und Bibliographie des Brauwesens Berlin* (1990), S. 80–100.

ZEPF, MICHAEL: Die Hefe – das lange unbekannte Wesen. In: *brau!magazin* (Sommer 2015).

Zythopoeia – the art of brewing beer: Back to the roots of wheat beer (Aug. 22, 2014): `http://gaerungsbakteriologie.blogspot.de/`

Abbildung 9.1:
Alte und neue Whisky-Flasche
Foto: V. Vill

Hamburger Whisky? – Geschichten zur Genussmittelverfälschung und Lebensmittelkontrolle in Hamburg

Sascha Rohn; Lucas Filipo Voges und Volkmar Vill (Hamburg)

Der Zugang zu Genussmitteln ist, nach der Liebe und der Arbeit, vielleicht eine der bewegendsten Themen des Alltags. Genuss, aber auch Missbrauch sind dabei zentrale Aspekte des Konsums von derartigen Produkten. Aufgrund der Hochwertigkeit sind Verfälschungen schon jeher in großem Stil vorgenommen worden und Qualitätskontrolle und Überwachung sind aufgrund dessen eine wichtige Voraussetzung für den (gesundheitlichen) Verbraucherschutz. Die große Bedeutung von Genussmitteln in unserer Gesellschaft spiegelt sich nicht zuletzt durch eine hohe mediale Präsenz zu diesem Thema wider. Konsum, Genuss, Missbrauch, Verfälschungen sind darüber hinaus oft Grundlage vieler spannender Literaturwerke und Fernsehproduktionen. Ein überraschender Fund in Hamburg veranlasst uns, hier einen weiteren Fall vorzustellen.

Hamburg ist, vielen nicht geläufig, seit einigen Jahren das nördlichste Weinanbaugebiet Deutschlands. Dass Hamburg aber auch eine Geschichte als Whisky-Stadt hat, ist noch weit weniger Menschen bekannt. Tatsächlich wurde in Hamburg aber Whisky, besonders in wirtschaftlichen Notzeiten, nach eigentümlichen Rezepten hergestellt. Die fast schon detektivische Aufklärung soll hier wiedergegeben werden, allerdings nicht chronologisch, sondern entlang der spezifischen Fragen der Aufklärung. Dabei wird manch menschliches Verhalten offenbar und der Sinn und die Methodik der Lebensmittelüberwachung in Hamburg kann konkret belegt werden.

9.1 Das erste Rezept und die zugrundeliegende Geschichte

In der Bibliothek des Fachbereiches Chemie der Universität Hamburg befindet sich das Unikat eines Buches, welches 2001 von Wolfgang Walter und Kurt Heyns im Selbstverlag erstellt wurde: *„Erinnerungen an Tannenhöft"*.[1] Es beschreibt die Geschichte der Abteilung für *Organische Chemie* des Chemischen Staatsinstituts (in der Zeit von 1943 bis 1963). Durch einen Bombentreffer im Jahre 1943 war das *Chemische Staatsinstitut* in der Jungiusstrasse beschädigt worden, so dass es nur noch eingeschränkt genutzt werden konnte. Die Organische Chemie wurde deshalb in die *Villa Tannenhöft* bei Ahrensburg ausgelagert und blieb hier bis 1963 und dem Umzug in die neuen Gebäude am Martin-Luther-King-Platz tätig. Diese Arbeit unter erschwerten Bedingungen, weit getrennt von den anderen Abteilungen der Chemie hat natürlich auch starke persönliche Bindungen zwischen den Mitarbeitern dort entstehen lassen. Auf Initiative von Wolfgang Walter wurden 2001 alle ehemaligen Mitarbeiter aus Tannenhöft angeschrieben und um ihre Erinnerungen gebeten, die dann zu dem besagten Buch zusammengefasst wurden. Die Villa selbst wurde 1907 von Georg Henry Lütgens (1856–1928) gekauft, der dort einen Landschaftsgarten einrichtete. 1941 kam sie in den Besitz der Freien und Hansestadt Hamburg und wurde Sitz des Reichsinstituts für koloniale Bodenkunde und Kulturtechnik. Die Chemiker waren hier lediglich Untermieter. Heute steht hier das Institut für Forstgenetik und Forstpflanzenzüchtung im Arboretum „Tannenhöft", heute ein Teil des *Thünen Instituts*.[2]

Unter anderem ist in dieser Monographie ein „alternatives" Rezept über die Herstellung von Whisky beschrieben. Diese „Veröffentlichung" ist sicherlich nicht positiv im Sinne heutiger Steuer- und Lebensmittelgesetze zu bewerten. Die Notlagen nach dem Zweiten Weltkriege haben aber auch an anderen Orten zu unkonventionellen Lösungen geführt, z. B. dem Fringsen, also dem Entwenden von Kohle mit bischöflicher Duldung.[3] Hätten die Organischen Chemiker in Ahrensburg ihr Getränk als Whisky veräußert, wäre das sicherlich auch eine Lebensmittelverfälschung, die hätte geahndet werden können. Dann hätten sicherlich ihre Arbeitskollegen, die damaligen Nahrungsmittelchemiker (heute üblicherweise als Lebensmittelchemiker bezeichnet), sie überführt und zur Verantwortung gezogen. Beim Lesen des Rezeptes ergeben sich viele Fragen, die nicht nur im Kontext des Produktes angesiedelt sind, sondern auch den Umgang mit solchen Produkten und den Verbraucherschutz berühren:

- Schmeckte es wirklich wie Whisky?
- Wie kann man beweisen, dass es kein Whisky ist?
- Gibt es auch andere Genussmittelverfälschungen und Missbräuche in der Hamburger Geschichte?
- Wie hat sich die Lebensmittelüberwachung in Hamburg entwickelt?

---

1 Walter & Heyns 2001.
2 Liesebach & Richard 1998.
3 Frings 1946.

Abbildung 9.2:
Oben: Der zerstörte Nord-Ost-Flügel des Chemischen Staatsinstituts 1944;
Unten: Die Villa in Tannenhöft bei Ahrensburg (1956)

In der Villa Tannenhöft war von 1943 bis 1963 die Abteilung für Organische
Chemie des Chemischen Staatsinstituts der Universität Hamburg untergebracht.
Oben: Sammlung Fritz Thieme. Unten: Wittko Francke

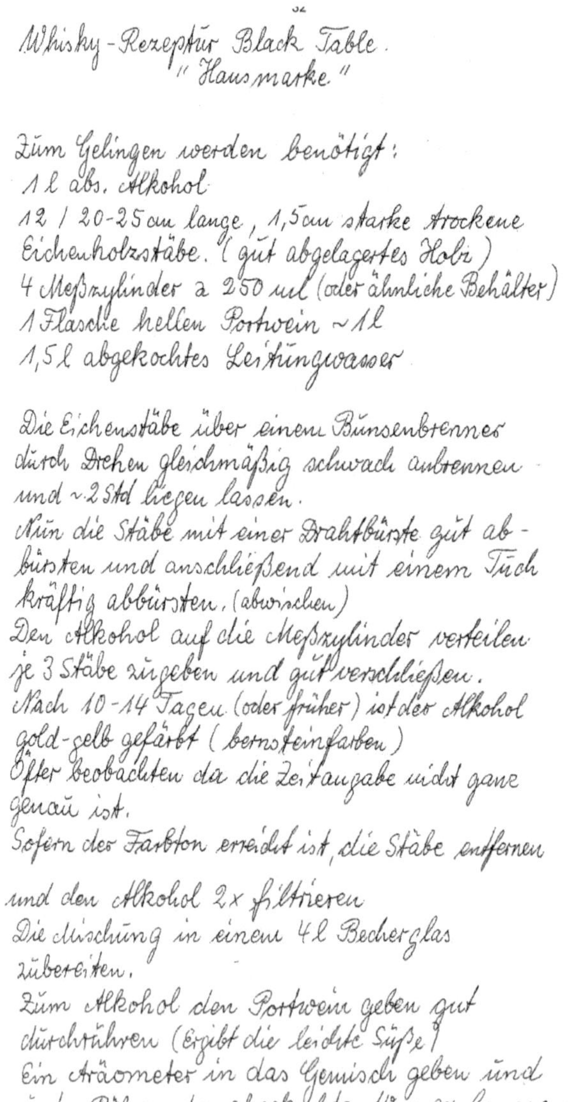

Whisky-Rezeptur Black Table.
"Hausmarke."

Zum Gelingen werden benötigt:
1 l abs. Alkohol
12 / 20-25 cm lange, 1,5 cm starke trockene
Eichenholzstäbe. (gut abgelagertes Holz)
4 Meßzylinder à 250 ml (oder ähnliche Behälter)
1 Flasche hellen Portwein ~1 l
1,5 l abgekochtes Leitungswasser

Die Eichenstäbe über einem Bunsenbrenner
durch Drehen gleichmäßig schwach anbrennen
und ~2 Std liegen lassen.
Nun die Stäbe mit einer Drahtbürste gut abbürsten und anschließend mit einem Tuch
kräftig abbürsten. (abwischen)
Den Alkohol auf die Meßzylinder verteilen
je 3 Stäbe zugeben und gut verschließen.
Nach 10-14 Tagen (oder früher) ist der Alkohol
gold-gelb gefärbt (bernsteinfarben)
Öfter beobachten da die Zeitangabe nicht ganz
genau ist.
Sofern der Farbton erreicht ist, die Stäbe entfernen

und den Alkohol 2x filtrieren
Die Mischung in einem 4 l Becherglas
zubereiten.
Zum Alkohol den Portwein geben gut
durchrühren (Ergibt die leichte Süße)
Ein Aräometer in das Gemisch geben und
unter Rühren das abgekühlte Wasser langsam
zugeben bis ~35-38%iger Whisky erhalten wird.

Abbildung 9.3:
Whisky Rezeptur *Black Table*
Walter, Wolfgang und Kurt Heyns: Erinnerungen an Tannenhöft.
Hamburg: Selbstverlag 2001.

9.2 Der Nachbau

Chemie ist eine experimentelle Wissenschaft. Zur weiteren Klärung der Sachverhalte war also eine Nachvollziehung der damaligen Experimente und Rezepte dringend notwendig.

Es wurde, wie in der Originalrezeptur (siehe Abb. 9.3, S. 232) beschrieben, gut abgelagertes Eichenholz verwendet. Das Holz wurde in ca. 1.5 cm starke und knapp 20 cm lange Stäbe gesägt (siehe Abb. 9.4, S. 233) , anschließend wurden diese mit dem Bunsenbrenner schwach abgeflämmt und für zwei Stunden liegen gelassen. Mit einem Stahlschwamm und Baumwolltuch wurden diese anschließend gereinigt. Die Stäbe wurden in einen Glaszylinder (10 cm im Durchmesser) mit Ethanol (100%ig laut Packungsbeilage) versetzt. Der geschlossene Glaszylinder wurde für 15 Tage im Dunkeln gelagert. Dabei war eine zunehmende gold-gelbe Färbung erkennbar. Nach Filtration wurde der Alkohol zu gleichen Teilen mit Portwein (Noval – Fine White Port, 19 Vol.-%) und abgekochtem Leitungswasser gemischt. Der exakte Alkoholanteil wurde nicht bestimmt. Das Produkt riecht süßlich und stark alkoholisch, mit leichten Honig-Aromen und hat eine hell-gold-gelbe Färbung.

Abbildung 9.4:
Das behandelte Holz und Whisky-Fässer
Links: Foto: Lucas Voges, rechts: Wikipedia

9.3 Weitere Funde

Die Recherchen zum Originalrezept im heutigen Fachbereich Chemie brachten weitere, unerwartete Funde zu Tage. Im Besprechungszimmer der heutigen Organischen Chemie befand sich noch eine Flasche eines Getränks mit folgender Aufschrift Black

Table – Rare Firfarm Whisky – Distilled and Blended in Firfarm. Firfarm ist hierbei die englische Übersetzung für Tannenhöft. Welche Person diese Flasche tatsächlich dort hinterlassen hatte, ließ sich nicht mehr ermitteln. Die Flasche war ursprünglich mit weißem Portwein der Marke Delaforce Port gefüllt gewesen. Der Flaschenhals scheint – soweit Vergleiche mit Angeboten im Internet auswertbar sind – auf eine Produktion deutlich vor 1963 hinzuweisen. Recherchen bei den Mitgliedern des *Freundes- und Fördervereins Chemie der Universität Hamburg e. V.* brachten keine zusätzlichen Erkenntnisse zu dieser Flasche. Erstaunlicherweise fand sich bei diesen Befragungen aber noch ein zweites, archaisches Whisky-Rezept! Dieses wurde 2001 nicht in das Tannenhöft-Buch mit aufgenommen. Da es aber auch ein mit Liebe geschriebenes historisches Werk ist, soll es hier mit dokumentiert werden (siehe Anhang, S. 241).

9.4 Die sensorische Prüfung

Vorweg gesagt: Wir warnen dringend unsere Leser vor Selbstversuchen mit diesem Rezept! Holz ist oft mit Holzschutzmitteln behandelt und im Laufe der Zeit anderen nachträglichen Umweltbedingungen ausgesetzt worden! In dem hier vorliegenden Fall konnten wir im Vorfeld die Reinheit des zum Nachbau verwendeten Holzes analytisch bestätigen. Es enthielt keine nachweisbaren Rückstände oder Kontaminanten.

Echter Whisky bekommt seinen Geschmack von der Lagerung in Eichenfässern, in denen vorher Portwein oder Sherry ausgebaut wurde. Nach dieser ersten Verwendung werden diese Fässer dann in die Whisky-Erzeugerländer exportiert. Daraus resultierend ergeben sich Geschmacks- und Aromaeindrücke aus dem ursprünglichen Eichenholz (u. a. die „Whiskylactone") und den im Holz gebundenen Portwein- oder Sherryinhaltsstoffen, die im Verlauf der Whiskylagerung dann langsam aus dem Holz wieder freigesetzt werden. Der charakteristische Sinneseindruck eines Whiskys basiert dabei auf unzähligen chemischen Prozessen, die bereits durch die Getreidequalität beeinflusst werden und während des Gärvorgangs, der Destillation und der mehrjährigen Lagerung in den Holzfässern ablaufen. Jeder Hersteller hütet die genauen Details der einzelnen Verfahrensschritte in besonderem Maße. Schon kleinste Änderungen können gravierende Auswirkungen auf die Qualität des fertigen Whiskys haben.

Sehr vorsichtig wollten wir also das Produkt testen und mit echtem Whisky vergleichen. Als „Labor" für diese Versuche wählten wir die Gaststätte Zum tanzenden Einhorn, dessen Inhaber Jürgen Räsig uns unverfälschte Vergleichsproben zur Verfügung stellen konnte. Im Geschmack unserer Probe ließ sich der Portweinanteil klar erkennen, aber es finden sind auch Geschmacks- und Aromaeindrücke, die man typischerweise von einem Whisky erwartet. Mit ein paar Eiswürfeln verfeinert, war das Ergebnis recht bekömmlich und eine interessante Geschmackserfahrung. Die Proben, die Herr Räsig zur Verfügung stellen konnte, überzeugten allerdings die Gaumen deutlich mehr.

Abbildung 9.5:
Sensorische Whisky-Prüfung im *Zum tanzenden Einhorn*
Foto: V. Vill im *Einhorn*, Bundesstraße 6, Hamburg

9.5 Die chemische Analyse

Um die Unterschiede des Produktes, das aus der archaischen Rezeptur hervorging, mit traditionellen, aber kommerziell erhältlichen Produkten nicht nur basierend auf der sensorischen Prüfung zu bewerten, wurden auch Analysenmethoden der modernen Lebensmittelanalytik verwendet. Zu diesem Zweck erfolgte eine Destillation der flüchtigen, zumeist Aroma- und Geschmacksrelevanten Komponenten und die nachfolgende chromatografische Trennung der einzelnen Substanzen mit einem Gaschromatograf. Mittels Massenspektrometrie konnte das Profil der wichtigsten einzelnen Substanzen nachvollzogen werden. Die kommerziell erhältlichen Produkte wiesen dabei die typischen Inhaltsstoffprofile auf, wie sie ebenfalls in der Literatur beschrieben werden. Ähnlich wie bei Poisson und Schieberle,[4] sind die für Whisky wichtigen Aromaver-

---

4 Poisson & Schieberle (2008a). Poisson & Schieberle (2008b).

bindungen Butanal, 2-Methylpropanal, Pentanal, 2-Methylpentanal, 2,3-Butandion, sowie langkettige, aliphatische Ethylester. Ethanol ist dabei zwar die Substanz mit der höchsten Konzentration. Im Vergleich zu den Aromawerten der anderen Substanzen, dominiert der Alkohol jedoch nicht übermäßig den Sinneseindruck.

Im Nachbau, hervorgehend aus der Tannenhöfter Rezeptur findet man dagegen das Ethanol als dominierende Verbindung neben nur ganz geringen Spuren von rauchigen und phenolischen Noten resultierend aus 2-Methoxyphenol und 4-Ethylphenol. Diese lassen sich auf das Abflämmen des Holzes zurückführen. Insgesamt ist das Profil des archaischen Whiskys (wenn man ihn denn überhaupt so bezeichnen dürfte), als sehr fraktal anzusehen, da nur wenige Substanzen zum Gesamteindruck beitragen. Es fehlen vor allem die fruchtigen und Vanillin-ähnlichen Noten. In einem echten Whisky findet man mehr 50 Geschmacks- und Aroma-relevante Substanzen.

9.6 „Die durstige chemische Gesellschaft"

Der „Durst bei Chemikern" ist kein alleiniges Hamburger Phänomen aus der Tannenhöfter Zeit. In der hochangesehenen Zeitschrift *Berichte der Deutschen Chemischen Gesellschaft* gab es 1887 sogar ein Sonderheft unter dem Titel *Berichte der durstigen chemischen Gesellschaft*.[5] Unter dem Pseudonym „K. Süffig und F.F. Stark" wurde *Die Synthese des Cognacs* abgedruckt. Im Poetischen Supplement warnt aber ein Gedicht von Emil Jacobsen vor der *„Schwarzen Kunst, den Wein nachzuäffen"*.

9.7 Lehmanns Erzählungen

Whisky-Verfälschungen in Hamburg sind z. T. sogar Gegenstand in der Weltliteratur! Siegfried Lenz schrieb 1964 den Roman *Lehmanns Erzählungen oder So schön war mein Markt. Aus den Bekenntnissen eines Schwarzhändlers*. Hier bekommt der Schwarzhändler Lehmann 1945 den Auftrag, 500 Flaschen Whisky für eine Siegesfeier der amerikanischen Soldaten zu organisieren. Er löst das Problem schließlich, aber auf eine ganz andere Art als die Tannenhöfter Chemiker, die ja nur ihren eigenen Durst löschen wollten. Lehmann wendet sich schließlich an das *Naturkunde Museum* in Hamburg, in der Ringelwürmer und Frösche in Alkohol konserviert lagern. Der Alkohol hatte durch die jahrelange Lagerung sogar schon eine, dem Whisky ähnelnde Farbe bekommen. Er musste also nur noch umgefüllt und auf Trinkstärke verdünnt werden. Lehmann verwendet dafür den Markennamen Victory-Schnaps, der hervorragend geschmeckt haben soll. (*„Wer ihn trinkt, vergißt ihn nie"*).

Allerdings ist Lenz' Geschichte eine Fiktion! Zwar gab es in Hamburg das *Naturhistorische Museum*, das 1943 weitgehend zerstört wurde. Ein Missbrauch der Präparate – soweit sie nicht verbrannt sind – ist jedoch nicht historisch belegt.

---

5 *„Berichte der durstigen chemischen Gesellschaft ... "* DCG (1887).

Solchen Missbrauch der Ideen
Kann man leider täglich sehen,
Da die Schlechten es nicht scheu'n
Und durch schwarze Kunst den Wein
Helfen nachzuäffen. [1]

Merke, chemische Gemeine!
Rühre, rühre nicht am Weine!
Satan, Satan, apage!
Ihn, die göttlichste Idee [2]
Chemisch zu verlästern!

Jeder Chemiker, der bieder,
Trink' den Wein und sing' ihm Lieder. [3]
Aber, welcher sich erfrecht
Nachzuahmen ihn, ist schlecht! —
Hol' ihn Vater Teufel!! [4]

[1] Bischoff. Gutachten über O. Nier's Weine.
[2] Horaz. nunc est bibendum. Ode, Buch 2.
[3] Commersbuch für deutsche Studenten. Leipzig, Teubner.
[4] Hengstenberg, Beweis für die Existenz des Teufels.

Abbildung 9.6:
Die drei letzten Verse des Gedichtes *Zur Geschichte der Chemiker*
Gedicht von Emil Jacobsen

9.8 Die Branntweinmeute von 1841

Ein erster großer, realer, dokumentierter Alkoholskandal ereignete sich 1841 in Hamburg.[6] Hier ging es aber nicht um ein „gepanschtes Produkt von niederer Qualität", sondern eher um das Gegenteil: *„zu gut und zu süffig ... "* Die vornehmen Hamburger waren in Sorge, dass die Arbeiter zu viel Branntwein trinken. Branntwein wurde als Ursache der Verarmung und Entsittlichung angesehen, und wohl auch als Gefährdung für die Arbeitsleistung. So gründete sich im Jahre 1840 in Hamburg ein „Mäßigkeits-

6 Wyrwa 1990.

verein" – der „*Hamburgische Verein gegen das Branntweintrinken*". Dieser Verein
hatte dann am 18. Januar 1841 eine öffentliche Veranstaltung im Johanneum, der
„Gelehrtenschule" Hamburgs, angekündigt. Dieser Tag war ein Montag, an dem die
handwerklichen Unterschichten traditionell frei hatten. So kamen sehr viele Interessierte, die aber vom Konzept der Mäßigkeit nicht zu überzeugen waren. Ganz im
Gegenteil. Es entwickelten sich Tumulte, die Redner mussten mit Polizeischutz aus
dem Saal gebracht werden und der Raum wurde demoliert. Selbst auf der Straße
konnten noch die Folgen der Veranstaltung wahrgenommen werden. In den regionalen Zeitschriften berichteten anschließend ausführlich über diese „Branntweinmeute
von 1841".

9.9 Lebensmittelkontrolle in Hamburg

Die vorgenannten Ausführungen zeigen, dass der Bedarf an Qualitätskontrollen, Lebensmittelüberwachung und der Nachweis von Lebensmittelverfälschungen nicht nur
in solchen, teilweise amüsanten Fällen notwendig sind, sondern natürlich übergreifend
alle Lebens- und Genussmittel betreffen. „*Der vorsorgende gesundheitliche Verbraucherschutz bei Lebensmitteln, Kosmetika und verbrauchernahen Produkten ist eine
klassische Aufgabe des staatlichen Verbraucherschutzes* [...]*. Gesundheit hat absolute
Priorität. Sie ist unverzichtbare Voraussetzung von Leben und körperlicher Unver-
sehrtheit und ein hohes individuelles Gut. Wir müssen darauf vertrauen können, dass
das, was wir zu uns nehmen oder in anderer Weise gebrauchen, gesundheitlich unbe-
denklich und sicher ist.*" (Die Bundesregierung, 2014).

Die Lebensmittelkontrolle in Hamburg hat eine vergleichsweise lange Tradition,
welche nicht nur auf den Aspekt eines zentralen Umschlagspunktes von Waren aus
aller Welt zurückzuführen ist. Auch die Forschung und Entwicklung von unzähligen
Gebrauchsgegenständen und Gütern aller Art spielt dabei eine ebenso bedeutende
Rolle, wie auch die Qualitätsanalytik, sowie die Lehre in den entsprechenden Bereichen Chemie, Technologie, sowie Lebensmittelherstellung und -hygiene. Im Folgenden soll die Entwicklung der einzelnen Institutionen, die für die Durchführung der
genannten Punkte zuständig waren, kurz skizziert werden. Sie zeigen, dass enge Zusammenhänge zwischen organischer, medizinischer Chemie sowie Lebensmittelchemie
und Ernährungswissenschaft zu den heute bekannten Organisationsstrukturen geführt
haben.

9.10 Akademische und staatliche Strukturen

Die Entwicklung der chemischen Forschung war/ist in Hamburg seit jeher sehr „be-
darfsorientiert", da Kaufleute nur dann Geld ausgeben, wenn sie es vermehrt zu-
rückbekommen. So schrieb Moses Paul Friedrich Philipp Schmidt (1800–1873) schon
1831 „*Chemie und Physik wird in Hamburg nur in der Ausdehnung getrieben als diese*

Wissenschaften eine praktische Anwendung finden."[7] Richtig begann die Chemie in Hamburg erst 1841, als Karl Wiebel (1808–1888) ein chemisches Unterrichtslaboratorium in Hamburg eröffnete. Dieses *„Chemische Laboratorium"* gehörte zum *Akademischen Gymnasium* und erlaubte es deren Studierenden, chemisch-experimentelle Studienarbeiten durchzuführen. Gleichzeitig stand es auch anderen Interessierten zur Verfügung und Ärzte und Apotheker konnten hier wissenschaftliche Studien durchführen. Mehr und mehr bekam dieses Labor auch Analysenaufträge von Behörden und den Gerichten in Hamburg. 1878 wurde es dann als Chemisches Staatslaboratorium ein eigenständiges Staatsinstitut unter der Leitung von Ferdinand Wibel (1840–1902). Die Aufgaben dieser Institution waren:

- Untersuchungen und Gutachten für Gerichte, Behörden und Verwaltungen
- Die amtliche Petroleum-Kontrolle
- Die Kontrolle der Nahrungs- und Genussmittel sowie der Gebrauchsgegenstände
- Unterrichtstätigkeit
- Verbreitung chemischer Kenntnisse in weiteren Kreisen
- Ausführung wissenschaftlicher Untersuchungen

Wibel war aber nicht nur Professor und Direktor dieses Instituts, sondern auch Assessor für Chemie im *Hamburger Medicinal Collegium.* Der Gesundheitsschutz der Hamburger Bevölkerung war also ein wichtiger Auftrag für Chemiker. Ab 1883 erschienen jährliche Berichte über die Untersuchungstätigkeiten im *Jahrbuch der Hamburgischen Wissenschaftlichen Anstalten* und schon der erste Bericht[8] listet viele Untersuchungen und Gutachten für Gerichte über den Untersuchungsgegenstand Lebensmittel auf:

Fall 16: Gesundheitsgefährlichkeit und Identitätsbestimmung von Cognac

Fälle 18, 19, 22, 33: Butterverfälschung

Fall 21: Verfälschung von Zimmet (Kanehl)

Fall 37: Ein „Rothwein" erwies sich als stark behandeltes Kunstprodukt

Fall 101: „Ächter Frank-Kaffee" wurde aus Cichorien gewonnen ohne jeglichen Kaffeezusatz.

Im Gesetz, betreffend den Verkehr mit Nahrungsmitteln, Genußmitteln und Gebrauchsgegenständen vom 14. Mai 1879 wurde dann erstmals deutschlandweit die chemisch-technische Untersuchung und Beurteilung von Nahrungs- und Genussmitteln vorgeschrieben. In Hamburg sah man sich wohl durch die Tätigkeiten des *Chemischen Staatsinstituts* hinreichend abgesichert. Erst die die große Cholera-Epidemie von 1892 brachte hier einen großen Vorschritt. Es wurde das Hygiene-Institut gegründet, das die Aufgaben der Lebensmittelüberwachung mit übernahm. An der Ausbildung der Nahrungsmittelchemiker beteiligt waren entsprechend das *Chemische*

---

7 Schmidt 1831.
8 Wibel (1884).

Staatslaboratorium und das *Hygiene-Institut*. 1921 wurde das Chemische Staatslaboratorium umbenannt in Chemisches Staatsinstitut und unterteilt. Das „chemische Untersuchungsamt" wurde die analytische Abteilung (siehe Anhang 2).

9.11 Weitere Untersuchungsämter

Das *Chemische Untersuchungsamt Altona* (1893–1938) wurde als Reaktion auf die Cholera-Epidemie 1893 durch den Regierungspräsidenten in Schleswig beschlossen und nahm 1896 seine Arbeit auf. Durch das Groß-Hamburg-Gesetz wurde es zum 31.3.1938 aufgelöst. Ein bekannter Vertreter dieses Amtes war Prof. Alfred Behre (*1876), der von 1924 bis 1937 Leiter des Amtes war. 1938 ging er in den Ruhestand und widmete sich neuen Aufgaben. Bis 1949 war er Berater der Hauptvereinigung der deutschen Fischwirtschaft und schrieb viele Lehrbücher und wissenschaftliche Publikationen.

1907 übernahm die Stadt Harburg ein privates Untersuchungsamt für Nahrungsmittel. Dieses wurde 1921 zum Gesundheitsamt erhoben und richtete 1927 eine Zweigstelle in Wilhelmsburg ein. Bis 1907 hatte Emil Schäfer (†1907) die Leitung. Kurzfristig war dann Richard Ehrenstein (1871–1929) der Leiter und ab 1908 dann langjährig Wilhelm Bremer (1873–1936), ein Schüler von Joseph König (1843–1930). Ausführlich widmete er sich auch dem Themen Trinkbranntwein und Likör.[9]

Durch das *Groß-Hamburg-Gesetz* wurden zum 1.1.1938 Altona, Harburg, Wilhelmsburg und Wandsbek zu Stadtteilen von Hamburg. Dort bestehende Lebensmitteluntersuchungsämter wurden aufgelöst und deren Aufgaben an der *Hygiene-Institut* übertragen.

9.12 Handelslabore

Staatliche Kontrolle alleine reicht nicht zur Sicherung der Qualität von Lebensmitteln. Hersteller und Konsumenten müssen auch eigenständig Analysen durchführen bzw. beauftragen können. Und bei gerichtlichen Auseinandersetzungen und Handelsstreitigkeiten braucht man oft mehrere unabhängige Untersuchungen. Hamburg als große Handelsstadt mit dem weltoffenen Hafen hat hier einen besonderen Bedarf an privaten Untersuchungslaboratorien. Schon 1856 wurde deshalb das weltweit erste Handelslaboratorium von Georg Ludwig Ulex (1811–1883) in Hamburg gegründet, das noch bis heute besteht. Den neuen Berufsstand des staatlich-beeideten Handelschemikers nahmen zunächst Apotheker wie Ulex an. Bald folgten aber auch promovierte Chemiker dieser Aufgabe. Oft stellten sie ihre Leistungsfähigkeit durch wissenschaftliche Veröffentlichungen dar. Bernhard Carl Niederstadt (†1920) gründete 1878 den Verein gegen Lebensmittelverfälschung zu Hamburg und präsentierte in der *Allgemeinen Hopfenzeitung* seine Leistungsfähigkeit für Bieruntersuchungen.[10] Der Ham-

9 Bremer 1927.
10 Niederstadt (1879).

burger Handelschemiker Hugo Gilbert (1847–1897) war 1881 Sekretär des *Vereins Analytischer Chemiker* und Chefredakteur des Repertorium der analytischen Chemie für Handel, Gewerbe und öffentliche Gesundheitspflege, dem Vorgängerjournal der heutigen, weltweit hoch angesehenen Angewandten Chemie.

9.13 Nachwort

Der Blick in die Vergangenheit fördert die ein oder andere humorvolle Anekdote, lehrt uns aber auch vieles. So konnten wir bei der Aufklärung rund um den Whisky *Black Table* vieles über die Geschichte der Lebensmittelkontrolle in Hamburg erfahren. Und Whisky sollte – anders als bei Lehmanns Erzählungen – immer vegan sein.

9.14 Anhang: zweites Whisky-Rezept
*Hans-Günther Rüdiger (*1936), Klaus Todt (1937–2016)*

Es muß im ersten Amtjahr des Bruders Kellermeister Jost Weyer (der diesen Posten von Jürgen Polchow übernommen hatte. Dieser hatte uns Richtung Hamburger Zoll verlassen, wo er zweifellos seine reiche Erfahrung in der Renaturierung von Alkohol zum Nutzen des Fiskus hat gut verwerten können) gewesen sein, also 1962(?). Es stand das jährliche Tschitschibabin-Fest an, und wir hatten die Flüssigkeitslogistik übernommen, d. h. neben unbedeutenden Mengen an Mineralwasser (was immer das ist) und Säften jeglicher Art sollten wir ausreichende (!) Mengen an alkoholischen Getränken mit Konzentrationen nicht unter 40% besorgen, beschaffen oder, und hier begann die Sache interessant zu werden, erzeugen.

Das Budget war klein und der Durst erfahrungsgemäß groß. Was tun? Beschaffung auf kommerziellem Wege kam nicht infrage. Der Ankauf von reinem unvergälltem Alkohol eröffnete zwar, zusammen mit den damals in jeder guten Drogerie erhältlichen Essenzen für eine breite Palette trinkbarer Plagiate, einen finanziell gangbaren Weg, hatte aber schon im Ansatz einen Touch von ordinärer Primitivität und hätte den Ruf des neuen Bruder Kellermeister unterminiert. Schließlich konnte jeder solche stümperhaft zusammengemixten Getränke erzeugen. Kein wissenschaftlicher Adel!

Eine Totalsynthese ließ der Tannenhöfer Rahmen nicht zu. Gärung war biologischer Tüdelkram und hätte viel zu lange gedauert. Unsere Lösung war natürlich der chemische Weg. Wozu und zu welchem Ende studierte man schließlich Chemie. Dem Institut standen in ausreichenden Mengen KOH und Essigester in höchster Qualität zu sinnvollen Preisen zur Verfügung. Eine säuberlich geführte Verseifung und eine anschließende Destillation schienen uns der Königsweg zur Erlangung des ersehnten Stoffes zu sein. Wir machten uns trotz überflüssiger Warnungen randständiger Gourmets ans Werk.

Abbildung 9.7:
Destillationsapparatur im Gröninger Brauhaus
Foto: Gudrun Wolfschmidt (2016 im Gröninger)

Um die Sache auch energetisch zu optimieren, bauten wir eine Glasapparatur zusammen, die es erlaubte, den exothermen Vorgang der Verseifung mehr oder weniger kontinuierlich so zu gestalten, daß einerseits keine äußere Wärmezufuhr notwendig war, andererseits der um 1 Grad höhere Siedepunkt des Alkohols nicht zu einer überflüssigen Anreicherung des Esters im Destillat führte. (Einzelheiten sind der Patentschrift zu entnehmen). Die automatisierte Prozeßführung ersetzten wir durch eine akribische manuelle Überwachung unter Einsatz aller unserer physikochemischen Kenntnisse.

Der Beginn gestaltete sich wegen der dann noch heterogenen Phasenlage besonders spannend. Beim intensiven Rühren unter Zutropfen der ersten Anteile Essigester war uns entgangen, daß in der ersten viertel Stunde sich eine beträchtliche Menge Essigester im Kolben angesammelt hatte. In dem Maße, wie die Löslichkeit des Esters durch den langsam ansteigenden Alkoholanteil im Reaktionsgemisch zunahm, erhöhte sich die Hydrolysegeschwindigkeit autokatalytisch. Die damit exponentiell freiwerdende Reaktionsenthalpie ließ sich dann trotz schnell herangeschafften Eises und aufgestockten Rückflußkühlers nicht ausreichend abführen und bewirkte eine erhebliche Verminderung der ersten Charge zu Lasten der Umgebung. Aufbauend auf den Resten dieser Initialcharge konnte dann aber der weitere Reaktionsverlauf voll beherrscht werden.

Die anschließende fraktionierte Destillation mit einer vorhandenen Ringspaltsäule war Tannenhöfer Routine.

Im Ergebnis hatten wir schließlich ca. 6 l reinen Alkohols in bester Wodkaqualität in der Hand, dessen Trinkbarkeit von den zahlreich vorhandenen Experten gern und ausgiebig geprüft wurde.

Im nächsten Prozeßschritt wurde nun die übliche Diversifikation mit Hilfe der käuflichen Geschmacks-Essenzen vorgenommen. Wir ließen uns allerdings nicht von der abenteuerlichen Vielfalt des Angebotenen verführen und wählten mit Bedacht drei Geschmacksrichtungen aus: Whisky, Gin und Kirsche. Mit der Whisky-Essenz wollten wir in visionärer Vorwegnahme einen Kontrapunkt setzen zu der sogenannten eichenholzbasierten Treppengeländer-Qualität, die unsere Epigonen bei Abbruch des H_2S-gesättigten Holztreppenhauses in Tannenhöft angeboten haben werden.

Favorit war unser excellenter Gin. Das Kirschzeug war mehr für die Damen gedacht und zeigte bei seiner Herstellung ein merkwürdiges, bis heute nicht aufgeklärtes Verhalten. Bei der Zugabe der Essenz zum mit Aqua dest. verdünnten Alkohol bildete sich überraschenderweise ein rötlich-brauner Niederschlag, der in der Gebrauchsanweisung nicht vorgesehen war. Wir kamen ins Grübeln. Sollte das etwa auf die ungenügende Reinheit des Alkohol zurückzuführen gewesen sein? Nun, die Zeit drängte und das Fest rückte näher. Also wurde der Niederschlag kurzerhand abfiltriert und das klare Produkt präsentiert. Erst viel später nach Genuß und Verstoffwechselung dieser Spezialität wurde uns klar, daß dieser zusätzliche Prozeßschritt durch die adsorptive Kraft des Niederschlags zu einer weiteren Reinigung und Verfeinerung des Produktes geführt hatte. Wir hatten wieder ein reines Gewissen.

Was zählt ist schließlich der Erfolg. Alle waren ordnungsgemäß besoffen und haben das Fest und die Getränke in guter Gesundheit überstanden. Ach war das eine schöne Zeit.

Abbildung 9.8:
Hamburger Kümmel, Heinrich Helbing GmbH Hamburg (*1836)
Foto: Gudrun Wolfschmidt (2015 im HamburgMuseum)

9.15 Literatur

„*Berichte der durstigen chemischen Gesellschaft. Unerhörter Jahrgang, Nr. 20, aus-gegeben am 20. September 1886.*" Sonderheft der Berichte der Deutschen Che-mischen Gesellschaft (1887).

BREMER, WILHELM: *Trinkbranntwein und Likör. Ausführliche Darstellung des ge-samten Brennereiwesens und der Presshefe-Gewinnung vom Standpunkte der Volkswirtschaft. Einschließlich Gesetzgebung und Rechtsprechung der Gesund-heitslehre sowie der Naturwissenschaft und Technologie.* Leipzig: Akademische Verlagsgesellschaft 1927.

Frings, Josef Kardinal: „Wir leben in Zeiten, da in der Not auch der einzelne das wird nehmen dürfen, was er zur Erhaltung seines Lebens und seiner Gesundheit notwendig hat, wenn er es auf andere Weise, durch seine Arbeit oder durch Bitten nicht erlangen kann." (Silvesterpredigt vom 31. Dezember 1946 in der Kirche St. Engelbert in Köln-Riehl). Zitiert nach Quirinus C. Greiwe, http://www.frings-gesellschaft.de/leben-und-werke/sylvesterpredigt/.

Liesebach, Mirko und B. Richard: Tannenhöft – 90 Jahre Arboretum – 50 Jahre Institut für Forstgenetik und Forstpflanzenzüchtung. Hamburg: Bundesforschungsanstalt für Forst- und Holzwirtschaft 1998.

Niederstadt, Bernhard Carl: Der Verein gegen Lebensmittelverfälschung zu Hamburg und die von ihm ausgeführten Bieruntersuchungen. In: Allgemeine Hopfenzeitung 19 (1879), S. 572–573.

Poisson, Luigi und Peter Schieberle: Characterization of the Most Odor-Active Compounds in an American Bourbon Whisky by Application of the Aroma Extract Dilution Analysis. In: Journal of Agricultural and Food Chemistry 56 (2008a), 14, pp. 5813–5819.

Poisson, Luigi und Peter Schieberle: Characterization of the Key Aroma Compounds in an American Bourbon Whisky by Quantitative Measurements, Aroma Recombination, and Omission Studies. In: Journal of Agricultural and Food Chemistry 56 (2008b), 14, pp. 5820–5826.

Schmidt, Philipp: Hamburg in naturhistorischer und medicinischer Beziehung. Zum Andenken an die im September 1830 in Hamburg stattgefundene Versammlung der deutschen Naturforscher und Aerzte. Hamburg: Hoffmann & Campe 1831.

Walter, Wolfgang und Kurt Heyns: Erinnerungen an Tannenhöft. Hamburg: Selbstverlag 2001.

Wibel, Ferdinand: Jahres-Bericht des Chemischen Staats-Laboratoriums für 1883. In: Jahrbuch der Hamburgischen Wissenschaftlichen Anstalten 1 (1884), XXXIII–L. Hamburg: Theodor Gottlieb Meissner.

Wyrwa, Ulrich: Branntewein und „echtes" Bier. Die Trinkkultur der Hamburger Arbeiter im 19. Jahrhundert. Hamburg: Junius Verlag 1990.

Abbildung 10.1:
Friedlieb Ferdinand Runge (1794–1867)
mit seinem selbsthergestellten Fruchtwein
Nach einer Fotografie von F. W. Herms, Oranienburg. (Rehberg 1935, S. 21)

„*Mein Bemühen scheiterte an dem Gutachten eines unwissenden Beamten"* – Frühe Teerforschung im Spiegel der beginnenden Globalisierung und Industrialisierung

Katrin Cura (Hamburg)

10.1 Einleitung

Der Hamburger Chemiker Friedlieb Ferdinand Runge (1794–1867) isolierte 1833 aus dem Steinkohlenteer erstmals das Phenol, das bei der *Cholera-Epidemie* 1892 in Hamburg als Desinfektionsmittel zum Einsatz kam. Auch schuf er 1833 erstmals die Teerfarbstoffe, mit denen die chemische Industrie in Deutschland zum Global Player aufstieg. Allerdings sollten bis dahin mehr als 30 Jahre vergehen, denn Deutschland war Anfang des 19. Jahrhunderts ein Agrarland und die wenigen Fabriken waren Vorboten der Industrialisierung. Ebenso kündigte der Import von Baumwolle, Indigo, Palmöl und anderen Rohstoffen den globalen Handel im großen Maßstab an. Im Folgenden wird untersucht, inwieweit die Globalisierung und Industrialisierung die Teerforschung des Chemikers beeinflussten.

Als Runge am Steinkohlenteer zu forschen begann, war er bereits Apotheker, Arzt und Professor für Technologie mit zwei Doktortiteln. Während seiner Lehrtätigkeit an den Universitäten in Berlin und Breslau bemängelte er die geringen chemischen Kenntnisse seiner Zeit und ihre praktische Nutzung. Besser gefiel ihm die Arbeit als Industriechemiker in einer Kattundruckerei, in der Baumwolle mit hauptsächlich Indigo gefärbt wurde. Beide Rohstoffe sind Importe und Runge entwickelte neue praktische Verfahren mit ihnen. Allerdings ging sein Wanderleben mit chronischem Geldmangel einher und so kam ihm im Juni 1832 das Angebot seines Freundes Kommerzienrat Dr. Georg Friedrich Albrecht Hempel (†1836) recht, der eine Chemische Fabrik in Ora-

Abbildung 10.2:
Je nach Sorte enthält die Steinkohle verschiedene Anteile an Teer, Gas
und Schwefel. Hier ist der gelbe Schwefeleinschluss gut sichtbar.
(Archiv Cura 2010)

nienburg bei Berlin besaß. Damals waren die Unterschiede zwischen Manufakturen
und Fabriken fließend, aber beide Betriebsformen grenzten sich vom traditionellen
Handwerk durch ihre Größe und Innovationsbereitschaft ab.[1]

Die Oranienburger wandten sogar neue Verfahren aus dem Ausland an und verarbeiteten Abfallprodukte aus der industriellen Gasherstellung. Sie stellten Grundchemikalien in großen Mengen her und verarbeiteten einige zu Endprodukten weiter.
Dabei produzierten sie bedeutend höhere Stückzahlen als das traditionelle Handwerk.
Die Firma war fortschrittlicher als vergleichbare Firmen in Frankreich und sogar England, dem Mutterland der Industrialisierung. Ihr guter Ruf verbreitete sich in ganz
Europa und Gewerbetreibende und Akademiker besuchten das beschauliche Oranien-

---

1 Cura 2010a, S. 30–36.

burg.[2] Auch den Chemiker Runge reizte das Neue und er arbeitete gegen Kost und Logis in dem Betrieb. Gehaltsabsprachen gab es nicht, denn ursprünglich wollte er nur wenige Monate bleiben. In seinem Leben verzichtete er immer wieder auf persönliche Vorteile, wenn er dafür neues chemisches Wissen erlangen konnte. Das nutzten seine Mitmenschen gern aus und auch Dr. Hempel machte keine Ausnahme, denn seine Firma steckte in finanziellen Schwierigkeiten. Ihm kam der umtriebige Chemiker gerade recht, der gern Verfahren optimierte, neue Produkte entwickelte und keine Lohnforderungen stellte. So sorgte er für eine angenehme persönliche Atmosphäre und nach einiger Zeit sah Friedlieb Runge die vielseitige Firma als persönliche Herausforderung an. Immer wieder verschob er seine Abreise, bis er schließlich sein restliches Leben in Oranienburg verbrachte und mit 74 Jahren starb. Er sollte dort seine produktivste Phase sowie seine schmerzlichsten Einschränkungen erleben. In späteren Jahren ließen ihn seine Vorgesetzten zwar forschen, aber setzten seine innovativen Vorschläge nur selten um. Dadurch ging Runge als wirtschaftlich erfolgloser Entdecker in die Chemiegeschichte ein. Heute ist er fast vergessen und nur in seiner Geburtsstadt Hamburg und seinem Wirkungsort Oranienburg gibt es einige Erinnerungsstätten.

10.2 Frühe Steinkohlenteerforschung

Von diesen Querelen ahnte Runge noch nichts, als er im Juni 1832 in der „Chemischen Fabrik Hempel & Comp." zu arbeiten begann, die schon wenige Monate später ihren Namen in *„Chemische Produkten-Fabrik zu Oranienburg"* änderte. Eine seiner ersten Aufgaben war die Erforschung des Teers, der ein Bestandteil der Steinkohle war. Bei ihr handelte es sich um ein schwarzes, oft pechartiges oder fettig glänzendes Sedimentgestein pflanzlicher Herkunft, das während des Karbons vor 280–370 Millionen Jahren entstand. Aus chemischer Sicht ist es ein Gemisch unterschiedlicher organischer Verbindungen, die hauptsächlich Kohlenstoff, Wasserstoff, Stickstoff und Schwefel enthalten.[3] Die Nachfrage nach der schwarzen Masse stieg an, als man drei kulturhistorisch bedeutende Komponenten abzutrennen verstand: Koks befeuerte die Industrialisierung, Gas beleuchtete die Städte und Teer führte zu bunten Farben.

Bis ins 17. Jahrhundert galt die Steinkohle als minderwertiger Brennstoff, denn sie gab schwefelig-ätzenden Rauch ab. Das bevorzuge Heizmaterial waren Holz und Holzkohle aus den waldreichen Gebieten Mitteleuropas, die weitgehend rauchfrei verbrannten. Von der Holzkohle leitete Georgius Agricola (1494–1555) den Begriff Steinkohle ab und verwendete ihn erstmals in seinem Werk *„De natura fossilium libri X"* von 1546.[4] In der folgenden Zeit wurde Holz knapp und teurer, da immer mehr Salinen und Glashütten den Brennstoff verbrauchten. So begannen Gelehrte mit der

2 Rehberg 1935, S. 18–19.
3 Neumüller 1987, S. 3964.
4 Agricola 1546/2006, S. 111–112. Agricola gilt als Begründer der modernen Mineralogie und des Montanwesens.

Abbildung 10.3:
Der Arzt und Apotheker Georgius Agricola (1494–1555) beschrieb die Steinkohle
und begründete die moderne Mineralogie und das Montanwesen.
(Agricola 1556)

Steinkohle zu experimentieren und Johann Thölde (um 1556 – um 1614)[5] schrieb
1603 in der „Haligraphia" ein eigenes Kapitel über Steinkohlefeuerung.[6] Zudem schilderte er erstmals die Teerabsonderung und spätere Wissenschaftler erkannten, dass
die Steinkohle aus mehreren Komponenten bestand. Einer davon war Koks, der ohne
schwefelig-ätzender Rußbildung verbrannte. Diesen begannen die englischen Praktiker zu nutzen und Mitte des 17. Jahrhunderts stellten sie Koks her, indem sie die
traditionelle Holzkohleherstellung modifizierten. Dabei stapelten sie die Steinkohle zu
Meilern auf und erhitzte sie unter Luftabschluss. Der störende Schwefel sowie das Gas
entwichen und der Teer floss ab. Später verwendeten sie Destillationsapparaturen und
führten eine Stein- oder Braunkohle – Verkokung oder -Entgasung durch, bei der die
flüchtigen Bestandteile ausgetrieben und teilweise thermisch gespalten wurden. Bei
der Tieftemperaturverkokung oder Schwelung wurden die Kohlen nur bis 600°C, bei
der Mitteltemperaturverkokung auf 700–800°C und der Hochtemperaturverkokung

---

5 Cura 2011e, S. 182–202. Thölde gilt heute als Begründer der modernen Salinenwesens und
  sein Werk zählt heute zu der frühen technologischen Literatur.
6 Thölde 1603/2008, S. 32–34.

Abbildung 10.4:
Bei der frühen Koksherstellung wurde die Steinkohle erhitzt und Gas, Schwefel
sowie Teer entwichen in die Umwelt. Später fing man diese Stoffe auf und stellte
weitere Produkte aus ihnen her.
(Liebig 1861, S. 258)

über 900–1400°C erhitzt.[7] Koks befeuerte ab 1750 die Industrialisierung in Großbritannien und wichtige Vorarbeiten leisteten die zuvor entwickelte Dampfmaschine und der Kokshochofens für die Eisenverhüttung.[8]

Bei der Koksherstellung entstanden lästige Abfälle, die einfach in der Natur entsorgt wurden. Findige Unternehmer machten sie zu Geld und erschlossen mit ihrer Abfallverwertung immer neue Absatzgebiete, die die Welt verändern sollten. Ab 1770 verkauften Betriebe den Koks an Fabriken, den Teer an die Marine und das Laugensalz an die Salmiakhersteller.[9]

Das anfallende Gas ihrer Kokerei verwendete die Dampfmaschinenfabrik Boulton & Watt und erleuchtete 1802 den gesamten Betrieb. Daraus entwickelten sie den Gewerbezweig der Industrie- und Stadtbeleuchtung und das flüchtige Abfallprodukt wurde zu einem begehrten Rohstoff.[10] Auch dem Freiburger Professor für Chemie und Hüttenkunde Wilhelm August Lampadius (1772–1842) schwebte eine öffentliche Gasbeleuchtung vor. Er installierte auf dem europäischen Festland im Winter 1811/12 die erste Gaslaterne und baute 1816 die erste Gasanlage im sächsischen Amalgierwerk Halsbrücke ein.[11] Zwei Jahre vorher erhielt London eine öffentliche Gasbeleuchtung,1824 folgten Hannover und 1826 Berlin. In der Berliner Gasanstalt entstand der Teer, aus dem Friedlieb Ferdinand Runge die Teerfarbstoffe entwickelte und das Phenol isolierte. Die schwarze Masse war die Schattenseite des neuen Lichts, da sie

---

7 Neumüller 1983, S. 2164–2165.
8 Henseling 1989, S. 84–85.
9 Krünitz 1839, S. 488–490.
10 Osteroth 1985, S. 51–53.
11 Lampadius 1816, S. VII–VIII. Lampadius 1819, S. 180–186.

Abbildung 10.5:
Nachbau der ersten öffentlichen Gaslaterne auf dem europäischen Festland (links),
Gaslaterne in Berlin (noch in Betrieb) (rechts)

Die Gaslaterne installierte der Chemiker August Wilhelm Lampadius (1772–1842) im
Winter 1811/12 im sächsischen Freiberg, um die neue Beleuchtung zu popularisieren.
Das Gas gewann er im Wohnzimmer durch Kohleverkokung und leitete es zur au-
ßenliegenden Laterne. Sie gab wohl bei der Verbrennung einen stechend riechenden
Geruch nach Schwefel und Ammonik ab, da Lampadius das Gas nicht reinigte.
(Archiv Cura 2011, Foto: Gudrun Wolfschmidt in Berlin 2015)

bei der Vergasung der Steinkohle anfiel.[12] So gewannen die Berliner Gasanstalten aus
1000 kg schlesischer Steinkohle 160–170 kg Leuchtgas für die städtischen Laternen und
680 kg Koks für die Industrie. Zusätzlich fielen 50 kg Teer an mit dem sie ebenso wenig anfangen konnten, wie mit dem ammoniak- und schwefelhaltiges Waschwasser des
Rohgases.[13]

Die Berliner Gasanstalten lösten ihr Abfallproblem, indem sie das trübe Waschwasser und den stinkenden Steinkohlenteer in Fässer füllten und kostenlos an die
Oranienburger Firma transportierten. Dafür nutzten sie das Kanalsystem zwischen
Berlin und Oranienburg und noch heute sieht man eine Wasserstraße direkt am Oranienburger Schloss verlaufen. Dort und in den angrenzenden Bauten war die Chemische Produktenfabrik untergebracht, die Seife, anorganische Farbstoffe, Säuren und
vieles mehr herstellte. Aus dem verunreinigten Wasser der Gasproduktion stellte sie
die Grundchemikalien Schwefelsäure und Ammoniumchlorid her, goss den Teer aber

12 Schivelbusch 2004, S. 36–38. Cura 2013, S. 457–480. Paulinyi 1991, S. 423–428.
13 Ost 1900, S. 284.

Abbildung 10.6:
Oranienburger Schloss um 1750 und heute

Im Oranienburger Schloss war früher die Chemische Produktenfabrik untergebracht. In einem Seitenflügel arbeitete und wohnte Runge bis zum Brand von 1842. Über den angrenzen Kanal konnten die Rohstoffe und die Endprodukte nach Berlin verschifft werden.

(Rehberg 1935, S. 78), (Wikipedia)

achtlos in Gruben vor dem Schloss. Als diese Maßnahme buchstäblich zum Himmel stank, sollte der kurz zuvor eingetroffene Friedlieb Ferdinand Runge die schwarze Masse untersuchen. In der Hoffnung auf gewinnbringende Substanzen, analysierte er mit zwei Gehilfen den Teer monatelang, wobei der unerträgliche Geruch in ihre Kleidung und Haare zog und ihn zum Gespött der Leute machte. 1863 erinnerte sich Runge rückwirkend in einem Artikel an diese Zeit:

> *„Anfangs der dreißiger Jahre befand ich mich in Oranienburg bei meinem Freunde, dem Dr. Hempel, um ihn in seiner chemischen Fabrik behilflich zu sein und vielleicht einige nützliche Entdeckungen zu machen.*
>
> *Damals wurde in der Fabrik das Wasser verarbeitet, welches bei der Gasanstalt in Berlin gewonnen wird und dazu gedient hat, das Gas zu reinigen, gleichsam zu waschen. Dies Wasser ist braun, riechst stark brenzlich und durchdringend nach Ammoniak.*
>
> *Dieser Stoff war es, auf dessen Gewinnung es der Fabrik ankam, um daraus mit Hilfe von Salzsäure den bekannten Salmiak darzustellen, eine der wichtigsten Handelswaren der Fabrik.*
>
> *Daher war der Verbrauch des Wassers beträchtlich. Große Kähne brachten wöchentlich ihre Ladung heran, die in alten Oel- und Teerfässern bestanden, in denen diese Flüssigkeit enthalten war.*
>
> *Da man diesen Teer damals nicht recht zu verwenden verstand, so war man in Berlin damit zu freigebig und er wurde in der Fabrik vorläufig als nutzlos in Gruben abgelassen, die auf den Fabrikhöfen zuletzt kleine schwarze Seen bildeten und eine Umfriedung mit Lattenzäunen nötig machten, denn ein Hineingeraten bei dunkler Nacht konnte, wenigstens für kleine Menschen, lebensgefährlich werden. Diese schwarzen Teer-Seen, an deren Ufern die Sonne seit Jahren hartes Pech gebildet hatte, waren oft Gegenstand der Unterhaltung, wenn ich Besucher der Fabrik herumführte. Die gewöhnliche Frage war: „Wozu wird der Teer gebraucht oder wozu kann er gebraucht werden?" Ich war denn jedesmal um eine Antwort verlegen, so daß einst Freund Hempel zu mir sagte: „Wie wär's, wenn Sie sich einmal daran machten, diese Frage zu beantworten und den Teer gründlich untersuchten. Vielleicht lohnt sich's der Mühe und Sie entdecken etwas Nützliches, und wenn's weiter nichts wäre als ein schwarzer Firnis, der nicht so übel riecht wie der Teer und schneller trocknet: „Ich will Ihnen den ganzen Teer und zwei Arbeiter zur Verfügung stellen."*
>
> *Dieses Anerbieten wurde von mir mit Lebhaftigkeit angenommen, und trotz mancher Bedenken traf ich sogleich meine Anstalten. Die Bedenken waren nicht gewöhnlicher Art – „Wer Pech angreift, besudelt sich", wer aber Teer angreift, besonders Steinkohlenteer, der tut's noch viel mehr, denn er kommt dadurch auch noch in einen höchst üblen Geruch! Wollte ich mich also gründlich mit diesen Dingen beschäftigen, so war das nicht in ein paar Tagen abgemacht, auch in Wochen nicht, und bald sah ich,*

ich brauchte Monate dazu und musste während dieser Zeit dem Umgang mit der Gesellschaft entsagen. Manchmal kam ich mir wie ein Geächteter vor. Wenn auch nicht alle Welt floh, so musste ich sie doch fliehen, um dem Naserümpfen und den Witzen zu entgehen, von denen derjenige zu den stehenden gehörte: ob ich wieder aus der Theerbuschschen Ressource käme oder noch immer dort verkehre.[14] Besonders habe ich gemacht, dass die flüchtigen Riechstoffe des Teers sich in den Haaren festsetzen und es dagegen, außer Kahlköpfigkeit, kein Mittel gab. Nun denke man sich lange Haare, wie ich sie zu tragen pflege. Doch dieses ist nun überstanden, und indem ich mich anschicke, meinen Lesern auf die anmutigste Weise ein Bild von meiner Arbeit in möglichster Kürze zu geben, stelle ich mir dieselben als solche vor, die noch gar keinen Begriff davon haben, wie man es anfängt, ein bis dahin ganz unbekanntes Ding, wie es damals der Teer war, chemisch zu zerlegen und aus diesem Brei der Finsternis Stoffe zu scheiden, die sich dem Auge als farbige Lichtstrahlen verkörpern."[15]

Wahrscheinlich experimentierte Runge in seiner Wohnung, die sich im rechten Vorderflügel des Schlosses befand. Als lebenslanger Junggeselle trennte er nie Arbeits- und Privatleben. Später arbeitete er in einem eigenen chemischen Laboratorium, das etwa 15 Minuten Fußweg vom Schloss entfernt lag. An dieser Stelle steht heute ein Wohnhaus und die Straße ist in Rungestraße umbenannt worden, die an die Liebigstraße grenzt. Beide Straßen liegen in einem Wohngebiet und spiegeln die Philosophie der Deutschen Demokratischen Republik (DDR) wider, zu der Oranienburg bis zur Wiedervereinigung 1990 gehörte. Sie wertete als „Arbeiter- und Bauernstaat" die Naturwissenschaftler und Forscher gesellschaftlich auf und benannte nach ihnen Wohnstraßen. Dagegen folgte Westdeutschland der bürgerlichen Tradition und gab in der Stadtmitte den Dichtern und Denkern den Vorrang. Aus diesem Grund befindet sich in Hamburg der Rungedamm etwas versteckt in einem Industriegebiet.

In Oranienburg war Runge zu Lebzeiten sehr bekannt, da die chemische Fabrik lange Zeit der größte Arbeitgeber der Stadt war. Zudem war Runge als Produktionsleiter sozial engagiert und später auch politisch aktiv. Nur 27 Jahre nach seinem Tode erschien ein Gedenkblatt zu seinem 100. Geburtstag, das der Lehrer Carl Suppe verfasste.[16] Er begann die Hinterlassenschaften des Chemikers zu sammeln und im städtischen Heimatmuseum entstand ein Runge-Archiv. Im Jahre 1935 fand in Oranienburg eine Runge-Gedenkfeier statt, die an die 100jährige Wiederkehr seiner Steinkohleforschung und Herstellung der ersten Stearinkerzen erinnerte. Zu diesem Anlass erschien eine Festschrift von Max Rehberg[17] und 1937 verfasste Berthold Anft

---

14 Die Theerburschsche Ressource, Oranienburger Straße 18 in Berlin, ist nach dem Besitzer des Lokals benannt. Anmerkung Runge.

15 Rehberg 1935, S. 19, 95–96.

16 Suppe 1894.

17 Rehberg 1935.

Abbildung 10.7:
Oben: Runges Wohn- und Sterbehaus, in das er nach dem Brand des Oranienburger
Schlosses 1842 zog. Die Straße hieß früher Mühlenstraße und ist heute in
Rungestraße benannt.

Unten: Runges ehemaliges Wohnhaus liegt heute an der Rungestraße, welche die Liebigstraße kreuzt. Beide Chemiker standen zeitweise in Briefkontakt und durch Runge
begann auch Justus von Liebig mit der Teerforschung. Sein Student August Wilhelm
Hofmann transferierte die Teerfarbenforschung nach England und regte die Gründung
der weltweit ersten Teerfarbenfabrik in Groß Britannien an.

(Rehberg 1935, S. 26), (Archiv Cura 2015)

Abbildung 10.8:
Statue Friedlieb Ferdinand Runges (Künstler Stephan Möller)

Die Statue vor dem ehemaligen Wohn- und Arbeitshaus symbolisiert seine chemische
Arbeit und sein kommunikatives Wesen. Zudem stellt sie Runges Bereitschaft dar,
seine Forschungsergebnisse mit anderen zu teilen.
(Archiv Cura 2015)

eine Dissertation über Runges Leben und Werk.[18] In Oranienburg genießt der Chemiker noch heute hohes Ansehen, denn nach ihm ist das Friedlieb-Ferdinand-Runge-Gymnasium benannt, ein offizieller Stadtrundgang führt an seinen Wirkungsstätten vorbei und vor seinem ehemaligen Laboratorium ist eine Statue mit Tafel angebracht:

> *„Historischer Standort der Oranienburger Chemischen Produktenfabrik, deren technischer Direktor von 1832–1852 Prof. Dr. Friedlieb Ferdinand Runge, Entdecker der Teerfarben, war."*

Davor bildet ihn eine bronzene Statue ab, die 1994 anlässlich seines 200. Geburtstages eingeweiht wurde. Die Stadt Oranienburg begann mit der Planung schon im Jahre 1989, als die Deutsche Demokratische Republik noch existierte. Die überlebensgroße Figur von 1,90 m schuf der Bildhauer Stephan Möller (*1954) und stellt den arbeitenden Runge dar, der vor einem Tisch mit Laborgeräten steht. Seinem kommunikativen Charakter entsprechend begegnet der Chemiker dem Betrachter auf Augenhöhe und streckt ihm den rechten Arm entgegen, als wolle er ihn zu einem Gespräch über die praktische Chemie einladen. Nach Niedobitek und Niedobitek (2011) könnte die Geste auch seine Bereitschaft symbolisieren, seine Entdeckungen an andere weiterzugeben und zum öffentlichen Nutzen einzusetzen. Die tatsächliche Körpergröße Runges ist unbekannt, ebenso wie sein genaues Aussehen.[19] Offensichtlich gibt es eine Photographie von Runge, denn Rehberg druckte in seinem Werk ein Portrait des Chemikers, das nach einer Photographie F. W. Herms in Oranienburg gezeichnet wurde.[20] Besonders charakteristisch für Runge sind seine langen Haare, die an der Bronzeskulptur, auf dem Bronzerelief seines Grabes in Oranienburg und auf der Gedenktafel am Pastorat in Billwerder abgebildet sind.

10.3 Runges Leben und Charakter

Es ist schwierig den Charakter eines Menschen zu beschreiben, den man nicht persönlich kennen gelernt hat und der vor 200 Jahren in einem ganz anderen Umfeld als heute lebte. Verschiedene Autoren haben es versucht und der Chemiehistoriker Otto Krätz beschrieb Runge als einen der originellsten Gestalten der Chemiegeschichte.[21] Sein Biograph Berthold Anft schilderte ihn als knorrig-norddeutsch mit derber Urwüchsigkeit, dem der geschliffene Umgangston seiner Universitätskollegen fremd war. Er zeigte alle Fähigkeiten eines Praktikers, wie ahnendes Forschen, Geduld und die Kunst zu experimentieren.[22] Max Rehberg widmete ihm ein ganzes Kapitel mit dem Titel: „Der hilfsbereite Freund und Bürger".[23] Niedobitek und Niedobitek (2011) versuchten ein sehr ausgewogenes Bild von ihm zu geben und beschrieben ihn als gesellig,

---

18 Anft 1937.
19 Niedobitek und Niedobitek 2011, S. 401, 441–442.
20 Rehberg 1935, S. 21.
21 Krätz 1992, S. 152.
22 Anft 1937, S. 28, 125.
23 Rehberg 1935, S. 22–28.

Abbildung 10.9:
Oben: St. Nikolai in Billwerder bei Hamburg
Unten: Pastorat und Gedenktafel

Oben links: St. Nikolai in Billwerder mit einem freistehenden Turm, so wie Runge sie noch kannte. Oben rechts: St. Nikolai in Billwerder. Nach dem Brand 1911 wurde die heutige Kirche errichtet.

Unten: Das neue Pastorat, an dessen Seite die Runge-Gedenktafel von 1936 hängt.
  (Rehberg 1935, S. 9), (Archiv Cura 2010), (Archiv Cura 2010), (Archiv Cura 2010)

humorvoll, hilfsbereit, uneigennützig, empfindsam und neben seinen chemischen Fähigkeiten hatte er auch künstlerische Neigungen. Wie jeder Mensch hatte er auch andere Seiten und konnte bereits in jungen Jahren zur Überheblichkeit neigen. In schriftlichen Äußerungen traf er gelegentlich den falschen Ton und im Alter zeigte er manchen Menschen gegenüber eine gewisse Rücksichtslosigkeit und Grobheit. In seinem Wirken war er genial und zeigte bahnbrechende Ergebnisse, die auf einen außergewöhnlichen Forschungs- und Erkenntnistrieb, Beharrlichkeit und Willensstärke zurückzuführen waren.[24]

Nach Cura besaß der Chemiker ein besonderes Kommunikationstalent und wurde einer der wichtigen Popularisierer der Chemie im 19. Jahrhundert. Sein Arbeitseifer führte zu zwei Dissertationen, 17 Monographien und 34 Artikeln.[25] Er schrieb Bücher für Schüler, richtete sich speziell an Hausfrauen und verfasste unzählige Artikel für Zeitungen.[26] Als Wissenschaftler hielt er Fachvorträge in Gesellschaften und veröffentlichte in einschlägigen Zeitschriften. Für den Kreis der Fabrikanten, Ärzte und anderen gebildeteren Praktikern verfasste er technologische Bücher über Färberei oder die Chemie. Ihnen erklärte er das chemische Grundwissen und seine neuen Forschungsergebnisse, damit die Leser bessere Produkte herstellen konnten. Hieran zeigt sich der Einfluss der wissenschaftlichen Technologie auf Runges Arbeit. Er nutzte die Chemie, um das Gewerbe zu optimieren und somit die Lebensverhältnisse der Menschen zu verbessern. Dadurch stellte er seine chemische Arbeit immer unter den Nützlichkeitsaspekt.

Schon seine Teerforschung zeigt, dass Friedlieb Ferdinand Runge ein eigenwilliger Mensch mit Ecken und Kanten gewesen war, der monatelange im Labor versinken konnte und ebenso die Gesellschaft im Freundeskreis liebte. Er kommunizierte vielfältig auf der zwischenmenschlichen Ebene und konnte mit Dienstmädchen und Arbeitern gleichermaßen umgehen, wie mit Wissenschaftlern, Künstlern und höhergestellten Persönlichkeiten. In diesem Punkt widerlege ich die Ansicht von Anft, dass Runge der Umgangston seiner Kollegen fremd gewesen sei. In seinen Briefen an Bekannte und Vorgesetzte verwendete er die üblichen respektvollen Umgangsformen seiner Zeit.

Wäre er ein ungehobelter Mensch, so hätten ihn weder der Dichter Johann Wolfgang von Goethe (1749–1832) oder der Naturforscher Alexander von Humboldt (1769–1859) gelobt, noch hätten Chemieprofessoren nebst Gattinnen mit ihm gesellige Abende verleben wollen.[27] Unabhängig vom Status wollte er mit seinen Mitmenschen auf Augenhöhe kommunizieren und so bat er 1852 in einem Brief, nicht mit der damals üblichen Redewendung „Hochwohlgeboren" angesprochen zu werden.[28] Ansonsten lehnte er jeden Standesdünkel ab und heute würde man ihn wohl als authentischen Menschen beschreiben, der sich selbst treu blieb. Dieses kann mit seiner hanseatischen Sozialisation zusammenhängen, die auch 100 Jahre später den Gründer des gleich-

---

24 Niedobitek und Niedobitek, 2011, S. 401– 429.
25 Niedobitek und Nidobitek 2011, S. 475–478.
26 Cura 2002, S. 167–169. Cura 2011c, S. 105–116.
27 Bussemas; Harsch 1985, S. 125, 127–132.
28 Rehberg 1935, S. 52.

namigen Hamburger Tierparks Carl Hagenbeck (1844–1913) prägte. Als ihm Kaiser Wilhelm II. (1859–1941) den Titel „Commerzienrat" verlieh, wollte er nicht damit angesprochen werden und sagte nur: „Ich bün Corl Hogenbeck und dat genügt mi!"[29] Im Folgenden möchte ich darlegen, welchen Einfluss seine norddeutsche Heimat auf sein Kommunikationstalent und Arbeitsethos hatten.

Runge wuchs in einem ländlichen Pastorenhaushalt auf und seine Kindheit war von Armut und Krieg geprägt. Er war das dritte von insgesamt acht Kindern des Hamburger Pastors Johann Gerhard Runge (†1811) und seiner Frau Catharina Elisabeth (†1806). Über das genaue Geburtsdatum gab es einige Unklarheiten, denn in einem Lebenslauf gibt Runge das Jahr 1795 an. Das Original ist in lateinischer Sprache verfasst und befindet sich heute in Berlin.[30] Anft lieferte eine deutsche Übersetzung, wies aber auf den Fehler hin und nannte 1794 als richtig[31]. Auch Niedobitek und Niedobitek schlugen erneut im Kirchenbuch von St. Nikolai nach und bestätigten ebenfalls 1794. Sie vermuten, dass Runge den lateinischen Lebenslauf nicht selbst anfertigte, da er nie die alten Sprachen beherrschte.[32] Er ließ seine Dissertationen und Prüfungsvorträge von Freunden übersetzten und so könnten sie auch den fehlerhaften Lebenslauf für ihn verfasst haben. Heute gilt als Geburtstag der 8. Februar 1794, der auch auf seinem Grabmal und den Gedenktafeln steht.

Runges Geburtsort Billwerder war ein zwischen Wiesen und Feldern abgelegenes Dorf und gehörte zu Hamburg. Dort besaßen viele Hamburger Kaufleute stattliche Landhäuser mit großen Gärten und bereits 1737 spendeten sie großzügig für den Bau der örtlichen St. Nikolai Kirche im prächtigen Barockstil. Sie besaß goldglänzende Messingleuchter und ein fast bis zur Decke reichender Altar, in den die Kanzel eingelassen war. Von dort fasste der Vater, Pastor Runge, die komplexe christliche Lehre mit einfachen Worten zusammen und sprach damit die einfachen Bauern und deren Gesinde auf den Bänken ebenso an, wie die gebildeten Wochenendler in ihren kunstvoll geschnitzten Herrenstühlen.[33] Die alte St. Nikolai-Kirche brannte 1911 ab und wurde durch einen Neubau ersetzt. Auch das Pastorat ist jüngeren Datums und an der Seite erinnert heute ein bronzenes Reliefbild an den berühmten Sohn des Ortes, den 1936 die Hamburger Sektion der deutschen chemischen Gesellschaft spendete. Der Text würdigt ihn als Pionier für die Industrie sowie als Wissenschaftler, bezeichnet ihn aber fälschlicherweise als Entdecker des Anilins:

> *„Chemiker Friedlieb Ferdinand Runge wurde hier am 8. Februar 1794 geboren. Durch seine Entdeckung des Anilins und anderer wertvoller Stoffe des Steinkohlenteers hat er die Grundlagen der deutschen chemischen*

---

29 Kuenheim 2012, S. 197.

30 Archiv der Humboldt-Universität zu Berlin. Bestand: Phil. Fak. 210, Promotionen, Bl. 184/185. Niedobitek; Niedobitek 2011, S. 14.

31 Anft 1937, S. 8–10, 154–155.

32 Staatsarchiv der Hansestadt Hamburg, Bestandsnummer 514-3, Signatur Cl I Tit. IX, Nr. 4, Bd. III). Niedobitek; Niedobitek 2011, S. 13.

33 Strubbe 2011, S. 88–90.

> *Industrie mitgeschaffen. Er hat die Naturwissenschaften durch zahlreiche*
> *Werke und Forschungen gefördert."*

Im naheliegenden Industriegebiet befindet sich der nach ihm benannte Runge-Damm. Noch heute ist Billwerder mit seinen wenigen Häusern sehr beschaulich und nur die Autos auf der asphaltierten Dorfstraße und das Brummen der nahegelegenen Autobahn erinnern an die Gegenwart. Der idyllische Eindruck trügt, denn eine Pastorenfamilie auf dem Lande war vor 200 Jahren sprichwörtlich arm wie eine Kirchenmaus. Der Pastor erhielt ein geringes festes Gehalt und für kirchlichen Amtshandlungen (Sporteln) zahlten die Gemeindemitglieder extra, was sie oft nicht taten. Pastor Runge kam auf 2000 Mark Gesamteinnahmen pro Jahr, von denen er seine Ehefrau und viele Kinder unterhalten musste. Zudem bezahlte er davon Wein und Oblaten für die Messe, sowie Kost und Logis für drei Dienstboten und die Arzt- und Apothekerrechnungen für die erkrankte erste Ehefrau – Friedlieb Ferdinand Runges Mutter – bis zu ihrem Tode. Dazu kamen hohe Lebensmittelpreise und das teure Brennholz für die harten Winter. Somit lebte die Pastorenfamilie mit ihrem Gesinde an der Armutsgrenze, denn für einen Erwachsenen lag im Jahre 1800 das Existenzminium bei ca. 358 Mark.[34] Vater Runge versuchte durch Aufnahme von Pensionären oder einer kleinen Landwirtschaft etwas Geld hinzuzuverdienen, was aber fehlschlug. Er geriet 1799 in Schulden und schilderte in einem Brief an den Hamburger Senat die Lebensumstände, in denen auch sein damals fünfjähriger Sohn Friedlieb Ferdinand lebte. Aus dessen Kindheit ist es die einzige Quelle und sie spiegelt zwei Aspekte wider: Runges Vater beherrschte einen sehr guten Sprachstil und die Armut zwang ihn zu nützlichem Handeln.

Der Aspekt der Kommunikation zeigt sich bereits im verständlichen Sprachstil des Briefes, denn ein Landpastor musste mit allen Bevölkerungsschichten verständlich sprechen können. Schließlich wollte er die komplexe christliche Lehre vermittelte und war auch noch finanziell von der Gemeinde abhängig. Die väterliche Kommunikation beeinflusste den Sohn sehr und als Chemiker wandte er sich in Artikeln und Büchern an Lesergruppen mit unterschiedlicher Bildung. Sein Stil war sehr klar und eingängig und die populärwissenschaftlichen Beiträge ergänzte er mit unterhaltsamen Erinnerungen, wie der hier zitierte Artikel über die Teerfarbenforschung zeigt. Sie geben noch heute ein plastisches Bild seiner Arbeitsweise und stellen schwierige Sachverhalte verständlich dar. Auch seine Briefe passte Runge stilistisch den Adressaten an.

Den Aspekt des nützlichen Handelns erlebte der Sohn im täglichen Leben, da die finanziellen Mittel begrenzt waren. Alle häuslichen Tätigkeiten dienten der Grundversorgung und diese Erfahrungen ließen ihn zeitlebens zu einem Anhänger der wissenschaftlichen Technologie werden, die die heimische Wirtschaft fördern und den Lebensstandard anheben sollte. Im Folgenden wird der Brief von Pastor Runge an den Senat fast in voller Länge wiedergegeben, um ein eingängiges Bild zu geben.

---

34 Niedobitek, Niedobitek 2011, S. 23.

Hochedelgeborener Herr!
Wohlweiser und hochzuverehrender Herr Senator!

Zu unseren jezigen theuren Zeiten ist gewis keines Menschen Tage drücken-
der und trauriger, als die Tage eines Landpredigers, der eine große Fami-
lie, seine bestimmten, und noch dazu sehr geringen Einnahmen hat, und
der von seiner Gemeinde nichts mehr erhält, als was sie ihm nothwendig
geben muß. Und leider befinde ich mich in dieser Lage. Zehn Jahre bin ich
Prediger hirselbst, und in allen diesen Zehn Jahren bin ich noch nichts
ganz von Nahrungsmittelsorgen frey geblieben. Meine ganze Gemeinde
besteht ohngefehr aus 13–1400 Köpfen, und meine ganze jährliche Ein-
nahme beträgt nicht völlig 2000 Mark. Da nun diese schon in den ersten
Jahren meines Hiersyns kaum hinreichend waren, die nöthigsten Bedürf-
niße zu befriedigen, und jährliche Wochenbette, viele Krankheiten und To-
desfälle meine Ausgaben vermehrten, so mußte ich ganz nothwendig, weil
ich keine Baarschaften hatte, in Schulden gerathen. Um diese bezahlen
zu können, oder doch wenigstens nicht mehrere machen zu dürfen, suchte
ich mir zuerst durch selbst übernommenen Landbau und hernach durch
Pensionäirs zu helfen, aber auch dis wollte mir nicht glücken. Denn den
Landbau, wobey ich wirklich gewann und in der Folge noch mehr hätte ge-
winnen können, mußte ich nicht nur wegen der damit verbundenen Mühe,
beschwerden und Verdrießlichkeiten, sondern auch vorzüglich deswegen
wieder aufgeben, weil die Dienstboten in unsern Zeiten so schlecht, und
die Lebensmittel so theuer sind und weil das Diensten und Arbeitslohn so
hoch gestiegen ist, und bey Pensionairs finde ich nicht die Vortheile, die
ich dabey zu finden glaubte. Ich bin also durch meine geringe Einnahme,
durch meine große Familie, welche aus 6 Kindern, die zum Theil heran-
wachsen, und also mehr Kosten erfordern, und aus 3 Dienstboten besteht,
durch die übermäßige Theurung der Lebensmittel, und durch den stren-
gen und anhaltenden Winter, welcher mir blos an Feuerung nahe an 600
Mark gekostet hat, in eine Lage versezet, welche mir alle Lebensfreuden,
denen ich in meinem häuslichen Zirkel so viele habe, verbittert, mich für
die Zukunft bange macht, und mich in die Nothwendigkeit versezet, um
Zulage anzuhalten, um nur meine nöthigen Ausgaben bestreiten zu kön-
nen. Ich habe schon in dieser Absicht mit verschiedenen und zwar mit den
Vornehmsten meiner Landleute gesprochen, sie sehen die Nothwendigkeit
davon ein, und sind erbötig, mir dazu behilflich zu seyn, wenn nur Sie,
wohlweiser Herr Senator sich meiner in dieser Sache annehmen wollten.
Daher ersuche ich Sie recht sehr, dis zuthun, und mir hierin beyzustehen,
und die ersten der Gemeinde, oder die 4 Juraten derselben zu sich for-
dern zu lassen, und mit ihnen zu sprechen, wie und auf welche Art mir
mein Gesuch gewährt werden könnte.

Und nun noch einen Vorschlag, wie solches meiner Meynung nach am besten einzurichten wäre. Der größte Theil meiner Einnahme hirselbst besteht in so genannten Sporteln (Sportula lat. = Geschenk), die von Kindtaufen, Copulationen (Trauungen), Sterbefällen und von der Anzahl der Beichtenden abhängen. Da nun hier im ganzen Jahren nur zwischen 30 und 40 Kinder geboren, 8 bis 10 Paare copuliert werden, ohngefehr 20 bis 30 Sterbefälle sich ereignen, und die Anzahl der Beichtenden sich auf 1200 erstreckt, welches mir keine 300 Mark einbringt, so ist auch diese Einnahme nicht sehr groß, und da solche bey Kleinigkeiten eingenommen sind, so fällt sie , wie man zusagen pflegt, gleichsam durch die Finger. Nur zweymal im Jahr habe ich kleine Summen einzunehmen, nemlich auf Martin 540 Mark für mein Land, welches ich jetzt den größten Theile vermietet habe, und auf Michaelis und auf Ostern habe ich eine Sammlung, wovon die erste um 60 Humpen Hafer und die letzte an barem Gelde 2010 Mark, ferner 10 Schinken, 2 Metwürste und 440 Eyer einbringt. Von der Kirche erhalte ich das ganze Jahr 32 Mark, wofür ich Wein und Oblaten am Altar halten muß. Die Oster-Sammlung aber ist sehr ungleich gesetzt, und im 16ten Jahrhundert angeordnet. Einige, welche viel Land haben, geben derselben sehr viel, nemlich einen Schinken, 20 Eyer und 6 s und überdem noch auf Michaelis 2 und 3 Humpen Hafer, und andere, die eben so viel, ja wol gar novch mehr Land haben, geben nur allein auf Ostern an barem Gelde 3 Mark, 2 Mark, und 1 Mark 8s ja einige nur 1Mark 2s. Ferner geben alle Käthner, auch die, welchen einen eigenen Kathen haben, und zum Theil wohlhabend sind, so wie alle Einwohner zu derselben nicht mehr, als 4s, und Knechte und Mägde geben gar nichts. Und hier wünsche ich nun, daß diese Sammlung anders eingerichtet, und ein jeder in der Gemeinde nach seinen Besitzungen und nach seinem Vermögens Umständen höher angesetzt würde.... [...][35]

Aufgrund des Briefes veranlasste der Senator Wilhelm Amsinck (1752–1831) eine Sammlung für den Pastor und bewirkte von der Gemeinde eine Gehaltszulage.[36] Sie mag für kurze Zeit geholfen haben, aber ab 1806 verschlechterte sich die Situation der Familie erheblich. Auslöser war Kaiser Napoleon I. (1769–1821) von Frankreich, der Europa mit Krieg überzog. Den Alltag der Besatzungszeit stellte der Dichter Fritz Reuter (1810–1874) in seinem Werk *„Ut de Franzosentid"* [37] anschaulich dar.

Zwischen 1806 bis 1814 besetzten die französischen Truppen mehrmals Hamburg und passierten die Heerstraße durch Billwerder, die in die Handelsstadt führte. Im November 1806 brandschatzten und plünderten sie Bergedorf und die Vier- und Marsch-

---

35 Brief des Pastors Johann Gerhard Runge mit der Beschreibung seiner wirtschaftlichen Situation. Staatsarchiv Hamburg vom 3.6.1799, Bestands-Nr. 413-1 Sig. 776. Zitiert bei Niedobitek und Nidobitek, 2011, S. 20–23.

36 Anft 1937, S. 9.

37 Reuter 1859. Das schriftstellerische Talent von Fritz Reuter erkannte früh Hoffmann von Fallersleben, der ein Freund Runges war. Babovic; Hanke 1998, S. 50.

lande. Im gleichen Jahr besetzten sie Hamburg und verhängten die Kontinentalsperre, um die Wirtschaft Großbritanniens zu schwächen. Die Insel war durch Industrialisierung sowie Kolonialhandel ein Global Player geworden und einer der wichtigsten Handelspartner Hamburgs, das nun verarmte. Nur der Schmuggel florierte und 1807 richteten die Franzosen in Runges Heimatort Billwerder eine Zolllinie zum angrenzenden Holstein ein, um den verbotenen Transport mit englischen Waren zu unterbinden. Vielleicht hat der kindliche Friedlieb Ferdinand die französischen Soldaten beim Konfiszieren der Schmugglerware beobachtet und die weiche und bunte Baumwolle erschien ihm wertvoller, als seine kratzige, matt gefärbte Kleidung aus Wolle und Leinen. Hat er dort schon den Wert des Baumwoll-Farbstoffes Indigo erkannt, den er für seine zweite Dissertation untersuchte?

In Billwerder waren auch die Folgen des globalen Handels und der Industrialisierung spürbar, denn es gab eine Kattundruckerei zum Färben von Baumwolle (engl. = cotton) mit Indigo. Das leichte Gewebe sowie der Farbstoff stammten aus Übersee und um 1780 waren Europa und besonders Großbritannien zum Knotenpunkt des weltweiten Baumwollhandels geworden. Schiffe importierten aus China, Indien, Ägypten und Nordamerika die weichen Fasern nach Europa und vor allem englische Betriebe verarbeiteten sie zu Garn und Gewerbe.[38] Die ersten dampfgetriebenen Webstühle kamen zum Einsatz und in der Baumwollverarbeitung hatte die Industrialisierung ihr zweites Standbein gefunden. Über Handelswege kamen das Gewebe sowie Indigo nach Hamburg und zeitweilig gab es über 50 Manufakturen in und um Hamburg. 1791 beschäftigten die Größten unter ihnen 500 Menschen. Zur Herstellung der Druckfarben, dem Vorbereiten der Stoffe und dem späteren Entfernen der Farbverdickungsmittel verwendeten sie Essig, rauchende Schwefelsäure, Bleizucker, Alaun, Salmiak, Arsenik, Tonerde, Salpetersaures Blei, Vitriol, Grünspan, Kuhmist, Urin und Fett.[39] Die Baumwolldruckereien verschmutzten erheblich das Wasser, aber im abgelegenen Billwerder störte dieses nur wenige Anwohner und die Materialien konnten zollfrei transportiert werden, denn der Ort gehörte zu Hamburg. Während der französischen Besatzungszeit kam dieser Wirtschaftszweig jedoch zum Erliegen und die Bevölkerung litt sehr unter dem Militär. Zudem waren spanische und holländische Truppen unterwegs und das beschauliche Billwerder wurde international. Das Fremde weckte beim 12jährigen Pastorensohn eine Reisebegeisterung und er lernte nebenbei die französische Sprache, die er bei seiner späteren Paris-Reise nutzte. Ansonsten erlebte er diese Zeit als negativ, denn zeitweilig war eine ganze Kompanie in einem Hof untergebracht und verbrauchte schnell die Vorräte.[40] Noch später sollte sich Runge an die magere Kost seiner Jungend erinnern und zeitlebens beschäftigte er sich mit der Lebensmittelkonservierung, Nahrungsmittelherstellung und Hauswirtschaft. Diese beherrschte er auch praktisch, denn als lebenslanger Junggeselle führte er seinen Haushalt selbst. Die Handfertigkeiten erlernte er beim häuslichen Färben, Waschen, Bleichen, Kochen, Heizen und sie weckten auch sein Interesse an der Chemie.

---

38 Beckert 2014, S. 65.
39 Eich; Wierecky 2002.
40 Vollstädt 2011, S. 38.

Abbildung 10.10:
Runge begann 1810 in Lübeck eine Apothekerlehre (Löwenapotheke)

Oben: Hostentor; damals grenzte an das Holstentor die alte Stadtmauer, die aber die
Besatzung durch die Franzosen nicht verhinderte.
Unten: Löwenapotheke um 1880, die Runges Onkel Adolph Christoph Sager (1771–
1852) im Jahre 1812 kaufte. Runge absolvierte dort seine restliche Lehrzeit als Apotheker und wohnte auch im Haus. Die heutige Löwenapotheke besteht seit mehr als
200 Jahren an demselben Ort.
        (Archiv Cura 2015), (Archiv der Löwen-Apotheke), (Archiv Cura 2015)

Dem Vater fiel die naturwissenschaftliche Begabung auf, aber er konnte seinem Sohn weder den Besuch eines Gymnasiums noch ein Studium bezahlen. Er schickte ihn immerhin auf das Pädagogiums nach Schiffbek, das nach den Prinzipien von Christian Gotthilf Salzmann (1744–1811) geleitet war. Dieser propagierte eine kindgerechte Erziehung mit religiösen und moralischen Elementen, zu der auch turnerische Übungen und körperliche Arbeit gehörten. Zudem nahmen Naturbetrachtungen und Heimatverbundenheit eine wichtige Stellung ein. Der Direktor war Hofrat Friedrich Ludwig Fiedler und schien Runge sehr beeinflusst zu haben, denn später widmete er ihm seine erste Dissertation.war. Auch lernte er dort den gleichaltrigen Johann Christian Poggendorf (1796–1877) kennen und schloss mit ihm eine lebenslange Freundschaft. Später sollte Runge seine Teerfarbenforschung in *Poggendorffs Annalen* veröffentlichen und somit der Wissenschaft präsentieren.[41]

Nach der Schule schickten die Eltern Friedlieb Ferdinand in die Apothekerlehre, die damals typisch für chemisch-praktisch begabte Jungen ohne finanziellen Hintergrund war. Er absolvierte sie bei seinem Onkel Adolph Christoph Sager (1771–1852), der Apotheker im Lübeck war. Dieser hatte zuvor in Mecklenburg und Hamburg gearbeitet, bevor er in die Lübecker Ratsapotheke kam und sie ab 1802 pachtete. 1806 erobern die Franzosen die bis dahin neutrale Stadt und plündern sie. Lübeck verarmte und Runge fand die gleiche Situation vor, wie in Hamburg. 1810 erreichte er zu Fuß auf schlechten Wegen das 70 Kilometer entfernte Lübeck und begann seine Ausbildung in der Ratsapotheke. Dort brachte ihm sein Onkel die typischen Berufsfähigkeiten bei: Präzise chemisch-technische Arbeitsweise, selbstständiges Lernen, rationalen Umgang mit der Zeit, eine genaue Beobachtungsgabe und tiefere Kenntnisse der pharmazeutischen Waren, Chemikalien Mineralien und Pflanzen.[42] Die Apothekerlehre war hart und entbehrungsreich, aber der junge Runge war das gewohnt und mit Freude arbeitete er im chemischen Labor und trainierte seine Beobachtungsgabe und praktisches Geschick, das ihm später als Wissenschaftler und Industriechemiker auszeichnen sollte. Er führte die chemische Arbeit unter dem Aspekt der Nützlichkeit durch, denn ein Apotheker stellte Medikamente her. Den Nützlichkeitsaspekt verfolgte auch die wissenschaftliche Technologie, der Runge zeitlebens anhängen sollte. Während der Ausbildung trainierte Runge auch seine Kommunikationsfähigkeit, die er bei späteren Veröffentlichungen nutzte. So kam er in der Apotheke mit den verschiedenen Bevölkerungsschichten in Kontakt, hörte er sich die Krankheiten der deutschsprechenden Einwohner, der skandinavischen Händler und der französischen Besatzer an. Er bediente sowohl gebildete Würdenträger als auch deren Dienstboten gleichermaßen und erklärte ihnen die Wirkungsweisen der Medikamente. Der Onkel war bei den alt eingesessenen Familien angesehen und führte auch seinen Neffen in die höhere Gesellschaft der Stadt ein. Mit dem Sohn einer solchen Familie freundete er sich an und als dieser 1811 von der französischen Armee gemustert wurde, lies ihn der Apothekerlehrling für 36 Stunden erblinden. Hierfür verwendete er den atropinhaltigen Bilsenkraut-Saft, dessen pupillenerweiternde Wirkung ihm zufällig aufgefallen

41 Niedobitek und Niedobitek, 2011, S. 24–25.
42 Friedrich 2013, S. 421–422.

war. Dieses Phänomen war bereits in der Antike beschrieben worden, geriet aber in Vergessenheit.[43] Der kurzzeitig erblindete Freund wurde dadurch ausgemustert und musste nicht in den Russlandfeldzug ziehen, den nur wenige überlebten. Auch wenn die französischen Besatzer verhasst waren, so führten sie 1811 die Gewerbefreiheit ein und der Onkel Adolph Christoph Sager konnte endlich eine eigene Apotheke eröffnen. Am 15. April 1812 gab er in den Lübeckschen Anzeigen die Eröffnung der Löwen-apotheke bekannt, die bis heute noch existiert. Als Wappentier befindet sich auf der Vorderseite (Vordergiebel) des Hauses eine vergoldete Holzplastik eines sitzenden Löwen. Die Apotheke befindet sich in einem Giebelhaus, das Adolph Christoph Sager auch erwarb und in der Altstadt steht. Es ist heute Lübecks ältester Profanbau und das Fundament sowie andere ältere Teile stammen wohl aus dem Jahr 1230. Das große Haus wurde im Mittelalter von reichen Patrizierfamilien bewohnt und erhielt sogar kurzzeitig kaiserlichen Glanz. Als im Jahre 1375 Kaiser Karl IV. (1316–1378) die Stadt besuchte, wohnte seine Gattin Elisabeth von Pommern (1347–1393) dort. Damals war Lübeck die „Königin der Hanse" und die prächtigen Steinhäuser zeugen noch heute von der Vergangenheit. Friedlieb Runge folgte seinem Onkel in die Löwenapotheke und absolvierte dort die restlichen $3\frac{1}{2}$ Jahre seiner insgesamt $5\frac{1}{2}$jährigen Ausbildung. Aber unter den damaligen Umständen war eine Apotheke keine Goldgrube mehr, denn durch die französische Niederlassungs- und Gewerbefreiheit eröffneten in Lübeck viele neue Apotheken. Zudem war die Stadt durch die Kriege und Besatzung verarmt und es gab kaum kaufkräftige Kundschaft.[44] Runge hatte in seiner Kindheit und Jugend vor allem Krieg, Armut und Hunger kennen gelernt. Die Zeiten war bewegt und nichts von Dauer, so dass er wohl den Glauben an ein geregeltes Leben als Apotheker verloren haben mag. Auch brauchte er nicht mehr diesbezügliche Erwartungen seiner Eltern zu erfüllen, da sie bereits verstorben waren. Eine Zukunft als Pillendreher bot ihm keine Perspektive, auch wenn ihm die chemische Arbeit viel Freude bereitete. Ihm schwebte ein Leben als Forscher vor und er wagte den Schritt in die Wissenschaft, zumal eine kleine Erbschaft ihm dazu die finanzielle Möglichkeit gab.[45] Das Abitur als Zugangsberechtigung war noch unbedeutend und so konnte er Medizin studieren, damals das einzige naturwissenschaftlich ausgerichtete Universitätsfach.

Im Jahre 1816 ging er nach Berlin und wechselte nur $1\frac{1}{2}$ Jahre später (1818) nach Göttingen, um medizinische Vorlesungen zu hören. Dort lehrte auch Friedrich Stroh-meyer (1776–1835) analytische Chemie, richtete eines der ersten chemischen Labora-torien ein und hielt seit vielen Jahren Vorlesungen über technische Chemie. Dabei ließ er sich von der wissenschaftlichen Technologie leiten, die Johann Beckmann (1739–1811) im Jahre 1777 mit dem Buch „*Anleitung zur Technologie*" begründete. Er war an der Universität Göttingen Professor für Ökonomie und seine Ideen waren auch

---

43 Runge 1866/1988, Sechsundreissigster Brief, S. 164–165.

44 Niendorf 1962, S. 1– 49.

45 Der Pastor Johann Gerhard Runge wollte 1808 mit der Erbschaft seiner Kinder seine Schulden begleichen, aber der Erbschaftsverwalter gab ihm das Geld nicht und zahlte später einen Teil an Friedlieb Ferdinand aus, der somit ein Studium aufnehmen konnte. Niedobitek; Niedobitek 2011, S. 24.

Anleitung
zur
Technologie,
oder
zur Kentniß
der
Handwerke, Fabriken und
Manufacturen,
vornehmlich derer, die mit der
Landwirthschaft, Polizey und
Cameralwissenschaft
in nächster Verbindung stehn.

Nebst
Beyträgen zur Kunstgeschichte.
Von
Johann Beckmann
ordentlichem Profeßor der Oekonomie in Göttingen.

Zwote, verbeßerte und vermehrte Ausgabe.
Mit einer Kupfertafel.

Göttingen,
im Verlag der Wittwe Vandenhoeck. 1780.

Abbildung 10.11:
Johann Beckmann (1739–1811)
begründete mit dem Buch die wissenschaftliche Technologie.
(Beckmann 1780/1970, Deckblatt)

während Runges dortigen Studiums präsent. Im Sinne der Technologie sollten die Gelehrten das Gewerbe weiter entwickeln, um langfristig die heimische Wirtschaft zu fördern. Die Wissenschaftler sollten die Stoffe und ihre Reaktion untersuchen und theoretisch erklären. Dafür schuf Beckmann den Begriff „Materia technologica" (Materiallehre) und forderte mehr Forschungsarbeit auf chemischen Gebiet. Allerdings waren die damaligen Kenntnisse nur sehr rudimentär und sollten von späteren Gelehrten entschlüsselt werden:

> *„Ein Hauptstück der Technologie ist die richtige Bestimmung der Haupt- und Nebenmaterialien, die ich, wenn ich sie einzeln abhandeln wollte, Materia technologica oder Materialkunde nennen würde. Sie ist noch wenig bearbeitet worden, und noch voll Lücken."*[46]

Die Wissenschaftler sollten sich mit dem Gewerbe auseinander setzen und es weiter entwickeln. Damit würden sie langfristig die Wirtschaft fördern und dem Staate nut-

---

46 Beckmann 1780/1970, S. 18.

zen, also der Allgemeinheit dienen. Beckmann sprach allgemein von Naturforschern und Mathematikern, denn die Chemie war um 1780 noch keine eigenständige Disziplin und an der Universität häufig ein Teilgebiet der Medizin oder der allgemeinen Naturphilosophie:

> *„Mathematiker und Naturforscher können ihre Wissenschaft nicht höher anbringen, als wenn sie solche zum Nutzen der Gewerbe, deren Verbesserung die unmittelbare Verbesserung des Staates ist*[47]

Den Studenten Runge muss der Nützlichkeitsaspekt der Technologie sehr angesprochen haben. Als Kind arbeitete er zu Hause mit, um die Not zu beheben und als Apotheker stellte er hilfreiche Medikamente her. Während seines Studiums wurde er zu einem Anhänger der Technologie und als Privatdozent in Berlin las er Vorlesungen über technische Chemie. In Breslau wurde er dann außerordentlicher Professor für Technologie. Auch als Industriechemiker in Oranienburg analysierte er im Sinne der technologischen Materialkunde heimische und importierte Naturstoffe. Er entdeckte viele Substanzen, versuchte sie gewerblich zu nutzen und optimierte chemisch-technische Verfahren. Dabei half ihm seine ausgeprägte Forschungsbegeisterung, die bereits während der Apothekerausbildung zum Ausdruck kam. Sie zeigte er auch im weiteren Studium, denn in Göttingen blieb er nur ein Semester und wechselte dann nach Jena. Dort untersuchte er Pflanzen und isolierte die Wirkstoffe des Bilsenkrautes, der Tollkirsche und des Stechapfels. Seine Mitstudenten gaben ihm den Spitznamen „Dr. Gift" und er war als „lustiger Bursche" beliebt.[48] Auch mit seinem Professor Johann Wolfgang Doebereiner (1780–1849) verstand er sich so gut, dass sie beide im Labor experimentierten und eine Freundschaft begründeten. Ihr gutes Verhältnis resultierte wohl auch daher, dass beide Männer gelernte Apotheker waren und aus ähnlich ärmlichen Verhältnissen stammten. 1819 promovierte ihn die Universität Jena über Belladonna (Atropin) zum Doktor der Medizin. Die lateinische Fassung der pflanzenchemischen Dissertation fertigten Freunde an, denn Runge hatte nie altsprachlichen Unterricht erhalten.[49] Ein weiterer Höhepunkt des Jahres für Runge war seine Audienz beim Dichter Johann Wolfgang von Goethe (1749–1832), die ihm sein Professor Doebereiner vermittelte. Dem Dichter demonstrierte Runge die Wirkungsweise des Bilsenkrautes an dem Auge einer Straßenkatze und an das Treffen erinnerte sich Runge später in seinen *„Hauswirthschaftlichen Briefen"*:

> *„Zu meinem Glücke wusste ich gar nicht, dass Goethe Wirklicher Geheimer Staatsminister war, und hatte auch, obgleich man mir gesagt hatte, ich müsse ihn „Exzellenz" nennen, gar keinen Begriff von dem, was man Hofzwang oder Etiquette nennt. Ich trat also, nachdem ich mich dem Kammerdiener zu erkennen gegeben, mit größter Ungezwungenheit ins Empfangszimmer ein, in welchem bald darauf auch Goethe erschien. Wie unser Willkommen gewesen, kann ich nicht sagen. Die schöne,*

---

47 Beckmann 1780/1970, S. S AII.
48 Runge 1866/1988. Sechsundreissiger Brief, S. 161–162.
49 Runge 1819. Er widmete sie unter anderem seinem Lehrer der Elementarschule in Schiffbek, Friedrich Ludwig Fiedler.

hohe mächtige Gestalt trat mir mit einem so überwältigenden Eindruck entgegen [...][50]

Runge kannte sich nicht mit den höfischen Umgangsformen aus, da er in hanseatischen Städten ohne Adelstradition aufwuchs. Seine Heimatstadt Hamburg sowie Lübeck unterstanden jahrhundertelang nur dem Kaiser, der bekanntlich weit weg war. Die Bürger betrieben Handel sowie Handwerk und mit dem Wohlstand stieg auch ihr Selbstbewusstsein, das auf einem hohen Arbeitsethos und protestantischer Nüchternheit basierte. Schillernden Schein lehnten sie als adelige Arroganz ab. Diese Eigenschaften zeigten sich auch bei Runge, nur war er gesprächiger als der typische Norddeutsche.

Nach der Promotion in Medizin fühlte er sich nicht zum Arzt berufen, sondern wollte weiter chemisch arbeiten. Die wissenschaftliche Chemie bildete sich an den Universitäten erst langsam heraus und dem jungen Doktor schwebte eine Privatdozentur an der Berliner Universität vor. Deren Satzung verlangte einen Doktor in Philologie und Runge promovierte 1822 ein zweites Mal, wobei er sich erstmals den Farbstoffen zuwandte. Er forschte am wirtschaftlich bedeutenden Indigo, dem wichtigsten Farbstoff der Baumwolle. Beide Produkte kamen über den globalen Handel ins Land und mit dieser Forschungsarbeit wandte sich Runge das erste Mal den importierten Rohstoffen zu. Die Materialkosten verschlangen seine finanziellen Rücklagen und während des harten Winters 1821 konnte er noch nicht einmal sein Zimmer heizen. Schließlich wurde er 1822 zum Dr. phil. promoviert und im Vorwege lobte ein Prüfer seine beharrliche Forschung ohne Aussicht auf finanzielle Vorteile:

> *„Daß ein junger Mann, der sich ohne alle bestimmte Aussicht auf äußere Vortheile bei den beschränktesten Vermögensumständen mehrere Jahre der Verfolgung wissenschaftlicher Untersuchungen mit der ausgezeichnetsten Beharrlichkeit hingibt, welche ich an Herrn Doktor Runge, den ich seit seiner Anwesenheit hier näher kenne, stets wahrgenommen habe, den Erfolg seiner Bemühungen höher anschlägt als bei weniger Enthusiasmus und in späteren Jahren geschehen dürfte, scheint ihm in unserem Urtheile nicht schaden zu dürfen.“*[51]

Auch eine andere Anekdote zeigte den Forschungswillen des jungen Studenten und seine Offenheit gegenüber importierten Waren. Der Dichter Johann Wolfgang von Goethe schenkte ihm nach der Audienz 1819 einige Kaffeebohnen und manch junger Mann hätte sich daraus einen Kaffee gekocht. Runge entsagte dem teuren Luxus und behandelte die Bohnen solange, bis er 1820 erstmals das Koffein isolierte und beschrieb.[52]

Nach seiner zweiten Promotion folgte noch ein Habilitationsverfahren und auch hierbei musste Runge die Arbeit und die Verteidigung von Freunden in die lateinische

---

50 Runge 1866/1988, Sechsundreissigster Brief, S. 161–162."
51 Stellungnahme von Hoffmann vom 19.12.1821. Akten der Philosophischen Fakultät der Königlichen Friedrich-Wilhelms-Universität zu Berlin. Litt P. Nr. 4, Vol. I und Litt. H. Nr. 1, Vol. II. Zitiert bei: Anft 1937, S. 157."
52 Runge 1866/1988, Sechsundreissigster Brief, S. 164–166. Anft 1941, S. 277–280.

Sprache übersetzen lassen. Sie lernte er auswendig, konnte aber auf die für ihn unverständlichen Fragen nicht antworten. Auch die anschließende lateinische Prüfungsvorlesung für die Privatdozentur bestritt er mit einer Portion Frechheit. Der Vortrag lief dank Runges Gedächnis gut, allerdings konnte er auf die Fragen der Professoren nicht antworten, da er sie nicht verstand. Um nicht hilflos dazustehen, antwortete er mit zusammmenhangslosen Sprichwörtern: *Practica est multiplex* (die Praxis ist vielseitig), [post] *nubila phoebus* (nach den Wolken die Sonne), *errare humanum est* (irren ist menschlich) oder *plenus venter non studet libenter* (ein voller Bauch studiert nicht gern). Sein Freund, der Dichter August Heinrich Hoffmann von Fallersleben (1796–1877) war anwesend und konnte sein Grinsen kaum unterdrücken.[53] Die Prüfer sahen dem Schauspiel mit geteilter Meinung zu. Sie übten Kritik an seinem überheblichen Verhalten und ihm wurde zu mehr Bescheidenheit geraten, sowie mehr Achtung vor Jöns Jakob Berzelius (1779–1848) und anderen älteren Chemikern. Dennoch würdigten sie seine Leistungen und so wurde Runge 1822 dennoch an der Berliner Universität Privatdozent für Pflanzenchemie und technische Chemie. Allerdings konnte er seine Stellung schlecht behaupten, denn er hatte nur wenige Studenten und gab nebenher Privatunterricht für Fabrikanten im Färbereiwesen. Abhilfe hätte eine Professur für Chemie in Greifswald geschaffen, die ihm auch angeboten wurde. Er lehnte zuerst ab und formulierte in einem Brief sinngemäß, dass er zwar spekulativ auf dem Gebiet der Pflanzenchemie geforscht hätte, ihm aber die empirische Ausbildung fehlen würde. Zudem hätte er im Augenblick Zweifel, ein so wichtiges Amt auszufüllen. Damit zeigte er ein hohes Maß an Selbstkritik, das bei seinem oft großspurigen Verhalten nicht zu vermuten war. Offensichtlich empfand er seine Chemiekenntnisse als zu gering und wollte sie in Paris erweitern, das eine Führungsrolle in den Naturwissenschaften einnahm. Die Universität Berlin begrüßte sein Vorhaben und beurlaubte ihn für die Reise im Jahre 1823, die er zu Fuß unternahm und so das Geld für Kutsche und Schiff sparte.

In Paris besuchte er berühmte Chemiker und erhielt bei dem Naturforscher Alexander von Humboldt (1769–1859) eine Audienz. Offensichtlich hinterließ er einen guten Eindruck, denn der weltberühmte Südamerikaforscher stellte ihm ein Empfehlungsschreiben zur Besichtigung von Manufakturen und Fabriken aus. Zurück in Berlin war er noch bis 1824 Privatdozent und kündigte dann, um eine zweijährige Bildungsreise durch Europa anzutreten.[54] Offensichtlich wollte Runge dadurch seine Chemiekenntnisse nochmals erweitern. Die Reise war für ihn kostenfrei, denn er begleitete den gleichnamigen Sohn des Kattundruckerei-Besitzers Carl Milde (1805–1861).[55] In seinem späteren Buch erinnerte er in einer Widmung an diese Reise zu „Wasser und

---

53 Hoffmann von Fallersleben 1868, Bd. 1, S. 329. Cura 2011c, S. 94–99.

54 Niedobitek; Niedobitek, 2011, S. 124, 140–145.

55 Karl August Milde besuchte mit 16 Jahren das Gewerbe-Institut in Berlin, leitete später die Kattundruckerei seines Vaters, eröffnete eine Baumwollspinnerei und setzte sich für die Industrialisierung ein. Er war auch politisch aktiv und wurde erster preußischer Handelsminister. Niedobitek; Niedobitek 2011, S. 152–153.

Abbildung 10.12:
Sein Buch widmete Runge seinem Reisekamerad Carl Milde (1805–1861), mit dem
er zwei Jahre lang die Fabriken und Manufakturen in Europa besichtigte. Hierbei
lernte der Apotheker und Chemiker erstmals die großtechnische Produktion kennen.
(Runge 1843, Deckblatt)

Land".[56] Die jungen Männer lernten neue Herstellungsverfahren in ganz Europa kennen und das Empfehlungsschreiben Alexander von Humboldts öffnete ihnen manche
Tür. Schon damals war die Angst vor Firmenspionage groß und die Fabrik- und
Manufakturbesitzer hielten ihre Verfahren geheim. Diese hatten sie selbst oder ihre
Mitarbeiter entwickelt oder optimiert, wobei sie wochen- oder jahrelange Versuche in
ihrer Werkstatt durchführten. Oft kamen sie an ihre finanziellen Grenzen und stellte sich der Erfolg ein, so wollten sie ihren Wissensvorteil gegenüber der Konkurrenz
nutzen. Die Praktiker arbeiteten fast ohne theoretisches Wissen und ließen sich von ihren empirischen Beobachtungen leiten. Erst ab Mitte des 19. Jahrhunderts gründeten
die Firmen eigene Forschungslabore, in denen wissenschaftlich ausgebildete Chemiker
arbeiteten. Zu dieser Zeit hatte sich die Chemie an den Universitäten zu einer eigenständigen Disziplin entwickelt und durch neue Theorien und praktische Verfahren
konnten der Stoffaufbau und die Reaktionen besser erklärt werden. Dagegen konnten
Anfang des 19. Jahrhunderts die Professoren für Technologie nur auf die lückenhaf-
ten chemischen Kenntnisse ihrer Zeit zurückgreifen. Insofern erweiterte Runge auf
der Reise weniger sein theoretisches Wissen, sondern lernte neue Praktiken kennen
und wandte sich erstmals den Fabriken und Manufakturen zu, die im großtechnischen
Maßstab produzierten. Das war neu für ihn, denn bisher hatte er als Apotheker, zu
Hause oder an der Universität nur im Labormaßstab gearbeitet. Dabei spielte der

---

56 Runge 1843.

Preis keine hohe Rolle, während bei der Großproduktion die Kosten für Material und Arbeitskräfte wichtig waren. So beschrieb Johann Beckmann in seiner *„Anleitung zur Technologie"*:

> *„Bey der Auswahl des Orts für eine Fabrike oder Manufactur, hat man vornehmlich darauf zu sehen, daß die Haupt- und Nebenmaterialien, in hinreichender Menge, und in billigen Preisen zu haben sind, daß der Arbeitslohn wohlfeil sey, und daß die Zufuhr der Materialien, und die Abfuhr der Waaren, ohne große Kosten und Gefahr geschehen könne.*[57]

Beide Betriebsformen produzierten große Mengen zu einem billigeren Preis als das Handwerk. Zudem waren sie offen für Innovationen. Damit förderten sie die Wirtschaft des Landes und erhöhten den Lebensstandard der Menschen. Für Runge muss es eine Offenbarung gewesen sein, als er den technologischen Ansatz in der chemischen Großproduktion sah. Besonders reizte ihn der Forschungsansatz und nach dieser Reise sollte er nur noch in der Großproduktion arbeiten und wurde einer der ersten Industriechemiker. Dort experimentierte er mit wissenschaftlichem Anspruch, indem er die Prozesse analysierte, hinterfragte und optimierte. In systematischen Experimenten isolierte er aus Produkten einzelne Stoffe und prüfte ihre Eigenschaften, um Rückschlüsse auf den Stoffaufbau zu ziehen. Dadurch entdeckte er eine Reihe neuer Substanzen und viele stammten aus importierten Rohstoffen. Seine Ergebnisse nutzte er dann für die Produktion, die durch die neuen Importwaren wie Baumwolle, Indigo und Palmöl neue Impulse erhielt.

Am Ende seiner zweijährigen Europareise setzte er seine Pläne um und arbeitete in der Breslauer Kattundruckerei Carl Mildes als Industriechemiker. Dort beschäftigte er sich intensiv mit dem Bedrucken von Baumwolle, die Anfang des 19. Jahrhunderts ihren Siegeszug in Europa antrat und ein Produkt der Globalisierung und Industrialisierung war. Der neue Bekleidungsstoff wuchs in den Plantagen Nordamerikas durch billige Sklavenarbeit heran und die englische Stoffindustrie verarbeitete ihn.[58] Dadurch war die Baumwolle preiswerter als das heimische Leinen und die Weber wurden arbeitslos und verarmten. Schließlich kam es um 1844 zu den schlesischen Weberaufständen, denen der Dichter Gerhart Hauptmann (1862–1946) mit seinem Werk „Die Weber" von 1892 ein literarisches Denkmal setzte.[59] Inwieweit Runge die beginnende soziale Verschlechterung im schlesischen Breslau der späten 1820er Jahre bemerkte, ist unklar. Ihn faszinierte der technologische Fortschritt im Färbereiwesen, denn die Baumwolle ließ sich bunter einfärben als Leinen oder Wolle. Ein wichtiger Farbstoff war das blaufärbende Indigo aus Indien, das Runge bereits in seiner zweiten Dissertation untersuchte.[60] Somit war er ein ausgewiesener Fachmann und brachte sein Wissen in die Kattundruckerei Carl Mildes ein, die als innovativ galt und mehrfach

---

57 Beckmann 1780/1970, S. 16.“
58 Beckert 2014, S. 44–229.
59 Hauptmann 1892.
60 Runge 1822.

prämiert wurde. Sein Wissen legte er in *„Grundlehren der Chemie für Jedermann"*[61] von 1830 nieder, das er seinem Reisegenossen Carl Milde widmete.

Abbildung 10.13:
Gerhart Hauptmann-Platz in Hamburg. Der Dichter thematisierte in *„ Die Weber"* die Verarmung dieses Handwerks in Schlesien durch die aufkommende industrialisierte Baumwollverarbeitung.
(Archiv Cura 2015)

Neben seiner praktischen Tätigkeit nahm Runge auch am gesellschaftlichen Leben in Breslau teil und trat zwei Vereinen bei. Sein Freund, der Dichter August Heinrich Hoffmann von Fallersleben gründete in Breslau 1826 die „Zwecklose Gesellschaft", die über alle Themen des Lebens diskutierte. Ihr gehörte Friedlieb Runge auch an und belebte sie mit seiner Art, wie ein Spruch anlässlich seines Geburtstages zeigte:

„Dem Chemiker und Komiker,
Dem Färber und dem Gnomiker,
Dem Gift- und Geister-Anatomiker,
Dem Därme Physiognomiker,
Dem Anti-Hydrostatiker,
Dem Sternen-Numismatiker,
Dem patriotischen Schismatiker
Weihen die Zwecklosen Chroniker
D i e s G e b u r t s t a g s g e s c h e n k
Als ewige, treue Mnemoniker.[62]

Dem Dichter zufolge spielte der Chemiker immer den Liebenswürdigen, war stets munter und von unverwüstlichem Humor.[63] Darüber hinaus trat Runge 1826 in die

---

61 Runge 1843.
62 Anft 1937, S. 21.
63 Hoffmann von Fallersleben 1868, Bd. 1, S. 122.

„Schlesische Gesellschaft für vaterländische Cultur" bei und hielt eine Reihe chemischer Vorträge. Dieses zeigt, dass er in jungen Jahren redegewandt war und auch gern mit Künstlern in Kontakt kam. Allerdings nahm mit zunehmenden Alter seine Offenheit ab, denn er kritisierte die fremdländischen Einflüsse und verfasste 1857 das Buch: *„Das Gift in der Deutschen Sprache ausgetrieben von F.F. Runge"*.[64] Zu dieser Zeit war er ein alter Mann geworden und hatte nur noch zehn Jahre zu leben. Seine frühere Reiselust und seine Begeisterung für Fremdsprachen waren nur noch Erinnerung. Früher las er die ausländische chemische Literatur und hatte 1839 sogar das Buch *„Unterhaltungen über die Chemie"*[65] der Engländerin Jane Marcet (1769–1858) in die deutsche Sprache übersetzt. Er widmete es der Bankiersfrau Pauline Luise Albertine Mendelsohn-Bartholdy (1814–1879) als „öffentliches Denkmal" und Otto Krätz vermutete, dass er öfters in ihrem Berliner Salon eingeladen war.[66] Dieses ist aber fraglich, denn Niedobitek und Niedobitek bewerten diese Widmung als höfliche Geste. Sie fanden heraus, dass die Bankiersfrau der Chemischen Produktenfabrik in Oranienburg einen Kredit über 10.000 Talern gewährt hatte.[67] Bekanntlich geriet die Firma öfters in finanzielle Schwierigkeiten und so wollte Runge zum guten Verhältnis mit den Geldgebern beitragen. Zu dieser Zeit nahm er die Position eines technischen Direktors ein und war über die wirtschaftlichen Verhältnisse der Firma sehr gut informiert.

Somit lässt sich anhand der Widmung für Pauline Luise Albertine Mendelsohn-Bartholdy nicht klar beweisen, inwiefern Runge auch in Berlin an gesellschaftlichen Zirkeln teilnahm. In Breslau tat er es jedenfalls und neben seiner Tätigkeit in der Kattundruckerei von Carl Milde war er von 1828 bis 1832 Privatdozent für Technologie an der Universität Breslau. Dort thematisierte er unter anderem das Färbereiwesen mit seinen chemischen Vorgängen. Allerdings erhielt er kein festes Gehalt und so wechselte er nach Oranienburg und begann mit der Teerforschung.

10.4 Entdeckung des Phenols und dessen Verwendung als Desinfektionsmittel bei der Cholera Epidemie 1892

Runge wollte die Eigenschaften des Steinkohlenteers entschlüsseln und ließ ihn mit verschiedenen Substanzen reagieren. Lösungsversuche in Wasser, Alkohol und Ether brachten ebenso unklare Ergebnisse, wie die Zugabe von Basen und Säuren und so vermutete er ein Substanzgemisch. Dieses wollte er mit Hilfe der trockenen Destillation auftrennen, indem er die Steinkohle in einer Destillationsapparatur mit Luftkühlung (Retorte) erhitzte. Die einzelnen Bestandteile gehen je nach ihrem Siedepunkt

---

64 Runge 1857.
65 Marcet 1839/1982.
66 Krätz 1982, S. 519 f.
67 Niedobitek; Niedobitek 2011, S. 379.

in den Gaszustand über, kondensieren und werden in einem Gefäß (Vorlage) aufgefangen. Diese physikalische Trennmethode wandte erstmals Johann Joachim Becher (1635–1682) bei der Steinkohle an und erkannte, dass sie aus mehreren Komponenten bestand. Die spätere chemische Industrie verwendete größere und leistungsstärkere Apparaturen, und spaltete so unzählinge Komponenten ab. Dagegen konnten die frühen Chemiker nur wenige Bestandteile abtrennen, weil ihre Apparaturen undicht waren und über unzureichende Temperaturregelung und Kühlung verfügten.

Im 17. Jahrhundert isolierten sie schwefelhaltiges Gas, verschiedene Öle und eine schwarze Masse.[68] Neue Ergebnisse erzielten sie durch verbesserte Apparaturen und die Methode der Wasserdampfdestillation, die auch Runge anwandte. Bei ihr wurden die Substanzen mit Wasser überdestilliert und so isolierte der Chemiker erstmals das Phenol, das im reinen Zustand stark riechende Kristalle bildete. Da sie im Wasser sauer reagierten und aus Kohlenstoff (lat. carbo = Kohle) bestanden, gab er ihnen den Namen: Karbolsäure.[69] Runge gilt heute als dessen Entdecker, da er erstmals ihre chemische und physikalische Eigenschaften beschrieb. Wenige Jahre später isolierte der französische Chemiker Auguste Laurent (1807–1853) die Substanz in Reinform, ermittelte die Summenformel (C_6H_5OH – Hydroxybenzol) und stellte viele Derivate her. Den heutigen gültigen Namen Phenol schuf 1843 der belgische Chemiker Charles Frédéric Gerhardt (1816–1856), als er die Substanz durch Erhitzen von Salicylsäure erhielt. Den Namen leitete er von der alten Benzol-Bezeichnung „Phen" ab, da er Ähnlichkeiten mit diesem Stoff sah.[70]

Runge suchte zunächst nach einer praktischen Anwendung für den Stoff und probierte es mit mäßigem Erfolg zur Behandlung von Zahnschmerzen. Auch legte er faules Fleisch darin ein, ließ es ein Jahr an der Luft trocknen und weichte es anschließend vier Wochen lang in warmem Wasser ein, ohne einen Fäulnisprozess zu entdecken. Allerdings bemängelte er den unangenehmen Phenolgeruch der Lebensmittel. Seine Tätigkeit beschrieb Runge und das folgende Zitat ist eine lückenlose Fortsetzung des bereits oben angegebenen Textes:

> „Um zunächst zu erfahren, welchen Weg man bei solchen Zerlegung einzuschlagen hat, stellt man einige vorläufige Versuche an. Ich prüfte daher das Verhalten der Auflösungsmittel: Wasser, Weingeist und Ether zum Teer. Ferner ließ ich Säuren und Basen (z. B. Schwefelsäure und Kalk) darauf einwirken. Mit all diesen Dingen war aber dem Teer nicht beizukommen. Die Stoffe, aus denen er gebildet ist, sind zu innig miteinander verbunden; ich mußte daher zu eingreifenderen Mitteln meine Zuflucht nehmen.
>
> Die Mittel bestanden zunächst in der Anwendung von Destillationen bei verschiedenen Hitzegraden. Das hierzu nötige Werkzeug ist ein Glaskolben mit einem langen, gebogenen Halse. Dieser gebogene Hals heißt im Lateinischen collum retortum; und daher nennt man seit alter Zeit ein

---

68 Zedler 1744, S. 1695.
69 Rehberg 1935, S. 97.
70 Engels 1989, S. 185, 305. Bayer; Walter 1991, S. 497. Graebe 1920/1991, S. 107.

solches Glasgefäß eine Retorte. Ihre Gestalt macht es möglich, mit Hilfe der Wärme flüchtiges von Nichtflüchtigem zu trennen: ein Verfahren, das man Abtröpfeln oder Destillieren nennt.

Füllt man solche Retorte zum vierten Teil mit Steinkohlenteer, legt sie in ein Sandbad und erwärmt dieses, so geht die ebenerwähnte Scheidung von flüchtigem und Nichtflüchtigem vor sich. Es erheben sich nach und nach Dämpfe, die sich oben an dem Retortenhalse absetzen, sich bald zu Tropfen verdichten und endlich als Flüchtiges niederrinnen. Man fängt diese in einem Kolben auf, der mit dem Retortenhalse so verbunden ist, daß dieser in ihm hineinragt. Unter diesen Umständen wird der Kolben eine Vorlage genannt.

Nachdem die Hälfte vom Teer in die Vorlage übergegangen, war vorläufig die erste Arbeit vollendet und der Teer in einen festen und einen flüssigen Teil zerlegt.

Der feste Teil war der Rückstand in der Retorte: ein steinharter, geruchloser Pechklumpen von tiefschwarzbraun glänzendem glasigen Bruch: Steinkohlenpech. Es dient dies Pech zum Ueberziehen gußeiserner Kochgeschirre; auch löst es sich in leichten, gereinigten Steinkohlenöl auf und gibt damit den obenerwähnten, von Hempel gewünschten, glänzend schwarzen Firnis.

Der In der Vorlage befindliche flüssige Teil war von ölartiger Beschaffenheit und verbreitete einen starken, durchdringenden Geruch. Ein vorläufiger Versuch zeigte die Möglichkeit der Scheidung in zwei Theile, die sich durch eine verschiedene Flüchtigkeit auszeichnen.

Dies geschah durch Destillation unter Zusatz von Wasser. Mit diesem ging dann ein leichtes, flüchtiges Oel in die Vorlage über, indes etwa die Hälfte, die mittels des Wasserdampfes nicht zu verflüchtigen war, als dickes braunes Oel in der Retorte zurückblieb.

Das leichte Oel in der Vorlage wurde nun zuerst in Arbeit genommen. Ein vorläufiger Versuch durch Schütteln mit Kalkmilch zeigte, daß darin eine bisher unbekannte Säure enthalten war, die, mit dem Kalk sich verbindend und vom Wasser aufgenommen, eine klare Auflösung bildete. Ich nannte diese Säure Karbolsäure[71]

Dieses Karbolwasser zeichnete sich durch sehr auffallende Eigenschaften aus, worunter aber eine ganz bemerkenswerte ist: die fäulniswidrige Kraft, in der sie von keinem anderen Stoffe, selbst nicht von Kohle und von Chlor, übertroffen wird.

---

71 Carbo lateinisch: Die Kohle.(Anmerkung von Runge). Sie wurde aus der wässrigen Kalkverbindung mittels Salzsäure geschieden. Beim Zusatz derselben sondert sie sich nämlich in ölartige Tropfen ab, die einen sehr starken Geruch nach Bibergeil verbreiten und sich in Wasser auflösen: Karbolwasser.

Bei Versuchen dieser Art, die mir eine nicht geringe Selbstüberwindung kosteten, habe ich mich vergewissert, daß die abscheuerregendsten Dinge, wie Fleisch und Fische auf dem höchsten Gipfel fauliger Zersetzung, mit Karbolsäure übergossen, sogleich den Gestank verloren und daß jene Körper, einmal mit Karbolsäure durchdrungen, nun für immer vor jeder Fäulnis geschützt werden.

Auch das Verwesen des Holzes verhindert die Karbolsäure, und sie hat sich in neurer Zeit sehr nützlich erweisen bei Holz, das in feuchter Erde liegt, z. B. bei Bahnschwellen. Zum Tränken dieser nimmt man jedoch nicht das Wasser oder die reine Säure, sondern das dicke, brauche Oel, welches nach der beschriebenen zweiten Destillation in der Retorte zurückbleibt und viel davon enthält.

Die Karbolsäure dient auch gegen Zahnweh bei hohlen Zähnen, und sie leistete darin mehr als das Kreosot. Sie hat aber das Unangenehme, daß sie sehr scharf ist, das Zahn- und Munschfleisch ätzt, zu streng riecht und auch nicht immer hilft."[72]

Allerdings kam Runge nicht auf die Idee, das Phenol als Desinfektionsmittel zu verwenden. Dieses geschah erst drei Jahrzehnte später in der Medizin. Zum Durchbruch verhalf der englische Arzt Joseph Lister (1827–1912). Er führte 1866 an der Universität Glasgow eine keimfreie Wundversorgung durch, um die gefürchtete Wundinfektion „Hospitalbrand" zu verhindern. Dabei desinfizierte er Verbände, Geräte und Hände des Personals mit Phenol-Lösung und versprühte sie zusätzlich mit einem kleinen Apparat über dem Operationsfeld, da er viele Erreger in der Luft vermutete. Mit dieser chemischen Abtötung von Erregern begründete Lister die Antisepsis und senkte die postoperative Sterblichkeit von rund 45 Prozent auf nur noch 15 Prozent.[73]

In der Folgezeit übernahmen fast alle großen deutschen Kliniken seine Methode, verzichteten aber oft auf den Spraynebel, da er die Sicht beeinträchtigte und die Schleimhäute verätzte. Allerdings verätze auch die Phenol-Lösung die Haut und ihr Geruch zog in die Straßenanzüge, in denen die Ärzte damals noch operierten. Einer der Gegner schrieb 1879:

„Abgesehen davon, daß meine Assistenten, wie ich, stets braune und wunde Hände hatten, daß wir außer bei Operationen fast nie ohne Handschuhe sein konnten, da unsere Hände stets wie mit Krätze behaftet und trotz fortwährenden Waschens doch immer ungewaschen aussahen, wich man mir, wohin ich als Arzt mit meiner „Kaminfeger-Atmosphäre" kam, aus, oder war der Meinung, der Ofen habe plötzlich zu rauchen angefangen, im Theater entstand um mich eine peinliche Bewegung, weil man glaubte, es ströme Gas aus"[74]

---

72 Runge: Die Teerarten. In: Illustriertes Panorama. Berlin 1863. Zitiert bei Rehberg 1935, S. 95–97.

73 Meyer-Steineg; Sudhoff 2006, S. 327. Karger-Decker 2001, S. 216. Koelbing 1991, S. 238–243.

74 Billroth 1879/1951, S. 1675.

Auf die Aggressivität der Karbolsäure wiesen auch die Hamburger Behörden während der Cholera-Epidemie 1892 hin und schrieben, *„Daß die Karbolsäure sowohl giftig, als auch gefährlich bei der Berührung mit der Haut, namentlich offenen Wundstellen ist.“*[75]

Die *Cholera asiatica* war ursprünglich im indischen Raum beheimatet und gelangte Anfang des 19. Jahrhunderts nach Europa. Typisch für die Seuche waren die hohe Ansteckungs- und Sterberate sowie Durchfall und Erbrechen. Der Flüssigkeitsverlust führte zur signifikanten Blaufärbung der Haut und viele Ärzte sprachen vom „Blauen Tod“. Diese Analogie zum „Schwarzen Tod“ (Pest) spielte auf die seuchenartigen Verbreitung in Europa an, denn im 19. Jahrhundert gab es fünf Cholerapandemien, von denen die zweite 1831/1832 erstmals Hamburg erreichte.[76] Die Karbolsäure (Phenol) begann bei der Bekämpfung von Epidemien eine Rolle zu spielen, als die wissenschaftliche Bakteriologie die Erreger auf den Oberflächen nachwies. Diese Erkenntnis setzte sich erst gegen Ende der 1870er Jahre durch und noch Runge vermutete die Erreger in der Luft. Dabei vertrat er die antike Miasmen-Vorstellung, nach der Krankheitsstoffe (*Miasmen*) eine gasförmige Substanz sein sollte, die sich durch Ausdünstungen aus dem Erdinneren oder Zersetzung auf der Erdoberfläche in der Atmosphäre verteilen sollte. Diese Vorstellung ist heute noch als „verpestete Luft“ und „Pesthauch“ sprichwörtlich.[77]

Nach dem ersten Auftreten der Cholera in Mitteleuropa gab es noch kleinere Ausbrüche und bis zur großen Epidemie 1892 wurde die Stadt insgesamt vierzehnmal von der Seuche heimgesucht.[78] In der Regel erkrankte die arme Bevölkerung, die in überbelegten, dreckigen Wohnungen lebte und das unzureichend gereinigte Wasser aus der Elbe trank. Die veralteten Trinkwasserreinigungsanlagen stammten aus der Zeit nach dem großen Stadtbrand von 1842. Damals beauftragte der Senat den englischen Ingenieur William Lindley (1808–1900) mit dem Bau einer zentralen Wasserversorgung. Sie stand im Stadtteil Rothenburgsort und leitete das Elbwasser in Sedimentierungsanlagen. Dort sanken Sand und Kleintiere zu Boden und das klare Wasser gelangte über Eisenleitungen in die anderen Stadtteile. Bereits beim Bau galt diese Wasserreinigungsanlage als zu klein für eine wachsende Stadt, aber der Senat scheute die Kosten für eine Erweiterung. So floss in den nächsten Jahrzehnten immer mehr Elbwasser durch die Sedimentierungsanlagen und die Verunreinigungen konnten sich nicht ausreichend absetzen. In die Wasserleitungen gelangten Würmer, junge Aale und an den Rohrwandungen siedelten Muschelkolonien, wie ein Spottgedicht beschrieb:

> *„Vom Tier in Hamburgs Wasserrohr*
> *Da kommen 16 Arten vor:*
> *Ein Neunaug', Stichling und ein Aal,*
> *Drei Würmer leben in dem Strahl.*
> *Drei Muscheln und drei träge Schnecken*

75 Schacht 1893, S. 20.
76 Winkle 1997, S. 153–164.
77 Winkle 1997, S. XIII.
78 Schacht 1893, S. 8.

Abbildung 10.14:
Oben: Desinfektion in einer Wohnung. Die Helfer wischten die Oberflächen mit
Phenol ab, um die Cholera-Erreger abzutöten. Das Phenol isolierte Runge erstmals
1833 im Steinkohlenteer und nannte es Karbolsäure.
Unten: Verkauf von Phenol (Karbolsäure) in Apotheken während der
Cholera-Epidemie.
(Schacht 1893, S. 21), (Schacht 1893, S. 17)

Abbildung 10.15:
Links: Rückansicht der Häuser Niedernstrasse und Klingberg. In die Fleete gossen
die Hamburger ihre Fäkalien und holten gleichzeitig ihr Trinkwasser.
Rechts: William Lindley Berufsschule in Hamburg. Der Engländer William Lindley
(1808–1900) schuf in Hamburg nach dem großen Brand von 1842 die erste
Wasserreinigungsanlage und versorgte die Stadt mit sauberem Trinkwasser.
(Schacht 1893, S. 16a), (Archiv Cura 2015)

> *Sich mit der munteren Assel necken.*
> *Ein Schwamm, ein Moostier, ein Polyp*
> *Die dringen lustig durch das Sieb.*
> *An toten Tieren kommen raus*
> *Der Hund, die Katze und die Maus.*
> *Noch nicht gefunden sind, Malheur,*
> *Der Architekt und Ingenieur!"*[79]

Ein weiteres Problem waren die steigenden Typusinfektionen, die mit dem Bevöl-
kerungswachstum zunahmen. Besonders mit dem Beitritt Hamburgs zum *Deutschen
Zollverband* im Jahre 1881 und den Ausbau des Freihafens wuchs Hamburg und erzeugte immer mehr Abwasser. Dieses floss in die Gewässer, aus denen auch getrunken
wurde. Die Ärzte sahen den Grund für die Infektion im schlechten Trinkwasser, aber
der Senat bewilligte kein Geld für neue Reinigungsanlagen und so bahnte sich die
Cholera-Epidemie an. Wahrscheinlich schleppten während des außergewöhnlich heißen Sommers 1892 russische Auswanderer den Cholera-Erreger ein und ihre Fäkalien
gelangten von den Wohnheimen auf der Veddel in die Elbe. Die Wasserwerke pump-
ten das Flusswasser in das städtische Leitungsnetz, ohne es ausreichend zu reinigen.

---

79 Melhop, W.: Alt-Hamburgerisches Dasein, Hamburg 1899, S. 56. Zitiert bei: Winkle 1997,
S. 223.

So erkrankten innerhalb weniger Wochen 17.000 Menschen, von denen etwa die Hälfte (8.600) starben. Das Elend der betroffenen Unterschicht war groß, während die Wohlhabenden in ihre Landhäuser flohen. In der Stadt begann sich eine morbide Stimmung auszubreiten, die den Schriftsteller und Nobelpreisträger Thomas Mann (1875–1955) zur Novelle „*Tod in Venedig*" inspirierte, die er im Jahre 1911 schrieb.[80] Doch zunächst verharmlosten die Verantwortlichen die Todesfälle, denn sie fürchteten Einbußen im Handel und Auswanderungsgeschäft. Kein Hafen würde Schiffe aus einer Cholera-Stadt aufnehmen und die Fracht zurück schicken.

Abbildung 10.16:
Hygieia-Brunnen im Hamburger Rathaus;
er wurde anlässlich der Cholera-Epidemie errichtet.
Photo: Katrin Cura

---

80 Mann 1912.

Erst mit steigenden Todeszahlen reagierten die Behörden und der Arzt Robert Koch (1843–1910) bestätigte den Cholera-Erreger, der ein kommaförmiger Bazillus war. Er färbte ihn mit Anilinfarbstoffen an, die Runge aus demselben Teer herstellte, aus dem er die Karbolsäure (Phenol) isolierte.[81] Damit leisteten Runges Substanzentdeckungen auf zweifache Weise wichtige Vorarbeit zur Bekämpfung der *Cholera asiatica*: Durch das Anfärben wurden die Erreger sichtbar und das Phenol (Karbolsäure) bekämpfte sie[82]. Auch Robert Koch empfahl zur Desinfektion das Phenol, da es sich leicht verarbeiten ließ und in Apotheken oder Drogerien erhältlich war: Von dem preiswerten bräunlichen 100% Phenol sollte ca. ein halber Liter auf Schmierseifen-Lauge (250 Gramm Kaliseife auf acht Liter Wasser) gegeben werden. Von dem teuren reinen Phenol (einmal oder mehrmals destilliert) sollte ungefähr ein halber Liter auf acht Liter Wasser gegeben werden. Beide Lösungen dienten zur Reinigung der Hände oder anderer Körperteile. Beschmutzte Bettwäsche und andere Kleidungstücke wurden 12 Stunden in Phenol-Lösung eingelegt und Leder, Holz oder Metallteile der Möbel mit der Lösung abgerieben. Auch Leichen wurden mit phenolgetränkten Leinentücher umwickelt und in provisorischen Hallen gelagert, um sie dann zum neuen Friedhof in Ohlsdorf zu bringen. Die Desinfektionstrupps bestrichen nach einem festen Plan alle Oberflächen von Möbeln, Nachttöpfen, Böden und Treppen mit der Phenollösung und chlorhaltigem Wasser. Zusätzlich verteilten sie gekochtes Essen und abgekochtes Wasser, denn durch Hitze starb der Erreger. Durch diese Maßnahmen klang die Epidemie ab, aber der Dreck und die überbelegten Wohnungen konnten einen erneuten Ausbruch der Cholera nicht verhindern. Ihre Bekämpfung gab wichtige Impulse zur Entwicklung der hygienischen Infrastruktur Hamburgs, der Gründung des heutigen Universitätskrankenhauses in Eppendorf (UKE) und der Modernisierung der Wasserversorgung und Abwasserbeseitigung.[83]

Auch erinnert der dreistöckige *Hygieia-Brunnen* an die Cholera von 1892, der bereits 1896 eingeweiht wurde. In dessen Zentrum steht die gleichnamige griechische Göttin der Gesundheit und zu ihren Füßen liegt ein Drache, der die besiegte Epidemie symbolisiert. Rund um das mittlere Becken befinden sich sechs Figuren, die den Nutzen und die Verwendung des Wassers darstellen. Den Brunnen gestaltete der Bildhauer Joseph von Kramer (1841–1908) und steht im Innenhof des Rathauses.[84]

10.5 Entdeckung der Teerfarbstoffe und der Beginn der Chemischen Industrie in Deutschland

Im weiteren Verlauf der Teerforschung isolierte Runge durch Destillation mehrere Stoffe und untersuchte ihre Eigenschaften. So gewann er ein Öl und versetzte es mit Chlor. Zu seiner Verwunderung entstand eine veilchenblaue Farbe, die das Tor zu

81 Rehberg 1935, S. 29–34.
82 Niedobitek; Niedobitek 2010, S. 101–132.
83 Cura 2012, S. 232–242.
84 Lange 2008.

einer bunteren Welt war. Dieses ahnte Runge noch nicht und glaubte im Öl eine neue Substanz gefunden zu haben, die er nach der Färbung „Blauöl" oder „Kyanol" (gr. χυανός – kyanos = blau)[85] nannte. Tatsächlich handelte es sich um das Anilin, das heute noch so mit der *„Rungeschen Chlorkalkreaktion"* nachgewiesen wird.[86] Anilin wurde innerhalb von fünfzehn Jahren viermal entdeckt und erhielt jeweils unterschiedliche Bezeichnungen. 1826 isolierte es Otto Unverdorben (1806–1873) und nannte es Kristallin, 1833 entdeckte es unser Runge und 1840 Carl Julius von Fritsche (1808–1871), der die Substanz Anilin – nach dem spanischen Namen anil (blau) für Indigo – nannte. Zwei Jahre später stellte es Nikolei Sinin (1812–1880) her, aber seine Bezeichnung „Benzidam" setzte sich nicht durch. Somit ist Runge nicht der Entdecker des Anilins, auch wenn die Gedenktafeln dieses behaupten.

Runge führte noch weitere Reaktionen durch, um die Eigenschaften der vermeidlich neuen Substanz zu prüfen. Mit Säuren, Basen oder Sauerstoff versetzt, bildete sie rote Farbstoffe und sogar das spätere Anilinschwarz. Bei diesen Versuchen hatte Runge erstmals Teerfarbstoffe hergestellt und gilt seitdem als deren Entdecker.[87] Mit ihnen färbte er mit Holz und Textilen und nutzte seine Erfahrungen mit den Beizenfarbstoffen. Zuerst imprägnierte er die Fasern mit Bleiverbindungen und ließ sie mit behandelten „Kyanolsalz" reagieren, so dass innerhalb von 12 Stunden grüne, waschfeste Muster entstanden.[88] Somit entdeckte er nicht nur die Teerfarbstoffe sondern schlug auch praktische Anwendungsmöglichkeiten vor. Zudem erkannte er ihr Potential als Ersatzstoffe für die traditionellen pflanzlichen Farbstoffe. Für deren Anbau wurden große landwirtschaftliche Flächen verwendet, die nun für die Nahrungsmittelproduktion frei gewesen wären. Mit seinen Vorschlägen handelte Runge ganz im Sinne der wissenschaftlichen Technologie und wollte mit den chemischen Kenntnissen das heimische Gewerbe fördern. Darüber hinaus leistete er auf dem Gebiet der Ersatzstoffforschung einen wichtigen Beitrag, auch wenn es sich um eine Zufallsentdeckung handelte. Erst spätere Chemiker des 19. Jahrhunderts sollten gezielt nach Ersatzstoffen für zu teuer gewordene Materialien suchen.

Der Chemiker Runge war sich seiner bedeutenden Entdeckung bewusst, verfasste darüber einen Aufsatz und schickte ihn an den Breslauer Professor N. W. Fischer, der ihm im September auf der Tagung *„Gesellschaft Deutscher Naturforscher und Ärzte"* vortrug. Die Herstellung einer roten Anilinfarbe beschrieb er 1833:

> *„3. Eine rothe Farbe, künstlich erzeugt aus Steinkohlenteer"*
> *Dieser Farbe liegt ein Stoff zu Grunde, der ein roth-gelbes, pulverförmiges Ansehen hat und sich zu den Alkalien wie eine Säure verhält. Er bindet mit diesen hochroth gefärbte Verbindungen, die durch Säuren, unter Fällung der färbenden Säure, zersetzt werden. Kocht man mit der wässrigen Auflösung Wolle, so wird diese gelbröthlich gefärbt, nimmt aber durch Einlegen in Kalkwasser eine schöne hochrothe Farbe an. Gegen Seide ist*

---

85 Strube 2004, S. 123.
86 Beyer 1991, S. 571.
87 Cura 2011d, S. 164–191.
88 Runge 1866/1988 Vierzehnter Brief, S. 24.

Abbildung 10.17:
Oben: Farbe aus Steinkohlenteer. Unten: Goldprobe von Berzelius (1830)

Der Chemiker Berzelius brachte diese Goldprobe 1830 anlässlich einer Versammlung nach Hamburg und lernte dort Runge persönlich kennen. Später sollte er dessen Teerforschung in seinen Lehrbüchern erwähnen. Exponat im *Mineralogischen Museum* Hamburg mit dem Text: „Gediegenes Gold-Eskeboner Stollen, Tilkerode Harz. Diese Goldprobe war im September 1830 ein Geschenk des berühmten schwedischen Chemikers Jons Jakob Berzelius (1779–1848) im Rahmen der 9. Versammlung deutscher Naturforscher und Ärzte in Hamburg. Die Goldprobe stammte ursprünglich vom Bergrat Johann Karl Ludwig Zincken (1790–1862), den Berzelius vor seinem Aufenthalt in Hamburg im Harz besucht hatte."

(Rehberg 1935, Deckblatt), (Archiv Cura 2015)

das Verhalten ähnlich. Auf Kattun habe ich die Farbe noch nicht fixieren können. Wegen der geringen Quantitäten, die ich bis dahin erhalten, habe ich meine Versuche in technischer Hinsicht noch nicht sehr vielfältigen können."[89]

Für die wissenschaftliche Fachwelt publizierte Runge seine Ergebnisse in *Poggendorffs Annalen*. Der Artikel erschien in mehreren Teilen 1834,[90] so dass einige Historiker fälschlicherweise die Entdeckung der Teerfarbstoffe auf dieses Jahr datierten. Es stellt sich die Frage, warum Runge seine Forschungsergebnisse sofort publizierte und nicht als Betriebsgeheimnis der *Chemischen Produktenfabrik* in Oranienburg betrachtete. Hierfür können zwei Gründe angeführt werden, die eng zusammenhängen: Runge hatte keinen Arbeitsvertrag mit der Firma und brauchte sich nicht wie ein loyaler Angestellter zu verhalten. Stattdessen war er unabhängig und agierte wie ein Wissenschaftler, denn als solcher verstand er sich auch selbst.

Aus dem Archiv der Preußischen Staatsbank (*Seehandlung*) geht hervor, dass Runge von 1832 bis 1836 als Hausfreund bei Dr. Hempel lebte und ihn gegen Kost und Logis bei seinen chemischen Arbeiten unterstützte. Bei dessen Abwesenheit übernahm der Chemiker die Leitung und Aufsicht der Fabrik, ohne aus der Betriebskasse entschädigt worden zu sein.[91] Somit hatte er bei der Firma kein reguläres Arbeitsverhältnis und erhielt auch keine Vergütung. Runge verzichtete also auf ein Einkommen, konnte aber dadurch frei über seine Forschungsergebnisse verfügen. Somit veröffentlichte er sie, denn er verstand sich als Wissenschaftler und wollte am akademischen Diskurs teilnehmen. Seine Veröffentlichungen und ihre Auswirkungen spiegeln exemplarisch die enge Vernetzung der damaligen Chemiker untereinander wider. Mit dem Herausgeber der gleichnamigen Annalen, Johann Christian Poggendorff (1796–1877), hatte er das Pädagogiums in Schiffbek besucht und teilte sich vor zehn Jahren in Berlin eine Wohnung. Damals arbeitete Runge an seiner zweiten Dissertation und führte chemische Versuche mit dem Indigo durch, wobei er die Möbel, Wände und Fußboden mit bunten Farbspritzern überzog.[92]

Seine Artikel beachtete die Fachwelt und diskutierte sie. So erwähnten die Chemieprofessoren Jöns Jakob Berzelius[93] und Friedrich Wöhler (1800–1882)[94] seine Steinkohlenforschung in ihren Lehrbüchern. Sie kannten ihn wohl auch persönlich, weil er Vorträge hielt. Einen hielt er 1832 in Hamburg an der Tagungen der *„Gesellschaft Deutscher Naturforscher und Ärzte"* und traf den Chemiker Berzelius. Der hatte als Gastgeschenk ein Stück gediegenes Gold mitbrachte, das heute im *Mineralogischen Museum* der Universität Hamburg ausgestellt ist. Allerdings unterhielt Runge mit den Kollegen keinen langen Briefwechsel und gehörte auch nicht der *Akademie der*

---

89 Anft 1937, S. 105.
90 Runge 1834b, S. 65–78, 513–524, Bd. 32, S. 308–328, 328–333.
91 Anft 1937, S. 168.
92 Hoffmann von Fallersleben 1868, Bd. 1, S. 328 f.
93 Berzelius 1839, S. 596.
94 Wöhler 1845, S. 130.

Wissenschaften in Berlin an.[95] Mit der Zeit geriet der Chemiker im abgelegenen Oranienburg ins akademische Abseits, auch weil er zeitlebens der Technologie anhing und neue Entwicklung der Chemie ignorierte. Seine Teerforschung wurde aber beachtet und der bekannteste Leser war der Chemieprofessor Justus von Liebig (1803–1873) aus Gießen. Ihn hatte Runge bereits 1824 während einer Bildungsreise in Paris getroffen und stand mit ihm im kurzen Briefwechsel.[96] Liebig erkannte die Bedeutung des Teers und beauftragte seinen Doktoranden August Wilhelm Hofmann (1818–1892) mit weiteren Forschungsarbeiten. Dieser bestätigte Runges Arbeiten und entschlüsselte 1843 die Summenformel des Anilins.[97] Später ging er nach London und begründete 1845 am „Colleges of Chemistry" die moderne Teerfarbenforschung, die ihm den Spitznamen Anilin-Jupiter einbrachte.[98] Sein siebzehnjähriger Student William Henry Perkin (1838–1906) stellte 1856 zufällig Anilinpupur her, das er später nach den violetten Blüten der Malve „Mauvein" benannte.[99] Mit dem Geld seines Vaters und Bruders gründete er 1857 die erste Teerfarbenfabrik der Welt in Greenford Green bei London und präsentierte seinen Farbstoff 1862 auf der Weltausstellung. Darüber verfasste sein Doktorvater August Wilhelm Hofmann einen sehr beachteten Bericht und erinnerte dabei auch an Runge als Entdecker. Zum Dank erhielt der alte Chemiker 1862 eine Preisgedenkmünze der Londoner Weltausstellung.[100] 1863, also ein Jahr später erinnerte er sich in einem populärwissenschaftlichen Artikel über seine Teerforschung und freute sich über seine Auszeichnung:

> *„Ferner hatte ich beobachtet, daß Chlorkalkauflösung, mit dem leichten Steinkohlenöl der zweiten Destillation geschüttelt, eine dunkel-veilchenblaue Farbe annimmt, so daß also Chlor, das sonst alle Farbe zerstört, hier farberzeugend wirkte!*
>
> *Da nun das eben entdeckte Leukol diese Wirkungen und Veränderungen weder hatten noch erlitt, so war ich damit auf das Dasein eines neuen Stoffes hingewiesen, den ich denn auch so glücklich war, für sich abzuscheiden und namentlich vom Leukol zu trennen.*
>
> *Er war ebenfalls von ölartiger Beschaffenheit, bildete mit Säuren ebenfalls farblose Salze, die aber der feuchten Haut keinen Geruch mitteilen, jedoch, mit Chlorkalkauflösung vermischt, sich stets in einen veilchenblauen Farbstoff verwandelten.*
>
> *Aus diesem Grunde nannte ich diesen Stoff Kyanol oder Blauöl und erforschte aufs genauste seine verschiedenen, höchst merkwürdigen Eigenschaften. Hierbei zeigte sich nun zunächst die gewaltige färbende Kraft, die diesem Stoff schon an und für sich innewohnt; z. B. bei der oben erwähnten Gelbfärbung des Fichtenholzes. Ein einziges Gran Kyanolsalz*

---

95 Niedobitek; Niedobitek 2011, S. 412–415.
96 Harsch; Bussemas 1985, S. 123.
97 Hofmann 1843.
98 Graebe 1991, S. 213–219.
99 Ullmann 1915, S. 435–450.
100 Rehberg 1935, S. 100.

reicht nämlich hin, 20 – sage zwanzig-Quadratfuß Fichtenholz gummi-guttigelb zu färben! Diese auffällige Tatsache wurde durch den folgenden Versuch festgestellt.

Es wurde 1 Gran oxalsaures Kyanol in 800 Gran Wasser aufgelöst, und in diese Auflösung wurden 1000 Gran dünne Fichtenholz-Hobelspäne gebracht. Sie färbten sich dunkelgelb. Da nun ein Quadratfuß solcher Hobelspäne nicht mehr als 100 Gran wog, so wurde die eine Gelbfärbung von 10 Quadratfuß Spänen auf beiden Seiten mit 1 Gran oxalsaurem Kyanol gemacht.

Noch merkwürdigerweise als dies war aber die Veränderlichkeit dieses Stoffes durch verschiedene chemische Mittel. Je nachdem ich Chlor, Chromsäure, Salpetersäure, Chlorkupfer, Chlorgold usw. darauf einwirken ließ, entstanden daraus vor meinen Augen violette, blaue und rote Farbstoffe!

Alle diese hier erzählten Tatsachen machte ich damals (im Jahre 1834) in den chemischen Annalen von Poggendorff bekannt. Sie waren auffallend genug, um eine gewisse Aufregung unter den Chemikern zu veranlassen, aber die meisten wollten nicht daran glauben. Ja, der Dr. Reichenbach[101] in Mähren, der jetzt in Berlin mit seinen sogenannten Entdeckungen über das Od etwas unsanft durchgefallen, selbst dieser sonst verdienstvolle Chemiker ließ sich von blindem Eifer so weit fortreißen, daß er eine große Abhandlung drucken ließ und darin zu beweisen suchte, daß es mit meinen Entdeckungen nichts sei. Ich blieb ihm eine verteidigende Antwort nicht schuldig. Aber es half mir wenig, und es gelang mir damals nicht, mir Anerkennung zu verschaffen. Meine Herren Fachgenossen scheuten sich offenbar vor dem Teer und unterließen die Selbstprüfung.

Endlich nach zehn Jahren kam Dr. A. W. Hofmann und zeigte in einer Schrift: „Chemische Untersuchungen der organischen Basen im Steinkohlenteeröl, Gießen 1843", daß alle meine Angaben durchaus richtig seien, und fügte noch neue Tatsachen hinzu.

Hierauf nun von neuem dem fast aufgegebenen Gegenstande zugewendet und fest von seiner Wichtigkeit fürs chemische Gewerbe überzeugt, machte ich der königlichen Seehandlung den Vorschlag, in ihrer, von mir damals verwalteten chemischen Fabrik zu Oranienburg den Steinkohlenteer auf alle von mir entdeckten neuen Stoffe verarbeiten zu lassen und im großen zu verwerten. Ich machte dabei noch ganz besonders auf das leichte Steinkohlenöl aufmerksam, um es sowohl als Leuchtstoff für Straßen, wie auch als Ersatzmittel für Terpentinöl zu benutzen.

Mein Bemühen scheiterte an dem Gutachten eines unwissenden Beamten. Es ging mir damit wie mit meinen Lichten aus Torf.

---

101 Dr. Karl Freiherr von Reichenbach (1788–1869) wurde durch seine Veröffentlichung über die Lehre vom *Od* bekannt. Das Od sollte eine neue nicht wahrnehmbare Kraftausstrahlung des menschlichen Körpers sein. Anft 1937, S. 99.

In ganz neuester Zeit ist nun endlich auch diesem Gegenstand, besonders aber dem Farbe gebenden Kyanol, die gerechte Anerkennung geworden, und zwar auf eine wahrhaft riesenmäßige Weise. Nachdem verschiedenen Chemiker denselben auf anderen Wegen künstlich darzustellen gelehrt und mit den Namen Anilin und Benzidam belegt hatten, gelang es dem Engländer Perkin, ihn, sowie die Farbstoffe daraus, aus dem leichten Steinkohlenöl mit Hilfe von Salpetersäure und anderen Stoffen zu gewinnen, und zwar in so beträchtlicher Menge, daß sie Gegenstand des Großhandels geworden sind.

Im vergangenen Jahre hat nun Perkin einen runden Block des Farbstoffes aus Kyanol (oder Anilin, wie man es jetzt nennt) zur Schau gebracht, der 20 Zoll hoch und 9 Zoll breit ist und aus 2000 Tonnen Steinkohlen (à 20 Zentner die Tonne) gewonnen wurde!

Dies Stück Farbstoff ist hinreichend, ein 300 englische, also 60 deutsche Meilen langes Stück Seidenzeug von gewöhnlicher Breite zu färben. (Bericht in der Vossischen Zeitung Mai 1862.) Eine Angabe, die nicht übertrieben erscheint, wenn man das oben erwähnte, von mir ermittelte Färbevermögen des Kyanols in bezug auf das Fichtenholz erwägt.

Das ist nun aus dem kleinen, winzigen Anfang geworden, der vor 29 Jahren in dem alten verfallenen Schlosse zu Oranienburg unter meiner sorgsamen Pflege zum ersten Male das Licht der Welt erblickte!

Die Preisrichter, welche bei der Londoner Gewerbeausstellung ihr Urteil über Perkins Leistung abzugeben hatten, haben sich meiner früheren Entdeckung bezüglich des Steinkohlenteers erinnert und mir einstimmig als Belohnung die Preisgedenkmünze zuerkannt. Ich kann hier mit Feldmarschall Illo sagen: „Spät kommt Ihr – doch ihr kommt!" – Es ist nur gut, daß mich diese Anerkennung noch am Leben getroffen hat!"[102]

Wilhelm August Hofmanns beschrieb in seinem Bericht über die Weltausstellung sehr ausführlich die Teerfarbstoffe, nicht zuletzt weil sie auch sein Forschungsgebiet waren. Damit vermehrte er gleichermaßen seinen eigenen Ruhm und popularisierte dieses neue Gebiet der Chemie.[103] Der Bericht verfehlte nicht seine Wirkung und wirkte wie ein Startsignal für die Teerfarbenproduktion in Deutschland. Viele deutsche Chemiefirmen wurden gegründet, um die neuen Farbstoffe herzustellen:

- 1863 *Meister, Lucius & Brüning* in Höchst, ab 1974 *Hoechst AG* und seit 1999 Aventis S.A.[104],

- 1863 *Friedrich Bayer & Co* in Barmen, später in Elberfeld, heute *Bayer AG*, Leverkusen,[105]

102 Runge: Die Teerarten. In: Illustriertes Panorama. Berlin 1863. Zitiert bei Rehberg 1935, S. 98–100.
103 Vaupel 1992, S. 185–186, 198–199.
104 Bäumler 1963, S. 17–19.
105 Verg 1988, S. 24–28.

- 1865 *Badische Anilin & Sodafabrik* in Mannhein-Jungbusch, heute *BASF AG*, Ludwigshafen).[106]

Sie produzierten anfangs Teerfarbstoffe und innerhalb von 20 Jahren stiegen sie zum international tätigen Global Player auf. Deutschland stellte im Jahre 1877 weltweit 50 % aller künstlichen Farbstoffe her und 1913 stieg die Zahl auf sogar 82 % an. Der Erfolg war nur durch die firmeneigenen Forschungslabore möglich, in denen viele ehemalige Studenten von Justus von Liebig arbeiteten. In Deutschland setzte sich das Berufsbild des Industriechemikers durch, für das Runge ein Pionier war. Ihre Arbeitsweise spiegelte auch den Wandel wissenschaftlicher Forschung wider, den Runge verpasste. Er experimentierte allein in Oranienburg und entdeckte zufällig neue Substanzen, deren physikalischen und chemischen Eigenschaften er untersuchte. Dagegen arbeiteten Liebig und Hofmann mit vielen anderen Chemikern und Studenten zusammen und forschten an der Zusammensetzung sowie den strukturellen Aufbau der Substanzen. War dieser entschlüsselt, so wollten sie die Substanz künstlich „nach Maß" herstellen. Dafür nahmen sie eine Grundsubstanz aus dem Teer und ließen sie über mehrere Schritte solange reagieren, bis die gewünschte Substanz entstanden war.[107] Ein wichtiger Meilenstein dafür war Friedrich August Kekulés (1829–1896) Strukturtheorie von 1858 und die Benzoltheorie von 1865, die zum theoretischen Fundament der organischen Chemie wurden. 1868 entschlüsselten die Chemiker Carl Graebe (1841–1927) und Carl Liebermann (1842–1914) auch den räumlichen Aufbau des Alizarin[108] und noch im gleichen Jahr glückte den Forschern die erste Alizarin-Synthese. Die erste eines Naturfarbstoffes. Die *Badische Anilin- und Sodafabrik* (BASF) änderte das Verfahren etwas ab, erhielt 1868 ein Patent und begann 1869 die Produktion. Dadurch wurde der traditionelle Krapp-Anbau unrentabel und kam zum Erliegen. Kostete im Jahre 1869 eine 20prozentige Alizarinpaste etwa 34 Schweizer Franken, so sank ihr Preis zehn Jahre später auf nur noch 3 Franken.[109] Zur gleichen Zeit entwickelte die BASF einen Syntheseweg für Indigo und senkte zwischen den Jahren 1897 bis 1902 den Preis der 20% Indio-Paste von 22 Mark auf 7,50 Mark. Im Jahre 1913 sank er nochmals auf 1,25 Mark, denn die Produktion lief auf Hochtouren. Zugleich erreichte die deutsche Indigoausfuhr im Jahre 1913 den Wert von 53 Millionen Mark.[110]

10.6 Runges Tätigkeit nach der Steinkohlenteerforschung

Die Entdeckung der Teerfarbstoffe hätte die Leitung der Chemischen Produktenfabrik in Oranienburg eigentlich interessieren sollen. Im Sinne der Technologie versprachen

106 Badische Anilin-& Soda-Fabrik AG 1965, S. 9.
107 Liebig 1851, S. 60.
108 König 1990, S. 369–382.
109 Ullmann 1915, S. 197–211.
110 Osterroth 1985, S. 87–93.

die Teerfarbstoffe großen volkswirtschaftlichen Nutzen, denn sie ließen sich aus Abfällen produzieren, sparten teure Importe und machten den flächenintensiven Anbau der heimischen Farbpflanzen überflüssig. Auf den freiwerdenden Flächen konnte Ackerbau betrieben werden, um die allgemeine Lebensmittelversorgung zu sichern. Das Desinteresse der Chemischen Produktenfabrik ist unverständlich, weil sie kurz nach Runges Ankunft in Oranienburg im Jahre 1832 von der *Seehandlungs-Sozietät* übernommen wurde. Ihre Vorgängerinstitution[111] gründete 1772 der preußische König Friedrich II. (der Große 1712–1786), um den Überseehandel zu fördern und das Land von ausländischen Transport- und Handelsunternehmen unabhängig zu machen. Damit sollten neue Waren wie Baumwolle, Palmöl etc. nach Preußen gelangen, das keine Kolonien besaß und relativ rohstoffarm war. Der Staat sah in der beginnenden Globalisierung die Chance, importierte Rohstoffe im eigenen Land zu veredeln. So war um 1800 im Oranienburger Schloss eine Baumwollspinnerei untergebracht, die aber infolge der napoleonischen Kriege und Kontinentalsperre Konkurs anmeldete. Nach 1820 dehnte die *Seehandlungs-Sozietät* ihre Aktivitäten auch auf Industriebeteiligungen aus. Sie kauften Spinnereien, Webereien und chemische Fabriken auf, um im technologischen Sinne die Produktion zu optimieren.[112] Die Teerfarbstoffe hätten gut in dieses Konzept gepasst, aber stattdessen lehnte die Firma ab und Runge begann nicht, um die Teerfarbenproduktion zu kämpfen. Er hätte die Leitung immer wieder an die Produktionsmöglichkeiten erinnern können oder die politischen Entscheidungsträger darüber informieren können, denn die Firmenleitung unterstand dem Staat.

Der Chemiker hatte sogar Kontakt zum Umfeld des Königs. So kannte er den Kammerdiener des preußischen Königs Wilhelm IV. (1795–1861) persönlich und entwickelte für den Monarch eine Tinte, für deren Farbe er die Bezeichnung *„königsblau"* schuf. Der zufriedene König schickte seinem Untertan zum Dank Champangner-Flaschen, die er austrinken und mit der Tinte aufgefüllt zurücksenden sollte. Auch freute sich der Landesherr über die Stearin-Kerzen, die Runge 1835 erfand und in Oranienburg herstellte.[113] Der umtriebige Chemiker schuf und entdeckte noch eine Reihe anderer sinnvoller Stoffe, die hier nicht im Einzelnen aufgezählt werden können. Der Monarch honorierte seine Leistungen und gewährte ihm später einen außerordentlichen Pension-Zuschuß. Auch der spätere König Maximilian II. von Bayern (1811–1864) beauftragte ihn über einen Verein mit dem Buch *„Grundriß der Chemie"*.[114] Das Werk erschien 1852 in einer Auflage von 15.000 Stück und wurde zum halben Preis an bayerische Schulen verkauft. Trotz dieser Verbindungen suchte Runge nicht persönliche Kontakte zu den adeligen Entscheidungsträgern. Wahrscheinlich schreckte ihn die höfische Kommunikation ab und als Industriechemiker brauchte er keine Forschungsgelder einzutreiben, wie die Universitätsmitglieder. So hielt der Berliner Chemiepro-

111 Die Seehandlung wandelte sich im 20. Jahrhundert zu Preußischen Staatsbank und wurde 1945 geschlossen.
112 Anft 1937, S. 31.
113 Runge 1866/1988, Sechsunzwanzigster Brief, S. 21. Runge 1866/1988, Dreissigster Brief, S. 86.
114 Runge 1846, 1847.

fessor Karl Friedrich Mohr (1806–1890) am preußischen Hof Experimentalvorträge und auch Runges Professor aus Jena, Johann Wolfgang Doebereiner (1780–1849), hielt Experimentalvorträge am fürstlichen Hof von Sachsen-Weimar-Eisenach. Einer seiner weiteren Bekannten war der Chemieprofessor Justus von Liebig (1803–1873), dessen Experimentalvorlesungen vor dem bayerischen Königshaus zu einem gesellschaftlichen Ereignis wurden.[115]

Runge sonnte sich nicht im Glanz der Prominenz, sondern sah auch diejenigen im Schatten. Er verarztete kostenlos arme Oranienburger und versorgte sie mit Medizin. Als Arzt und Apotheker verfügte er über die geeignete Qualifikation und freute sich über Dankesbekundungen in Form von selbstgeschriebenen Gedichten und Gebäck. Auch zechte er gern mit seinen Freunden den selbstangesetzten Fruchtwein.[116] Da Runge die gemütlichen Seiten des Lebens schätzte, scheute er die Selbstständigkeit. Er hätte eine eigene Teerfarbstoff-Fabrik gründen können, wozu ihm allerdings das Geld und der Mut fehlten. Zumal hätte er sich als Unternehmer auch um die Finanzen und das Marketing kümmern müssen, was ihn wohl langweilte. Runge beschäftigte sich nur mit Dingen, die ihn interessierten und als Unternehmer hätte er keine Zeit für seine Veröffentlichungen und anderweitigen Forschungsgebiete der Chemie gehabt. So widmete er sich wieder den Farbstoffen auf pflanzlicher Basis. Neben dem Indigo arbeitete er am Krapp, auch Färberröte (Rubia tinctorum) genannt. Dabei führte er Färbeversuche mit der traditionellen Wolle und Leinen sowie mit der importierten Seide und Baumwolle durch. Dieses Beispiel zeigt mal wieder, dass Runge weiterhin an heimischen sowie ausländischen Rohstoffen forschte. 1833 gewann er die Preisaufgabe des Gewerbe-Vereins in Preußen: Alizarin aus dem Krapp zu isolieren und für die Woll-, Baumwoll- und Zeugdruckerei anzuwenden. Die dazugehörige Monographie[117] erschien 1835 und nach Urteil des Chemikers Jöns Jakob Berzelius enthielt sie trotz ihres technischen Schwerpunktes mehr richtige Informationen über Krapp, als alle bisherigen theoretischen Abhandlungen. Aus der Wurzel der Pflanze hatte Runge bereits 1822 das Krapp-Purpur (Purpurin) isoliert, führte Färbungsversuche mit Seide durch und ließ das ganze Verfahren in Preußen patentieren. 1828 erhielt er in Preußen ein Patent über die *„Beschreibung eines Verfahrens Hochdruck auf Wollzeug mit Schattierung hervorzubringen.“*[118]

In Oranienburg arbeitete er auch mit der Baumwolle, die sich unter anderen Bedingungen färben ließ als die traditionelle Wolle und das Leinen. Damit gab das globale Handelsprodukt der Chemie neue Impulse und Runge verfasste zwischen 1834 bis 1850 das dreibändige Werk *„Farben-Chemie"* mit den Untertiteln: 1. Teil: Die Kunst zu färben gegründet auf das chemische Verhalten der Baumwollfaser zu den Salzen und

---

115 Krätz; Kreißl 1999, S. 56–57. Krätz 1991, S. 218–223. Krätz 1992, S. 12, 140–157. Cura 2011c, S. 91–121.

116 Runge 1847, S. 129.

117 Runge 1835.

118 Anft 1937, S. 89–90, 91, 141.

Säuren, Lehrbuch der praktischen Baumwollfärberei. 2. Teil: Die Kunst zu drucken. 3. Teil: Die Kunst der Farbenbereitung.[119]

Neben seiner privaten Forschungsarbeit und der publizistischen Tätigkeit arbeitete Runge als technischer Leiter der Fabrik. So kümmerte er sich im Jahre 1841 immerhin um 128 Personen, von denen nur 12 der Verwaltung angehörten.[120] Er organisierte den reibungslosen Ablauf der Herstellung, der Qualitätskontrolle und beschäftigte sich mit der Verfahrensoptimierung. Auch sicherte er der Firma qualifizierten Nachwuchs und bildete mittelose 12- bis 14jährige Jungen zu Färbern und Gerbern aus. Für einen besonders Begabten bat er den preußischen Staat um ein Stipendium von 150 Thalern, damit er einige Jahre die Gewerbeschule, das Gewerbeinstitut und später einige Vorlesungen hören konnte. Runge wollte ihn zu seinem Nachfolger ausbilden lassen und war bestimmt enttäuscht, als sein Gesuch abgelehnt wurde.[121] Insgesamt war sein Tätikeitsgebiet sehr weit gefasst, denn die Firma stellte im Schloss und den angrenzenden Bauten unterschiedliche Grundchemikalien und Endprodukte her. Betrat man das Areal zwischen 1833 bis 1835, dann ergab sich folgendes Bild:

Im linken Vorderflügel des Schlosses (vgl. Abb. 10.18) befanden sich im Erdgeschoss die Silberaffination auf nassem Wege, die Silberraffinerie auf trockenem Wege aus den Abfällen mit Treib- und Krummofen, und die Kupfervitriolfabrik. Hinter dem Schloss erhoben sich die große und die kleine Schwefelsäurefabrik. Im Mühlenfelde lagen eine Schwefelsäurefabrik, eine Salzsäure-, Glaubersalz und Sodafabrik „aus dem Kochsalz", eine Beinschwarzfabrik, eine Hornverkohlungsanstalt, Blausaures Kali-, Blaufarben- und Salmiakfabrik, eine Soda-Seifenfabrik und die frühere Alaunfabrik, nunmehr Kalisalpeter- und Sodafabrik aus dem „Südsee-Salpeter"(Natronsalpeter) und zur Fabrikation von Vitriolen und zur Palmöl-Raffinierung bestimmt. Außerdem gab es im Mühlenfeld noch eine Töpferei, in der Essigtöpfte, Büchsen, Vorlagen, Kolben, Eimer, Röhren, Ballons, Säuretöpfe und Salmiak-Kapseln angefertigt wurden, eine Böttcherei und Korbmacherei für Ballonkörbe und Waschkiepen.[122]

Anfangs stellte die Firma nur Schwefelsäure her, vergrösserte aber bald ihr Angebot und verbesserte ihre Herstellungsweisen. Wichtige Impulse gaben die wissenschaftliche Chemie in England und Frankreich, sowie der globale Handel. So stellte sie als einer der ersten Betriebe in Deutschland Soda (Natriumcarbonat) aus Steinsalz (Natriumchlorid) nach dem Leblanc-Verfahren her. Dieses hatte 1789 Nicolas Leblanc (1742-1806) in Frankreich entwickelt und ebnete der anorganischen Großindustrie den Weg.[123] Damit stellte die Chemische Produktenfabrik große Soda-Mengen her und verarbeitete sie zu Soda-Seife (Kernseife) weiter. Die Seifensiederei führte sie nach alter Handwerkstradition mit tierischem Talg durch. Runge entwickelte das Verfahren weiter, indem er afrikanisches Palmöl nahm und 1833 erstmals Palmöl-Soda-Seife schuf, die als „Oranienburger Kernseife" ein Verkaufsschlager wurde. Andere Fabriken

---

119 Runge 1834a.
120 Niedobitek; Niedobitek 2011, S. 389.
121 Anft 1937, S. 45.
122 Rehberg 1935, S. 62–66.
123 Osteroth 1985, S. 36–43. Krätz 1999, S. 42–46.

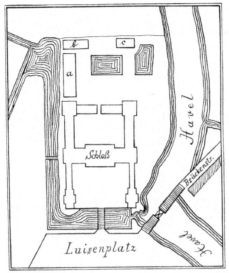

Plan des Oranienburger Schlosses und der 1823 errichteten Neubauten für die chemische
Fabrik von Hempel & Co. (Archiv des Heimatmuseums.)
a) Fabrik für englische Schwefelsäure, b) Vitriolölfabrik, c) Steingutfabrik.

Abbildung 10.18:
Übersichtsplan der Chemischen Produktenfabrik in Oranienburg
(Rehberg 1935, S. 63)

folgten ihm und so konnten die tierischen Fette für die Ernährung genutzt werden.
Zudem optimierte der Chemiker die Seifenherstellung und gewann aus der Seifen-
Unterlauge wertvolle Salze zurück. 1835 isolierte er aus dem Palmöl das Stearin und
schuf damit 1835 die Stearin-Kerzen, die zunächst „Palmwachslichte" hießen und sich
gut verkauften.

Zusammenfassend war die Firma bedeutend innovativer als handwerkliche Betriebe, denn sie verbesserte traditionelle Herstellungsverfahren oder übernahm ausländische Verfahren. Dieses war nur durch den internationalen Handel und durch die
erfolgreiche wissenschaftliche Chemie in Frankreich möglich. Die Forschungsbereit-
schaft der Firma muss Runge sehr angesprochen haben, denn er begann ebenfalls mit
der Optimierung von Verfahren und Produkten. Dabei verwendete er auch importierte
Rohstoffe und nutzte seine Erfahrungen aus der Indigo-Forschung. Der Firmenbesit-
zer Dr. Hempel ließ ihn frei arbeiten, denn er war kein Chemiker auch wenn er den
internationalen Wissensaustausch verfolgte. Er war vielmehr Geldgeber und ermöglichte Innovationen. Beide Aspekte entsprachen der wissenschaftlichen Technologie

und so steht bereits im technologischen Wörterbuch von 1873 über den Besitzer einer Manufaktur:

> *„Der Inhaber eines solchen Manufakturhauses ist entweder ein Sachver-*
> *ständiger selbst, oder er ist nur ein Inhaber desselben, der das nöthige*
> *Geld dazu anwendet, daß dergleichen Waaren unter der Aufsicht eines*
> *sachverständigen Werkmeisters verfertiget werden. Besser ist es freylich,*
> *wenn er die Sachen, die er machen läßt, verstehet, und davon zu urthei-*
> *len weiß, er wird allemal einen wesentlichen Nutzen daraus ziehen, und*
> *im Stande seyn, immer auf neue Erfindungen in seinen Waaren zu den-*
> *ken, und in dieser oder jener Waare, die er verfertigen läßt, etwas neues*
> *zu machen, damit die Mode befriediget werde.*[124]

Manufakturen und Fabriken stellten große Stückzahlen oder Mengen her und typisch für eine Fabrik war die Dampfmaschine, die aber die Oranienburger Produktenfabrik wohl nicht besaß. Der Namensteil „Fabrik" leitet sich wohl eher vom Wort „lat.
facere = herstellen" ab und sollte den modernen Charakter der Firma unterstreichen.
Damals trennte man die Begriffe nicht klar voneinander, da Deutschland sich noch auf
dem Wege zur Industrialisierung befand. Mit ihrem innovativen Anspruch verlies sich
die Firma nicht nur auf tradiertes empirisches Wissen, sondern berücksichtigte auch
wissenschaftliche Kenntnisse, um Verfahren und Produkte zu optimieren. Damit entsprach sie ganz dem Anspruch der wissenschaftlichen Technologie, dem auch Runge
anhing. Für den forschungsbegeisterten Chemiker bot sie mit ihren vielen Verfahren
und Produkten fast unbegrenzte Möglichkeiten und so erklärt es sich auch, warum er
von 1832 bis 1836 ohne Vergütung dort arbeitete. Erst nach dem Tode seines Freundes
Dr. Hempel leitete er offiziell die Produktion und erhielt ab dem Jahr 1836 monatlich
83,30 Taler, ohne fest angestellt zu sein.[125] Dieser Zustand verletzte ihn, zumal er
sich weitere Gratifikationen mühsam erkämpfen musste. Trotz des Ärgers kündigte
er nicht, denn die Firma ließ ihn neben der Arbeit frei forschen und publizieren. Er
verfasste so viele Bücher und Artikel, dass die schriftstellerische Tätigkeit eine zweite
Haupttätigkeit wurde.

Mit zunehmenden Alter sah er die Nachteile seiner unsicheren Beschäftigungslage
und bat um eine Festanstellung. In einem Brief an den Geheimen Staatsminister und
Präsident der Seehandlung-Sozietät Christian von Rother (1778–1849) begründete er
dieses damit, dass er die Herstellung der Kernseife und des Blaulaugensalzes verbesserte, Reaktionskolben kostensparend flickte und damit der Firma viel Geld sparte.
Die Firma hatte großen Nutzen von seinem technischen Verstand und Erfindungsgabe,
schien das aber kaum zu bemerken. Nur so lässt sich erklären, dass Runge nochmal
auf seine Leistungen hinweist. Seine weiteren Entdeckungen wie die Teerfarbstoffe
erwähnte er nicht, da sie wohl als uninteressant galten.

> *Hochwohlgeborener Herr*
> *Hochgebietender Herr Geheimer Staatsminister*

---

124 Jacobssons 1783, S. 19."
125 Anft 1937, S. 168.

Gnädiger Herr!

Vor 10 Jahren übernahm ich auf Befehl Eurer Excellenz, die technische Leitung und Beaufsichtigung der hiesigen Fabrik, und zwar ohne alle besonderen Bedingungen, weil ich im Verlaufe der Zeit meinen hohen Vorgesetzten zu beweisen hoffte, daß dieselben keinen Unwürdigen, dies wichtige Amt zu übertragen, und daß ich dann, nachdem dies geschehen, später eine feste Anstellung bei der Fabrik erbitten können.

Dieser Zeitpunkt scheint mir jetzt gekommen zu sein. Ich habe zu dem Ende an die Hohe General Direktion der Seehandlungs Societät das Gesuch gerichtet, mich jetzt definitiv bei der Fabrik anzustellen, um dann, durch mein 10-Jähriges Wirken in Flor gebrachten, Etablissement, auch ferner meine Tätigkeit und Fürsorge, mit einem ruhigen Blick in die Zukunft, widmen zu können.

Da nun die letzte Entscheidung in dieser Sache von Euer Excellenz abhängt, so wiederhole ich diese Bitte ganz unterthänigst auch hier.

In meinen Jahresberichten habe ich der hohen Generalität Dir. Spezielle Rechenschaft von meinem chemischen Wirken gegeben; dennoch bitte ich Eure Excellenz mir gnädigst zu erlauben hier in allgemeinen Umrissen das anführen zu dürfen, was ich Neues und Nutzbringendes hier geleistet habe.

Als ich die Leitung übernahm, fand ich (ohne meinem Freund Hempel zunahe treten zu wollen, dem die Geldnoth etc. zur Chemie wenig Zeit ließ) sehr vieles zu verbessern, ja wäre ohne diese Verbesserungen ganz unmöglich gewesen die Fabrik mit Nutzen fortzutreiben. So wurden hier alle Seifenunterlaugen weggegossen wie es noch jetzt die Seifensieder thun. Nach genauer Untersuchung fand ich bald, daß auf diese Weise jährlich mindestens 5000 Thaler weggeworfen wurden; denn in den Unterlaugen von 6000 Centner Seife sind 1200 Centner Kochsalz enthalten und 1–200 Centner kohlensaures Natron. Dieses wird nun seit meiner Verwaltung stets wiedergewonnen und es wird nur so viel Kochsalz zugekauft, als mit in die Seife geht, wo es sich dann zu dem Seifpreis von 12 Thalern verwertet.

Blausaures Kali verstand man hier nur aus Horn zu machen. Ich richtete, als das Horn immer theurer wurde und endlich auch für hohe Preise nicht mehr zu haben war, mein Augenmerk auf Pferdefleisch, Leder und besonders auf wollene Lumpen, die man früher ohne Erfolg anzuwenden versucht hatte, und es gelang mir, mittels einer verbesserten Verkohlungsmethode, sie dem Horn an Wirkung ganz gleich zu machen. Durch diese Erfindung wurde es möglich, den großen Begehr nach blausaurem Kali, der sich von 30.000 Pfund auf 150.000 und 180.000 Pfund steigerte, zu befriedigen.

Zum Schmelzen dieses Kalis sind für jede 10 000 Pfund, gußeiserne Schalen à 40 Ctr. (= 200 Thaler) früher erforderlich gewesen. Sie hielten nur 6 Wochen; daher mußte alle 6 Wochen mit der Arbeit angehalten, der Ofen abgebrochen und eine n e u e Schaale eingesetzt werden. Dies machte die Fabrikation äußerst schwierig und kostspielig. Ich erfand einen Kitt die alte Schaale immer wieder mit alten Eisenstücken zu flicken und so wurde die Arbeit nicht eher als nach $\frac{3}{4}$ Jahren unterbrochen, wenn nämlich der Ofen neu gebaut werden muß. Anstatt einer Ausgabe von 3500–4000 Thalern jährlich für gußeiserne Schaalen etc. sind jetzt nur 200 bis 300 Thaler zu zuzahlen für den Kitt und altes Gußeisen.

Die Stearin und Palmwachslichtfabrikation, so wie die Ammoniak-Alaunfabrik sind g a n z das Werk meiner Erfindungen, und die unsägliche Mühe, welche mir ihre Vollendung gemacht hat, ist nun wenigstens in der Freude belohnt worden, daß ihre Einrichtung nicht nur von Kennern sehr zweckmäßig gefunden wird, sondern sie auch dem Geschäft entsprechenden Nutzen bringen.

Da nun dieses alles einen bleibenden Werth hat und der Nutzen davon immerwährend sich wiederholt, so lege ich mit der festen Zuversicht mein künftiges Geschick in die Hände Eurer Excellenz, und bitte ganz unterthänigst mein bei der Hohen General Direktion angebrachtes Gesuch um eine definitive Anstellung als Chemiker der hiesigen Fabrik huldreichst genehmigen zu wollen und die beiden Summen, die ich bisher als Remuneration und Gratifikation bezogen, mir als Gehalt aussetzen lassen zu wollen.

Genehmigen Eure Excellenz die Versicherung meiner innigsten Hochachtung und Verehrung mit welcher ich verharre als
Eurer Excellenz unterthänigster Diener
Runge, Dr.
Oranienburg, den 12. Dez. 45[126]

Allerdings erhielt Runge nicht die Festanstellung, weil er in Streit mit dem kaufmännischen Direktor der Firma, E. E. Cochius (†1855), geriet. Dieser hielt den Chemiker für überheblich und befürchtete überzogene Forderungen. In einem Brief von 1845 an die Direktion der Seehandlung lehnte dieser 1845 eine feste Anstellung Runges ab, denn bei *„... einem erhöhten feste Gehalte, könnte leicht eine Ansprüche weiter wesentlich steigern, oder vielmehr neue, in einem nicht unbedeutenden Umfange hervorrufen! – Bei der Persönlichkeit des Herrn Runge kann ich dazu nicht rathen; ich kann es um so weniger, wenn ich aus meinen geschäftlichen Erfahrungen dahin urtheilen muß, wie dergleichen technischen Individuen sich oft selbst nach d e m Maaße zu schätzen pflegen, in welchem ihre häufig durch Egoismus und Selbsttäuschung, so wie durch Schmeichelei Unkundiger, angestachelten Ansprüche – Eingang und Belohung finden- (Am Rande: „Eine sehr richtige Bemerkung!!" – wahrscheinlich*

---

126 Anft 1937, S. 181–183.

*von einem Direktor der Seehandlung.) ... Herr Runge gehört, nach meiner Ansicht
zu denjenigen Individualitäten, denen es nicht z u w o h l gehen muss!*"[127]

Die Streitereien gingen auf persönliche Abneigungen zurück, weil wohl beide Männer mit zunehmenden Alter schwieriger wurden. Runge sah seine Arbeit nicht mehr
richtig gewürdigt, und ließ seinen Ärger auch an der Frau eines Disponenten aus,
wobei ihn sein kaum 16 Jahre altes Dienstmädchen nachahmte. Die Firma ließ sein
freies Dienstverhältnis unverändert und erst als im Jahre 1852 die Firma an den kaufmännischen Direktor Cochius verkauft wurde, kündigte der neue Chef dem Chemiker endgültig. Er zahlte ihm nur noch die vertraglich zugesicherte jährliche Pension
von 400 Talern. Allerdings wollte er auf das Fachwissen seines ehemaligen Technischen Direktors nicht ganz verzichten und bat ihn, die Werksmeister bei den laufenden chemischen Arbeiten zu beraten. Dafür erhielt Runge weiterhin freie Wohnung
und Brennholz im Gegenwert von 150 Talern jährlich. Zusätzlich erhielt er einen außergewöhnlichen Pensionszuschuss von jährlich 350 Talern, den ihm König Friedrich
Wilhelm IV. (1795–1861) von Preußen seit 1852 gewährte. Somit verfügte der Chemiker pro Jahr über 750 Taler und den geldwerten Vorteil der geheizten Wohnung.
Allerdings erhielt er die Summe nur drei Jahre, denn im Jahre 1855 beging sein ehemaliger Chef Cochius Selbstmord und dessen Witwe konnte die 400 Taler Pension
nicht mehr bezahlen. So blieben Runge nur die 350 Taler Pensionszuschuss vom König und nach Niedobitek und Niedobitek erhielt er noch Honorare von Verlagen in
unbekannter Höhe. Zudem vermuteten sie Einnahmen aus seinem Kunstweinverkauf,
denn im Jahre 1847 berichtete Runge im *„Grundriß der Chemie"* von jährlich tausenden Flaschen Wein aus Johannesbeeren, Heidelbeeren, Preißelbeeren und anderen
Früchten, die er für sich und seine Freunde herstellte.[128] Damit erreichte er natürlich
nicht mehr die Höhe seiner alten Vergütung, die er seit 1836 von der Firma erhielt.
Nach $5\frac{1}{2}$ Dienstjahren bezog er im Jahre 1841 immerhin 1000 Taler pro Jahr und es
gab noch gelegentliche Weihnachtsgratifikationen, wie 200 Taler im Jahre 1846. Damit war Runge der zweitbest bezahlte Mitarbeiter und nur der kaufmännische Leiter
Cochius verdiente mehr. Dieser erhielt 1200 Taler im Jahre 1841 und eine Sonder-
zahlung von 300 Talern, hatte aber eine Familie zu versorgen. Runge hatte also gut
verdient, wenn man das Einkommen seines Freundes Johann Christian Poggendorff
vergleicht. Dieser erhielt als außerordentlicher Professor an der Universität Berlin im
Jahre 1834 keine Besoldung und ab 1841 immerhin 200 Taler. Als er 1849 in Leipzig
ordentlicher Professor für Physik wurde, erhielt er wohl 400 Taler und im Jahre 1858
insgesamt 500 Taler jährlich.[129] Am Ende seines Lebens hatte Runge also ein etwas
niedrigeres Einkommen als ein Professor und war somit nicht mittellos. So konnte er
seine letzten Bücher noch im Selbstverlag finanzieren. Da er zeitlebens sparsam war
und keine Familie zu versorgen hatte, konnte er sogar 1000 Taler vererben.

Auch in Alter widmete er sich weiter den Farben und erforschte ihr Verhalten
auf Papier, womit er zum Pionier der heutigen *Papier-Chromatographie* wurde. Die

---

127 Anft 1937, S. 186–187.
128 Runge 1847, S. 129.
129 Niedobitek; Niedobitek 2011, S. 384–398, 403.

Abbildung 10.19:
Als Grund für die ähnlichen Muster vermutete Runge eine neue Kraft und nannte
sie „Bildungstrieb" der Stoffe". Heute gilt er als Begründer der
Papier-Chromatographie.
(Runge 1866, 1988 Deckblatt)

entstandenen Papierbilder bezeichnet er als Musterbilder, die Nachbarkinder auch
Professorenklekse nannten.[130] Er beschrieb sie in den beiden Büchern: *„Zur Farben-*

130 Cura 2011b, S. 425–427.

Chemie. Musterbilder. Freunde des Schönen und zum Gebrauch für Zeichner, Maler, Verzierer und Zeugdrucker. Dargestellt durch chemische Wechselwirkung."[131] Das nur wenige Seiten lange Werk verfasste er 1850 anlässlich des 200-jährigen Bestehen der Stadt Oranienburg und widmete es dem preußischen König. Da es keine genauen Angaben über die Menge der eingesetzten Chemikalien enthielt, schrieb er 1855 die Fortsetzung unter dem Titel: *„Der Bildungstrieb der Stoffe. Veranschaulicht in selbständig gewachsenen Bildern"*,[132] wofür er 1855 die Preismedaille der Pariser Weltausstellung erhielt.[133]

In seinem Buch verfasste er die Hypothese, dass ein spiritueller Bildungstrieb ähnliche Bilder erzeugen würde. Dafür mussten die Chemikalien auf die immer gleiche Weise auf das Papier getropft werden. Hieran zeigt sich Runges veraltetes Denken, denn er erklärte die Vorgänge mit spirituellen Ansätzen der 1820er Jahre. Heute wird dieses Phänomen auf die Adhäsionskräften im Papier zurückgeführt. Dennoch versuchte er Wissenschaft mit Kunst zu verbinden und aus diesem Grunde verleiht die *„Stiftung Preussische Seehandlung"* seit 1994 alle zwei Jahre den: „Friedlieb Ferdinand Runge-Preis für unkonventionelle Kunstvermittlung".[134] Durch diese Geste finden Runge und die Seehandlung doch noch ein gütliches Ende.

10.7 Zusammenfassung

Friedlieb Ferdinand Runge (1794–1867) lernte schon als Kind die global gehandelte und in Fabriken verarbeitete Baumwolle kennen, die in Hamburger Kattundruckerein mit dem indischen Indigo gefärbt wurde. Zeitlebens sollte er sich mit der Färberei von Baumwolle beschäftigen. Sie war eng mit dem Manufaktur- und Fabrikwesen verbunden, das innovativer als das traditionelle Handwerk war. Beide neuen Betriebsformen förderte auch der Ökonomieprofessor Johann Beckmann (1739–1811), indem er 1777 die wissenschaftliche Technologie begründete. Danach sollte die chemische Forschung dem rückständigen deutschen Gewerbe nützen und es weiterentwickeln, um langfristig die heimische Wirtschaft zu fördern. Der Nützlichkeitsaspekt sprach Runge sehr an, denn bereits als Kriegskind behob er den häuslichen Mangel und als Apotheker stellte er hilfreiche Medikamente her. Ebenso reizte ihm der Forschungsansatz und deshalb wurde er in Berlin Privatdozent für technische Chemie und später in Breslau außerordentlicher Professor für Technologie. Allerdings boten die Universitäten zu schlechte Forschungsbedingungen, um das Gewerbe zu fördern. Deshalb begann Runge in Großbetrieben zu arbeiten, wie der Kattundruckerei von Carl Milde in Breslau oder der Chemischen Produktenfabrik in Oranienburg. Dort kombinierte er die wissenschaftliche Laborarbeit mit der gewerblichen Großproduktion und wurde einer der ersten Industriechemiker seiner Zeit. Dabei forschte er an heimischen sowie importier-

---

131 Runge 1850/1987, S. 49–57.
132 Runge 1855/1987, S. 58–62.
133 Runge 1855. Cura 2011a, S. 283–288. Cura 2011b, S. 425–427.
134 www.stiftung-seehandlung.de. Niedobitek, Niedobitek 2011, S. 469–472.

ten Rohstoffen gleichermaßen und erhielt wichtige Impulse durch die aufkommende Beleuchtungsindustrie. Dort fiel der Steinkohlenteer als Abfallprodukt an, den Runge 1832/33 monatelang im Labor erforschte und das Phenol (Karbolsäure) entdeckte. Ebenfalls isolierte er Anilin und lies es erstmals zu Teerfarbstoffen weiterreagieren, die er auch mit Baumwolle färbte.

Runge schlug die Teerfarbstoffe als Ersatz für die heimischen und importierten pflanzlichen Farbstoffe vor und leistete Pionierarbeit auf dem Gebiet der Abfallverwertung und der Ersatzstoffforschung. Allerdings konnte er seine Vorschläge aus mehreren Gründen nicht durchsetzen: Die Teerfarbstoffe waren ein Zufallsfund und entstanden zu einer Zeit, als es noch keinen Bedarf an Farb-Ersatzstoffen gab. Auch hatten die Unternehmer noch kein Umweltbewusstsein entwickelt und entsorgten die Teer-Abfälle weiterhin in der Natur, anstatt sie durch Abfallverwertung zu minimieren. Zuletzt kam noch hinzu, dass Runge keine intensive Überzeugungsarbeit leistete. Er informierte seine Vorgesetzten, die aber aus persönlichen Abneigungen seine Vorschläge selten ernst nahmen. Runge machte auch nicht die Teerfarbstoffe bei politischen Entscheidungsträgern bekannt, obwohl seine Firma dem Staat unterstand und er andere chemische Themen aktiv popularisierte. Eine eigene Teerfarbenfabrik wollte er auch nicht gründen, da ihm Geld und betriebswirtschaftliche Interesse fehlten. Stattdessen empfand er sich als Wissenschaftler und forschte auf anderen Gebieten weiter. Daher veröffentlichte er seine Teerforschung auch in Fachzeitschriften und betrachtete sie nicht als Betriebsgeheimnis. Die Freiheit dazu hatte er, denn er arbeitete ohne festes Arbeitsverhältnis und Gehalt. Auch später blieb ihm die Festanstellung verwehrt, aber er erhielt immerhin eine Besoldung für seine Tätigkeit als technischer Leiter. Deshalb konnte er weiterhin seine Forschung mit der Fachwelt teilen und verfasste viele Werke für Gewerbetreibende. Allerdings verlor er mit den Jahren im abgeschiedenen Oranienburg den Anschuss an die wissenschaftliche Chemie, die sich von der Technologie abwandte. Seine späte Farbenforschung, wie die „Musterbilder", wurden von den Kollegen nicht mehr ernstgenommen.

Zusammenfassend wurde Runges Teerforschung erst möglich, weil er die beginnende Industrialisierung und den globalen Handel mit der wissenschaftlichen Technologie kombinierte. Dadurch führte er als einer der ersten Industriechemiker seiner Zeit eine zielgerichtete Forschung im Gewerbe durch. Seine Arbeiten über den Teer beeinflussten seine Fachkollegen und durch deren weiterführenden Arbeiten entstand 30 Jahre später die erste Teerfarbenfabrik in London. Offensichtlich war Runge seiner Zeit voraus, sonst hätte die erste Teerfarbenproduktion 1833 im preußischen Oranienburg begonnen.

10.8 Literatur

ANFT, BERTHOLD (1937): *Friedlieb Ferdinand Runge sein Leben und Werk*. Hg. von PAUL DIEPGEN. Berlin: Emil Ebering (Abhandlungen zur Geschichte der Medizin und der Naturwissenschaften; Heft 23) 1937.

ANFT, BERTHOLD (1941): Runge, Goethe und die Entdeckung des Koffeins. In: *Die pharmazeutische Industrie* **15** (1941), S. 277–280.

AGRICOLA, GEORGIUS (1546/2006): *De natura fossilium. Handbuch der Mineralogie* (1546). Übersetzt von GEORG FRAUSTADT. Durchgesehen und ergänzt sowie mit Registern und einer Einleitung versehen von FRITZ KRAFFT. Wiesbaden: Marix Verlag 2006.

AGRICOLA, GEORGIUS (1556): *De re metallica libri XII.* Basel: Froben 1556.

BABOVIC, TOMA UND BIRGIT HANKE (1998): *Auf Fritz Reuters Spuren.* Hamburg: Ellert und Richter 1998.

BADISCHE ANILIN-& SODA-FABRIK AG (Hg.) (1965): *Im Reich der Chemie.* Düsseldorf: Econ-Verlag 1965.

BÄUMLER, ERNST (1963): *Ein Jahrhundert Chemie. Zum 100jährigen Jubiläum der Farbwerke Hoechst AG.* Düsseldorf: Econ 1963.

BECKERT, SVEN (2014): King Cotton. Eine Geschichte des globalen Kapitalismus. München: C. H. Beck, 2014.

BECKMANN, JOHANN (1780/1970): *Anleitung zur Technologie, oder zur Kentniß der Handwerke, Fabriken und Manufacturen, vornehmlich derer, die mit der Landwirthschaft, Polizey und Cameralwissenschaft in nächster Verbindung stehn. Nebst Beyträgen zur Kunstgeschichte.* Mit einer Kupfertafel von Johann Beckmann, ordentlichem Professor der Oeconomie in Göttingen. Göttingen: Verlag der Witwe Vandenhoeck (2. Auflage) 1780. Unveränderter fotomechanischer Nachdruck der Originalausgabe von 1780. Leipzig: Zentralantiquariat der Deutschen Demokratischen Republik 1970.

BERZELIUS, JÖNS JAKOB (1839): *Lehrbuch der Chemie.* Aus der schwedischen Handschrift des Verfassers, übersetzt von

F. WÖHLER. Bd. 8. Dresden: Arnoldische Buchhandlung (3. Auflage) 1839.

BEYER, HANS UND WOLFGANG WALTER (1991): *Lehrbuch der Organischen Chemie.* Stuttgart: Hirzel (22. Auflage) 1991.

BILLROTH, THEODOR (1879): *Chirurgische Klinik.* Wien. Berlin: 1879. Zitiert in:

BRUNN-FAHRNI, R. VON: Antiseptik und Aseptik. In: *Ciba-Zeitschrift* **50** (1951), S. 1662–1692.

BUSSEMAS HEINZ UND GÜNTHER HARSCH (1985): *Bilder, die sich selber malen. Der Chemiker Runge und seine „Musterbilder für Freunde des Schönen" Anregungen zu einem Spiel mit Farben.* Köln: DuMont 1985.

CURA, KATRIN (2002): Mehr als Knall und Rauch – Popularisierung der Chemie. In: WOLFSCHMIDT, GUDRUN (Hg.): *Popularisierung der Naturwissenschaften.* Diepholz: Verlag für Geschichte der Naturwissenschaften 2002, S. 159–169.

CURA, KATRIN (2010a): *Vom Hautleim zum Universalklebstoff. Zur Entwicklung der Klebstoffe.* Diepholz: Verlag für Geschichte der Naturwissenschaften und Technik 2010.

CURA, KATRIN (2010b): Vom Naturprodukt zum Kunstprodukt. 100 Jahre Synthesekautschuk. In: *Naturwissenschaftliche Rundschau* **63** (2010) H. 1, S. 14–17.

CURA, KATRIN (2011a): Professorenklekse – Friedlieb Ferdinand Runge (1794–1867): Entdecker der Teerfarbstoffe und Begründer der Papier-Chromatographie. In: WOLFSCHMIDT, GUDRUN (Hg.): *Farben in Kulturgeschichte und Naturwissenschaften*. Hamburg: tradition (Nuncius Hamburgensis Beiträge zur Geschichte der Naturwissenschaften; Bd. 18) 2011, S. 268–294.

CURA, KATRIN (2011b): Tar colours an „Professorenklekse" – the forgotten chemist Runge (1794–1867). In: WOLFSCHMIDT, GUDRUN (ed.): *Colours of Culture an Science*. Hamburg: tradition (Nuncius Hamburgensis. Beiträge zur Geschichte der Naturwissenschaften; Bd. 22) 2011, S. 425–427.

CURA, KATRIN (2011c): Dr. Gift, Goethe und der König – Friedlieb Ferdinand Runge (1794–1867) und die Popularisierung der Chemie. In: WOLFSCHMIDT, GUDRUN (Hg.): *Hamburgs Geschichte einmal anders – Entwicklung der Naturwissenschaften, Medizin und Technik, Teil 3*. Hamburg: tradition (Nuncius Hamburgensis – Beiträge zur Geschichte der Naturwissenschaft) 2011, S. 91–121.

CURA, KATRIN (2011d): F. F. Runge – Die bunte Welt der Chemie. In: KULTUR & GESCHICHTEKONTOR (Hg.): *Marschlande. Kulturgeschichte zwischen Elbe und Bille, Bd. 1*. Hamburg: Kultur & Geschichtskontor 2011, S. 164–191.

CURA, KATRIN (2011e): Die chemisch-technologische Literatur und Thöldes Haligraphia – Einfluß und Auswirkung. In: WALTER, HANS-HENNING: *Johann Thölde (um 1565 – um 1614), Alchemist, Salinist, Schriftsteller und Bergbeamter*. Freiberg: Drei Birken Verlag 2011, S. 182–202.

CURA, KATRIN (2012): Ätzendes Chlor und giftiges Karbolsäure. Desinfektionsmittel während der großen Cholera-Epidemie 1892 in Hamburg. In: HEMPEL, DIRK (Hg.): *Andocken. Hamburgs Kulturgeschichte 1848–1933*. (Beiträge zur Hamburgischen Geschichte Bd.4). Hamburg: DOBU-Verlag 2012, S. 232–242.

CURA, KATRIN (2013): Thölde, Lampadius und Runge – Technologische Kohleforschung vom 16. bis zum 19. Jahrhundert. In: WALTER, HANS-HENNING (Hg.): *Wilhelm August Lampadius (1772–1842), Chemiker, Erfinder, Fachschriftsteller und Hüttenmann*. Freiberg: Drei Birken Verlag 2013, S. 457–480.

EICH, GERD UND NORBERT WIERECKY (2002): *Vom Hasenmoor zum Transportsiel. 160 Jahre Hamburger Stadtentwässerung*. Hamburg: Hamburger Stadtentwässerung 2002.

ENGELS, SIEGFRIED UND RÜDIGER STOLZ (Hg.) (1989): *ABC Geschichte der Chemie*. Leipzig: VEB Deutscher Verlag für Grundstoffindustrie 1989.

FRIEDRICH; CHRISTOPH (2013): Apothekerausbildung-Vorbereitung für eine naturwissenschaftliche Karriere? In: WALTER, HANS-HENNING (Hg.): *Wilhelm August Lampadius (1772–1842), Chemiker, Erfinder, Fachschriftsteller und Hüttenmann*. Freiberg: Drei Birken Verlag 2013, S. 415–424.

GRAEBE, CARL (1920/1991): *Geschichte der organischen Chemie, Bd. 1*. Berlin: Springer 1920. Reprint New York 1991.

HAUPTMANN, GERHART (1892): *Die Weber. Schauspiel aus den vierziger Jahren.* Berlin: S. Fischer 1892.

HENSELING, KARL OTTO (1989): *Bronze, Eisen, Stahl. Bedeutung der Metalle in der Geschichte.* Reinbek: Rowohlt (Kulturgeschichte der Naturwissenschaften und der Technik) 1989.

HOFFMANN VON FALLERSLEBEN, AUGUST HEINRICH (1868): *Mein Leben. Bd. 1 und 4.* Hannover: Rümpler 1868.

HOFMANN, AUGUST, WILHELM (1843): *Chemische Untersuchung der organischen Basen im Steinkohlen-Teeröl.* Gießen 1843.

JAKOBSSON, JOHANN KARL GOTTFRIED (1783): *Technologisches Wörterbuch oder alphabetische Erklärung aller nützlichen mechanischen Künste, Manufakturen, Fabriken und Handwerker, wie auch aller dabei vorkommenden Arbeiten, Instrumente, Werkzeuge und Kunstwörter nach ihrer Beschaffenheit und wahrem Gebrauch.* Dritter Theil. Berlin: Friedrich Nicolai 1783.

KARGER-DECKER, BERNT (2001): *Die Geschichte der Medizin von der Antike zur Gegenwart.* Düsseldorf: Patmos 2001.

KOELBING, HULDRYCH M. (1991): Joseph Lister (1827–1912). In: ENGELHARDT, DIETRICH VON UND FRITZ HARTMANN (Hg.): *Klassiker der Medizin. Von Philippe Pinel bis Viktor von Weizsäcker. Bd. 2.* München: Beck 1991, S. 234–246.

KÖNIG, WOLFGANG (1990): Massenproduktion und Technikkonsum. Entwicklungslinien und Triebkräfte der Technik zwischen 1880 und 1914. In: KÖNIG, WOLFGANG (Hg.): *Propyläen Technikgeschichte, Bd. 4.* Berlin: Propyläen Verlag 1990, S. 265–595.

KRÄTZ, OTTO (1982): Nachwort. In: MARCET, JANE: *Unterhaltungen über die Chemie in welchen die Anfangsgründe dieser nützlichen Wissenschaft allgemein verständlich erläutert werden.* Nach der 13ten englischen Auflage herausgegeben von F.F. RUNGE. Berlin: Sandersche Buchhandlung 1839. Nachdruck: Weinheim: Verlag Chemie (Dokumente zur Geschichte von Naturwissenschaft, Medizin und Technik, 3) 1982.

KRÄTZ, OTTO (1991): *Historische chemische Versuche. Eingebettet in den Hintergrund von drei Jahrhunderten.* Köln: Aulis Verlag Deubner (3. Auflage) 1991.

KRÄTZ, OTTO (1992): *Goethe und die Naturwissenschaften.* München: Callwey 1992.

KRÄTZ, OTTO (1999): *7000 Jahre Chemie. Von den Anfängen im alten Orient bis zu den neuesten Entwicklungen im 20. Jahrhundert.* Hamburg: Nikol 1999.

KRÜNITZ, JOHANN GEORG (1839): *Dr. Johann Georg Krünitz's ökonomisch-technologische Enzyklopädie oder allgemeines System der Staats-, Stadt-, Haus-, und Landwirthschaft und der Kunstgeschichte in alphabetischer Ordnung.* Früher fortgesetzt von FRIEDRICH JOKOB UND HEINRICH GUSTAV FLOERKE, und jetzt von JOHANN WILHELM DAVID KORTH, Doktor der Philosophie, Bd. 172. Berlin: Joachim Pauli 1839.

KUENHEIM, HAUG VON (2012): *Carl Hagenbeck.* Hamburg: Ellert & Richter Verlag 2012.

LAMPADIUS, AUGUST WILHELM (1816): Vorrede des Übersetzers. In: ACCUM, FRIED-
RICH: *Praktische Abhandlung über das Gaslicht, eine vollständige Beschreibung
des Apparates und der Maschinerie, um Straßen, Häuser und Manufacturen
damit zu erleuchten.* Aus dem Englischen übersetzt und mit Anmerkungen
vermerkt von W.A. LAMPADIUS. Weimar: Landes-Industrie-Comptoir 1816,
S. VII–VIII.

LAMPADIUS, AUGUST WILHELM (1819): *Von denen, bei der Gasbereitung aus Steinkohlen zu gewinnenden Nebenproducten. In: Accum, Friedrich: Praktische Abhandlung über das Gaslicht . Eine vollständige Beschreibung des Apparates und
der Maschinerie, um Straßen, Häuser und Manufacturen damit zu beleuchten,
enthaltend.* Aus dem Englischen übersetzt und mit Anmerkungen und neuen
Kupfertafeln vermehrt, von W.A. LAMPADIUS, der Chemie und Hüttenkunde
Professor an der Freiberger Berg-Akademie, Oberhüttenamts-Assessor, mehrere
gelehrten Gesellschaften Mitgliede. Zweiter Band, als Fortsetzung über Stein-
kohlen=Gasbeleuchtung. Weimar: Landes-Industrie-Comptoir 1819, S. 180–186.

LIEBIG, JUSTUS (1851): *Chemische Briefe.* Heidelberg: Winter (3. Auflage) 1851.

LIEBIG, JUSTUS VON; POGGENDORFF, JOHANN CHRISTIAN UND FRIEDRICH WÖHLER
(Hg.) (1861): *Handwörterbuch der reinen und angewandten Chemie.* Bearbeitet
in Verbindung mit mehreren Gelehrten und redigiert von H. VON FEHLING UND
H. KOLBE. Bd. 8. Braunschweig: Vieweg 1861.

LANGE, RALF (2008): *Architektur in Hamburg.* Hamburg: Junius Verlag 2008.

MARCET, JANE (1839/1982): *Unterhaltungen über die Chemie in welchen die Anfangsgründe dieser nützlichen Wissenschaft allgemein verständlich erläutert
werden.* Nach der 13ten Auflage herausgegeben von

F.F. RUNGE. Berlin: Sandersche Buchhandlung 1839. Nachdruck: Weinheim: Verlag Chemie (Dokumente zur Geschichte von Naturwissenschaft, Medizin und
Technik, 3) 1982.

MANN, THOMAS (1912): *Tod in Venedig.* München: Hyperion Verlag Hans von Weber
1912.

MEYER-STEINEG, THEODOR UND KARL SUDHOFF (2006): *Illustrierte Geschichte der
Medizin.* Herausgegeben von

ROBERT HERRLINGER UND FRIDOLF KUDLIEN. Paderborn: Voltmedia (Fünfte, durchgesehene und erweiterte Auflage) 2006.

NEUMÜLLER, OTTO-ALBRECHT (1987): *Römpps Chemie-Lexikon. Bd. 5.* Stuttgart:
Francksche Buchandlung (8. Auflage) 1987.

NIEDOBITEK, CHRISTA UND FRED NIEDOBITEK (2010) *Genie ohne Ruhm. Biographie
von Walther Kausch, Franz Kuhn, Curt Schimmelbusch, Friedlieb Ferdinand
Runge, Ernst Jeckel, Friedrich Wegener.* Lage: Jacobs Verlag 2010.

NIEDOBITEK, CHRISTA UND FRED NIEDOBITEK (2011): *Friedlieb Ferdinand Runge.
Sein Leben, sein Werk und die Chemische Produkten-Fabrik in Oranienburg.*
Lage: Jacobs Verlag 2011.

NIENDORF, JOACHIM (1962): *150 Jahre Löwenapotheke in Lübeck*. Lübeck: Selbstverlag 1962 (49 Seiten).

OST, H. (1900): *Lehrbuch der chemischen Technologie*. Leipzig: Jänecke 1900.

OSTEROTH, DIETER (1985): *Soda, Teer und Schwefelsäure. Der Weg zur Großchemie*. München, Reinbek: Rowohlt (Kulturgeschichte der Naturwissenschaften und der Technik) 1985.

PAULINYL, AKOS (1991): Die Umwälzung der Technik in der Industriellen Revolution zwischen 1750 und 1840. In: KÖNIG, WOLFGANG (Hg.): *Propyläen Technikgeschichte, Bd. 4*. Berlin: Propyläen 1991, S. 271–495.

REHBERG, MAX (1935): *Friedlieb Ferdinand Runge der Entdecker der Teerfarben. Sein Leben und sein Werk sowie seine Bedeutung für die Entwicklung der chemischen Industrie in Oranienburg*. Oranienburg: Selbstverlag des Ausschusses für die Runge-Gedenkfeier 1935.

RUNGE, FRIEDLIEB FERDINAND (1819): *De nova methodo veneficium belladonnae, daturae nec non hyoscyami explorandi*. Dissertation inauguralis, Jena 1819.

RUNGE, FRIEDLIEB FERDINAND (1822): *De pigmento indico eiusque connubiis cum metallorium non nullorum oxydis*. Dissertation Inauguralis Berolina: Reimers 1822.

RUNGE, FRIEDLIEB FERDINAND (1834a): *Farbenchemie. 1. Teil: Die Kunst zu färben gegründet auf das chemische Verhalten der Baumwollfaser zu den Salzen und Säuren, Lehrbuch der praktischen Baumwollfärberei*. Berlin: Reimers 1834. *Farbenchemie. 2. Teil: Die Kunst zu drucken*. Berlin: Mittler 1842. *3. Teil: Die Kunst der Farbenbereitung*. Berlin: Mittler 1850.

RUNGE, FRIEDLIEB, FERDINAND (1834b): Ueber einige Produkte der Steinkohlendestillation. In: *Poggendorffs Analen der Physik und Chemie* **31** (1834), S. 65–78, 513–524, Bd. 32. S. 308–328, 328–333.

RUNGE, FRIEDLIEB, FERDINAND (1843): *Grundlehren der Chemie für Jedermann, besonders für Aerzte, Apotheker, Landwirthe, Fabrikanten und Gewerbetreibende und alle Diejenige, welche in dieser nützlichen Wissenschaft gründliche Kenntnisse sich erwerben wollen*. Berlin: Reimer (Dritte vermehrte Ausgabe) 1843.

RUNGE, FRIEDLIEB FERDINAND (1835): *Chemisch-technische Monographie des Krapps oder vergleichende Untersuchungen der Krappfarbstoffe und der verschiedenen Krappsorten: Alizarin, Krapp, Munjiet und Roethe in ihrem Verhalten zur gebeizten Baumwollfaser*. Veröffentlichung des Vereins zur Beförderung des Gewerbefeißes in Preußen (Beilage, 1–36). Berlin: Petsch 1835.

RUNGE, FRIEDLIEB FERDINAND (1846,1847): *Grundriß der Chemie*. Hg. von dem unter Ltg. Sr. Kgl. Hoheit des KRONPRINZEN MAXIMILIANS VON BAYERN stehenden Vereins zur Verbreitung nützlicher Kenntnisse durch gemeinnützliche Schriften, 1. Theil. München: Franz 1846. 2. Theil. München: Franz 1847, weitere Ausgabe des 1. Theils, München: Franz 1848.

RUNGE, FRIEDLIEB FERDINAND (1850): *Zur Farben-Chemie. Musterbilder. Freunde des Schönen und zum Gebrauch für Zeichner, Maler, Verzierer und Zeugdrucker.* Dargestellt durch chemische Wechselwirkung. Berlin: Mittler & Sohn 1850.

RUNGE, FRIEDLIEB FERDINAND (1855): *Bildungstrieb der Stoffe, veranschaulicht in selbstständig gewachsenen Bildern (Fortsetzung der Musterbilder).* Oranienburg: Selbstverlag. Berlin: Mittler's Sortiments-Buchhandlung 1855.

RUNGE, FRIEDLIEB FERDINAND (1857): *Das Gift der deutschen Sprache, ausgetrieben durch Runge.* Oranienburg: Selbstverlag 1857.

RUNGE, FRIEDLIEB FERDINAND (1866/1988): *Hauswirthschaftliche Briefe. Erstes bis drittes Dutzend.* Berlin: Koenig Verlag. Reprint d. Orig.-Ausg. 1866. Mit einem Nachwort von HEINZ H. BUSSEMAS UND GÜNTHER HARSCH. Weinheim: VCH (Dokumente zur Geschichte der Naturwissenschaft, Medizin und Technik, Bd. 14) 1988.

REUTER, FRITZ (1859): *Ut de Franzosentid.* Schwerin: Hinstoff 1859.

SUHLING, LOTHAR (1988): *Aufschließen, Gewinnen und Fördern. Geschichte des Bergbaus.* Reinbek: Rowohlt 1988.

SUPPE, CARL (1894): *Friedlieb Ferdinand Runge – Professor der Gewerbekunde. Ein Gedenkblatt zu seinem 100. Geburtstag am 8. Feb. 1894.* Oranienburg: Ed. Freyhoff's Verlag 1894.

SELMEIER, FRANZ (1984): *Eisen, Kohle und Dampf. Die Schrittmacher der industriellen Revolution.* Reinbek: Rowohlt (Kulturgeschichte der Naturwissenschaften und der Technik) 1984.

STRUBE, WILHELM (2004): *Geschichte der Chemie Bd. 2. Das theoretische Zeitalter der Chemie von der Industriellen bis zur wissenschaftlich-technischen Revolution.* Stuttgart: Klett 2004.

SCHACHT, AUGUST (1893): *Rückblick auf die Cholera-Epidemie 1892 in Hamburg.* Bremen: Wohltätigkeits-Verlag 1893.

STRUBBE, ULRICH (2011): Die Kirche St. Nikolai Billwerder. In: KULTUR- & GESCHICHTSKONTOR (Hg.): *Marschlande. Kulturgeschichte zwischen Elbe und Bille. Band 1.* Hamburg: Kultur- & Geschichtskontor 2011, S. 88–90.

SCHIVELBUSCH, WOLFGANG (2004): *Lichtblicke. Zur Geschichte der Helligkeit im 19. Jahrhundert.* Frankfurt am Main: Fischer 2004.

THÖLDE, JOHANN (1603/2008): *Haligraphia, Das ist/ Gründliche und eigendliche Beschreibung aller Saltz Mineralien. Darin von deß Saltzes erster Materia/ Ursprung/ Geschlecht/ Unterscheid/ Eigenschafft/ Wie man auch die Saltzwasser probiren/ die Saltz sol durch vielerley Art künstlich zu gute sieden/ durchs Fewer und ohne Fewer erreichern/ und verbessern möge/klerlich gehandelt wird. Beneben einer Historischen Beschreibung aller Saltzwercke ihrer Umbstende und Gelegenheit. Auch wie man aus allen Metallen und vornembsten Mineralien/deß gleichen aus Thieren/Kreutern und Gewürtzen ihre Saltz außziehen/*

und zu Menschlicher Gesundheit brauchen sol. Menniglich/ sonderlich aber de-
nen/ so mit Saltzwerck umbgehen/am Tagen geben. Hessum 1603. Reprint mit
Kommentaren von HANS-HENNING WALTER UND CLAUS PRIESNER. Freiberg:
Drei Birken Verlag 2008.

VERG, ERIK (1988): Meilensteine. 125 Jahre Bayer 1863–1988. Leverkusen: Bayer
AG 1988.

VAUPEL; ELISABETH (1992): A.W. Hofmann und die Chemie auf den Weltausstel-
lungen. In: MEINEL, CHRISTOPH UND HARTMUT SCHOLZ (Hg.): Die Allianz von
Wissenschaft und Industrie. August Wilhelm Hofmann (1818–1892). Weinheim:
VCH 1992, S. 183–209.

VOLLSTÄDT, SIMONE (2011): Geschichte der Marschlande. In: KULTUR & GESCHICHTS-
KONTOR (Hg.): Marschlande. Kulturgeschichte zwischen Elbe und Bille. Bd. 1.
Hamburg: Kultur & Geschichtskontor 2011, S. 8–67.

ULLMANN, FRITZ (Hg.) (1915): Enzyklopädie der technischen Chemie. Bd. 1. Berlin:
Urban & Schwarzenberg 1915.

WINKLE, STEFAN (1997): Kulturgeschichte der Seuchen. Düsseldorf: Artemis & Winkler 1997.

WÖHLER, FRIEDRICH (1845): Grundriß der Chemie. Erster Theil. Unorganische
Chemie. Berlin: Duncker & Humblot (8. Auflage) 1845.

ZEDLER, JOHANN HEINRICH (1744/1961): Grosses vollständiges Universal-Lexikon,
Bd. 39. Halle und Leipzig 1744. Nachdruck: Graz: Akademische Druck- und
Verlagsanstalt 1961.

Abbildung 11.1:
1937 zeigen die NYH in ihrem Werbeheft *Hartgummi als Werkstoff*, damals
schon rund 15 Jahre alte, Werksansichten der einst konkurrierenden Firmen

Von der ersten Kunststofffabrik des Kontinents zum mittelständischen Nischenbetrieb – Zur Geschichte der New-York Hamburger Gummi-Waaren Compagnie (NYH)

Jürgen Ellermeyer (Hamburg)

11.1 Nach 150 Jahren

Mehr als 150 Jahre Hartgummi-Fertigung im Hamburger Raum sind zu Ende gegangen – oder: so lange hat sie hier durchgehalten![1] Jetzt ist die NYH, die viele vom Vorbeifahren in Harburg oder ältere Barmbeker als die mitunter stinkende Gummi-Klitsche nahe ihrer Wohnung kennen, noch einmal auf die Grüne Wiese, an den Elbeseitenkanal in Lüneburg, in gänzlich neue Gebäude gezogen.

Höchste Zeit für einen Rückblick. Der wird für die ersten 75 Jahre oberflächlicher bleiben, pointiert auf wenige Bilder und kurzen Text zu Fabrik-Wachstum und Firmen-Bedeutung. Dann sind zwei Jahrzehnte ab 1930, mit zwei Krisen verschiedener Art, schärfer ins Auge fassen – und schließlich die Zeit in der Bundesrepublik bis 1994. Danach kommen uns erleichterter Zugang zum Firmenarchiv, Erinnerungen und eigene Reportage[2], allerdings noch nicht die „Abgeklärtheit" der Geschichte zu Hilfe. So wird die Entwicklung nach 1994 hier nur in Stichworten und als Bearbeitungsauftrag angedeutet.

Warum aber überhaupt Aufmerksamkeit für eine Firmengeschichte, die wenig spektakulär erscheint neben der der (Weich-) *Gummiwerke Phoenix*, dem zeitweilig nach

---

1 Dank an Nachfahren von Heinrich Christian Meyer (Familie F. Morlang), von Heinrich Traun und Conrad Poppenhusen – und allen Mitarbeitenden der NYH! Zur Erinnerung an Ernst A. Wolffson.
2 Über rund 10 Jahre: NYH-Filme von Jürgen Kinter für das Musem der Arbeit.

dem Zweiten Weltkrieg größten Industriearbeitgeber in Hamburg, gelegentlich auch mit der *Phoenix* verwechselt, also kaum im öffentlichen Bewusstsein?

Einmal stehen wir mit dem Hartgummi am Beginn der großindustriellen Fertigung von Kunststoffen: In Hamburg-Harburg begann das deutsch-europäische Kunststoffzeitalter! Zum anderen gehörten die Fabrikkomplexe auf dem Großen Grasbrook, am Harburger Binnenhafen und in Barmbek längere Zeit zu den größten Arbeitsstätten der außer von wenigen Großwerften eher klein- und mittelständisch geprägten Industrie in und um Hamburg.[3]

Daran erinnern schließlich an allen drei Standorten auffällige Fabrikgebäude – die Barmbeker durch das Museum der Arbeit (MdA) sogar thematisch, dann per Architekturkontrast inmitten der wachsenden HafenCity immerhin noch zwei Fabrikgebäude von 1904/06 (umgenutzt u. a. durch das *Prototyp-Museum*) und in Harburg trotz einiger Abrisse von weniger Wichtigem ebenfalls unter Denkmalschutz stehende Gebäude, die aber von den neuen Eignern mit Verweis auf Vergiftung von Mauerwerk durch Nitrosamine z. T. nur noch ungern gesehen werden, also gegenüber einer aufwändig beworbenen *Ec° City* nur mit Mühe gehalten werden können.

Das Barmbeker Werk, das als erstes unter der NYH firmierte, erfuhr in der Pionierarbeit *Industriekultur in Hamburg* als einziger Betrieb dieser Stadt die Ehre, gesondert vorgestellt zu werden: durch den Kunsthistoriker und Denkmalschützer Hermann Hipp.[4] Das war ein wichtiger Baustein im Entstehungsprozess des Museums der Arbeit. Möge nun das Folgende – mit Betonung auf Betriebsgeschehen im Wandel – ein kleiner weiterer sein zur Geschichte der Industriearbeit in Hamburg.

11.2 Anfänge der Hamburger Hartgummi-Industrie

Aus der ältesten Hartgummi-Fabrik der Welt, im Staate New York, brachte man 1853 neuartige Halbzeug-Platten zur Stock-, Fischbein- und Stuhlrohr-Firma *H. C. Meyer jr.* (HCM) an den Südrand Hamburgs, auf den Großen Grasbrook. Der war ein zunächst nicht planmäßig genutztes Entwicklungsgebiet: Vor seiner Hafen-Geschichte bot er seit Ende des 18. Jahrhunderts Platz für in der Stadt störende Gewerbe, ja eine frühe Industrie-Perspektive. Der Handwerker und dann vielseitig tätige Heinrich Christian Meyer (1797–1848), „Stockmeyer"[5] wegen seiner schon vom Vater betriebenen Spazierstock-Fertigung, hatte sich nicht nur mit einer aus England bezogenen Dampfmaschine von 1837 auf der erst noch von Wassergräben isolierten Schanze Leopoldus (später Steinschanze, südlich der einstigen Bastion Ericus), am heutigen Lohseplatz als „der" Industriepionier Hamburgs gezeigt und seinen Erben mit Firma, Fabrik und Grundbesitz viel Ausbaufähiges hinterlassen – aber vom Hartgummi selbst noch keine Ahnung.

3 Ellermeyer 1999.
4 Hipp 1984.
5 Rednak 1992; Grolle 2008.

Die Verarbeitung der Platten aus dem neuen Stoff erwies sich als so vielversprechend, dass ab 1854 Hartgummi selbst in Hamburg hergestellt wurde. Experimente
führten zur Produktion von Kämmen. Dafür entstand neben dem 1854 in Harburg errichteten Zweigwerk von HCM dann 1856 die erste Hartgummi-Fabrik Deutschlands,
von der bald gesagt wurde, sie sei die älteste in Europa – die „Harburger Gummi-
Kamm Compagnie" (HGK).[6]

Abbildung 11.2:
Die älteste Werksansicht der *Gummi-Kamm*, von der technisch geprägten
Rückseite her statt von der Schauseite zur Stadt Harburg hin.
Abbildung des ganzen Blattes bei Ellermeyer (2006, S. 53),
Radierung vom James Gray – im Gründungszirkular der Firma 1856
(HCM-Archiv im MdA)

Zur Vorgeschichte des Einstiegs von Meyers in die frühe Kunststofffertigung: Der
schon etwas bekannte Weichgummi war für die Firma mit den eher festen Natur-
materialien kein Thema, aber vom Hartgummi befürchtete man Konkurrenz zum
Fischbein (aus den Barten großer Wale) u. a. für Korsettstangen. So war Hartgum-

---

6 *Kautschukwerke HTS* 1906.

mi auch als *imitation whalebone* bezeichnet worden, häufiger seiner ungefärbt stets
schwarzen Farbe wegen *ebonit*(e) genannt, von Ebenholz her, welch wertvollem Werkstoff es, ebenfalls spanabhebend zu bearbeiten, nahekommen sollte. Für Hartgummi[7]
wird im Unterschied zum heute allseits verbreiteten Weichgummi ein sehr viel höherer Anteil von Schwefel (30–50%) in die Mischung mit Kautschuk (auch heute noch
überwiegend Naturkautschuk) gegeben, beim Weichgummi sind es vielleicht 3–6%.
Entsprechend verschieden sind trotz der gemeinsamen Hauptbestandteile dann die
Werkstoffe und Produkte. Deshalb konkurrierten „reine" Hart- oder Weichgummi-
Fabriken auch kaum; wegen des Gemeinsamen der Rohstoffkunde und Verarbeitung
ließ man allerdings nicht gern Ingenieure von einem zum anderen gehen.

Grundlage für beide Zweige war und ist das Verfahren der Vulkanisation, der Einsatz von Hitze zwecks einer solchen Verbindung und Umwandlung der Mischungsbe-
standteile, dass die Nachteile der frühindustriellen (und schon lange davor handwerklichen) Kautschukprodukte, die Temperaturabhängigkeit – Klebrigwerden bei Wärme,
Verspröden bei Kälte – zugunsten einer Dauerelastizität vermieden wurden. Auch
Hartgummi hat noch eine Restelastizität, aber eben die eventuell schmerzhaft geringe einer Kegelkugel am Schienbein . . . . Nicht umsonst heißt der Vulkanisationskessel
(ein *Autoklav*, also gasdicht *sich selbst verschließender* Druckbehälter) in der Hart-
gummifabrikation auch einfach Härter. Der in ihm stattfindende chemische Prozess
der Vernetzung von Polymeren liefert mit dem Hartgummi einen zwar biogenen, aber
doch neuen, eben einen Kunst-Stoff, der dies im Alltagsverständnis in einem „höheren", leichter einleuchtenden Maße ist als der Weichgummi, der mit seiner Elastizität
noch an den Kautschuk erinnert. Die Vulkanisation hat mehrere Väter und verbes-
sernde Söhne, die teils zufallsbedingte „Entdeckung" 1839 wird aber gemeinhin dem
lange experimentierenden Amerikaner Charles Goodyear (1800–1860) zugeschrieben.[8]
Er war dem stärker von der Mechanik her – die mit der Entwicklung von Walzen neben der Chemie für die Kautschukverarbeitung wichtig wurde – erfolgreich tätigen
Engländer Thomas Hancock (1786–1865)[9] nach einigem Streit schließlich geschäftlich
zuvorgekommen, doch damit selbst noch nicht reich geworden. Sein kaum bekannter
Bruder Nelson Goodyear erzeugte und erhielt 1851 patentiert den ersten Hartgummi,[10] den Charles dann gleich auf der ersten Weltausstellung, in London, neben vielen
Weichgummi-Artikeln vorstellte.

Für Industrie-Unternehmer war Harburg ein guter Standort, weil er – nah genug an
Hamburgs Börse, Geschäftsbeziehungen und Hafen – nicht nur große Ansiedlungsflä-
chen, sondern den Vorteil bot, mit dem Königreich Hannover bereits zum Zollverein
zu gehören, also einem in Deutschland wachsenden Absatzgebiet.

---

7 Wolffson 1990.

8 Charles Goodyear wurde von der *Gummi-Kamm* in einer Bildnisplakette geehrt, natürlich
aus Hartgummi (1890er): MdA-Dauerausstellung; Abbildung bei Ellermeyer 1997, S. 97
und 2006, S. 13.

9 An Hancock erinnert in der Dauerausstellung des MdA ein Walzen-Modell der Firma
Berstorff.

10 *US-Patent No. 8075*, 6. Mai 1851: *Improvement in the Manufacture of India-Rubber*.

Im Rundschreiben[11] zur Gründung der *Harburger Gummi-Kamm-Compagnie* zeichnete zwar hauptverantwortlich Heinrich Christian Meyer jun. (1832–1886), jüngerer und gleichnamiger Sohn des „Stockmeyer", durch Chemie-Studium bei Justus Liebig (1803–1873)[12] ausgewiesen, aber die praktische Erfahrung seines älteren Bruders Heinrich Adolph Meyer (1822–1889)[13] aus Vertretung der Firma in den USA und dann bei den Anfängen des Hartgummi in Hamburg wird hochgeschätzt. Dieser verselbständigte sich zwar 1864 und brachte mit der Elfenbeinschneiderei einen frühen Industriebetrieb nach Barmbek – blieb jedoch bis 1870 noch Gesellschafter der HGK und stimmte 1878 für deren Loslösung von HCM. Für die erfolgreiche Verwendung von Hartgummi hat noch ein anderes Mitglied der Familie (aber nicht Firma) Meyer gesorgt: Ludwig Otto Philipp Meyer (1822 – um 1910), Halbbruder von „Stockmeyer", mit der von ihm in den USA entwickelten Vulkanisation im Wasser und zwischen Metallfolien: zur stabilen Formgebung schon bei der Pressung der unvulkanisierten, weichen Mischung und für eine glatte Oberfläche, wie sie mit der Vulkanisation im Sandbett oder der Gipsform nach Goodyear noch nicht hatte erreicht werden können.[14] Stockmeyers Schwiegersohn (Christian Justus) Friedrich Traun (1804–1881), seit 1836 Teilhaber der Firma HCM und 1856 Mitbegründer der HGK, erlebte im Jahr seines 25jährigen *Geschäfts-Jubiläums*, dass sein ältester Sohn, Heinrich Traun (1838–1909), nach Lernen im Betrieb *von der Pike auf*, dann naturwissenschaftlichem Studium mit Promotion zum Dr. phil. und kurzer Auslandserfahrung 1861 als Angestellter bei HCM begann: als *technischer Leiter der Gummi-Branche*.[15]

11.2.1 Harburg, Barmbek und New York

Auf der zweiten, wieder Londoner Weltausstellung kam die *Gummi-Kamm* mit HCM 1862 schon groß heraus[16] und leistete sich demgemäß dann den Anbau eines jeweils hohen Mittelteiles und Ostflügels, die allerdings, kaum fertig, 1865 ausbrannten:[17] die erste Krise, die überwunden werden konnte. 1867 waren hier *2 Dampfmaschinen von zusammen 80 Pferdekraft und etwa 180 Arbeiter* am Werk.[18]

---

11 Abbildung in Ellermeyer 2006, S. 53.

12 Seine Büste aus Hartgummi, von der HGK gefertigt und auf der Wiener Weltausstellung 1873 neben der Alexander von Humboldts gezeigt, ist leider verschollen; s. Ellermeyer 1999.

13 Rednak 1994.

14 L. Otto P. Meyers Verdienst wird zwar gewürdigt 1906 zum Firmen-Jubiläum (*Kautschukwerke HTS* 1906, S. 4) und Heinrich Traun hält bis ins hohe Alter Familienkontakt (*Trauns Familien-Buch*), aber über den seine letzten Jahrzehnte in Dresden Lebenden ist wenig bekannt. Immerhin meldet er sich einmal bei *The India Rubber World*, „not intended for publication", von der Zeitschrift aber doch auszugsweise abgedruckt: *Some Memories of Goodyear* (August 1, 1901, p. 328).

15 Ellermeyer 2012.

16 Schultze 1906, S. 453; das HCM-HGK-Katalogheft in einer Schublade der MdA-Dauerausstellung.

17 *Harburger Anzeigen und Nachrichten* 29. März 1865.

18 *Handelskammer Harburg, Jahresbericht* für 1867, S. 95.

Abbildung 11.3:
Die *Gummi-Kamm* während des Baues des Seegüterschuppens beim zweiten
Harburger Bahnhof, der mit der Elbüberbrückung 1872 entstand
Foto: HCM-Archiv im MdA

Nach einem – im einzelnen nicht bekannten – Streit in der Firmenleitung ver-
abschiedeten sich 1869 mit dem kaufmännischen Direktor Johann Hinrich Wilhelm
Maurien (1825–1882) und dem gelernten Kammmacher aus Süddeutschland und dann
in Harburg *Fabrik-Oberaufseher* Theodor Schnitzlein (1828–1903) noch weitere Fach-
kräfte aus der *Gummi-Kamm* zu Gründung und Betrieb der *New-York Hamburger
Gummi-Waaren Compagnie*, Aktiengesellschaft von 1871, die ihr Werk 1873 in Barmbek eröffnete.[19]

Die Verkehrslage sprach eher für Harburg – mit hier 1845–49 modernisiertem Hafen und Eisenbahnen von 1847 (Hannover) und 1872/74 (Hamburg–Bremen) vor der
Haustür.[20] Für die Barmbeker kamen Eisenbahnnähe und Ausbau des Osterbek zum
Kanal erst Jahrzehnte später. Aber es bot sich reichlich Gelände und dazu die Gunst,
politisch noch zu Hamburg, aber auch schon zum Wirtschaftsraum des neugeschaffe-
nen Deutschen Reiches zu gehören.[21] Als Hamburg dann 1888 dem Zollgebiet beitrat
und dafür der engere Freihafen geschaffen wurde, zog ein Teil der von der Speicherstadt vertriebenen Menschen nach Barmbek: Arbeitskräfte nahebei.

---

19 Die NYH erreichte gleich bei der Wiener Weltausstellung 1873 einige Anerkennung, be-
   eindruckender waren dort aber noch HCM mit HGK (s. deren Katalogheft in Abb. bei
   Ellermeyer 2006, S. 54).
20 Ellermeyer, Richter, Stegmann 1988.
21 Karte von Stadtgrenze und Zollgrenze bis 1888 bei Ellermeyer 2006, S. 24.

New York stand für das Anknüpfen an den Technologie-Vorsprung in Übersee und für das dortige Engagement des Hamburgers Conrad Poppenhusen (1818–1883), der, zunächst Angestellter bei HCM, dann ab 1843 in New York vom Partner in *Meyer & Poppenhusen* schließlich zum selbständigen Unternehmer, 1853 zum Pionier der weltweiten Hartgummibranche geworden war.[22] 1870 vertraute er seine inzwischen erweiterten Unternehmungen seinen Söhnen an (was nicht gut ging), kehrte mit einem Teil der Familie nach Hamburg zurück und wurde hier als Mitbegründer der NYH neuerlich aktiv.

11.3 Eins(t) zwei große Fabriken (1871–1930)

11.3.1 Große Konkurrenten

In der Bauanzeige an die Behörden 1871 wies die NYH gleich auf ein größeres Produktionsvorhaben hin: *Die Fabrikation wird vorzugsweise die verschiedenen Artikel, welche in der Hart-Gummi Branche angefertigt werden, wie Kämme, Schmucksachen, Chirurgische Instrumente, Bälle, Lineale etc. umfassen.* In der Werbung zu Anfang der 1890er wurden zusätzlich *Raucher-Artikel* und *Rohpressungen sowie Platten, Röhren und Stäbe* herausgestellt. Man baute das Werk entsprechend aus und beschäftigte gegenüber etwa 300 von 1873 nun 1889 um 500, 1894 etwa 650 Menschen. 1889 – im Jahr der von Heinrich Traun mitorganisierten Hamburger *Gewerbe- und Industrie-Ausstellung*, die auch der NYH eine Goldmedaille brachte – hatte die NYH nördlich anschließend eine 1885 als Gelbgießerei gegründete Fabrik übernehmen können, die *Kleine Fabrik*.

Auch die *Harburger Gummi-Kamm Comp.* stellte die Kamm-Werbung noch voran, profitierte aber bereits vom enormen Bedarf an technischen Artikeln. Nach 1886, als HCM als Mieter das Hamburger Stammwerk geräumt hatte, war dem (seit 1883 Allein-) Inhaber Dr. Heinrich Traun (ein Fachmann auch in dem Sinne, dass er seine Doktorarbeit über den Kautschuk geschrieben hatte)[23] zwar das Harburger Werk überflüssig erschienen und von ihm, vergeblich, zum Kauf angeboten, es wurde aber um 1895 wieder mit Produktion belebt – u. a. dank Nachfrage von chemischer und Elektro-Industrie. Damit überschritt die Firma (ungerechnet ein kleines Zweigwerk in den USA) die Zahl von 1.000 Beschäftigten.

Die NYH wiederum zeigte sich zur Jahrhundertwende mit einem dritten großen Werkskomplex, der *Neuen Fabrik* von 1896/97 westlich der *Alten Fabrik*. In der *Kleinen Fabrik* waren Geschosse erhöht sowie eine gesonderte Formengießßerei gebaut wor-

---

22 Haas 2004; Ellermeyer 2012.
23 Traun 1859. Traun später mit einem kleinen Aufsatz auch als Historiker: *The Origin of the Hard Rubber Industry.* In: *The India Rubber World*, June 1, 1901, p. 263 f. (einer Übersetzung aus der *Gummi-Zeitung*).

Abbildung 11.4:
Aufwändige Fotomontage um 1900: Trauns Werke in Harburg (l.) und Hamburg (r.)
mit zahlreichen Gruppenaufnahmen – Chef mit der Verwaltung vorn in der Mitte.
Die Gruppenaufnahme von H. Traun mit *Fabrikbeamten* ist auch gesondert erhalten
(Abbildung bei Ellermeyer 2006, S. 82). (MdA; Geschenk Evamaria Voit)

Abbildung 11.5:
Das Werk der NYH in Barmbek wurde gleich recht groß (ca. 200 m Frontlänge)
und mit Imponier-Merkmalen angelegt
Aufdruck einer Schachtel; MdA

den. Gegenüber dem Werk zeugten jetzt die Wohnhäuser der *Maurien-Stiftung* von Sozialverhalten,[24] für das bereits HCM und die Trauns gelobt wurden.

11.3.2 Verwaltung im Kommen – oder: Große Selbstdarstellung

Die florierende Harburger Firma, seit 1902 als *Kautschukwerke Dr. Heinr. Traun & Söhne, vormals Harburger Gummi-Kamm-Co. Hamburg* (HTS), präsentierte sich zunächst Ende 1901 in Hamburg mit einem hohen Verwaltungsgebäude am Zollkanal für kaufmännische und technische Büros sowie Warenlager. 1905 *endlich durfte auch die Harburger Beamtenschaft, die bisher in den Fabrikräumen notdürftig untergebracht war, in ein eigenes schönes Heim einziehen.*

Die NYH nutzte 1904/05 die Gelegenheit zur Selbstdarstellung vorerst durch Veröffentlichen ihrer Geschichte in einer renommierten Reihe, in der sich auch *Traun & Söhne* sowie *H. C. Meyer jr.* „verewigten": *Ecksteins historisch-biographische Blätter.* So ist u. a. zu erfahren, dass die NYH 1904 ca. 1.000 Arbeiter ständig beschäftigte, ca. 1.000 (anfangs 100) Pferdestärken *Betriebskraft* einsetzte und sich von ursprünglich 11.000 auf ca. 33 000 qm ausgedehnt hatte. Die elektrische Beleuchtung wird hervorgehoben, die Rohmaterialien-Versorgung über den Osterbekkanal und die Verstädte-

---

24 Dass damit eher Facharbeiter an die Firma gebunden werden sollten, hat die *Geschichtswerkstatt Barmbek* durch Adressbuch-Studium deutlich gemacht.

Abbildung 11.6:
Die NYH 1904; mit kanalisiertem Osterbek; die *Neue Fabrik* links hinten
NYH 1904, S. (9); Repro eines Aquarells von Heinrich Wolf laut Hipp 1984, S. 83.

rung Barmbeks, verbunden mit elektrischen Straßenbahnen und ersten Arbeiten für
die Vorortbahn.

Das *Wesen der Gummifabrikation* soll in Bild und Text zur Herstellung des Kam-
mes verdeutlicht werden; so erscheint die Massenware Kamm als *kleines Meisterwerk*.
Unter den anderen Produkten finden zeitgemäße Beachtung *Revolverschalen, Schaft-
kappen und Säbelgriffe*.[25]

1908 kann schließlich die NYH – nachdem sie ein letztes großes Fabrikgebäude
1906/07 errichtet hat – ein eigenes Verwaltungsgebäude beziehen. Es liegt – ebenso wie bei *Traun & Söhne* – außerhalb der Fabrik, jenseits der Straße, ist groß, in
neuerem Hamburger Baustil und solch Stolz der Firma, dass es auf einer u. a. für
Geschäftskarten verwandten Ansicht von NO extra zum Betrachter gedreht wird.

11.3.3 Die anderen feiern: 50 Jahre *Gummi-Kamm* in Harburg

Dass die NYH expandierte, hatte deren Ursprungsfirma nicht an weiterem Geschäfts-
erfolg hindern können. Noch war der Markt für den Werkstoff Hartgummi weit und
besonders die ältere Firma konnte auf ihre Stärke, die Entwicklung von Problemlösun-
gen für technischen Bedarf, bauen. Entsprechend aufwändig feierte man das 50-Jahr-
Jubiläum – ganz im Stile des patriarchalisch-sozialen Heinrich Traun, der zu jetzt 45
Jahren Verantwortung in der Firma (davon 1883–1901 als Alleininhaber) auch noch

---

25 Waffenbeschläge schon auf einem anspruchsvollen Werbeblatt des Konkurrenten HGK 1891
   unter diversen Alltagsartikeln (Abbildung bei Ellermeyer 2006, S. 115).

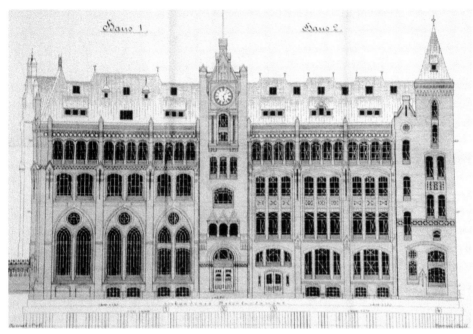

Abbildung 11.7:
Harburger Bauzeichnung 1904 und fiktive Luftansicht des Werkes 1906; Verwaltung
optisch verschlankt jenseits der Hamburger (heute: Narten-) Straße

Abbildung 11.8:
NYH Werksansicht um 1910 – Verwaltungsgebäude (an der erst entstehenden
Poppenhusenstraße) „gedreht"; mit letztem Fabrikneubau (vorne halbrechts).

in diversen Verbänden und Einrichtungen in und weit über Hamburg hinaus sowie
1901–1908 als (unbesoldeter) Hamburger Senator[26] tätig war.

Zugleich pathetisch und volkstümlich wirkt das Fest-Programm. Arbeiter, Angestellte und Vertreter vereinen sich um den lateinischen Wahlspruch der Firma *semper
sursum – immer aufwärts.*[27] Die ganze deutsche Geschichte wird in einem kurzen
Festspiel *Arbeit* in männlichen Vertretern vorgeladen, an denen die Göttin der Geschichte die Kette der Kriege kritisiert. Ein Werkmeister der Gegenwart darf sagen:
*Ein Volk der Arbeit und ein Volk in Waffen, Das ist der Ruhm der uns mit Stolz
erfüllet!* – und im Bogenschlag zur Firma *Vom Oberhaupt bis abwärts* nur ein großes
Streben bemerken: *Zu adeln sich und andre durch die Arbeit.*

Ihre Geschichte boten *Traun & Söhne* jetzt als umfassenden Rückblick. Er ließ –
ohne Produkte zu zeigen – mit Bildern von Inhabern, Gebäuden, Werkräumen mit
Menschen bei der Arbeit, Jubilarsgruppen und mit Statistiken zu Wohlfahrtskassen
die NYH klein aussehen. Dort die *unpersönliche Aktiengesellschaft* [. . .] *Arbeitgeberverbände und Gewerkschaften einander in geschlossener Phalanx gegenüber* – hier ein
Großbetrieb, *welcher durch vier Generationen im Privatbesitz derselben Familie geblieben* [. . .], *in welchem* [. . .] *niemals ein Ausstand ausgebrochen ist.* Und das bei
nahezu 1.600 Arbeitern und etwa 200 höheren Angestellten.

---

26 Traun war der erste Industrielle (der sich allerdings auch als Kaufmann sah) im Senat –
was in der Öffentlichkeit einige Hoffnungen weckte. *The India Rubber World* zitiert 1901
dazu gar die *Neue Hamburger Zeitung*: *In the new senator we possess a distinguished
expert in chemistry and large industrial pursuits.* (Senator Dr. Heinrich Traun, July 1,
1901, p. 288).

27 Abbildung bei Ellermeyer 2006, S. 57.

Abbildung 11.9:
Kesselhaus Hamburg – Belegerei und Presserei
In solchen Arbeitsbereichen wurden keine Frauen eingesetzt,
aber zunehmend in Nachbearbeitung, Verpackung und Verwaltung
Fotos: *Kautschukwerke HTS* 1906

Traditionsbewusstsein durch eine Kurz-Geschichte seit Anfängen der HCM zeigten *Traun & Söhne* auch noch in einem speziellen Werbeheft für elektrische Isolatoren (die vor allem für die aufkommenden Straßenbahnen wichtig waren) um 1911 – als der so prägende Dr. Heinrich Traun schon gestorben war, 1909,[28] kurz nach dem mysteriösen Freitod des Sohnes Dr. Friedrich Adolph (1876–1908). Blieb von den Söhnen nur Heinrich Otto Traun (1870–1943), allein leitend, bis 1930.

11.3.4 NYH: Chefs, Fabrikausbau, Wohngegend, Erster Weltkrieg

Bei der NYH als einer Aktiengesellschaft gab es keine so beherrschende Persönlichkeit wie Heinrich Traun bei der Konkurrenz. Nach der „Initialzündung" durch Conrad Poppenhusen, der 1877 aus dem Aufsichtsrat und als Aktionär ausgeschieden war, und dem frühen Tod Mauriens 1882 agierten hier eine ganze Reihe von Vorständen und Direktoren. Aber auch bei ihnen – wie bei ihren Arbeitern und Angestellten, bei denen es ganze Generationen-Folgen gibt – konnte sich die Firmenzugehörigkeit über Jahrzehnte erstrecken. So ist der 1876 in den Vorstand aufgenommene Friedrich A. Döhner (1847–1922) erst vier Jahre vor seinem Tod dort wieder ausgeschieden. Auch er war über die Firma hinaus tätig, etwa in der Industrie-Commission der Handelskammer und im *Verein für Feuerungsbetrieb und Rauchbekämpfung* sowie in der Stadt auch als *Steuerschätzbürger*, Mitglied des Armenhauskollegiums, in der Bürgerschaft für die Fraktion *Linkes Zentrum*. Beachtenswert wäre auch Döhners Nachfolger Johann Friedrich Leopold Osbahr (1855–nach 1932): seit 1876/1878 in der Firma, 1882 von Döhner *zur Unterstützung an seine Seite* berufen, seit 1886 mit Gesamtprokura, seit 1905 im Vorstand und seit 1918 Alleinvorstand und Generaldirektor; im Vorstand der Hamburger Gewerbekammer seit 1907, dem er längere Zeit präsidierte; mit dem Finanzfachmann Dr. Hans Luther befreundet, der nach seiner kurzen Zeit als Reichskanzler von 1927 bis 1930 zum Aufsichtsrat der NYH gehörte. Osbahr spielte nach der Übernahme von *Traun & Söhne* 1930 eine führende Rolle in der deutschen Kautschuk-Industrie, war in den Vorständen mehrerer Arbeitgeberverbände, aber angeblich ohne ernste Unstimmigkeiten mit der „Arbeiterschaft" – hatte dann 1932 vom Vorstand in den Aufsichtsrat zu wechseln – nach über 50 Jahren in der Firma! Natürlich mussten solche Chefs gute Mitarbeitende haben für das Gedeihen der NYH – hier nur im Wachstum der Fabrik angedeutet:

Drei Fabrikkomplexe hatte die NYH bis zur Jahrhundertwende eingerichtet und ausgebaut. Mit ihren Kesselhäusern und Schornsteinen konnten sie den Eindruck gesonderter Einheiten erwecken. Aber das waren sie nicht für etwa geschlossene Produktbereiche; Fertigungsprozesse blieben mit Bewegung über das Gelände verbunden. Immer wieder wurden Um- und Anbauten vorgenommen. So dehnte man auch die *Neue Fabrik* von 1896/97 noch in der Länge und erwarb einen westlich anschließenden kleinteiligen Gebäudekomplex. Außerdem intensivierte man die Geländenutzung

---

28 Nachrufe selbst in den USA: *The Late Herr Senator Dr. Traun.* In: *The India Rubber World,* October 1, 1909, p. 15. Ebenda wieder hervorgehoben durch Gustav Heinsohn: *The German Rubber Industry* (January 1, 1910, p. 109–111).

der *Kleinen Fabrik*. Zwischen ihr und der *Alten Fabrik* war noch ein Streifen als Garten ausgewiesen. Auf dem Areal dieses Betriebsgartens erfolgte die letzte größere Erweiterung: der *Neubau* von 1906/7 – die heutige *Neue Fabrik* des Museums der Arbeit, das Gebäude der Dauerausstellung, auch mit kleinen Teilen zur Geschichte der NYH.

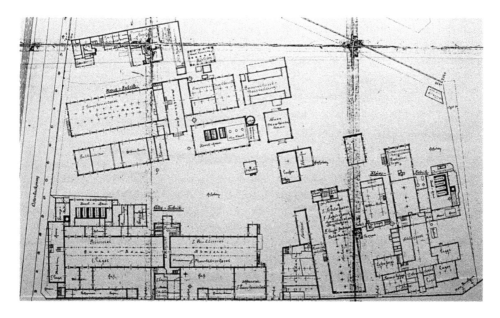

Abbildung 11.10:
Belegplan des Fabrikgeländes der NYH, in Verwendung 1911 (*Bauprüfakte*): mit etlichen Erweiterungen bei der *Neuen Fabrik* (l. o.) – und dem *Neubau* (1906/07) zwischen *Alter* und *Kleiner Fabrik*

In Richtung auf das 1908 fertig gestellte Verwaltungsgebäude wurden 1907 noch kleinere An- und Neubauten vollendet: die Zinnschmelze (angefügt an das heute nur so bezeichnete Gebäude), westlich davon ein neues Maschinenhaus, das Kesselhaus daneben erweitert, ein hoher Kaminkühler errichtet zum Rückkühlen von Kondenswasser.

Schon 1886 hatten die Wohnungsbauunternehmer Wex und die Schulbehörde gegen Fabrikausbau speziell wegen der *Ausdünstungen* protestiert. 1905 drang die Baudeputation u. a. aus Sorge um Hausanschlüsse darauf, die Abwässer der Fabrik am Osterbeksweg von 86 auf 37 Grad Celsius abzukühlen. Einerseits arbeiteten die meisten Menschen in Barmbek in Handwerk und Industrie. Andererseits konnten in einer Bevölkerung, deren Zahl hier von 1855 zu 1915 von etwa 1.800 zu fast 130.000

in einem Maß zusammengedrängt war, das selbst Harburg in den Schatten stellte, Fabrik-Nachteile nicht gleichgültig sein.[29]

Vor dem Ersten Weltkrieg beschäftigte die NYH rund 900 Arbeiter; die kriegsbedingte Stilllegung hob man 1916 durch Fabrikation von Militärbedarfsartikeln, aber nur für eine kleine Zahl Beschäftigter auf. Von Juli 1917 bis Ende 1918 ruhte der – wohl: eigentliche – Betrieb *ganz*, aber mit dem Erlös aus der Herstellung von Kriegsmaterial und Gebrauchsartikeln soll es gelungen sein, *einen geringen Teil unserer Arbeiter zu beschäftigen.* Im Firmen-Rückblick 1923 war von kriegswichtigen Erzeugnissen nicht die Rede, nur *Rohgummi war nicht mehr zu erhalten, die Belieferung mit Kohle hörte auf.*[30]

11.3.5 Geschafft! 50 Jahre NYH

Mangels Rohstoff und Kredit soll bei Ende des Ersten Weltkrieges *bereits die Liquidation in Aussicht genommen* worden sein. Da hätten ein risikobereiter Senator und eine Abmachung mit der Konkurrenz geholfen. Im *Wiederaufbau* reicht es dann zu einer ganz neuen elektrischen Kraftanlage und zur Modernisierung der Maschinerie. Dass nach einer Kapitalerhöhung 1922 die Vergabe von Aktien an die *leitenden Oberbeamten und Beamten* wegen der Inflation als Geschenk erscheinen konnte, führte zu längerem Streit mit einigen Aktionären. Eine zur Mittelbeschaffung 1922 gegründete GmbH, dann AG *Herold* soll mit allen Kräften dazu beigetragen haben, der *Gefahr* zu begegnen, dass die NYH in *englische Hände* überging. Von den Problemen der NYH erfährt man erst 1924 rückblickend im Streit. 1923 aber wurde zum Jubiläumsjahr Selbstbewusstsein ausgestrahlt. Gleichwohl: *Dem Ernst der Zeit Rechnung tragend, wird von rauschenden Veranstaltungen Abstand genommen.*

In der Jubiläumsschrift steht der Kamm mit einer kleinen Kulturgeschichte im Vordergrund. Andere Produkte und die Fertigungsweisen werden nur knapp behandelt, eingehender dann Organisationsentwicklung und recht betont die Leistungen der Wohlfahrtseinrichtungen. Werkräume und Gesamtansichten bestimmen die Bildauswahl.

Die *Gesamtansicht der Fabrik 1923* ist immer wieder veröffentlicht worden[31], um Größe vorzuführen – mit erweitertem Verwaltungsgebäude und Hinweis auf das Maurienstift. Die dortige Unterbringung von 80 Familien zählte in jetzt verschärfter Wohnungsnot. In Barmbek leben 1925 mehr als 150.000 Einwohner – und der NYH-Konkurrent *Traun & Söhne* in Harburg hat einen ersten bekannten Streik.

29 Vgl. die Luftaufnahme um 1915 mit der NYH inmitten dichterer Wohngebiete (Abbildung in der Mappe der *Geschichtswerkstatt Barmbek* 1994 und bei Ellermeyer 1997, S. 105, und 2006, S. 64).
30 Zur deutschen Kautschukwarenindustrie im Ersten Weltkrieg s. Vaas, 1921, S. 209–258.
31 Abbildung u. a. in Museum der Arbeit 1996, S. 106, Ellermeyer 2006, S. 65.

Abbildung 11.11:
Vulkanisierraum für Pfeifenspitzen
Frauen arbeiten für Mundstücke der Tabakpfeifen ...
Foto *NYH 1923*, S. 29.

11.4 Wirtschaftskrise, Rüstung und Krieg (1930–1945)

11.4.1 1930: Der Anschluss

Am 1. Mai 1930 übernahm die NYH die Leitung der Traun'schen Betriebe. Es soll dies für viele eine große Überraschung gewesen sein, denn trotz der allgemein kritischen Wirtschaftslage hätten die Umsätze der Fa. *Dr. Heinr. Traun & Söhne* immer noch auf respektabler Höhe gelegen (E. A. Wolffson mündlich) und sei HTS *ein im Grunde kerngesundes Unternehmen*[32] gewesen. Dabei sollen sich die Verhandlungen bis zum *Veräußerungs- und Verschmelzungsvertrag* über zwei Jahre hingezogen haben.[33] Danach hätten sie also begonnen kurz nachdem *Traun & Söhne* den zweiten (und erfolgreichen) Streik ihrer Geschichte erlebten, wohl keine Ermutigung für das Familienunternehmen, das sich stets etwas auf seine *Arbeiterfürsorge* zugutegehalten hatte.[34]

Wirksam gewesen war nicht die Weltwirtschaftskrise „an sich". Manche sprechen von ungeschickten, zu risikoreichen Unternehmungen oder auch von aufwändigem Le-

---

32 [Vereinigungschronologie] = Datenzusammenstellung ohne Autor und Datum, NYH in MdA, S. 2.
33 Ebenda; Krieg 1951, V S. 60.
34 Typisches Zeichen: *Bericht über 25 Jahre Wohlfahrtsbestrebungen* [...] 1917.

benswandel des Eigners Heinrich Otto Traun. Den ersten Fusions-Anregungen von Hamburger Banken 1928 soll er in Verhandlungen erst einmal nicht gefolgt sein.[35] Ihn würdigt wenige Wochen nach der tatsächlichen Verschmelzung 1930 zu seinem 60. Geburtstag die *Gummi-Zeitung* als hervorragende Persönlichkeit für die Firma, Branchen- und Arbeitgeber-Interessenverbände und den Sport.[36] Aber in der sich entwickelnden Weltwirtschaftskrise seien die Banken nervös geworden, die ihm zum Fabrikausbau und zur Modernisierung des Maschinenparks Darlehen gegeben hatten. Die Darlehen seien eigentlich von unkritischer Höhe gewesen – sie entsprachen etwa 20% des Traun'schen Privatvermögens und einem *geringen Bruchteil des Geschäfts-vermögen* – aber das sei damals den Banken bedenklich genug erschienen.[37]

Die Werke Trauns in Hamburg und Harburg hatten noch 2.400 Menschen beschäftigt. Von ihnen ist weder in der *Handelszeitung der Hamburger Nachrichten* noch im Geschäftsbericht der NYH die Rede. Eine kommunistische *Arbeiterkorrespondenz* sah das 1931 anders: die Traunschen Werke habe man *unter der Bezeichnung Fusion [...] verschachert. Rund 2.000 Arbeiter und Angestellte flogen aufs Pflaster.*[38] Tatsächlich wurde das Werk auf dem Grasbrook geschlossen – es war wie auch das dortige Verwaltungsgebäude nicht an die NYH übergegangen – und bis zum nächsten Geschäftsbericht (1. Mai 1931) schon fast völlig geräumt. Kaufmännische Verwaltung und Geschäftsführung zog man in Barmbek zusammen, die Produktion wurde klar verteilt: in Barmbek also Kämme, Platten, Stäbe und Röhren, Pfeifenspitzen, Raucherartikel und Bestandteile für chirurgische Instrumente; in Harburg die technischen Artikel und damit – weiter ausgebaut – die Abteilung *Säureschutz- und Auskleidungs-Industrie.*[39] Technische und organisatorische Rationalisierung war 1930 als *Gesichts-punkt bedeutungsvoll* und damit verbundene Erwartungen konnten *nach Überwindung großer kaufmännischer und fabrikatorischer Schwierigkeiten* 1931 als *voll erfüllt* gelten.[40] Die Rationalisierung hatte „gegriffen" – und die Arbeitslosigkeit in Harburg Anfang 1931 mehr als 25% erreicht.[41]

[...] im Kaufpreis enthalten: Der Goodwill des ganzen Geschäftes und alle Patente, Warenzeichen [...] der Firma Traun. Das bestimmte der *Verschmelzungsvertrag* und so geschah es auch z. B. mit dem alten Warenzeichen *Greif mit Wahlspruch >semper sursum<.* In der Bilanz für das Geschäftsjahr 1930 gibt die NYH der Position *Patente, Gebrauchsmuster und Warenzeichen* allerdings nur den Wert eines Erinnerungspostens mit 1.- RM. Aber praktisch führte sie Bewährtes aus der Entwicklung

---

35 Vereinigungschronologie, S. 2.
36 *Gummi-Zeitung* 27. Juni 1930 (S. 2001).
37 Vereinigungschronologie, S. 2.
38 *Brutale Ausbeutung bei Traun & Söhne, Arbeiterkorrespondenz 1539* – wohl *Hamburger Zeitung,* vor Bürgerschaftswahlen 27. Sept. 1931 (unbez. Zeitungsausschnitt in Sammlung NYH in MdA).
39 Vereinigungschronologie, S. 3.
40 GB für 1931 (GZ 1931 S. 1468). S. a. Krieg 1951, V, S. 60: *>Die Aufgabe der dritten Fabrik< wurde >als wichtige Voraussetzung für eine zweckmässige Rationalisierung< betrachtet.*
41 Witt, Peter-Christian: *Walter Dudek – Oberbürgermeister in Krisenzeiten (1925–1933).* In: *Harburger Jahrbuch* 18 (1993), S. 161–166, hier 166.

des überwundenen Konkurrenten fort: in der Werbung zunächst lakonisch auf altem Traun-Prospekt.

Abbildung 11.12:
Werbeblätter nach Anschluss 1930. Von Traun zur NYH per Stempel, Überdruck und schließlich Lang-Namen des neuen Eigners: Die Leistung übernommen.

Den Geschäftsberichten der nächsten Jahre zufolge ging es der NYH bei allgemein noch schwieriger Konjunktur immerhin leidlich. Zwar konnte man nicht mehr auf Dividenden bis über 30% hoffen, wie sie vor 1900 erreicht wurden, doch nach einer

Pause gab es wenigstens welche und schon ab 1933 steigende Umsätze sowie merkliche Wieder- oder Neueinstellungen. 1934 wird der verbliebene Verlustvortrag aus dem gesetzlich Reservefonds ausgeglichen. Aber für die Zeit bis dahin erinnern sich ehemals Beschäftigte, dass die Firma, die sich eben den großen Rivalen einverleibt hatte, nun selbst nahe vor der Aufgabe gestanden habe. Dazu gehörte auch, dass die seit 1922 in ihrer Arbeit gelegentlich als *gut* oder wenigstens *zufriedenstellend* bezeichnete Vermögensverwaltungfirma *Herold* sich nun als eine AG erwies, hinter deren Aktien mangels solider Geschäftsführung nichts mehr stand. Bis die *Herold* endlich 1934 aufgelöst wurde, hatte man weitere Geschäfte der NYH und ihrer Tochtergesellschaften gründlich zu revidieren.[42] Später behauptete ein in der Branchen- und Firmen-Historie engagierter Mitarbeiter der NYH, *daß jede andere Firma beim Zusammenbruch der „Herold" selbst hätte liquidieren müssen*, dass man das aber bei der NYH habe vermeiden können vor allem dank der Tatkraft eines Mannes aus der gerade „ausgebooteten" Unternehmerfamilie: Oscar Traun.[43]

11.4.2 1930er: Eine Firma, zwei Werke, neue Stoffe

Nach der Firmen-Fusion, nach ihrem „Sieg", stand die NYH also in der Weltwirtschaftskrise vor schweren Aufgaben. *Die Beseitigung der* (Hamburg-Harburger) *Konkurrenz scheint ein Pyrrhussieg gewesen zu sein* (Hans Krieg) und das *Verlustjahr* 1932 für die NYH *den tiefsten Punkt der Periode nach dem Ersten Weltkrieg* zu bezeichnen.[44] Zu beachten ist dabei auch ein längerfristiger Wandel im Bereich der industriell zu nutzenden Kunststoffe:

Gegen den traditionellen Werkstoff Hartgummi hatten neuere Kunststoffe zunehmend Alternativen geboten. Das war mit nur gut 10 Jahren Rückstand schon das *Celluloid* gewesen, wiederum ein biogener Kunststoff (aus Cellulose), zwar farbenfroh zu fertigen, aber in der Herstellung feuergefährlich und in Produkten wie dem Kamm nicht sehr alterungsbeständig. Ein weiterer Kunststoff auf natürlicher Basis (Kasein), das Kunsthorn *Galalith*, von der Weichgummi-Firma *Vereinigte Gummiwaaren-Fabriken Harburg-Wien* 1904 mit einem eigenen Werk am Harburger Seehafen ausgegliedert, wurde ein ernster zu nehmender Konkurrent. Aber die stärkste „Bedrohung" für Hartgummi kam von einem ersten rein im Labor entwickelten Kunststoff, dem *Bakelit* des in den USA wirkenden Belgiers Leo Hendrik Baekeland (1863–1944), das noch vor dem Ersten Weltkrieg auf den „Siegeszug" in vielen Alltags- und Technikgegenständen gebracht wurde.

Darauf hatten *Traun & Söhne* reagiert mit einer eigenen Entwicklung, dem *Faturan*. Der Anfang des Namens, FAT, bezog sich auf Heinrich Trauns verstorbenen Sohn Friedrich Adolph Traun. Den Werkstoff schuf man als Edelkunstharz und später auch als Pressmasse. Die NYH führte *Faturan* bis nach dem Zweiten Weltkrieg weiter; für einige Jahre soll sie auch den Kunststoff *Formolit* aus einer von *Hein-*

---

42 Vereinigungschronologie, S. 5.
43 Ebenda; womöglich Meinung von Dr. Friedrich Diestelmeier.
44 Krieg 1951, VI, S. 15.

rich Otto Traun's Forschungslaboratorium GmbH[45] 1919 mitgegründeten Firma für Kunstholz- und Kunsthornmassen, deren Produktion in der Schlussphase von *Traun & Söhne* eingestellt wurde, „wiederbelebt" haben, bis sie ihn 1941 an die *Internationale Galalith-Gesellschaft* mitsamt Maschinen und Pressteilen abgab.[46]

Die NYH war aber in der Roh- und Werkstofffrage auch selbst nicht untätig gewesen. So hatte sie 1926 vorübergehend die Fertigung von Pressteilen aus Edelkunstharz für *technisch untergeordneten Einsatz* (Wolffson) aufgenommen, 1928 eine *Duralon*-GmbH für säure- und laugenbeständige Gefäße gegründet und 1930 den ersten technisch hergestellten Chlorkautschuk in trockener Form auf den Markt gebracht,[47] seit 1933 durch die *Deutsche Tornesit-Gesellschaft*, die die NYH mit der Brennerei und Chemischen Fabrik in Tornesch gebildet hatte. Dass *Tornesit* als Kunststoff auf Kautschukbasis[48] *die Aufgaben der Gesellschaft um ein wesentliches Arbeitsgebiet vermehrte,*[49] kann man glauben, auch wenn sich im arg fragmentierten Archiv der NYH bislang nichts Genaueres entdecken ließ.[50]

Weitere neue Wege beschritt man dann Mitte der 1930er wegen des von den Nazis gewollten Devisensparens und Autarkie-Programms zur Vorbereitung der Wirtschaft auf einen Krieg. So begann 1934 die Fabrikation von Kunstharz-Schnellpressmassen (*Faturan*), 1935 die von Kunstharz-Hartpapier- (*Nyhax*) und -Hartgewebe-(*Nyhatex*) Halbfabrikaten in Form von Platten, Stäben und Rohren bzw. auch Kolben und Formstücken *für die Getriebe-Technik, den Maschinen-, Apparate- und Vorrichtungsbau, die Elektrotechnik, die chemische Industrie und Färbereien, die Textilindustrie, den Flugzeugbau und andere Industriezweige.* 1936 folgte die Verarbeitung von thermoplastischen Massen im Spritzgussverfahren zu diversen Artikeln, vor allem Kämmen. Gleichwohl behielt *Hartgummi als Werkstoff* (so eine informative Schrift der NYH um 1937) große Bedeutung, auch wenn die Versuche mit Kunstkautschuk, die beim Weichgummi bald zum Erfolg geführt hatten, für den Hartgummi langwierig und weniger erfolgversprechend waren.

Hartgummi als Werkstoff wird mit *Bearbeitungs-Vorschriften*, also auch für Halbfabrikate, geliefert und schließt mit einem langen Artikel-Verzeichnis, das ahnen lässt, was alles in den Folgejahrzehnten verloren gegangen ist: sehr vieles aus dem technischen und dem „chirurgischen" Bereich (zu dem auch Frauen-Hygiene und Empfängnisverhütung mit Pessaren gerechnet wurde), aber auch *Steuerräder für Autos,*

---

45 Im Labor spielte der Ing. Chemiker Hermann Plauson die „führende Rolle".

46 Krieg 1951, V, S. 56 ff..

47 NYH 1971, S. 47.

48 Ohne Namensnennung wird bereits im Geschäftsbericht für 1930 von der Beteiligung an einem *Gemeinschaftsgeschäft* gesprochen, wobei es sich um die *Fabrikation eines neuen Kunststoffes unter Verwendung von Kautschuk* handele, mit dessen Erzeugung *nach langwierigen Versuchen und Vorarbeiten kürzlich begonnen worden* sei (GZ 1931, S. 1469).

49 Krieg 1951, VI, S. 31; s.a. GB 1931.

50 Während der Sonderausstellung *Gib Gummi. Kautschukindustrie und Hamburg* wurden die – trotz allen Einsatzes von Ernst A. Wolffson – teils „traurigen" Archivreste von der NYH aus einer Leihgabe in ein Geschenk an das Museum der Arbeit verwandelt. Die Erschließung dauert an.

Lampensockel, *Sitzbacken für Klosetts*, Eierlöffel, Eishockeyscheiben, Haarspangen, Häkel- und Stricknadeln, *Neger-Schmuck*, Teekannengriffe, Türdrücker und Zahnbürsten . . . .

Ergänzend zum Hartgummi-Programm wird auf *gummihaltige Artikel* hingewiesen: *Dichtungs-Gummi*, also Weichgummi in der NYH-eigenen *Hercules-* und in der schon vor dem Ersten Weltkrieg entwickelten Marke *Dr. Traun's Dichtungsgummi Ideal*; *Dessin-Platten* als Halbfabrikat zur Bekleidung von optischen Geräten wie Fotoapparaten und Ferngläsern in der *lederharten*, also weicheren Version von Hartgummi, *Picein*-Kitt und *Gummi-Lack* – und eben auf die neue *Abteilung Kunststoffe*, die im Geschäftsbericht für 1931 als *Abteilung für gummifreie Preßstoffe* für vergrößerungswert erklärt wurde. Das geschah in dem alt-neuen Unternehmen, das Fertigkeiten der Familien-Firma mit der AG zusammenführte:

Als (neue) Firmenleitung stellte die wohl schon um 1934 erschienene Schrift *Hartgummi. Eine Bilderserie aus dem Fabrikationsprogramm der New-York Hamburger Gummi-Waaren Compagnie Hamburg / Angeschlossen Dr. Heinr. Traun & Söhne G.M.B.H.* drei Herren vor:
Direktor (Hubert) v. Katzler,
Direktor (Oscar) Traun,
Direktor (Curt) Mohwinckel.

Oscar Traun (1889 – ca. 1970), ein Neffe des legendären Dr. Heinrich Traun, war 1930 gemäß der Vorschlagsberechtigung von Heinrich Otto Traun zunächst in den Aufsichtsrat der neuen Firma gelangt, dann 1932 in den Vorstand, in den sein Schwager von Katzler 1933 einrückte. Oscar Traun, seit 1. Mai 1933 Mitglied der NSDAP, wurde *Betriebsführer* und später über die Firma hinaus *Wehrwirtschaftsführer*. Sein Vetter Heinrich Otto, der letzte Eigner von *Traun & Söhne*, blieb im Aufsichtsrat der NYH bis 1936 und wurde 1930 *auf 10 Jahre an den Dividenden beteiligt, wenn sie eine festgesetzte Grenze überschritten.*[51] Nimmt man die Mitarbeiter hinzu, die die Entlassung 1930 überstanden hatten oder danach wieder eingestellt worden waren, so blieb der Sachverstand der älteren Firma für die NYH nützlich.

11.4.3 Rein deutsch und arisch – oder: auf Vordermann?

Da wir wie bisher durch unsere Lieferungen nach dem Ausland der deutschen Wirtschaft erheblich mehr Devisen hereinbrachten, als wir zur Beschaffung unserer ausländischen Rohstoffe aufwenden mussten, waren wir ausreichend mit den erforderlichen Rohstoffen versorgt. Wir konnten daher unsere Hartgummiwaren in der alten einwandfreien Qualität herstellen. Dieser Rückblick 1936 entspricht dem oben Angedeuteten zum Festhalten am alten, ja auch besonderen Werkstoff. Dabei ist man wegen der *ständig wachsenden Bedeutung, die die gummifreien Preßstoffe in allen möglichen Anwendungsarten finden* gleichzeitig auf dem Wege mit und zu dem, was nun als *deutsche Rohstoffe* kommen sollte.

---

51 Krieg 1951, V S. 60.

So bietet die NYH, nachdem ihre Kunstharz-Pressstoffe bereits das *technische Porzellan* in der elektrotechnischen Kleinindustrie weitgehend ersetzt hätten, potentiellen Großkunden 1938 ihre *Faturan-Spezialmassen* an: *Der Siegeslauf der deutschen Kunstharz-Preßstoffe ist unaufhaltsam! [. . .] Mit Deutschem Gruß!*

Dem Werbeschreiben beigelegt wurde ein 20 Seiten starkes Informationsheft zu *Faturan*, das jetzt schon in etlichen Varianten angeboten wird, darunter auch noch solcher – *nur für Exportaufträge* – mit dem *Auslandsrohstoff Asbest*, den man aber als Füllstoff bei den Phenol-Harzmischungen zunehmend durch *Deutsches Gesteinsmehl* ersetzen wolle. In der Aufzählung möglicherweise interessierter Industriezweige fehlen zwar auch nicht solche wie die *Bürobedarfs-Industrie* und die *Fantasie-, Schreibartikel- und Toilette-Industrie*, aber die Liste endet mit *Waffen-Industrie / Abzugbügel, Gewehrschäfte, Griffschalen, Mündungsschützer, Pistolengriffe, Spielwaffen.* Das lag noch auf der alten Hartgummi-Produktionslinie der „Kaiser-Zeit", als man Teile für *Salonwaffen* anbot.

Aber jetzt wurde es noch ernster und die NYH zog mit: vom Alltagsbereich, wo etwa diverse Radioteile – bei *Traun & Söhne* vor 1930 schon in einem besonderen Heft[52] beworben – wohl nicht gerade dem Empfang von Swing-Musik dienen sollten, immer mehr zum Technik-Bereich, dessen Verfügbarkeit für Rüstung und Krieg insgesamt weniger erkennbar, aber doch mit Einzelteilen zu ahnen ist: z. B. Akkumulatoren-Kästen für U-Boote; Rücklichter für Wehrmachtsfahrzeuge;[53] Fläschchen für Entgiftungsmittel, die deutsche Soldaten bei sich tragen sollten;[54] Einzelteile in Flugzeugen, deretwegen nach Kriegsende englische Offiziere gleich die NYH aufgesucht haben sollen.

Wenn die Werkstoffe „nationalisiert" wurden („Deutsche Neustoffe"), dann musste auch die Firma über jeden Verdacht erhaben sein. Also verschickte die *New-York Hamburger* wegen ihres ersten Namensteiles zu Anfang 1939 eine Mitteilung, dass man *ein rein deutsches arisches Unternehmen* sei – und das schon mit den Firmengründern 1871.[55]

Vom Gift in der Gesellschaft zu dem in der Produktion: bei den in Firmenveröffentlichungen sowohl ihrerzeit von HTS als auch der NYH ja immerhin vorkommenden Abbildungen der Arbeit, die aber damit verbundene Belastungen und Gefahren in der Regel aus der Ferne nicht hinlänglich erkennen lassen, taucht nun im *Faturan*-Heft von 1938 vielleicht erstmals ein Foto eines mit (Gasmasken-ähnlichem) Mundschutz Arbeitenden auf: an der Absackwaage. Dass es bei diesen Pressmassen nicht nur Staub-Gefahren gab, lassen das Fertigungsschema von *Faturan* – harmlos mit Kohle, Wasser und Luft beginnend – mit dem im Prozess erzeugten Formaldehyd ahnen sowie die Erinnerungen und Gesundheits-Beschwerden von Mitarbeitern der Nachkriegszeit.

---

52 Abbildung bei Ellermeyer 2006, S. 122.
53 Przyrembel 2001, S. 2.
54 S. ein solches Fläschen in der NYH-Dauerausstellung im MdA.
55 Abbildung bei Ellermeyer 2006, S. 67. Dass man „deutsch" sei, hatte die NYH allerdings auch schon 1930 beim Anschluss von HTS betont (s. Anhang bei Przyrembel 1996).

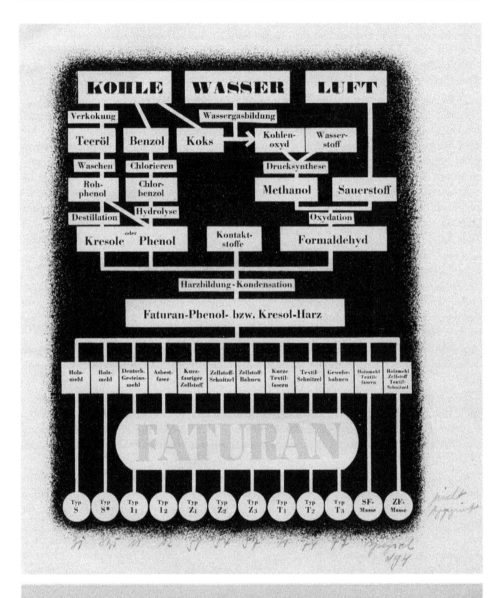

Abbildung 11.13:
Fertigungsschema zu *Faturan*
(Prospektheft)

Fabrik in Gesellschaft, hier des Nationalsozialismus: Keiner der um 1996 Interviewten erinnerte sich noch an das besondere Ereignis, dass die Eröffnung der Reichstagung „Kraft durch Freude" in Hamburg am 6. Juli 1935 in der „Hamburg-New Yorker Gummiwarenfabrik" stattfand – übertragen vom Rundfunk, immerhin 40 Minuten, mit Ansprachen des Betriebsführers Traun, des Betriebszellenobmannes, des Gauwalters – dann Gesang der Gefolgschaft – und des Leiters des Amtes „Kraft durch Freude". Ein für das Museum der Arbeit tätiger Student fand dies in der Programm-Zeitschrift *Funk-Wacht* im Bauer-Verlag.

Was den Fabrik-Alltag im „Dritten Reich" ausmachte, ist selbst bei Menschen teils verschüttet, die dem Regime kritisch gegenüberstanden. Natürlich war auch die NYH in das „revolutionäre" System, seine Zwecke und Mittel einbezogen, die Arbeiterbewegung ihrer Organisationen, Positionen und teils schon der Menschen beraubt – und der Chef der Firma eben in der NSDAP. Trotzdem kam er später in der „Entnazifizierung" glimpflich davon, mit Rücksicht auf die soziale Tradition der Unternehmerfamilie Traun und wohl auch durch eigenes Verhalten, für das sich guter Leumund im Bürgertum und auch im Nachkriegs-Betriebsrat fand.[56] Immerhin suchten nach KZ-„Aufenthalten" in der Vorkriegszeit selbst Sozialdemokraten mit höherer Berufsqualifikation hier Arbeit, wurden akzeptiert oder kamen durch und konnten auch jenseits der offiziellen Organisationsstruktur meinen, dies sei eigentlich ein *sozialdemokratischer* Betrieb gewesen (so der spätere Ortsamtsleiter von Wilhelmsburg, Hermann Westphal). Hans-Jürgen Massaquoi hat als Schlosser im Harburger Werk während der Kriegszeit allerdings deutlich unangenehmere Erinnerungen (*Neger, Neger, Schornsteinfeger!*).[57]

Gespräche mit Ehemaligen und die dürftige Aktenlage geben ein ambivalentes Bild: Oscar Traun behauptet 1947 vor dem Entnazifizierungsausschuss, er habe, *als er merkte, daß über die NSDAP [...] Politik in die Reihen der Arbeiterschaft getragen werden sollte, dagegen opponiert und immer wieder versucht, die Betriebszellenleute in ihre Schranken zu weisen*,[58] aber neben ihm selbst gehörten auch andere leitende Angestellte der NSDAP an, ein Ingenieur gar der SS. Andererseits hätten alteingesessene Meister im Produktionsbereich noch aus sozialdemokratischer und gewerkschaftlicher Arbeiterbewegung eine *informelle Herrschaftsstruktur* in der Fabrik teilweise gehalten (Przyrembel). Doch *trotz der Bedeutung dieser gewachsenen Beziehungen gewannen die Funktionsträger der DAF* [die nationalsozialistische Deutsche Arbeitsfront] *zunehmend auch an Einfluß auf die Arbeiterschaft bei der NYH*.[59] Wieweit dazu auch die zahlreichen Veranstaltungen wie Versammlungen, Märsche, Betriebsfeste und das gemeinsame Anhören von Rundfunkreden Hitlers beitrugen,[60] wird nicht zu entscheiden sein.

---

56 S. a. Przyrembel 2001, S. 4 f..
57 Ellermeyer 2006, S. 44–46.
58 Zitiert nach Przyrembel 2001, S. 4.
59 Ebenda S. 5.
60 Siehe Fotos bei Ellermeyer 2006, S. 66.

Auch der Fahnenappell auf dem Feld gegenüber der Harburger Fabrik ist vergessen, niemand auf dem Foto zu identifizieren. Schwarz uniformierte junge Männer – lustig im Schnee auf dem Barmbeker Fabrikhof (*das hatte mit Politik nichts zu tun*) – oder bei Ausmärschen vorneweg, etwa zum 1. Mai, seit 1933 zum „Tag der Nationalen Arbeit" umfunktioniert, also Angehörige der „Werkschar", die Speerspitze der NS-DAP in den Betrieben sein sollte, sind angeblich ohne besondere Wirkung gewesen. Dass man bei einem Betriebsausflug an die Unterelbe nach Verlassen des Zuges in Sechserreihen anzutreten hatte und so – wie ein Foto zeigt[61] – auch weiter zog und das anschließende Vergnügen von Kontrolle und einigen paramilitärischen Elementen durchsetzt war, blieb wiederum vergessen. Nicht aber, dass es bei Betriebsausflügen allgemein *sehr launig* zuging.[62] Schließlich waren dies für Viele die Jahre ihrer Jugend.

Ausgrenzung und Entrechtung von Juden „erreichte" auch die NYH – so in der mit der Firma verbundenen Maurien-Stiftung, deren Satzung Ende 1938 verändert wurde[63] – , andererseits meint ein nach den NS-Gesetzen „Vierteljude", der 1935 ein Praktikum in der NYH machen konnte (und 1946 in die Firma eintrat): *Ich glaube nicht, daß das eine Oase für – sagen wir – Nicht-Nationalsozialisten war [...] Es spielte wahrscheinlich keine große Rolle. Man fragte nicht, sind Sie Arier oder nicht. Das wurde da, glaube ich, nicht gefragt.*[64]

Ein Musterbetrieb war die NYH weder im demokratisch-humanen Sinne noch in der Titelvergabe der Nationalsozialisten, die damit neun Betriebe in Hamburg bedachte. Die NYH blieb im Guten wie im Bösen ziemlich „normal": in den *Anpassungsstrategien der Belegschaft an den Nationalsozialismus [...] bei einer moderaten – aber keineswegs gegenüber dem Faschismus resistenten – Unternehmensführung und in der Integration eines mittelständischen Betriebes in die Rüstungspolitik des Dritten Reiches.*[65]

Im Frühjahr 1938 sah der Vorstand die NYH *für die uns im Rahmen des Vierjahresplans zufallenden großen Aufgaben [...] gut gerüstet.*[66] Im April 1939 nimmt er *die geschichtliche Tat des Führers*, der mit der *Eingliederung der Ostmark und des Sudetenlandes [...] eine unnatürliche Lage zu einer organischen Lösung gebracht hat*, mit in den Geschäftsbericht.[67]

11.4.4 Die Fabrik im Zweiten Weltkrieg

„Gut gerüstet ...". Bei allen allgemeinen Vorbereitungen auf den Krieg und auch den speziellen wie von oben verfügter und über die „Überwachungsstelle für Kautschuk und Asbest" (seit August 1939 „Reichsstelle für Kautschuk und Asbest") organisierter Vorratshaltung in bestimmten Lagern und der Beschleunigung der Buna-Erzeugung,

---

61 Abbildung bei Ellermeyer 2006, S. 67.
62 Przyrembel 1996, S. 39.
63 Przyrembel 2001, S. 7.
64 E. A. Wolffson im Interview Januar 1996.
65 Przyrembel 1996, S. 54.
66 GB für 1937, vorgelegt Mai 1938.
67 GB für 1938.

war die deutsche Gummiindustrie doch praktisch von Anfang des Krieges an überfordert. *Höherer Bedarf, geringere Vorräte* (Treue 1955) – das war trotz aller Reglementierungen und Anstrengungen nicht zusammen zu bringen. Reifenproduktion (als Teil des Weichgummisektors) für die Wehrmacht hatte „natürlich" Vorrang vor Hartgummiartikeln für Konsumenten. Alltagsprodukte traten also in der NYH weiter hinter den technischen zurück, und die aus Gummi hinter denen aus modernen, woanders hergestellten Kunststoffen,[68] mit denen man wenig Erfahrung und entsprechende Schwierigkeiten hatte.

Die kleinen Flaschen mit Entgiftungsmittel für Landser z. B. wurden zunächst aus Hart-PVC hergestellt, das zu der Zeit sehr wenig wärmebeständig und schwer verformbar war. Erst später sei Polystyrol von der *Dynamit AG* in Troisdorf (zum *IG Farben* Verbund gehörig) gekommen. *Das Zeug nannte sich Igelit und Trogamid und Trolitul, erinnert sich ein Ingenieur. Trogamid war schon das erste Polyamid, aus dem wir so kleine Hauben machten, das waren Schutzhauben von irgendwelchen Giftgasgranaten oder so etwas. Genau wußte ich das nicht, und da haben wir dann auch versucht, [...] so ein bißchen Material abzuzweigen, das war ja alles streng rationiert, und da haben wir die Kunststoffkämme aus Trogamid gemacht.*[69]

Kämme für die Wehrmacht konnten nicht nur bestellt, sondern ihre Herstellung angewiesen werden. Das geschah Ende 1942 per Einschreiben aus Berlin durch die „Fachgruppe Schnitz- und Formerstoffe verarbeitende Industrien" nach einem „Kriegsauflagenprogramm". Danach hatte die NYH bis auf Zehnerzahlen genau für das erste Vierteljahr 1943 *Frisierkämme aus Trolitul* zu liefern:

1. für Wehrmacht und		
sonstige öffentliche Bedarfsträger monatlich	*Stück*	*75.000*
2. für gewerblichen Bedarf monatlich	*Stück*	*51.190*
3. für Ausfuhrbedarf monatlich	*Stück*	*40.480*
4. für sonstigen zivilen Bedarf monatlich	*Stück*	*482.930*
insgesamt monatlich:	*Stück*	*669.600*

Diese Herstellungsanweisung *genießt den Schutz der Verordnung über die Bereitstellung versorgungswichtiger Waren und kann Behörden und Dienststellen unter Hinweis auf diese Verordnung als Beleg für Anforderungen von Arbeitskräften, Transportmitteln, Materialien usw. vorgelegt werden.*

Also: Gut gekämmt durch den Krieg .... Auch so waren Einnahmen zu erzielen (und wieder mit Holzkämmen wie schon im Ersten Weltkrieg und mit solchen aus Metall). Ernstzunehmen war für die Firma ferner die angedeutete Begünstigung in der

---

68 Zu den Größenordnungen s. a. ein *Recapitulationsbuch* der NYH mit Summen für 1942–45.
69 Ernst H., Interview mit Przyrembel und Ellermeyer, in Przyrembel 1996, Anhang S. IV.

Versorgung mit dem zur Fabrikation Nötigen. Arbeitskräfte zu (er)halten in einem Land, das den größten Teil Europas mit Krieg überzog, war ein großes Problem – das man wieder, abgesehen von der Hoffnung auf schnelle Siege, auf dem Verordnungswege zu lösen suchte: per *Verpflichtungsbescheid / Auf Grund der Verordnung zur Sicherstellung des Kräftebedarfs für Aufgaben von besonderer staatspolitischer Bedeutung vom 13. Februar 1939.* Gemäß dieser *Dienstpflicht* begann dann z. B. auch eine junge Frau, die gerade ihre kaufmännische Lehrzeit in einem Textilbetrieb abgeschlossen hatte, im Mai 1940 als *Hilfsarbeiterin* bei der NYH. Auf *längstens 2 Jahre* hieß es im Verpflichtungsbescheid; aber nach deren Ablauf war der „Endsieg" noch nicht errungen ... Den „Entpflichtungsbescheid" erhielt sie auf einem Formular vom April 1945 erst fast ein Jahr nach Kriegsende. In ihrer Gruppe von dienstverpflichteten „Arbeitskameradinnen" sind noch Fotos erhalten von fröhlichen Sonntags-Ausflügen mit einem oder zwei männlichen Vorgesetzten; beiderseits habe man sich in dieser (Zahlen-) Konstellation auch im Betrieb wohlgefühlt.

Ganz anders waren sicher die Befindlichkeiten von Zwangsarbeiterinnen aus der Sowjetunion, die später teilweise die Arbeiten der dienstverpflichteten Deutschen, aber auch andere „übernahmen". Sie hatten nicht nur unter Anleitung eines Meisters in Barmbek Granaten zu drehen (im jetzigen Museums-Hauptgebäude); Drehbänke waren in der Fabrik wegen Schlosserei und Formenbau sowie der Nachbearbeitung von Hartgummiteilen vorhanden und jetzt ohne Kautschuknachschub verfügbar für die *Abteilung M.* Sie war die einzige Werksabteilung im Telefonheft der Firma von etwa 1942, deren Zweck nicht im Klartext erschien (anders als etwa *Mischungswesen, Kammfertigung, Fertigung von Platten und Ausstoßartikel. Nachverarbeitung,* von *Preß- und Spritzartikel* und *Stab und Rohr* in Barmbek oder in Harburg *Belegerei, Presserei* und *Kunststoff-Fertigung*). „M" stand für Metall oder eher für Munition, wozu auch eine Stelle „Heeresabnahme" gehörte.

Zur (Harburger) Spritzmaschinen-Produktion der o. g. Hautsalbefläschchen aus Hart-PVC bemerkt der zuständige Ingenieur Ernst H.: *Das war damals eine fürchterliche Arbeit [...] So entstand dann Chlorwasserstoffgas, das mit der Feuchtigkeit der Luft zur Salzsäure wurde, und in dieser Atmosphäre mussten dann diese armen Mädels aus der Ukraine arbeiten.* In Harburg waren Zwangsarbeiterinnen in der Klein-Belegerei enger in Arbeitsgruppen mit Deutschen „integriert". Die Belegerei war schwere Plackerei, wie sich der ehemalige KZ-Häftling H. Westphal erinnert: blasenfreies Anbringen von Kautschuk-Schwefel-Mischungen auf Metallteilen (Rohre, Kessel u. a. Behälter) vor der Vulkanisation. Für diesen Bereich (speziell gegen Laugen und Säuren) isolierender Gummierung hatten schon *Traun & Söhne* einen besonderen Ruf;[70] jetzt war er „kriegswichtig". Von einer Harburgerin in der Klein-Belegerei gewannen wir nach Interview, Blick auf Erinnerungsstücke und Äußerungen Anderer den Eindruck, sie habe ein anständiges und mitfühlendes Verhältnis zu den Zwangsarbeiterinnen gehabt.[71] Aber sie besaß nicht die Position der offiziell für die

---

70 *Gummierte Kessel* von HTS siehe Abbildung bei Ellermeyer 1997, S. 101.
71 Lieschen (Eliabeth) Holzmann, mit Hermann Westphal unter einer Telefonnummer in *Kl.-Beleg. 2.*

Abbildung 11.14:
Für Alltag, auch im Krieg: Schleifen der Kämme an Korund-
oder Karborund-Steinen. Für Technik: Hartgummi-Auskleidung
als Säure- und Laugenschutz für Metallgefäße
Fotos: NYH 1930er Jahre

„Ostarbeiterinnenlager" in beiden Werken zuständigen vier Frauen, von denen wir zwei noch sprechen konnten und zwiespältig beeindruckt wurden.

Auch die Erinnerungen anderer Deutscher an Zwangsarbeitende sind teils vorurteilsgeladen, teils verharmlosend: *Das einzige Problem, was die mitunter hatten [...] war Hcimweh* – meint ein damaliger Lehrling Hans L.. Aber jemand wie H. Westphal nahm an einer Deutschen wahr, dass sie, *wenn der Mann nicht auf Urlaub kam [...] die Mädchen angebrüllt und geschlagen* hatte. Ein anderer, der mit Kriegsgefangenen „zu tun" hatte, *entwickelte sich zu einem kleinen Despoten. Der versuchte dann die Italiener in den Hintern zu treten [...] Dann haben wir uns ihn aber vorgeknöpft.* Also auch Kriegsgefangene mussten in der NYH arbeiten, wohl überwiegend auf den Werksgeländen untergebracht; die *Wertabschätzungen* der Gebäude und ihrer Einrichtung während der Kriegszeit „sprechen", lakonisch genug, von einem *Franzosenlager* und einem *Russenlager* – in der Einrichtung differenziert zu Lasten der „slawischen Untermenschen". Die Ukrainerinnen in Barmbek „wohnten" im 2. Obergeschoß direkt über der Granaten-Dreherei. Über ihren Köpfen, wenn ihnen denn kein „bombensicherer" Unterschlupf auf dem Gelände gegönnt war, wurde das 3. OG in den Bombenangriffen des Juli 1943 zerstört. Die Zerstörungen, die das Harburger Werk erst 1944/45 trafen, ließen Quartier in der ländlichen Umgebung suchen und brachten russische und ukrainische Zwangsarbeiterinnen nach Barmbek, die aber weiterhin in Harburg arbeiteten.[72]

Zur Beschäftigtenzahl beider Werke während des Krieges behauptet die Rückschau der Firma für die Britische Besatzung im „production survey" eine nahezu gleichbleibend hohe Zahl von rund 1.100 Menschen von 1939 bis 1944. Die Geschäftsberichte schweigen dazu, andere Quellen nennen zuletzt deutlich kleinere Zahlen:[73]

1940 nahezu übereinstimmend noch ca. 1.000

1943, im Oktober nach der Bombardierung in Barmbek,
      706 (569 Deutsche, 137 Ausländer, davon 135 bzw. 83 Frauen)

1944 Anfang April, vor der Bombardierung Harburgs,
      788 (653 Deutsche 135 Ausländer)
      Mitte Dezember aber
      911 (davon 317 Frauen)

1945 Anfang April, kurz vor Kriegsende,
      564 (399 Deutsche 165 Ausländer).

Von den Hunderten Menschen aus anderen Ländern, von den jetzt so Unbekannten, hat die Firma (und damit das Museum der Arbeit) gerade mal zu einem einzigen, Vera Potrimaeva aus der Ukraine, Kontakt bekommen, die in Barmbek gearbeitet hatte.

Sie schrieb, 1999, auf Fragen: Die Lagerführerinnen? *Zu uns haben sie sich akzeptabel verhalten [...].* Sonst die Deutschen in der Firma? *Alles mögliche hat es gegeben, aber nicht allzu schlimm. Wir haben uns zueinander verhalten, wie es sich geziemt.*

---

72 Przyrembel 1996, S. 53.
73 Ebenda, S. 43.

Einen Übersetzer hat es bei uns im Lager nicht gegeben. Unsere Lagerführerinnen und Meister konnten mehr russische Wörter als wir deutsche. Wir verstanden einander. Gespräche zwischen uns hat es keine gegeben. Nur Befehle. Dabei hat man sie auf den Hof erst seit Anfang 1945 gelassen, hinausgeführt zu einem Spaziergang.[74] Ihr Gebäude mit der Granatenfertigung war gegenüber dem weiteren Gelände abgeschirmt. Die 1942 als 15jährige Verschleppte hat in einer 12-Stunden-Schicht gearbeitet. 1944 fiel ihr eine Hand in die Dreh- oder Fräsbank; von der Arbeit wurde sie deshalb nicht befreit.[75]

Zur Granaten-Dreherei (die Hülsen wurden erst bei *Dynamit Nobel* in Geesthacht mit Sprengstoff gefüllt) wurden auch *wenn >Not am Mann< war, [...] ebenso die deutschen Beschäftigten – also auch Verwaltungsangestellte vor oder nach ihren regulären Arbeitszeiten* herangezogen. *Da hieß es, wir Angestellten müssten ja auch etwas für den Krieg tun.*"[76]

„Für den Krieg etwas tun" – das geschah in der NYH auch noch in weiteren Bereichen als den bisher genannten. Dabei war – von dem auch in anderen Hamburger Betrieben damals „üblichen" Granaten-Drehen abgesehen – die kriegswichtige Produktion eher unauffällig. An manches gibt es nur vage Erinnerungen, etwa die einer angehenden Verwaltungsangestellten: *in dieser technischen Abteilung also das waren überwiegend Kleinteile, die man herstellte. Wir wussten nicht einmal ganz genau [wozu], aber U-Boot-Bau war wohl. Ich meine, es ist auch für die Luftwaffe was [dabei gewesen] [...] Es waren wirklich Mini-Artikel.*[77] Auch von Lagern für Panzer ist in Nachkriegsermittlungen über Rüstungsbetriebe die Rede und von (Teilen von) Gasspürgeräten für die *Dräger-Werke*.[78] Von speziellen *Gummiauskleidungen, nämlich für Reagenzbehälter, in denen Wasserstoffsuperoxyd erzeugt wurde, das als Oxydator für Raketenantriebe gebraucht wurde*, berichtete man der Geschichtswerkstatt Barmbek.[79] Und wiederum vom Hörensagen: Ohrstöpsel für Kanoniere.

Die Munitionsproduktion soll im Februar 1943 einen Anteil an der Gesamtfertigung von 90% (des Umsatzes, des Gewinns?) erreicht haben, mit einem Einsatz von 300 Beschäftigten. Bei Kriegsbeginn werden durch Ausbleiben von Kautschuk-Nachschub und radikale Umstellung auf die Fabrikation von *kriegswichtigen Gütern* (Firmen-Jubiläumsschrift von 1971 so lapidar) womöglich große Räume leer gestanden haben[80]. Ob deshalb ab Mai 1941 Raum im 2. Obergeschoß des Gebäudes C (heute Museum der Arbeit) an das *Forschungslabor Oskar Neiss* für *Entwicklungsaufträge* des Oberkommandos des Heeres vermietet werden konnte, oder weil man dort nicht

---

74 Ein Gruppenfoto auf dem Hof schon Herbst 1942; Abbildung bei Ellermeyer 2006, S. 44.
75 Ellermeyer 2006, S. 44.
76 Przyrembel 2001, S. 10 f. (Elsa S.).
77 Elsa S. in Przyrembel 1996, Anhang, S. XX.
78 Przyrembel 1996, S. 48.
79 GWB-Mappe: Nachkriegsjahre; trotzdem war für die GWB 1994 – auch mit Blick auf die Granaten-Dreherei – die NYH *kein eigentlicher Rüstungsbetrieb* (ebd.).
80 Przyrembel 1996, S. 46, nach Interview mit Herbert W.

mehr zu Versammlungen der Belegschaft[81] „einlud", mag dahingestellt bleiben. Die NYH war nicht nur kriegswichtig, sondern während des Zweiten Weltkrieges vor allem ein Rüstungsbetrieb. Das schlug sich auch in offiziellen Dokumenten nieder: kurz nach der genannten Vermietung, also im Juli 1941 erhielt die NYH einen Ausweis als „OKW Spezial-Betrieb",[82] der im Februar 1943 ersetzt wurde durch eine Bestätigung als „Spezial-Betrieb des Reichsministers für Bewaffnung und Munition" (Speer). In der Freistellung Einzelner von anderen Verpflichtungen inklusive Wehrdienst mochte sich das formell pauschaler und harmloser ausnehmen: Stempel *Wirtschaftliche Gründe während Kriegsdauer*[83]. Aber nach den großen Bombardierungen hieß es eindeutig in einem Schreiben der NYH an die Kreisdienststelle der Sozialverwaltung: *Zur Unterbringung bombengeschädigter Gefolgschaftsmitglieder unseres Rüstungsbetriebes haben wir [...]* (27.8. 1943).[84]

Wenn also bei der NYH so viel „für den Krieg getan" wurde, dann war mit Bombardierung der Fabriken auch sicher zu rechnen gewesen. Luftschutzkeller, die man schon gar nicht mehr kannte, hat man erst kürzlich bei Neubauten auf dem Harburger Werksgelände im ehemaligen Bereich der Großbelegerei gefunden. Über Flak auf den Werksgeländen (in Barmbek ein Geschütz auf dem Treppenhausturm der Alten Fabrik) wissen wir wenig. Wie viele Beschäftigte der NYH dann bei den Großangriffen in Barmbek (im „Feuersturm" im Sommer 1943) oder in Harburg im Winter 1944/45 umkamen, ist den Akten der Firma nicht zu entnehmen. Im Telefonheft von etwa 1942 ist bei einigen Namen ein Kreuz mit 1943 dazugeschrieben; die Geschäftsberichte nennen weder Zahlen – nur für 1945: *weitere 13 [...] von den im Felde stehenden Kameraden* – noch Namen: *Auch in den Jahren 1944/45 ließen mehrere Arbeitskameraden ihr Leben für das Vaterland im Felde sowohl wie in der Heimat* – so auf der Einladung für die *Ordentliche Hauptversammlung* der Aktionäre im Februar 1946. Die Werke jedenfalls wurden schwer beschädigt. Was das für Produktion und Firma bedeutete, liest sich im *Jahresbericht 1944*, formuliert im August 1945, so:

Nachdem wir die Produktionshemmungen, die durch die Ereignisse im Juli 1943 eingetreten waren, bereits Ende desselben Jahres ziemlich überwunden bzw. ausgeglichen hatten, verliefen die ersten zehn Monate des Berichtsjahres ohne wesentliche Störungen [...] Anfang November 1944 erlitt unser Harburger Werk durch Bombenschäden eine empfindliche Störung [...], so daß sich in den letzten beiden Monaten in beiden Betrieben eine Produktion nicht mehr durchführen ließ.

So hatten die Aktionäre der NYH den Dividendensatz des letzten Friedensjahres 1938, nämlich 6%, auch von 1939 bis 1941 erhalten, für 1942 immerhin noch 5% und für 1943 wieder 6%. Für 1944 verbuchte man einen Verlust (45.088 RM), ging aber nach den vorherigen Erträgen noch mit einem Gewinnvortrag von 121.211 RM in

81 S. Abbildung bei Ellermeyer 2006, S. 66: Betriebsversammlung 28.4.39 vor Nazi-Emblemen.
82 Abbildung bei Ellermeyer 2006, S. 68.
83 *Zurückstellungsschein* des RAD für M. Reimers, März 1942.
84 *MA.A 1999/016.313-331* unter den von Anne-Gaëlle Rocher erschlossenen Dokumenten.

das Jahr des Kriegsendes. Über die Monate vor und nach der dezent umschriebenen Kapitulation / Befreiung hieß es:

> Zu Anfang des neuen Jahres waren zwar die technischen Störungen zum Teil wieder beseitigt, die mangelhafte Versorgung mit Kohle und Strom und die verzweifelten Zustände im allgemeinen Transportwesen verhinderten aber weiterhin die Aufnahme einer nennenswerten Produktion. [...] Die Ereignisse [!] im Mai 1945, die auch die Fertigstellung des Jahresabschlusses verzögerten, machten es bis Ende Juli unmöglich, mit den Betrieben überhaupt wieder in Gang zu kommen, erst im Laufe des August 1945 konnten wir mit einzelnen Fabrikationszweigen allmählich wieder anlaufen. Die weitere Entwicklung läßt sich zur Zeit noch nicht übersehen.

Wegen der Unübersehbarkeit des katastrophalen (Endes des) Dritten Reiches, in und mit dem man sich von der Wirtschaftskrise wieder hochgepäppelt hatte, zog man diesmal aus dem immer noch gebliebenen Gewinn keine Dividende.

11.5 Wiederaufbau, Konzentration, Expansion (1945–1974)

11.5.1 Nachkriegsjahre: Angepackt mit neuem Geist?

Wie 1944 unterblieb auch 1945 eine *Ordentliche Hauptversammlung* der Aktionäre; die Jahresabschlüsse für 1943 und 1944 legte man erst Anfang 1946 vor. Von Dividenden konnte auf Jahre keine Rede sein. Dabei ist die schwer beschädigte Barmbeker Fabrik – wie eine bürokratisch sorgfältige Fotoreihe des Werksfotografen zeigt – im Verhältnis zum umgebenden Stadtteil eher noch glimpflich davongekommen, jedenfalls so, dass sich das Anpacken, Räumen und Herrichten, an das sich nicht nur der Betriebsleiter Oskar von Holtzapfel (1914–2000)[85] lange lebhaft erinnerte, noch wirklich lohnte. Also ging der *Wiederaufbau der Gummifabrik, wenn auch unvollkommen und notdürftig, [...] erheblich rascher vonstatten als der Wiederaufbau Barmbeks generell* (Dieter Thiele, 1994).

Etliche Ruinen gab es „natürlich", aber die Firma war nicht ruiniert. Beschränkte sich der Umsatz in den ersten 7–8 Monaten von 1945 auf Verkäufe geretteter Warenbestände, so kam ab August *eine Werkstatt nach der andern allmählich wieder in Gang, nachdem die am wenigsten zerstörten Gebäudeteile und Maschinen mit eigenen Mitteln wieder behelfsmäßig hergerichtet waren.*[86] Diese Werkstatt-Organisation mit relativer Unabhängigkeit voneinander macht bis heute einen Wesenszug von Gummifabriken überhaupt aus, der Störungen begrenzen hilft. Zum Jahresende 1945 war die Herstellung von Hartgummiwaren, Gummiauskleidungen und geschichteten Isolierstoffen immerhin angelaufen, nur die von Kämmen *blieb infolge behördlicher Be-*

---

85 Oskar Richard Freiherr von Holtzapfel, technischer Direktor bei der NYH 1946–83, war Haupt-Zeitzeuge für die Geschichtswerkstatt Barmbek zur NYH-Nachkriegszeit und dann auch Interviewpartner für das Museum der Arbeit (Przyrembel/Ellermeyer 1996).
86 GB für 1945.

*stimmungen in den bescheidenen Grenzen. Die Werkstätten für Zahngummi [anvul-
kanisierter Werkstoff für Gaumenplatten aus Hartgummi] und Kunstharzpreßmassen
durften noch nicht wieder in Betrieb gesetzt werden.* Bis Jahresmitte 1946 konnte
dann der Monatsumsatz *auf etwa ein Drittel desjenigen gebracht werden, den wir vor
1944 im Durchschnitt hielten.*

Der so berichtende Vorstand hatte inzwischen seinen Chef verloren: Oscar Traun
war zwar Ende Oktober 1945 von der Britischen Militär-Regierung provisorisch zum
Mitglied des *board of directors* der NYH bestellt worden: *there appear to be no valid
reasons against the appointment.* Aber im April 1946 kam die Anweisung zur Entlassung an die Verwaltung der Hansestadt, die sie durch das „Landeswirtschaftsamt"
verkündete. Die beiden anderen Vorstandsmitglieder, Hubert von Katzler (seit 1933)
und Curt Mohwinckel (stellv., seit 1941) konnten bleiben (bis 1958 bzw. 1953). Nach
Berufung gegen die Einstufung im Entnazifizierungsverfahren wurde Traun im Juli
1947 „entlastet": als Mitläufer. Der empfehlende Berufungsausschuss *glaubt deshalb,
ihn im Interesse des Wiederaufbaus der deutschen Wirtschaft wieder an seinen alten
Platz stellen zu können.* In den Vorstand der NYH kehrte Traun zwar nicht zurück,
wurde aber im Februar 1948 in den Aufsichtsrat gewählt, dem er bis 1962 angehörte.
Bis dahin soll die Firma mit Rücksicht auf ihn und seine Familie den Namenszusatz
Angeschlossen Dr. Heinr. Traun & Söhne gehalten haben.

Leider mussten wir [...] *eine ganze Reihe Mitarbeiter entlassen.* Wenn das für
1945 galt, so konnte für 1946 gesagt werden, dass die von maschineller Kapazität
und Auftragsbestand her möglich gewesenen zwei Drittel der früheren Produktion
nun durch *Mangel an Arbeitskräften, Roh- und Betriebsstoffen* nicht erreicht worden
seien. Konkreter als im geschliffenen Geschäftsbericht wird das Protokoll über die
Sitzung des Gesamtbetriebsrates mit der Firmenleitung am 5. Dez 1946:

Es geht langsam voran. [...] *Verfügung über anzufertigende Artikel wird Schritt
für Schritt weiter den deutschen Behörden übertragen. Für Rasiermesserschalen liegt
1. Genehmigung vor. Kämme werden abgerufen von Friseurinnungen durch Landeswirtschaftsamt, Rest an alte Kunden. Solange Kohlebeschränkung, Vergrößerung der
Belegschaft nicht empfehlenswert, wegen Mangel an Facharbeitern etc. eilt auch nicht
Inangriffnahme der Pressmassefertigung,* meint Vorstand von Katzler.

Die im Juni 1946 beschäftigten 503 Personen (564 am 1.4.45) waren „nicht mehr
die Jüngsten", nämlich in der Firma schon

52	*über 40 Jahre*
94	*25–40 Jahre*
155	*10–25 Jahre*
202	*unter 10 Jahre*

... immerhin über 100 Menschen, die nun schon ein zweites Mal Nachkriegszeit bei der NYH einerseits erleben durften, andererseits durchstehen mussten. Nach dem Ersten Weltkrieg hatte ihnen dann das Jubiläum der Firma 1923 trotz der großen Inflation Einiges bieten können. Damals hatte sich die NYH auf das Jahr der Inbetriebnahme des Barmbeker Werkes bezogen (1873), jetzt nahm man die Gründung der Aktiengesellschaft, also 1871, zum Anlass, um das „75jährige" etwas vorzuziehen, beging es aber ohne Jubel. Und zum Jahresende konnte auch ein kleiner Gewinn verbucht werden, der den Verlustvortrag auf rd. 209.000 RM verminderte. Im folgenden 1947 ging es dann schon wieder so voran, dass der Jahresgewinn den Verlustrest von 1945 überstieg. Grund genug, allen „Mitarbeitern" zu danken. Mitarbeiterinnen wurden sprachlich noch nicht berücksichtigt, es hieß ja auch noch 1946 im Geschäftsbericht und intern gar Ende 1947[87] „Gefolgschaft" und noch lange in Deutschland überhaupt „Fremdarbeiter" (womit dann „Gastarbeiter" gemeint waren). Zu danken also „für alles, was sie im Rahmen unserer harmonischen Gemeinschaftsarbeit geleistet haben."

Frieden, Harmonie und Arbeit – verständliche Wünsche. Zum Kriegsende: *In der Firma [war], würde ich sagen, Aufbruchsstimmung [...] es war ein Sichten der Sachen, ein irgendwie Aufräumen* – so die Verwaltungsangestellte Elsa S. 1996. Der Arbeiter Harry D.: *Man war froh, daß das alles vorbei war. Man hat das alles auf die leichte Schulter genommen [...] man hat sich darüber keine Gedanken gemacht. Gewiß hat man gemerkt, der ein oder andere war nicht mehr da.* Also: *Kein Gespräch über Kriegserlebnisse in der Firma nach 1945* (Alexandra Przyrembel).

Aber einige Zeit hat es eher eine Debatte über Verbleib oder Wiedereinstellung von als „Nazis" bekannten Kollegen und Vorgesetzten gegeben. *Der ein oder andere sollte nun eben nicht mehr da sein*, geschweige das Sagen haben. Da waren die beiden Betriebsratsvorsitzenden aus Barmbek und Harburg, die es jetzt nach dem Betriebsrätegesetz des Alliierten Kontrollrats vom April 1946 wieder gab, recht beharrlich. Sie hießen tatsächlich (Fritz) Stuhr (der selbst in einer „Entnazifizierungskommission"[88] tätig gewesen sein soll) und (Karl) Starck. Wenn sie auch in der Berufung beim Entnazifizierungsverfahren Oscar Trauns schriftlich zu dessen Gunsten Stellung genommen hatten, so sollen sie sich doch gegenüber einem früheren Betriebsleiter (und Schwiegersohn Trauns) mit der Ablehnung durchgesetzt haben, der das Vertrauen durch Fragebogen-Verschweigen der Mitgliedschaft von „Stahlhelm- bzw. der SA" verspielt hatte. Der Wiedereinstellung eines Ingenieurs, der zunächst Steine hatte klopfen müssen, stimmten sie aber schließlich im Dezember 1946 zu – bis dann der Betriebsrat im Februar 1949 klagte, *daß im letzten Jahr fast ausschließlich ehemalige Mitglieder der NSDAP in leitende Stellungen neu eingesetzt oder wieder eingestellt wurden.* Bei aller Sachlichkeit und bei allem Willen zur *Toleranz*, bat der Betriebsrat die Firmenleitung nun, *vorläufig von weiteren Einstellungen von ehemaligen Mitgliedern der NSDAP Abstand zu nehmen*, da deren Einstellung *jedesmal in der Belegschaft eine Beunruhigung*

---

87 [Firmenleitung:] Aktennotiz des Vorstands über BR-Sitzung am 26. Nov. 1947.
88 Thiele in Franke/Thiele 1994, nach Erinnerungen Oskars von Holtzapfel.

hervorruft.[89] Was daraus geworden ist, bleibt ungewiss.[90] Immerhin waren Stuhr und Starck damals schon als Arbeitnehmervertreter Mitglieder im Aufsichtsrat, wie Traun im Februar 1948 *hinzugewählt*, aber anders legitimiert.

Von der formalen Legitimation abgesehen, gehörte auch eine moralische dazu. Die Betriebsräte der NYH hatten nämlich seit Sommer 1946 auf eine Mitbestimmung der Beschäftigten hingewirkt,[91] die zumal im Vergleich zu NS-Verhältnissen sehr bemerkenswert war. Wenn sich die Firmenleitung zunächst argumentativ hinter den Arbeitgeberverband zurückzog, betonten die Betriebsräte zugleich Entschiedenheit und quasi Harmlosigkeit ihres Drängens: Stuhr: *Wir fordern keine Sozialisierung, rein demokratisch, freie Wirtschaft wird anerkannt [...] . Wir wollen Schaden verhüten.*[92]

In zähen Verhandlungen war dann die Betriebsvereinbarung erreicht worden, die am 1. Mai 1947 in Kraft trat.[93] Sie war zwar hinter den Wünschen der Verwirklichung von Wirtschaftsdemokratie zurückgeblieben und schließlich *weniger Garant als Ausdruck [... der] Stärke [... des Betriebsrates], die zum Zeitpunkt des Abschlusses vielleicht schon abgenommen hatte* (Thiele 1994). Außerdem bezweifelten 1948 einige im Betriebsrat den praktischen Wert der Betriebsvereinbarung. Da spielte dann aber auch Rivalität zwischen der Minderheit von Kommunisten und der Mehrheit der Sozialdemokraten mit, verknüpft noch mit dem offenkundig angespannten Verhältnis zwischen sich benachteiligt sehenden „Harburgern" und den „Barmbekern". Gleichwohl blieb Stolz auf das an Mitbestimmung Erreichte, auf beiden Seiten.

Erst im Oktober 1952 wurde in der Bundesrepublik – und in dieser Form gegen den Willen der Gewerkschaften – das Betriebsverfassungsgesetz eingeführt. Darauf erklärte der Vorstand der NYH im November d. J., die Firma habe keine Absicht, die Betriebsvereinbarung zu kündigen und der Betriebsrat äußerte sich ebenso.[94] Und auch in einer Auseinandersetzung über Planungen von 1953, in die sich der Betriebsrat nicht angemessen einbezogen fühlte, konnte er noch auf die Betriebsvereinbarung verweisen, die ja nicht gegen das Gesetz stehe.[95] Wenn auch durch das Betriebsverfassungsgesetz mit dem *Wirtschaftsausschuß* ein gewisses Element der Mitwirkung hinzugekommen war, auf das beide Seiten Hoffnungen setzten,[96] blieb noch lange zumindest in der Erinnerung Einzelner das Empfinden, gegenüber der Betriebsvereinbarung in der NYH 1947 sei das Betriebsverfassungsgesetz von 1952 ein Rückschritt gewesen (Thiele 1994).

Aber noch sind wir in der Zeit des Aufbruchs – und 1948 erst bei der Währungsreform und vor der Bundesrepublik. Für 1947 war noch ein Haupthindernis zu erwähnen, das die Produktion im ersten Quartal zum Erliegen gebracht habe, die *Kohle-*,

89 Schreiben vom 3. Februar 1949.
90 Ein Direktor und ein Chemiker sind wohl nach einer Weile wieder eingestellt worden.
91 Erste Auswertung der *Betriebsratsprotokolle* durch Thiele in Franke/Thiele 1994.
92 [Firmenleitung:] Protokoll über Sitzung des Gesamtbetriebsrates mit der Firmenleitung am 5.12.46.
93 Das 3-Seiten-Dokument ist voll abgebildet in der GWB-Mappe 1994 (*Nachkriegsjahre*).
94 [Firmenleitung:] Protokoll über die Sitzung Firmenleitung/Firmenbetriebrat am 28.11.52.
95 [Firmenleitung:] (Protokoll der) Sitzung des Gesamtbetriebsrates am 3.6.53.
96 [Firmenleitung:] Protokoll über die Sitzung Firmenleitung/Firmenbetriebrat am 28.11.52.

Strom- und Verkehrsverhältnisse während der ungewöhnlichen Kälteperiode. Von Personalmangel ist nicht mehr die Rede und die für Ende Dezember 1948 intern genannte absolute Zahl der Beschäftigten – die Geschäftsberichte schweigen darüber bis 1962! – gibt dann mit 754 Köpfen jedenfalls eine 50%ige Steigerung gegenüber 1946 zu erkennen.

Die Währungsreform im Juni 1948 soll keinen wesentlichen Einschnitt bedeutet haben. Auf Unternehmensseite beschäftigte man sich immer noch mit *Schadensbeseitigungsarbeiten.* Im Betriebsrat teils kontrovers: diverse Naturalleistungen bzw. Verkauf von *Haushaltsgegenständen*[97] von der Firma an immer noch schlecht versorgte Beschäftigte; in der *Kohlenfrage* z. B. melden die Harburger Betriebsräte, dass ihre Belegschaft ihnen vorwerfe, dass sie sich *von den Barmbeckern unterkriegen* ließen.[98]

Gut ein Vierteljahr nach der Währungsreform hieß es, dass sie *bisher keine wesentliche Änderung für das Produktionsprogramm und den laufenden Umsatz verursacht habe.*[99] Rund ein Jahr nach Gründung der Bundesrepublik 1949 konnte vermeldet werden, die Produktion sei *wertmäßig auf nahezu Friedenshöhe* gesteigert worden, wobei der Rückgang bei den Kunststoffabteilungen durch die Wiederaufnahme der Fertigung von Hartgummikämmen ausgeglichen wurde, die z. T. schon wieder in den Export gingen.

Das hatte eine Belegschaft erreicht, die zwar weiter vergrößert war, aber nach der Währungsreform die Wochenarbeitszeit von 40 auf 48 Stunden erhöhte und Ende 1949 mit wohl rund 800 Beschäftigten erst 70% der *Vorkriegsstärke* ausmachte.[100] Wenn durch sie ein Gewinn von rund 200.000 DM zu erzielen war, der eine erste Nachkriegsdividende (4%) ermöglichte, dann hatte der Vorstand allen Grund für *herzlichsten Dank* allen Mitarbeitern und – erstmals im Geschäftsbericht genannt – *im besonderen auch den Mitgliedern der Betriebsräte.*

Man demonstrierte Einvernehmen und Interesse an einem milden Betriebsklima. Aber um die teilweise Umsetzung der legendären Betriebsvereinbarung in der dann ausgehandelten Arbeitsordnung vom Juni/Juli 1947 (die den eher herrschaftlichen und ideologisierten *Betriebs-Ordnungen* von 1934 und 1940 „folgte") und um die praktische Erfüllung von Absichtserklärungen und Wünschen etwa im Bereich von Wochenarbeitszeit, Akkord-Bemessung mit Zeitnehmern, von Weihnachts- und Urlaubsgeldern, Personaleinstellungen und Unterschieden in der Behandlung von Arbeitern und Angestellten „usw." – um all solche Fragen von Alltag, konjunkturell begründeten Veränderungen und Perspektiven wurde durchaus gerungen. Angesichts des wiederkehrenden Rückzugs der Firmenleitung auf anhaltende oder neuerliche *schlechte wirtschaftliche Lage* mussten die Belegschaften und ihre Vertreter immer wieder zurückstecken, ließen sich aber offenbar – angesichts kleiner Fortschritte und kaum ringsum einladender Alternativen – nicht entmutigen. Vier Jahre nach Ende des *schaurigen*

---

97 [Firmenleitung:] Aktennotiz über die BR-Sitzung am 26.11.47.
98 BR-Protokoll v. 3.2.48.
99 GB für 1947.
100 Die relative Angabe im GB; intern in BR-Protokollen 806 und 819 für April, 825 im Juni 1949.

Krieges (Stuhr) ging man auch gemeinsam auf Fahrt – im Sommer 1949, Dampferfahrt nach Cuxhaven, ohne Familienangehörige, aber mit rund 800 Kolleginnen und Kollegen, ein Wunsch der Belegschaften, den die Firmenleitung akzeptierte.

11.5.2 Hin und zurück nach Harburg

Mehr als eine Tagesfahrt wurde der „Rückzug" der Firma nach Harburg. Er war keine Überraschung, aber auch kein Selbstgänger. 1952 hieß es im Porträt der NYH in *Hamburg als Industrieplatz* (herausgegeben von der Handelskammer und der Behörde für Wirtschaft und Verkehr): *Die beiden örtlich getrennten Fabriken, in Hamburg-Barmbek und Hamburg-Harburg, zeigen jede ihr typisches Fabrikationsbild; in Barmbek: Fertigung von Kämmen und Spritzgußartikeln, in Harburg: Herstellung von technischen Gummiartikeln und Kunststoffen.*

Aber Überschneidungen, Kostendoppelungen und Verkehrsfragen für Güter und Arbeitende hatte es nach der Fusion von 1930 mit dem Schließen des Ursprungswerkes auf dem Großen Grasbrook durchaus noch lange gegeben. Deshalb sei gleich nach dem Krieg – so behauptet es jedenfalls der Geschäftsbericht für 1949 – im Wiederaufbauplan eine weitere Arbeitsteilung zwischen den Werken vorgesehen gewesen: *alle Fertigungen in dem Harburger Werk vereinigt außer der Herstellung von Kämmen aller Art* [d. h. aus Hartgummi wie aus Kunststoff für Spritzguss] *mit gewissen Nebenbetrieben.* So hat man einerseits tatsächlich mit Teil-Vermietungen in Barmbek begonnen, die erwünschte Einnahmen brachten, dazu mit Energieverkauf aus dem fast intakt gebliebenen Kesselhaus. Andererseits zogen sich die Verlagerungen nach Harburg länger hin. Der Ende Dezember 1946 angekündigte Umzug der Presserei geschah nur schrittweise bis zum wesentlichen Abschluss im Sommer 1949. Auch danach gehörten Wege- und Fahrgeld für zeitweilig versetzte Beschäftigte zu den Beratungsthemen.

Dabei hatte sich der Vorstand im Juni 1947 außer auf Doppelungen auch auf die Überalterung der beiden Werke bezogen. Zum werksinternen Handlungsbedarf meldete der Betriebsrat, *man müsste wissen, wann geht es los nach Harburg? Die ganze Fabrik spricht davon, die Arbeitslust leidet darunter.* Gleichzeitig wurde bemerkt, inoffiziell bekanntgewordene Stadtplanungen für Barmbek gingen schon über große Teile des Werksgeländes hinweg, *denn man sehe unser Werk eben als Trümmer an.*[101] Betriebsrat Stuhr hielt dagegen, denn obwohl Vorsitzender des Gesamtbetriebsrates, vertrat er hier eher die Interessen in Barmbek Beschäftigter, indem er gegenüber einem vom Vorstand im Juli 1947 behaupteten, aber nicht vorgelegten *Programm der Verlegung*, das jetzt nicht mehr auf Arbeitsteilung, sondern womöglich auf Zusammenlegung zielte, dafür plädierte, die *Produktion in beiden Werken zunächst mit allen Mitteln auszuschöpfen.*[102]

---

101 [Firmenleitung:] Protokoll über die Sitzung der Firmenleitung m. d. Gesamtbetriebsrat am 11.6.47.
102 Ebenda am 17.7.47.

Abbildung 11.15:
Arbeitswelt (1954):
Handarbeit: Entgraten der Kamm-Rohlinge nach Lösen aus der Blei-Zinnfolie
(Hier immer nur) Männer und Maschinen: Kamm-Einschneiden Zahn um Zahn
(Traditionelle Geräte mit etwas modernerem Antrieb; 1. OG der Alten Fabrik)
Fotos: Fa. Kleinhempel vor Räumung des Werkes Barmbek 1954

Immerhin konzentriert sich die NYH in Barmbek Ende 1947 weiter auf die Fertigstellung der Werkstätten für die Gummikammfertigung. Deren Ergebnisse würden für
die „erste Zeit" wahrscheinlich zu 100% in den Export gehen, *da wir sonst nicht die für
unsere gesamte Fabrikation erforderlichen Devisenaufbringung nachweisen können*[103]
– so bedeutsam war dieser älteste und technisch altertümliche Produktionszweig der
Firma noch immer! Für die Kammfertigung plant die NYH auf dem Barmbeker Gelände schließlich die Einrichtung eines speziellen Gebäudes. Doch das wird 1948 von
den Behörden abgelehnt.[104]

Seit 1947 gilt: Zerstörte Obergeschosse und Ruinen sind abzutragen, damit Zug
um Zug eine Bereinigung des Geländes erfolgt. Denn 1946–48 zielen städtebauliche
Entwürfe auf die Neugestaltung des Umfeldes des Barmbeker Bahnhofs und des Fa-
brikareals. Deshalb war der NYH schon wiederholt nahegelegt worden, in ein Industriegebiet umzusiedeln. Das verraten nicht die Geschäftsberichte für die ersten
Nachkriegsjahre, nicht ein Firmenheft von 1951, das den neu Einzustellenden als
Einführung gegeben wurde, nicht das eingangs genannte Firmenporträt von 1952 in
Hamburg als Industrieplatz und nicht einmal die sonst aufschlussreichen Protokolle
des Gesamtbetriebsrates und seiner Verhandlungen mit der Firmenleitung. Vielmehr
zeigen es die Bauakten des Bezirks in den Reaktionen auf einzelne Anträge der NYH
und ihrer Mieter sowie ein 1948 nun endgültiger Beschluss der Hamburger Baudeputation: Barmbek soll nach dem Kriegsverlust des alten Kernes hier einen neuen
Mittelpunkt bekommen, mit Bauten für die regionale Verwaltung, Polizei, Post, Feu-
erwehr, Warenhaus, Versammlungsräumen, Hotel usw.. Selbst Instandsetzungen und
Notbauten sollen im unentbehrlichen Umfang nur zugelassen werden, wenn vorher ein
Abbau- und Verlagerungsplan verbindlich vereinbart wurde. Sobald wie möglich soll
die Finanzbehörde das Gelände aufkaufen. Darin seien sich alle beteiligten Gremien
und Behörden einig: Baubehörde, Baudeputation, Landesplanungsamt, Lichtwarkaus-
schuss, Stadtplanungsabteilung, Oberbaudirektor, Wirtschaftsbauamt, Bauprüfabtei-
lung, Oberbaurat des Bauordnungsamtes etc. (Ulrike Wendland).

Solch geballten Interessen, denen auch die von Umwohnern der Fabrik (soweit sie
dort nicht beschäftigt waren) hinzugerechnet werden dürfen, war wenig entgegenzusetzen. So wird es denn *Tatsache, daß die Gesellschaft zwecks Vermeidung einer Ent-
eignung im Herbst 1949 einen Teil des Barmbeker Fabrikgeländes an den Hamburger
Staat verkaufen mußte* (Geschäftsabschluss der NYH 1948/1949, formuliert 1950),
aber das werde *die weitere Entwicklung der Gesellschaft nicht sonderlich hemmen*,
denn *wenn auch hierdurch Werkstattverlegungen in größerem Umfange als ursprünglich geplant notwendig wurden, blieb uns in Barmbek noch genügend Raum, um die
erforderlichen Werkstätten planmäßig unterzubringen.* Verkauft war ein 15.800 qm
großes Teilstück mit der stark kriegsbeschädigten *Kleinen Fabrik* an der Nordostecke
(heute Neubau von *Globetrotter*) und ihren jüngeren Zubauten sowie der *Neubau*
(*Neue Fabrik* des Museums der Arbeit).[105]

---

103 [Firmenleitung:] Aktennotiz über die Betriebsratssitzung vom 26.11.47.
104 Wendland 1996, *Chronologie der Maßnahmen, Bereich Gesamtgelände.*
105 Wendland 1996.

Der Vertrag vom 13.8.1949 räumt aber ein: *Die Restfabrik bleibt der Verkäuferin auf längstens 10 Jahre zur freien Verfügung, falls nicht wegen einer früheren Räumung eine Einigung zwischen der Betriebsleitung und dem Betriebsrat einerseits und der Stadt Hamburg andererseits herbeigeführt werden kann.*[106] Dass eine Nutzungsfrist von 10 Jahren blieb, war – nach zunächst vorgesehenen nur fünf Jahren – auf den beharrlichen Einsatz des Betriebsrates und der Gewerkschaft zurückzuführen. Der Vorstand schätze die damit gewonnene *absolute Ruhe* für die Verlegung. So hätten sie alle etwas von den 10 Jahren – und mit dem Kaufpreis von einer Million DM käme man *immerhin über die größten Schwierigkeiten hinweg.*[107]

Dann ging es doch unruhiger und schneller voran. Zwar richtete sich die NYH einerseits hier noch wieder besser ein: im Bereich der arg zerstörten *Neuen Fabrik* wurde das sogenannte Zinnwalzwerk (die Zinnfolie enthält zu 89% Blei – und damit war der Boden nach den Kriegszerstörungen arg belastet) 1949 erweitert und auch der Vulkanisierraum (1950). In einem Seitenflügel am Nordostende der *Alten Fabrik* (später abgerissen, heute Parkplatz) erfolgte 1950 Umbau und Einrichtung der Form-schlosserei. 1950 hatte es mit der *allgemeinen deutschen Konjunkturkurve* und dann sogar *infolge des Koreakonfliktes* ... und speziell mit der Wiedereinführung der Hart-gummikämme *erfreuliche Fortschritte* und jetzt sogar eine 5%-Dividende gegeben.

Auch in der ersten Jahreshälfte von 1951 ging es weiter aufwärts. Im April feierte man in Harburg im Versammlungsraum des Neubauteiles, der kürzlich die Kriegslücke an der Neuländerstraße gefüllt hatte, etliche Jubilare, darunter fünf mit Werkseintritt ao. 1900.[108] Aber die zweite Jahreshälfte brachte schon einen Konjunkturrückschlag. Hatte man sich nach 1949 versuchter *absoluter Einstellungssperre* mit Neueinstellun-gen zwar zurückgehalten – sie von der Firmenleitung eher mit Leistungssteigerung und aus Betriebsratssicht lieber durch 48-Stunden-Woche vermieden –, so war man doch im September 1951 bei fast 1.000 Beschäftigten gelandet,[109] erstmals seit dem Krieg und auf rund 10 folgende Jahre das letzte Mal. Hatte sich bis Jahresmitte die Belegschaft gegenüber dem Vorjahr noch um 10% vergrößert, so war sie nach Entlassungen und trotz teilweiser Arbeitszeitverkürzungen am Jahresende um 18% vermindert (GB).

Bei solchem schnellem Rauf-Runter-Wechsel wird verständlich, dass in diesem Jahr die Firma einerseits mit dem – nur dieses eine Mal in ihrer langen Geschichte – für Neueinzustellende produzierten Heft *Einführung* ein optimistisches Zeichen setzte, und dann etwa einen Elektriker, mit dem es persönlich keine erkennbaren Proble-me gegeben hatte, *wegen Arbeitsmangel* entließ. Er gehörte zu den Handwerkern der *Hilfsbetriebe* – und die wollte selbst der Betriebsrat seit einiger Zeit verkleinern. Ande-

---

106 Zitiert nach Wendland 1996.
107 [Firmenleitung:] Protokoll über die Sitzung der Firmenleitung mit Betriebsrat am 10.8.1949 im Verwaltungsgebäude Hamburg-Barmbeck, S.4.
108 *Harburger Anzeigen und Nachrichten* 16.4.51; Firmentreue auch im *Hamburger Echo* be-achtet.
109 [Firmenleitung:] (Protokoll der) Sitzung am 20.9.51 Firmenleitung und Firmenbetriebsrat, S. 1.

rerseits fragen die Betriebsräte, *warum werden nur gewerbliche Belegschaftsmitglieder entlassen und keine Angestellten.*[110] Der Vorstand: auch bei Rückgang der Produktion sei u. a. viel Korrespondenz nötig – und *trotz der wirtschaftlichen Konjunkturschwankungen müsse man auf alle Fälle ein ausreichendes Gerippe von leitenden Angestellten sowie auch Fachkräften durch die schlechte Zeit mit hindurchziehen.* Also blieb das Gerippe erst mal unangetastet und etlichen der ja überwiegend nur Ungelernten oder Angelernten die „Freistellung" oder „Mobilität", allerdings für 1951 trotz eines noch verbliebenen Überschusses auch keine Dividende. Die wurde auch 1952 und 1953 nicht gezahlt. Im *Zeichen der abfallenden Konjunktur* gab man die in den 1930ern entwickelte, zuletzt verlustreiche Herstellung *geschichteter Isolierstoffe*, Hartpapier und Hartgewebe (NYHAX und NYHATEX) zum 1.1.53 auf.[111]

Aber der Ernst der Lage drängte zu weiterer Aufgabe: die Stadt kaufte das nach Kriegsschäden wieder hergerichtete Kontorhaus in Barmbek, während die ausgebrannte Harburger Prunk-Ruine dem 1953 fertigen neuen schlichten Verwaltungsbau wich. So zog sich nun, nachdem zuletzt die Kammproduktion verlagert war, die NYH ganz auf das Werk zurück, von dem sie sich vor rund 80 Jahren „abgespalten" hatte.

Zur alt-neuen Lage gehörte 1953/54 eine teils erneuerte Führungsmannschaft u. a. mit Werner Amsinck (1912–1978) aus „erlauchter" Hamburger Gesellschaft im Vorstand. Der auch um die Firmengeschichtsschreibung und Produktsammlung verdiente Ernst Albert Wolffson (1918–2000) erhielt Prokura.[112]

In der Hartgummi-Staubmühle in Harburg waren 1952 drei Männer gestorben *an den Folgen einer Explosion, deren Ursache nie aufgeklärt werden konnte* (GB). Bei der Neuaufstellung der Firma am alten Standort waren auch viele andere der bisherigen Mitarbeiterinnen und Mitarbeiter nicht mehr dabei. Ihre Zahl hatte sich 1952 *noch weiter verringert* (GB); der Betriebsrat bemerkt einen Absturz vom rund 990-Hoch in 1951 auf nur 770 im Oktober 1952.[113] Zum Jahresbeginn vor dem letzten Räumen 1954 zählte man noch 701 Beschäftigte. Der Tiefstand wurde erst nach dem Verlassen Barmbeks erreicht. Wie viele Beschäftigte da gehen mussten – oder den täglichen weiten Weg von Barmbek oder einen wohl auch immer noch schwierigen Umzug nicht akzeptieren wollten, ist nicht überliefert. Bei diesem zweiten Um- oder Einbruch nach der Fusion von 1930 hatte der Vorstand den Betriebsrat gebeten, dass der Belegschaft *Aufklärung gegeben wird, um Unruhe zu vermeiden.* Der Betriebsrat zeigte sich zwar noch überzeugt, dass *doch wohl fast alle Leute bei der jetzigen Produktionshöhe gebraucht werden*, musste aber froh sein im Glauben, *daß der Gummikamm nicht ausstirbt.*[114]

Der Produktbereich Kamm nun bezog, nachdem ihm auch in Harburg ein erst erwogener Neubau „versagt" blieb, in das Gebäude R am Fabrikeingang, das durch die

---

110 Ebenda.

111 GB für 1952; [Firmenleitung:] Protokoll der Firmenbetriebsratssitzung am 28.10.52.

112 Ellermeyer 2000: *Wolffson*.

113 [Firmenleitung:] Protokoll der Firmenbetriebsratssitzung am 28.10.52.

114 [Firmenleitung:] Sitzung des Gesamtbetriebsrates mit der Firmenleitung und dem Wirtschaftsausschuß am 3.6.53.

Aufgabe von Hartpapier und Hartgewebe freigeworden war – und das lange auf dem vielschichtigen Fabrikgelände wie ein Schmuckkästlein wirkte.[115] Die hier bis zum Umzug nach Lüneburg „nachhaltig" genutzten Maschinen zur Prägung der Markennamen *Hercules* und *Sägemann* tragen z. T. noch den Buchstaben „B", stammen also aus Barmbek vor 1954. Also: Aus Barmbek blieb Prägendes.

11.5.3 Mit modernen Kunststoffen auf eine neue Grüne Wiese. Oder: Über 20 Jahre Dividende (1954–1974)

Nach dem Umzug *aus der Krise gestärkt hervorgegangen* meldete sich die NYH nach dreijähriger Pause mit einer Dividende zurück und das mit 7% in einer Höhe, wie sie die seit 1930 nicht mehr geboten hatte. Damit lag die Firma im Trend der Hamburger Wirtschaftsentwicklung, denn 1955 erreichte der Hafenumschlag wieder Vorkriegsniveau und um 1955 gelang das auch für die Industrieproduktion.[116] Ab 1955 schüttete die NYH auf fünf Jahre gar 10% an die Aktionäre aus. Der Vorstand blieb aber vorsichtig.[117]

Während die Phoenix Gummiwerke 1956 ihr 100-Jahr-Jubiläum aufwändig begingen, beschwieg die NYH das ihrige bzw. das der von ihr übernommenen *Gummi-Kamm*. Sie schaute eher nach vorn: nach der *Wiedereroberung gewisser Verwendungszwecke für unseren altbewährten Werkstoff >Hartgummi<* (GB 1955) ging es um den Ausbau des kleineren Weichgummi-Sektors. Dafür wurde 1958 ein moderner 3-Walzen-Kalander des renommierten Kautschukgeräte-Herstellers *Berstorff* (Hannover) aufgebaut, der hier fast genau 50 Jahre seinen Dienst leisten sollte (zuletzt in der Abteilung NYHAGUM für die Verbindung von Weichgummi mit Hartpapier zu Halbfabrikat-Platten für die Kondensatorenfertigung in Fernost). Schließlich trugen zum weiter verbesserten Geschäftsergebnis moderne Kunststoffe in Erzeugung (Pressmassen) und Verarbeitung (Spritzguss) besonders bei. Eben die waren es dann, wenn auch im Rahmen einer 1959/60 vermerkten und fördernden *allgemeinen günstigen konjunkturellen Entwicklung*, mit denen die Firma wieder expandierte. So erwarb sie 1960 in Stelle im Landkreis Harburg ein Gelände von 15.000 qm und errichtete hier an Stelle einer Geflügelfarm eine Fabrik zur Kunststoffverarbeitung, die sie über Jahre ausbaute.

Daneben waren die Abteilungen Gummi-Mischungsherstellung und Gummi-Presserei 1960 *beschleunigt modernisiert* worden, Investitionen für die *vermehrte Herstellung von Spezialpreßmassen auf Phenol- und Melamenbasis* getätigt – und *besondere Aufmerksamkeit galt der Weiterentwicklung von Kombinationen von Kautschuk mit Kunststoffen verschiedener Art*. All das setzte eine Belegschaft um, die man 1957 bis 1959

---

115 Diese *Kammfabrik* haben viele BesucherInnen kennengelernt, darunter auch rund 2.000 in Führungen durch den Autor (bis 2006).

116 Sywottek, Arnold: *Hamburg seit 1945*, in: Werner Jochmann und Hans-Dieter Loose (Hg.), *Hamburg. Geschichte der Stadt und ihrer Bewohner*, Band II, (Hamburg 1986), S. 378.

117 Im Folgenden werden im wesentlichen die Geschäftsberichte der NYH ausgewertet (aus Platzgründen ohne Einzelnachweise).

nur wenig verstärkte, obwohl seit 1957 die 45-Stunden- und seit 1959 die 44-Stunden-Woche wirksam wurde. Mitte 1960 ging die Arbeitszeit gar auf 43 Stunden herunter und in diesem Jahr steigerte die NYH die Beschäftigtenzahl um 20% gegenüber dem Vorjahr (die Ausgaben für Löhne und Gehälter um ca. 27%).

Wenn der Ausbau im Kunststoffwerk Stelle sowohl Erhöhung des Anlagevermögens bot als auch Umsatzgewinne versprach, dann war – zumal nach Ende 1959 getilgten Verbindlichkeiten gegenüber Banken (200.000.-) – die Aufnahme eines langfristigen hypothekarischen Kredits von 1 Mio. DM bei der Industriekreditbank AG., Düsseldorf, 1960 wohl nicht zu gewagt.

Besondere Anstrengungen waren aber auch vonnöten, weil man sich ja nicht nur der Teilhabe am seit 1955 betriebenen „Wirtschaftswunder" mit wachsender Kaufkraft von Konsumenten und mit Aufträgen der Industrie erfreuen konnte, sondern sich im Ausbau von Weichgummi und Kunststoffen – jenseits des traditionellen und überschaubaren Hartgummi mit wenigen Konkurrenten – einem zusätzlichen Wettbewerb aussetzte.

1960/61 hat die NYH gleichsam den Rand eines Hochplateaus erklommen, auf dem sie sich im wesentlichen bis in die ersten 1970er Jahre halten konnte. Die Beschäftigtenzahl erreichte wohl schon 1961 mit rund 1.160 Menschen im Durchschnitt des Jahres ihren Höchststand vom Zweiten Weltkrieg bis heute. Bis 1973 hielt die Firma jeweils über 1.000 Frauen und Männer in Arbeit, nur 1967/68 deutlich und 1972 etwas weniger. Sie vermerkte dazu weitere Kürzung der Wochenarbeitszeit (seit 1963 auf 42 Stunden, seit 1965 auf 40 Stunden) und stellte die Zunahme des Personalaufwandes (z. B. 1961 mit plus 20%) klagend heraus. Die Einführung der 40-Stunden-Woche 1965 lässt Arbeitskräftemangel spüren. Bei der ja viel größeren *Phoenix* führt das gerade in diesem Jahr zu gut dokumentierter Anwerbung von Arbeitsmigranten, zunächst aus Portugal. Auch die NYH kommt ohne „Gastarbeiter" nicht längs und nach vorn. Aber in den Geschäftsberichten erscheinen die nicht – und eine Werkszeitschrift wie die *Phoenix Rundschau*, die immerhin auf ihre Leistung und auf gewisse Zuwendung, die *Fürsorge* der Firma eingeht – gab es bei der NYH überhaupt nicht.

Der Expansionsschritt 1960 für die Kunststoffverarbeitung scheint sich für den Betrachtungszeitraum bis 1974 prinzipiell gelohnt zu haben. Die Fertigungsanteile lagen zwar 1961 noch bei 60% Kautschukverarbeitung, ca. 25% Erzeugung verschiedenster Pressmassen und nur der Rest kam aus der Verarbeitung von eingekauften Kunststoffen, also dem Zweigwerk in Stelle. Aber dort baute man 1965 und 1968 je eine neue Halle, führte die 20%ige Umsatzausweitung der Firma 1969 (auf 41 Mio. DM) gerade auf *materialintensive Erzeugnisse* der relativ modernen, stärker automatisierten Fertigung von Kunststoffartikeln zurück und bescheinigte sich und den Aktionären, dass man in Stelle erfolgreich investiert habe. Auch als der Gesamtumsatz 1973 erstmals über 50 Mio. DM betrug, stach die Kunststoffverarbeitung (Thermoplaste im Spritzguss) mit einem Plus von 30% deutlich aus dem Gesamtumsatzplus von 12% hervor.

Natürlich gab es über die Jahre auch Abwärtsschwankungen – wie bei allen genannten Maßzahlen – und zum Teil recht kurzfristige Anteilsveränderungen zwischen den

Produktionsbereichen. Damit Entlassungen oder Neueinstellungen dann in Grenzen zu halten waren, mussten sich hin und her versetzte Mitarbeiterinnen und Mitarbeiter ziemlich beweglich und lernbereit zeigen. Entlassungen nach relativ kurzer Zeit kamen immer wieder vor: *Arbeitsmangel* konnte, aber musste nicht der tatsächliche Grund sein, wurde doch Manche/r für *nicht geeignet* gehalten oder hatte bzw. bekam ein Alkoholproblem.

Wer lange in der Firma durchhielt, wurde seit 1968 in den Geschäftsberichten mit seinem Berufsjubiläum (25, 40 oder 50 Jahre) nun auch namentlich genannt. Nach Medaillen aus Metall, in der 1868 von HCM eingeführten Tradition, gab es schließlich (bis es zu teuer wurde ...) sogar größere Plaketten aus Hartgummi, den *Gummiorden*.

Mut zur Expansion zeigte die NYH in den 1960ern auch durch die „Beteiligung" an einem Betrieb außerhalb ihrer Branche. Im gleichen Jahr, in dem der Vorstand sein Stelle-Kunststoff-Unternehmen als so erfolgreich herausstellte, 1969, investierte er 178.000 DM in die *Otto Littmann Maschinenfabrik* mit der Begründung, dass dies wichtig sei für den Formen-Werkzeugbau der Abt. Kunststoffverarbeitung.

Ende 1965 / Anfang 1966 erfuhr der Vorstand, wer von nun an viele Jahre in prinzipiell unveränderter Höhe die Hauptaktionäre der NYH waren: Die *Elektrische Licht- und Kraftanlagen AG, Köln* (später andernorts) mit über 50% und die *Vereinsbank in Hamburg* mit über 25% der Aktien bzw. des Grundkapitals.

War in der Wiederaufbauphase ein Ziel-Begriffspaar *Modernisierung und Konzentration* (GB 1950) gewesen, so hieß es jetzt in der Expansion *Rationalisierung und Modernisierung* (GB 1968). Das bedeutete den ständigen Versuch der Steigerung von Produktivität auch pro Person oder deren – die tariflichen Arbeitszeitverkürzungen im Betrieb wieder „auffangende" – stärkere Ausnutzung durch zahlreiche Überstunden und Sonn- und Feiertagsschichten. Kurzarbeit und Entlassungen waren in diesen 1960ern noch selten, aber einmal so *unvermeidlich*, dass sie 1967 die Beschäftigtenzahl nach sieben Jahren erstmals unter 1.000 drückten. Mit diesem – noch glimpflichen – Einbruch, der die stärksten Einbußen bei technischen Gummiartikeln und Gummiauskleidungen (Belegerei), also in der Nachfrage von Investitionsgüterindustrie brachte, fand man sich in einem Trend der Bundesrepublik, der 1966 erste wirtschaftliche Rezessionserscheinungen zeigte.[118]

Der deutliche Umsatzrückgang von 1967 beließ aber, vom Mut und Preis zum Ankauf eines benachbarten Industriegrundstücks ganz abgesehen, einen Jahresüberschuss von 576.000 DM, voll ausgeschüttet in 12% Dividende. Schon 1968 erwies sich die nun wieder *kräftige Konjunkturbelebung in der Gesamtwirtschaft* auch als profitabel für die NYH: auf vier Jahre, also bis zum Jubiläum 1971, konnte sie erneut 14% zahlen.

Im Jahr vor dem 100. Geburtstag der Aktiengesellschaft nahm die NYH ein neues Kesselhaus in Betrieb, das vierte in der Geschichte dieses Werksgeländes. Es arbeitete *zufriedenstellend* für den vermehrten Energiebedarf und erhöhte das Anlagevermögen. Es langte nun sowohl zu 2% *Jubiläumsbonus* auf die 14% Dividende als auch für eine

---

118 Wehler, Hans-Ulrich: *Deutsche Gesellschaftsgeschichte*, 5. Band / *Bundesrepublik und DDR 1949–1990*, München 2008, S. 59 f.

Sondervergütung an die Beschäftigten – beides ausgezahlt in 1971, als man nach 1923 nun endlich wieder ein Jubiläum „anständig" (anders als 1946) und auch mit einem kleinen, aber farbig illustrierten und etwas Geschichte berücksichtigenden Heft feierte. Prokurist E. A. Wolffson hatte einen eingehenderen Text angeboten – aber es sollte eher glänzend sein.

Glänzend war es auch gerade mit der Leistung der Hartgummi-Kammproduktion, die nach 100 Jahren nicht bloß immer noch dabei war, sondern 1971 auch *vor allem* zur Umsatzsteigerung beitrug. Gerade diese Kämme – der *Sägemann* von *Traun & Söhne* und der *Hercules* der NYH (die starken Männer später in der goldhaltigen Prägung auf den Kammflanken zusammengeführt) – konnten als „Exportschlager" gelten. Von ihnen gingen 1971 rund 50% in alle Welt, während der Gesamtexportanteil bei der NYH seit dem Zweiten Weltkrieg nach langsamer Erholung bei durchschnittlich 20– 25%, und von 1971 bis heute bei womöglich maximal 40% lag. „Kamm on!" hätte also das Jubiläumsmotto sein können – wenn man nicht aus guten Gründen auch anderen Ehrgeiz gehabt hätte. Der ließ z. B. den traditionsbewussten Ingenieur Wolffson lieber an immer neuen Technik-Artikeln tüfteln, wie etwa einer besseren Lenkradnabenbuchse für den VW-Käfer, und sich für Produktion und Absatz von diversen Varianten von Baulagern, einer Verbindung von Stahl und Weichgummi, auch mit nötiger Kontaktpflege einsetzen.

Nach 100 (oder inklusive der *Gummi-Kamm* 115) Jahren also keine Erschöpfung, sondern genügend Potentiale aus Erfahrung mit Kautschuk aus Natur und Labor, mit nun schon diversen selbst entwickelten oder fremden Werkstoffen und aus Fertigungstechniken, bei denen außer modernen Maschinen noch Geduld, Einfallsreichtum und Geschick von Menschen zählte. Aber bald bremsten übergeordnete Entwicklungen gerade die Kautschukindustrie. 1973 nimmt man noch eine neue Anlage für Gummimischungen in Betrieb und „gönnt sich" 1974 eine neue Fabrikationshalle im Kunststoffwerk Stelle. Doch der über die drei Jahre gleichgebliebene Bilanzgewinn suggeriert eine Stabilität, die brüchig wird: im letzten Quartal 1974 bringt ein negativer Umschwung bei bislang höchstem Umsatz Entlassungen, die nur durch teilweise Kurzarbeit nicht einschneidender werden. 1973/74 bezeichnen das Ende der ökonomischen *Schönwetterperiode* der Bundesrepublik[119] und auch ein Zulieferbetrieb wie die NYH bekommt es zu spüren.

11.6 Schrumpfen, Nische, Neuanfang

11.6.1 Schrumpfen (1975–1993)

Nie zuvor hat es in der deutschen Geschichte eine derart stürmische Hochkonjunktur wie in der Trendperiode von 1950 bis 1973 gegeben (Wehler 2008). Darin hat sich die

---

119 Klönne, Arno: *Die deutsche Arbeiterbewegung. Geschichte – Ziele – Wirkungen* (Frankfurt/M 1981), S. 360. Wehler (wie Anm. 120), S. 53 ff., dort auch die ff. Charakterisierungen zur Wirtschaft der BRD.

NYH in ihrer Verbundenheit mit anderer Industrie (*Abnehmerindustrie*) vom Zweiten Weltkrieg und von der Bedeutungsminderung des Hartgummis – allerdings nur durch Arbeit – „erholen" können. Die ja auch *globale Prosperität bis 1973* hatte zudem den langsam wieder wachsenden Exportanteil der einstigen „Weltfirma" begünstigt. Wenn jetzt der erste Ölpreisschock von 1973 das *Ende der Nachkriegszeit* und des sicher geglaubten, gar permanent gesteigerten Wachstums markierte, so ist auch die Geschäftsentwicklung der NYH in diesem Rahmen zu beurteilen. Damit soll nicht gesagt sein, dass man in der Firma nichts Besonderes gegen die Negativvorgaben hätte tun können oder getan hätte. „Man mühte sich nach Kräften" – und das mit einer bald deutlich niedrigeren Zahl von Beschäftigten.

Diese erste Schrumpfungsperiode kann man von 1975 mit der noch höchsten Zahl, 840 Beschäftigten, bis zu 1993 sehen, dem Jahr der unauffälligen, aber symbolträchtigen Aufgabe des Verwaltungsgebäudes, mit der in diesem Zeitraum niedrigsten Zahl von 388 Frauen und Männern in Hamburg-Harburg und Stelle.

Dabei ging es nicht linear abwärts. Aber um nicht so drastisch vom „Personalabbau" betroffen zu werden wie etwa die Metallarbeiter in *Heidenreich & Harbeck* schon 1976 und jetzt 1983 in *Howaldtswerke / Deutsche Werft AG* (HDW),[120] zahlten die „New-York Hamburger" 1983 dafür in einer Betriebsvereinbarung einen hohen Preis, der überregionales Staunen erregte: auf drei Jahre stundeten sie dem Unternehmen 4,5% des Bruttoverdienstes (gegen Verzinsung). Damit sollten bis 1986 rund 4 Mio. DM der Liquidität zugute gekommen und es wurden wenigstens um 580 Beschäftigte gehalten.

Wort halten mit der Nachzahlung konnte die Firmenleitung ab März 1986 aber nur auf einige Monate, dann gab es eine neue Vereinbarung, ein Stillhalten der Belegschaft bis 1990. Gleichwohl verringerte man die Arbeitsplätze.

Um den – jedenfalls in Arbeitsplätzen gemessenen – Stellenwert der NYH innerhalb der Hamburger Industrie dieser Zeit einmal anzudeuten: immerhin hatte die NYH mit ihren 1973 letztmalig über 1.000 Beschäftigten zu den damals 36 Industriebetrieben dieser Größenordnung in der Stadt gezählt.[121] Das war noch beachtlich, auch wenn nicht so hervorragend wie einst in der Weimarer Zeit, als das noch nicht „Groß-Hamburg" 1925 nur sieben solcher Betriebe zählte und die NYH 1926 mit ca. 1.200 Beschäftigten zu dieser Spitzengruppe gehörte. Seit den 1970ern gab es in gewisser Entsprechung zur bundesrepublikanischen Entwicklung (Wehler) einen Rückgang der Industrie in Hamburg (erst nach Beschäftigtenzahl, dann auch nach Umsatz), wobei man den zweiten Platz als Industriestandort, nach Westberlin, nun an München abtreten musste. Die Industriearbeitsplätze gingen von 1973 zu 1992 (um wegen der Verfügbarkeit von Vergleichsdaten diese beiden Jahre zu wählen) von 198.000 auf 128.000, also um 35% zurück, die Arbeitsplätze bei der NYH gleichzeitig um 56%, also überproportional (von 1.005 auf 440).

---

120 IG Metall Verwaltungsstelle Hamburg (Hg.): „*Wartet nicht auf andere, packt jetzt selbst mit an*". Texte, Dokumente und Fotos zur Geschichte der IG Metall in Hamburg 1945 bis 1995, Hamburg (1995).

121 *Statistisches Taschenbuch der Freien und Hansestadt Hamburg* 1974, S. 68.

Der Rückgang der Beschäftigung der NYH in den (von uns zur Schrumpfungsphase gerechneten) 19 Jahren 1975–1993 um 54% entsprach weder einer etwa ebenso deutlichen Modernisierung durch Rationalisierung oder Automatisation – noch auf der anderen Seite einem gleich starken Umsatzrückgang.

Nach neun Jahren ohne Gewinnausschüttung verteilte man 1989 bis 1991 die bis heute überhaupt letzten Dividenden in der Firmengeschichte: 3%, 10% und 3%. Der Umsatz lag trotz Einbußen aber nominal mit 45,7 Mio. noch ca. 10% über dem Umsatzerlös vom Beginn „unserer" Schrumpfungsperiode. Bleibt also die Frage nach der Produktivitätssteigerung: Was wurde in moderne Maschinen investiert, im Produktbereich und bei der Organisation getan – und wie viel mehr von den Menschen verlangt?

Der Satz des Dankes an die Mitarbeiter verschwand im Geschäftsbericht nun auf neun Jahre, die Jubilarsnennung für immer. Wohl deshalb: 1977 kam ein neuer Vorstandssprecher (der „Chef" im ohnehin nur zweiköpfigen Vorstand), „von draußen", während der jetzt mit 65 Jahren ausgeschiedene (und gleich gestorbene) Werner Amsinck es auf fast 40 Jahre NYH gebracht haben soll. Damit begann – wie es unter einigen Ehemaligen heißt – die *Ära Trokowski*. Unter Friedrich Trokowski, der auch einige „frische" Leute und Unternehmensberatung mitgebracht hatte, wurde 1978 *nach drei investitionsschwachen Jahren [...] mit der Durchführung eines mittelfristigen Investitionsplans begonnen*. Beim Werk Stelle tauschte man ein kleineres unbebautes Grundstück gegen ein größeres (1978); im Hauptwerk wurde die Produktpalette duroplastischer Formmassen durch die Inbetriebnahme einer Anlage zur Herstellung von Polyester-Formmassen (das NYHAPOL) *vervollständigt* (1979). Zu Investitionen bemerkt man, es hätten *erstmalig [...] die eigenen Handwerksbetriebe einen wesentlichen Beitrag durch Eigenleistungen erbracht* (1979). Der Verkauf eines Grundstücks mit Lagerhalle führt 1981 zur Fertigstellung einer kombinierten Produktions- und Lagerhalle (Gebäude G), mit der das *Hamburger Abendblatt* die NYH *aus ihrem >Dornröschenschlaf<* erwacht sah.

Aber dem Jahr der zweiten spürbaren Ölpreissteigerung, 1979, die auch diese Firma mit rohölabhängigen Rohstoffen ziemlich direkt trifft, folgen regelrechte „Verlustjahre" 1980 bis 1983. Zwar soll ein *Programm zur Weiterentwicklung und Erneuerung des Unternehmens zielstrebig und intensiv* (GB 1979) bzw. ein *langfristig angelegtes Programm zur Umstrukturierung und Erneuerung der Gesellschaft* (GB 1981) fortgesetzt oder eigentlich 1981 schon *im wesentlichen abgeschlossen* werden. Das aber gelingt nicht wegen des stagnierenden Geschäftes. Ging es beim Hartgummi-Kamm noch glimpflich ab, so habe bei der Kunststoffverarbeitung in Stelle 1980 die Automobilkrise eine wesentliche Verschärfung des Wettbewerbs gebracht und es seien1981 in der gesamten Gummi- und Formmassenbranche bei realem Produktionsrückgang wegen ebenfalls starken Wettbewerbs nicht immer kostendeckende Preise zu erzielen gewesen. Als dann auch die über Jahre gestiegenen Gewinne aus der Tochterfirma *Littmann Maschinenfabrik* nicht im erwünschten Maße halfen und das Jahresergebnis der NYH für 1982 gerade nur ausgeglichen werden konnte mit dem Verkauf eines

Fabrikgrundstücks für 3,2 Mio. DM, das dann langfristig zurückgepachtet wurde (so für 467.000 in 1983) – war 1983 ein Tiefpunkt erreicht.

Arbeiter leihen ihrem Chef 3,9 Millionen Mark hatte die *Hamburger Morgenpost* zum Verhalten in der Krise 1983 getitelt.[122] Und der SPIEGEL sah hier im Zusammenhang mit Erscheinungen andernorts eine *Neue Dimension*.[123] Weniger öffentlich vollzog die Firmenleitung zwei bedeutsame Produktionseinstellungen: sie schloss die Belegerei (Schutzgummierungen) und die Abteilung Formmassen. Der Belegerei, deren Tradition die NYH einst 1930 mit Gewinn vom Konkurrenten *Traun & Söhne* übernommen und bis in die Nachkriegszeit weiterentwickelt hatte, widmet der Geschäftsbericht von 1983 kein erklärendes Wort, geschweige besonderes Andenken. Zu den Formmassen (in den 1930ern: *Preßmassen*) wird wenigstens festgehalten, dass man *nach fast 50 Jahren aktiver Geschäftstätigkeit im Bereich der duroplastischen Formmassen* Herstellung und Vertrieb *planmäßig zum 31.12.83* eingestellt habe – wegen *weltweit vorhandener Überkapazitäten und steigender Rohstoff-, Energie- und Arbeitskosten* und wegen der großen Hersteller *thermo*plastischer Kunststoffe. Den *hohen, einmaligen Aufwendungen für die Schließung* des Bereiches *Formmassen* – an dessen Arbeitsbedingungen sich Ehemalige nicht nur mit Freude erinnern – standen 325.000 DM aus dem Verkauf des Formmassen-„know-how" gegenüber.

Trokowski wollte also das Produktionsprogramm ändern und in neue Maschinen investieren. Das nötige Geld sollen die Hauptaktionäre verweigert haben (so der SPIEGEL). Tatsächlich ist die Hamburger *Vereins- und Westbank* laut GB 1983 *nicht mehr mit mehr als dem vierten Teil am Grundkapital der Gesellschaft beteiligt. Unverändert ist allerdings die* – bei der NYH mindestens seit 1963 engagierte[124] – *Elektrische Licht- und Kraftanlagen AG* in Frankfurt/M. (*Elikraft*) noch mit mehr als 50% der Aktien dabei. Aber auch die *Elikraft* scheint so skeptisch gewesen zu sein, dass eben die (noch) Beschäftigten mit ihrer teilweisen Einkommensstundung „einspringen" mussten. *79,8 Prozent der Belegschaft haben sich bei einer Abstimmung für die Aktion ausgesprochen. Die Stimmung ist nicht erfreulich – wir tragen es bedeckt.* – so zitiert BILD-Hamburg den Betriebsratsvorsitzenden Werner Köster.[125] Der SPIEGEL berichtete von den Widerständen sowohl auf Gewerkschafts- als auch auf Arbeitgeberverbandsseite, die damit ihren mit Tarifverträgen erbrachten *Leistungsnachweis* oder auch die Wettbewerbsgerechtigkeit gefährdet sahen. Ein solcher Rettungsversuch, so der SPIEGEL, sei bei einigen (der erst wenigen) vergleichbaren Fälle dann zum Reinfall für die zurücksteckenden Beschäftigten geworden – durch doch nicht abgewendete Pleite.

Aber bei der NYH ging es ja 1983 weiter. Zwar war schon 1975, also vor Trokowski, beklagt worden, dass der Personalaufwand, wiewohl absolut vermindert durch Kurzarbeit und Entlassungen, nun erstmals mehr als 50% der Gesamtleistung ausmachte. Der hohe Personalkostenanteil war allerdings nur *ähnlich wie in anderen Unterneh-*

---

122 Abbildung bei Ellermeyer 2006, S. 40.
123 Titel des Artikels in 14/1983 (4. Apr.).
124 Über *Elikraft* verschiedenartiges Engagement: *Zum Maßhalten erzogen*; Die Zeit 1.2.1963 Nr. 5.
125 BILD 18.2.1983, S. 7.

men der Kautschukindustrie angestiegen (GB 1978) – und Teil einer Wirtschafts- und Gesellschaftsentwicklung in der Bundesrepublik, die – abgesehen von damals Beteiligten – auch von einigen Historikern für problematisch gehalten wird (so etwa von Wehler 2008). Vielleicht ist bei der Einkommensstundung von 1983 ja nicht nur die Angst um den Arbeitsplatz, sondern auch Einsicht wirksam gewesen, dass es – anders als im Aufschwung bis etwa 1973 – „so nicht weiter" ging.

Was tat sich nun nach der Vorleistung der Belegschaft ab 1984? Trotz streikbedingter Ausfälle in der Automobilindustrie konnte man nach vier Verlustjahren eine leicht positive Ertragslage schaffen. Zu den Investitionen gehörte, dass die Fertigung von Statoren (Auskleidung von Mohno-Pumpen-Zylindern mit Gummi oder modernem Kunststoff, etwa für die Lebensmittelindustrie) nun in eine neue Produktionshalle überführt wurde (die „Statorenhalle" erlangte auch nach der Aufgabe des Steller Werkes neue hohe Bedeutung). Aber die Eigenkapitalrendite war nicht *angemessen* (1985) und nach den höheren Investitionen 1984-1986 stellten sich *noch nicht die geplanten Rationalisierungserfolge* ein.

Als das eingestanden wurde, gab es schon einen neuen Vorstand, den bisherigen zweiten Mann, den Finanzvorstand Wolfgang Neitzel jetzt als Alleinvorstand. Denn Trokowski war seit September 1986 zunächst *beurlaubt* und zum Jahresende ausgeschieden.

Die Gründe und Einzelheiten dieses in der Firmengeschichte bis dahin ungewöhnlichen Vorgangs lassen sich natürlich nicht im Geschäftsbericht finden. Zeitungen von Harburg, Hamburg und Frankfurt sowie der SPIEGEL lieferten nach erst beruhigenden Schlagzeilen viel Kritisches: über technische und organisatorische Probleme und über *geschickte Buchführung* statt schonungsloser Lagebeschreibung.

Abnehmer in der Automobilindustrie stellten ständig *wachsende Ansprüche an die Präzision der Produkte, die die NYH nicht erfüllen konnte, ohne neue Fertigungsmaschinen einzusetzen* (*Harburger Anzeigen und Nachrichten*). Waren die nun dank des „Solidarbeitrags" der Mitarbeitenden angeschafft worden, so sollen angeblich *die neuen Investitionen zu fühlbaren Anlaufverlusten geführt haben* (FAZ). Der Aufsichtsratsvorsitzende habe hingegen, so das *Hamburger Abendblatt*, eine Umstellung in „dem" Problembereich der Compagnie, den technischen Gummiwaren (*für industrielle Kunden Maßschneiderei für Formteile*) für schwerwiegender gehalten: die Umstellung von Hart- auf Weichgummi. Diese Erklärung scheint wiederum erklärungsbedürftig: War etwa für einen Produktbereich ein Wechsel unter den beiden doch recht verschiedenen Werkstoffen (schwer vorstellbar) – oder war eine Minderung des Hartgummi-Sektors zugunsten des Weichgummi-Sektors in der Formpresserei der Firma gemeint? Wie produktionstechnisch informiert war der Aufsichtsratsvorsitzende? – Der Geschäftsbericht 1986: *Das zukunftsträchtige Geschäft mit Formartikeln ist trotz zum Teil unbefriedigender Erlöse hart umkämpft.*

Hart umkämpft war jedenfalls die Zukunft der NYH. Für sie wurden wieder die Beschäftigten „zur Kasse gebeten". Die Unternehmensleitung stellte die Tilgung gestundeten Einkommens zu Ende 1986 ein – dafür sollten die Arbeiter und Angestellten künftig am Gewinn der Firma beteiligt werden. Den beurteilten allerdings die Journalisten eher skeptisch.

Doch die NYH blieb, wie nach 1983 so nach 1986 – nur nicht mehr mit dem Mann an der Spitze, der mit viel Selbstbewusstsein neun Jahre zuvor an die *Umstrukturierung* gegangen war. Im Bericht des Aufsichtsrates zum Jahresabschluss fehlt die sonst übliche Danksagung an den Ausgeschiedenen. Eine auffällige Abfindung an Trokowski ist nicht erkennbar. Andererseits brachte die Verkleinerung des Vorstandes auf eine Person erkennbar geringeren Finanzaufwand.

Im NYH-Krisenjahr 1986 hatte eine Fachtagung der Hamburgischen Architektenkammer stattgefunden über *Hamburg in den 90er Jahren. Schrumpfen als Bedrohung?* – u. a. mit einem Beitrag über *Gewerbebrachen in Hamburg, industrieller Strukturwandel und Flächenbedarf.*[126] Ob die NYH sich durch den Wandel ringsum getröstet oder jedenfalls nicht ganz einsam sah, ist nicht ersichtlich. Aber brach lag ihr Betriebsgelände 1993 beim Verkauf des Verwaltungsgebäudes durchaus noch nicht – die Firma erwies sich als zäh wie Kautschuk, aber man war weiter geschrumpft. Lässt man die kleinen Aufs und größeren Abs im einzelnen beiseite und stellt nur die Eckjahre 1986 und 1993 einander gegenüber, so zeigen sich folgende Negativ-Entwicklungen:

von 1986	wegen	bleiben	1993 noch
Umsatzerlöse	minus 27%	45,7	Mio. DM
Beschäftigte insgesamt	minus 32%	388	Personen
davon Gewerbliche	minus 34%	280	Personen
davon Angestellte	minus 27%	107	Personen
davon Auszubildende	minus 66%	1	Person

Verringerung allenthalben – da mag es merkwürdig geklungen haben, dass im Geschäftsbericht für 1987 erstmals *Konzernverhältnisse* in einer Überschrift des Anhangs auftauchen – aber nicht als etwa neue Organisationsform der NYH selbst erläutert und noch nicht tabellarisch nach Teilen eines solchen „Konzerns" detailliert – wie 1995–2004 (mit der NYH AG als Kern) und später dann geschehen. Jetzt war mit Konzernverhältnissen erst nur gemeint, dass die NYH zum Konzern *Elikraft* gehörte, die immer noch über 50% der NYH hielt, und dass deren Jahresabschluss als *befreiender Konzernabschluß* die NYH AG und deren Tochtergesellschaft *Littmann* mit einschließe.

Von neuer „Größe" unter dem Alleinvorstand Neitzel aber mochte künden, dass die NYH es 1987 auf fünf Auszubildende brachte und nach der „Ära Trokowski"

---

126 Beitrag von Andreas Pfadt.

nun wieder den *Dank an die Mitarbeiter* in den Geschäftsbericht aufnahm. Das war auch deshalb angebracht, weil die Beschäftigtenzahl weiter verkleinert und die Wertschöpfung pro Mitarbeiter 1988 um 10,8% gesteigert wurde – ohne erkennbar große Investitionen in modernere Technik. Dass es aber an Modernisierung künftig nicht fehlte, wurde den Empfängern des Geschäftsberichtes ab dem GB für 1989 durch Bilder neben den vielen Zahlen und formelhaften Sätzen angedeutet, so etwa für 1989 u. a. mit einem Foto der CNC-gesteuerten Funkenerosionsmaschine für die automatische Fertigung von Präzisionswerkzeugen – ein Teilabschied vom handwerklichen Formenbau in der Fabrik.

Zu erfreulicheren Geschäftsergebnissen ab 1988 gehörten u. a. zweistellige Zuwachsraten bei *Aufbewahrungs- und Transportbehältern aus Thermoplasten für Lebensmittel und Bordverpflegung bei internationalen Luftfahrtgesellschaften*, bei den Haarpflegegeräten ab 1990 auch erhebliche Zuwächse durch Abnehmer in den neuen Bundesländern. Einen Schritt nach vorn im Weichgummi-Metall-Bereich sollte die Entwicklung von Erdbebenlager (für kleinere und mittlere Gebäude) bringen; von der Patentanmeldung 1989 vergingen über Prüfungszertifikate und Werbung aber Jahre, ohne dass es zur Serienfertigung nach zwei Prototypen kam (einer davon seit 1997 ausgestellt im Museum der Arbeit). Entwicklungen betrieb man auch zur chemischen Verbindung von Gummi- und Kunststoffteilen (GB 1989) – und bei Gummimischungen, um N-Nitrosamine in Verarbeitungsprozessen zu vermeiden (GB 1988): womöglich die erste Bemühung des Arbeitsschutzes auf einem Gebiet, das heute (noch) Probleme bei der Umnutzung der NYH-Gebäude bereitet. Für den Umweltschutz tätigt man *erhebliche* Investitionen mit Förderung durch die Stadt (GB 1989) und ging damit auch an die Presse: *1 Mio. Mark für Umweltschutz* (*Harburger Wochenblatt*[127]), eingesetzt zur Reinigung des als Kühlwasser genutzten Hafenwassers, zum Anschluss an die jetzt erst geschaffene öffentliche Kanalisation in diesem Bereich und für einen Großkatalysator zur Abluftreinigung. Allerdings hatte es zuvor auch politischen Druck und behördliche Auflagen gegeben.

Dass nun gehandelt wurde, bezeichnete nicht nur einen höheren Stellenwert von Umweltschutz, sondern auch Fortschritte bei der *Gesundung* des Unternehmens. So wagt man es, auf die Titelseite der Geschäftsberichte für 1989 bis 1992 eine Grafik der Aktienkursentwicklung[128] der NYH zu setzen und nicht nur 1989 bis 1991 auch Dividenden auszuschütten, sondern 1990 auch mit der versprochenen Gewinnbeteiligung für Mitarbeiter Ernst zu machen, indem man ihnen für die überfällige Nachzahlung von Einkommensteilen nun (nicht stimmberechtigte) Vorzugsaktien gab, die 1990 immerhin 12% Dividende brachten (die Stammaktien 10%) und 1991 wenigstens noch

---

2. Nov. 1988; s. a. *Umweltschutz kein Thema mehr*, so Vorstand Neitzel in *Harburger Anzeigen und Nachrichten* 19.6.1990.

128 Im Jahr 1989 stieg der Aktienkurs von 70 DM am 2. Januar auf 109 am 16. Mai, also bis zu dem Zeitpunkt, an dem Vorstand Neitzel im Vorgriff auf die Hauptversammlung positive Daten vermelden und auch erstmals wieder eine Dividende in Aussicht stellen konnte (*Harburger Anzeigen und Nachrichten* 18.5.89). Vgl. auch eine Analyse der Hamburgischen Landesbank im *Hamburger Abendblatt* vom 28.7.89 mit weiteren Zahlen.

5% (Stammaktien 3%). Bislang nur aus mündlicher Überlieferung ist zu entnehmen, dass diejenigen Beschäftigten, die beim *Schlußstrich* 1990 auf Bargeld-Nachzahlung statt des Aktienangebots bestanden – und das sollen im März 1990 fast zwei Drittel der Befragten gewesen sein[129] –, dann allerdings nur einen Teilbetrag erhalten und auf den Rest endgültig verzichtet hätten. Dafür schien wenigstens die Gefahr des Arbeitsplatzverlustes etwas gemildert.

Doch das Zwischenhoch mit drei Jahren Dividende (1989-91) ging ernüchternd zu Ende. Unerwartet hohe Personalkostensteigerungen aufgrund der Tarifverträge – über 13% in 1991/92 –, die *wirtschafts- und sozialpolitisch unvertretbar* gewesen seien, gaben aus Vorstandssicht einer Belegschaft (bzw. deren Gewerkschaften) einige Schuld, die trotz Kurzarbeit und Einkunftseinbußen durch Rückverrechnung von Erhöhungen auf übertarifliche Anteile 1992 deshalb wieder deutlich verkleinert wurde. Es spricht aber für die Firma, dass man sich mit seinen Schwierigkeiten nicht hinter *der konjunkturellen Situation auf nahezu allen Märkten* (GB 1993) versteckte, sondern die neben vielen Sachinformationen nur so pauschal benannte – wo es sich doch 1993 um das bisher einschneidendste Rezessionsjahr der Wirtschaft der Bundesrepublik handelte (so auch aus der Sicht der Krise von 2008/9).

Sinnfälliger Ausdruck und vorläufiger Abschluss des fast zwei Jahrzehnte währenden Schrumpfungsprozesses war die Aufgabe des nach dem Zweiten Weltkrieg errichteten Verwaltungsgebäudes und der Umzug des Großteils der verbliebenen gut 100 Angestellten in ehemalige Werkräume des Fabriktraktes an der Neuländer Straße. Für Aktionäre und Öffentlichkeit umschrieb man diesen Vorgang positiv, indem man auf den Ersatzbau einer 1989 abgebrannten Werkhalle verwies. Bei der Räumung des Gebäudes konnten – soweit noch vorhanden – das ältere Archiv und die Produktsammlung der NYH in die Öffentliche Hand genommen werden und 1995 in das Museum der Arbeit gelangen.

Mit den 1994 veröffentlichten Abbildungen des fast fertigen Produktions- und Bürobaues Nartenstraße 14/16 (des o. g. Ersatzgebäudes) signalisierte die NYH neuerlichen Aufbruchswillen auf dem alten Fabrikgelände. In der folgenden 12-Jahres-Periode 1994–2005 ging es dann um Absicherung einer Nische – die schließlich auch außerhalb des Traditionsstandortes Harburger Binnenhafen gesehen wurde.

11.6.2 Bemerkung zu Nische und Neuanfang ab 1994

Im nun, wie angekündigt, nur Stichwort-Blick auf die 20 Jahre bis heute ist festzuhalten: Im Ringen um das „Überleben" der alten Firma wird wenig unversucht gelassen. Pflege von Bewährtem, etwa in der Kamm-Fertigung, gehört dazu – mit Rührendem in der Vermarktung und auch modernen, nicht durchweg besseren Varianten. Für Hartgummi wird es immer enger im weiteren Bereich der Elastomere; mit dem Bereich der Thermoplaste kann man die Verluste nicht einfach ausgleichen. Für Werkstoff- und Produktentwicklung wurde Zusammenarbeit mit der Technischen

---

129 *Harburger Wochenblatt*, 30.5.1990.

Abbildung 11.16:
Bewährte Verfahren an dauerhaften Geräten: Kautschuk-Mischung auf der Walze
(sonst im stempellosen Innenmischer) und Kamm-Vulkanisieren im heißen
Wasserbad des Kessels
Fotos: Jürgen Ellermeyer 2003 /2009

Universität Hamburg-Harburg nützlich, aber zu einer mit viel Hoffnung lange geplanten Produktionslinie neuartiger Handläufe für Fahrtreppen fehlte schließlich das „große Geld". Möge die mit einiger Werbung betriebene Verwendung des Hartgummi nun auch für Grab-Urnen kein böses Omen darstellen, sondern „ewigen" Bedarf für den Pionier-Kunststoff anzeigen.

Zur gerechten Beurteilung der Leistung wäre es nötig, die Probleme und die Lösungsversuche genauer zu betrachten: in der Finanzierung der AG, in Organisation und Führung, den Geschäftsfeldern und in der „Personalpolitik". Jetzt (GB für 2012) sind es nur noch rund 150 Beschäftigte im – nach Ausgliederungen, Beteiligungen, Rückabwicklungen wieder: – Konzern (!), mit einem *konsolidierten Umsatz* von knapp 15 Mio. EUR. Aber: Nach langem Hin- und Her-Planen und Verhandeln hat die Firma ihren zu groß, zu teuer und umweltlästig gewordenen Traditionsstandort zugunsten eines Neubaues in Lüneburg verlassen können. In mehreren Schritten 2009–2011, deren letzter wieder die Verlagerung des Bereiches „Haarpflegeprodukte" war, der immerhin noch/wieder 42% der Geschäftsfelder der Firma ausmacht (Thermoplaste 23%, Weichgummi 22%, Hartgummi 12% – aber auch in der Haarpflege, bei Kämmen und Bürsten, steckt ja noch Hartgummi . . .). Dabei haben u. a. *die Kamm* und ihre Belegschaft vieles durchgemacht, allein 2009/10 das drohende Ende und den aufgegebenen Versuch, sie in Harburg, quasi museal und produktiv, zurückzulassen. Die Beschäftigten könnten viel erzählen, von Schichtarbeit und Überstunden, aber auch von Teilzeit- und Leiharbeit, von Technik-, Stimmungs- und Führungswechseln.

Vorläufig zuletzt ein Hauptaktionär und Aufsichtsratsmitglied, dann zeitweiliger (Mit-) Eigentümer der darauf von der NYH gemietet genutzten Fabrik-Immobilie, der schließlich der NYH vorsteht, also Bernd Menzel, der jetzt für die NYH „alle Register zieht . . . ": selbst in dieser Hinsicht eine ungewöhnliche Firmengeschichte bis in die Zukunft!

Wenn dies nur eine – und fast bilderlose – Skizze sein konnte, eingängiger allein für die 1930er bis 1980er, so doch hoffentlich eine solch „spannende", dass es sich das Museum der Arbeit angelegen sein lässt, die Erschließung und anschauliche(re) Darstellung der Geschichte der NYH, der es immerhin seinen Standort, weiterführende Fragen, viel Material und etliche Interessierte verdankt, wieder angemessen aufzunehmen und weiterzuführen – in solidarischer, aber nicht unkritischer Kooperation mit einer erstaunlich durchhaltefähigen Firma, deren Beschäftigte Zuwendung in verschiedener Form allemal verdienen.

11.7 Literatur

11.7.1 Ungedruckte Quellen

Familienbuch für die Traun'sche Familie, handschriftlich geführt von Friedrich Traun (zu 1848/49, 1852–1858), Heinrich Traun (zu 1859–1908) und Heinrich Otto Traun (zu 1908–1943). Familienbesitz, Kopie im Staatsarchiv Hamburg.

BETRIEBSRAT [BR] *New-York Hamburger Gummi-Waaren Compagnie Protokollbücher, 1949-85*, handschr.; Museum der Arbeit.

[FIRMENLEITUNG] *[Sammlung von Protokollen, Schreiben und Aktennotizen zu Vorgängen v.a. mit dem Gesamtbetriebsrat und den Betriebsräten Harburg und Barmbek], 1946–54*, maschschr.; Museum der Arbeit.

11.7.2 Gedruckte Quellen (chronologisch)

Geschäftsberichte der New-York Hamburger Gummi-Waaren Compagnie AG (NYH) (aus Firmenüberlieferung im MdA erst seit 1931, mit Lücken). [GB]

GUMMI-ZEITUNG. *Fachblatt für die Gummi-, Guttapercha- und Asbest-Industrie sowie alle Hilfs- und Nebenbranchen [. . .]* (ab 1886). [GZ]

(THE) INDIA RUBBER WORLD (ab 24.1901 als Online-Ressource).

TRAUN, HEINRICH: *Versuch einer Monographie des Kautschuks.* Inaugural-Dissertation zur Erlangung der philosophischen Doctorwürde in Göttingen. Göttingen 1859.

Ausstellungs-Catalog von H. C. Meyer jr. in Hamburg und der Harburger Gummi-Kamm Co. in Harburg für die Wiener Welt-Ausstellung 1873.

Vollständiges Muster-Lager, Preise und Verkaufs-Bedingungen [. . .].

(MEYER, HEINRICH ADOLPH): *Erinnerungen an Dr. H. A. Meyer.* Nach seinen eigenen Aufzeichnungen. Hamburg 1890.

New-York-Hamburger Gummiwararen-Compagnie, Hamburg. In: ECKSTEIN, JULIUS (Hg.): *Historisch-biographische Blätter. Der Staat Hamburg.* Berlin 1904.

Kautschukwerke Dr. Heinr. Traun & Söhne vormals Harburger Gummi-Kamm-Co. Hamburg. 1856–1906. Berlin 1906 [Jubiläumsheft].

Kautschukwerke Dr. Heinr. Traun & Söhne vormals Harburger Gummi-Kamm-Co. Hamburg: Isolatoren für elektrische Bahnen / Fabriken: Hamburg Harburg A. E. New York. o. O., o. J. [um 1911].

Bericht über 25 Jahre Wohlfahrtsbestrebungen der Firma Dr. Heinr. Traun & Söhne, vormals Harburger Gummi-Kamm Co. zu Hamburg und Harburg, gegründet 1856. Erstattet aus Anlaß des 25jährigen Geschäftsjubiläums des Inhabers Heinrich Otto Traun am 8. April 1917. o. O..

H. C. Meyer jr. Kommanditgesellschaft auf Aktien / Hamburg–Harburg/Elbe / 1818–1918, Harburg-Wilhelmsburg (1918) [Jubiläumsheft; wieder abgedruckt mit einer Einführung und Ergänzung für 1918–1990 in DAHMS, GEERD: *Rattan, Stock & Stuhlrohr / H. C. Meyer jr. in Harburg.* Hamburg 1990].

1873–1923. New-York Hamburger Gummi-Waaren Compagnie. Berlin 1923 [Jubiläumsheft].

Arbeits-Ordnung der New-York Hamburger Gummi-Waaren Compagnie in Hamburg-Barmbek. Hamburg (1927).

Hartgummi. Eine Bilderserie aus dem Fabrikationsprogramm der New-York Hamburger Gummi-Waaren Compagnie Hamburg / Angeschlossen: Dr. Heinr. Traun & Söhne G.M.B.H. o. O., o. J. [um 1934].

(TRAUN, OSCAR): *Betriebs-Ordnung für die Werke der New-York Hamburger Gummi-Waaren Compagnie in Hamburg und Harburg.* (Hamburg 1934).

Hartgummi als Werkstoff / New-York Hamburger Gummi-Waaren Compagnie / angeschl. Dr. Heinrich Traun & Söhne GmbH. o. O., o. J. [ca. 1936/37].

FATURAN. NEW-YORK HAMBURGER GUMMI-WAAREN COMPAGNIE. *Angeschlossen Dr. Heinr. Traun & Söhne G.m.b.H.* o. O., o. J. [1938].

(TRAUN, OSCAR): *Betriebs-Ordnung für die Werke der New-York Hamburger Gummi-Waaren Compagnie.* (Hamburg 1940).

New-York Hamburger Gummi-Waaren Compagnie. Hamburg-Harburg. Frankfurt a. M. 1971 [Jubiläumsheft; mit einem historischen Abriss von ERNST A. WOLFFSON].

11.7.3 Ungedruckte Darstellungen (im Museum der Arbeit)

DIESTELMEIER, (FRIEDRICH): *Aus der Geschichte der Gummi-Industrie.* Vortrag gehalten vor der Arbeitsgemeinschaft „Eigenart und Bedeutung der Harburger Wirtschaftsbetriebe" der Hamburger Volkshochschule in Harburg am 26. Mai 1954, maschschr. Manuskript.

(KRIEG, HANS): *Die Geschichte der New York-Hamburger Gummi-Waaren Compagnie. Ein Beitrag zur Entwicklung der Kautschuk-Industrie,* maschschr. Manuskript 1951 [fehlen 3. Teil: 1930–1950 und der ganze Anhang u. a. mit der Literatur].

(WOLFFSON, ERNST A.): *[Geschichte der New-York Hamburger Gummi-Waaren Co. AG],* maschschr. Manuskript 1990 [ohne Quellenangaben und Literatur].

PRZYREMBEL, ALEXANDRA: *„Wir waren Rüstungsbetrieb 1. Grades". Von der Kammmacherei zur Granatenproduktion. Ehemalige Beschäftigte der „New-York Hamburger Gummi-Waaren Compagnie" berichten über ihre Erfahrungen während des Nationalsozialismus,* maschschr. Manuskript 1996.

PRZYREMBEL, ALEXANDRA: *Arbeit, Identität und Wertvorstellungen während des Nationalsozialismus. Die New-York Hamburger Gummi-Waaren Compagnie,* maschschr. Manuskript 2001.

WENDLAND, ULRIKE: *NYH. Bauaktivitäten auf dem Gelände Maurienstraße. Ergebnisse der Auswertung der Bauakte,* maschschr. Tabellen und Zusammenfassung 1996.

11.7.4 Gedruckte Darstellungen

ELLERMEYER, JÜRGEN; RICHTER, KLAUS DIRK STEGMANN (Hg.): *Von der Burg zur Industriestadt. Beiträge zur Geschichte Harburgs 1288–1938.* Hamburg 1988.

ELLERMEYER, JÜRGEN: Einst eine große Fabrik (Die New-York Hamburger Gummi-Waaren Compganie – Ansätze einer Fabrikgeschichte). In: KOSOK, LISA (Hg.): *Museum der Arbeit. Katalog.* Hamburg 1997, S. 93–112.

Ellermeyer, Jürgen: Zu Hamburgs Industrie. Historische Annäherungen. In: Kosok, Lisa und Stefan Rahner (Hg. für das Museum der Arbeit): *Industrie und Fotografie. Sammlungen in Hamburger Unternehmensarchiven.* Hamburg 1999, S. 132–141.

Ellermeyer, Jürgen: Museum schickt Humboldt auf Reisen [zur Geschichte einer Hartgummi-Büste Alexanders von Humboldt]. In: Freunde des Museums der Arbeit e. V. (Hg.): *mitarbeit* Nr. 7, (1999), S. 18.

Ellermeyer, Jürgen: Handarbeit in der Industrie. Die Fertigung von Kämmen in der New-York Hamburger Gummi-Waaren Co. AG. In: *industrie-kultur*, 13. Heft, Ausgabe 4 (2000), S. 34–36.

Ellermeyer, Jürgen: Zur Erinnerung an Ernst A. Wolffson (1918–2000). In: Freunde des Museums der Arbeit e. V. (Hg.): *mitarbeit* Nr. 8, (2000), S. 21.

Ellermeyer, Jürgen: *Gib Gummi! Kautschukindustrie und Hamburg.* (Bremen 2006) [Begleitbuch zur gleichnamigen Sonderausstellung im Museum der Arbeit Hamburg 2006/07].

Ellermeyer, Jürgen: Conrad Poppenhusen / Heinrich Traun. In: Kopitzsch, Franklin und Dirk Brietzke (Hg.): *Hamburgische Biografie Personenlexikon, Band 6.* Göttingen 2012, S. 352–354, S. 343–346.

Franke, Gabriele und Dieter Thiele (Geschichtswerkstatt Barmbek) [GWB]: *Von Gummiwerk und Gummiwerkern. Industriezeitalter-Veteran „New-York Hamburger" (Barmbek/Harburg).* Hamburg-Barmbek 1994 [Mappe ohne Seitenzahl].

Frühauf, Anne: *Fabrikarchitektur in Hamburg. Entwicklung und Bestand bis 1914.* Hamburg 1991.

Grolle, Inge: Heinrich Christian Meyer. In: Kopitzsch, Franklin und Dirk Brietzke (Hg.): *Hamburgische Biografie Personenlexikon, Band 4.* Göttingen 2008, S. 238–240.

Haas, James E.: *Conrad Poppenhusen. The Life of a German-American Industrial Pioneer.* Baltimore 2004.

Hipp, Hermann: Die New-York Hamburger Gummi-Waaren Compagnie. In: Plagemann, Volker (Hg.): *Industriekultur in Hamburg. Des Deutschen Reiches Tor zur Welt.* München 1984, S. 81–83.

Möhle, Heiko: Raubbau an Mensch und Natur. Landkonzessionen für Elfenbein und Kautschuk. In: Möhle, Heiko (Hg.): *Branntwein, Bibeln und Bananen. Der deutsche Kolonialismus in Afrika – Eine Spurensuche in Hamburg.* Hamburg 1999, S. 47–53.

Rednak, Dieter: *Heinrich Christian Meyer (1797–1848) – genannt „Stockmeyer" – / Vom Handwerker zum Großindustriellen. Eine biedermeierliche Karriere.* (Münster, Hamburg 1992).

Rednak, Dieter: Heinrich Adolph Meyer. In: *Neue Deutsche Biographie* (NDB), Band 17, Berlin 1994, S. 294 f.

Schultze, Robert: Die deutsche Kautschuk- und Guttaperchaindustrie. In Bezug auf ihre Entwicklung, Bedeutung und die Lage ihrer Arbeiter untersucht. In: *Verhandlungen des Vereins zur Beförderung des Gewerbefleißes* **85** (1906), S. 441–464 und 487–549.

Treue, Wilhelm: *Gummi in Deutschland. Die deutsche Kautschukversorgung und Gummi-Industrie im Rahmen weltwirtschaftlicher Entwicklungen.* Hg. i. A. der Continental Gummiwerke AG Hannover. München 1955.

Vaas, Wilhem: *Die Kautschukwaren-Industrie Deutschlands.* Berlin 1921.

Wolffson, Ernst A.: Was ist Hartgummi? In: *Technischer Handel* **77** (1990), 5, S. 166–172.

Abbildung 12.1:
Fabrikgelände (1929)

Aus der Merkur-Apotheke im Vordergrund entstand ein
Weltunternehmen, dessen Stammsitz in Hamburg-Lokstedt
allerdings etwas kleiner war, als hier abgebildet.

© Beiersdorf-Archiv.

Klebebänder und Schönheitspflege – Die Hamburger Firma Beiersdorf

Katrin Cura (Hamburg)

Zwei Apotheker prägten die Firma Beiersdorf und schufen mit ihren chemisch-praktischen Fertigkeiten neue Produkte. Damit lässt sich eine Parallele zu Friedlieb Ferdinand Runges (1794–1867) Teerfarbenforschung ziehen, der mit seiner Apothekerausbildung ebenfalls das Gewerbe förderte.

Der erste Apotheker war Carl Paul Beiersdorf (1836–1896) und entwickelte mit dem Arzt Dr. Paul Gerson Unna (1850–1929) eine medikamenthaltige Pflasterzubereitung. 1882 ließ er sie patentieren und dieses Jahr gilt heute als Firmengründungsdatum. Beiersdorf bot die Pflaster als Guttaplaste an und nach dem ersten Erfolg verkaufte er seine Merkur-Apotheke in der Innenstadt, um in Altona das *„Laboratorium dermato-therapeutischer Präparate"* zu gründen. In Handarbeit stellte er neue Sorten der Pflasterzubereitungen her und 1890 erzielten sie 75% des Firmenumsatzes. In diesem Jahr starb sein Sohn und der Apotheker verlor jeden Lebensmut. Er verkaufte seinen Betrieb, arbeitete erfolglos an pharmakotechnischen Aufgaben und vergiftete sich 1896 in Berlin.

Der neue Inhaber war ebenfalls Apotheker und hieß Dr. Oscar Troplowitz (1863–1918). Er nutzte den guten Ruf seines Vorgängers und änderte den Firmennamen in *„P. Beiersdorf & Co"*. Aus einem kleinen Laboratorium schuf er einen internationalen Konzern, wirkte in der Hamburger Politik mit und war als Kunststammler und Mäzen aktiv. Die Firma zog in den Stadtteil Lokstedt und ist heute noch in der Unnastraße ansässig. In der benachbarten Troplowitzstraße liegt das moderne Forschungszentrum und der Betriebskindergarten um die Ecke heißt *Troplo-kids*.

Der neue Besitzer arbeitete weiterhin mit Dr. Unna zusammen und ließ zusätzlich eigene Mitarbeiter forschen. Dadurch verdreifachte er zwischen 1900 bis 1914 die Zahl der Produkte und verzwölffachte den Gesamtumsatz des Unternehmens. Mit maschinellen Herstellungsmethoden produzierte er in Hamburg, aber auch in Buenos

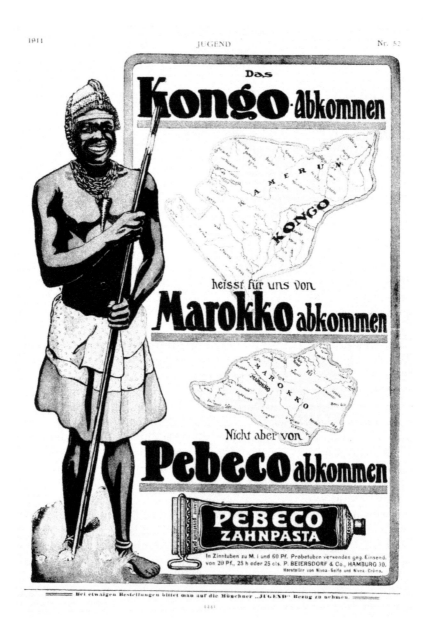

Abbildung 12.2:
Pebeco Werbung (1911)
Ein Vorgänger dieser Zahncreme erschien bereits 1893.
© Beiersdorf-Archiv.

Aires, Kopenhagen, London, Mexiko, Moskau, New York, Paris, Sidney und Wien. Entsprechend der Apothekertradition entwickelte die Firma medikamenthaltige Pflasterzubereitungen, Cremes und andere Produkte. Unter anderem das Hustenpflaster *Laryline* und das Hühneraugenpflaster *Cornilin*. Als Unternehmer wollte Oscar Troplowitz auch die breite Bevölkerung ansprechen und begründete die Sparte der Klebebänder und der Pflegeprodukte.

Letztere dienten auch zur Körperhygiene, die immer wichtiger wurde. Auslöser waren die neuen Kenntnisse der wissenschaftlichen Bakteriologie und die große Hamburger Cholera Epidemie von 1892. Nur ein Jahr später schuf er 1893 zur Gesundheitsprophylaxe und Pflege eine Zahnpaste und leitete deren späteren Namen *Pebeco* von **P. Beiersdorf & Co** ab (Abb. 12.2, S. 372). 1906 kam eine weiße Seife auf den Markt, deren Name *Nivea* sich vom lateinischen Wort für Schnee ableitete. Bereits 1915 war ihr Umsatz zehnmal höher als das Sortiment aller medikamenthaltigen Seifen zusammen und die Firma gründete eine Produktlinie.

Ab 1911 gab es die *Nivea* Creme, die nur Fett, Wasser, Emulgator sowie Parfüm enthielt und nur sechs Jahre später 18% des Firmenumsatzes erreichte. Später erschienen das *Nivea* Puder und die *Nivea* Haarmilch. Andere Pflegeklassiker wie die Lippenpomade *Labello* (Abb. 12.4, S. 375) gab es bereits seit 1909.

Die Firma bewarb die Produkte intensiv, auch wenn das Marketing noch in den Anfängen steckte. Die Markennamen dachten sich die Mitarbeiter aus und experimentierten am Packungsdesign. Die *Nivea* Seife (Abb. 13.18, S. 402) gab es anfangs in einem Karton mit weißem Schriftzug und blauem Hintergrund, dann kamen Jugendstilornamente und andere Farben hinzu und erst 1924 entstand die heutige blaue Variante mit weißer Schrift. Alle Produkte der *Nivea*-Linie trugen das gleiche Design und erhöhten die Wiedererkennung.

Oscar Troplowitz entwickelte aus den Guttaplasten die Sparte der medizinisch-technischen Bänder, die aus einem festen Gewebe-Trägermaterial mit einer Kautschuk-Harz-Klebemasse bestanden. 1896/97 kam für Touristen, Reiter und Radfahrer das *Cito*-Sportheftpflaster auf den Markt, dessen Name sich vom lateinischen Wort für „schnell" ableitete. Allerdings war die Klebemasse hautreizend und der Apotheker versetzte sie mit Zinkoxid, das ihr eine helle Farbe verlieh. Aus dem griechischen Wort für „weiß" und dem lateinischen Wort für „Pflaster" schuf er den Namen *Leukoplast* (Abb. 12.6, S. 377) und bot es ab 1901 zum Verbinden von Wunden an. Viele Verbraucher nutzten es wegen seiner Festigkeit für Reparaturen und die Werbung nahm diese Idee schnell auf. Bereits 1912 erreichte Leukoplast durch die Nachfrage aus Krankenhäusern, Arztpraxen und Haushalten 32% des Firmenumsatzes. 1921 kam der Wunschnellverband *Hansaplast* auf den Markt und erweiterte die Produktlinie der Plaste.

Abbildung 12.3:
Werbung für *Nivea*-Seife und Creme (1912)

© Beiersdorf-Archiv.

Nur für die Industrie produzierte die Firma seit 1906 das technische *Lassoband* und entwickelte daraus 1936 den *Tesa*-Klebefilm mit einem transparenten Trägermaterial. Dieses war dekorativer als das herkömmliche Gewebeband und ließ sich in einer Abrollvorrichtung einfach portionieren. Den Namen leitete eine Sekretärin von ihrem

Abbildung 12.4:
Labello Werbung (1909)
In diesem Jahr kam die Lippenpomenade auf den Markt.

© Beiersdorf-Archiv.

Abbildung 12.5:
Werbung für *Nivea*-Creme und Öl (1931)
© Beiersdorf-Archiv.

Namen ab, die in den Gehaltslisten als **Tesma, Elsa** (1887–1968) geführt wurde. Im Jahre 1940 wurde daraus *Tesa*film und eine eigene Produktlinie. 1961 entstand das heutige Design mit den beiden Wörtern *Tesa* Film und einer blau-roten Packung (Abb. 12.7, S. 379). Dieses Produkt erlebte Oscar Troplowitz nicht mehr, denn er starb 1918 während eines Abendspazierganges an einem Herzanfall. Es hätte ihn bestimmt gefreut, viele seiner Produktentwicklungen heute im Handel zu sehen.

12.1 Literatur

BEIERSDORF AG: *Nivea 100 Jahre Hautpflege fürs Leben*. Hamburg 2011.

CURA, KATRIN: Vom medizinischen Heftpflaster zum technischen Klebeband – 70 Jahre Tesa. In: *Naturwissenschaftliche Rundschau* **59** (2006), H. 12, S. 654–656.

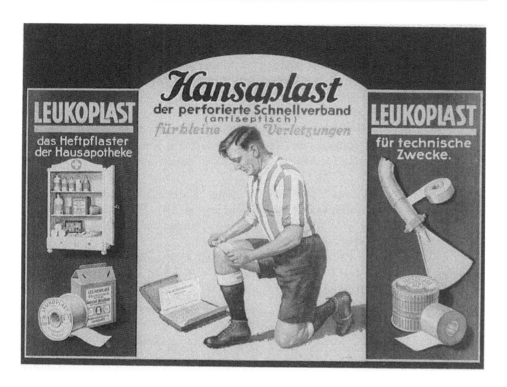

Abbildung 12.6:
Leukoplast und *Hansaplast* Werbung (1922)

Leukoplast wurde ab 1901 zum Verbinden für Wunden angeboten, aber wegen seines festen Trägermaterials auch gern zum Reparieren benutzt. 1921 kam der Schnellwundverband *Hansaplast* auf den Markt und die Firma schuf die Produktlinie der Plaste.

© Beiersdorf-Archiv.

Cura, Katrin: Sportheftpflaster – ein frühes Klebeband. In: *Technik in Bayern. Nachrichten aus Technik, Naturwissenschaft und Wirtschaft, Verein Deutscher Ingenieure* (VDI) (2007), H. 3, S. 35.

Cura, Katrin: Tesa – Die Entwicklung eines technischen Klebebandes in Hamburg. In: Wolfschmidt, Gudrun (Hg.): *Hamburgs Geschichte einmal anders, Teil 1. Entwicklung von Naturwissenschaft, Medizin und Technik*. Norderstedt: Books on Demand (Nuncius Hamburgensis – Beiträge zur Geschichte der Naturwissenschaften; Band 2) 2007, S. 239–251.

CURA, KATRIN: Von der Apotheke zur chemischen Fabrik – 125 Jahre Beiersdorf. In: *Naturwissenschaftliche Rundschau* **60** (2007), H. 11, S. 579–581.

CURA, KATRIN: Leukoplast und Nivea – 125 Jahre Beiersdorf. Forschung, Marketing und Produktion in der Anfangszeit. In: WOLFSCHMIDT, GUDRUN (Hg.): *Hamburgs Geschichte einmal anders, Teil 2. Entwicklung von Naturwissenschaft, Medizin und Technik*. Norderstedt: Books on Demand (Nuncius Hamburgensis – Beiträge zur Geschichte der Naturwissenschaften; Band 7) 2009, S. 105–121.

CURA, KATRIN: *Vom Hautleim zu Universalklebstoff. Zur Entwicklung der Klebstoffe*. Diepholz: Verlag für Geschichte der Naturwissenschaften und der Technik 2010, S. 218–252.

CURA, KATRIN: Ätzendes Chlor und die giftige Karbolsäure. Desinfektion während der Cholera-Epidemie 1892 in Hamburg. In: HEMPEL, DIRK UND INGRID SCHRÖDER (Hg.): *ANDOCKEN. Hamburgs Kulturgeschichte 1848–1933*. Hamburg: DOBU Verlag 2012, S. 232–242.

GRADENWITZ, HANS: Die Entwicklung der Firma P. Beiersdorf & Co. Hamburg bis zum 1. Oktober 1915. In: *Sammelband Kasch 508*. Universitätsbibliothek Hamburg 2015, S. 1–33.

KAUM, EKKEHART: *Oscar Troplowitz. Forscher Unternehmer Bürger. Eine Monographie*. Hamburg: Wesche Verlag 1982.

Ohne Autor: *100 Jahre Beiersdorf 1882–1982*. Hamburg: Christians Druckerei 1982.

ROKITTA, SVENJA: *Das Gewebeklebeband als Material des Provisorischen. Ein Beitrag zu seiner Material- und Kulturgeschichte in Deutschland*. Masterarbeit, Technische Universität Berlin 2014.

STEPKE, FRANK OLIVER: *Die Fertigung dermatologischer Präparate in Hamburg von 1871–1918*. Dissertation zur Erlangung des Doktorgrades des Fachbereichs Mathematik der Universität Hamburg 1989, hier besonders S. 55, 62, 124.

Abbildung 12.7:
Tesa Werbung (1965): „Mit Tesa klebt sich's leichter"

Das technische Klebeband mit durchsichtigem Trägermaterial
erschien 1936 und ließ sich mit einem Abroller portionieren.
Ab 1940 entstand daraus die *Tesa* Produktlinie.

© Beiersdorf-Archiv.

Abbildung 13.1:
Rama-Werbung in Hamburg, unten: Wandbild, Caffamacherreihe
Oben: Mit freundlicher Genehmigung von *Unilever*,
Unten: Foto: Gudrun Wolfschmidt (2006)

Rama, Öl und Seife – Hamburger Lebens- und Waschmittelindustrie

Gudrun Wolfschmidt (Hamburg)

13.1 Einleitung: Surrogate

Der Aufstieg der Lebensmittelchemie ist eng verbunden mit der wirtschaftlichen Situation, die mit Sturz und Verbannung Napoleons zusammenhing. Im *Bulletin des Neuesten und Wissenswürdigsten aus der Naturwissenschaft sowie den Künsten und Manufakturen, technischen Gewerben, ...*, herausgegeben seit 1809 von Sigismund Friedrich Hermbstaedt (1760–1833), Professor der Chemie und Pharmazie in Berlin,[1] war das Hauptthema „Surrogate" für Stoffe, die wegen der Kontinentalsperre nicht mehr auf den Kontinent kamen, vgl. auch das Kapitel über Zucker, S. 145. Gesucht wurden Surrogate beispielsweise für Brot oder für Kaffee, hier wurde beispielsweise der Samen der gelben Wasserschwertlilie vorgeschlagen. Ab 1811 – verursacht durch Mißernten wegen ungünstiger Witterung, Viehseuchen usw. wurde die Not noch größer. Dieselbe Situation trat nochmals nach der Revolution von 1848 ein. In diesem Kontext läßt sich auch Justus Liebigs (1803–1873) Initiative zum Kunstdünger verstehen. Zur Verbesserung des Brotes erfand Eben Norton Horsford (1818–1893), ein früherer Student von Justus Liebig und seit 1847 Professor an Harvard University, das Backpulver, in den USA als *baking powder* bekannt geworden (1854). Liebig forschte wegen einer Hungersnot in Ostpreußen weiter über das Backpulver (1868). Schließlich verbesserte die Firma *Oetker* in Bielefeld das Produkt und vermarktete es clever unter dem Namen „*Backin*" ab 1893.[2] Der Ersatz für die Muttermilch (Nestlé Kindermehl) wurde von der Firma *Nestlé* 1867 auf den Markt gebracht, auch eine

---

1 Mieck (1965), S. 325–382, (1969), S. 666 f.

2 Patent von Oetker: DRP, 21. September 1903 „Verfahren zu Herstellung von dauerhaftem Backpulver oder backfertigem Mehl". Siehe auch: Pollard, Möller: Dr. August Oetker (1862–1918). In: Wolfhard Weber (Hg.), 1991, S. 356–377.

Weiterentwicklung der Ideen von Justus von Liebig 1865. Der Kaffee-Extrakt wurde unter dem Namen *Nescafé* bekannt.[3]

Abbildung 13.2:
Reklame „Nestlé Kindermehl" (links am Gebäude), Klingelbergfleet, um 1900
Foto: Gudrun Wolfschmidt (2015, Postkarte, Privatarchiv).

---

3 Die Firma *Farine Lactée Henri Nestlé lk.A.* wurde 1867 vom Frankfurter Heinrich Nestle bzw. Henri Nestlé (1814–1890) gegründet, der sie bis 1875 führte. 1898 übernahm ein Milchpulverwerk in Norwegen die Firma; trotz weiterer Fusionen, u. a. mit Maggi AG (1947), blieb der eingeführte Namen *Nestlé* aus Marketinggründen erhalten. Vgl. Schwarz: Nestlé, 2000.

13.2 Transiedereien

Abbildung 13.3:
Transiederei (Modell nach einem Kupferstich 1752)
Foto: Gudrun Wolfschmidt (2015 im HamburgMuseum).

Hamburg und Altona hatte seit dem 17. Jahrhundert eine Tradition in der Tranver-
arbeitung, die sich im 19. Jahrhundert weiter ausbreitete. Die in der Nordsee gefan-
genen Wale wurden gleich auf den Schiffen abgespeckt und in Fässern nach Hamburg
gebracht. Besonders am Elbufer bei St. Pauli und am Hamburger Berg entstanden
Trankochereien. Unter freiem Himmel – bei großem Gestank – wurde in Kupfer-
kesseln der Speck ausgekocht. Das Fett wurde abgeschöpft, die Schadstoffe wurden
durch Filtrieren entfernt; schließlich wurde der Tran in Fässern abgefüllt. Besonders
als Lampenöl für Beleuchtungszwecke hatte es große Bedeutung.

13.3 Ölmühlen in der Metropolregion Hamburg

An den Anfang möchte ich die Klage eines Ölmüllers bezüglich der Probleme mit der Globalisierung um 1900 stellen:

> *„Zu den blühendsten Gewerbezweigen in Deutschland gehörte ehedem die Ölmüllerei. Diese versorgte das Land mit fast allen Oelen, welche überhaupt in der Industrie und im Haushalt verbraucht wurden. Amerikanisches Petroleum, russisches Schmieröl, italienisches Olivenöl und afrikanisches Erdnussöl waren in jener glücklichen Zeit der deutschen Oelmüllerei noch etwas unbekanntes innerhalb der Grenzen des heiligen römischen Reiches deutscher Nation. Der Fortschritt der Zivilisation brachte eine gewaltige Vervollkommnung der Verkehrsmittel und infolge dessen auch eine Einflutung ausländischer Produkte mit sich. Die Oelmüllerei vertraute auf ihr gutes Glück, bekümmerte sich wenig um die Vervollkommnung der Technik und war nicht wenig überrascht, als sie sich durch die fremden Erzeugnisse eines Tages vollkommen aus ihrer bis dahin innegehabten Position verdrängt sah.*[4]

Auf der Insel „Kleiner Grasbrook", die 1894 in Hamburg eingemeindet wurde, entstanden neben Schiffswerften diverse ölverarbeitende und andere Fabriken östlich vom Reiherstieg:[5] Öl- und Fettfabrik Gebr. Stern, Zuckerfabrik D. H. Hambrook, Chemisch-Pharmazeutische Fabrik J. H. Bieber, Öl- und Ölkuchenfabrik C. Hirschberg, Kupferhütte Ertel, Bieber & Co., Spiritusfabrik C. W. Herwig, Mineralölwerke Albrecht & Co., Schmierölfabrik E. Schliemann und das Schmieröllager Jenquel & Hayn. Östlich nach dem Grenzkanal folgt der Petroleumhafen, der 1879 angelegt wurde; hier lagerte man das Petroleum erst in Fässern, dann in Tanks.

Ölmühlen gab es in Hamburg und in der Region von St. Pauli, im Karolinenviertel und in der Sternschanze. Das Hauptgebäude der ehemaligen Ölmühle am Ölmühlenweg in Wandsbek wurde um 1750 gebaut und wurde 1970 unter Denkmalschutz gestellt.

Speziell Harburg bildete ein Zentrum der Ölmühlen; 50% aller inländischen und importierten Ölsaaten vor dem Zweiten Weltkrieg wurden dort verarbeitet.[6] Besonders aufgrund der Konzentration der Ölmühlen in Harburg, d. h. Friedrich Thörls *Vereinigte Harburger Ölfabriken* (1906), Harburger Ölwerke *Brinckman & Mergell* (Hobum), *Hansa-Mühle AG* und *Noblee & Thörl GmbH* (Öl- und Fett-Veredelung für die Nahrungsmittelindustrie), war Hamburg sogar das weltgrößte ölverarbeitende Zentrum.

---

4 Wie kann der Oelmüllerei geholfen werden? In: Oel- und Fettzeitung Nr. 11 (1904), S. 111–112, hier S. 111.

5 Tode, Sven und Mathias Eberenz: Genial in Hamburg. Hamburger Unternehmen zwischen Tradition und Innovation. Hamburg: Verlag Hanseatischer Merkur 2005.

6 DIE ZEIT, Nr. 29 (21.7.1949). Weitere 40% befanden sich im Rheinland und 10% östlich der Elbe.

Abbildung 13.4:
Ölmühlen in Wittenberge (18. Jh.) und ADM Hamburg AG
Wikipedia (Foto: Clemens Franz), Wikipedia

Abbildung 13.5:
Blick auf den „Kleinen Grasbrook" mit ölverarbeitenden Fabriken
östlich vom Reiherstieg, rechts: Petroleumhafen (1879),
unten ist die Reiherstieg-Drehbrücke (1889–91) zu sehen.
Foto: Gudrun Wolfschmidt (2015 Stadt- und Hafenmodell im HamburgMuseum)

Die Oelmühle Hamburg AG wurde 1910 gegründet.[7] Das Palmöl-Tanklager und die
Palmöl-Raffinerie haben immer noch Bedeutung für die Lebensmittelindustrie (u. a.
Margarineherstellung), aber auch Treibstoff für den Betrieb von Großmotoren.[8] Heute
zählt der ADM (Archer Daniels Midland) Standort Hamburg mit der Verarbeitung
von Sojabohnen und Rapssaat zu den größten Oelsaatenverarbeitungsstandorten der
Welt.

13.4 Margarine

13.4.1 Erfindung der Margarine durch Mège-Mouriès

Aufgrund eines Preisausschreibens der französischen Regierung, um die Bevölkerung
zu versorgen, erfand der Chemiker Hippolyte Mège-Mouriès (1817–1880) 1869 einen

---

7 Die Oelmühle Hamburg AG, Nippoldstraße 117 in Neuhof (Hamburg-Wilhelmsburg), Europas größte Ölmühle, gehört seit 1994 zum amerikanischen ADM-Konzern (Archer Daniels Midland Gruppe), gegründet 1902 von George A. Archer und John W. Daniels. Vgl.
 Gipp, Jochen: Hamburger Abendblatt, 10. September 2014.
8 Seit 2001 produziert ADM in Hamburg Biodiesel als weltgrößter Erzeuger.

Abbildung 13.6:
Hermann Bauermeister Mühlenbauanstalt, Altona-Ottensen,
Baumwollsaat- und Ölkuchen-Mühlen, Kakao- und Schokolade-Fabriken
Kleiner Führer durch die Stadt Altona. Altona: Hammerich & Lesser 1927

Butterersatz, den er Margarine (vom griechischen Márgaron = Perle) nannte.[9] Zur Herstellung war Mège-Mouriès die Idee gekommen, Rindertalg bei ca. 30° langsam kristallieren zu lassen. Dann presste er das Gemisch ab und erhielt etwa 40% feste Anteile, das „Oleostearin", das er auf diese Weise vom flüssigen „Oleomargarin" trennte. Das Oleomargarin verrührte er mit gleichen Teilen Magermilch und Wasser unter Zusatz von wenig Natriumhydrogencarbonat und 0,1 bis 0,2% Kuheuter. Er erhielt auf diese Weise eine Emulsion, die er wie bei der Butterbereitung weiterbehandelte. Vergleicht man diese Vorschrift mit der Herstellung natürlicher Butter, so wird eine Ähnlichkeit auffallen. Offensichtlich wollte er zunächst so etwas wie künstliche Milch schaffen, aus der er dann die Ersatzbutter gewinnen wollte. 1870 nahm die erste Margarinefabrik in Frankreich die Produktion auf. Aufgrund der guten Qualität der Margarine führte es zu einem Boom in Europa mit der Gründung von Margarinefabriken.

Doch mit dem Anwachsen der Bevölkerung wurde selbst der Rindertalg knapp; man nahm nun als Ausgangsmaterial Walfischtran und Kokosfett.[10] Diese Stoffe enthalten jedoch Fettmoleküle mit vielen Doppelverbindungen und sind daher flüssig. Zur Bereitung einer festen Margarine mußte daher ein Fetthärtungsverfahren entwickelt werden.[11] Es war das Verfahren von Wilhelm Normann (1870–1939), 1902: diese Fette mußten mit Wasserstoff hydriert werden, vgl. S. 389.

13.4.2 Vorgänger der Fetthärtung – direkte Hydrogenisirung von Paul Sabatier und Jean Senderens

Die Franzosen Paul Sabatier (1854–1941) und Jean B. Senderens (1856–1937) publizierten ihre Entdeckung einer direkten Hydrogenisierung mit reduziertem Nickel als Katalysator und beschrieben die Darstellung des Hexahydrobenzols:

> „Seit den letzten Veröffentlichungen der Verfasser über die Umwandlung von Aethylen und Acethylen in Aethan etc. durch frisch reducirtes Nickel haben sie durch neue Versuche erkannt, dass reducirtes Nickel ein sehr wirksames Agens ist, das sowohl direkte Wasserstoffanlagerungen als auch molecuare Umsetzungen bei wenig hohen Temperaturen auszuführen gestattet.
> Das Metall wirkt durch eine „Gegenwartsreaction" von fast unbegrenzter Dauer dabei mit. Diese Reaction ist sicherlich der Bildung von Zwischenproducten zuzuschreiben, z. B. von einem unbeständigen Hydrid. Das Metall ruft so eine große Anzahl exothermischer Reactionen hervor, welche gewöhnlich nur mit Hülfe hoher Temperaturen bewirkt werden können, die für die Stabilität der Producte ungünstig sind, oder unter mühsamen experimentellen Bedingungen. Auf das frisch reducirte Nickel, welches in dün-

9 http://www.imace.org/about-margarine/history/ (8.10.2014).
10 Beides stand in Hamburg durch Fischerei, Seefahrt und Handel zur Verfügung; man denke besonders an die Walfischtranbrennereien am Hamburger Berg.
11 Krätz 1999, S. 265.

Abbildung 13.7:
Links: Erster Originalapparat zur Fetthärtung, Leprince & Siveke, Herford, 1903
Rechts: Ölhärtungs-Anlage für Versuchszwecke,
hergestellt von A. Borsig GmbH, Berlin-Tegel, etwa 1923
http://www.dgfett.de/history/normann/bil_haertung.php

ner Schicht in der Reductionsröhre ausgebreitet ist, leitet man die Dämp-
fe des zu hydrogenisirenden Körpers, die man durch einen Überschuss an
Wasserstoff mit fortreissen lässt. Die Verf. haben so mit frisch reducirtem
Nickel die Wasserstoffanlagerung an das Benzol ($C_6H_6 + H_6 = C_6H_{12}$
Hexahydrobenzol), Toluol, die Xylole, an das Cymol etc. ausgeführt, eben-
so bei anderen Verbindungen, wie bei Nitrobenzol, das leicht in Anilin
umgewandelt wird."[12]

13.4.3 Wilhelm Normann (1870–1939) – Erfinder der Fetthärtung

Der Chemiker Wilhelm Normann (1870–1939) ist der Erfinder der Fetthärtung (1901)
und damit der (heutigen) Margarineherstellung.[13] Über die Reaktion mit Öl und
Wasserstoff erhielt er ein reines, weißes Fett, das bis heute die Grundlage zahlreicher
Produkte nicht nur in Lebensmitteln wie Margarine, sondern auch in Kosmetika,
Kunststoffen und Reinigungsmitteln ist.

Er begann seine berufliche Tätigkeit 1888 in der *Herforder Maschinenfett und Öl-*
fabrik Leprince & Siveke, die er auch im Hamburger Freihafen leitete. Nach seinem

---

12 Sabatier und Senderens (1901), S. 136. Zitiert nach http://www.dgfett.de/history/
normann/sabatier.php (10.10.2014).
13 Ruthenberg 1999, S. 344. Siehe auch Deutsche Gesellschaft für Fettwissenschaft (DGF):
http://www.dgfett.de/history/. DRP 141,029 (1902).

Chemiestudium in Wiesbaden, Berlin und Freiburg im Breisgau kehrte er 1901 in seine Firma in Herford zurück. Von 1900 bis 1909 übernahm er die Leitung des Laboratoriums und führte die Untersuchungen über Fette und Öle fort. 1901 las er in der *Chemiker-Zeitung* von den Versuchen Sabatiers, katalytisch Wasserstoff an leichtflüssige Teeröle anzulagern. Sabatier hatte behauptet, daß sein Verfahren nur bei verdampfbaren organischen Verbindungen anwendbar sei. Diese Bemerkung veranlaßte Normann, selbst Versuche anzustellen. Er widerlegte die Ansicht von Sabatier, als es ihm gelang, ein *„Verfahren zur Umwandlung ungesättigter Fettsäuren oder deren Glyceride in gesättigte Verbindungen"*[14] zu entwickeln. Belegt ist seine Erfindung der Fetthärtung durch einen Eintrag in seinem Laborbuch vom 27.02.1901 und in einem Brief an seinen Freund und Chemiker Wilhelm Meigen (1873–1934) (28.02.1901):[15]

> *„Die beschriebene Eigenschaft des Ni, H-übertragend zu wirken, ist aber richtig. Ich habe bei 160° C aus chemisch reiner Ölsäure quantitativ und ohne Verharzung Stearinsäure gemacht! Ich bitte Dich aber, hierüber mit niemand zu sprechen und die ganze Sache für Dich zu behalten, denn ich habe starke Hoffnung und versuche dieses Verfahren für die technische Benutzung auszuarbeiten."*

Am 30.07.1902 schrieb er ferner einen Brief an seine Eltern:

> *„Ich habe nämlich augenblicklich eine Arbeit vor, oder bin vielmehr mit den Vorarbeiten schon fertig, daß vielleicht ein brauchbares Patent dabei herauskommt, ich fürchte aber aus verschiedenen Gründen, daß mir irgend jemand zuvor kommen könnte, wenn ich die Sache nicht beeile."*

Neben dem Deutsche Reichspatentamt (1902) wurde außerdem ein britisches Patent Nr. 1515 (21.01.1903) *„Process for Converting Unsaturated Fatty Acids or their Glycerides into Saturated Compounds"* an Dr. Wilhelm Normann erteilt. Aufgrund der Patente beschäftigte er sich von 1905 bis 1910 mit dem Auf- und Ausbau einer Anlage zur Fetthärtung in der Firma in Herford, gleichzeitig mit der Einführung der Erfindung und Ausbau zu einer Großanlage bei der Firma „Joseph Crosfield & Sons Ltd." in Warrington, England. In seine Probleme gibt ein weiterer Brief an Meigen (23.02.1903) einen Einblick:

> *„Im Geschäft habe ich ... hauptsächlich an einer Verbesserung unserer Ölraffination zu thun. ... In der Raffinationssache habe ich die ‚Freude' erlebt, daß die Reaktion im Reagenzglase sehr schön ging und im Großen gar nicht. Jetzt kann ich wieder von vorn anfangen und herausknobeln, woran das liegt."*

Der preiswerten Margarine gelang es bald, sich einen erheblichen Marktanteil gegenüber der Butter zu erobern.[16]

---

14 *Deutsche Reichspatentamt das Patent* Nr. 141.029 (14. August 1902).
15 Vgl. Krätz 1999, S. 265.
16 Ein Pfund der billigsten Margarine kostete im Jahre 1929 nur 23 Pfennige, weil damals die Ölmühlen ihre Rohstoffe noch selbständig auf dem Weltfettmarkt einkaufen konnten, zudem gab es Zollfreiheit für die Rohstoffe.

Abbildung 13.8:
Alte Jurgens-Fabriek in Oss, heute Kulturzentrum (Kruisstraat 15)
Wikipedia

13.5 Rama und die Verbindung zu Hamburg

1871 wurde die Erfindung von Mège-Mouriès an die niederländische Butterfirma Firma Antoon Jurgens, gegründet 1820 von Jan Jurgens aus Goch, in Oss in Nordbrabant verkauft. Auch Simon van den Bergh (1819–1907) begann in seiner Heimatstadt Oss 1872 mit der Margarineproduktion. Wegen der hohen Schutzzölle Bismarcks auf Butter und Margarine verlegte er seine Firma 1888 von den Niederlanden ins Deutsche Reich nach Kleve. Von 1911 bis 1922 leitete Normann die vom Jurgens-Konzern errichteten *Ölwerke Germania* in Emmerich am Rhein.[17][18]

Die niederländischen Firmen *Margarinewerke Van den Bergh* in Kleve und *Jurgens & Prinzen* in Goch fusionierten 1927 zur *Margarine Unie* in Rotterdam und 1929 zur *Union Deutsche Lebensmittelwerke*.[19] 1930 erfolgte ein weiterer größerer Zusammenschluß der *Margarine Unie* mit dem britischen Seifenhersteller *Lever Brothers* (vgl. S. 399). Das war der Ursprung des auch für Hamburg wichtigen Konzerns *Unilever*.[20]

---

17 Die Firma produziert seit 2010 unter dem Namen *KLK Emmerich* auf der Grundlage von Palmöl-Plantagen in Malysia, vgl. Abb. 13.10, S. 393, weiterhin oleochemische Produkte wie Fettsäuren, Glyzerin und Fettamide.

18 Obwohl Palmöl ursprünglich als Kolonialprodukt geschätzt wurde, ist es heute umstritten wegen der Zerstörung der Regenwälder. Seit 2004 wurde ein *Roundtable on Sustainable Palm Oil* (RSPO) mit dem Ziel der nachhaltigen Produktion gegründet.

19 1927 entstand in London noch die *Margarine Union*.

20 Wilson 1968. Siehe auch Unilever: `http://de.wikipedia.org/wiki/Unilever` (10.10.2014).

Abbildung 13.9:
Links: RAMA, Margarine-Union (1927 *Unilever*),
Rechts: Margarine, Hinrich Voss, Winterhude,
Humboldtstraße (1904), Bramfeld (1909–1978)
Foto: Gudrun Wolfschmidt (2015)

Das ursprüngliche Unilever Bürohochhaus in Hamburg, Hentrich Petschnigg und Partner (HPP), 1961/63, ist ein bemerkenswerter Bau der Nachkriegsmoderne. An einem dreieckigen Mittelpfeiler (Erschließungskern) hängen die drei Y-förmigen Gebäudeflügel mit der Vorhangfassade (curtain wall).[21]

Bereits 1924 wurde die Vermarktung unter dem Namen „*Rahma*" beschlossen, eine Assoziation an Rahm oder Sahne. Ergänzend wird das „*Rama*"-Mädchen in der Vierländer (Bergedorfer) Tracht eingeführt, vgl. Abb. 13.12, S. 395.[22] Charakteristisch ist der große runde Strohhut mit umgestülpter Krempe mit der sog. »Nessel«, einer breiten Hinterkopfschleife. Zur Kleidung gehört ferner ein schwarzer oder roter Rock mit Schürze (Platen), Bluse und Mieder (Liefstück) mit Brustkette und Hemdspange, vgl. Abb. 13.1, S. 380.

Zusätzlich zu Margarine wurden diverse Fette und Öle als Lebensmittel aus kolonialen Rohstoffen hergestellt, besonders Palmin (seit 1894), vgl. Abb. 13.10, S. 393.[23]

---

21 Nach dem Umzug der Konzernzentrale in die Hafencity 2009 wurde das seit 2001 denkmalgeschützte Gebäude saniert.

22 Könenkamp 1978.

23 Vgl. auch Krätz: 7000 Jahre Chemie, 1999, S. 265. Palmin (seit 1894), Livio (seit 1958) und Biskin (seit 1968 am Markt) wurden 2004 an die Firma Peter Kölln KGaA in Elmshorn verkauft.

Abbildung 13.10:
Links: Palmöl-Plantage in Malysia
Rechts: Palmölfrucht zur Gewinnung von Palmkernöl (Ecuador), unten: Palmkerne
Wikipedia, Foto: Gudrun Wolfschmidt (2015)

13.6 Von der Seifensiederei bis zur medizinischen Seife

Seifensieder gab es seit dem Hochmittelalter in Städten.[24] Das Grundmaterial Talg stammte von Rindern, Schafen und Ziegen oder Fischtran sowie Fett von Pferden und Schweinen, aber auch pflanzliche Öle (im Mittelmeerraum) wurden verwendet und nach Belieben mit wohlriechenden Essenzen versetzt. Talg (in Nürnberg „Unschlitt") war auch Grundlage für die Beleuchtung (Talgkerzen, Herstellung durch Kerzenzieher). Plinius der Ältere berichtete, daß die traditionelle Herstellung bei den Galliern und Germanen aus Ziegentalg und Aschelauge (Pottasche) erfolgte.[25]

Besonders über den islamischen Kulturkreis gelangte die Kenntnis der Seifenherstellung nach Europa. Marseille wurde ein erstes westliches Zentrum, dann gab es Seifensiederzünfte in Nürnberg, Augsburg und Ulm ab dem 14. Jahrhundert.[26]

---

24 Lexikon des Mittelalters 1999.
25 Plinius: Naturgeschichte, 1978. König (1960).
26 Fröhlich (2000), S. 20–24.

Abbildung 13.11:
Altes und neues Unilever-Haus (1964 und 2009),
links: ehemals Unilever am Dammtorwall (Helmut Hentrich und Hubert Petschnigg),
heute Emporio, rechts: Unilever / Marco-Polo-Tower in der Hafen-City
Wikipedia (Foto: Emma7stern, 2012), Foto: Gudrun Wolfschmidt

Abbildung 13.12:
Links: Vierländer (Bergedorfer) Tracht
Rechts: Rama kommt auf den Markt, „Rahma", das Butter-Mädchen, um 1924
Links: Wikipedia, Rechts: Mit freundlicher Genehmigung von *Unilever*

13.6.1 Schmierseife

Der Talg wurde zur Herstellung der Seifensiederlauge im Wasser mit Holz- oder Pottasche (Kaliumkarbonat, Kalilauge) und Ätzkalk (gebrannter Kalk, Kalziumoxid) auf
80°C bis 100°C unter Rühren erhitzt.[27] Nach mindestens einem Tag Kochen wurde die
passende Menge Fett oder Öl zu gefügt. Anschließend wurde die weiche Seifenmasse
geformt (Schmierseife); es entstand eine grünliche Seife.

---

27 Diderot et d'Alembert: *Encyclopédie ou Dictionnaire raisonné des des sciences, des arts
   et des métiers*, 35 vol., Paris 1751–1780. Hermbstädt: Wissenschaft des Seifesiedens, 1808.

Abbildung 13.13:
Margarinefabrik A. L. Mohr, Altona-Bahrenfeld
„Fabrik-Etabissements der bekannten grössten deutschen Margarine-Fabrik"
Kleiner Führer durch die Stadt Altona. Altona: Hammerich & Lesser 1927

13.6.2 Kernseife

Bereits in der Antike wurde Soda, also Asche von salzhaltige Wasser-Pflanzen, besonders aus Ägypten, im Mittelmeerraum verwendet. Die künstliche Soda-Herstellung
gelang 1789 Nicolas Leblanc (1742–1806).

Mit dem Soda-Verfahren von Leblanc konnte Natriumcarbonat erstmals in großen
Mengen hergestellt und zu Kernseife verarbeitet werden. Wegen der großen Nachfrage
nach dem Rohstoff, verbreitete sich das Leblanc-Verfahren auch in Deutschland.

13.6.3 Palmöl-Soda-Seife

Eine erste deutsche Sodaproduktion gab es im *„Chemischen Etablissement Dr. Hempel"*, die im Oranienburger Schloss untergebracht war.[28] Die Firma gründete 1814 der

---

28 Mein Dank gilt Katrin Cura für diesen Abschnitt über die Sodaherstellung und über
   Runges Palmöl-Soda-Seife.

Abbildung 13.14:
Friedlieb Ferdinand Runges Chemisches Laboratorium (1914)
„Chemisches Etablissement Dr. Hempel"
Schloss Oranienburg

Kommerzienrat Dr. Georg Friedrich Albrecht Hempel (1752–1836) zuerst als Schwefelsäurefabrik und stellte später Salmiak, Ammoniak, gelben Blutlaugensalz, Kupfervitriol, Berliner Blau u. a. her. 1824 kamen auch die Sodaherstellung nach Leblanc und dessen Verarbeitung zu weißer Sodaseife hinzu. Die Firma stellte somit den Rohstoff und dessen Verarbeitung zum Endprodukt selbst her. Nur so konnte sie die Qualität der Kernseife gewährleisten, denn die inländischen Seifensieder lehnten die französischen Verfahren ab.[29] Hieran zeigte sich auch der Unterschied zwischen traditionellem Handwerk und den neuen Manufakturen und Fabriken. Die Seifensieder verarbeiteten kleine Soda-Mengen aus Asche in ihren Werkstätten und lehnten Innovationen ab. Dagegen besaßen die leitenden Mitarbeiter in den Großbetrieben eine höhere naturwissenschaftliche Bildung und probierten gern neue Verfahren aus. Zudem arbeiteten sie mit größeren Mengen als die Werkstätten und erzeugten mit dem Leblanc-Verfahren viel Soda, aus der sie viel Kernseife produzierten.

Der Chemiker Friedlieb Ferdinand Runge (1794–1867) (vgl. den Beitrag von Katrin Cura, Kapitel 10, S. 247) experimentierte auch an einem neuen Herstellungsprozess

---

29 Rehberg, Max (1935), S. 59–63, 68, 71–75.

und schuf erstmals 1832 die Palmöl-Soda-Seife in Oranienburg. Oft wird diese Erfindung späteren Chemikern zugeschrieben, da Runge heute fast vergessen ist. Er
wurde im Hamburger Dorf Billwerder geboren, absolvierte eine Apothekerausbildung
und nach einem Medizinstudium promovierte er in Medizin und Philologie über chemische Themen. Danach war er zeitweise Privatdozent für Chemic an der Universität Berlin und später Professor für Technologie in Breslau. Währenddessen arbeitete
er als Industriechemiker in Breslau und wechselte dann 1832 nach Oranienburg. Er
war Anhänger der wissenschaftlichen Technologie, die Johann Beckmann (1739–1811)
1777 begründete, und wollte das Gewerbe weiter entwickeln und damit die Wirtschaft
fördern.[30]

Abbildung 13.15:
Sunlicht Seife, Unilever
Foto: Gudrun Wolfschmidt (2015)

Als Industriechemiker optimierte Runge die unterschiedlichen Herstellungsverfahren, entdeckte das Phenol und die Teerfarbstoffe (vgl. das Kapitel 10 über Runge
von Katrin Cura, S. 247)[31] und wandte er sich auch der Seife zu. Er ersetzte den
traditionellen tierischen Talg durch afrikanisches Palmöl und schuf die erste Palmöl-
Soda-Seife Deutschlands. Sie wurde als „Oranienburger Kernseife" berühmt und ein
Verkaufsschlager. Die Nachfrage erreichte im Jahre 1837 ihren Höhepunkt, als 6.303
Zentner im Wert von 78.326 Talern hergestellt wurden. Anfangs verlief die Seifenproduktion nach handwerklichen Verfahren, die Runge änderte und teure Rohstoffe
zurückgewann. So goss er nicht mehr die Seifen-Unterlauge weg, sondern gewann aus
ihr jährlich 1.200 Zentner Kochsalz und andere Salze zurück und sparte der Firma

---

30 Beckmann (1777): Anleitung zur Technologie.
31 Cura, Katrin: F. F. Runge – Die bunte Welt der Chemie, 2011, S. 164–191. Cura, Katrin:
   Dr. Gift, Goethe und der König – der Hamburger Chemiker Friedlieb Ferdinand Runge, 2011, S. 91–122. Cura, Katrin: Professorenklekse – Friedlieb Ferdinand Runge, 2011,
   S. 269–294.

viel Geld.[32] Trotzdem sank die Seifenproduktion bis zum Jahre 1848 auf 2.131 Zentner, obwohl das nahegelegene Berlin jährlich geschätzt 25.000 Zentner Seife benötigte. Offensichtlich gab es die ersten Konkurrenten, die dieses Verfahren kopierten.

13.6.4 Sunlicht Wasch- und Reinigungsmittel

So auch die britischen Seifenhersteller, die Brüder William Hesketh Lever (1851–1925) und James Darcy Lever (1854–1910), die 1885 die Waschmittel- und Seifenfabrik *Lever Brothers* gründeten, zunächst in Warrington in Nordwestengland, später bei Liverpool (Unilever seit 1930 durch die Fusion mit der holländischen Firma *Margarine Unie*). Sie verwendeten Glyzerin und als pflanzliches Öl das pflanzliche Kolonialprodukt Palmöl statt Talg (tierisches Fett) für die Seifenherstellung; dieses neue innovative Verfahren ging auf den Chemiker William Hough Watson aus Bolton zurück. Vermarktet wurde das Produkt unter dem Namen *Sunlight* (Sunlicht).[33] Die Sunlicht-Seifen waren Kernseifen und wurden zur Körperreinigung sowie zum Waschen von Wäsche und Oberflächen im Haushalt propagiert. Allerdings hatte ihre Lauge einen pH- Wert zwischen 8 bis 10 und griff die Haut an.

13.6.5 Medizinische Seifen

Die erste fetthaltige Kernseife zur Hautpflege brachte die Firma *Beiersdorf* in Hamburg 1906 unter dem Namen *Nivea* auf den Markt.[34] Sie stammte aus dem Sortiment der medizinischen Seifen und ihre Entwicklung ging auf dermatologische Forschung und die Zusammenarbeit zwischen Apothekern und Seifensiedern zurück. Vor 1880 gab es in Hamburg nur minderwertige medikamentöse Seifen, die die Sieder ohne ärztliche und pharmazeutische Beratung und Überwachung herstellten. Dieses änderte der Apotheker Carl Paul Beiersdorf (1836–1896), der die Merkur Apotheke nahe des Hamburger Michels besaß. Er baute das Labor aus und arbeitete mit dem Dermatologen Arzt Dr. Paul Gerson Unna (1850–1929) zusammen, der 1919 als Professor die moderne Dermatologie an der Universität Hamburg begründen sollte. Nach seinen Vorgaben entwickelte der Apotheker medikamenthaltige Seifen mit einem hohen Fettanteil, um die Arzneimittel zu binden und die Haut zu schonen. Die schwierige Herstellung übernahm der Seifensieder Thomas *Douglas* im Labor der Merkur Apotheke.[35] Einfacher zu produzieren waren die Kaliseifen (Schmierseifen), die Wilhelm

32 Anft (1937): Friedlieb Ferdinand Runge sein Leben und sein Werk, S. 169–170.
33 Siehe auch Macqueen 2004. Die Lever Brüder waren auch Sozialreformer und bauten Port Sunlight, eine Arbeiter-Gartenstadt-Siedlung am Rand von Liverpool. Als deutscher Firmenzweig entstand 1899 in Mannheim die Sunlicht-Seifenfabrik AG.
34 Ich danke Katrin Cura für diesen Abschnitt über Nivea.
35 John Sharp Douglas gründete 1821 eine Parfum- und Seifenfabrik in der Hamburger Speicherstadt und produzierte u. a. eine Kokosnuß-Soda-Seife. http://www.beautyspion.de/ j-s-douglas-sohne-zuruck-zu-den-wurzeln. Mit den Söhnen Thomas und Alexander änderte sich der Firmenname zu *J. S. Douglas Söhne*; erste Parfümerie *Douglas*, Neuer Wall Nr. 5 in Hamburg.

Abbildung 13.16:
Werbung für Sunlight (Sunlicht Seife), Lever Brothers, um 1900
Wikipedia

Abbildung 13.17:
Kolonialwarenladen Richard Läufer, Rappstrasse,
mit Reklame für Sunlicht-Seife, Vim, Maggi und Fettwaren
Foto: Gudrun Wolfschmidt (2016)

Hildemar Mielck (1840–1896), Sohn von J. H. F. Wilhelm Mielck (1805–1895), *Schwan Apotheke*,[36] nach Angaben von Dr. P. G. Unna anfertigte.

Im Jahre 1884 bot der Apotheker Beiersdorf 27 verschiedene medizinische Seifen an und steigerte ihre Zahl drei Jahre später.[37] Zu dieser Zeit hatte er bereits die Merkur Apotheke verkauft und einen Labor-Betrieb gegründet, das 1890 der Apotheker Dr. Oscar Troplowitz (1863–1918) kaufte und den Firmennamen in P. Beiersdorf & Co änderte (vgl. den Beitrag von Katrin Cura über Beiersdorf, S. 371).

Der erst 27jährige Dr. Troplowitz führte im Unternehmen die industrielle Herstellungsweise und ein zielgruppenorientiertes Marketing ein. Zudem baute er die Forschung aus stellte Apotheker, Chemiker und Drogisten ein. In seinem Privatlabor ging er selbst Probleme an und blieb der entscheidende Motor für Neuentwicklun-

---

36 Schwan Apotheke (*1765), Mattentwiete, seit 1842 Besitzer J. H. F. W. Mielck, Dammtor-
  str. 27, ab 1895 Dr. Paul Runge, und Max Levy (1867–1942?), ab 1909 Wilhelm Albrecht
  Mielck (1880–1957) und Dr. Paul Runge, Neubau 1911 *„Haus Goldener Schwan"*, Archi-
  tekten Jacob & Ameis, Originaleinrichtung von 1912.
37 Auch für diesen Abschnitt über die Erfindung der Nivea-Seife der Firma Beiersdorf in
  Hamburg-Lokstedt bin ich Katrin Cura dankbar.

Abbildung 13.18:
Nivea Seifen-Werbung (Beiersdorf, 1924)

Die Produktlinie startete 1906 mit der Seife und 1912 folgte die Creme. Unerwartet erfolgreich war das Schaufenster- und Ladenplakat mit den drei Jungen.

© Beiersdorf-Archiv. Foto: Gudrun Wolfschmidt (2016 im HamburgMuseum)

gen.[38] Der neue Besitzer arbeitete weiterhin mit dem Arzt Dr. Unna zusammen und
warb auf den Produkten mit dessen Namen. Der Arzt zog daraus keine wirtschaftlichen Vorteile, was dem damaligen wissenschaftlichen Ethos entsprach. Die medikamentösen Produkte waren Spezialanfertigungen und richteten sich an eine kleine
Verbrauchergruppe. Gleichzeitig war Oscar Troplowitz Unternehmer genug, um auch
neue Käufer anzusprechen. Bei einigen Produkten verzichtete er auf die Arzneimittel
und entwickelte daraus medizinisch-technische Produkte oder Pflegeprodukte, wie die
Nivea-Seife.[39] Ihre Geschichte begann mit einer Qualitätskrise.

Auch Troplowitz behielt die medikamentösen Seifen nach Vorgabe von Dr. Unna in
seinem Sortiment und lies sie in der Fabrik des Thomas Douglas in der Eimsbüttler
Bartelsstraße herstellen. Der war ein Seifensieder alter Schule und arbeitete eher empirisch als wissenschaftlich. Beim Kochen und Aussalzen der Seifen vertraute er mehr
auf seine Erfahrung und war nur schwer für die peniblen Reinheitsvorschriften eines

38 Cura, Von der Apotheke zur chemischen Fabrik – 125 Jahre Beiersdorf, (2007), S. 579–
   581. Cura, 125 Jahre Beiersdorf. Forschung, Marketing und Produktion in der Anfangszeit,
   (2009), S. 105–121.
39 Kaum, Ekkehart (1982), S. 15–19, 41– 49, 51–53.

Abbildung 13.19:
Trybol und Stomatol Mundwasser, Fritz John, Hamburg (1905)
Foto: Gudrun Wolfschmidt (2016)

Apothekers zu gewinnen. Bei einer Kontrolluntersuchung stellte die Schwan-Apotheke fest, dass die Seifen einen zu hohen Wassergehalt hatten. Zudem enthielten sie nicht die auf den Packungen angegebenen Wirkstoffkonzentrationen. Oscar Troplowitz forderte eine genauere Arbeitsweise und als diese nicht eintrat, kaufte er nach einigen Verhandlungen Thomas Douglas die Fabrik ab. Er modernisierte die Herstellung und erwarb eine Kochanlage, eine Kühlpresse, große Trockenapparate, Piliermaschinen, Strangpressen und automatische Stückpressen. Im chemischen Laboratorium der Fabrik wurden neue Methoden zur genauen Kontrolle der Fabrikation und zur Untersuchung und Prüfung der fertigen Seifen ausgearbeitet. Wie die Schwan-Apotheke in mehreren Gutachten bestätigte, waren die Seifen nicht mehr zu beanstanden. In der folgenden Zeit vermehrte die Firma die Zahl dieser medikamentösen Seifen kaum noch und blieb im Großen und Ganzen bei den ca. 70 verschiedenen Zusammensetzungen, die bereits *Douglas* herstellte. Sie deckten den Bedarf ab, und nur gelegentlich kamen auf Wunsch von Ärzten neue Sorten hinzu.

Große Beachtung schenkte Oscar Troplowitz der Basis-Seife ohne Heilstoffzusatz, die bereits *Douglas* mit der Unterbezeichnung Kinderseife herstellte. Durch besonders penible Herstellung erzielte er ein gleichmäßig weißes und gutaussehendes Produkt, für das die Frau eines Chemikers den Namen *Nivea* (lat. *nives* Schnee) vorschlug, vgl. den Beitrag von Katrin Cura, S. 373. Die Firma Beiersdorf brachte die Seife 1906 als Toilettenseife für den täglichen Gebrauch auf den Markt. Damit reagierte sie auf das gesteigerte Hygienebedürfnis der Bevölkerung, die durch die wissenschaftliche Bakteriologie sensibilisiert worden war. Ein wichtiger Auslöser dafür war die große Cholera-Epidemie 1892 in Hamburg, die durch ein Komma-Bakterium verursacht wurde.[40] So erschloss die Firma neue Käuferschichten und schuf ein Massenprodukt, dessen Pappschachtel anfangs noch auf den Dermatologen Unna hinwies: *„Nivea Beiersdorfs überfettete reine Seife. Basis-Seife No. 1103 Echtes Präparat nach Prof. Dr. Unna.“* Die frühe Packung von 1906 trug schon einen weißen Schriftzug auf blauem Hintergrund, in der folgenden Zeit gab es Jugendstilornamente und andere Farbgebungen, bis ab 1924 wieder die blau-weiße Variante erschien.[41] Aufgrund des großen Erfolges schuf die Firma eine *Nivea*-Produktlinie und 1912 kam die dazugehörige Creme auf den Markt, die weltweit verkauft wurde. Bis zum Ersten Weltkrieg 1914 war aus dem kleinen Betrieb ein Global Player geworden, mit Geschäftsstellen in London und Wien, Fabrikationsstellen in Buenos-Aires, Kopenhagen, London, Mexiko, Moskau, New-York, Paris, Sydney, Wien.[42]

Abbildung 13.20:
Seifenfirma und Drogerie, Iwan Budnikowsky (1890–1968), Hamburg (1912)
Mit freundlicher Genehmigung von *Budni*, Hamburg

---

40 Cura, Ätzendes Chlor und die giftige Karbolsäure. Desinfektion während der Cholera-
   Epidemie 1892 in Hamburg, 2012, S. 232–243. Winkle, Kulturgeschichte der Seuchen,
   1997, S. 153–251.
41 Böcher, Hans-Georg (2001), S. 146.
42 Gradenwitz, Hans (1915), S. 1–35.

13.6.6 Seifen- und Drogerieprodukte

Iwan Budnikowsky (1890–1968) begann 1912 mit seiner Seifenfirma in Harburg in der Mühlenstraße 33 (heute: Schlossmühlendamm) mit dem Gewerbe eines Bandagisten.[43] Nach dem Ersten Weltkrieg 1924 eröffnete er eine Filiale in Hamburg-Rothenburgsort. Die Verwaltung befand sich seit 1930 im Chilehaus, ab 1959/67 in Wandsbek. Heute ist „Budni" das führende Drogeriemarktunternehmen im norddeutschen Raum weit über Seife und Waschmittel hinaus.

13.7 Ausblick

Heute dienen Öle und Fette wie Schweineschmalz, Kokosfette und dergleichen zur Margarineherstellung. Neben gesäuerter Magermilch, Wasser und Konservierungsmittel werden Lecithin und Eigelb als Emulgierungsmittel, Carotin zur Gelbfärbung sowie Vitamine und Zitronensäure zur Geschmacksangleichung an Butter beigemischt. Über 40% des Gesamtfettanteils in Deutschland werden durch Margarine gedeckt und nur 20% durch Butter.

13.8 Literatur

ANFT, BERTHOLD: Friedlieb Ferdinand Runge sein Leben und Werk. In: DIEPGEN, PAUL (Hg.): *Abhandlungen zur Geschichte der Medizin und der Naturwissenschaften; Heft 23*. Berlin: Emil Ebering 1937.

BECKMANN, JOHANN: *Anleitung zur Technologie, oder zur Kentniß der Handwerke, Fabriken und Manufacturen, vornehmlich derer, die mit der Landwirthschaft, Polizey und Cameralwissenschaft in nächster Verbindung stehn. Nebst Beyträgen zur Kunstgeschichte*. Göttingen: Verlag der Witwe Vandenhoeck 1777.

BÖCHER, HANS-GEORG: *Design in Hülle & Fülle. Gefaltete Schachteln – entfaltete Marken*. 2. Ausstellungskatalog des Deutschen Verpackungsmuseums. Heidelberg (Klassiker des modernen Verpackungs-Design; Bd. 2) 2001.

CURA, KATRIN: Von der Apotheke zur chemischen Fabrik – 125 Jahre Beiersdorf. In: *Naturwissenschaftliche Rundschau* **60** (2007), H. 11, S. 579–581.

CURA, KATRIN: Leukoplast und Nivea – 125 Jahre Beiersdorf. Forschung, Marketing und Produktion in der Anfangszeit. In: WOLFSCHMIDT, GUDRUN (Hg.): *Hamburgs Geschichte einmal anders – Entwicklung der Naturwissenschaften, Medizin und Technik, Teil 2*. Norderstedt: Books on Demand (Nuncius Hamburgensis – Beiträge zur Geschichte der Naturwissenschaften; Band 7) 2009, S. 105–121.

43 Kramer 2007.

CURA, KATRIN: F. F. Runge – Die bunte Welt der Chemie. In: *Maschlande. Kulturgeschichte zwischen Elbe und Bille; Bd. 1.* Hamburg: Kultur- & Geschichtskontor 2011, S. 164–191.

CURA, KATRIN: Dr. Gift, Goethe und der König – der Hamburger Chemiker Friedlieb Ferdinand Runge (1794–1867). In: WOLFSCHMIDT, GUDRUN (Hg): *Hamburgs Geschichte einmal anders – Entwicklung der Naturwissenschaften, Medizin und Technik, Teil 3.* Hamburg: tradition (Nuncius Hamburgensis – Beiträge zur Geschichte der Naturwissenschaften; Bd. 20) 2011, S. 91–122.

CURA, KATRIN: Professorenklekse – Friedlieb Ferdinand Runge (1794–1867): Entdecker der Teerfarbstoffe und Begründer der Papier-Chromatographie. In: WOLFSCHMIDT, GUDRUN (Hg.): *Farben in Kulturgeschichte und Naturwissenschaft.* Hamburg; tradition (Nuncius Hamburgensis – Beiträge zur Geschichte der Naturwissenschaften; Band 18) 2011, S. 269–294.

CURA, KATRIN: Ätzendes Chlor und die giftige Karbolsäure. Desinfektion während der Cholera-Epidemie 1892 in Hamburg. In: HEMPEL, DIRK UND INGRID SCHRÖDER (Hg.): *Andocken. Hamburgs Kulturgeschichte 1848–1933.* Hamburg: DOBU Verlag 2012, S. 232–243.

DANN, GEORG EDMUND: Sigismund Friedrich Hermbstaedt. In: *Neue Deutsche Biographie (NDB).* Band 8, Duncker & Humblot, Berlin 1969, S. 666 f.

DIDEROT ET D'ALEMBERT: *Encyclopédie ou Dictionnaire raisonné des des sciences, des arts et des métiers, 35 Bände. (Enzyklopädie oder ein durchdachtes Wörterbuch der Wissenschaften, Künste und Handwerke) Mis en ordre & publié par M. Diderot, de l'Académie Royale & des Belles-Lettres de prusse; & quant à la Partie Mathematique, par M. d'Alembert, de l'Academie Royale des Sciences de Paris, de celle de Prusse, & de la Societé Royale de Londres.* Paris 1751–1780. Reprint: Stuttgart-Bad Cannstatt: Frommann-Holzboog 1968–1995.

FRÖHLICH, MANUEL: Zu Besuch beim letzten Seifensieder Deutschlands. In: *Der Holznagel* 1 (2000), S. 20–24.

GRADENWITZ, HANS: Die Entwicklung der Firma P. Beiersdorf & Co. Hamburg bis zum 1. Oktober 1915. In: *Sammelband Kasch 508.* Universitätsbibliothek Hamburg.

HERMBSTÄDT, SIGISMUND FRIEDRICH: *Wissenschaft des Seifesiedens.* Berlin: Nicolai 1808.

HERMBSTAEDT, SIGISMUND FRIEDRICH: *Bulletin des Neuesten und Wissenswürdigsten aus der Naturwissenschaft sowie den Künsten und Manufakturen, technischen Gewerben, der Landwirthschaft und der bürgerlichen Haushaltung.* Berlin: Carl Friedrich Amelang 1809.

KAUM, EKKEHART: *Oscar Troplowitz. Forscher Unternehmer Bürger. Eine Monographie.* Hamburg: Verlag Günter Wesche 1982.

KRÄTZ, OTTO: *7000 Jahre Chemie. Von den Anfängen im alten Orient bis zu den neuesten Entwicklungen im 20. Jahrhundert.* Hamburg: Nikol 1999.

Könenkamp, Wolf-Dieter: *Wirtschaft, Gesellschaft und Kleidungsstil in den Vierlanden während des 18. und 19. Jahrhunderts. Zur Situation einer Tracht.* Göttingen: Schwartz (Schriften zur niederdeutschen Volkskunde; Bd. 9) 1978.

König, Dr. R. und J. R. Geigy: Zur Geschichte der Pigmente: Plinius und seine Naturalis Historia. In: *Fette, Seifen, Anstrichmittel* **62** (1960), S. 629–637.

Kramer, Wolfgang: *Budni. Firmenchronik 1912–2007.* Hamburg: Iwan Budnikowsky GmbH 2007.

Lexikon des Mittelalters. (LMA). Band 1 (1980) bis 6 (1993), München, Zürich: Artemis ab 1977, Band 7 (1995) bis 9 (1998), München: LexMA-Verlag. Studienausgabe – Stuttgart, Weimar: Metzler-Verlag 1999.

Macqueen, Adam: *The King of Sunlight : How William Lever Cleaned Up the World.* London: Bantam Press 2004. Auckland, New Zealand: Random House 2005.

Mieck, Ilja: Sigismund Friedrich Hermbstaedt (1760–1833). Chemiker und Technologe in Berlin. In: *Technikgeschichte* **32** (1965), S. 325–382.

Plagemann, Volker (Hg.): *Industriekultur in Hamburg. Des Deutschen Reiches Tor zur Welt.* München: C. H. Beck 1984.

Plinius der Ältere: C. Plinii Secundi *Naturalis Historiae,* herausgegeben und übersetzt von Roderich König in Zusammenarbeit mit Gerhard Winkler. Darmstadt: Wissenschaftliche Buchgesellschaft 1978.

Pollard, Sidney und Roland Möller: Dr. August Oetker (1862–1918). In: Wolfhard Weber (Hg.): *Bielefelder Unternehmer des 18. bis 20. Jahrhunderts.* Münster: Aschendorff (Rheinisch-Westfälische Wirtschaftsbiographien; Band 14) 1991, S. 356–377.

Rehberg, Max: *Friedlieb Ferdinand Runge der Entdecker der Teerfarben. Sein Leben und sein Werk sowie seine Bedeutung für die Entwicklung der chemischen Industrie in Oranienburg.* Oranienburg: Selbstverlag des Ausschusses für die Runge-Gedenkfeier 1935.

Ruthenberg, Klaus: Normann, Wilhelm. In: *Neue Deutsche Biographie (NDB),* Band 19. Berlin: Duncker & Humblot 1999, S. 344.

Sabatier, Paul und Senderens, Jean B.: Directe Hydrogenisirung. In: *Chemiker-Zeitung* **25** (1901), Nr. 13, S. 136.

Schwarz, Friedhelm: *Nestlé. Macht durch Nahrung.* Stuttgart: DVA 2000.

Tode, Sven und Mathias Eberenz: *Genial in Hamburg. Hamburger Unternehmen zwischen Tradition und Innovation.* Hamburg: Verlag Hanseatischer Merkur 2005.

Wilson, Charles: *The History of Unilever. A Study in Economic Growth and Social Change.* New York: Praeger 1968.

Winkle, Stefan: *Kulturgeschichte der Seuchen.* Düsseldorf : Artemis & Winkler 1997.

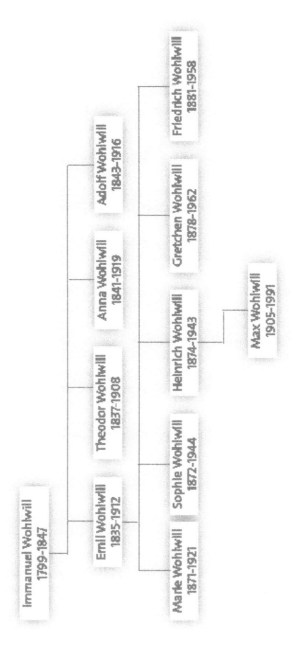

Abbildung 14.1:
Stammbaum der Familie Wohlwill

Familie Wohlwill – Wissenschaft und Verantwortung

Miriam N. Reinhard und Volkmar Vill (Hamburg)

14.1 Einleitung

Die Geschichte der Hamburger Familie Wohlwill ist weit über den Fachbereich der Chemie hinaus von Bedeutung, doch sie betrifft auch seine Geschichte in besonderer Weise. Sie ist die Geschichte einer Familie aus dem aufsteigenden Bildungsbürgertum des späten 19. Jahrhunderts, auch eine Geschichte der jüdischen Emanzipation und Akkulturation und den damit verbundenen Hoffnungen auf eine bürgerliche Gleichstellung der Juden in der deutschen Gesellschaft. Eine Hoffnung, die sich so sehr in einer positiven Haltung einzelner Familienmitglieder gegenüber der deutschen Gesellschaft niederschlägt, dass sie Teile der Wohlwillschen Familie auch in patriotische Vereine führt. Sie ist schließlich eine Geschichte, die durch den nationalsozialistischen Terror getroffen wird. Sie zeigt wie die Hoffnung auf Gleichberechtigung, die den Weg über einen kulturellen Anschluss suchte, die Möglichkeit eines rassischen Antisemitismus verdrängt hat, vielleicht auch durch Überschätzung von Kultur als einer moralischer Kraft, die Deutschland, Zentrum dessen, was als humanistische Kultur galt, nicht davor bewahren konnte, der Barbarei zu verfallen.

So wird über die Geschichte der Familie Wohlwill auch deutsche Geschichte zugänglich und fragt insbesondere auch die Verantwortung des Bildungsbürgertums an, denn auf seine Ideale richteten sich die Hoffnungen der jüdischen Akkulturation, die dann so grausam enttäuscht worden sind.

Bis heute existiert über die Familie Wohlwill keine Monographie, gleichwohl es vereinzelt Aufsätze zu verschiedenen Familienmitgliedern gibt. In Hamburg ist aber der Name recht präsent: durch die prominente Wohlwill-Straße, der die schwedische Rockband *Friska Viljor* ein musikalisches Denkmal gesetzt hat,[1] zum Beispiel. Ob eine

---

1 Das entsprechende Musikstück findet sich auf dem 2009 erschienen Album „For New Beginnings".

Mehrheit auch weiß, welche Familiengeschichte sich hinter diesem Namen verbirgt, ist allerdings fraglich.

Wenn hier nun aus dem Fachbereich Chemie heraus an die Wohlwills erinnert werden soll, dann geschieht dies natürlich aufgrund der Zugehörigkeit einiger Familienmitglieder zu dieser Disziplin. Dennoch ist es nicht selbstverständlich, dass die Naturwissenschaften sich mit den biographischen Bedingungen ihrer Akteure befassen und damit auch ihren geschichtlichen Voraussetzungen als Disziplin nachgehen. Doch in der Auseinandersetzung mit der Familie Wohlwill stößt man schnell darauf, dass auch naturwissenschaftliche Erkenntnis eben nicht von ihrer zeitgeschichtlichen Entstehung isoliert werden sollte. Denn dass Wissenschaftsgeschichte nicht ohne historische Reflexion auskommt, die sich nicht in der Historisierung allein der Erkenntnisse erschöpfen kann, die für einen Fachbereich von unmittelbarem Interesse sind, sondern darüber hinaus Zeit- und Lebensgeschichte der Wissenschaftler in ihrer Gesamtheit in den Blick nehmen muss, wenn sie etwas über sich selbst verstehen will, hat der Chemiker Emil Wohlwill selbst durch seine Arbeiten vertreten – von ihm wird gleich die Rede sein.

14.2 Immanuel Wohlwill (1799–1847)

Doch zunächst beginnt die erste Generation der Wohlwills mit Immanuel Wohlwill. Obwohl dieser kein Chemiker ist, halte ich es für wichtig, einen kurzen Blick in seine Biographie zu werfen. Mit ihm wird nicht nur der geistige Hintergrund der Familie deutlich, Immanuel Wohlwill ist darüber hinaus eine prägende Figur in der jüdischen Bewegung der damaligen Zeit. Immanuel Wohlwill wurde 1799 in Herzgerode geboren. Schon mit acht Jahren wurde er Vollwaise und wuchs fortan im Haushalt eines jüdischen Lehrers auf. Von 1811 bis 1815 besuchte er die Jacobson-Schule in Seesen und war im Anschluss daran Schüler an einem Berliner Gymnasium. Nach dem Abitur 1818 studierte er u. a. bei Gottfried Wilhelm Friedrich Hegel Philosophie. An der Universität Kiel wurde er 1822 zum Doktor phil. promoviert.[2]

Immanuel Wohlwill war tatsächlich der erste „Wohlwill" der Familie, denn zunächst hieß er „Joel Immanuel Wolf", erst 1822 lässt er seinen Nachnamen in „Wohlwill" (Abkürzung für „Wohlwollen gegen alle")[3] ändern. Zu dem Zeitpunkt des Namenswechsels ist Wohlwill Mitglied des Vereins *Wissenschaftscirkel*, einer Zusammenkunft jüdischer Intellektueller, der sich 1816 gründete und in dieser Formation zunächst nur sieben Monate existierte. Diesem Verein ging es um eine Formulierung des jüdischen Selbstverständnisses, um eine Art Bestimmung des eigenen Standortes in Bezug auf das deutsche Bürgertum. 1819 trafen sich Mitglieder des Kreises erneut, tagten fortan wieder regelmäßig und nannten sich ab 1821 *Verein für Cultur und Wissenschaft der*

---

2 Die biographischen Daten kann u. a. anhand der Aufzeichnungen von Sophie Wohlwill nachvollziehen. Abrufbar auf der Seite des *Center for Jewish History* unter: `http://access.cjh.org/413164`.

3 Schütt 1972.

Juden",[4] worunter sowohl die von Juden betriebene Wissenschaft als auch die Wissenschaft über Juden und Judentum verstanden werden sollte.[5] Immanuel Wohlwill publizierte 1822 in der vereinseigenen Zeitschrift *Zeitschrift für die Wissenschaft des Judenthums* eine Art Grundlagentext dieser Wissenschaft.

Es handelt sich bei diesen Reflexionen nicht um eine genuin theologische Neubestimmung des Judentums, auch nicht um eine rein historische Betrachtung, noch strebt diese Wissenschaft an, das Judentum in der deutschen Geistesgeschichte oder christlichen Religion aufgehen zu lassen, sondern es soll die Besonderheit des Judentums betont werden und die Rolle, die das Judentum innerhalb der Gesellschaft aufgrund eben dieser Besonderheit einnehmen kann. Das Judentum sollte verstanden werden „als Inbegriff der gesamten Verhältnisse, Eigenthümlichkeiten und Leistungen der Juden, in Beziehung auf Religion, Philosophie, Geschichte, Rechtswesen, Literattur überhaupt, Bürgerleben und alle menschlichen Angelegenheiten [...]."[6] Wir sehen, dass die Religion nur ein Forschungsinteresse unter vielen bildet, von dem ausgehend hier das Judentum erschlossen werden soll. Die Spezifik des Judentums soll sich vielmehr aus einer umfassenden Analyse der jüdischen Lebenswelt ergeben. Davon ausgehend tritt in den weiteren Ausführungen die Prägung hervor, die Wohlwill durch sein Studium bei Hegel erfahren hat. Aufbauend auf Überlegungen der Phänomenologie Hegels folgert Wohlwill aus der weltgeschichtlichen Bedeutung, die das Judentum trotz permanenter Exilierung der Juden erlangt hat, dass das Judentum „in dem Wesen der Menschheit selbst gegründet seyn [muß]",[7] deswegen „für den denkenden Geist die höchste Wichtigkeit und Bedeutung" innehaben wird. Aus der Historie des Judentums wird hier eine ontologische Konsequenz abgeleitet, die das Judentum als „Wesen der Menschheit" bestimmt, die damit die Geschichte zum Träger einer ontologischen Struktur macht, mit der sogar das Exil heilsgeschichtlich aufgehoben werden kann.

Man erkennt an diesen wenigen Passagen bereits sehr gut, dass Akkulturation im Sinne dieses Vereins nicht bedeutet, dass es zu einer kulturellen Assimilation des Judentums kommt, das etwa alles Jüdische zum Beispiel durch einen starken nationalen Kulturbegriff verdeckt. Im Gegenteil haben Wohlwills Ausführungen durchaus auch religionsphilosophische Implikationen, die hier mit Hegels Phänomenologie fusionieren.

Heinrich Heine (1797–1856), erst Mitglied des Kreises, stand dennoch solchen Bestrebungen einer Wissenschaft des Judentums zunehmend skeptisch gegenüber. Er äußert sich oft ironisch über „die Wissenschaftsjuden",[8] die nach seiner Einsicht, so schreibt er es am 1. April 1823 an Wohlwill, „ein evangelisches Christenthümchen

---

4 Vgl. zu der Geschichte dieses Vereins auch die Ausführungen von Grundmann 2008, S. 46-49.

5 Vgl. Ebd., S. 47.

6 Wohlwill, Emil (1828), H. 1.

7 Ebd.

8 Ein Begriff, den Heinrich Heine spöttisch in einen Brief an Leopold Zunz verwendet, einer der führenden Köpfe des Vereins. Heinrich Heine an Leopold Zunz am 27.06.1823. Säkularausgabe, Bd. 20. Briefe 1815–1831. Berlin, Paris 1970, S. 103.

unter jüdischer Firma"[9] aufzubauen bestrebt seien. Zwar greift dieser damit nicht explizit die Arbeit Wohlwills an, aber man kann schon davon ausgehen, dass Heine auch diese Bestrebungen einen an die Philosophie des *,Deutschen Idealismus'* anschlussfähigen Begriff des Judentums zu definieren, nicht behagten. Heine, obwohl dieser 1825 sogar konvertierte, war, das lässt aus seiner Lyrik sich herauslesen, weniger optimistisch, was die Toleranzbereitschaft der deutschen Gesellschaft gegenüber dem Judentum anging, ganz gleich welche Argumente es bediente.

Ab 1823 wurde Wohlwill Lehrer der Israelitischen Freischule in Hamburg, einer Schule, die sich ebenfalls um eine Reform des Judentums bemühte und so die Stellung des Judentums innerhalb der Gesellschaft verbessern wollte. Kinder sollten besonders auf Handwerksberufe vorbereitet werden, der Schwerpunkt in der Religionsvermittlung lag auf der Ethik.[10]

1834 ernannte man ihm zum Ehrenmitglied der *Patriotischen Gesellschaft* in Hamburg, er war der erste Jude, dem diese ,Ehre' zuteil geworden ist.

Von 1838 bis zu seinem Lebensende leitete er die Jacobson Schule in Seesen, an der er zuvor selbst Schüler war und er entwarf „eine den Grundsätzen der Aufklärung verpflichteten Pädagogik",[11] die hier ihre praktische Anwendung fand. In Seesen war Wohlwill auch wieder häufiger als Prediger im Tempel aktiv, was er zuvor schon in Leipzig für eine Zeit getan hatte. Zwar hatte Wohlwill nie eine rabbinische Ausbildung erhalten, aber die philosophisch wissenschaftliche Ausbildung war in manchen Gemeinden anerkannt.[12]

An den Lebensstationen Immanuel Wohlwills lassen sich die Umbrüche erkennen, in denen sich das Judentum zu dieser Zeit befand. Das Bestreben, gleichberechtigter Teil des deutschen Bildungsbürgertums zu werden und gleichzeitig eine eigene kulturelle Identität zu definieren, die das Judentum nicht auf den Glauben beschränkt, sondern es als eine historisch-gesellschaftliche Kraft bestimmt, die in allen gesellschaftlichen Ebenen bereichernd auf das Gemeinwesen Einfluss nimmt. Dennoch – dafür steht Wohlwill auch – bleibt auch eine starke religiös-liturgische Bindung, die zur Identität gehört.

---

9 Heinrich Heine an Immanuel Wohlwill am 07.04.1823. Ebd., S. 72.
10 Vgl. hierzu den Artikel von Sybille Baumbach über die israelitische Freischule, 2006, abrufbar unter: http://www.dasjuedischehamburg.de/inhalt/israelitische-freischule.
11 Vgl. hierzu, sowie zu den weiteren erwähnten Lebensstationen Wohlwills auch den Lexikonartikel von Arno Herzig in: Ebd.: Wohlwill, Immanuel (auch: Wolf, Immanuel), abrufbar unter: http://www.dasjuedischehamburg.de/inhalt/wohlwill-immanuel-auch-wolf-immanuel.
12 Zu dieser Tätigkeit Wohlwills schreibt auch Arno Herzig ausführlicher in: Arnon Herzig. Immanuel Wohlwill (1799–1847) – Protagonist der jüdischen Reform und Akkulturation, 2007.

14.3 Kinder Immanuel Wohlwills: Adolf, Anna, Theodor

Auch die Kinder Immanuel Wohlwills waren gesellschaftlich engagiert und wurden dann auch wieder in dem Bereich der Forschung und Bildung tätig. Sein ältester Sohn, der 1843 geborene Adolf Wohlwill (1843–1916), war als Dozent im *Allgemeinen Vorlesungswesen* und im Akademischen Gymnasium in Hamburg beschäftigt und gilt als einer der wichtigsten Hamburger Historiker des 19. Jahrhunderts. Dabei war er nicht nur ein Historiker, der in Hamburg gewirkt hat, sondern der sich auch um die Aufarbeitung von Stadtgeschichte verdient gemacht hat. In seinem Nachruf beschreibt W. von Bippen Adolf Wohlwill als einen „Patrioten", dem auch in seiner wissenschaftlichen Arbeit das Bekenntnis zur Heimat ein Anliegen gewesen ist: „Ihr Erwachen [das Erwachen der Vaterlandsliebe, Verf.] und ihr Wachsen in der hamburgischen Bevölkerung zu zeigen, war eine der Hauptaufgaben, die sich Wohlwill bei Darstellung des ausführlich behandelten Vierteljahrhunderts gesteckt hatte. Und eben dies ist ihm vortrefflich gelungen und gibt seiner Geschichte Hamburgs einen dauernden Reiz."[13] Man erkennt aus diesen Worten nicht nur den großen Respekt, der Wohlwill entgegengebracht worden ist, sondern auch die inhaltliche Zustimmung für eine patriotische ausgerichtete Geschichtswissenschaft. Es scheint, dass ein dezidiert jüdisches Denken für Adolf Wohlwill keine so große Rolle mehr spielte wie sie sie für seinen Vater noch gespielt hat.

Auch seine zwei Jahre jüngere Schwester **Anna Wohlwill** (1841–1919) engagierte sich in der Bildung; bereits mit 15 Jahren begann sie zu unterrichten, wurde schließlich die Gründerin und Direktorin der Hamburger Paulsenstiftschule, die sie bis kurz vor Vollendung ihres 70. Lebensjahres leitete.[14]

Der 1837 geborene **Theodor Wohlwill** (1837–1908) wurde ein erfolgreicher Kaufmann, der ebenfalls mit der Patriotischen Gesellschaft in Hamburg eng verbunden blieb. Er hatte zudem über viele Jahre das Amt des Vorsitzenden in *Vaterstädtischen Stiftung* inne. Das *Theodor-Wohlwill-Stift*, erbaut 1930, trägt seinen Namen.

14.4 Emil Wohlwill (1835–1912) – Chemiker und Wissenschaftshistoriker

Das jüngste der Kinder von Immanuel Wohlwill wurde 1835 geboren. Emil Wohlwill (1835–1912) war der erste Chemiker der Familie.

Er besuchte in Hamburg das Johanneum und das Akademische Gymnasium. Zum Studium der Chemie verließ er Hamburg, kehrte jedoch 1875 wieder zurück. Zunächst unterrichtete er Physik und stieg dann in die chemische Forschung ein. Hier entwickel-

---

13 Bippen: Adolf Wohlwill, (1918), S. 18.
14 Siehe zu Anna Wohlwill auch den Lexikonartikel von Hans-Dieter Loose, abrufbar unter:
   http://www.dasjuedischehamburg.de/inhalt/wohlwill-anna.

Abbildung 14.2:
Emil Wohlwill (1835–1912)
Schütt 1972.

te er ein elektrolytisches Verfahren zur Trennung von Kupfer und Silber. Ein Verfahren, das als „*Wohlwill-Prozess*" bekannt geworden ist und noch heute Anwendung findet.

Bedeutend war Emil Wohlwill aber nicht nur mit dieser Entwicklung, sondern auch als Wissenschaftshistoriker. Er forschte intensiv zum Lebenswerk und zur Geschichte Galileo Galileis und setzte sich zudem für die Publikation des Jungius-Nachlasses ein. In seinen umfangreichen Forschungsarbeiten zu Galilei stellte Wohlwill nicht nur die historischen und die wissenschaftliche Vorrausetzungen, die Galileis Denken geprägt haben heraus, sondern er befasste sich auch mit seiner individuellen Biographie. Wohlwill zeichnet in seinen Ausführungen besonders die Konflikthaftigkeit des Galileiischen Werkes nach. Er betont den Kampfgeist von Galilei, der die wissenschaftliche Wahrheit trotz aller massiven Widerstände der Kirche vertritt und hebt seine großen Leistungen nicht nur als Forscher, sondern auch als Lehrender der Wissenschaft hervor; Wohlwill: „[...] Galileis Stellung wird durch seine wissenschaftlichen Leistungen nur unvollständig gekennzeichnet; wie bei nur wenigen Gelehrten, namentlich seines Zeitalters, war bei ihm Forschen und Lehren untrennbar verbunden. Mit nur geringfügigen Ausnahmen tritt in all seinen Werken die Absicht der Belehrung in den Vordergrund, und der Absicht entsprach eine vollständige Meisterschaft der Kunst für jedermann verständlich zu erklären und zu beweisen. [...] Aus der gleichen leidenschaftlichen Hingebung [...] ging für Galilei auch der überwältigende Antrieb hervor, mit seiner Person für die Sache der Wahrheit den Mächtigen der Welt sich gegenüberzustellen und so in seiner Überzeugung sein Schicksal zu finden."[15] Dem Anspruch zu einer „allseitigen kulturgeschichtlichen Betrachtung"[16] von Galileis Leben und Werk zu gelangen, wird das umfangreiche Werk von Wohlwill fraglos gerecht und im 20. Jahrhundert findet es mindestens einen sehr prominenten Leser und mit ihm auch eine bedeutende Rezeption: 1939 verfasste Bertolt Brecht im Exil in Dänemark das Drama „das Leben des Galilei" und verwendete als Grundlage für seinen Text u. a. die Ausführungen Wohlwills.[17] Die Publikation des zweiten Galilei-Bandes erfolgte posthum 1926, Emil Wohlwill starb 1912 in Hamburg. Für ihn sind Fragen der jüdischen Emanzipation wieder stärker Thema zum Thema geworden als für seine Geschwister: Als er 1863 das Bürgerrecht beantragte, verweigerte er den Behörden die Auskunft über seine religiöse Zughörigkeit und argumentierte, dass diese privat und damit vor dem Zugriff des Staates geschützt bleiben müsse. Der dann dadurch ausgelöste Konflikt beschäftigte mehrere Gremien.[18]

14.5 Die Kinder von Emil Wohlwill:

---

15 Emil Wohlwill: Galilei und sein Kampf für die Copernicanische Lehre. Erster Band, 1909, S. 41.

16 Ebd., S. IX.

17 Vgl. hierzu zum Beispiel: Stephen Parker: Bertolt Brecht, 2014, S. 392.

18 Vgl. hierzu und den genannten Lebensstationen auch den Artikel über Emil Wohlwill auch den Lexikonartikel von Helga Krohn unter: http://www.dasjuedischehamburg.de/inhalt/wohlwill-emil.

Heinrich, Friedrich, Gretchen

Einer der Söhne Emil Wohlwills, der 1874 geborene Heinrich Wohlwill (1874–1943), trat fachlich in die Fußstapfen des Vaters. Er promovierte 1889 „Über die Elektrolyse der Alkalichloride" in Göttingen, wurde später Mitglied der *Norddeutschen Affinerie A. G.*, später sogar ihr Direktor.

Doch 1933 veränderte die Machtergreifung Hitlers auch das Leben der Familie radikal. Haben Immanuel Wohlwill und seine Kinder immer auch für die Gleichberechtigung der Juden als deutsche Bürger gestritten und in diesem Sinne im öffentlichen Leben gewirkt, so müssen nun die Nachkommen grausam erleben, wie alle Hoffnungen der jüdischen Akkulturation und Emanzipationsbewegung durch den Antisemitismus der Nationalsozialisten zerstört werden. Heinrich Wohlwill wurde von den Nationalsozialisten 1943 im Konzentrationslager Theresienstadt ermordet, auch seine zwei Jahre ältere Schwester Sophie wird 1944 hier ermordet. Die Stadt Hamburg erinnert heute mit Stolpersteinen an ihre Lebensgeschichten.[19]

Friedrich Wohlwill (1881–1958), ein weiterer Sohn von Emil Wohlwill, wirkte als Professor der Pathologie in Eppendorf und später in St. Georg. Er konnte noch rechtzeitig ins Exil Portugal fliehen.

Gretchen Wohlwill (1878–1962), das vierte Kind von Emil Wohlwill, wurde eine bekannte Malerin und Mitglied der Hamburgischen Sezession. 1940, mit 62 Jahren, konnte sie sich noch zu ihrem Bruder nach Portugal ins Exil retten. Sie kehrte 1952 als 75jährige nach Hamburg zurück. Einige ihrer Bilder werden heute in der Kunsthalle ausgestellt, so auch der hier abgebildete „Wirtshausgarten".

14.6 Max Wohlwill (1905–1991)

Auch die Lebensgeschichte des nächsten Chemikers der Familie Wohlwill, des 1905 geborenen Max Wohlwill, Sohn von Heinrich Wohlwill, erfuhr durch die Machtergreifung der Nazis einen radikalen Bruch. Nach einer Promotion im Jahr 1931 bei Immanuel Estermann und dem späteren Nobelpreisträger Otto Stern, floh er 1939 mit seiner Frau Erika Wohlwill und seinen drei Kindern ins Exil nach Sydney. In seinen Lebenserinnerungen erzählt er von seinem Leben in Hamburg. Er schildert dort wie er durch die Machtergreifung Hitlers einmal damit konfrontiert wurde, Jude zu sein, wie der Antisemitismus ihn auf eine jüdische Identität zurückwarf, mit der er sich überhaupt nicht identifizierte. Als prägende Elemente seiner Sozialisation nennt er Lutheran ethics, Kantian philosophy and Humboldt's pedagogics"[20] und beschreibt, dass er nicht glaubt, sich in irgendeiner Weise von seiner Umwelt unterschieden zu haben, bis der Rassismus der Nationalsozialisten diese selbstverständliche Zugehörigkeit als Illusion entlarvte. In einem weiteren Teil dieser Memoiren berichtet Erika Wohlwill von der Ankunft in Sydney.

---

19 http://www.stolpersteine-hamburg.de/.
20 Erika und Max Wohlwill: Rembering, 1995, S. 15.

Abbildung 14.3:
Gemälde „*Wirtshausgarten*" von Gretchen Wohlwill (1878–1962),
Malerin und Mitglied der Hamburgischen Sezession
Phto: Volkmar Vill in der Hamburger Kunsthalle

14.7 Weitere Familienmitglieder der Wohlwill-Familie

Es gibt noch weitere interessante Familienmitglieder der Wohlwill-Familie, die hier unerwähnt blieben. Und über die, die erwähnt worden sind, ließe sich sehr viel mehr noch sagen. Immanuel Wohlwill heiratete 1831 Friederike Warburg, so dass über diese Verbindung eine zweite prägende Hamburger Familie aus dem Bürgertum bedeutsam wird, wenn man sich mit der Familie Wohlwill beschäftigt.

Die Hamburger Chemie kann sich aufgrund ihres Fachinteresses besonders dem Erbe von Emil und Max Wohlwill widmen. Die Auseinandersetzung mit Emil Wohlwill könnte sie dann zu einem Begriff von Naturwissenschaft führen, der die historischen

Bedingungen von Wissenschaft ernst nimmt, sie auch biographisch einbettet, ohne dass die wissenschaftliche Erkenntnis dadurch trivialisiert oder historisch relativiert werden würde. Im Gegenteil zeigt etwa die Konflikthaftigkeit von Galileis Leben, die Emil Wohlwill so eindrücklich beschrieben hat, die Brisanz seiner Lehre besonders an, wirft ein Licht auf das Gefüge von Erkenntnis und Macht, von den gewaltigen Anfechtungen, denen wissenschaftliche Wahrheit zuweilen ausgesetzt ist.

Der Blick in die Geschichte zeigt nicht nur die große Verantwortung, die der einzelne Wissenschaftler trägt, sondern auch die Mitverantwortung, die die Wissenschaftler für das Umfeld ihrer Forschung haben, für die soziale Wirklichkeit, in der sie ihre Erkenntnisse gewinnen.

Die Tochter von Gretchen und Max Wohlwill, die die Memoiren ihrer Eltern herausgegeben hat, schreibt in ihrem Vorwort, das für die Entscheidung, die autobiographischen Schriften der Eltern zu publizieren, nicht nur ein biographisches Interesse an der eigenen Familiengeschichte ausschlagend gewesen sei, sondern auch die eigene politischer Erfahrung eine wichtige Rolle gespielt habe. In den 1960er Jahren hatte sie sich in der Frauenbewegung engagiert und dort erfahren, wie wichtig es ist, der eigenen Geschichte eine Stimme zu geben und sie der großen Geschichte entgegenzusetzen. Durch die Artikulation der eigenen Geschichte, kann sich ein Bewusstsein vom Selbst als „actor"[21] bilden, das der Geschichte nicht mehr passiv gegenübersteht sondern selbst mit in sie eingreifen kann. Diese Strategie der Aneignung bewirkt, dass die Vergangenheit nicht nur als etwas, dass einem geschehen und wiederfahren ist, sondern Teil einer lebensweltlichen Erinnerung wird. Geschichte ist damit immer auch ein dialogisches Geschehen. In so einem Verständnis erstarrt auch das Erinnern an die Shoa nicht zum Bekenntnis angeordneter Gedächtnispolitik, sondern wird Teil eines Geschichtsbildes, das das eigene Leben in eine unausweichliche Verantwortung zur Geschichte stellt.

Weil eine jede Wissenschaft in soziale und historische Bedingungen involviert ist, sie bereits immer auch durch ihre Sprache, ihre Fragestellung und ihre Methodik, die spezifische Zeit, in der sie steht, ein Stück mit abbildet, muss ein solches Geschichtsbewusstsein auch Aufgabe der Naturwissenschaften sein.

---

21 Ebd. Sabine Erika: Vorwort zu „Remembering", S. 7.

14.8 Literatur

BAUMBACH, SIBYLLE: Israelitische Freischule von 1815 (41). In: KIRSTEN HEINSOHN (Red.): *Das jüdische Hamburg. Ein historisches Nachschlagewerk.* Göttingen: Wallstein 2006. (http://www.dasjuedischehamburg.de/inhalt/israelitische-freischule).

BIPPEN, WILHELM VON: ADOLF WOHLWILL: Ein Nachruf. In: *Zeitschrift des Vereins für Hamburgische Geschichte* **22** (1918), S. 1–20.

GRUNDMANN, REGINA: *„Rabbi Faibisch, Was auf Hochdeutsch heißt Apollo“: Judentum, Dichtertum, Schlemihltum in Heinrich Heines Werk.* Stuttgart: J. B. Metzler 2008.

HEINE, HEINRICH: *Säkularausgabe. Werke. Briefwechsel. Lebenszeugnisse.* Bd. 20. Briefe 1815–1831. Bearb. von FRITZ H. EISNER. Berlin, Paris 1970.

HERZIG, ARNO: Wohlwill, Immanuel. In: HERZIG, ARNO: *Das jüdische Hamburg.* Hg. vom INSTITUT FÜR DIE GESCHICHTE DER DEUTSCHEN JUDEN. Göttingen 2006. (http://www.dasjuedischehamburg.de/inhalt/wohlwill-immanuel-auch-wolf-immanuel).

HERZIG, ARNO: Immanuel Wohlwill (1799–1847) – Protagonist der jüdischen Reform und Akkulturation. In: BRIETZKE, DIRK; FISCHER, NORBERT UND ARNO HERZIG (Hg.): *Hamburg und sein norddeutsches Umland. Aspekte des Wandels seit der Frühen Neuzeit.* Festschrift für Franklin Kopitzsch, Hamburg: Wissenschaftlicher Verlag Dokumentation und Buch 2007, S. 220–231.

LOOSE, HANS-DIETER: Anna Wohlwill, Lexikonartikel, vgl. (http://www.dasjuedischehamburg.de/inhalt/wohlwill-anna).

PARKER, STEPHEN: *Bertolt Brecht: A Literary Life.* London, New York: Bloomsbury 2014.

SCHÜTT, HANS-WERNER: *Emil Wohlwill: Galilei-Forscher, Chemiker, Hamburger Bürger im 19. Jahrhundert.* Hildesheim: Dr. H. A. Gerstenberg (Arbor scientiarum, Reihe A: Abhandlungen 2) 1972 (180 Seiten).

WOHLWILL, EMIL: *Galilei und sein Kampf für die Copernicanische Lehre. Erster Band. Bis zur Verurteilung der Copercanischen Lehre durch die römischen Kongregationen.* Hamburg und Leipzig: Leopold Voss 1909.

WOHLWILL, EMIL: Über den Begriff der Wissenschaft des Judenthums. In: *Zeitschrift für die Wissenschaft des Judenthums*, Berlin, **1** (1828), H. 1.

WOHLWILL, ERIKA UND MAX WOHLWILL: *Rembering.* Edited and Commented by SABINE ERIKA. Virgina: Old Fort Press 1995.

Abbildung 15.1:
Porträt Max Dennstedt (1852–1931), Fotographie um 1910
Familienbesitz Dennstedt / von Meissner.

Chemie, Militär und antike Welt: römische Skulpturen aus der Sammlung des Chemieprofessors Max Dennstedt (1852–1931)

Andreas Hillert (Prien am Chiemsee)
und Volkmar Vill (Hamburg)

15.1 Einleitung

Eine eingehende Beschäftigung mit Kunst und Kultur, zumal mit der des klassischen Altertums, gehörte seit dem ausgehenden 18. Jahrhundert zu den elementaren Bestandteilen von Bildung. Eine durch Lektüre, Studium, Reisen und das Anlegen von Sammlungen gelebte Leidenschaft war zunächst Privileg adeliger und großbürgerlicher Kreise. Im Verlauf des 19. Jahrhunderts, mit Goethe als Protagonisten, wurden entsprechende Interessen von vielen, zumal von gesellschaftlich-etablierten, humanistisch ausgerichteten Mitbürgern geteilt. Militärs und Naturwissenschaftler nicht ausgenommen. Entsprechende Interessen waren so weit verbreitet, dass sie nur ausnahmsweise näher dokumentiert respektive von der Nachwelt für überlieferungswürdig erachtet wurden. Zwei Weltkriege und fundamentale gesellschaftliche Verwerfungen taten ein Übriges.[1] Auch vor diesem Hintergrund sind die Person des zunächst die

---

1 Zu 'Grand Tour' z.B. R. de Leeuw, Herinneringen aan Italie. Kunst en toerisme in de 18de eeuw. Uitgeverij Waanders Zwolle 1984, 11 ff.; F. Haskell, N. Penny, Taste and the antique. The lure of classical sculpture 1500–1900, Yale 1981, 93 ff.; H. Schmidt, Die Kunst des Reisens – Bemerkungen zum Reisebetrieb im späten 18. Jahrhundert am Beispiel von Goethes erster Italienreise. In: J. Göres (Hg.), Goethe in Italien. Ausstellung Düsseldorf (1996), S. 9–14; vgl. A. Hillert (2007). Archäologische Souvenirs aus Griechenland (Bibliopolis-Verlag, Möhnesee, 1 ff.) und zu einem weiten Spektrum insbesondere auch der bürgerlichen Antikenrezeption im 19. und frühen 20. Jahrhundert zuletzt: Kathrin Barbara Zimmer (Hg.): Rezeption, Zeitgeist, Fälschung- Umgang mit Antike(n). Akten des

Offizierslaufbahn anstrebenden und später, als sich dies nach 1870/1871 nicht verwirklichen ließ, als Chemiker reüssierenden Max Dennstedt (Abb. 15.1) und seine zumindest schlaglichtartig rekonstruierbare Sammlung von besonderem Interesse. An seiner Person und Persönlichkeit wird exemplarisch deutlich, dass es eben nicht per se vermögende Müßiggänger waren, die entsprechende Leidenschaften pflegten und sich kontemplativ in der Antike ergingen, sondern entsprechende, breit angelegte Interessen, integraler, kreativ-konstruktiv genutzter Bestandteil akademisch-bürgerlichen Selbstverständnisses waren.

Im Kult des Dionysos gehören Wein, Ekstase und religiöses Erleben unmittelbar zusammen. Grölende, erotisch geladene Satyrknaben mit rot bemalten Gesichtern feiern die Herrlichkeit des sie anführenden Gottes. Aus der Perspektive der heutigen, diesbezüglich geläuterten Weltreligionen, sind entsprechende Kulthandlungen als legitime und vitale Form religiösen Erlebens kaum nachvollziehbar. Trinkschalen, insbesondere aber der mit an beiden Seiten ansetzenden Schlaufenhenkeln versehene Kantharos, werden seit archaischer Zeit von Dionysos höchstpersönlich als Trinkgefäße bevorzugt. An eben dieser Denkmalgattung, vom quasi alltäglichen Trinkgefäß aus Ton, über aus Bronze und Silber gefertigte Stücke bis zu relativ dazu sehr seltenen monumentalen Marmor-Derivaten, lassen sich zentrale Aspekte der Entwicklungen des Dionysos-Kultes in der Antike aufzeigen. Die Rekonstruktion des originalen Erscheinungsbildes antiker Plastik ist ein aktuelle Thema der klassischen Archäologie: der marmorweiße Klassizismus wurde längst als Phänomen des 18. Jahrhunderts und der anti-barocken Tendenzen der Winckelmann-Zeit erkannt. Die fragile originale Bemalung antiker Marmorskulpturen hat sich, wenn, dann meist nur in geringen Resten erhalten. Korrosion bzw. Patina veränderte und entstellte die teils durch unterschiedliche Legierungen, Kaltarbeit und Patinierung gestaltete Oberfläche von Bronzestatuen. In beiden Fällen ergeben sich erhebliche Spielräume hinsichtlich der Rekonstruktion des ursprünglichen Erscheinungsbildes. Aus farbigem Gestein gefertigte Skulpturen vermitteln demgegenüber einen weitgehend authentischen Eindruck von der Farbigkeit zumindest dieser Untergruppe antiker Plastik. Das orange-rote Gesicht des knabenhaften Satyrs aus dem Besitz von Max Dennstedt ist dabei mehr, als eine gesunde Gesichtsfarbe. Dass Satyrn und andere Personen aus dem Gefolge des Dionysos ihr Gesicht im Rahmen von Kulthandlungen rot bemalten, ist literarisch überliefert. Archäologische Belege dafür waren bislang rar.

Internationalen Kolloquiums am 31. Januar und 1. Februar 2014 in Tübingen. Tübinger Archäologische Forschungen; Bd. 18, Leidorf, 2015. Vgl. K. Vierneisel, B. Kaeser (Hg.): Kunst der Schale. Kultur des Trinkens. Ausstellung München (1990); Hans-Ulrich Cain, Ingeborg Kader: Dionysos. „Die Locken lang, ein halbes Weib? ..." Ausstellung München 1997; zuletzt F.S. Knauß (Hg.): Die unsterblichen Götter Griechenlands. Ausstellung München 2012, 168 ff. Siehe etwa V. Brinkmann, R. Wünsche (Hg.): Bunte Götter. Die Farbigkeit antiker Skulpturen. Ausstellungskatalog u.a. München, 2003–2004 mit reicher Literatur.

15.2 Ein Chemiker mit einer Passion unter anderem für Altertümer

Max Eugen Hermann Dennstedt (27. Mai 1852 – 19. Juni 1931) wurde als Sohn des Polizei-Hauptmanns Hermann Dennstedt und seiner Frau Emilie, geb. Bornschein, in Berlin geboren. Unmittelbar nach seinem Abitur am Gymnasium zum Grauen Kloster meldete er sich freiwillig zur Armee. Nach Teilnahme am Krieg gegen Frankreich 1870/1871 blieb er zunächst als aktiver Offizier bei der Armee, wobei ihm aus gesundheitlichen Gründen eine weitergehende Laufbahn verschlossen blieb. So studierte Max Dennstedt seit 1876 in Berlin Chemie und promovierte 1879 ebendort bei August Wilhelm Hofmann, dessen Assistent er wurde. 1880 ging er nach Rom, wo er als Chemiker an der Universität tätig war und 1883 habilitierte. Bis 1885 war er Privatdozent an der Universität in Rom, wo er mit seinem Kollegen und Freund Giacomo Luigi Ciamician (27. August 1857 in Triest – 2. Januar 1922) zusammen arbeitete. Max Dennstedt verfasste zahlreiche wissenschaftliche Publikationen, insbesondere auf dem Gebiet der Elementaranalysen (s.u.). Neben seiner naturwissenschaftlichen Profession pflegte er weitere Leidenschaften. So besichtigte er regelmäßig antike Stätten und Museen. Dabei mag er mitunter erfahren haben, wenn in Rom und der näheren Umgebung der Stadt archäologische Funde gemacht wurden. Er besuchte die entsprechenden Stätten, kommunizierte mit den Anwohnern und Arbeitern. In diesem Kontext habe er dann, wie seine Enkelin Erika von Meissner, die es wiederum von ihrem Vater Ingofroh, dem jüngsten Sohn von Max Dennstedt erzählt bekam, des öfteren seine Aktentasche „vergessen". In der Tasche hatte er vorsorglich Geld deponiert. Der „zerstreute Professor" Max Dennstedt machte einen Rundgang und kam später zufällig wieder an der besagten Stelle vorbei, wo ihm dann einer der rezenten Gesprächspartner, oftmals waren es Bauarbeiter, hinterherlief: „professore, dottore, avete dimenticato la sua tasca". Der säumige Professor bedankte sich „überschwänglich" für die Aufmerksamkeit, wobei in der Tasche unterdessen die Geldscheine zu archäologischen Fundstücken mutiert waren. Die Funde, wozu neben den unten diskutierten Stücken u.a. auch ein heute verschollenes wohl ebenfalls römisches Relief mit der Darstellung eines Wagens gehörte, waren zunächst in seiner Wohnung in Rom ausgestellt.[2]

Von 1885 bis 1890 war Max Dennstedt Lehrer und Professor an der Artillerie- und Ingenieur-Schule in Berlin. 1893 wurde er Direktor des *Chemischen Staats-Laboratoriums*

---

2 Im Besitz von Max Dennstedt befanden sich zudem mehrere Repliken nach antiken Werken, u. a. Nachgüsse des sog. Narziss, des Satyrs mit dem Weinschlauch und des tanzenden Faun aus Pompeji, jetzt im Archäologischen Nationalmuseum in Neapel, sowie eine Nachbildung des „Tauben-Mosaik" aus der Villa des Hadrian in Tivoli, nach einem dem hellenistischen Mosaikkünstler Sosos zugewiesenen Original mit der Darstellung vier trinkender bzw. sich ausruhender Tauben auf dem Rand einer Schale, heute im kapitolinischen Museum in Rom (die Replik ziert heute die Wohnung von Erika von Meissner). Es ist unklar, ob Max Dennstedt diese Stücke um 1880 in Italien oder aber später, zur Ausstattung der Villa in Hamburg erworben hatte.

in Hamburg. Mit ihm begann die „literarische Tradition" der Chemie in Hamburg. Max Dennstedt war der erste Hamburger Chemiker, der auf Universitäts-Niveau forschte und regelmäßig in Fachjournalen publizierte.

Die Geschichte des Faches Chemie in Hamburg, auch wenn die Universität erst 1919 gegründet wurde, reicht deutlich weiter zurück. 1613 wurde das *Akademische Gymnasium*, quasi eine Vorschule („Undergraduate school") für die angehende Studenten, gegründet. Zwei „Professoren-Reihen" unterrichteten hier Mathematik und Naturwissenschaften. Insbesondere Joachim Jungius (1587–1657) beschäftigte sich intensiv mit Chemie. So verwarf er die Elemente des Altertums (Feuer, Erde, Luft und Wasser) und der Alchemie (Quecksilber, Schwefel, Salz) und beschrieb chemische Elemente als einheitliche, nicht weiter zerlegbare Stoffe. Nach Jungius gelang es erst wieder Karl Wiebel (1808–1888), der von 1837 bis 1881 Professor der Physik und Chemie und Mathematik am Akademischen Gymnasium in Hamburg wurde, als Chemiker über Hamburg hinaus Reputation zu erlangen. Er eröffnete 1841 das *„Chemische Laboratorium"* als eines der ersten Unterrichtlaboratorien in Deutschland. Dieses Laboratorium übernahm zunehmend auch Analysenaufträge der Behörden und Gerichte. 1878 wurde es als *„Chemischen Staatslaboratoriums"* selbstständig. Ferdinand Wibel (1840–1902), der Sohn von Karl Wiebel, wurde Direktor des Chemischen Staatslaboratoriums von 1878 bis 1893 und gleichzeitig Assessor für Chemie im *Hamburger Medicinal Collegium*. Die Aufgaben dieser Institution waren:

1. Untersuchungen und Gutachten für Gerichte, Behörden und Verwaltungen
2. Die amtliche Petroleum-Kontrolle
3. Die Kontrolle der Nahrungs- und Genussmittel sowie der Gebrauchsgegenstände
4. Unterrichtstätigkeit
5. Verbreitung chemischer Kenntnisse in weiteren Kreisen
6. Ausführung wissenschaftlicher Untersuchungen.

Die Wissenschaft stand hier also erst an 6. Stelle. Die Freiheiten, die Wibel sich hier einräumen konnte, widmete er vor allem archäologischen (vor allem vor- und frühgeschichtlichen) und mineralogischen Fragestellungen.

Von 1893, wie bereits erwähnt, bis 1910 war dann Max Dennstedt Direktor und Assessor des Chemischen Staats-Laboratoriums. Er war der erste habilitierte, wissenschaftlich hochrangig ausgewiesene Direktor in Hamburg. Im Laufe der Jahre publizierte Max Dennstedt weit über 100 wissenschaftliche Arbeiten in chemischen Fachzeitschriften, die weltweit von Fachkollegen rezipiert wurden. Hamburg tauchte mit ihm gewissermaßen auf der Weltkarte der wissenschaftlichen Chemie auf. 1899 konnte er mit dem Chemischen Staatslaboratorium das neue Gebäude in der Jungiusstrasse beziehen, wo es zusammen mit dem Physikalischen Staatsinstitut, dem Hygiene-Institut und dem Institut für Allgemeine Botanik einen ersten „Naturwissenschaftlichen Campus" in Hamburg bildete und bis zu den Zerstörungen des Zweiten Weltkrieges bestand. Nicht nur räumlich, auch inhaltlich wuchs das Institut von Max

Dennstedt kontinuierlich: mehr Untersuchungsaufträge, mehr Vorlesungen im Allgemeinen Vorlesungswesen in Hamburg und mehr Mitarbeiter. Die Leiter der Hamburger Wissenschaftlichen Anstalten bildeten den Professoren-Konvent in Hamburg. Den damit verbundenen sozialen Status dokumentiert nicht zuletzt das Gruppenbild der Mitglieder des Hamburgischen Professorenkonvents, das Max Liebermann 1905–1906 malte.[3] Zur Gründung einer Universität konnten sich die Hamburger Kaufleute seinerzeit nicht durchringen. 1908 wurde dann das „Kolonial-Institut" gegründet: eine staatliche Hochschule, die die Deutschen Kolonien mit entsprechend geschulten Wissenschaftlern versorgen sollte. Einige der bestehenden wissenschaftlichen Anstalten in Hamburg wurden direkt Teile dieses Kolonial-Instituts. Die von Max Dennstedt geleitete Chemie blieb getrennt bestehen; ihr Beitrag beschränkte sich auf einige Lehraufträge. Nach dem Ende des Ersten Weltkriegs und damit dem Ende der deutschen Kolonien wurde das „Kolonial-Institut" aufgelöst. In die anschließend gegründete Universität wurde die Chemie als eigenständiges Fach integriert.

In Hamburg führte Max Dennstedt zunächst seine Untersuchungen über das Pyrrol, die er schon bei Ciamician in Rom begonnen hatte, weiter.[4] Schon 1881 war den beiden Forschern die Entdeckung der Ciamician-Dennstedt-Umlagerung gelungen. Diese Thematik begleitete ihn in seiner Berliner Zeit und kam in Hamburg offenbar zum Abschluss. Hier publizierte er zu dieser Thematik, zusammen mit seinem Mitarbeiter Felix Voigtländer, nur noch eine neue Arbeit zur Konvertierung von Pyrrol in Indol. Das hier beschriebene Verfahren ließ er patentieren.[5] Ein zentrales Anliegen in seiner Hamburger Zeit war für Max Dennstedt die Weiterentwicklung der Chemischen Elementaranalyse durch den bis in die 1950er Jahre gebräuchlichen *„Dennstedt'schen Verbrennungsapparat"*. Ziel des hier verfolgten Ansatzes ist die Strukturaufklärung chemischer Verbindungen insbesondere auch für die Naturstoffchemie. Die durch die von Max Dennstedt entwickelte Technologie gewährleistete eine deutliche Verbesserung der Analysenwerte und war für die Chemie in Deutschland so wichtig, dass entsprechende Schulungen in Hamburg abgehalten wurden. Seit 1897 stellte er seine Methoden in Vorträgen vor. 1903 erschien dann die Monographie „Anleitung zur

---

3 Max Liebermann: Der Hamburger Professorenkonvent, Hamburger Kunsthalle Inv. Br. 1697 (vgl. Abb. 1.1, S. 30). Zu den einzelnen Bildnissen mehrerer der Honoratioren gibt es – ebenfalls im Besitz der Kunsthalle – Studienköpfe, nicht aber zu Max Dennstedt, der prominent im Bild-Vordergrund rechts der Mitte, unmittelbar Justus Brinkmann gegenüber sitzt. Jenns Eric Howoldt und Andreas Baur: Die Gemälde des 19. Jahrhunderts in der Hamburger Kunsthalle. Katalog, Hamburger Kunsthalle 1993, S. 122 f. mit Abb.

4 Publikationen von Max Dennstedt: Ciamician, Giacomo Luigi und Max Dennstedt: Ueber die Einwirkung des Chloroforms auf die Kaliumverbindung Pyrrols. In: Berichte der Deutschen Chemischen Gesellschaft 14 (1881), S. 1153–1163.

5 (a) Max Dennstedt, Felix Voigtländer: Ueberführung des Pyrrols in Indol. Berichte der Deutschen Chemischen Gesellschaft 27, 476–480 (1894); (b) Max Dennstedt, Verfahren zur Darstellung von Dihydropyrrolen aus Pyrrolen. DRP 127086 (C) 1902-01-14. Vgl. Dennstedt, Max: Anleitung zur vereinfachten Elementaranalyse nach der Makro- und Mikromethode. Neu bearbeitet von Walther Utermark. Hamburg: Otto Meißners Verlag (5. Aufl.) 1947 (118 S.).

vereinfachten Elementaranalyse für wissenschaftliche und technische Zwecke", die bis 1947, also weit über Max Dennstedts Tod hinaus, aktualisiert wurde.

Neben seinen Arbeiten zur chemischen Elementaranalyse beschäftigte sich Max Dennstedt intensiv mit den fotographischen Anwendungen in der gerichtlichen Beweisführung und wurde zu einem Pionier auf eben diesem Gebiet. Das Staatslaboratorium musste Gutachten für Hamburger Gerichte erstellen. Aus dieser Pflicht machte Max Dennstedt die Kür und etablierte hier neue Methoden. Zudem beschäftigte er sich u. a. intensiv mit hygienischen Fragen und juristischen Implikationen der Chemie (Die Chemie in der Rechtspflege, 1910). Was Max Dennstedt, der nicht über einen Lehrstuhl mit Promotionsrecht verfügte, fehlt, sind quasi offizielle wissenschaftliche „Söhne" und „Töchter". Auch hier fand er pragmatische Lösungen: 1897 promovierte Emil A. Sommer an der Universität Kiel mit der Arbeit „Über die Einwirkung von salpetriger Säure auf Styrol". Die zugrunde liegende Arbeit wurde im *Chemischen Staatslaboratorium* unter der Leitung von Max Dennstedt durchgeführt.[6] Die wissenschaftlichen Aktivitäten von Max Dennstedt sind schon deshalb bemerkenswert, weil er sich eben nicht wie ein Universitätsprofessor Vollzeit mit Forschung und Lehre beschäftigen konnte. Für ihn standen vielmehr die – mutmaßlich zeitintensiven – Aufgaben als Leiter eines Dienstleistungslabors im Vordergrund. Dass es ihm trotzdem gelang, einen Universitätskollegen zumindest gleichwertigen wissenschaftlichen Rang und Ruhm zu erringen, nötigt Respekt ab.

Die Kontakte zu seinem Kollegen G. L. Ciamician, der nun die Professur in Padua und später in Bologna innehatte, bestanden weiter. In welchem Kontext konkret die schon durch die Größe – Höhe 72 cm – eindrucksvolle Vase (Abb. 15.2) entstand und Max Dennstedt übergeben wurde, ist nicht bekannt. Mit der Widmung *„ALL 'AMICO M. DENNSTEDT RICORDO DEL GIUGNO 1903 G. CIAMICIAN"* und dem Dennstedt-Wappen (Färberwaid / ein Kreuzblütengewächs) verweist das mit „Grotesken" sowie zwei biblischen Szenen reich dekorierte, von italienischen Fayencen des 16. Jahrhunderts inspirierte, immanent „historistische" Stück auf einen auch jenseits chemischer Fachinteressen geführten freundschaftlichen Austausch der beiden Koryphäen. Die biblischen Szenen, die Verheißung eines Sohnes für Abraham und Sara (1. Moses 18, 9–15), sowie der brennende Dornbusch (2. Mose 3, 1–12 und 2. Mose 4, 1–15), mögen allgemein als Wunsch auf eine glückliche Zukunft unter dem Segen des Herrn gemeint gewesen sein. Hatte G. L. Ciamician seinen Freund und Kollegen 1903 in Hamburg besucht und die Vase als opulentes Gastgeschenk mitgebracht? 1906 ist ein gemeinsamer Besuch auf dem Internationalen Kongress der Chemiker in Rom dokumentiert (Abb. 15.3).

In Hamburg führte Max Dennstedt einen großbürgerlichen Haushalt. Hierzu gehörten neben seiner Frau drei Söhne und eine Tochter, Hermann Julian (*1891), Bärwelf (*1892), Severa (*1893) und Ingofroh (*1895). Dass Max Dennstedt weiterhin kulturelle Interessen verfolgte und literarisch dilettierte dokumentiert ein am Sonntag den 23. Juni 1907 im Fürstlichen Schauspielhaus Bad Pyrmont aufgeführter „Militä-

---

6 Emil A. Sommer, Betreuer: Max Dennstedt: Über die Einwirkung von salpetriger Säure auf Styrol. Dissertation, Kiel (1897).

Abbildung 15.2:
Fayence-Vase (Höhe 72 cm, Breite 40 cm),
1903 Geschenk von Giacomo Luigi Ciamician an Max Dennstedt
Familienbesitz Dennstedt / von Meissner.

Abbildung 15.3:
Karikatur zum Internationalen Chemiker-Kongress
in Rom, La Vita, vom 28.4.1906 (Max Dennstedt erscheint in der Mitte, hinten)
Familienbesitz Dennstedt / von Meissner.

rischer Schwank" in einem Akt: „Der Schreckschuss". Im Manuskript findet sich der
Vermerk „Gedichtet auf dem Krankenlager nach einem Beinbruch im Januar 1907"
und die Widmung an den jüngsten Sohn: „Meinem lieben Sohn Ingofroh zum Andenken an seinen Vater, Hamburg den 6. Juni 1908, M. Dennstedt". Wohl eigenen,
aus gesundheitlichen Gründen versagten Ambitionen folgend, wurden die drei Söhne
auf eine militärische Karriere vorbereitet. Die Tochter hingegen wurde in Schweizer
Pensionaten erzogen und durfte ihren künstlerischen Interessen folgen.

1911 wurde Max Dennstedt emeritiert. Als Nachfolger wurde 1914 Paul Rabe
(1869–1952) berufen, der 1919 auch zum Professor der neu gegründeten Universität wurde. Als Pensionär unternahm Max Dennstedt zunächst lange Bildungsreisen
nach Paris, Rom und Florenz. Ein glücklicher Ruhestand war dem von seiner Familie
als „alter Herr" titulierten, durch einen prächtig-langen, zweigeteilten Bart markant
ausgewiesenen Professor nicht vergönnt (Abb. 15.1). Bereits im ersten Jahr des Ersten
Weltkriegs fielen die beiden älteren Söhne (Hermann Julian am 23.8.1914 in Mariet-
te, Bärwelf am 29.8.1914 in Proyard). Der Vater machte seinen Einfluss geltend, um
den jüngsten Sohn Ingofroh von dem unmittelbaren Kriegsgeschehen fern zu halten,
was dazu beigetragen haben mag, dass wenigstens dieser den Krieg überlebte. Wie
der Vater den Zerfall seiner gleichermaßen militärischen wie bürgerlichen Welt erlebte

und verkraftete, ließe sich vermutlich aus seinen Tagebüchern und den 1926 verfassten biographischen Aufzeichnungen entnehmen. Von diesen Aufzeichnungen existiert in Familienbesitz eine umfangreiche, auf ungeheftetem Notizpapier skizzierte, eine drei Schreibhefte umfassende und schließlich, in Leder gebunden, eine zusammengefasste Version. Eine Bearbeitung dieser Quellen, durch die heute schwer lesbare Handschrift und komplexe inhaltliche Bezüge absehbar arbeitsintensiv, bleibt ein Desiderat. Die Familie lebte nun in Berlin, wo Max Dennstedts Gattin Hedwig nach langer Krankheit 1915 starb. Severa widmete sich unterdessen der Malerei, zunächst in Genf und Paris, später, gegen den Willen des Vaters, bei Marie Kierulf in Berlin. Nach dem Tod ihres Vaters, der sich in die Niederlausitz nach Matzdorf zurückgezogen hatte, im Jahre 1931 und dem Tod ihrer Lehrerin zog Severa mit der Maler-Kollegin Auguste Schubert nach Neuendorf auf Wollin an der Ostsee (heute Polen). Dort beantragte und erhielt sie ein Reichs-Baudarlehen. Sie baute ein Haus mit mehreren Fremdenzimmern, die sie im Sommer vermietete, malte sommers im Freien und schrieb im Winter. 1931 erschien ihr expressiver, aus der Perspektive eines in bedrückenden bürgerlichen Verhältnissen aufgewachsenen männlichen Ich-Erzählers geschriebener Entwicklungsroman „Wege zum Ich". Gegen Ende des Zweiten Weltkrieges nach Graal-Müritz geflohen, lebte und arbeitete sie dort mit ihrer Maler-Freundin Auguste Schubert in bescheidenen Verhältnissen bis zu ihrem Tod 1971.[7] Der Sohn Ingofroh studierte – wie sein Vater – Chemie, zuerst in Freiburg, später folgte er seinem Doktorvater Professor Wieland nach München, wo er 1926 promovierte. Da Bargeld knapp war, finanzierte er sein Studium durch ein Darlehn, das ihm der Vater eines Freundes – in US-Dollar – gewährte. Dieses Darlehen musste später zurückgezahlt werden, was

---

7 Zu Severa Dennstedt (gestorben am 25.1.1971 in Rostock) s. Joachim Puttkamer, Bildende Künstler in Graal-Müritz, Rostock 2003, S. 52 (mit Abb.). Bislang steht sowohl die kunsthistorische Bearbeitung der Bilder von Severa Dennstedt als auch die literaturgeschichtliche Auseinandersetzung mit ihren Büchern aus. Ihr erstes Buch („Wege zum Ich." Berlin: Matin Warneck 1931) schildert auf 437 Seiten die von Zerrissenheit und Schmerz geprägte Biographie eines männlichen (!) Ich-Erzählers („Meinhard"), der namentlich unter einer über-strengen, als Person erst nach dem unerwarteten Tod des gütigen Vaters erahnbaren Frau leidet. In zwei parallel geführten Erzählsträngen wird die Vorgeschichte des Protagonisten in die reale Erzählzeit mit- und hineingezogen. Geschildert wird die zaghafte, immer wieder durch dramatisch-expressive Einbrüche erschütterte Emanzipation des in den religiösen und ethischen Grundwerten existenziell verunsicherten, vom ererbten Vermögen lebenden, zum Lehrer ausgebildeten, lange in Untermiete vegetierenden und schließlich als Gründer einer alternativen Landschule seine Berufung findenden Protagonisten. Dass hierin biographische Aspekte der Autorin verwoben sind, ist naheliegend; unmittelbare Parallelen wurden aber offenkundig vermieden. Das zweite Buch von Severa Dennstedt „Von der Kiste zum Eigenheim. Ein froher Roman vom tapferen Dennoch" (Essen: Dr. Wilhelm Spael Verlag 1951) ist verglichen mit ihrem Erstling erheblich eingängiger. Es schildert, offenbar eigene Erlebnisse schildernd charmant und nachdenklich, wie die Ich-Autorin in der unmittelbaren Nachkriegszeit, als Flüchtling ein kleines Haus an der Ostsee erwirbt und herrichtet. 1967 verfasste Severa Dennstedt eine Chronik der Familie; ein Exemplar davon befindet sich im Besitz von Welf Dennstedt. Nach 1931 kam es zu einem – relativen – Zerwürfnis zwischen Ingo und Severa Dennstedt, dem auch Divergenzen in finanzieller Hinsicht zugrunde lagen.

zusammen mit Heirat und Familiengründung über Jahre ein sehr schmales Budget bedingte.[8]

Nach dem Tod des Vaters erbte Dr. Ingofroh Dennstedt unter anderem die archäologischen Stücke. So kamen die römischen Bruchstücke und die Ciamician-Vase nach Köln-Buchforst, wo sie das familiäre Wohn-Ambiente des Hauses Dennstedt prägten und den Zweiten Weltkrieg unbeschadet überstanden. Das Erbe ging später in den Besitz der Kinder über, u. a. die Vase an den Sohn Dr. Welf Dennstedt, die beiden römischen Fragmente an die Tochter Erika, verheiratete von Meissner. Erika nahm die von ihr geerbten Stücke mit nach Bamberg. Die ehemals „pompöse" Rahmung des im Folgenden vorgestellten Reliefs und eine runde Marmorscheibe, auf die der Satyr-Kopf montiert war – an beides kann sich Erika von Meissner noch erinnern – waren zwischenzeitlich als Tribut an einen nüchterneren Zeitgeschmack entfernt worden.

15.3 Das Maskenrelief aus der Sammlung Max Dennstedt

Neben in Gold gefassten griechischen Bronzemünzen, die ehemals zu einem von der Gattin Hedwig getragenen Kollier gehören (Abb. 15.10) und dem Satyr mit dem roten Gesicht (Abb. 15.9) ist aus der Antikensammlung von Max Dennstedt aktuell nur das 24 cm breite, 18 cm hohe und ca. 10 cm tiefe 'Maskenrelief' aus weißem, wohl aus Carrara stammenden Marmor nachweisbar (Abb. 15.4).[9] Das Fragment zeigt auf einer – auf den ersten Blick wie Akanthus-Blätter anmutenden – Unterlage eine stehende und eine liegende 'dionysische' Maske. Links, in flachem Relief, im Profil nach rechts gewandt, hat sich die Maske eines bärtigen Mannes mit in den Nacken reichenden Haaren und gerade vorspringender Nase bis in Höhe des unteren Augenrandes erhalten. Die Lippen sind spaltbreit geöffnet. Die deutlich über das Kinn hinausreichen Strähnen des Vollbartes sind vorne eingekrümmt. Vor dieser Maske, im Hintergrund schräg nach rechts oben ansteigend, ist in flachem Relief ein stabförmiger Gegenstand

---

8 Dr. Ingofroh Dennstedt arbeitete als Chemiker im Wissenschaftlichen Hauptlabor bei Bayer Leverkusen. Er war in erster Ehe verheiratet mit der Pianistin Irma Frings. Sie hatten drei Kinder: (Bär)Welf (*1931), Udo (1934–1955), Erika (*1938). Irma starb 1939; Er ging seine zweite Ehe ein mit ihrer Schwester Lucie Frings.

9 Bei der Auflösung ihres Haushaltes in Bamberg musste sich Erika von Meissner 2015 unter anderem von den beiden römischen Stücken trennen. Die Erhaltung des Reliefs ist, abgesehen vom fragmentarischen Zustand und der abgeschlagenen Nase der schräg-liegenden Maske des Silen gut. Ursprünglich war die Vorderseite von einer harte, grau-weiße, kalkhaltige Auflagerung bedeckt. Diese ist noch im unteren Teil und in einigen vertieften Konturen, etwa dort, wo der Silen-Kopf an der Rückseite anliegt, in Resten vorhandene. Beim Versuch, diese zu entfernen, wurde seinerzeit neben mechanischen Mitteln auch Säure eingesetzt, was zumal im Bereich des Bartes der Silen-Maske zum Verschleifen der Konturen geführt hat. Auf der konkaven Innenseite des Stückes findet sich eine feine Wurzelfaserpatina sowie vier rezente Bohrlöcher. In dreien sind noch Metaallstifte eingekittet, an denen zur Aufhängung dienende Drähte befestigt waren.

Abbildung 15.4:
Dennstedt-Relief, Fragment eines monumentalen Kantharos
mit Darstellung von Silen-Masken
Ehem. Slg. Max Dennstedt, Privatbesitz

erkennbar, mutmaßlich der untere Teil eines dionysischen Attributes. Der beschriebenen Maske gengenüber liegt schräg ein annähernd vollplastisch ausgeführter, bis auf die bestoßene Nase vollständig erhaltener Kopf eines älteren, mit Efeu bekränzten Mannes. Spitz zulaufende Tier-Ohren weisen ihn als Silen aus. Von der Kalotte bis zur Bartspitze misst der annähernd vollplastische gearbeitete Kopf 13 cm. Das Haupt des Silens ist kahl, seine Stirn entsprechend hoch. Schläfen- und Nackenhaare, kräftige, in den Nacken hinreichenden Strähnen, sind auffallend üppig. Die Enden der Strähnen der dem Betrachter abgewandten hinteren Kopfseite sind unterhalb des Hinterkopfes, eingetieft in den Reliefgrund, angedeutet. Mit einer horizontalen Stirnfalte, kräftigen Brauenbögen, schweren Augenlidern, relativ großen Augen mit jeweils durch einen eingetieften Punkt angegebene Pupillen sowie breiten Wangenknochen imponiert der Silen als vitaler reifer Mann. Er trägt einen Schnurr- und einen langen, ein wenig zottigen Kinn- und Wangenbart. Letzterer ist in Strähnen gegliedert, die in markanter Weise gelegt sind: unterhalb der Unterlippe findet sich ein kleines, von kürzeren Barthaaren bedecktes Dreieck. Diesem liegen zu beiden Seiten längere Strähnen an, die zunächst den Schenkeln des Bart-Dreiecks folgen, um darunter zu den Seiten hin bogenförmig auszuschwingen. Hinter dieser Formation werden die Korkenzieher-ähnlich gewundenen Strähnen der Kinn-Partie des Bartes sichtbar. Der Wangenbart ist in annähernd parallele, nur wenig der Schwerkraft folgende, also nur leicht nach schräg-unten orientierte Strähnen gelegt, was für die kräftige Konsistenz der Haare respektive für einen ursprünglich in aufgerichteter Haltung konzipierten Kopf spricht. Um das Oberhaupt des Silens ist – wie erwähnt – ein aus Efeu bestehender schmaler Kranz gewunden. Auf der Kalotte und seitlich über den Schläfen finden sich, relativ zur Größe des Kopfes überproportioniert-große Efeublätter. Angesichts der Positionierung des Kopfes, schräg auf einer Unterlage liegend, ist offenkundig eine Maske gemeint. Allerdings zeigt der Kopf selber keine eindeutigen diesbezüglichen Merkmale: wäre er alleine erhalten, dann hätte man ihn für den Kopf einer Statuette halten können.

Trotz der charakteristischen Darstellung ist die Bezeichnung 'Masken-Relief' für das vorliegende Stück nur bedingt richtig. De facto stammt das Fragment von der Vorderseite eines konvex-gewölbten Schalenkorpus, wobei die Wandung im unteren Teil knapp 2 cm und im oberen Teil, neben den Köpfen gemessen, etwa 1,2 cm dick ist. Die konkave Innenseite des Stückes ist fein geglättet respektive geschliffen. Rekonstruiert ergibt sich ein Gefäß mit einem Innen-Durchmesser von ca. 45–50 cm, entsprechend einem Außendurchmesser von etwa 70 cm. Erhalten haben sich somit etwa 1/6 des ehemaligen Umfangs.

15.3.1 Monumentale Marmor-Trinkgefäße mit dionysischen Masken

Aus Marmor gefertigte, monumentale 'Vasen' waren im klassischen Altertum geläufig. So wurden im 4. Jahrhundert v. Chr. als Grabdenkmäler dienende Marmor-Lekythen aufgestellt. Ihre Form entspricht den im Grab-Kult wichtigen, ursprünglich tönnerneren Öl- bzw. Salbgefäßen. Eine andere, umfangreiche Gruppe bilden ab dem späten Hellenismus gefertigte Marmorkratere,[10] die mit dionysischen Bildern – ausnahmsweise auch nur mit Masken[11] – verziert, vorzugsweise in Rom bzw. in Mittel- und Süditalien zur Ausstattung aristokratischer Villen dienten. Die frühen Gefäße dieser Art wurden offenbar in Athen hergestellt. Später widmeten sich auch Werkstätten in Italien diesem Genre. Das Dennstedt-Fragment stammt allerdings sicher nicht von einem solchen Krater. Von der Dekoration her wäre das Stück wenn, dann im unteren Teil eines Krater-Korpus zu lokalisieren. Allerdings nimmt die Wandstärke des Stückes von unten nach oben hin so stark ab, dass eine Fortsetzung im Sinne eines hohen Wein-Mischgefäßes statisch unmöglich wäre. Somit kann das vorliegende

---

10 Zusammenfassend: Grassinger, Dagmar: *Römische Marmorkratere. Monumenta Artis Romanae, Band XVIII.* Hg. vom Forschungsarchiv für Antike Plastik am Archäologischen Institut der Universität zu Köln. Mainz: Zabern 1991.

11 Zum Maskenkrater, Paris Louvre Inv. MA 434 s. Grassinger, Marmorkratere Kat. 24, S. 183, Abb. 228–229.

Fragment nur von einem flachen Becken stammen, also von der Außenwandung einer Trinkschale bzw. eines Kantharos.

Marmor-Trinkschalen (mit horizontalen Henkeln) und Kantharoi (mit vertikalen Henkeln) waren respektive sind, verglichen mit den bereits erwähnten Krateren, selten. Zwei mächtige, aus der Villa des Kaisers Hadrian bei Tivoli stammende Stücke, sind heute die prominentesten Beispiele dieser Gattung.[12] Die Bruchstücke der nun tatsächlich monumentalen Warwick-Vase (ergänzte Höhe mit Basis 2,94 m, Durchmesser des Beckens 1,95 m, Durchmesser einschließlich der Henkel 2,63 m), waren 1770/1771 vom Maler Gavin Hamilton auf dem Gelände der Villa des Kaisers Hadrian gefunden worden. Wenig später gingen die Fragmente dann in den Besitz von Sir William Hamilton über, der sie wohl von Bartolomeo Cavaceppi aufwendig 'restaurieren' liess(s. Anm. 12): aus einem Marmorblock wurde eine neue 'Vase' geschaffen, in die einige wenige, von der Wandung erhaltene Teile sowie von den Henkeln stammende Fragmente eingefügt wurden (Abb. 15.5). Nachdem der Versuch, das Stück an das *Britische Museum* zu verkaufen gescheitert war, war es George, second Earl of Warwick, der Neffe von Sir William Hamilton, der das Monument 1778 erwarb respektive als Geschenk erhielt. Für den Fall, dass er England erobern sollte, wollte Napoleon das Stück in seinen Besitz nehmen. Es kam anders. Die Warwick-Vase wurde zu einem Symbol des imperialen Großbritanniens und als solches im Laufe des 19. und frühen 20. Jahrhunderts viel rezipiert: in Form einiger weniger original-großer Repliken bzw. Nachgüsse, vor allem aber in reduziertem, Salon-fähigem Format. Englands alte und neue Elite, als wahre Erben des römischen Imperiums, umgaben sich mit zahlreichen neo-klassizistisch-dekorativen Derivaten des aus der römischen Kaiservilla stammenden, so gesehen symbolisch-gehaltvollen, dabei gleichwohl inhaltlich leicht verständlichen Schmuckstückes. Zumal eine Verwendung als Weinkühler lag nahe.[13]

---

12 Zur Warwick-Vase: Grassinger, Marmorkratere S. 221 Kat. EI 3.B; Richard Marks, Brian J.R. Blench, The Warwick Vase. Glasgow 1979; zur Lante-Vase (Woburn Abbey, Bedfordshire, Großbritannien, 1800 von Charles Heathcote Tatham erworben, H 1,77 m, D 166 cm, Höhe der Masken 28–36 cm), s. Grassinger, Marmorkratere, S. 221, Kat. EI 3.H; http://arachne.uni-koeln.de Nr. 31947. Darüber hinaus befindet sich ein „Kelche" bzw. Kantharos aus dunklem Basalt mit jeweils drei frontalen Theatermasken / Seite in Rom, Vatikanische Museen, Scala Simonetti Inv. 2330: Raniero Gnoli, Marmora Romana. Edizioni dell' Elefante, Rom, 1971, S. 87 ff., Abb. 41; Grassinger, Marmorkratere, S. 221 Kat. EI 3.F. Zum Stück in Boston, Museum of Fine Arts, H.L. Pierce Fund 01.8215, s. Cornelis Vermeule, American Journal of Archaeology 68, 1964, S. 333, pl. 103, Fig. 22; Mary B. Comstock, Cornelis C. Vermeulen: Sculpture in Stone. The Museum of Fine Arts, Boston, 1976, S. 196 f., Abb. 313. Das Fragment (aus dem römischen Kunsthandel, ex E.P. Warren Collection) stammt von der linken Seite eines Trinkgefäßes. Die Autoren interpretieren das Stück in Boston als Reduktion nach Stücken wie der Warwick-Vase; chronologisch liegt eher der Umkehrschluss nahe. „In a garden in the sunlight the whole vase must have presented a striking effect, for the marble is almost translucent."

13 Zur Rezeption der Warwick-Vase s. N.M. Penzer, Apollo 62 (1955), 183 ff.; ders. Apollo 63 (1956), 18 ff., 71 ff.; Burlington Magazin 121 (March 1979), Nr. 912, 141 ff. – zum Verkauf des Monumentes und den Erwerb für das Museum in Glasgow; zudem: Casey Kane Monahan, The Warwick vase and britisch nostalgia. University of Houston, 2014; vgl. Eva

Abbildung 15.5:
Warwick-Vase (Kopie)
Foto: privat

Die Masken auf dem Dennstedt-Fragment entsprechen motivisch dem jeweils rechten Teil des Frieses auf den beiden Seiten der Warwick-Vase. Detailvergleiche sind jedoch schon deshalb wenig ergiebig, weil eben diese Teile der Warwick-Vase Ergänzungen des 18. Jahrhunderts sind (s. Anm. 12). Gleichwohl wird in der Gegenüberstellung deutlich, dass die lappig-ausgefranst wirkende Unterlage der beiden Masken des Dennstedt-Reliefs keine Akanthus-Blätter sind, sondern Teil eines Tier- bzw. eines Löwenfells sein müssen. Der unterhalb des Kinns der Silen-Maske herabhängende Teil des Fells entspricht einem Vorderlauf des Tieres. Der Kopfteil des Felles befand sich links unterhalb der zentralen, gegenläufig an den im Flachrelief gezeigten Satyr-Kopf

Schmidt: Der preußische Eisenkunstguss. Technik – Geschichte – Werke – Künstler. Berlin: Gebr. Mann 1981, S. 163–165; Elisabeth Bartel, Annette Bossmann (Hg.): Eiserne Zeiten. Ein Kapitel Berliner Industriegeschichte. Ausstellungskatalog (Ausstellung „Eiserne Zeiten – ein Kapitel Berliner Industriegeschichte", Ephraim-Palais, 20. Oktober 2007 bis 2. März 2008; Berlin). Berlin: Verlag Arenhövel 2007 (= Aus den Sammlungen der Stiftung Stadtmuseum Berlin), S. 87–93.

anschließenden Maske. Hier war mutmaßlich Dionysos persönlich darstellt. Eben diese Partie ist wiederum bei der Warwick-Vase original und wurde – ggf. zusammen mit weiteren, heute nicht mehr bekannten Bruchstücken bzw. Dokumenten – zum Ausgangspunkt für die Rekonstruktion. Ein Vergleich zwischen der Warwick-Vase und dem Dennstedt-Fragment macht die ikonographischen Parallelen offenkundig. Neben dem erheblichen Größenunterschied finden sich – beim Vergleich der antiken Partien – auch Unterschiede: die beiden zentralen Masken der Warwick-Vase stehen auf einer flachen Kiste, ihre Bärte sind relativ zu denen auf dem Dennstedt-Fragment in höherem Maße symmetrisch angelegt und die Haarspitzen in stereotype, archaistisch stilisierte Schnecken gelegt.[14]

Ebenfalls aus den Ruinen der Villa des Hadrian stammen die Fragmente eines weiteren Trinkgefäßes, der nach ihrem ehemaligen Aufbewahrungsort, einer Villa in Rom, benannten Lante-Vase (s. Anm. 12). Hinsichtlich der Größe ist sie der Warwick-Vase vergleichbar, wobei die Masken aber frontal angeordnet sind. Die exorbitante Größe der beiden, schon dadurch jeder praktischen Funktion in einem Kultgeschehen enthobenen Vasen entspricht den Dimensionen der Villa des Hadrian. Hier waren sie mutmaßlich in einer Art dionysischem Bezirk aufgestellt, deren Ambiente sie durch Form und Dekor maßgeblich prägten. Dionysisches war dabei nur eine Facette im kulturellen Universum des Hadrian. Seine weitläufige Villa umfasste diverse, an Heiligtümer unterschiedlicher Gottheiten gemahnende Ensembles.[15] Der ikonographische Gehalt und der inhaltliche Kontext der mutmaßlich im Auftrag des Hadrian geschaffenen Stücke waren entsprechend evident.

Dass die Bildhauer dabei von kleinformatigen Vorbildern ausgegangen sein mussten, wurde spätestens angesichts des 1868 im Hildesheimer Silberfund zu Tage gekommenen, aus augustäischer Zeit stammenden Maskenbechers offenkundig (Abb. 15.6):[16]

---

14 Hans-Ulrich Cain, Olaf Dräger: Die sogenannten neuattischen Werkstätten. In: Gisela Hellenkemper Salies, Hans-Hoyer von Pittwitz und Gaffron, Gerhard Bauchhenß (Hg.): Das Wrack. Der antike Schiffsfund von Mahdia. Ausstellung Bonn 1994, 809–829; zum augusteischen Archaismus und Klassizismus s. Paul Zanker: Augustus und die Macht der Bilder. München (4. Aufl.) 2003, 244–252, 264 ff..

15 Zur Villa Hadriana s. Joachim Raeder: Die statuarische Ausstattung der Villa Hadriana bei Tivoli. Frankfurt 1983, zu Hamiltons Grabungen, S. 15 ff. (die Warwick-Vase bzw. die eben hierzu „restaurierten" Fragmente werden nicht erwähnt); sowie als übersichtlicher Führer: Helmut Schareika: Tivoli und die Villa Hadriana. Kulturführer zur Geschichte und Archäologie. Mainz: Philipp von Zabern 2010.

16 Zu Masken-Schale aus dem Hildesheimer Silberfund (Inv.Nr. 3779,12, Dm 0,147, H 0,063) s. Ulrich Gehring, Hildesheimer Silberschatz im Antikenmuseum. Bildhefte der Stattlichen Museen Preußischer Kulturbesitz Berlin (2. Aufl.) 1980, S. 17, Abb. 15–16: jeweils drei Masken über ausgestreckt-liegenden Löwenfellen (männlich/weiblich), auf Stöcken aufgestellt zu denken., dahinter Musikinstrumente, Thyrsusstab, bekränzte Fackel: Dionysos zwischen einem jugendlichen (links) und einem bärtigen Satyr bzw. auf der Gegenseite ein grimmiger, alter, glatzköpfiger und bekränzter Silen zwischen den Masken eines alten Satyrs und einer Mänade; zuletzt: Jens-Arne Dickmann, Alexander Heinemann, vom Trinken und Bechern. Das antike Gelage im Umbruch. Katalog Freiburg 2015, Nr. 70, S. 306–307 mit Abb. (Jens-Arne Dickmann).

Abbildung 15.6:
Maskenbecher aus dem Hildesheimer Silberschatz
Berlin, Antikensammlung (Foto: Gipsabguss des restaurierten Stückes in Göttingen)

hier flankieren auf der nach außen gewölbten Außenseite jeweils die Maske eines jungen und eines alten Satyrs, die des Dionysos bzw. eines bekränzten Silens. Zwischen den Masken, die allerdings relativ zu denen des Dennstedt-Fragments deutlich größere Münder aufweisen (s.u.), erscheinen dionysische Symbole: Thyrsus-Stäbe und Fackeln. Alle diese Objekte stehen auf bzw. sind über/hinter einem aufgespannten Löwenfell angebracht. Offenbar verweisen diese Masken und Geräte auf ein dionysisches Fest respektive eine Kulthandlung und zeigen ein in einem solchen Kontext aufgestelltes, eher improvisiert denn fest installiertes Arrangement von Masken, Kultgeräten und Symbolen. Aus der Maskenschale des Hildesheimer Schatzes wurde Wein getrunken. Wein stand im Zentrum dionysischer Kulthandlungen, quasi als Medium des Gottes. Form, Inhalt und Dekoration des Gefäßes erweisen ihm und damit sich selber ihre Reverenz. Jeder Schluck, der aus dieser Schale getrunken wurde geriet dabei zu einer Kulthandlung. Monumentale Marmor-Versionen solcher Trinkgefäße können nur noch symbolisch auf den Vollzug solcher religiösen Handlungen verweisen. Ihre Größe und Kostbarkeit impliziert Statusaspekte; ästhetisch verkörpern sie ein quasi romantisches, auf dionysische Kulthandlungen anspielendes Ambiente. Intellektuell, religiös und sozio-kulturell liegen zwischen dem realen Vollzug solcher Kulthandlungen und den diese rezipierenden, funktionslosen aber dafür dekorativen Monumenten, Welten.

Abbildung 15.7:
Fragment eines Kantharos aus weißem Marmor
Boston, Museum of Fine Arts, H.L. Pierce Fund, Inv. 01.8215
(Abb. nach Comstock/Vermeulen, 1976 – Anm. 12)

Neben der Warwick- und der Lante-Vase sind nur wenige aus Stein gearbeitete, monumentale antike Trinkgefäße mit Masken-Dekor überliefert. Ein aus Basalt gefertigtes Beispiel gibt es in den Vatikanischen Sammlungen. Dem Dennstedt-Fragment besonders eng vergleichbar ist ein ebenfalls fragmentarisches 16,5 cm hohes und 18,5 cm breites Stück aus weißem Carrara-Marmor in Boston (Abb. 15.7) (s. Anm. 12). Erhalten ist hier die linke Seite des Corpus mitsamt dem oberen Rand. Dieser ist mit einem Eierstab-Motiv verziert; darunter liegt ein umlaufendes, mit Weinranken und Trauben dekoriertes Band. Wohl auch auf einer Fell-Unterlage schmückt das Bildfeld die zur Mitte hin ausgerichtete Maske eines jungen Satyrs. Vom Material, Stil und Motiv her könnten dieses und das Dennstedt-Fragment vom gleichen Monument stammen. Den mitgeteilten Maßen zur Folge dürfte das Stück in Boston jedoch etwas kleiner dimensioniert sein, was gegen eine unmittelbare Zusammengehörigkeit – die durch direkte Gegenüberstellung zu klären bleibt – spräche.

Die Datierung des Dennstedt-Fragmentes wird dadurch erschwert, das bislang, abgesehen von den bereits genannten Stücken, keine weiteren, durch den Kontext datierbaren antiken Parallelen bekannt geworden sind. Ikonographisch am ehesten vergleichbar sind die in der Herstellung erheblich einfacheren, wohl auch deshalb häufigeren Masken-Reliefs. Hierbei handelt es sich um rechteckige, an Weihreliefs gemahnende Bildwerke späthellenistischer und römischer Zeit, auf denen zwei oder mehr, meist paarweise angeordnete Masken und dionysisches Kultgerät auf felsigem Untergrund dargestellt sind. Diese nicht selten beidseitig dekorierten Reliefs dienten – zeitlich parallel zu den erheblich aufwändigeren Marmor-Krateren – vorzugsweise zur Ausstattung römischer Villen bzw. Gartenanlagen.[17] Dem Dennstedt-Fragment u. a. hinsichtlich der differenzierten, sensiblen Ausführung, dem Fehlen von Spuren des 'laufenden Bohrers' und den eingetieften Pupillen vergleichbare Maskenreliefs werden in die frühe Kaiserzeit, vorzugsweise in claudischer Zeit, datiert.[18] Auch wenn stilistische Vergleiche zwangsläufig eine subjektive Komponente beinhalten und entsprechend diskutierbar bleiben,[19] ergeben sich hinreichend Argumente dafür, dass das Dennstedt-Fragment älter ist, als die beiden hadrianischen Monumentalgefäße.[20] Eben dies macht das Dennstedt-Fragment zu einem missing link: Hadrian bzw. die für ihn tätigen Bildhauer mussten nicht von kleinformatigen Gefäßen – wie dem Masken-becher aus dem Hildesheimer Fund – ausgehen. Es gab bereits monumentale Marmor-Kantharoi, deren Dimensionen für die kaiserliche Villa nochmals gesteigert wurden. Auch der Dennstedt-Kantharos wird ehemals zur Ausstattung einer repräsentativen Villenanlage in Rom bzw. im Umkreis der Stadt gehört haben. Hier war es ein dekoratives Element, dass je nach Perspektive und Tiefgang des Betrachters, ein dionysisches Fest, eine Kulthandlung, ein in der Natur improvisiertes Dionysos-Heiligtum symbolisierte respektive assoziativ anklingen ließ und den Betrachter, wenn er sich denn darauf einlassen wollte, in entsprechend ferne Welten und religiöse Sphären entführte.

---

17 Zu römischen Gärten s. u.a. Paul Zanker, Pompeji: Stadtbild und Wohngeschmack. Zabern-Verlag, Mainz, 1995, 141 ff. (Zur Wohnkultur der Pompejaner) mit Anm. 10, 15, 18.

18 Zur Datierung vgl. Hans-Ulrich Cain:Chronologie, Ikonographie und Bedeutung der römischen Maskenreliefs. BJB 188, 1988, S. 107–221.

19 Zur Methodik vgl. B. Schweitzer: Das Problem der Form in der Kunst des Altertums. In: U. Hausmann (Hg.): Allgemeine Grundlagen der Archäologie. Handbuch der Archäologie Bd. VI,1 (1969), 163 ff.; A.H. Borbein: Formanalyse. In: H. Borbein, T. Hölscher, P. Zanker (Hg.): Klassische Archäologie. Eine Einführung (2000) 109 ff.; T. Hölscher: Klassische Archäologie. Grundwissen (2002), 85 ff. jeweils mit Literatur.

20 Auch im Hinblick auf die zugrunde liegende konkav-gewölbte Gefäßwandung steht das Fragment dem Maskenbecher aus dem Hildesheimer Silberfund näher als der Warwick-Vase, deren Bildfries vor konkavem Hintergrund erscheint, was den Reliefschmuck plastisch bzw., wenn man den Lichteinfall berücksichtigt, optisch noch deutlicher hervortreten lässt.

15.3.2 Masken, die keine Theatermasken sind, und die Ähnlichkeit zum Sokrates-Bildnis

Zwei Aspekte bleiben angesichts der Masken des Dennstedt-Fragmentes zu diskutieren. Um Theater-Masken, an die auch in der wissenschaftlichen Literatur zum Masken-Thema oft spontan gedacht wird, handelt es sich hier offenkundig nicht. Charakteristisch für letztere ist u. a. deren weit geöffneter, idealerweise trichterförmiggestalteter Mund, durch den der hinter der Maske steckende Schauspieler sprechen kann. Eben dieser fehlt bei den Masken des Dennstedt-Reliefs. Die Augen sind hier zudem nicht übergroß. Auch fehlt der Onkos, eine hoch gewölbte Stirn, wie sie Masken der neuen Komödie charakterisiert.[21] Zudem bliebe eine Deutung als Theatermasken typologisch unbefriedigend: für eine Satyr-Maske der alten Komödie ist der Kopf stilistisch zu jung (s.u.) und in der mittleren Komödie spielen 'edle' Satyr-Typen dieser Art kaum eine Rolle. Auf den Masken-Reliefs (s.o.) finden sich teils klar als Theatermasken erkennbare Masken, teils aber auch denen des Dennstedt-Fragmentes vergleichbare Typen. Letztere werden als 'Kultmasken' bezeichnet. Wurden diese, wenn nicht in den Dionysos geweihten Theateraufführungen, so zumindest im Rahmen anderer Kulthandlungen von Priestern bzw. anderem Kult-Personal – über bzw. auf dem Kopf – getragen? Schriftliche Quellen hierzu gibt es nicht, originale Masken sind nicht überliefert.[22] Vermutlich führt der heute weitgehend mit „Verkleidung" assozi-

---

21 Zu den Theatermasken und Statuetten: C. Robert: Die Masken der neuen attischen Komödie (1911); L. Bernabò Brea: Menandro e il teatro Greco nelle terracotta liparesi, Genua 1981; Nikolaus Himmelmann: Alexandria und der Realismus in der griechischen Kunst. Tübingen: Wasmuth 1983, S. 31 ff.; C.P.G. Brown: Masks, Names and Characters in New Comedy. Hermes 115 (1987), 181–203; Jutta Fischer: Griechisch-Römische Terrakotten aus Ägypten. Tübingen: Wasmuth 1994, 189 ff., Nr. 319–358; T.B.L. Webster: Monuments Illustrating Middle and New Comedy, 3rd ed. by J.R. Green, A. Seeberg (1995); Nikolaus Himmelmann: Minima Archaeologica. Mainz: Zabern-Verlag 1996, S. 80–83 (Figuren aus der attischen Komödie – zu 14 Schauspieler-Terrakotten aus einem Grab des späten 5./frühen 4. Jhdts. v. Chr. in New York); Friedrich Wilhelm Hamdorf (Hg.): Hauch des Prometheus. Meisterwerke in Ton. Ausstellung München 1996, S. 151 ff.; Agnes Schwarzenmaier: Die Entwicklung der antiken Theatermaske. In: Max Kunze (Hg.): Satyr Maske Festspiel. Aus der Welt des antiken Theaters. Verlag Franz Rutzen, Katalog Stendal 2006, 57 ff.

22 Zur Rekonstruktion antiker Masken aus Ziegenfell. Zur Rekonstruktion antiker Bühnenmasken aus Ziegenfell: Gérard Seiterle: Die Maske – vom Ursprung zum Theater. In: Max Kunze (Hg.): Satyr Maske Festspiel. Aus der Welt des antiken Theaters. Verlag Franz Rutzen, Katalog Stendal 2006, 39 ff.; zu Dionysos, Maskengott s. S. 44 ff., zu Sokrates, S. 47 f. Abb. 89/90 (Theatermaske eines Silens auf einer apulischen Vase: „Als Vorbild das Porträt des Sokrates"). Die Masken der Art, wie sie das Relief zeigt, waren auf Stangen aufgestellt und in eben dieser Konstellation, mit darunter liegenden Raubtierfellen, Fetisch-artige, magische Gebilde, in denen die Präsenz des Gottes und seines Gefolges immanent war. Masken wohl, aber eben keine, mit denen Maskierung erfolgte, sondern Erscheinungsformen von Gottheiten. Dies zu Ende gedacht müsste die archäologische Lehrmeinung, wonach die Griechen – anders als die Römer – keine ausschließlich auf den Kopf bzw. die Büste beschränkten Bildnisse kannten, in diesem umschrieben Kontext relativiert werden.

ierte Begriff „Maske" in die Irre: zumindest ab klassischer Zeit – und beispielsweise auch auf dem Hildesheimer Silberbecher (Abb. 15.6, S. 436) – gibt es Belege, wonach auf Pfosten aufgestellte, teils mit Kleidung versehene Objekte im Zentrum von Kulthandlungen standen, quasi als die archaische Variante eines Kultbilders. Auf eine solche Konnotation verweist auch das als Unterlage der Masken dienende Löwenfell. Im Kontext mit Dionysos und seinem Gefolge wären Panter-, Wolf- und Schweinsfelle spezifischer gewesen; das Löwenfell mag entsprechend eher allgemein auf die Kraft und Potenz des Gottes verweisen.[23]

Abbildung 15.8:
Links: Bildnis des Sokrates, römische Kopie nach dem zweiten Bildnistypus
(Glyptothek München), rechts: Satyrkopf aus numidischem Marmor
Links: Wikipedia (Head Sokrates), rechts: Ehem. Slg. Max Dennstedt, Privatbesitz

Auf den ersten Blick wirkt die Silen-Maske auf dem Dennstedt-Fragment wie ein Bildnis(Abb. 15.8 rechts). Sieht dieser Silen nicht eher wie ein Philosoph denn wie ein zerzaustes, der Natur entlaufenes Wesen aus? Paul Zanker gab seinem wichtigen Buch über griechische Bildnisse den programmatischen Titel „Die Maske des Sokrates" – allerdings ohne in diesem Werk auch nur eine einzige Maske des 399 aufgrund von vermeintlicher Gotteslästerung zum Tode verurteilten Philosoph zu zeigen. Wörtlich

---

23 Vgl. Museum für Abgüsse klassischer Bildwerke München (Hg.): Die zweite Haut. Panther-, Wolfs- und Ferkelfell im Bild des Satyrn. Ausstellung München 2005 – (Andreas Grüner, Luca Giuliani, Susanne Muth, Rolf Michael Schneider).

meinte der Autor den Titel auch gar nicht. Vielmehr macht er auf diese Weise deutlich, dass bei der postumen Konzeption des Sokrates-Bildnisses Züge der jenseits bürgerlicher Tugenden – Schönheit, Anstand und angemessenem Verhalten (kalokagathia) – ihr Unwesen treibenden Satyrn verwendet wurden, um das unkonformistische, tradierte Werte hinterfragende Wesen des Sokrates anschaulich zu machen. Sokrates soll hässlich gewesen sein. Hässlich wie auch immer. Dadurch dass seinem Bildnis markante Züge der Silen-Ikonographie eingewoben wurden, wurde zeitgenössischen Betrachtern die Grenzgänger-Qualitäten des vom Orakel von Delphi als klügsten Menschen seiner Zeit gepriesenen Sokrates vor Augen geführt. Gleichzeitig wurden tradierte Normen zur Diskussion gestellt. Überwogen im ersten, wenige Jahre nach Sokrates Tod entstandenen Bildnis-Typs noch die Satyr-Qualitäten, so ist der einige Jahrzehnte später, gegen Ende des 4. Jahrhunderts möglicherweise von Lysipp geschaffene Typus, diesbezüglich bereits bürgerlich-entschärft. Das Gesicht wurde länger und schlanker. Haare und Bart mögen vergleichsweise ungepflegt erscheinen; in der Anlage entsprechen sie nun der von Bürgern getragenen Tracht. Vergleicht man den Satyrkopf des Dennstedt-Fragments mit diesem späteren Sokrates-Typus (Abb. 15.8 links), dann sind die Ähnlichkeiten frappierend – zumal wenn man in Rechnung stellt, dass der kleinformatige Reliefkopf nicht mittels mechanischer Mittel reduziert wurde. Wäre der Reliefkopf ohne den Kontext und ohne die spitzen Tier-Ohren überliefert, dann hätte sich eine Sokrates-Deutung mit einigem Anspruch auf Plausibilität vertreten lassen. Die nahezu gleichen, durchaus edlen Gesichtszüge mit hoher Stirn, wenige horizontale Stirnfalten, sanft geschwungene, markante Brauen, tiefliegende Augen, kräftige Lippen. Ein akribischer Vergleich der Frisur, insbesondere des Bartes, hätte auf unterschiedliche Bildnistypen schließen lassen, wobei die diesbezüglichen Grenzen zumal bei kleinformatigen Bildnissen fließend sind.[24] Einerseits bleibt diese „was wäre wenn" – Diskussion virtuell: der Kopf auf dem Dennstedt-Relief meint zweifellos einen Silen. Andererseits wird so deutlich, wie menschlich, zumal wie bürgerlich im späten 4. Jahrhundert und der Zeit danach zumindest ein Überlieferungsstrang der Satyr- bzw. Silen-Ikonographie geworden ist. Erotisch geladene, enthemmte Naturphänomene sind hier ferner denn je. Abgesehen von der struppigen Frisur und den Tier-Ohren ist unser Silen ein seriöses, vertrauenswürdiges, geistige-Durchdringung ausstrahlendes Wesen. Die „Maske des Sokrates", die es de facto nie gab, hatte so gesehen Rückwirkungen auf das Bild des Silens. Was ursprünglich dazu diente, die Distanz des Sokrates zur bürgerlichen Umwelt zu demonstrieren, wird hier umgedreht. Mit deutlichen Merkmalen des Bürger-Porträts wird der Silen domestiziert. Wie man sich diesen ab dem späten 4. Jahrhundert vor Christus einsetzenden Prozess konkret vorzustellen hat, ob sich der Schöpfer des Vorbildes des Silen-Typus vorsätzlich am Sokrates-Porträt orientierte respektive ob er entsprechende Muster längst internalisiert hatte und auf dieser Grundlage die Silen-Maske spontan gestalten konnte, bleibt offen. Die Annäherung an das dionysische Phänomen, hier in Form einer quasi Einbür-

---

24 Paul Zanker: Die Maske des Sokrates. Das Bild des Intellektuellen in der Antiken Kunst. München: C.H. Beck 1995, S. 62 ff; vgl. Ingeborg Scheibler, Sokrates in der griechischen Bildniskunst. Ausstellung München, 1989, 38 ff.

gerung, ist nur einer der seit der späten Klassik beschrittenen Wege. Ein anderer geht
in die diametral entgegengesetzte Richtung. Er zielt darauf ab, das fremde, gefähr-
liche, tierische Wesen, einschließlich des daraus für Normalsterbliche resultierenden
Gefahrenpotential, und gleichzeitig die erotische Aufladung dieser Gestalten regelrecht
zu inszenieren.[25] Im römisch-dekorativen Impetus finden dann beide Varianten bzw.
künstlerisch-imaginären Ansätze wieder zusammen (s.u.). Zunächst einmal verweist
diese Suche nach neuen, aktuellen Bedürfnissen entsprechenden Ausdrucksformen auf
eine im Umbruch befindliche Epoche, wobei diese Bemühungen von zunehmender
Distanz zu den ehemaligen religiösen Konnotationen zeugen.[26]

15.3.3 Der Satyr mit dem roten Gesicht aus numidischem Marmor (giallo antico)

Seine bewegte Brecciengliederung, changierend zwischen Rot- und Gelbtönen, machte
den in der warmen Tönung einzigartigen „marmor numidicum" bzw. „giallo antico"
zu einem der beliebtesten und teuersten Marmorsorten des Altertums. Die Stein-
brüche am Djebel Chemtou, im heutigen Tunesien, waren seit Augustus in kaiserli-
chem Besitz. Das hier mit großem Aufwand gewonnene Material war ausschließlich
für den Export, vorzugsweise nach Rom bestimmt, wo es in öffentlichen Anlagen ver-
baut wurde.[27] Das sich aus dem natürlichen Zusammentreffen zerklüfteter Kalkstein-
Formationen und Eisenoxid-Vorkommen ergebende Erscheinungsbild des marmor numidicum wurden – eher selten – zur gezielten farblichen Gestaltung von Skulpturen
eingesetzt. Ein schönes Beispiel eben hierfür ist das hier vorgestellte Satyr-Köpfchen
aus dem Besitz von Max Dennstedt. Das Material des Köpfchens (Höhe 11,9 cm,
Breite 11,3 cm, Tiefe noch 6,3 cm) wurde so ausgewählt, dass eine dunkle, rot-orange
Schicht die Gesichtspartie einschließlich der Stirnhaare bildet, während der Hinterkopf
aus beige-gelblichem Stein besteht (Abb. 15.9). Offenbar war eben dieser Effekt beab-
sichtigt, um 'naturalistisch' die rote Gesichtsfarbe des Satryrs respektive ein zusätzlich
mit roter Farbe beschmiertes Gesicht darzustellen.[28] Es handelt sich um einen kind-
lichen, pauspäckigen Knaben, der mit leicht geöffnetem Mund – wobei die Zahnreihe

---

25 Zur Satyr Ikonographie s. Anm. 1, zudem Scheibler, Sokrates – a.a.O. – Anm. 24–33 ff.; zur
   Satyr-Ikonographie im Hellenismus: R.R.R. Smith: Hellenistic Sculpture, London: Thames
   and Hudson 1991, 127 ff, die Centauren und der Satyr aus farbigem Marmor aus der
   Villa des Hadrian ebendort Abb. 162; vgl. zum Fauno Rosso (aus „Rosso Antico"), Rom,
   Capitolinisches Museen Inv. Nr. 657: Raeder, Villa Hadriana a.a.O. – s.o. Anm. 15, S. 65 f.
   Kat. I 48.
26 Siehe etwa Jan N. Bremmer: Götter, Mythen und Heiligtümer im antiken Griechenland.
   Darmstadt 1996, 24 ff.
27 Zum numidischen Marmor s. Gnoli a.a.O – s.o. Anm. 12, S. 139–141, Abb. 123–125; Rolf
   Michael Schneider: Bunte Barbaren, Orientalenstatuen aus farbigem Marmor in der römischen Repräsentationskunst. Worms 1986, 143 ff., ebendort S. 158 zu den in Villen aufgestellten Marmorwerken aus Buntmarmor: „Befriedigung raffiniertester Geschmacksvor-
   stellungen einer Kunstbeflissenen und auf äußere Repräsentation bedachten Oberschicht."
28 Schneider, Bunte Barbaren a.a.O. – s. Anm. 27, S. 158 ff. mit Anm. 1191 und Anm. 1193.

Abbildung 15.9:
Satyrkopf aus numidischem Marmor
Slg. Max Dennstedt, Privatbesitz.

sichtbar wird – lächelt bzw. grinst und, subtil modelliert, von geradezu ansteckender
Vitalität ist. Die Haare in Stirnmitte, im Sinne einer Anastole, sind flammenförmig
aufgerichtet, während die seitlichen Strähnen schneckenförmig eingerollt wurden. Die

tiefliegenden Augen waren ehemals vielleicht mit anderem Material, etwa Glasfluss eingelegt, was die naturalistische Komponente weiter gesteigert hat. Der Satyrknabe trägt einen Kranz aus Efeublättern, wobei die Blätter über den Schläfenhaaren gut zu erkennen sind. Mittig auf der Stirn, in den dort glatt aufliegenden Haaren, findet sich eine runde (Durchmesser ca. 6 mm) Vertiefung, in die vermutlich ein aus Bronze gefertigter Teil des Kranzes eingelassen war.[29]

Dass das Köpfchen ehemals rundplastisch war bzw. nicht als Relief gearbeitet wurde, wird angesichts der Rückseite deutlich: hier ist das Stück schräg abgeschlagen bzw. abgebrochen. In Höhe des Oberkopfes, um das Stück als Relief monieren zu können, wurde es zudem abgeschliffen (vgl. Abb. 15.9 rechts oben). Die Efeublätter des Kranzes waren weitgehend vollplastisch ausgeführt und dabei frei vom Hintergrund abgesetzt. Die entsprechende Konstellation auf der linken Kopfseite, wobei der Zwischenraum zwischen dem Blatt und den Haaren auch von hinten gebohrt bzw. gemeißelt wurde, belegen, dass das Köpfchen ursprünglich nicht Teil eines Reliefs gewesen sein kann – sonst wäre eine solche Bearbeitung technisch nicht möglich gewesen. Die Oberfläche des Gesichtes ist insbesondere an der Oberlippe und am Kinn leicht bestoßen. Sie wurde zudem – wohl unmittelbar nach der Auffindung – mechanisch gereinigt, was die etwas verschliffenen Konturen etwa der Stirnhaare erklärt. Zur Montierung auf einer Unterlage als Relief wurde das Köpfchen rückseitig zweimal – exzentrisch – angebohrt.

Die Art der Ausführung, wobei zur Abgrenzung von Gesicht, Haaren und Efeukranz beidseits ca. 2 cm lange, gerade, auf den „laufender Bohrer" zurückführbare Eintiefungen auffallen, verweisen auf eine Entstehung um die Mitte des zweiten Jahrhunderts nach Christus, also in die Zeit des Kaisers Hadrian oder seiner Nachfolger.[30] Seinerzeit waren aus farbigem Gestein gefertigte Skulpturen beliebt. Bei offiziellen Siegesmonumenten, zumal bei Darstellungen gefesselter Barbaren, dürfte die Herkunft der betreffenden Marmorsorten aus „besiegten" orientalischen Ländern teil der Aussage gewesen sein. Im Bereich der Villenausstattung, wozu kleinformatige Satyr-Darstellungen wie der vorliegende Kopf gehörten, standen die ästhetischen Qualitäten, wobei naturalistische Aspekte sich entweder auf den 'natürlichen' Gegenstand (etwa aus dunklem Marmor gefertigte 'Neger'-Darstellungen[31]) und/oder auf das Erscheinungsbild von patinierten Bronzestatuen bezogen haben dürfte (etwa Satyr-Statuen auf dunklem Marmor). Im Kontext dieser – im ehemaligen Aufstellungs-Kontext – sicher als ästhetisch in hohem Maße originell empfundener Stücke ist das Köpfchen aus dem Besitz von Max Dennstedt, eben weil hier nicht nur zufällig mehrfarbiges Ma-

---

29 Ggf. diente die Eintiefung in der Stirn des Satyrs zur Befestigung eines aus Bronze gefertigten Kranzes.

30 Neben technischen Aspekten („laufender Bohrer") verweist das Material, gerade in hadrianischer Zeit wurden im Genre-Bereich häufiger Buntmarmore verwendet, und auch die ehemals eingesetzten Augen auf eine entsprechende Datierung, vgl. Anm. 15.

31 Schneider: Bunte Barbaren – s. Anm. 27, S. 158 ff. mit Anm. 1192. Zum Satyrkopf als giallo antico in der Villa Albani, Rom, s. Bol, Peter C. (Hg.): Forschungen zur Villa Albani. Band 1: Bildwerke im Treppenaufgang im Piano nobile des Casino. Berlin: Gebr. Mann 1989, Nr. 110, S. 342–346 (R.M. Schneider).

terial verwendet sondern ein speziell zum Darstellungsinhalt passendes Marmorstück ausgesucht wurde, aufschlussreich – und nebenbei ungemein charmant.

15.3.4 Ergebnisse und Perspektiven: Dekor, Sublimierung, Distanz, . . .

Das Kantharos-Fragment aus dem Besitz von Max Dennstedt hat sich als in mehreren Hinsichten spannend erwiesen. Es belegt, dass es schon deutlich vor hadrianischer Zeit, in der ersten Hälfte des ersten Jahrhunderts nach Christus, monumentale marmorne Trinkschalen bzw. Kantharoi gegeben hat. Aus ehemals im Kontext des Dionysos-Kultes verwendeten Gefäße waren dekorative, repräsentative und gegebenenfalls kontemplative Monumente geworden, die durch ihre Form und ihren dionysischen Dekor an Kulthandlungen zu Ehren des Gottes erinnern. In der Villa des Hadrian wurden diese schließlich zu maximaler Größe gesteigert. Was ehemals, in bereits legendärer griechischer Vergangenheit, ein potentiell alle Bürger betreffender Kult war, wurde monumentalisiert, künstlerisch sublimiert und domestiziert. Eben dies prägt die Kunst, Ästhetik und die assoziativ-dekorative Religiosität römischer Villenausstattungen. Der Hausherr und seine Gäste werden sich angesichts solcher hellenischen Kunstwerke im 'otium' vergangener Zeiten ergangen haben. Ekstase war gestern. Der Silen tritt in Form seiner Maske fast als gesetzter Bürger, Sokrates nicht unähnlich, in Erscheinung. Das Köpfchen des Satyr-Knaben mit dem roten Gesicht versucht relativ dazu kunstvoll eine Re-Vitalisierung – wobei gerade das elaborierte Vorgehen, die Auswahl des Materials und die subtile Gestaltung, Distanz und retrospektive Perspektive implizieren. Was ganz natürlich und fast wie Ekstase aussieht, ist aus einem speziell-ausgewählten Stück kostbaren numidischen Marmors gefertigt. In der römischen Kaiserzeit, quasi als Gegenbewegung zu den retrospektiv-dekorativen Tendenzen, die beide Plastiken aus dem Besitz von Max Dennstedt eigen sind, blühten Mysterienkulte auf und etablierte sich das Christentum. Der Unterschied liegt nicht zuletzt in der Dosierung von Ratio, Emotionen und individueller Glaubensgewissheit. Das Christentum, bei aller emotionalen Ergriffenheit der Anhänger, wird als Buchreligion in hohem Maße über den Verstand vermittelt. Jesus trank mit seinen Jüngern, wobei er sein Tun als solches symbolisch respektive metaphysisch reflektierte, „das ist mein Leib, .das ist mein Blut." (Markus 14,22–26). Eine vom Wein berauschtglückliche Vereinigung im Kreise seiner Jünger gab es nicht. Die emotionalen und transzendenten Aspekte des Christentums liegen auf anderen Ebenen. Der Dionysos-Kult setze einen fest gefügten sozialen Rahmen voraus, den er im Ritus sprengen konnte. Die individuellen Nöte und der Alltag der Menschen in der Zeit um Christi Geburt waren offenbar andere als die der Polis-Bürger im archaischen und klassischen Griechenland. Der Dionysos-Kult imponiert zumal auf den im Villen-Kontext aufgestellten Marmor-Monumenten der Kaiserzeit bereits als ein geradezu museales Phänomen. In diesem Genre waren Dionysos und sein Gefolge auf dem – bis in unsere Gegenwart führenden – Weg, nämlich dem, Kulturgeschichte respektive reine Kunst zu werden. Vitale Religiosität ging derweil andere Wege.

15.4 Hamburg um 1900, Professorenkonvent und moderne Chemie

Inwieweit sich Max Dennstedt und seine Familie mit den römischen Werken beschäftigt hat, wie er die Stücke interpretierte und was sie ihm bedeuteten, über ihre Qualität als Souvenirs an seine Zeit in Rom und ihre Reliquien-Qualität als Werke des Altertums hinaus, kann nur erahnt werden. Wichtige Aspekte bürgerlicher Identität und Bildung waren sie allemal. Die Silen-Maske auf dem Relief wurde zuletzt spontan als „Senatorenkopf" angesprochen; zudem wurde vermutet, dass „jemand" die rote Gesichtsfarbe des Satyrkopfes aufgemalt habe. In jedem Fall wurden die Stücke über Generationen hinweg wertgeschätzt und das Erscheinungsbild der Marmorbildwerke – zunächst durch Zufügung tiefer, vergoldeter Rahmen und später durch eben deren Entfernung – aktualisiert. Zusammen mit der Geschichte von Max Dennstedt und der seiner Familie dokumentieren die Stücke Höhepunkte wie Abgründe einer bürgerlichen Kultur, die durch verbindliche Werte-Orientierung – von militärischen Tugenden bis zu antiker Kultur –, Aufbruchstimmung und Forschergeist geprägt war. Inwieweit entsprechend Werte-Bindungen in unserer, sich durch Beschleunigung und Wertepluralismus respektive Werte-Utilarismus bis Beliebigkeit definierenden Zeit verzichtbar sind, respektive welche absehbar gravierenden bzw. epochalen Folgen dies nicht zuletzt für das, was die Konstitution von Individuen ausmacht, bedeutet, bleibt abzuwarten.[32]

Danksagung

Ohne die nachdrückliche Unterstützung von Erika von Meissner und Welf Dennstedt, den Enkeln von Max Dennstedt, denen zudem für die Überlassung der Abbildungsvorlagen und die Publikationsgenehmigungen herzlich zu danken ist, wäre dieser Beitrag nicht entstanden!

Weiterführende Hinweise zu den Antiken gaben Antje Krug, Berlin, Dagmar Grassinger, Köln und Rolf M. Schneider, München. Ihnen allen gilt unser herzlicher Dank!

Nach Drucklegung des Beitrages stellte Welf Dennstedt ein um 1970/1980 entstandenes Foto zur Verfügung (Abb. 15.10 links), das einen Halsschmuck mit antiken Münzen zeigt. Das Kollier war 1890 im Auftrag von Max Dennstedt als Hochzeitsgeschenk für Hedwig Websky – laut Familienchronik – vom Goldschied Lindner in Berlin (Sohn des Carl Ludwig Lindner) angefertigt worden. Gesamtlänge 50 cm, 19 antike Münzen, später wurde ein Anhänger mit zwei Münzen in gleichem Stil ergänzt. Um 1980 wurde das nun als „protzig" und untragbar (Gewicht der Münzen ca. 190 g) angesehene Kollier zerlegt und auf die Erben aufgeteilt. Erika von Meissner ermöglichte die Bearbeitung von sechs Gliedern des Kolliers, die jeweils in Syrakus geprägte Bronzemünzen (Durchmesser 17–23 mm) einschließen (Abb. 15.10 rechts): Es han-

---

32 Vgl. H. Rosa: Beschleunigung. Die Veränderung der Zeitstruktur in der Moderne. Frankfurt 2005/2012, S. 376 ff.

Abbildung 15.10:
Dennstedt-Kollier in der ursprünglichen Form und einzelne sechs Glieder
Slg. Max Dennstedt, Familienbesitz Dennstedt / von Meissner

delt sich um drei Münzen aus der Zeit des Timoleon (345–317 v. Chr. – Vorderseite: Kopf der Athena, Rückseite: Hippocamp), eine aus der Zeit des Agathokles (317–289 v. Chr.) – VS: Artemiskopf, RS: geflügelter Blitz), eine vorzüglich erhaltene Prägung aus der Zeit des Pyrrhos (278–276 v. Chr.) – VS: Herakleskopf mit Löwenfell, RS: Athena mit Speer und Schild) sowie eine unter Hieron II. (274–216) geprägte Münze (VS: Kopf der Persephone, RS: Pegasos). Weitere Teile des Kolliers befinden sich im Besitz von Welf Dennstedt und dessen Familie.

Abbildung 16.1:
Otto Stern (1888–1969) und Lise Meitner (1878–1968)
Fachbereich Chemie der Universität Hamburg (Sammlung von Fritz Thieme)

Spaltung ihrer Orte – Reflexionen zur Erinnerung an das Exil in den (naturwissenschaftlichen) Disziplinen

Miriam N. Reinhard (Hamburg)

Fritz Thieme gewidmet.

16.1 Zeiten

16.1.1 Die Dinge, die wir bedenken

Wo Wissenschaft „steht", ist eine Frage, die sowohl die Haltung als auch den Ort ihres Sprechens markiert. Ihr Selbst-Bewusstsein ergibt sich nicht allein aus ihrer gegenwärtigen Position, aus ihrem Status quo und der Rhetorik seiner Bestimmung in Bezug auf das, was sie von hier aus über ihre Gegenstände zu sagen weiß. Es konstituiert sich immer auch aus ihrem Verhältnis, das sie zu ihrer Geschichte einnimmt. Denn die Geschichte zu bedenken ist innerhalb der Wissenschaften nicht nur eine Aufgabe, die der Historiker zu erbringen hat, um Vergangenheit in irgendeiner Form als Wissensbestand zu sichern und zu durchdringen. Geschichte spricht in jede Disziplin hinein: sowohl aus ihren Gegenständen, die sie als die ihrigen zur Erscheinung bringt, als auch durch die Methoden und Ergebnisse einer jeden Reflexion. Sie schreibt sich in die wissenschaftliche Praxis ein; ob es die Wahl ihrer Begrifflichkeiten ist, die eine bestimmte Erkenntnis zu einem bestimmten Augenblick ermöglicht, ob sie zu bestimmten Zeiten sich manchen Phänomen verweigert oder sich bestimmten gerade besonders zu widmen beginnt: All dies bezeugt auch, in welcher Geschichte Wissenschaft steht. Innerhalb einer Disziplin das eigene Wissen als Gewordenes zu reflektieren, heißt nicht, dass man damit den Zuständigkeitsbereich der eigenen Disziplin verlässt, sondern den gewohnten Gegenstand eben auch als so befragten Gegenstand auszuweisen beginnt. Peter Janich, der auf die Schwierigkeit der Chemiker hinweist, eine Wissenschaftstheorie zu entwickeln,[1] betont zu Recht, dass die *„Verantwortung nun einmal nicht beim Gegenstand Chemie selbst liegen* [kann]*"*, sondern *„bei der Wissenschaft Chemie als menschlicher Tätigkeit angesiedelt sein* [muss]*"*.[2] Es geht also darum, Wissenschaft als ein Handeln zu begreifen, das, von den Gegenständen motiviert, auf sie zurückzuwirken beginnt. Erst dieses Verständnis von Wissenschaft als Handlung zeigt sie als ein Antwortgeschehen auf Phänomene und macht sie zugleich dort verantwortlich, wo sie ihre Antworten der Verhandelbarkeit auszusetzen beginnt. Wenn „Wahrheit" in der Wissenschaft mehr sein soll als nur die Präsentation formal richtiger Ergebnisse, dann muss sie sich durch diese Handlungen bewähren.

Dieser Essay nimmt die Frage nach dem Exil in den Naturwissenschaften in den Blick und fragt so nach den Konstellationen, in denen Wissenschaft steht, nach der Praxis und den Möglichkeiten ihrer Verortung und ihres Erinnerns vor dem Hintergrund gegenwärtiger Erinnerungskultur. Das Exil, das auch den Ort einer Disziplin als gemeinsamen Arbeitsplatz (im doppelten Sinne) verschiedener Wissenschaftler zu spalten beginnt, ist nicht selten der Ort, der vom Stand-Ort der Disziplin abgespalten bleibt, als wäre der Status quo nicht immer auch dies: Produkt einer Verdrängung, einer Geschichte, die eben nicht sofort sichtbar wird, weil sie einst gewaltsam ausgeschlossen worden ist.

Es gibt tatsächlich, wie Herta Müller es anklagt, keinen festen Ort, an dem das Exil erinnert werden kann; es wird ihm in der „Architektur" gegenwärtiger Gesellschaft kein fester Platz ein-geräumt.[3] Meine Frage wäre aber, ob nicht auch eine Erinnerung von den „Stand-Orten" der Disziplinen aus geschehen kann, die sich dann auf das Exil als einen gemeinsamen Ort beziehen – nicht in einem territorialen Sinne, sondern im Sinne eines $\tau o \pi o \varsigma$, der sie gemeinsam in die Pflicht zu nehmen beginnt. Denn vielleicht

---

1 Janich sieht die Problematik bereits darin, dass die Wissenschaft Chemie sich sprachlich nicht von ihrem Forschungsgegenstand Chemie unterscheiden lässt: *„Wer die Benennung einer Wissenschaft und die Bezeichnung ihres Gegenstandes nicht auseinander hält, hat schon die Chance verspielt, Wissenschaft zu verstehen.* [...] *Sie* (die Chemiker, Anm. d. Verf.) *müssen auf ein Wort wie Chemologie oder Ähnliches verzichten. Das ist, philosophisch gesehen, gefährlich. Es unterstellt nämlich, es könne nur eine (Form der) Chemie geben, und es sei klar, wovon sie handelt."* Vgl. Peter Janich: Was ist und wozu treibt man Chemie? Versuch einer philosophischen Antwort. In: Klaus Griesar (Hg.): Wenn der Geist die Materie küsst. Annäherungen an die Chemie. Frankfurt am Main: Wissenschaftlicher Verlag Harri Deutsch 2004, S. 49–65, hier S. 49 f., (Auslassung durch Verf.).

2 Vgl. Ebd., S. 56 f. Sicher nicht zufällig spielt Janich mit seinem gewählten Titel auf Schillers berühmte Antrittslesung *„Was heißt und zu welchem Ende studiert man Universalgeschichte?"* an, die er 1789 in Jena hält. Geht es Janich auch sicher um ein grundlegend anderes Geschichtsbild, so kritisiert er doch die Annahme, es gäbe Wissenschaft die frei sei von historischer Voraussetzung.

3 Herta Müller: „Nirgends in diesem Land gibt es einen Ort, an dem man den Inhalt des Wortes Exil an einzelnen Schicksalen entlang darstellen kann. Das Risiko der Flucht, das verstörte Leben im Exil, Fremdheit, Armut, Angst und Heimweh. Das alles zu zeigen ist Deutschland seiner Geschichte schuldig geblieben." Vgl. Herta Müller: Herzwort und Kopfwort. Dieses Land trieb Hunderttausende ins Exil. Wir sollten uns daran erinnern. In: DER SPIEGEL 4/2013, S. 97–101, hier S. 101.

ist es sogar wichtig, dass die Erinnerung an das Exil sich gerade nicht auf einen einzigen Ort hin ausrichten kann, dass das Exil also nicht fest eingebunden wird in das „Gesamtbild" einer Nation. Denn es sind doch auch gerade diese Fest-Setzungen des Nationalen, ihre Figurationen und Topologien, die für Exile verantwortlich sind.

Dieser Essay nimmt die Geschichte des Chemikers und Physikers Otto Stern zum Ausgang der Reflexion. In nuce spiegelt sich in der Biographie Sterns, sowohl in der Vergessenheit, in die sein Leben zunächst (auch in der eigenen Disziplin) geriet, als auch in der erst in den letzten Jahren einsetzenden Erinnerung, Aufarbeitung und den Schwierigkeiten und Ambivalenzen, die sich hier auftun, die Bedeutung von Geschichte und ihre Verortung in den Naturwissenschaften.

So soll in einem weiteren Schritt die Frage gestellt werden, in welches Verhältnis Ort und Zeugnis in der Wissenschaft treten. Dies geschieht aus einem doppelten Verständnis davon heraus, was der Ort bedeuten kann, „von dem" die Rede ist. Die Forderung nach einer Ethik der Disziplinen, so werde ich es zu zeigen versuchen, stellt sich an diesem doppelten, von dem Ideal einer Einheit abgespaltenen Ort.

16.1.2 Die Geschichten, die wir erinnern

Als am das 7. April 1933 das nationalsozialistische Gesetz mit der zynischen Bezeichnung *„Gesetz zur Wiederherstellung des Berufsbeamtentums"* in Kraft tritt, kommt Otto Stern, zu dieser Zeit Professor für Physikalische Chemie in Hamburg, seiner nun drohenden Entlassung zuvor: Mit einem Telegramm bittet er die Hamburger Schulbehörde darum, dass man ihn aus seinen Amt als Professor entlässt. Stern begreift, dass er mit jüdischem Familienhintergrund in diesem offen und aggressiv antisemitisch agierenden Deutschland keine Zukunft mehr haben wird, das er bald darauf verlässt. Er flieht in das US-amerikanische Exil, lehrt von 1933 bis 1946 als Forschungsprofessor der Physik am Carnegie-Institut in Pittsburgh. 1943 wird ihm der Physiknobelpreis verliehen, besonders für die Forschung, die er einst in Deutschland, vor allem in Frankfurt und Hamburg, betrieben hat. Nominiert dafür ist er zum ersten Mal 1934. Insgesamt erhält Stern über die Jahre verteilt 81 Nominierungen. Kein Nobelpreisträger ist vor seiner Auszeichnung so häufig vorgeschlagen worden, wie es bei Otto Stern der Fall ist. Warum man ihm den Nobelpreis dann erst nach 81 Nominierungen verleiht, ist nicht mehr ganz zu rekonstruieren; manche Mitglieder des Komitees haben die Bedeutung seiner Forschung sicher falsch eingeschätzt, sie vielleicht auch nicht erkennen wollen.[4] Im amerikanischen Exil fällt es Stern schwer, an die beruflichen Erfolge in Deutschland anzuknüpfen, auch weil die wissenschaftliche Praxis in den USA sich von der in Deutschland wesentlich unterscheidet. Dennoch: Bis auf wenige private Besuche und Zwischenstationen auf der „Durchreise" kehrt Stern

---

4 1934 etwa kommt das Nobelpreiskomitee zu dem Schluss, dass die „Richtungsquantelung" nicht fundamental Neues sei. Dass man das Phänomen zuvor schon bedacht hatte, ist richtig. Der experimentelle Nachweis ist allerdings erst Stern und Gerlach gelungen. Vgl. hierzu auch: Horst Schmidt-Böcking et al.: Otto Stern: Physiker, Querdenker, Nobelpreisträger, S. 150.

nicht wieder nach Deutschland zurück. Die amerikanische Staatsangehörigkeit nimmt er 1939 an. Er stirbt am 17. August 1969 in Berkeley. Aus dem wissenschaftlichen Geschehen zieht er sich schon 20 Jahre zuvor weitestgehend zurück.

Der Wissenschaft in Deutschland hat Stern nicht nur bahnbrechende Erkenntnisse in der Chemie und Physik, sondern auch seine Biographie als Erbe und Anfrage hinterlassen. In großen Teilen hat man seinen Lebenslauf inzwischen erschlossen. 2011 publizieren Horst Schmidt-Böcking et al. eine Biographie, die die zentralen Stationen aus Sterns Leben nachzeichnet.[5] Auch im Internet ist seine Biographie inzwischen zugänglich, wenn sie dort auch an einzelnen Punkten auf problematische Weise geschildert wird. Solche Probleme zu benennen, mag spitzfindig erscheinen, sie geben jedoch Aufschluss darüber, inwiefern auch wissenschaftliche Reflexion manche Zusammenhänge nicht klar genug zu durchdringen vermag und so Gefahr läuft, sie in einer entstellenden Weise zu reproduzieren. So ist es zum Beispiel ganz einfach nicht richtig, dass Stern *„wegen seiner jüdischen Herkunft 1933 in die USA* [emigrierte] *“*,[6] wie es in einer Onlinepublikation zu lesen ist. Er floh ja nicht deswegen, weil er Jude war, sondern weil er sich als Jude durch den Antisemitismus bedroht sehen musste. Zudem ist es nicht unproblematisch zu sagen, dass er in die „Emigration" gegangen ist – wie es auch Schmidt-Böcking et al. in ihrer Otto Stern-Biographie durchgängig schreiben – anstatt an dieser Stelle von „Exil" zu sprechen. Auch vergleichbare Veröffentlichungen aus dem Umfeld naturwissenschaftlicher Forschung weisen diese Problematik auf. In Ute Deichmanns 2011 publizierter Habilitation mit dem Titel *„Flüchten, Mitmachen, Vergessen"*, deren Verdienst ohne Frage darin besteht, sich erstmalig der Exilthematik in Bezug auf Chemiker und Biochemiker umfassend anzunehmen, wird fast durchgängig von „Wissenschaftsemigration" und nicht von Exil gesprochen.[7] Dass die Verwendung des Begriffes 'Emigration' anstelle von 'Exil' aber genau den Sachverhalt verschleiern kann, um den es in diesem Zusammenhang eigentlich geht, dass sie genau das Moment der Gewalt verdeckt, das dem Exil immer, einer Emigration aber nicht zwangsläufig vorangeht, hat Bertolt Brecht 1937 im dänischen Exil in seinem Gedicht „Über die Bezeichnung Emigranten" formuliert. Dort heißt es:

> *Immer fand ich den Namen falsch, den man uns gab: Emigranten.*
> *Daß heißt doch Auswanderer. Aber wir*
> *Wanderten doch nicht aus, nach freiem Entschluß*
> *Wählend ein anderes Land. Wanderten wir doch auch nicht*
> *Ein in ein Land, dort zu bleiben, womöglich für immer.*

---

5 Vgl. Horst Schmidt-Böcking et al.: Otto Stern: Physiker, Querdenker, Nobelpreisträger. Frankfurt am Main: Societätsverlag 2011.

6 Vgl. `http://de.wikipedia.org/wiki/Otto_Stern_(Physiker)`.

7 Vgl. Ute Deichmann: Flüchten, Mitmachen, Vergessen. Chemiker und Biochemiker in der NS-Zeit, Weinheim: WILEY-VCH 2011.

Sondern wir flohen. Vertriebene sind wir, Verbannte.
Und kein Heim, ein Exil soll das Land sein, das uns aufnahm.[8]

Brecht macht auf eine entscheidende Differenz zwischen dem Emigranten und dem Exilanten aufmerksam; der Name „Emigrant" ist für ihn deswegen „falsch", da er die Freiheit einer Entscheidung suggeriert, die einer Flucht ins Exil niemals vorangehen konnte. Das Exil ist somit auch keine „Wahlheimat", sondern es bleibt ein Exil und damit eine Verlusterfahrung und eine Wunde in der Biographie des Exilanten.[9] Ist historisch mit diesem Begriff einst auch der „Ort der Verbannung" bezeichnet worden, so verweist er für Brecht nun auf den konkreten Ort, an dem der aus seiner Heimat Verbannte sich aufhält. Brecht betont damit die im lateinischen „Exilium" liegende Bedeutung des „In-Der-Fremde-Weilens"[10] und pronociert den Zwang, der diesem vorangeht. Die Verwendung des Begriffes Exil ermöglicht es somit, eine historische Wahrheit zu benennen, die durch die Bezeichnung Emigration überdeckt wird.[11]

---

8 Vgl. Bertolt Brecht: Über die Bezeichnung Emigration. In: ders.: Große kommentierte Berliner und Frankfurter Ausgabe. Gedichte 2. Sammlungen 1938–1956. Frankfurt am Main: Suhrkamp 1988, S. 81.

9 Hannah Arendt formuliert zu dieser Erfahrung des Exils als einer radikalen Verlusterfahrung in ihrem erstmals 1943 im amerikanischen Exil unter dem Titel „We Refugees" publizierten Essay wie folgt: *„Wir haben unser Zuhause und damit die Vertrautheit des Alltags verloren. Wir haben unseren Beruf verloren und damit das Vertrauen eingebüßt, in dieser Welt irgendwie von Nutzen zu sein. Wir haben unsere Sprache verloren und mit ihr die Natürlichkeit unserer Reaktionen, die Einfachheit unserer Gebärden und den ungezwungenen Ausdruck unserer Gefühle."* Vgl. Hannah Arendt: Wir Flüchtlinge, in: dies.: Zur Zeit – Politische Essays. Hg. v. Marie Luise Knott. Aus dem Amerikanischen von Eike Geisel, München: dtv 1989, S. 7–21, hier S. 7 f.

10 Vgl. zur Begriffsgeschichte von Exil z. B.: Stefana Sabin: Die Welt als Exil, Göttingen: Wallstein Verlag 2008, S. 5 ff.

11 Dies schließt sich an Brechts Reflexionen zur Wahrheit an, die er in dem Essay *„Fünf Schwierigkeiten beim Schreiben der Wahrheit"* formulierte. Dort heißt es etwa: *„Wenn man erfolgreich die Wahrheit über schlimme Zustände schreiben will, muss man sie so schreiben, dass ihre vermeidbaren Ursachen erkannt werden können."* Vgl. Bertolt Brecht: Fünf Schwierigkeiten beim Schreiben der Wahrheit, in: ders.: Gesammelte Werke. Große kommentierte und Frankfurter Ausgabe Hg. von Werner Hecht, Jan Knopf, Werner Mittenzwei und Klaus-Detlev Müller. 30 Bände, Band 22, Frankfurt am Main: Suhrkamp 1993, S. 74–89, hier S. 80. Wenn auch uns heutigen Lesern manches was Brecht dort im Sinne marxistischer Dialektik formuliert uns selbst wie eine Verkürzung von Wahrheit erscheinen wird, so finde ich seine Überlegungen nach wie vor – auch für den wissenschaftlichen Anspruch von Wahrheit – insofern relevant, als Brecht darauf aufmerksam macht, dass Wahrheit sich nicht einfach damit entscheidet, ob eine Aussage mit der Realität übereinstimmt oder nicht, sondern auch mit der Motivation eines Sprechers, über bestimmte Dinge zu sprechen und über andere zu schweigen, zusammenhängt. Die Frage, ob etwas wahr ist, lässt sich also nicht ohne eine ethische Reflexion entscheiden, die die Gesamtumstände der Aussage betrachtet. Zu ähnlichen Überlegungen (wenn auch mit ganz anderem wissenschaftlichen Hintergrund) kommt der ev. Theologe Dietrich Bonhoeffer in seinem 1944, im KZ Flossenburg verfassten Essay: „Was heißt die Wahrheit sagen?" Auch für ihn wird die Frage nach dem „wahren Sprechen" angesichts des nationalsozialistischen Terrors, der zum System gewordenen Unwahrheit akut. Vgl. Dietrich Bonhoeffer: Was heißt

Findet also eine wissenschaftliche Reflexion der Exilthematik nun auch in den Naturwissenschaften statt, so zeigen diese Beispiele in Bezug auf die Auseinandersetzung mit Otto Stern, dass diese an sprachliche Grenzen gerät, dass sie den Ort zu verfehlen droht, dem sie sich stellen will. Diese Grenzen weisen auf mehr hin, als nur auf eine „Unachtsamkeit" in der Wahl rhetorischer Mittel. Sie zeigen einmal, dass die Auseinandersetzung mit solchen Zusammenhängen noch immer keine wissenschaftliche Selbstverständlichkeit geworden ist,[12] und machen zudem auf ein grundlegenderes Defizit in der Erinnerungsarbeit insgesamt aufmerksam, das an diesem Punkt besteht. Denn so wie die Biographie Sterns auch erst jetzt, seit wenigen Jahren, als Biographie überhaupt erschlossen und aufgearbeitet wird, so steht auch die sonstige Erinnerungsarbeit, die an dieser Stelle möglich sein könnte, noch sehr in den Anfängen: Im Jahre 2011 gibt die Frankfurter Goethe-Universität einem neuen Gebäudekomplex auf dem naturwissenschaftliche Campus den Namen „Otto Stern Zentrum"; am 24.11.2011 wird dort eine Gedenktafel enthüllt.[13] Frankfurt ist eine entscheidende Station in Sterns wissenschaftlicher Laufbahn; hier gelingt ihm gemeinsam mit Walther Gerlach, auf experimentellem Wege den Nachweis der Richtungsquantelung zu erbringen, deren Existenz wohl Stern selbst überrascht.[14]

Die Ergebnisse des sogenannten „Stern-Gerlach-Experiments" von 1922 schreiben Wissenschaftsgeschichte;[15] durch sie gelingt sowohl die Erweiterung des Bohr'schen

---

die Wahrheit sagen?, in: ders.: Ethik. Hg. v. Eberhard Bethge, München: Kaiser 1966, S. 385–395.

12 Die Ergebnisse einer erstmals 2002 publizierten Studie, in deren Rahmen im Jahr 2000 Studierende der Universität Essen u. a. über ihr Wissen zu der nationalsozialistischen Vergangenheit ihres Studienfaches befragt worden sind, geben in dieser Hinsicht zu denken: 76% der Befragten Medizinstudenten geben an, dass die NS-Zeit im Lehrangebot ihres Faches nicht vorkommt; „übertroffen" werden sie nur noch von Studierenden der Wirtschaftswissenschaften mit 92% und Studierenden des Bauingenieurwesens mit 97%. Vgl. Klaus Ahlheim und Bardo Heger: Die unbequeme Vergangenheit. NS-Vergangenheit, Holocaust und die Schwierigkeiten des Erinnerns, Schwalbach: Wochenschauverlag 2003, S. 73.

13 Vgl. zum Beispiel: http://www.fr-online.de/campus/ otto-stern-der-geniale-experimentator,4491992,10798236.html und http://www. pro-physik.de/details/physiknews/1403401/Sternstunde_in_Frankfurt.html.

14 Horst Schmidt-Böcking und Wolfgang Trageser schreiben über diese Situation: *„Viele Physiker, Stern eingeschlossen, waren überrascht, dass die Richtungsquantelung wirklich existiert. Wolfgang Pauli schrieb in einer Postkarte an Gerlach: 'Jetzt wird wohl auch der ungläubige Stern von der Richtungsquantelung überzeugt sein'."* Vgl. Horst Schmidt-Böcking und Wolfgang Trageser: Ein fast vergessener Pionier, Physik Journal 11 (2012), Nr. 3, Weinheim: Wiley-VCH 2012, S. 47–51, hier S. 47.

15 *„The Stern-Gerlach experiment turned out to be one of the milestones on the winding road to modern quantum physics [...]."* Sterns Experimente haben damit eine unvergleichlich große Bedeutung für die Entwicklung der Quantenphysik, wenn erstaunlicherweise sein Name in Publikationen zur Quantentheorie seltener erwähnt wird als der, anderer Wissenschaftler. Es sind jedoch die „großen Physiker der Quantentheorie" selbst, die sich immer wieder auf Sterns Experimente beziehen und somit darauf verweisen, dass Sterns Arbeiten in keiner Weise geringer als die ihrigen zu bewerten sind:
„Short lists of the pioneers of quantum mechanics featured in textbooks and historical

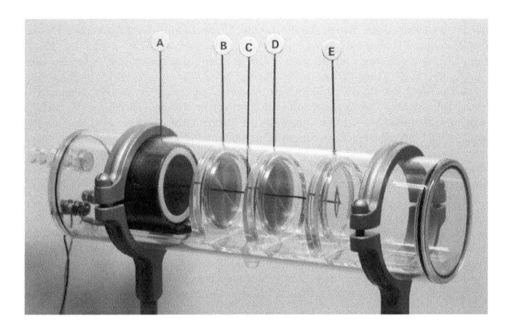

Abbildung 16.2:
Stern-Gerlach Molekularstrahlen-Experiment
Fachbereich Chemie der Universität Hamburg (Sammlung von Fritz Thieme)

Atommodells, als auch der Nachweis des Elektronenspins auf der Grundlage dieses Experimentes drei Jahre später.[16] Im Mai 2013 veranstaltet die Hamburger Akademie

accounts alike typically include the names of Max Planck, Albert Einstein, Arnold Sommerfeld, Niels Bohr, Werner Heisenberg, Erwin Schrödinger, Paul Dirac, Max Born, and Wolfgang Pauli on the theory side, and of Conrad Röntgen, Ernest Rutherford, Max von Laue, Arthur Compton, and James Franck on the experimental side. However, the records in the Archive of the Nobel Foundation as well as scientific correspondence, oral-history accounts and scientometric evidence suggest that at least one more name should be added to the list: that of the „experimenting theorist" Otto Stern." Vgl. J. Peter Toennies, Horst Schmidt-Böcking, Bretislav Friedrich und Julian C. A. Lower: Otto Stern (1888–1969): The founding father of experimental atomic physics. In: Annalen der Physik 523/12, Dezember 2011, S. 1045–1070, hier S. 1045.

16 Vgl. Peter E. Toschek betont die eindrucksvolle wissenschaftliche Wirkungsgeschichte, die die Messungen Sterns nach sich zogen: „Diese Messungen [...] führten zur Spin-Resonanz [...], und schließlich bis zur Kernspin Tomographie und ihren segensreichen Anwendungen in der medizinischen Diagnostik. Darüber hinaus führten sie schließlich zur Entwicklung eines neuartigen Mikrowellen-Senders, des „Masers" wie auch seines optischen Bruders, des Lasers und dessen unüberschaubaren Anwendungen." Vgl. Peter E. Toschek: Otto Stern (1888–1969) in Hamburg. In: Gudrun Wolfschmidt (Hg.): Hamburgs Geschich-

der Wissenschaften ein Otto Stern Symposium.[17] Das Institut für Angewandte Physik der Hamburger Universität plant, sich fortan „Otto Stern Institut" zu nennen. Hamburg ist sicher der zweite entscheidende Ort in Sterns akademischer Biographie. Hier übernimmt er 1923 eine Professur für Physikalische Chemie und wirkt die folgenden 10 Jahre dort. Mit ihm wird Hamburg zu einem Zentrum der naturwissenschaftlichen Diskussion in Deutschland, das internationalen Ruf genießt. Stern beschäftigt sich experimentell u. a. mit dem Nachweis der Wellennatur der Teilchen („de-Broglie-Wellenlänge"), kann diese Experimente aber nicht in für ihn zufriedenstellender Weise zum Abschluss bringen. Er leidet darunter, in den USA an solche Arbeiten nicht mehr anknüpfen zu können.[18] Ein Teil seiner Wissenschaft ist für Stern so selbst fragmentarisch geblieben, dem erzwungenen Abbruch seiner einst erfolgreichen Forschung in Deutschland geschuldet.[19]

Mit den hier geschilderten Gedenkakten, die in Frankfurt und Hamburg in den letzten Jahren stattgefunden haben, geschieht seitens der universitären Institutionen sicher eine verspätete, aber dennoch notwendig bleibende Erinnerungsarbeit. Die durchkreuzte Biographie Sterns, das Exil, das diese Institutionen mit zu verantworten haben, wird von ihnen in ihre Gegenwart zurückgeholt. Die offiziellen Akte, die im Rahmen dieser Erinnerungsarbeit vollzogen werden, erfüllen dabei zuallererst eine

---

te einmal anders – Entwicklungen der Naturwissenschaften, Medizin und Technik, Teil 1, S. 151–169, hier S. 166 (Auslassung durch Verf.). Vgl. zu diesen Zusammenhängen außerdem: Ingolf V. Hertel und Claus-Peter Schulz: Atome, Moleküle und optische Physik 1. Atomphysik und Grundlagen der Spektroskopie, Berlin und Heidelberg: Springer 2008, S. 36 ff.

17 Vgl. zum Beispiel:
http://www.uni-hamburg.de/newsletter/juni-2013/otto-stern-symposium-
sieben-nobelpreistraeger-zu-gast-an-der-universitaet-hamburg.html.

18 Estermann schreibt über die Situation Sterns in den USA: *„Den Schwung seines Hamburger Laboratoriums konnte STERN nie wieder beleben, obwohl auch im Carnegie-Institut eine Reihe wichtiger Publikationen entstanden."* Vgl. Immanuel Estermann: Otto Stern. 1888–1969, abzurufen unter: http://www.uni-frankfurt.de/fb/fb13/Dateien/paf/paf46.html.

19 *„Das Experiment liebe ich besonders, es wird aber nicht richtig anerkannt. Es geht um die Bestimmung der De-Broglie-Wellenlänge. [...] Hitler ist schuld, dass dieses Experiment nicht richtig in Hamburg beendet wurde."* Otto Stern, hier zitiert nach: Horst Schmidt-Böcking et al.: Otto Stern: Physiker, Querdenker, Nobelpreisträger, S. 128, (Auslassung durch d. Verf.). Auf erschütternde Weise dokumentieren auch die Briefe Lise Meitners aus dem Exil aus Stockholm an Otto Hahn, wie sehr die Bedingungen des Exils die wissenschaftliche Weiterarbeit erschweren und wie sich solche Schwierigkeiten bei Meitner nicht nur zu einer Arbeitskrise, sondern einer Existenz- und Sinnkrise auszuweiten beginnen; sie schreibt etwa am 5. Dezember 1938: *„Von mir ist wenig oder nichts zu sagen ... Ich komme mir oft wie eine aufgezogene Puppe vor, die automatisch gewisse Dinge tut, freundlich dazu lächelt und kein wirkliches Leben in sich hat. Danach kannst du beurteilen, wie wertvoll meine Tätigkeit ist."* Lise Meitner an Otto Hahn. Brief vom 5. Dezember 1938, hier zitiert nach: Fritz Krafft: Lise Meitner und ihre Zeit – Zum hundertsten Geburtstag der bedeutenden Naturwissenschaftlerin. In: Angewandte Chemie 90/11, Weinheim und New York: Verlag Chemie 1978, S. 876–892, hier S. 888.

symbolische Funktion. Sie weisen auf die Verantwortung hin, die die Universität für ihre Wissenschaftler zu übernehmen bereit ist. Sie zeigen ein Bewusstsein dafür, dass Wissenschaft sich nicht außerhalb gesamtgesellschaftlicher Prozesse ereignet, sondern mit ihnen verwoben bleibt. Für diese Aspekte schaffen sie Öffentlichkeit und bewirken – durch die mediale Begleitung – eine Sensibilisierung auch der außeruniversitären Öffentlichkeit für Universitäts- und Stadtgeschichte. Doch so wichtig und unverzichtbar solch ein Gedenken auch ist, es hat eine zweischneidige Komponente und genügt deswegen nicht: Die mediale Aufmerksamkeit ist nicht zuletzt deswegen gegeben, da die Erinnerung einer „ausgezeichneten Biographie" der Wissenschaftsgeschichte gilt. Solche Gedenkakte mögen bei Otto Stern damit noch vergleichsweise leicht fallen, da die Universität mit ihm eben nicht nur eine unbequeme Vergangenheit des eigenen Faches, sondern auch den Nobelpreis zum „Erbe" der heutigen Institution zählt, auch dann wenn diese mit Stern historisch eigentlich nicht verbunden ist. So hat am Fachbereich für Angewandte Physik in Hamburg Stern selbst nie gelehrt. Der Nobelpreis ist es wiederum auch, der die Stationen von Sterns Lebens nun mühelos rekonstruierbar werden lässt, da diese Auszeichnung die Bedeutung seiner Forschung bezeugt und ihm somit einen Platz im „kollektiven Gedächtnis" der Wissenschaftsgeschichte garantiert. Schon deswegen bemühen sich auch verschiedene Bibliotheken und Archive um die Wahrung seines Erbes.

Dies weist uns auf eine weitere Problematik in der Erinnerungskultur hin: Will man nämlich die Geschichte anderer Personen recherchieren, die an der Forschung Sterns als seine unmittelbaren wissenschaftlichen Mitarbeiter beteiligt gewesen sind, so steht man vor der Schwierigkeit, dass es für Sterns Assistenten kein spezielles Archiv gibt, das sich in gleicher Weise für die Aufbewahrung relevanter Unterlagen besonders zuständig fühlt (Immanuel Estermann bildet vielleicht eine Ausnahme, da er im Exil seine Karriere an der Seite Sterns erfolgreich fortsetzen konnte und auch von Otto Frisch ist einiges „auffindbar", von ihm wird noch die Rede sein). Erst in diesen Jahren hat der Fachbereich Chemie der Universität Hamburg besonders durch die Initiative des Professors Volkmar Vill damit begonnen in vorhandenen Archivbeständen nach Sterns Assistenten zu suchen, diese Unterlagen zu sortieren, auszuwerten und der universitären Forschung zugänglich zu machen.[20] Im Unterschied zu einer Recherche zu der Biographie Sterns steht die historische Arbeit hier vor Herausforderungen grundlegender Art: Recherchiert man etwa die Geschichte von Sterns Hamburger Assistenten Robert Schnurmann, so bleibt man angewiesen auf das Hamburgische Staatsarchiv, das sich keiner speziellen Erinnerung von Personen verpflichtet hat, sondern per definitionem solche Dokumente aufbewahrt, die in irgendeiner Weise die staatli-

---

20 Auf Initiative Volkmar Vills ist somit eine Onlinedatenbank entstanden, in der die Biographien von Sterns Assistenten recherchierbar, auch ihre Publikationen teilweise abrufbar sind. Die noch nicht durch die bisherigen Bestände erschlossenen „Lücken" in den Lebensläufen der Wissenschaftler sind dabei deutlich markiert; es handelt sich somit um ein „work in progress", mit dem die Universität zugleich deutlich macht, dass sie hier angewiesen auf außeruniversitäre Mitarbeit bleibt. Vgl. `http://www.chemie.uni-hamburg.de/pc/publikationen/`.

che Ordnung betreffen, an deren Produktion also staatliche Institutionen (aufgrund von Zuständigkeiten) beteiligt gewesen sind. Über Otto Sterns Assistent Schnurmann lassen sich so Dokumente aufgrund seines einst bestandenen Angestelltenverhältnisses an der Universität finden und zudem Unterlagen, die zuvor als Akten im Amt für Wiedergutmachung gesammelt und inzwischen vom Staatsarchiv übernommen und den entsprechenden Personalakten zugeordnet worden sind. Schnurmann ist hier also in der „doppelten Funktion" des einstigen Angestellten der Universität Hamburg und dann – aufgrund der Zeit, – und Universitätsgeschichte – als der spätere „Antragsteller auf Wiedergutmachung" archiviert. So kann man über den 1904 in Stuttgart geborenen Robert Schnurmann erfahren, dass er nach einer Promotion in Göttingen im Jahre 1927 ab 1929 für Otto Stern in Hamburg zu arbeiten beginnt.

Seine Forschung widmet sich im Schwerpunkt der magnetischen Untersuchung von Sauerstoffmolekularstrahlen. Zunächst ist seine Stelle an der Universität nur auf zwei Jahre befristet, doch Otto Stern gelingt es drei Mal eine Verlängerung bei der Hochschulbehörde durchzusetzen, jedes Mal mit Hinweis darauf wie komplex und wichtig die Forschungsarbeiten Schnurmanns seien. 1933 wird auch Schnurmann per Gesetz als „Nicht-Arier" entlassen. Sein gestellter Antrag auf Wiedergutmachung ist auf den 8. März 1961 datiert und wird nach einer sieben Jahre andauernden Auseinandersetzung mit der Hochschulbehörde am 6. März 1968 schließlich bewilligt.[21] Mit der Diskursanalyse Michel Foucaults kann man sagen, dass der Wissenschaftler Schnurmann dort und in erster Linie deswegen Spuren in einem Archiv hinterlassen hat, weil er in seinem Leben mit der Macht (hier in Form staatlicher Institutionen) konfrontiert gewesen ist.[22] Zwischen diesen, durch die Dokumente nachvollziehbaren Stationen seines Lebensweges, liegt ein Zeitraum von 32 Jahren und in diese 32 Jahre fällt die Flucht ins und das Leben im Exil, das Schnurmann 1933 zunächst nach Stockholm, dann schließlich nach England führt, wo er den Rest seines Lebens – zunächst als Chemiker in der Wirtschaft, später dann als Wissenschaftler an der Universität – verbringt. Er stirbt am 1. April 1995.

Wenn wir feststellen konnten, dass in der jüngeren wissenschaftlichen Auseinandersetzung die Wirklichkeit des Exils durch den Begriff „Emigration" in einer die-

---

21 Die Auseinandersetzung zwischen der Hamburger Verwaltung und Schnurmann dreht sich um die Frage, ob Schnurmann tatsächlich zum Professor für Physikalische Chemie ernannt worden wäre, hätten die Nazis nicht den Abbruch der Hochschullaufbahn verursacht. Die Hochschulbehörde bestreitet dies zunächst und argumentiert anfänglich, es habe ohnehin kaum Lehrstühle für Physikalische Chemie gegeben, auf die Schnurmann als Professor hätte berufen werden können. Schnurmann erwidert, im Gegenteil seien solche Lehrstühle an fast jeder Hochschule vorhanden gewesen, worauf die Verwaltung eine Anfrage an alle deutschen Hochschulen schickt und um Auskunft dazu bittet, ob und wie viele Lehrstühle für Physikalische Chemie an ihr zu der Zeit zur Verfügung gestanden haben, in der Schnurmann seine Karriere hätte fortsetzen können. Man kommt zu dem Ergebnis, dass für den relevanten Zeitraum an 19 Universitäten und 8 Technischen Hochschulen Lehrstühle für Physikalische Chemie nachgewiesen werden können. Vgl. Akte Robert Schnurmann, Bestandsnummer 361-6, Signatur der Archivguteinheit IV 1170.
22 Vgl. Michel Foucault z. B. mit: Das Leben der infamen Menschen, Merve: Berlin 2001.

se Wirklichkeit gerade verstellenden Weise vorkommt, so lässt sich dies aus den im
Staatsarchiv archivierten Dokumenten heraus zunächst überhaupt nicht erkennen.
Um die Bedeutung des Ortes, an dem der „Antragsteller" Schnurmann sich zur Zeit
seines Schreibens befindet, zu erschließen, bedarf es eines hermeneutischen Aktes.
Auf den aktuellen Aufenthaltsort der Personen, die Wiedergutmachung beantragen,
wird in den Akten durch das in diesen Fällen angewendete „Gesetz zur Regelung
der Wiedergutmachung nationalsozialistischen Unrechts für die im Ausland lebenden
Angehörigen des öffentlichen Dienstes"[23] lediglich indirekt verwiesen. Ein Grund für
das „Leben im Ausland" wird in dieser Formulierung (und auch in den 11 folgenden Paragraphen dieses Gesetzes) nicht mitkommuniziert, sondern sie hebt in erster
Linie die damalige Voraussetzung für Zahlungen hervor, die besagt, dass der Emp-
fänger einer Wiedergutmachungsleistung eine „räumliche Beziehung zum Deutschen
Reich"[24] gehabt haben musste. Das Exil kommt damit weder in der Ordnung der
Justiz vor, noch in der damaligen Amtssprache der Behörden, die die Formulierungen
aus der juridischen Ordnung reproduziert. Die archivierten Dokumente sind in dieser
Hinsicht „unfreiwillige Zeugnisse",[25] die einen Aufschluss über das Bewusstsein vom
Exil und die Erinnerungsarbeit an dieses geben. Die hier sichtbar werdende Verwal-
tungssprache der Nachkriegszeit spiegelt dabei die politische Stimmung gegenüber
Exilanten, die in der Adenauer-Ära vorherrschend ist, in typischer Weise wider.[26]
Das Exil ist also ein Ort, der in der Rhetorik solcher Dokumente erst einmal (als
verschwiegener) entdeckt werden muss. Damit steht Wissenschaft auch vor einer hermeneutischen Herausforderung: Sie muss die zugänglichen archivierten Dokumente
erst einmal als Exildokumente zum Sprechen bringen. *„Im Archiv"*, so betont Paul
Ricour, *„ist der professionelle Historiker ein Leser."*[27] Der Historiker, der in Archiven zu forschen beginnt, muss also befähigt sein die Dokumente auch als Zeugnisse
eines Undokumentierten zu lesen und in diesem Schweigen eine Aussage hören, mit
der sich etwas über die Wahrheit der Zeit entscheidet, über die er Kenntnis gewinnen
will. Dies wird nicht einfacher, je größer die Distanz zum Gegenstand wird, dem die
Erkenntnis sich annimmt. Denn das Schweigen der Dokumente kann irgendwann nicht

---

23 Gesetz vom 18. März 1952.

24 Das sog. „Territorialitätsprinzip". Vgl. hierzu z. B.: Hans Günter Hockerts: Wiedergutmachung in Deutschland 1945–1990. Ein Überblick. In: Bundeszentrale politische Bildung
(Hg.): Wiedergutmachung und Gerechtigkeit. Aus Politik und Zeitgeschichte. 63. Jahrgang. 25–26 /2013. 17. Juni 2013, S. 15–22, hier S. 17.

25 Vgl. zum Aspekt des „unfreiwilligen Zeugnisses" und dem Archiv: Paul Ricour: Gedächtnis,
Geschichte, Vergessen, München: Wilhelm Fink Verlag 2004, S. 262.

26 So weist auch Herta Müller darauf hin, dass die Adenauerära insgesamt sich durch viel-
sagendes „Beschweigen" des Exils ausgezeichnet hat. Vgl. Herta Müller: Herzwort und
Kopfwort, S. 100.

27 Vgl. Paul Ricour: Gedächtnis, Geschichte, Vergessen, S. 255. Über die besondere Herausforderung, mit dem der Historiker angesichts der potentiellen Vielschichtigkeit der archivierten Dokumente konfrontiert ist, schreibt Ricour: *„Die Disparatheit der Materialien
in den Archiven ist ungeheuer. Ihre Beherrschung verlangt gelehrte Techniken, ja sogar
die Anwendung ganz bestimmter Hilfsdisziplinen und den Gebrauch diverser Führer zum
Sammeln der forschungsnotwendigen Dokumente."* Vgl. ebd., S. 262 f.

mehr durch die „empirische Stimme" eines Zeitzeugen ergänzt und korrigiert werden. Das Exil ist also nicht nur eine interdisziplinäre, sondern besonders auch immer mehr eine intergenerative Herausforderung, bzw. es wird zur Herausforderung einer Wissenschaftsgeneration, die bald gerade nicht mehr in einen intergenerativen Dialog mit Exilanten treten kann. Die Konsequenzen, die sie aus dem Fehlen der Zeugen, die das Exil als Teil der eigenen Lebensgeschichte erzählen und vermitteln können, ergeben, sind gravierend für die Erinnerungskultur einer Gesellschaft. Die Unmittelbarkeit, die der Aussage eines Zeitzeugen innewohnt, ist durch die archivierten Dokumente genau nicht vorhanden, denn diese müssen erst in spezifischer Weise zum „Sprechen" gebracht, sie müssen als „Zeugen für etwas" aufgerufen werden. Ricour formuliert: *„Die Dokumente sprechen nur, wenn sie irgendeine Hypothese verifizieren, das heißt wahr machen sollen. Zwischen Fakten, Dokumenten und Fragen herrscht Interpendenz."*[28] Die Erinnerung an das Exil wird damit von einer lebensweltlichen Vermittlung durch Zeitzeugen in die Verantwortung der Forscher gegeben, sie wird „von der Emotionalität umgestellt auf Reflexivität", wie es Lutz Winckler formuliert.[29] Das Exil als Erinnerungsfigur ist - wie jede andere Erinnerungsfigur auch – angewiesen darauf, dass sie *„durch einen bestimmten Raum substantiiert und in einer bestimmt Zeit aktualisiert"*[30] wird, damit sie nicht ihre Bedeutung im kulturellen Gedächtnis verliert. Es muss zu einer Erinnerungsfigur werden, die einen selbstverständlichen Platz in der Lebens- und Wissenschaftswelt junger Wissenschaftler einnehmen kann, weil sie wissen, dass sie das Selbstverständnis ihres Ortes berührt. Damit richtet sich die Frage an die Disziplinen, inwiefern das Exil ihnen zur Aufgabe werden kann, inwiefern ihre Wissenschaft das Exil auch dort bezeugt, wo die Erkenntnisse ihrer Disziplin uns auch als Zeugnisse eines Exils erreichen. Diese Frage möchte ich nun diskutieren.

16.2 Orte

16.2.1 Die Wissenschaft, in der wir handeln

Es gibt sie also, so wurde aus den bisherigen Überlegungen deutlich, die weniger „besonnte Seite des Exils",[31] von der Wolfgang Benz im Zusammenhang mit einem „Exil der kleinen Leute" gesprochen hat. Diese kann auch deswegen als „unbesonnt" bezeichnet werden, weil die Scheinwerfer der Forschung sich bislang weitestgehend nicht auf sie richteten. Es handelt sich dabei besonders um das Exil jener Naturwissen-

---

28 Vgl. Ebd., S. 274.
29 Vgl. Lutz Winckler: Gedächtnis des Exils. Erinnerung und Rekonstruktion, Vorwort zu dem Band: Claus Dieter Krohn und Lutz Winckler (Hg.): Gedächtnis des Exils – Formen der Erinnerung. Exilforschung ein internationales Jahrbuch. 28/2010, München: edition text + kritik 2010, S. IX–XVI, hier S. X.
30 Vgl. Jan Assmann: Das kulturelle Gedächtnis. Schrift, Erinnerung und politische Identität in frühen Hochkulturen, München: C. H. Beck 2007, S. 38.
31 Vgl. Wolfgang Benz: Das Exil der kleinen Leute. Alltagserfahrung deutscher Juden in der Emigration. München: C. H. Beck 1991, S. 9.

schaftler, die nicht über ihren Beitrag zur naturwissenschaftlichen Forschung hinaus der Öffentlichkeit bekannt gewesen sind, weil sie ohnehin schon von herausragender Prominenz oder Nobelpreisträger gewesen oder zusätzlich zu ihrem Wissenschaftsdasein noch Akteure – etwa auf der politischen Bühne – gewesen sind. Allerdings hat die bisherige Reflexion auch gezeigt, dass selbst eine solche Wissenschafts-Prominenz keineswegs garantiert, dass man in seiner einstigen Heimat auch als Exilant im Gedächtnis ist. Dass besonders Exilgeschichten von Naturwissenschaftlern nicht als diese bekannt sind, hängt nicht nur mit einem generelleren Defizit der Erinnerungskultur zusammen, sondern ist zudem auch der Spezifik wissenschaftlicher Disziplin geschuldet. Sie muss hier in dem Blick genommen werden, denn an diesem Punkt spielt es eine Rolle, welche Bedeutung die Disziplinen den Verfassern von wissenschaftlichen Werken zumessen, wie sie also die Stellung eines „Autors" und die Bedeutung seiner Geschichte für die Erkenntnis bewerten. Was heißt dies konkret für die Unterschiede in den Disziplinen? Die Literaturwissenschaft hat – besonders durch die Methodendiskussion der späten 1960er Jahre – eine Differenz zwischen der Bedeutung des literarischen Textes und der Bedeutung, die die Signatur (der Autorname) unter und über solchen Texten suggeriert, hervorgehoben. Sie hat damit die Autonomie der Texte vor der Biographie ihrer Verfasser zu verteidigen versucht und betont, dass die grundsätzliche Polysemie des Literarischen der einseitigen Reduktion von Bedeutung auf eine Autorbiographie entgegensteht. Anders die Situation in den Naturwissenschaften: Hier dienen die „Autoren" schon lange Zeit nur noch dazu, dem wissenschaftlichen Theorem, das sie prägten namentlich vorzustehen und sind ansonsten nicht weiter – mit wenigen berühmten Ausnahmen, wie z. B. Einstein – mit Bedeutung versehen. In diesem Essay wurde in einem solchen Sinne bereits vom, „Stern-Gerlach-Experiment" und der „de-Broglie-Wellenlänge" gesprochen. Die Nennung des Eigennamens bewirkt hier ein gleichzeitiges Verschwinden der konkreten Person, die als Person hinter der Formel bzw. dem physikalischen Sachverhalt zurücktritt. Der Name verweist somit in erster Linie auf die Erkenntnis und ist damit seiner Funktion als Eigenname beraubt; das, was die Erkenntnis ausdrückt, erscheint als völlig entindividualisiert. Dies ist allerdings nicht immer wissenschaftliche Praxis der Naturwissenschaft gewesen, sondern historisch bedingt. Foucault schreibt hierzu:

> [...] *Texte, die wir heute als wissenschaftlich bezeichnen würden, über die Kosmologie und den Himmel, die Medizin und die Krankheiten, die Naturwissenschaften oder die Geographie* [wurden] *im Mittelalter nur akzeptiert und hatten nur dann Wahrheitswert, wenn sie durch den Namen des Autors gekennzeichnet waren.* »Hippokrates sagte«, »Plinius erzählt« *waren nicht nur die Formeln eines Autoritätsverweises, sondern die Indizien für Diskurse, die als bewiesen angenommen werden sollten.*[32]

---

32 Vgl. Michel Foucault: Was ist ein Autor? In: ders. Schriften zur Literatur. Hg. v. Daniel Derft und François Ewald, Frankfurt am Main: Suhrkamp 2003, S. 234–270, hier S. 246 f., (Auslassung durch Verf.). Dieser Aufsatz, in dem Foucault den Autor unter dem Aspekt seiner diskursiven Funktion betrachtet, ist sicher einer der grundlegenden Aufsätze, die die Methodendiskussion der Literaturwissenschaft maßgeblich prägten. Als weiterer prägender

Im Gegensatz dazu galten „die Texte, die wir heute literarisch nennen", als solche Texte, bei denen die „Anonymität keine Schwierigkeiten [machte]."[33] Der „Autor" musste also in den Naturwissenschaften zunächst einmal als Bedeutungsträger verabschiedet und in literaturwissenschaftlichen Diskursen zuallererst etabliert werden, um zu der Situation zu gelangen, die sich heute in den Disziplinen spiegelt. Allerdings muss man zur jetzigen Situation anmerken, dass die Literaturwissenschaft (in weiten Teilen) wieder davon abgerückt ist, die Lebenswirklichkeit des Autors völlig aus dem Interesse ihrer Erkenntnis verbannen - denn vielleicht wäre dies nicht weniger eine ideologische Reduktion auf das Strukturelle, als wäre Dasein nicht auch prägend in ihm. Sicher sind auch der Autor (und seine Funktion) Teil einer Geschichte, die die Wissenschaft erzählt, die sie immer wieder, neu und unter anderen Aspekten erzählen muss. Nicht zuletzt steht dieser Autor in einer Geschichte, die ihn als konkrete, einzelne Person und auch sein Werk übersteigt – und die doch auch durch ihn und über seine Geschichte zugänglich werden kann. Wenn auch die Bedeutung von Text und Person damit niemals ineinander aufgehen können, so gibt es doch eine unleugbare Beziehung zueinander, die zu der Konstitutionsgeschichte des Textes gehört. Es sind die Umstände der Entstehung dieses Textes (zu denen der Autor als ein Teil, als ein Angehöriger dieser Umstände gehört), von denen wir davon ausgehen, dass sie sich als Bedeutung in die Texte einschreiben, auch wenn sie nicht explizit von diesen Umständen handeln. Die Geschichte einer Erkenntnis ist uns damit als zu entziffernde mitgegeben, sie ist ein konstitutiver Teil der wissenschaftlichen „Wahrheit", die wir in unseren Reflexionen rezipieren, weil diese Wahrheit nicht unabhängig von ihr sein kann. Es geht damit also gar nicht so sehr um eine „Biographieforschung", die Wissenschaft an diesem Punkt betreiben muss, sondern um das Involviert-Sein der Wissenschaft in Geschichte – und damit auch um die Geschichtlichkeit der Wissenschaft selbst. Dass nur bestimmte Disziplinen, etwa die Geistes- oder Sozialwissenschaften, dies in den Blick nehmen sollten, würde suggerieren, dass nur solche Erkenntnisse bzw. kulturellen Produktionen, die diesen Disziplinen zum Gegenstand werden, in irgendeiner Weise in die Zusammenhänge der Gesellschaft involviert seien, während die Naturwissenschaft völlig fernab von jeder gesellschaftlichen Entwicklung lediglich das betrachte, was „in der Natur" ihr entgegen trete, als wäre die Spaltung der Wirklichkeit in Natur und Kultur, die auch die Naturwissenschaft reproduziert, nicht bereits kulturelle Reflexion. Das Exil beweist der Naturwissenschaft in mehrfacher Hinsicht, dass die Unabhängigkeit ihres Ortes Trug ist – ich komme darauf zurück.

Die Konstitutionsbedingungen eines Textes, einer wissenschaftlichen Erkenntnis, eines Werkes in den Blick zu nehmen, fragt damit aber nicht nur nach der historischen Zeit dieser Prozesses, sondern richtet immer auch das Augenmerk auf den Ort, „von dem", im doppelten Sinne, gesprochen wird. Auf bezeichnende Weise wird in den 1920er Jahren dieser doppelte Ort auch Teil naturwissenschaftlicher Reflexion. Er tut

---

Aufsatz wäre Roland Barthes „Der Tod des Autors" zu nennen. Vgl. Roland Barthes: Der Tod des Autors. In: Fotis Jannidis, Gerhard Lauer, Matias Martinez und Simone Winko (Hg.): Texte zur Theorie der Autorschaft, Stuttgart: Philipp Reclam 2000, S. 185–193.
33 Vgl. Michel Foucault: Was ist ein Autor?, S. 246.

sich genau in den Diskursen auf, in die auch Stern und seine Assistenten mit ihrer Wissenschaft involviert sind. An dieser Stelle beruft die Reflexion den Wissenschaftler in die Position des Zeugen zurück.

16.2.2 Der Ort, an dem wir deuten: „Die Kopenhagener Deutung"

Der Ort als Gegenstand von Erkenntnis (der Ort, über den gesprochen wird) und der Ort, an dem die Erkenntnis über diesen Ort geschieht (der Ort, von dem aus über den anderen Ort gesprochen wird) treten somit in eine Beziehung wechselseitiger Konstitution. Der wissenschaftlichen Reflexion sind diese Orte nicht a priori zugänglich. Bezogen auf das Verhältnis von Exil und Erinnerung bedeutet dies, dass das Exil eben kein Erinnerungsort im Sinne Pierre Noras[34] ist, den man aufsuchen könnte, um sich einer bereits vorhandenen Identität zu vergewissern, weil seine Bedeutung für diese Identität bereits selbst konstituierend gewesen ist.[35] Der Ort, an den die Erkenntnis herantreten will, muss als Exilort gedacht und befragt werden. Das Exil ist aber insofern Erinnerungsort, weil er nur durch die Erinnerung als dieser Ort in Erscheinung treten kann. Wir sehen, wie sich hier auf der Ebene der Topologie des Exils, die Problematik verdoppelt, vor die auch der Historiker in einem Archiv gestellt ist. Die Dokumente, die er vorfindet, sind nicht a priori Zeugnisse der Sache, die er bedenkt, sondern bilden zunächst eine Spur, deren Verweis noch unklar bleibt. Um hier kein Missverständnis aufkommen zu lassen: Es geht nicht darum, die Faktizität des Exils zu leugnen, es allein zu einem Ort des reflexiven Vermögens zu machen. Sondern es geht darum, dass innerhalb der Reflexion, die Faktizität des Exils nur als Performanz des Ortes erscheinen kann, an dem das Exil sich befindet. Eine solche Performativität des Ortes ist etwas, das die Naturwissenschaft lange bevor die Kulturwissenschaften in den 1980er Jahren „spatial turn"[36] für sich entdeckten, als quantenphysikalische Realität erkannten. Die „Kopenhagener Deutung der Quantentheorie" bemerkt diese Performativität des Ortes genau in dieser Oszillation zwischen dem Ort des Gegenstandes und dem Ort, an dem die Reflexion sich ereignet. Auch hier geht es nicht darum, Faktizität als Subjektivität zu relativieren, sondern den Ort der Beobachtung, als wesentlich für das zu machen, was schließlich als dokumentierbares

---

34 Als „lieu de mémoire" bezeichnet Nora solche Orte, die für das kulturelle Gedächtnis einer Gruppe eine identitätsstiftende und identitätsstabilisierende Funktion übernehmen. Vgl. z. B.: Pierre Nora und Etienne François: Erinnerungsorte Frankreichs, München: C. H. Beck 2005.

35 In diesem Sinne sind etwa „geschichtsträchtige Städte" wie Jerusalem oder Rom Erinnerungsorte und haben eine identitätsstiftende Funktion. Die religiöse Mehrfachcodierung Jerusalems als Erinnerungsort der drei monotheistischen Religionen weist aber auch darauf hin, dass die Ausschließlichkeit einer Bedeutung, die religiöse Fanatiker der Stadt geben wollen, nicht aus ihrer Geschichte selbst her begründet werden kann.

36 Doris Bachmann-Medick nennt als zentralen Gedanken des „spatial turns", dass „Raum als gesellschaftlicher Produktionsprozess der Wahrnehmung" bestimmt wird und nicht mehr als eine Kategorie, die a priori gegeben ist. Vgl. Doris Bachmann-Medick: Cultural turns. Neuorientierungen in den Kulturwissenschaften, Reinbeck bei Hamburg: rowohlt 2009, S. 262.

Wissen nachvollzogen werden kann. Das, was Wissenschaft bezeugt, ist damit immer zwangsläufig auch dieser doppelte Ort, von dem gesprochen wird; Werner Heisenberg formuliert:

> *„Die klassische Physik beruhte auf der Annahme – oder sollten wir sagen auf der Illusion? –, daß wir die Welt beschreiben können, ohne von uns selbst zu sprechen. [...] [S]ie [die Quantentheorie, Anm. d. Verf.] beginnt mit der Einteilung der Welt in den Gegenstand und die übrige Welt und mit der Tatsache, daß wir jedenfalls diese übrige Welt mit den klassischen Begriffen beschreiben müssen. Diese Einteilung ist in gewisser Weise willkürlich und historisch eine unmittelbare Folge [...] der allgemeinen geistigen Entwicklung der Menschheit. Aber in dieser Weise nehmen wir schon auf uns selbst Bezug [...].*[37]

Was Heisenberg hier beschreibt, ist einerseits zunächst das ganz konkretes Paradoxon, vor dem die Quantenphysik sich gestellt sieht: Dass sie es mit Phänomenen zu tun hat, die dem, was sich aus den Begrifflichkeiten der klassischen Physik als Gesetzmäßigkeit von Natur selbst herleiten lässt, entgegenlaufen bzw. dass diese Begrifflichkeiten auf ihre Grenzen zu verweisen beginnen, wenn man sie mit quantenphysikalischen Phänomenen konfrontiert. Diese Diskrepanz zwischen den Begriffen und ihren Gegenständen öffnet sich damit nicht erst in dem Moment, wo der Wissenschaftler in einer Weise experimentiert, dass das, was er beobachtet mit sprachlicher Konvention nicht mehr sich erklären lässt. Vielmehr wird durch die Quantenphysik deutlich gemacht, dass es eine Nicht-Identität zwischen Begriff und Gegenstand gibt, die in der klassischen Physik bloß keine Rolle für die Interpretation des Beobachtbaren spielt. In der Quantenphysik ergibt sich zunächst eine Differenz dadurch, dass das, was beobachtet wird, mit den Phänomenen der klassischen Physik nicht mehr übereinstimmt. Die Differenz zwischen Begriff und Gegenstand ergibt sich also in einem ersten Schritt aus der Differenz zwischen den verschiedenen Gegenständen, denen die begriffliche Interpretation sich dann stellt. In einem zweiten Schritt wird aber deutlich, dass diese Differenz zwischen den Gegenständen aber gerade in ihrem Verhältnis zur Identität begründet liegt, denn die Quantenphysik hat es mit Phänomenen zu tun, die auf die Brüche von Identitätskonzeptionen verweisen. Das, was beschreibbar wird, tritt nur in der Spannung von Identität und Potentialität zu Tage. Dieser Bruch mit dem Identischen wird in der Reflexion eingeholt, ohne von ihr überwunden zu werden; damit bezeugt diese ein – so könnte man es mit Adorno formulieren – *„Bewußtsein nicht der Identität der Sache mit ihrem Begriff, sondern des Bruches zwischen beiden"*,[38] der als Wahrscheinlichkeit in die Messung zurückkehrt. Nur in dieser Spannung von Potentialität und Identität wird in der Quantenphysik

---

37 Vgl. Werner Heisenberg: Die Kopenhagener Deutung der Quantentheorie. In: Ders. Quantentheorie und Philosophie. Vorlesungen und Aufsätze, Stuttgart: Reclam 1994, S. 42–61, hier S. 57, (Auslassung durch d. Verf.).

38 Vgl. Theodor Wiesengrund Adorno: Negative Dialektik. Jargon der Eigentlichkeit. In: Ders. Gesammelte Schriften in 20 Bänden, Hg. v. Rolf Tiedemann, Band 6, Frankfurt am Main: Suhrkamp 2003, S. 90.

der Ort eines Teilchens bestimmbar, was eben auch auf den Ort desjenigen (und seiner Sprache) zurückverweist,[39] der diese Potentialität dann als wahrscheinlichen Ort statistisch interpretiert.[40] Diese Experimente heute zu lesen, also aus einer Perspektive einer Zeugenschaft zweiten Grades führt einen dritten Ort der Beobachtung in das Geschehen ein; hier kommuniziert die Wissenschaft das, was man die *„epistemische Autorität"* des Zeugen nennen kann, der – so formulieren es Sibylle Schmidt und Ramon Voges – *„bezeugt, weil er eine bestimmte Wahrnehmung gemacht hat – weil er etwas weiß."*[41] Dieser Zeuge zweiten Grades holt nicht die Identität von Begriff und Sache auf einem Umweg zurück, weil er von dem sich hier auftuenden Bruch nicht in derselben Weise betroffen ist, wie derjenige, den er beobachtet. Wenn er für diesen sich verbürgt, dann bezeugt er auch die Situiertheit seines eigenen Blicks.

Dieses Verständnis eines Zeugnis-Gebens der Wissenschaft, das zugleich Zeugnis ihres eigenen Ortes ist, eben Zeugnis von diesem doppelten Ort (auch im Sinne eines τοπος möglicher Gegenstände der Reflexion) von dem Wissenschaft handelt, kann eine Voraussetzung für ein gemeinsames Zeugnis vom Exil als Ort der Disziplinen sein, die es als Ort der Zeugenschaft von Wissenschaft gemeinsam erinnern. Dies ist kein Schritt, der sich aus einer Reflexion über quantenphysikalische Phänomene zwingend ergibt, weder aus ihnen selbst, noch aus der Rhetorik und Verortung ihres Erscheinens. Es kann auch hier nur darum gehen, eine Potentialität zu markieren – und es wäre noch zu überlegen, woher die Begründung kommen kann, einen Ort auch als diesen (eben als Ort des Exils) zu bezeugen.

Ist Heisenberg in der Quantenphysik derjenige gewesen, der den Wissenschaftler als Zeugen des Geschehens insofern etabliert, dass wissenschaftliches Ergebnis immer auch auf seine Situiertheit verweist, so zeigt sich seine eigene partielle Blindheit gegenüber dem Ort, von dem er spricht, als er Bohr 1941 in Kopenhagen wiederbegegnet. „Kopenhagen" ist somit eine mehrfach codierte Station in der Geschichte der Disziplin, ein Ort, der in verschiedener Hinsicht zu denken gibt.

---

39 Heisenberg spricht in diesem Zusammenhang in Abgrenzung vom Kantschen „a priori" von „Beobachtungssituationen". Vgl. Werner Heisenberg: Quantenmechanik und Kantsche Philosophie. In: Ders. Quantentheorie und Philosophie. Vorlesungen und Aufsätze, Stuttgart: Reclam 1994, S. 62–75, hier S. 71.

40 Vgl. hierzu zum Beispiel die Erläuterungen von Rolf Landau: *„Die Ausbreitung der Elektronenwelle wird durch eine abstrakte „Wahrscheinlichkeitsamplitude" beschrieben, deren Quadrat die Wahrscheinlichkeit angibt, ein Elektron an einem bestimmten Ort zu finden. Damit hatten sich die Physiker von dem Determinismus verabschiedet – in der Quantenphysik war es prinzipiell nicht mehr möglich, den Ausgang eines Experimentes mit mehreren Endzuständen mit Sicherheit vorauszusagen."* Vgl. Rolf Landau: Am Rande Der Dimensionen. Gespräche über die Physik am CERN. Frankfurt am Main: Suhrkamp 2008, S. 26.

41 Vgl. Sybille Schmidt und Roman Voges: Einleitung. Im Anfang war der Zeuge. In: Dies. und Sybille Krämer (Hg.): Politik der Zeugenschaft. Zur Kritik einer Wissenspraxis, S. 7–20, hier S. 11.

Abbildung 16.3:
Werner Heisenberg (1901–1976) und Niels Bohr (1885–1962), 1934
Fermilab, Wikipedia

16.2.3 Der Ort, den wir deuten: Bedeutungen Kopenhagens

In den 1920er wird in den quantenphysikalischen Diskussionen Möglichkeit des potentiell Wahrscheinlichen erkannt, die statistisch beschrieben werden kann. Die Situiertheit einer Beobachtungssituation zeigt sich in ihrer Unhintergehbarkeit und der
Konsequenz einer partiellen Unbeschreibbarkeit und Unvollständigkeit zugleich: Die
„Unschärfe" der „Unschärferelation" bringt dies auf den Begriff. Die „Kopenhagener
Deutung" stammt aus den späten 1920er Jahren. Sie beruht auf enger Zusammenarbeit von Niels Bohr und Werner Heisenberg; der Ort, den sie in ihrem Namen
transportiert, ist der Ort ihrer Ausformulierung, an dem die Wissenschaftler sich zu
dieser Zeit befinden. Ihre Wege sollen nun gänzlich anders verlaufen. Als sie sich 1941
in Kopenhagen erneut treffen, geschieht dies unter völlig anderen Vorzeichen, als dies

bei ihrer Zusammenarbeit in den 1920er Jahren der Fall ist – denn inzwischen lebt Bohr in Kopenhagen im Exil.

In dem Drama *Kopenhagen* von Michael Frayn geht es um diese zweite Begegnung zwischen Heisenberg und Bohr. Heisenberg, Bohr und seine Frau, alle inzwischen gestorben, erinnern sich von einem unbestimmten „Totenreich" aus gemeinsam an diese Begegnung zurück. Gespräche von damals werden rekapituliert, um die „richtige Erinnerung" wird gerungen. Kopenhagen erscheint so auch im Drama als Ort von dem in einem doppelten Sinne die Rede ist.

Dabei kommt auch Heisenbergs Blindheit gegenüber dem Ort, an dem er sich 1941 befindet, zur Sprache und es wird deutlich, wie sie mit einer Verdrängung der politischen Situation einhergeht – die auch eine Verdrängung des Exils bedeutet, das Kopenhagen für Bohr zu diesem Zeitpunkt ist:

> HEISENBERG: *Wißt ihr eigentlich, was es für mich bedeutet, wieder hier in Kopenhagen zu sein? In diesem Haus? Es ist in den letzten Jahren ziemlich einsam um mich geworden.*
> [...]
> HEISENBERG. [...] *ich wollte nur sagen, daß ich immer noch meine alte Skihütte in Bayrischzell habe. Also, wenn ihr zufällig [...] irgendwann einmal [...] aus irgendeinem Grund.*
> BOHR: *Vielleicht wäre Margrethe so freundlich, einen gelben Stern auf meine Skijacke zu nähen.*[42]

Heisenberg, so wird es hier deutlich, spricht, als könnte er das Kopenhagen, das er Ende der 1920er Jahre verlassen hat, wieder aufsuchen, als habe der Ort nicht inzwischen eine grundlegend andere Bedeutung erhalten, als sei Bohr jetzt nicht als Exilant gezwungen, dort zu leben. Er versucht das Kopenhagen an dem er sich befindet, ohne die Geschichte zu deuten, von der es inzwischen betroffen worden ist. Der Text zeigt das Exil somit als einem vom wissenschaftlichen Bewusstsein abgespaltenen Ort, das von ihm (als Exilort des Freundes) spricht, ohne davon (von dieser Wirklichkeit des Exils) Zeugnis geben zu müssen.

Nicht zuletzt verhandelt der Text die Rolle, die Heisenberg im deutschen Atomprojekt einnimmt und wie vor diesem Hintergrund sein Besuch in Kopenhagen zu bewerten ist:

> HEISENBERG: [...] *Ich habe dich lediglich gefragt, ob ein Physiker das moralische Recht hat, an der praktischen Nutzung der Atomenergie zu arbeiten. Ja?*
> [...]
> BOHR: *Ich war entsetzt.*
> [...]

---

42 Vgl. Michael Frayn: *Kopenhagen*. Stück in zwei Akten. Deutsch von Inge Greiffenhagen und Bettina von Leoprechting, Göttingen: Wallstein Verlag 2001, S. 15 f. (Auslassung durch Verf.).

BOHR: *Weil es klar war, was das bedeutete. Daß du daran gearbeitet hast.*

HEISENBERG: *Und du hast voreilig die Schlußfolgerung gezogen, ich würde versuchen, Hitler mit Atomwaffen zu versorgen!*

BOHR: *Aber das hast du doch!*

HEISENBERG: *Nein! Es war ein Reaktor!* [...][43]

In der Realität hat es zwischen Bohr und Heisenberg keine Verständigung mehr über dieses Gespräch von 1941 gegeben. Dies ist die Situation, in der Heisenberg sich zum Zeitpunkt seines Besuches befindet: Als Professor für Physik wird er 1939 von Albert Speer beauftragt, die Möglichkeiten der Uranspaltung für den Bau einer atomaren Bombe zu erforschen. Im sog. „Uranprojekt" nimmt Heisenberg gemeinsam mit Paul Harteck, der zu dieser Zeit an der Hamburger Universität den Lehrstuhl für Physikalische Chemie innehat, an dem zuvor Otto Stern tätig gewesen ist, eine führende Rolle ein. Heisenberg selbst hat in der Nachkriegszeit den Eindruck erwecken wollen, er habe den Auftrag Speers insofern „boykottiert", dass er diesen überzeugte, dass weder eine ausreichende Anreicherung des benötigten Spaltstoffes Uran 235 in absehbarer Zeit gelingen könne, noch die Möglichkeit, stattdessen eine Plutoniumbombe zu bauen, eine zeitlich realistische Option wäre und habe damit gerechnet, dass Speer so das Interesse an diesem Projekt verlöre. Der dann stattdessen realisierte Kernreaktor habe in der Darstellung Heisenbergs keinem Rüstungszweck dienen sollen. Zwischenzeitlich will Heisenberg sich sogar erinnern, die Bombe zunächst selbst dann nicht für wahrscheinlich gehalten zu haben, als er in amerikanischer Gefangenschaft von Hiroshima erfährt.[44]

Neuere Forschung geht allerdings davon aus, dass es Heisenberg auch mit dem Reaktor primär um die Realisierung einer Plutoniumbombe ging.[45] Heisenberg nimmt also eine mehr als zweischneidige Rolle in der Geschichte und auch an den Punkten ihrer Aufarbeitung ein. Der Zeuge der Unschärfe, scheint es darauf angelegt zu haben, vor der Geschichte der Zeuge zu sein, dem die scharfe Kontur gerade fehlt.

---

43 Ebd., S. 34 f. (Auslassung durch d. Verf.).

44 *„Ich wollte diese Nachricht zunächst nicht glauben; [...]. Auch sei, so wurde mir gesagt, das Wort 'Uran' in der Meldung nicht vorgekommen. Das schien mir darauf hinzudeuten, daß mit dem Wort 'Atombombe' irgendetwas anderes gemeint gewesen sei."* Vgl. Werner Heisenberg: Über die Verantwortung des Forschers. In: Ders.: Quantentheorie und Philosophie. Vorlesungen und Aufsätze, Stuttgart: Reclam 1994, S. 76–90, hier S. 77 (Auslassung durch d. Verf.).

45 Vgl. Paul Lawrence Rose: *„The conclusion of the meeting* (ein Treffen zwischen Speer, Vertretern des Militärs, Wirtschaft und Wissenschaft und den im Uranprojekt involvierten Physikern im Jahre 1942, Anm. d. Verf.) *was that the bomb would be deferred as a long-term possibility and work concentrated on the building of a reactor that would serve not only as a possible power source for military vessels, but also as the source of plutonium as a nuclear explosive."* Vgl. Paul Lawrence Rose: Heisenberg and the Atomic Bomb Project. A Study in German Culture. Berkeley: University of California Press 1998, S. 14. „Zurückhaltender" deutet Richard von Schirach dieses Treffen 1942: vgl. Die Nacht der Physiker. Heisenberg, Hahn, Weizsäcker und die deutsche Bombe, Berlin: Berenberg 2012, S. 103 ff.

Sicher ist, dass die Geschichte der Begegnung zwischen Heisenberg und Bohr von 1941 ihren Weg von Kopenhagen nach Los Alamos nimmt, wo Bohr auf erneuter Flucht vor den Nazis 1943 eintrifft. Hier informiert er die dort im „Manhattan-Projekt" tätigen Wissenschaftler, die zu einem großen Teil Exilanten aus Deutschland sind, Ende des Jahres 1943 über das Treffen mit Heisenberg und alarmiert sie dahingehend, dass dieser an der Atombombe zu arbeiten begonnen hat.[46] Auch Bohrs ehemaliger Mitarbeiter Otto Robert Frisch, ein Neffe Lise Meitners, der zeitgleich mit Robert Schnurmann von 1930 bis 1933 in Hamburg Otto Sterns Assistent ist, der ebenfalls 1933 aus Deutschland flieht, ist nun – nachdem er von 1934 bis 1939 für Bohr in Kopenhagen arbeitet – hier im „Manhattan Projekt" tätig und erfährt hier davon. Frisch ist es, der bereits 1938 den Weg zur Kernspaltung vorbereiten kann, als ihm gemeinsam mit Lise Meitner gelingt, das von Otto Hahn und Fritz Straßmann für die Kernspaltung entscheidende Experiment physikalisch zu deuten.[47]

So gelangt die Erinnerung an den Professor für Physikalische Chemie Otto Stern über die Stationen seiner Forschung, über die „Kopenhagener Deutung" und die Bedeutungen Kopenhagens, durch die Orte seines Wirkens über sein Exil und die Exile seiner Mitarbeitenden, schließlich an den Ort, an dem sie sich mit der Atombombe konfrontieren muss. Und damit auch mit der Frage, inwiefern diese Bombe die Gegenwart ihres Zeugnisses, den Ort ihrer Rede, die Möglichkeiten seiner Wahrheit betrifft.

16.2.4 Die Bombe, die wir fürchten

„*Es ist niemals*", so formuliert es Walter Benjamin 1939 im französischen Exil, in seinen geschichtsphilosophischen Thesen, „*ein Dokument*

---

46 Bohr bringt zu dem Treffen eine Skizze mit, die Heisenbergs Reaktor zeigt. Unklar ist, ob er sie aus der Erinnerung an das Gespräch mit Heisenberg nach dessen Beschreibungen anfertigte, oder ob Heisenberg sie ihm überreicht hat, wobei eine „Autorschaft" Heisenbergs vielleicht als wahrscheinlicher angenommen werden kann, wenn man davon ausgeht, dass Bohr – so hat es Jeremy Bernstein von 1943 anwesenden Physikern erfahren – die mitgebrachte Skizze selbst nicht richtig zu deuten vermochte und davon ausging, dass es sich dabei um einen nuklearen Sprengsatz handle. Es erscheint mir eher unwahrscheinlich zu sein, dass jemand etwas, das er als Gehörtes falsch deutet, dann in einer Weise „richtig" in eine Skizze übersetzt, sodass diejenigen, die dann diese Skizze sehen, sofort den Reaktor erkennen, den Heisenberg meinte, aber nicht die Bombe, mit dem Bohr ihn irrtümlich (und in gewisser Weise dann doch vorrausschauend) identifiziert hat. Vgl. Jeremy Bernstein: Heisenberg, Bohr und die Atombombe. In: Spektrum der Wissenschaft, (1995) 7, S. 32–38. Richard von Schirach geht davon aus, dass Bohr seine Skizze aus der Erinnerung an eine Skizze angefertigt hat. Als Nach-Zeichnung einer Zeichnung kann es möglich sein. Vgl. Richard von Schirach: Die Nacht der Physiker, S. 101.

47 Hubert Mania beschreibt wie durch Frisch die Kernspaltung buchstäblich auf den Begriff gebracht wird: „*Frisch* [hat] [...] *einen griffigen Namen für Hahns und Straßmanns Coup parat: 'Kernspaltung'. Es ist die deutsche Entsprechung des englischen Wortes fission, das die Zellteilung in Pflanzen und Tieren beschreibt – der Inbegriff des Lebens schlechthin.*" Vgl. Hubert Mania: Kettenreaktion. Die Geschichte der Atombombe, Reinbek bei Hamburg: Rowohlt 2010, S. 181, (Auslassung durch d. Verf.).

*der Kultur, ohne zugleich ein solches der Barbarei zu sein. Und wie es
selbst nicht frei ist von Barbarei, so ist es auch der Prozeß der Überlieferung nicht, in der es von dem einen an den andern gefallen ist.*"[48]

Benjamin denkt damit sowohl an die Produktionsbedingungen des Kulturellen in einem weiten Sinne, als auch an jene sozialen Gegebenheiten, die ein kulturelles Werk
als dieses an einem bestimmten Ort zu einer bestimmten Zeit erscheinen lassen. Die
Atombombe ist ein solches Dokument: des kulturellen Wissens und des technischen
Fortschrittes in einer spezifischen Zeit, sie ist die Produktion einer besonderen wissenschaftlichen Konstellation. Somit ist sie auch Dokument der barbarischen Umstände,
die ihrer Entstehung vorangehen – Dokument des durch den Nationalsozialismus verursachten Exils. Doch noch in einer weiteren Hinsicht trifft Benjamins Überlegung
auf die Atombombe zu: sie ist ein Dokument der Kultur und Barbarei nicht nur im
Rückblick auf ihre Geschichte und deren Konstitution, sondern auch in der Aus-Sicht
auf die Möglichkeiten ihrer Zukunft, die zugleich die Zukunft der Zukunft in Frage
zu stellen beginnt. Denn diese Bombe birgt in sich das Potential, am Ende einer jeden Kulturgeschichte zu stehen. Dies ist es, das jeden Prozess kultureller Produktion
radikal zur Reflexion zwingt, über den Ort von dem er spricht. Denn dieser Ort ist,
folgt man Jacques Derrida, nun auch immer der Ort, der Zeugnis davon gibt, dass ein
Atomkrieg möglich ist, der bloß noch nicht stattgefunden hat. Derrida formuliert:

Man kann davon (dem Atomkrieg, Anm. d. Verf.) *nur sprechen und
schreiben.* [...] *Im Unterschied zu den anderen Kriegen, denen alle Kriege
des im Gedächtnis der Menschen mehr oder weniger ähnlichen Typs vor-
angegangen waren* [...], *hat der Atomkrieg keinen Vorgänger. Er selbst
hat noch nie stattgefunden, er ist ein Nicht-Ereignis.*[49]

Wenn der Ort, von dem die Wissenschaften sprechen, immer auch der durch die
Möglichkeiten der Atombombe radikal bedrohte Ort ist, wenn er damit immer auch
der Ort der noch-nicht-stattgefundenen Sprengung ist, dann muss dieser Ort sich
zu spalten beginnen, ohne dass er dabei in eine Dialektik des Nationalen, der Be-
Stimmung und Ab-Grenzung fällt, die dem Exil vorangeht. Die Spaltung trifft diesen
Ort, von dem die Rede ist, in der Performanz seiner Zeitlichkeit: Wenn er der Ort
der noch-nicht-stattgefundenen Sprengung ist, dann ist er der Ort, der zu existieren
aufhören könnte; er ist der Ort, von dem nicht mehr die Rede sein wird, weil er als ein
Ort ohne Zeugen zurückbleibt, für dessen wahrscheinliche Existenz sich nicht einmal
mehr Statistik verbürgt. Diesen Ort kann man nur mit dem Wissen antizipieren,
dass man ihn in diesem Wissen niemals erreichen wird, sowie man auch den eigenen
Tod niemals bezeugen kann. Wenn dieser Ort von dem die Wissenschaft spricht, der

---

48 Vgl. Walter Benjamin: Über den Begriff der Geschichte. In: ders.: Erzählen. Schriften zur
Theorie der Narration und der literarischen Prosa. Ausgewählt und mit einem Nachwort
von Alexander Honold, Frankfurt am Main: Suhrkamp 2007, S. 129–140, hier S. 132.

49 Vgl. Jacques Derrida: Apokalypse. Von einem neuerdings erhobenen apokalyptischen Ton
in der Philosophie. No Apocalypse, not now, Wien: Passagen Verlag 2000, S. 90 f. (Auslassung durch d. Verf.).

Ort der noch-nicht-stattgefundenen Sprengung ist, so muss das Sprechen von diesem Ort den Nicht-Eintritt dieses Ereignisses immer wiederholen können. Der Ort richtet sich also daraufhin aus, dass etwas niemals stattfinden kann, dass etwas niemals stattfinden wird und dass es die Performanz dieses Niemals-Statt-Find-Baren ist (die seine Gegenwart bildet), die ihn der Vergangenheit und der Zukunft verpflichtet. So müsste sich auch die Geschichte der naturwissenschaftlichen Disziplinen nicht länger eine „*Geschichte des Machbaren*"[50] erzählen, sondern damit beginnen, dass der Ort, von dem sie spricht, immer auch bereits davon zeugt, das die Machbarkeit von der Zerstörung, die sie produziert, immer wieder heimgesucht wird. Die eigene Geschichte ließe sich dann in dem „Augenblick der Gefahr"[51] erzählen, in dem die Wissenschaft die Voraussetzung ihres Sprechens erkennt.

Dies würde den Ort, von dem die Rede ist, von dem Ideal eines absoluten Standpunktes, von dem der Einheit und Unteilbarkeit ($\alpha\tau o\mu o\varsigma$) des Wissens, das sich an einem Ort versammelt, notwendig abspalten, mit dem immer wieder und irrtümlicherweise die Wahrheit dieser Rede identifiziert worden ist, an dem die Rede sich ihrer Wahrheit sicher wähnte, allerdings nicht ohne, – wie Adorno es formulierte – die Empirie bereits „zugerüstet"[52] zu haben, zu der sie sich positioniert.

Als dieser, von dem Ideal einer Einheit abgespaltene, zerteilte ($\delta\iota\chi o - \tau o\mu o\varsigma$) Ort gibt er Zeugnis davon, dass nur in diesen Spaltungen von ihm gesprochen werden kann, auch und gerade dort, wo nach seiner Geschichte (den Bedingungen seiner Rede) gefragt wird, die die Geschichte einer Spaltung (des Exils und der Bombe) ist. Er gibt so Zeugnis davon, dass die Rede von ihm sich an ihm niemals erschöpft.

Danksagung

Mein besonderer Dank gilt Fritz Thieme der mir durch großzügige Stiftungsgelder eine viermonatige Forschungstätigkeit von April bis August 2013 im Fachbereich Chemie der Universität Hamburg finanzierte, nachdem er von meinem Interesse an Otto Stern und den Fragen des Exils erfahren hat. Leider sind Fritz Thieme und ich uns nicht

---

50 So formuliert es etwa Carsten Reinhardt: „[Es] [...] *können die Interaktionen verschiedener wissenschaftlicher Disziplinen untersucht werden, zudem gewinnt man einen Zugang zu einer Alltagsgeschichte der Chemie als Forschungsprozess. Chemiegeschichte wird so über die Geschichte des Sagbaren zu einer Geschichte des Machbaren entwickelt.*" Vgl. Carsten Reinhardt: Chemie und Geschichte: gesagt und getan, gemacht und erzählt. In: Klaus Griesar (Hg.): Wenn der Geist die Materie küsst, S. 9–21, hier S. 13, (Auslassung durch d. Verf.).

51 Benjamin: „*Vergangenes historisch artikulieren heißt nicht, es erkennen 'wie es denn eigentlich gewesen ist'. Es heißt, sich einer Erinnerung bemächtigen, wie sie im Augenblick einer Gefahr aufblitzt.*" Vgl. Walter Benjamin: Über den Begriff der Geschichte, S. 131.

52 Adorno: „*Wissenschaftliche Selbstkontrolle möchte Empirie, verglichen mit der offenen Fülle, die der Begriff einmal meinte, so einengen, daß schließlich nur noch registriert wird, was von Methodologie zugerüstet, auf sie eingerichtet ist.*" Vgl. Theodor Wiesengrund Adorno: Soziologische Schriften I: Anmerkungen zum sozialen Konflikt heute, Hg. v. Rolf Tiedemann, Band 8, Frankfurt am Main: Suhrkamp 2003, S. 185.

mehr persönlich begegnet. Er starb am 27. März 2013. Posthum ist ihm diese Arbeit gewidmet.

Professor Peter Grunwald und Professor Volkmar Vill danke ich für die gute Zusammenarbeit, ihre freundliche Aufnahme und Unterstützung. Ich danke Angela Eickmeyer, Melanie Johannes, und Sebastian Schirrmeister für Korrekturen und Anmerkungen zu meinem Text.

16.3 Quellangaben

16.3.1 Archivsignaturen

Staatsarchiv Hamburg, Akte Robert Schnurmann, Bestandsnummer 361–6, Signatur der Archivguteinheit IV 1170.

16.3.2 Internetquellen

ESTERMANN, IMMANUEL: *Otto Stern. 1888–1969*, abzurufen unter:
`http://www.uni-frankfurt.de/fb/fb13/Dateien/paf/paf46.html`,
zuletzt aufgerufen am 14.8.2013.
`http://de.wikipedia.org/wiki/Otto_Stern_(Physiker)`,
zuletzt aufgerufen am 14.8.2013.
`http://www.fr-online.de/campus/otto-stern-der-geniale-experimentator,4491992,10798236.html`,
zuletzt aufgerufen am 14.8.2013.
`http://www.uni-hamburg.de/newsletter/juni-2013/otto-stern-symposium-sieben-nobelpreistraeger-zu-gast-an-der-universitaet-hamburg.html`.

16.3.3 Literatur

ADORNO, THEODOR WIESENGRUND: Negative Dialektik. Jargon der Eigentlichkeit. In: ADORNO, THEODOR WIESENGRUND: *Gesammelte Schriften in 20 Bänden.* Hg. von ROLF TIEDEMANN, Band 6, Frankfurt am Main: Suhrkamp 2003.

ADORNO, THEODOR WIESENGRUND: *Soziologische Schriften I: Anmerkungen zum sozialen Konflikt heute.* Hg. von ROLF TIEDEMANN. Band 8. Frankfurt / Main: Suhrkamp 2003.

ADORNO, THEODOR WIESENGRUND; AHLHEIM, KLAUS UND BARDO HEGER: *Die unbequeme Vergangenheit. NS-Vergangenheit, Holocaust und die Schwierigkeiten des Erinnerns.* Schwalbach: Wochenschauverlag 2003.

ARENDT, HANNAH: Wir Flüchtlinge. In: ARENDT, HANNAH: *Zur Zeit – Politische Essays.* Hg. von MARIE LUISE KNOTT. Aus dem Amerikanischen von EIKE GEISEL. München: dtv 1989, S. 7–21.

Assmann, Jan: *Das kulturelle Gedächtnis. Schrift, Erinnerung und politische Identität in frühen Hochkulturen.* München: C.H. Beck 2007.

Bachmann-Medick, Doris: *Cultural turns. Neuorientierungen in den Kulturwissenschaften.* Reinbeck bei Hamburg: rowohlt 2009.

Barthes, Roland: Der Tod des Autors. In: Fotis Jannidis, Gerhard Lauer, Matias Martinez und Simone Winko (Hg.): *Texte zur Theorie der Autorschaft.* Stuttgart: Philipp Reclam 2000, S. 185–193.

Benjamin, Walter: *Über den Begriff der Geschichte. In: ders. Erzählen. Schriften zur Theorie der Narration und der literarischen Prosa.* Ausgewählt und mit einem Nachwort von Alexander Honold. Frankfurt /Main: Suhrkamp 2007, S. 129–140.

Bernstein, Jeremy: Heisenberg, Bohr und die Atombombe. In: *Spektrum der Wissenschaft* 7 (1995), S. 32–38.

Benz, Wolfgang: *Das Exil der kleinen Leute. Alltagserfahrung deutscher Juden in der Emigration.* München: C. H. Beck 1991.

Bonhoeffer, Dietrich: Was heißt die Wahrheit sagen? In: Bonhoeffer, Dietrich: *Ethik.* Hg. von Eberhard Bethge. München: Kaiser 1966, S. 385–395.

Brecht, Bertolt: Fünf Schwierigkeiten beim Schreiben der Wahrheit. In: Brecht, Bertolt: *Gesammelte Werke. Große kommentierte und Frankfurter Ausgabe.* Hg. von Werner Hecht, Jan Knopf, Werner Mittenzwei und Klaus-Detlev Müller. 30 Bände, Band 22, Frankfurt am Main: Suhrkamp 1993, S. 74–89.

Brecht, Bertolt: Über die Bezeichnung Emigration. In: Brecht, Bertolt: *Große kommentierte Berliner und Frankfurter Ausgabe. Gedichte 2. Sammlungen 1938–1956.* Frankfurt am Main: Suhrkamp 1988, S. 81.

Deichmann, Ute: *Flüchten, Mitmachen, Vergessen. Chemiker und Biochemiker in der NS-Zeit.* Weinheim: WILEY-VCH 2011.

Derrida, Jacques: *Apokalypse. Von einem neuerdings erhobenen apokalyptischen Ton in der Philosophie. No Apocalypse, not now.* Wien: Passagen Verlag 2000.

Foucault, Michel: *Das Leben der infamen Menschen.* Berlin: Merve 2001.

Foucault, Michel: Was ist ein Autor? In: Foucault, Michel: *Schriften zur Literatur.* Hg. von Daniel Derft und François Ewald. Frankfurt / Main: Suhrkamp 2003, S. 234–270.

Frayn, Michael: *Kopenhagen. Stück in zwei Akten.* Deutsch von Inge Greiffenhagen und Bettina von Leoprechting. Göttingen: Wallstein Verlag 2001.

Heisenberg, Werner: Die Kopenhagener Deutung der Quantentheorie. In: Heisenberg, Werner: *Quantentheorie und Philosophie. Vorlesungen und Aufsätze.* Stuttgart: Reclam 1994, S. 42–61.

Heisenberg, Werner: Über die Verantwortung des Forschers. In: Heisenberg, Werner: *Quantentheorie und Philosophie. Vorlesungen und Aufsätze.* Stuttgart: Reclam 1994, S. 76–90.

Heisenberg, Werner: Quantenmechanik und Kantsche Philosophie. In: Heisenberg, Werner: *Quantentheorie und Philosophie. Vorlesungen und Aufsätze.* Stuttgart: Reclam 1994, S. 62–75.

Hertel, Ingolf V. und Claus-Peter Schulz: *Atome, Moleküle und optische Physik 1. Atomphysik und Grundlagen der Spektroskopie.* Berlin, Heidelberg: Springer 2008.

Hockerts, Hans Günter: Wiedergutmachung in Deutschland 1945–1990. Ein Überblick. In: Bundeszentrale politische Bildung (Hg.): *Wiedergutmachung und Gerechtigkeit. Aus Politik und Zeitgeschichte.* 63. Jahrgang, 25–26 (2013). 17. Juni 2013, S. 15–22.

Janich, Peter: Was ist und wozu treibt man Chemie? Versuch einer philosophischen Antwort. In: Kaus Griesar (Hg.): *Wenn der Geist die Materie küsst. Annäherungen an die Chemie.* Frankfurt / Main: Wissenschaftlicher Verlag Harri Deutsch 2004, S. 49–65.

Landau, Rolf: *Am Rande Der Dimensionen. Gespräche über die Physik am CERN.* Frankfurt am Main: Suhrkamp 2008.

Mania, Hubert: *Kettenreaktion. Die Geschichte der Atombombe.* Reinbek bei Hamburg: Rowohlt 2010.

Meitner, Lise: Brief an Otto Hahn vom 5. Dezember 1938, hier zitiert nach: Fritz Krafft: Lise Meitner und ihre Zeit – Zum hundertsten Geburtstag der bedeutenden Naturwissenschaftlerin. In: *Angewandte Chemie* 90/11, Weinheim und New York: Verlag Chemie 1978, S. 876–892, hier S. 888.

Müller, Herta: Herzwort und Kopfwort. Dieses Land trieb Hunderttausende ins Exil. Wir sollten uns daran erinnern. In: *DER SPIEGEL* 4 (2013), S. 97–101.

Nora, Pierre und Etienne François: *Erinnerungsorte Frankreichs.* München: C.H. Beck 2005.

Reinhardt, Carsten: Chemie und Geschichte: gesagt und getan, gemacht und erzählt. In: Klaus Griesar (Hg.): *Wenn der Geist die Materie küsst. Annäherungen an die Chemie.* Frankfurt am Main: Wissenschaftlicher Verlag Harri Deutsch 2004, S. 9–21.

Ricour, Paul: *Gedächtnis, Geschichte, Vergessen.* München: Wilhelm Fink Verlag 2004.

Rose, Paul Lawrence: *Heisenberg and the Atomic Bomb Project. A Study in German Culture.* Berkeley: University of California Press 1998.

Sabin, Stefana: *Die Welt als Exil.* Göttingen: Wallstein Verlag 2008.

Schirach, Richard von: *Die Nacht der Physiker. Heisenberg, Hahn, Weizsäcker und die deutsche Bombe.* Berlin: Berenberg 2012.

Schmidt-Böcking, Horst und Karin Reich: *Otto Stern: Physiker, Querdenker, Nobelpreisträger.* Frankfurt am Main: Societätsverlag 2011.

Schmidt-Böcking, Horst und Wolfgang Trageser: Ein fast vergessener Pionier. In: Physik Journal 11 (2012) Nr. 3, Weinheim: Wiley-VCH 2012, S. 47–51.

SCHMIDT, SYBILLE UND ROMAN VOGES: Einleitung. Im Anfang war der Zeuge. In: SCHMIDT, SYBILLE; KRÄMER, SYBILLE UND ROMAN VOGES (Hg.): *Politik der Zeugenschaft. Zur Kritik einer Wissenspraxis.* Bielefeld: transcript 2010, S. 7–20. `http://www.transcript-verlag.de/ts1552/ts1552_1.pdf`

TOENNIES PETER J.; SCHMIDT-BÖCKING, HORST; FRIEDRICH, BRETISLAV UND JULIAN C. A. LOWER: Otto Stern (1888–1969): The founding father of experimental atomic physics. In: *Annalen der Physik Annalen der Physik* 523/12, Dezember 2011, S. 1045–1070.

TOSCHEK, PETER E.: Otto Stern (1888–1969) in Hamburg. In: GUDRUN WOLFSCHMIDT (Hg.): *Hamburgs Geschichte einmal anders – Entwicklungen der Naturwissenschaften, Medizin und Technik, Teil 1.* Norderstedt bei Hamburg: Books on Demand (Nuncius Hamburgensis – Beiträge zur Geschichte der Naturwissenschaften; Band 2) 2007, S. 151–169.

WINCKLER, LUTZ: Gedächtnis des Exils. Erinnerung und Rekonstruktion, Vorwort zu dem Band: CLAUS DIETER KROHN UND LUTZ WINCKLER (Hg.): *Gedächtnis des Exils – Formen der Erinnerung. Exilforschung ein internationales Jahrbuch* 28 (2010), München: edition text + kritik 2010, S. IX–XVI.

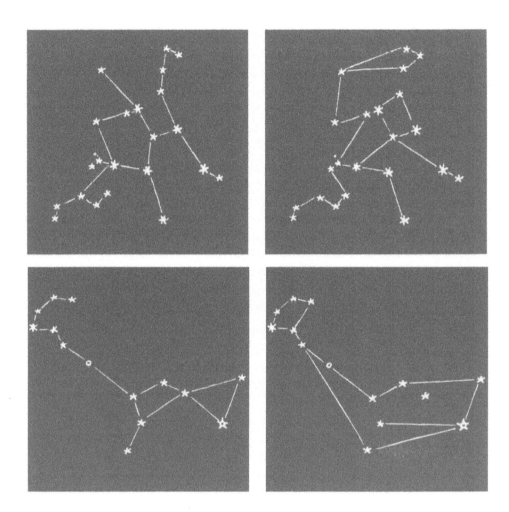

Abbildung 17.1:
Alte Methode — Reys Methode
Oben: Sternbild „Herkules", Unten: Sternbild „Walfisch"
Grafiken entnommen aus: H. A. Rey: Zwilling, Stier und Großer Bär.
Sternbilder erkennen auf den ersten Blick.
Zürich, Hamburg: Arche Literatur Verlag AG 2009, S. 16 und 17.

Den fremden Himmel lesen lernen – H. A. Reys astronomische Reflexionen unter didaktischer und exiltheoretischer Perspektive

Miriam N. Reinhard (Hamburg)

17.1 Die Lesbarkeit der Sterne

„Es ist" so formuliert es Hans Blumenberg *„eine erstaunliche Unwahrscheinlichkeit, daß wir auf der Erde leben <u>und</u> Sterne sehen können [...]."*[1] Das Besondere an dieser unserer Situation liegt darin, so erläutert Blumenberg weiter, dass *„das Medium, in dem wir leben"*[2], uns sowohl vor den Strahlungen aus dem All zu schützen vermag und gleichzeitig einen Blick in dieses Weltall erlaubt. In der Tat findet der Mensch sich damit in *„fragile[n] Balance zwischen dem, was notwendig, und dem, was erhaben ist"*[3] wieder und vielleicht ist eine Ahnung von dieser Fragilität der Grund dafür, dass sein Blick in den Himmel seit jeher von der Sehnsucht begleitet ist, dort eine Antwort zu finden für das, was auf Erden geschieht. Das, was am Himmel erblickt werden kann, wird dem Menschen zum Zeichen, das es zu entziffern gilt. Mit dem Blick in die Sterne bestimmt er somit auch seinen Platz in der Welt.[4] In Narrationen, die fester Bestandteil des kulturellen Gedächtnisses sind, begegnen uns die Sterne als topoi eines Weltverständnisses: Als Abraham das geradezu Unbegreifliche auf sich nimmt,

---

1 Hans Blumenberg: Die Genesis der kopernikanischen Welt. Die Zweideutigkeit des Himmels. Eröffnung der Möglichkeit eines Kopernikus, Frankfurt am Main: Suhrkamp 1981, S. 11, (Auslassung durch Verf.).

2 Ebd.

3 Ebd.

4 Barbara Hunfeld formuliert: *„Schon immer war der Blick ins All mehr als Himmelsbetrachtung. Es galt, in den Phänomenen des Himmels Verweise auf eine umfassende Ordnung des Seins zu erkennen."* Vgl. Barbara Hunfeld: Der Blick ins All. Reflexionen des Kosmos, Tübingen: Max Niemeyer Verlag 2004, S. 1.

er im hohen Alter seine Zelte abbricht und losgeht, um der Verheißung Gottes zu folgen, da werden die Sterne am Himmel zur Bezugsgröße einer großen Verheißung, die ihm mitgegeben wird; einer Verheißung, die sich fortan in das Gedächtnis des Judentums einschreiben wird: *„Und er hieß ihn hinausgehen und sprach: Siehe gen Himmel und zähle die Sterne; kannst du sie zählen? und sprach zu ihm: Also soll dein Same werden"* (1. Mose 15,5). Es ist die die Unzählbarkeit der Sterne, die die Größe der Geschichte verdeutlichen soll, in die Gott Abraham gestellt hat; die Unzählbarkeit der Sterne verweist allerdings nicht nur auf ihre Quantität, sondern auch auf das Unvermögen des Menschen, sie zu erfassen. So ist es nicht nur eine Eigenschaft Gottes, dass er Taten von der Größendimension der Sternenanzahl vollbringen kann, sondern auch, dass er diese zu zählen vermag. In Jesaja 40,26 ist dazu zu lesen: *„Hebt eure Augen in die Höhe und seht! Wer hat dies geschaffen? Er führt ihr Heer vollzählig heraus und ruft sie alle mit Namen; seine Macht und starke Kraft ist so groß, dass nicht eins von ihnen fehlt."* Gott, der diesen Himmel geschaffen hat, hört nicht auf, sich auch um diesen zu sorgen: „Er zählt die Sterne und nennt sie alle mit Namen", heißt es auch im 147. Psalm, womit der Beter des Psalms zum Ausdruck bringen will, wie sehr Gott mit seiner Schöpfung verbunden bleibt. Die unendlichen Sterne gehen, so will es der Psalm verdeutlichen, nicht einfach in einer abstrakten Unendlichkeit auf; für seinen Schöpfer besitzt jeder Stern eine unverwechselbare Identität.[5] So beginnt angesichts des unendlichen Himmels der Mensch seine eigene Stellung zu relativieren: *„Wenn ich sehe die Himmel, deiner Finger Werk, den Mond und die Sterne, die du bereitet hast: was ist der Mensch, daß du seiner gedenkst, und des Menschenkind, daß du sich seiner annimmst?"* fragt der Beter des 8. Psalms. Schließlich sind die Sterne ein Zeichen, das innerhalb der religiösen Narrationen einen Übergang markiert. Von den zwei Synoptikern, die die Geburt Jesu schildern, ist es Matthäus, der einen Stern zum Bürgen für die Besonderheit des Ereignisses werden lässt, das er schildert. Ein Stern ist es, der die Geburt eines „neuen Königs" ankündigt. Matthäus zeigt sich mit dieser Erzählung als ein „Sternenkundiger" der prophetischen Schriften, in denen es an einer Stelle heißt: *„Es wird ein Stern aus Jakob aufgehen und ein Zepter aus Israel aufkommen und wird zerschmettern die Fürsten der Moabiter und verstören alle Kinder des Getümmels"* (4. Mose 24, 17). Des Weiteren gelingt es ihm, mit dem Stern über der Krippe eine zur damaligen Zeit durchaus gängige Methode der Geschichtsschreibung zu bedienen, die Himmelsphänomene und historische Ereignisse aufeinander bezieht. So lässt Matthäus den Stern inmitten einer Machtkonstellation erstrahlen: *„Drei Weise aus dem Morgenland"*, so erzählt es Matthäus (Mt2, 1–12), die der Sterndeutung kundig gewesen sind treten vor den amtierenden König Herodes und teilen ihm mit, sie hätten den *„Stern des neuen Königs"* gesehen und seien ge-

---

5 In das kulturelle Gedächtnis hat sich der Gedanke dieses Psalms insofern eingeschrieben, dass er in ein von Wilhelm Hey bekanntes Volkslied eingegangen ist, in dem es heißt: *„Weisst Du wie viel Sternlein stehen / an dem blauen Himmelszelt? / Gott der Herr hat sie gezählet, dass ihm auch nicht eines fehlet / an der ganzen großen Zahlt / an der ganzen großen Zahl."* Wilhelm Hey: Weisst du wie viel Sternlein stehen, hier zitiert nach: Evangelisches Gesangbuch, Nr. 511.

kommen, um diesen nun zu anbeten. Herodes, so wird von Matthäus erzählt, zweifelt nicht im Geringsten daran, dass dieser erschienene Stern tatsächlich der aufgehende Stern eines anderen Monarchen sein könnte, der seine Macht nun gefährden wird. Er berät mit den Weisen über die Himmelserscheinung und schickt sie schließlich nach Bethlehem, dort diesen König zu finden und ihm von diesem Bericht zu erstatten, damit – so sein heimlich gefasster Plan – er den potentiellen Konkurrenten rechtzeitig ausschalten kann. So ist bei Matthäus der *„Stern zu Bethlehem"* Teil einer sehr durchdachten rhetorischen Inszenierung, die sich nicht nur für die Erfüllung der prophetischen Verheißung verbürgen soll, sondern die Geburt Jesu unter den guten Stern Gottes und den schlechten Stern der weltlichen Monarchie stellt, Welt- und Heilsgeschichte so kontrastierend und konkurrierend ineinandergreifen lässt. Der *„Stern von Bethlehem"* ist so für die christliche Tradition Symbol dafür geworden, dass Gott die Finsternis der Welt durchbricht, indem er seinen Sohn auf die Erde schickt. Der Stern weist den Weg zum *„Kind in der Krippe"*, das die Welt erlösen soll.

An diesen wenigen Beispielen wurde deutlich, dass innerhalb religiöser Narrationen und ihrer Symbolik die Sterne einen sehr klaren Ort einnehmen; sie korrespondieren mit dem Unendlichen, mit der Macht Gottes. Sie sind Zeichen seiner Verheißung. Die offensichtliche Unzählbarkeit der Sterne lässt die unfassbare Größe Gottes erzählbar werden. Schließlich sind sie topoi, intertextuelle Bezugsgrößen innerhalb des Narrativen selbst. Sie sind Wegbegleiter und Wegweiser; diese Funktion erfüllen sie sowohl innerhalb des Erzählten als auch für den Vorgang des Erzählens. Sie sind dort, wo sie als topoi erscheinen, im doppelten Sinne Schwellenorte, die zwischen den Ordnungen oszillieren. Die Sterne sind dort, wo ihnen ihr Blick gilt, eine Heterotopie[6], wo sie in ihrer Entzifferung zur *„Lesbarkeit der Welt"*[7] gehören und Teil einer symbolischen Hermeneutik werden einerseits und zum anderen aber immer auch auf ein außerhalb der Welt verweisen – so wie sie uns nur in der Oszillation von Absenz und Präsenz überhaupt erst in unser Blickfeld geraten, so verhalten sie sich zum Prozess des Verstehens immanent und transzendent zugleich. *Wie* von den Sternen gesprochen wird, hängt somit auch in hermeneutischer Hinsicht davon ab, von welchem „Ort" aus von ihnen gesprochen wird, von welchem „sozialen Horizont" ausgehend, der Blick sich an den Himmel richtet. Auch wo aufgeklärtes Denken Gott zu einer Projektion erklärt, bleibt der Blick in die Sterne häufig weiterhin von metaphysischen Projektionen begleitet. Doch zwischen den Sternen als topoi der Narration und den Sternen der Projektion steht seit dem Altertum die *Tradition eines Blickes*, vor dem die Sterne so erscheinen, dass Narration und aufklärendes Bestreben (in seinem eben dialektisch-ambivalenten Verhältnis zur Mythologie)[8] sich verbinden, lange bevor die Entmythologisierung des Himmels zum programmatischen Bestandteil von Aufklä-

---

6 Foucault bezeichnet mit dem Begriff der Heterotopie solche Orte, die zwischen gesellschaftlichen Ordnungen stehend, Übergänge markieren. Vgl. Michel Foucault: Die Heterotopien. Der utopische Körper, Frankfurt am Main: Suhrkamp 2005.

7 Hans Blumenberg: Die Lesbarkeit der Welt, Frankfurt am Main: Suhrkamp 1986.

8 Theodor W. Adorno und Max Horkheimer formulieren: *„Schon der Mythos ist Aufklärung, und: Aufklärung schlägt in Mythologie zurück."* Vgl. Theodor W. Adorno / Max Horkhei-

rung wird. Das ist der Blick, der die Sternbilder zu entziffern vermag. Es ist ein Blick, der über die Jahrhunderte in verschiedene Kulturen und Traditionen eigegangen ist, damit immer auch eine transkulturelle – in gewisser Weise: „kosmopolitische" – Prägung erfuhr.

Um diesen Blick des Autors und Künstlers Hartmut Augusto Rey soll es im Folgenden gehen; doch auch um den Ort, von dem aus die Sterne durch ihn Perspektivierung erfahren. So lässt sich anhand eines Blicks auf die Sterne auch ein Stück Lebensgeschichte, Hamburger Geschichte und Geschichte eines Exils erzählen.

17.2 Der Ort, von dem gesprochen wird – Biographisches zu H. A. Rey

„Der Ort, von dem gesprochen wird" – im Deutschen hat diese Wendung eine doppelte Konnotation. Mit ihr kann einmal der Ort bezeichnet werden, *über* den gesprochen wird und der Ort, *von dem aus* dieses Sprechen geschieht. Wir haben bereits gesehen, dass der Blick zu den Sternen immer auch aus einer Perspektivierung heraus geschieht, die etwas über den Standpunkt in und zu der Welt aussagt, aus dem heraus sie vorgenommen wird. Der Ort, von dem aus Rey erzählt, ist nicht der, von dem ein Blick in den Himmel auch vorstellbar wäre, dem vertrauten Ort der Heimat, wo der Blick in den Himmel von einem Empfinden „kosmischer Geborgenheit" begleitet sein mag. Zumindest sind die USA, wo er sein Buch erstmalig 1952 publiziert, das Land in das er 1941 auf der Flucht vor den Nazis ankommt. Sicher mögen sie dann bereits eine Art Heimat für ihn und seine Frau geworden sein, das Ehepaar Rey wird sie nicht wieder verlassen. Aber es ist dennoch der Ort, der einst ihr Exil gewesen ist.

H. A. Rey wurde als Hans Augusto Reyersbach 1889 in Hamburg geboren. Er wuchs in der Nähe des „Hagenbeck Tierparkes" auf; schon früh probierte er, Tierstimmen zu imitieren und Tiere zu zeichnen – ein Talent, das ihn in seinem Leben noch entscheidend begleiten wird.[9] Er legte am Wilhelm Gymnasium das Abitur ab, an dem er eine traditionell humanistische Ausbildung erhielt. Während des Ersten Weltkrieges diente er als Soldat. Nach Kriegsende besuchte er für 4 Jahre eher sporadisch an den Universitäten Hamburg und München Kurse zur Kunst und begann sich in dieser Zeit selbst auf das lithographische Handwerk zu spezialisieren. Er entwarf eine Reihe von Werbeplakaten, wobei besonders Poster für Zirkusse bald zu seinem Metier wurden. Im Jahre 1923 veröffentlichte er 12 Lithographien in einem Band mit grotesken Gedichten von Christian Morgenstern. Von der Wirtschaftskrise frustriert, entschied sich Reyersbach den Schritt ins Ausland zu wagen und zog 1925 nach Rio de Janeiro, wo er als Buchhalter in einem Unternehmen arbeitete. Zehn Jahre später erhält er in

mer: Dialektik der Aufklärung. Philosophische Fragmente, Frankfurt am Main: Fischer 2001, S. 9.
9 Siehe hierzu auch: Dinitia Smith: How Courius George Escaped the Nazis. In: New York Times, 13.9.2005.

Rio de Janeiro Besuch von einer Hamburger Bekannten: Die 17 Jahre jüngere Ma-
garete Elisabeth Waldstein, die zwischen 1926 und 1928 erfolgreich Kunst, u.a. an
der Bauhaus Universität studierte, sich als Aquarellzeichnerin einen Namen gemacht
hatte, war ab 1929 als Texterin bei Crawford tätig, einer britischen Werbefirma mit
Sitz in Berlin. In den folgenden sechs Jahren vertiefte sie ihre Fertigkeiten in den Bereichen Photographie und Werbung und arbeitete für verschiedene Werbeagenturen,
Zeitungen und Fotostudios sowohl in Deutschland als auch in England. 1935 reiste
sie nach Rio de Janeiro. Da die Familien Waldstein und Reyersbach schon lange miteinander befreundet waren, lag es wohl nahe für sie, dem Hamburger Bekannten bei
dieser Gelegenheit einen Besuch abzustatten. Sie blieb. In Rio de Janeiro arbeitete
sie weiter für Zeitungen als Photographin und Werbetexterin und gründete mit Hans
Augusto Rey die erste Werbefirma des Landes. Die beiden heirateten noch im selben
Jahr, am 16. August und wurden schließlich brasilianische Staatsangehörige. 1936 reiste das Paar nach Europa und suchte fortan seinen Lebensmittelpunkt in Paris. Hans
Augusto Rey illustrierte hier mehrere Bilderbücher für Kinder und solche Bücher, die
Tiere zum Basteln enthielten.

Gemeinsam entwickelte das Paar eine Figur, einen kleinen Affen, der Abenteuer erlebt und nannten ihn „Fifi". Mit einem französischen Verlag unterzeichneten sie
einen Vertrag über die Publikation von Kinderbüchern mit „Fifi" als Hauptfigur, doch
zur Realisierung dieses Publikationsvorhabens kommt es nicht mehr. 1940 rückte die
deutsche Wehrmacht an und die Reys begriffen sehr gut, dass sie als Juden nun nicht
mehr sicher in Paris leben konnten. Sie flohen auf Fahrrädern nach Orléans und nahmen dort einen Zug, der sie zur spanischen Grenze brachte. Über eine Flucht durch
Spanien, Portugal und Brasilien erreichte das Paar schließlich 1941 New York City.
Die Manuskripte von „The Adventure of Fify" hatten sie mit im Gepäck und hofften,
nun in den Vereinigten Staaten auf eine Möglichkeit zur Publikation. Doch dem amerikanischen Verlag gefiel der Name „Fify" nicht und er schlug vor, die Geschichten
dieser Figur unter dem Titel „Curious George" zu publizieren. Und dieser Curious
George begann fortan nicht nur das Leben der Reys, sondern das von Millionen von
Kindern auf der gesamten Welt, bis in die heutige Zeit, zu begleiten. Seit Erscheinen
des ersten Bandes im Jahre 1941 wurden die Geschichten über George immer wieder
neu verlegt und in insgesamt 17 Sprachen übersetzt.[10]

Schnell wird deutlich, dass die Reys mit der Konzeption der Figur durchaus auch
einen Bildungsauftrag verfolgten: Denn der neugierige Affe George, der sich die Welt
zunächst auf seine Weise erschließt und dann immer wieder in Schwierigkeiten gerät,
hat es sehr viel leichter, wenn er die Dinge, die ihn in Aktion versetzen, erst einmal
verstanden hat. Dennoch sind die Botschaften keine moralischen Verurteilungen. Es
wird positiv gewertet, dass George „always very curious"[11] ist. Edward Rothstein

---

10 In Deutschland wird seit 2006 wird „Coco der kleine Affe", der an die Abenteuer von
   Curious George angelehnt als Zeichentrickserie im Fernsehen ausgestrahlt. Abbildung entnommen aus: Margret and H. A. Rey: The Complete Adventures of Curious George, Boston: Houghton Mifflin Componay, S. 213.
11 Vgl. zum Beispiel: H. A. Rey: Curious George, New York: Houghton Mifflin 1993.

Abbildung 17.2:
„Fifi" – „*Curious George*" – „*Coco der kleine Affe*"
H. A. Rey: Curious George, New York: Houghton Mifflin 1993.

formuliert: „*His* [Georges, Anm. Verf.] *misadventures, particularly in the early books, are ignited by impulse and inquiry, the consequences of wanting to see and to know, and the books' charm is that they don't condemn this curiosity; they relish it.*"[12] So ist Curious George eine Figur, die die kindliche Neugier, die Welt zu entdecken aufgreift und dazu ermutigt, den vielen Dingen, die einen in Erstaunen versetzen, auf den Grund zu gehen.

Zunächst erschien nur Hans? Name auf dem Buchcover, vermutlich aus einer Art „Genderüberlegung" heraus, um das Buch unterscheidbar zu machen, von all den zahlreichen Kinderbüchern, die ausschließlich von Frauen verfasst worden sind.

Doch mit dieser neu beginnenden schriftstellerischen Tätigkeit veränderte sich in den 1940er Jahren noch etwas im Leben der Reys: Sie nahmen 1946 die amerikanische Staatsbürgerschaft an – vielleicht trafen sie damit auch bereits die Entscheidung, bis zum Ende ihres Lebens in New York zu bleiben. In ihrer Zeit in den USA verfassten sie weitere zahlreiche Kinderbücher; an den Erfolg von „*Curious George*" kann allerdings nur ein Buch annähernd heranreichen: „*The Stars, a New Way To See Them*".

Doch auch das, was auf Erden und außerhalb von Büchern geschieht, nimmt H. A. Rey sehr deutlich wahr. 1972 schickte er einen handschriftlichen Brief an Präsident Nixon und legt Protest gegen den Vietnamkrieg ein. Er schreibt:

> „*Why did the founders of our country write a* Declaration of Independence*? They did so because in their own word „a Decent Respect to the Opinions of Mankind" inquired it. Do we – does your administration – no longer feel that Decent Respect?*"[13]

Mit dem deutlich appellierenden Charakter seiner rhetorischen Frage wird klar, dass Rey sich nicht mehr damit abfinden will, dass eine Nation einst aufgerufene Ideale zugunsten eines Machtanspruches zu verraten bereit ist.

Hartmut Augusto Rey starb am 26. August 1977 in New York. Seine Frau Magarethe Rey starb am 21. Dezember 1996. Das Paar selbst blieb kinderlos, aber konnte sich einer globalen Fangemeinde von Millionen von Kindern sicher sein, die bis heute besteht. Die Reys waren beide ursprünglich Hamburger, sie entstammten bildungsbürgerlichen, jüdischen Familien. Sie waren Künstler und Unternehmer. Der Terror der Nazis machte sie zu Flüchtlingen und schließlich zu Exilanten. Sie wurden Staatsbürger der USA, die ihnen Exil gewährte, und etablierten sich dort als Kinderbuchautoren mit internationalem Erfolg.

Ich glaube, dass man auch mit Blick in diese Bücher von ihnen als „Kosmopoliten" sprechen kann. Werfen wir mit H. A. Rey einen Blick in den Himmel.

---

12 Vgl. Edward Rothstein: Monkey business in a World of Evil. In: New York Times, 25.3.2010.

13 `http://digilib.usm.edu/cdm/ref/collection/rey/id/232` (10.01.2014).

17.3 Die Sternbilder

Mit seinem erstmalig 1952 publizierten Buch „The Stars. A New Way To See Them"
entwickelte Rey eine neue Perspektive auf die Sternbilder in einer Weise, dass das
Vorstellungsvermögen und die Sehgewohnheiten von Kindern eine Berücksichtigung
in der Darstellung finden. Allerdings werden auch die traditionellen Bedeutungen der
Sternbilder dabei gewahrt. In gewisser Weise zeigt Rey sich damit in mehrfacher Hinsicht als „Übersetzer" dieser Bilder. Zunächst einmal verdeutlicht er, dass jede Art
von Sternbild bereits eine Übersetzung der Sternkonstellationen in den Erfahrungsho-
rizont des Menschen ist. Denn die Namen der Sternbilder rufen sofort bei jedem Betrachtenden ein spezifisches Bild auf, das aber mit der Sternkonstellation erst einmal
nicht zur Deckung gebracht werden kann. Während die Benennung der Sternbilder
aus der Beobachtung der Sternkonstellation entstand, diese also Bilder hervorriefen,
die dann zur Namensgebung führten, so ist der Prozess heute umgekehrt: Der Betrachtende hört zunächst den Namen eines Sternbildes und ist daraufhin mit einem
inneren Bild konfrontiert. Dieses innere Bild versucht er in den Konstellationen der
Sterne wiederzufinden – und wird sehr wahrscheinlich damit scheitern. Rey fasst das
Problem bisheriger Publikationen zu Sternbildern mit folgenden Worten zusammen:

> „Entweder hat man um die Sterne, aus denen sich die einzelnen Bil-
> der zusammensetzen, ganz willkürlich allegorische Illustrationen herum-
> gezeichnet, die wir zwar im Buch bewundern, nicht jedoch am Himmel
> wiederfinden können, oder (das gilt für die meisten der neueren Publi-
> kationen) die Sterngruppen präsentieren sich als mehr oder weniger ab-
> strakte geometrische Figur, die nach nichts Konkretem aussehen und in
> keinerlei Zusammenhang mit den Namen der Sternbilder stehen."[14]

Deswegen, so Rey, bleibe der „Himmel uns so fremd wie zuvor."[15] Es geht also darum,
so formuliert Rey, „in diesem Buch zu wiederholen, was in etwas anderer Form bereits ganz am Anfang einer jeden Himmelsbeobachtung gestanden hat".[16] Es geht also
um die Wiederaufnahme eines Gedankens und um dessen Variation. Die Wiederaufnahme, die Übersetzung von Sternkonstellationen in Bilder, die Beibehaltung ihrer
Namen, ist deswegen sinnvoll, da die Namen der Sternbilder eine anthropologische
Konstante, ein Spezifikum menschlicher Wahrnehmung spiegeln. Die Variation ergibt
sich daraus, dass dennoch die Wahrnehmung in der Zeit auch Veränderungen unter-
worfen ist, die eine Berücksichtigung finden müssen. Rey ermutigt damit zum Blick
in dem Himmel; Sterngucken sei nicht kompliziert, wenn es gelänge die Sternkonstellationen und die Bilder, die die Namen der Sternbilder hervorrufen, in Einklang zu
bringen. Das Innovative an seiner Darstellung beschreibt Rey so:

> „Die Gruppe von Sternen zum Beispiel, die wir als Großen Bären kennen,
> präsentiert es in der Form eines Bären [...]. Die Umrisse der Sternbilder

---

14 H. A. Rey: Zwilling, Stier und Großer Bär. Sternbilder erkennen auf den ersten Blick.
   Zürich und Hamburg: Arche Literatur Verlag AG 2009, S. 12.
15 Ebd.
16 Ebd., S. 18.

> *prägen sich auf den ersten Blick ein, und hat man sie erst einmal auf die*
> *Art und Weise betrachtet, findet man sie jederzeit am Himmel wieder.*"[17]

Besonders eindrücklich wird Reys Methode etwa bei den Sternbildern „Herkules" und „Walfisch". Hier wird gut erkennbar, inwiefern sich Reys Methode von konventionellen Abbildungen der Sternbilder unterscheidet und welchen „Gewinn" diese Methode gerade in didaktischer Hinsicht bringt, vgl. Abb. 17.1, S. 476.

Mit der alten Methode wird der Betrachtende mit einer abstrakt wirkenden Zeichnung konfrontiert. Er muss hier zuerst einmal in der Lage sein, in der rein bildlichen Darstellung das wiederzuerkennen, was der Name des Sternbildes in ihm bereits als Bild evoziert hat. Man kann sich vorstellen, dass dies gerade für Kinder eine Überforderung darstellt, die hier bereits Schwierigkeiten haben werden in der Graphik die Figur zu erkennen, die ihnen durch den Namen des Sternbildes vor Augen steht. Umso größer werden dann die Schwierigkeiten sein, diese Figur auch noch am Himmel wiederzufinden. Bei Reys Methode wird dieser erste Abstraktionsschritt abgeschwächt; die Figur ist sofort zu erkennen, denn sie kann in Beziehung gesetzt werden zu dem Bild, das das Bewusstsein durch den Namen des Sternbildes hervorholt. Die Form passt sich somit den vorhandenen Sehgewohnheiten an: Sie kann vom Betrachtenden selbst nachgezeichnet werden, so, dass der nächste Schritt, diese am Himmel wiederzufinden, leichter fallen dürfte als es mit der alten Methode der Fall gewesen ist. Besonders Kinder werden somit befähigt zu verstehen, wieso eine bestimmte Sternkonstellation einen spezifischen Namen erhalten hat, wieso man sie als genau dieses Bild zusammenfasste.

Rey bietet nicht nur zu jedem Sternbild eine neue Möglichkeit seiner Veranschaulichung, er beschreibt des Weiteren auch ihre Position in Beziehung zu anderen Sternbildern. Im letzten Teil seines Buches beschreibt Rey kurz die Grundlagen der Himmelsmechanik und schließt seine Reflexionen mit einer historischen Perspektive auf die Sternbilder, die er als *„das älteste Bilderbuch der Welt"*[18] bezeichnet. Ist dies der Grund, warum ein Kinderbuchautor sich ihnen widmet, oder hängt der Ort, über den er spricht auch mit dem Ort, an dem er sich befindet zusammen? Ist dieses Kinderbuch über Sterne ein Text, der zum Genre der „Exilliteratur" gezählt werden kann?

17.4 Sterne des Exils

In einer von Luis Borden für Kinder verfassten Biographie der Reys *„The Journey That Saved Curious George"* wird beschrieben, wie die Reys auf ihrem Fluchtweg in die USA eines Nachts, von dem Deck eines Schiffes, das sie von Rio aus nahmen, in den Himmel blicken:

> *„One clear night, they took a late evening stroll on the windy deck. What*
> *bright stars! The ocean sky was like a huge blackboard dotted with tiny*

---

17 Ebd., S. 13. (Auslassung durch Verf.).
18 Ebd., S. 165.

lights. All Hans needed was a stick of celestial chalk to connect these
Atlantic stars and map his favorite constellations."[19]

Ist diese Szene sicherlich in dieser Weise eine Fiktion des Biographen – es ist dennoch
bezeichnend, an welcher Stelle er Rey diesen Blick in die Sterne vornehmen lässt: Auf
der letzten Etappe des unsicheren Weges einer Flucht, auf dem „Durchgangsort" des
Schiffes. Hier, in all diesen Unsicherheiten, so schildert es der Biograph, findet Rey
trotz allem Orientierung, indem er in die Sterne blickt. Beinahe wie eine Verheißung
liest sich diese Szene, denn mit der darauffolgenden Seite, lässt der Autor das (Lebens-
)Kapitel „*A New Home*" beginnen und schildert nun die Ankunft der Reys in den
USA.[20]

Sollte man also von einem Zusammenhang zwischen Reys Exil und seinem Interesse
an den Sternen ausgehen?

Um diese Frage beantworten zu können, kommt es zunächst darauf an, welchen
Begriff von Exil man zugrunde legen will. Definiert man die Exilliteratur als Epoche,
die mit der Herrschaft der Nazis zusammenfällt, so kann man all jene Texte nicht als
„Exilliteratur" lesen, die nach 1945 von Autoren an den Orten ihres (einstigen) Exil
entstanden sind und auch solche nicht, die nicht im (biographischen) Exil verfasst wurden, sondern das Exil thematisch reflektieren.[21] Ein solch enger Begriff von dem, was
unter Exilliteratur zu verstehen ist, wird heute von großen Teilen der Exilforschung
nicht mehr vertreten, sondern es wird davon ausgegangen, dass die Wirklichkeit des
Exils auf vielfältige Weise sich in die Texte einschreiben kann.[22]

---

19 Louise Borden: The Journey That Saved Curious George. The True Wartime Escape of
  Margret and H. A. Rey, Boston: Houghton Mifflin Company 2005, S. 67.
20 Ebd., S. 68 ff.
21 Solch einen Exilbegriff wurde etwa Ende der 1980er Jahre noch von Konrad Feilchenfeldt
  vertreten; er formuliert: „*'Deutsche Exilliteratur' meint jene deutschsprachige Literatur,*
  deren Autoren und in der Regel auch Verleger angesichts der nationalsozialistischen Regie-
  rung den Entschluß faßten, Deutschland zu verlassen und einen Wohnsitz außerhalb des
  Machtbereichs ihres Heimatlandes zu wählen. Die zeitliche Begrenzung der 'Deutschen
  Exilliteratur' als literaturgeschichtlicher Epoche ist daher wie in kaum einem anderen,
  vergleichbaren Epochenbeispiel auf eine exakte Datierungsmöglichkeit festgelegt. Die Epo-
  che der 'Deutschen Exilliteratur' in der deutschen Literaturgeschichte beginnt auf den
  Tag genau datierbar mit der Berufung Adolf Hitlers zum deutschen Reichskanzler am 30.
  Januar 1933, und sie endet ebenso exakt mit dem Inkrafttreten der bedingungslosen Ka-
  pitulation des Deutschen Reichs am 9. Mai 1945." Vgl. Konrad Feilchenfeldt: Deutsche
  Exilliteratur von 1933–45. Kommentar zu einer Epoche, München: Winkler 1986, S. 11.
22 Die Hamburger Wissenschaftlerin Doerte Bischoff setzt einen Exilbegriff voraus, mit dem
  es möglich wird nicht nur, die auch nach 1945 von Exilautoren verfassten Texte noch als
  Exilliteratur zu lesen, sondern zudem auch Texte, die zeitlich vor der Machtergreifung der
  Nationalsozialisten liegen (Heine, z. B.) und zudem die Gegenwartsliteratur miteinzube-
  ziehen, die die Erfahrungen einer globalisierten Wirklichkeit, Phänomene wie Transkultu-
  ralität, Migration und Entortung. spiegeln kann. Gemeinsam mit Susanne Konfort-Hein
  formuliert sie: „*dass eine Ausweitung der Perspektive von diesen Texten* (de Texten, die
  im Sinne Feilchenfeldts als Exilliteratur bestimmt werden, Anm. Verf) *nicht nur gerecht-*
  fertigt, sondern in mancher Weise sogar regelrecht und konsequent eingefordert wird."

Ohne Frage, kann man Reys Buch auch lesen und verstehen, ohne von der Situation seines Exils zu wissen. Doch vielleicht ist es dennoch von Bedeutung, dass er sich einem Ort widmet, dessen Ordnung von den Verortungen in der Wirklichkeit unberührt bleibt. Rey schreibt ein Buch, das den „Standort" Erde in erster Linie als die Position thematisiert, von der aus der Blick in den Himmel geschieht. Und so wie die Übersetzung der Sternkonstellationen in Sternbilder ein Zeichensystem sind, das eine historische Dimension und mit dieser eine transkulturelle und transnationale Gültigkeit besitzt, so bieten sie dem Betrachtenden eine Orientierung, die unabhängig davon ist, welche Möglichkeiten die Machtkonstellationen auf Erden zur Verortung noch bieten, wie gewaltsam die Grenzen sich dort auch verschieben. Ohne eine religiöse Konnotation zu haben, bleibt somit eine Orientierung bestehen, die die weltliche Ordnung im doppelten Sinne transzendiert.

„Sterne, in denen das Schicksal mündet"[23] dichtete Else Lasker-Schüler zwei Jahrzehnte, bevor auch sie ins Exil zu fliehen gezwungen war. So erblickt man die Sterne, in denen man Orientierung suchen kann, wenn die Konstellationen auf Erden sie nicht mehr gewähren.

17.5 Literatur

Adorno, Theodor W. und Max Horkheimer: *Dialektik der Aufklärung. Philosophische Fragmente.* Frankfurt am Main: Fischer 2001.

Bischoff, Doerte und Susanne Konfort-Hein: Vom anderen Deutschland zur Transnationalität Diskurse des Nationalen in Exilliteratur und Exilforschung. In: *Exilforschung. Ein internationales Jahrbuch 30/2012.* München: edition text und kritik 2012, S. 242–273.

Blumenberg, Hans: *Die Genesis der kopernikanischen Welt. Die Zweideutigkeit des Himmels. Eröffnung der Möglichkeit eines Kopernikus.* Frankfurt am Main: Suhrkamp 1981. *Die Lesbarkeit der Welt.* Frankfurt am Main: Suhrkamp 1986.

Borden, Louise: *The Journey That Saved Curious George. The True Wartime Escape of Margret and H. A. Rey.* Boston: Houghton Mifflin Company 2005.

Feilchenfeldt, Konrad: *Deutsche Exilliteratur von 1933–45. Kommentar zu einer Epoche.* München: Winkler 1986.

Foucault, Michel: *Die Heterotopien. Der utopische Körper.* Frankfurt am Main: Suhrkamp 2005.

Vgl. Doerte Bischoff und Susanne Konfort-Hein: Vom anderen Deutschland zur Transnationalität Diskurse des Nationalen in Exilliteratur und Exilforschung in: Exilforschung. Ein internationales Jahrbuch 30/2012, München: edition text und kritik 2012, S. 242–273, hier S. 268.

23 Else Lasker-Schüler: Sterne des Fatums. In: Kemp, Friedhelm (Hg.): Else Lasker-Schüler. Gesammelte Werke in vier Bänden. Lyrik, Prosa, Schauspiele – Band 1: Die Gedichte 1902–1943. Frankfurt am Main: Suhrkamp 2001, S. 45.

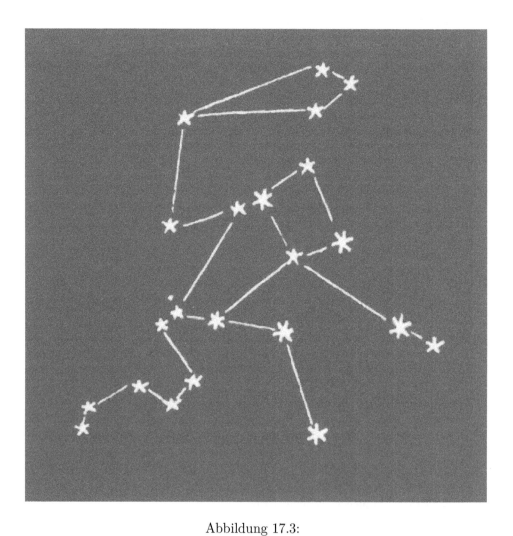

Abbildung 17.3:
Reys Methode – Sternbild „Herkules"
Grafik entnommen aus: H. A. Rey: Zwilling, Stier und Großer Bär.
Sternbilder erkennen auf den ersten Blick.
Zürich, Hamburg: Arche Literatur Verlag AG 2009, S. 16.

Hunfeld, Barbara: *Der Blick ins All. Reflexionen des Kosmos*. Tübingen: Max Niemeyer Verlag 2004.

Lasker-Schüler, Else: Sterne des Fatums. In: Kemp, Friedhelm (Hg.): *Else Lasker-Schüler. Gesammelte Werke in vier Bänden. Lyrik, Prosa, Schauspiele, Band 1: Die Gedichte 1902–1943*. Frankfurt am Main: Suhrkamp 2001.

Rey, H. A.: *Curious George*. New York: Houghton Mifflin 1993.

Rey, H. A.: *Zwilling, Stier und Großer Bär. Sternbilder erkennen auf den ersten Blick*. Zürich, Hamburg: Arche Literatur Verlag AG 2009.

Rothstein, Edward: Monkey business in a World of Evil. In: *New York Times*, 25.3.2010.

Smith, Dinita: How Courius George Escaped the Nazis. In: *New York Times*, 13.9.2005.

Die biographischen Informationen entstammen weitestgehend den „H. A. & MARG-RET REY PAPERS" in der „de Grummond Children's Literature Collection" der University of Southern Mississippi. Sie sind einsehbar unter: `http://www.lib.usm.edu/legacy/degrum/public\_html/html/research/ findaids/DG0812f.hml` (10.01.2014).

Die Passagen aus der Bibel wurden nach der Übersetzung Martin Luthers zitiert.

Abbildung 18.1:
Vilma Prochownick (1904–1990)
Fachbereich Chemie der Universität Hamburg (Sammlung von Fritz Thieme)

Vilma Prochownick: Eine (kleine) Exilgeschichte aus der Hamburger Chemie

Miriam N. Reinhard und Volkmar Vill (Hamburg)

18.1 Exilgeschichten

Die Geschichte von Vilma Prochownick, einer Hamburger Chemikerin, ist die Geschichte einer zwangsweise abgebrochenen Karriere, eine Exilgeschichte. Vilma Prochownick war, als sie Hamburg verlassen musste, noch zu jung, als dass sie damals schon ein „großer Name" ihres Faches hätte sein können, sodass man ihr Erbe heute vielleicht wie die Erinnerung an Otto Stern bewahren würde: Die Erinnerung an eine Exilgeschichte die man aufarbeiten kann, weil hinter einem großen Wissenschaftler, einem „großen Namen" auch Archive stehen, die den Nachlass bewahren, der eine Lebensgeschichte hinter dem Erfolg zugänglich werden lässt. Vielleicht wäre auch Vilma Prochownick eine überaus erfolgreiche Chemikerin geworden – vielleicht sogar die erste Professorin für Organische Chemie.

Nun haben wir es aber mit einer Exilgeschichte zu tun, die in gewisser Weise in die Kategorie des „Exils der kleinen Leute"[1] fällt. Aber sie fällt auch deswegen darunter, weil eben auch die Flucht ins Exil verhindert hat, dass sie jemals eine „großer Person" ihres Faches geworden ist. Die sogenannten „kleinen Leute" sind doch eben auch die Menschen, denen „Größe" niemals zugesprochen worden ist von denen, die zu diesem Zeitpunkt sich autorisiert fühlten, darüber zu befinden, wer als „groß" vor der Geschichte zu gelten hat. Die sogenannten kleinen Leute werden nicht selten von der großen Geschichte ins Abseits gedrängt.

So sind diese „kleinen Geschichten" weitaus schwieriger zu recherchieren, weil es eine Arbeit ist, die sich an einzelnen, hinterlassenen und verstreuten Spuren orien-

---

1 Ein von Wolfgang Benz geprägter Begriff der Exilforschung. Vgl. Wolfgang Benz: Das Exil der kleinen Leute. Alltagserfahrung deutscher Juden in der Emigration. München: C. H. Beck 1994.

tieren muss. Dennoch lernen wir gerade aus diesen Geschichten nicht weniger und unsere Verpflichtung ihnen gegenüber ist nicht geringer: Im Gegenteil. Wir müssen uns eben auch fragen, warum manche Geschichten uns nicht zugänglich sind. Unser Bemühen hat also nicht nur den Geschichten, sondern auch den Bedingungen ihrer Überlieferung (und Archivierung) zu gelten[2] – Vilma Prochownick selbst wird sich solchen Fragen mal beruflich widmen, wir kommen darauf zurück.

Vilma Prochownicks Geschichte ist eine Geschichte, die mit der Hamburger Universität, dem Fachbereich Chemie zusammenhängt. Die Geschichte ihrer Familie ist eine Hamburger Familiengeschichte, die aufrüttelt, die Fragen offen lässt, die verpflichtet: Eine deutsche Geschichte des 20. Jahrhunderts. Ein Zeugnis nationalsozialistischer Gewalt.

Man könnte die Geschichte von Vilma Prochownick von verschiedenen Seiten beginnen. Wir möchten hier zunächst kurz auf die Biographie des Vaters eingehen.

18.2 Wilhelm Prochownick (1878–1943)

Vor dem Ziviljustizgebäude am Sievekingplatz erinnern seit 2006 zehn Stolpersteine an neun ermordete Hamburger Richter und einen Staatsanwalt. Einer dieser Richter war Wilhelm Prochownick. Er wird 1878 in Hamburg geboren, macht zügig Karriere in der Justiz: am 14. Juli 1904 legt er das Assessorexamen ab, ist seit dem 1.1.1909 Richter am Landgericht, wo er zeitweise den Vorsitz in einer Kammer für Handelssachen führt. Er kämpft als Soldat im Ersten Weltkrieg, wird dort verwundet, setzt aber nach dem Krieg die Karriere fort: Von 1923 bis 1926 ist er als Lehrbeauftragter an der Hochschule tätig. Zugleich wird er 1923 zum Obergerichtsrat befördert. In der Vorschlagsbegründung heißt es: *„Er hat sich besonders mit englischem Recht beschäftigt und auf diesem Gebiete mehrfach mit Erfolg wissenschaftlich betätigt."*[3] Eine ausgewiesene Kapazität also. Doch als das Nazigesetz zur *„Wiederherstellung des Berufsbeamtentums"* am 7. April 1933 in Kraft tritt, zählt eine solche Qualifikation nicht mehr: Am 19. Juli 1933 wird er von diesem Posten entlassen, denn seine Eltern haben „jüdische Wurzeln". Wilhelm Prochownick verlässt dieses Land nicht. Vielleicht hält er es nicht für möglich, dass eine Nation, deren Recht er studiert hat und das er vertritt, wirklich in grausamste Ungerechtigkeit umzuschlagen vermag. Im Februar 1943 wird er verhaftet mit der Begründung ein „Pelzfutter" nicht abgeliefert zu haben. Seine Frau Anna versucht ihn zu schützen, sie sagt der Pelz wäre ihr Besitz. Daraufhin wird auch sie verhaftet, beide werden in das KZ Fuhlsbüttel gebracht. Wilhelm Prochownick wird am 27.3.1943 dort so schwer von den Nazis misshandelt,

---

2 Der Philosoph Walter Benjamin schreibt in seinem 1940 verfassten geschichtsphilosophischen Essay: *„In jeder Epoche muß versucht werden, die Überlieferung von neuem dem Konformismus abzugewinnen, der im Begriff steht, sie zu überwältigen."* Walter Benjamin: Über den Begriff der Geschichte. In: ders. Erzählen. Schriften zur Theorie der Narration und zu literarischen Prosa. Ausgewählt und mit einem Nachwort von Alexander Honold. Frankfurt am Main: Suhrkamp 2007, S. 131.

3 Akte Justizverwaltung, Bestandsnummer 241–1I, Signatur der Archiveinheit 1562, S. 3.

dass er an diesen Verletzungen stirbt. Seine Frau darf ihren Mann noch beerdigen, wird dann sofort zurück ins KZ gebracht; am 5.4.1943 schließlich kommt sie frei.

„Unterlagen darüber, daß mein Mann in Haft war oder daß ich mich in Haft be-funden habe, besitze ich nicht",[4] wird sie am 16.3.1950 beim „Amt für Wiedergutma-chung" sagen. Sie reicht schließlich doch der Behörde einen an Sie gerichteten Brief ihres Mann aus dem KZ nach; wohlmöglich die letzte Nachricht, die sie von ihm bekam:

> *„Mein liebes Herz, [. . .] Ich habe die Hoffnung noch nicht aufgegeben, daß*
> *wir uns in absehbarer Zeit gesund wiedersehen. [. . .] Ich hoffe, daß sich in*
> *den nächsten Wochen die Lage für mich etwas übersichtlicher gestaltet.*
> *Mit herzlichem Gruss und Kuss auch für Gerda. Wilhelm."*[5]

Gerda ist die jüngere Tochter der zwei Kinder von Wilhelm und Anna Prochownick, zu diesem Zeitpunkt ist Gerda 22 Jahre alt. Ihre acht Jahre ältere Schwester Vilma ist schon seit 10 Jahren nicht mehr im Land. Was also kann man über Vilma Prochownick erzählen?

18.3 Vilma Prochownick (1904–1990)

Vilma Prochownick wird am 22. Januar 1904 in Hamburg geboren. Sie legt das Ab-itur am Lichtwarckgymnasium ab und studiert dann Chemie: 2 Semester in Freiburg, 3 Semester in München, wo sie das erste Examen besteht, 1 Semester in Genf und schließlich 5 Semester in Hamburg. Das zweite Examen folgt 1928 im Hamburg, 2 Jahre später die Promotion bei Professor Hans Schlubach über Fragen der Kohlen-hydratforschung. Titel der Promotion: *„Über die h-Galaktose und ihre Derivate".* Be-sonders zwischen ihr und Hans Schlubach scheint die „Chemie zu stimmen": Am 1. Juni 1932 wird sie seine „wissenschaftliche Hilfsarbeiterin" und zwischen 1929 und 1934 publiziert Schlubach viermal gemeinsam mit ihr in Fachzeitschriften. Er scheint seine junge Doktorandin also durchaus zu schätzen. Und auch sonst spricht vieles dafür, dass Vilma Prochownick im Fachbereich anerkannt gewesen ist, wenn es auch in den 1930er Jahren sicherlich noch viel schwieriger war, sich als Frau in einem Be-reich zu behaupten, der nach wie vor als „Männerdomäne" gilt. Sie ist auf auffällig vielen Fotos des Fachbereiches zu sehen: Eine angesehene, akzeptierte Wissenschaft-lerin also, die zwischen diesen Männern ihren Platz zu behaupten weiß. Doch auch ihr teilt die Universität am 7. Juli 1933 mit, dass sie zum 31.10.1933 gekündigt ist.[6] Das Nazigesetz zur *„Wiederherstellung des Berufsbeamtentums"* zerschlägt zuerst ih-re Geschichte. Wilhelm Prochownick, der nur wenige Tage später selbst aus seinen

---

4 Aussage von Anna Prochownick beim „Amt für Wiedergutmachung" am 16.3.1950, Akte Amt für Wiedergutmachung Anna Prochownick, Bestandsnummer 351–11, Signatur der Archivguteinheit 8201.

5 Ebd., S. 16. (Auslassung durch Ver.).

6 Schreiben der Landesunterrichtsbehörde vom 7. Juli 1933, Personal Vilma Prochownick, Bestandsnummer 361–6. Signatur der Archivguteinheit 1203, S. 15.

Ämtern entlassen wird, versucht noch den Schaden zu begrenzen, richtet am 8. Juli ein Schreiben an die Landesunterrichtsbehörde, sie möge doch bitte den Namen seiner Tochter nicht publizieren, wenn sie aktuelle Entlassungen der Presse bekannt gebe, dies könne für *„die Möglichkeit einer Beschäftigung in der Privatindustrie sehr hinderlich"* sein.[7] Umgehend und höflich antwortet man, nein, man werde den Namen der Tochter nicht publizieren.[8] So endet die wissenschaftliche Laufbahn von Vilma Prochownick in der Hamburger Chemie. Was am 1. Juni 1932 als mögliche wissenschaftliche Karriere mit einer Stelle bei Professor Schlubach beginnt, die – so schreibt Schlubach es ausdrücklich (um Fragen der Versicherungspflicht zu klären) – *„vorwiegend der weiteren akademischen Ausbildung dient"*,[9] also eine Weiterqualifikation vorsieht, kann für Vilma Prochownick in Hamburg keine Zukunft mehr haben. Als 1934 der letzte gemeinsame Artikel von ihr und Schlubach *„Über den Mechanismus des Abbaues der Cellulose mit Chlorwasserstoff unter Druck"* in „Angewandte Chemie" erscheint ist Vilma Prochownick schon nicht mehr vor Ort: Sie flieht ins Exil, in die Vereinigten Staaten. In Los Angeles wird sie nun bleiben, arbeiten und ihr Leben verbringen: „Vilma Proctor" nennt sie sich nun.

Ihre Stationen in den USA zu rekonstruieren, ist uns noch nicht ganz gelungen. Belegt werden kann, dass sie von 1934 bis 1937 Jahre als Assistentin für den Biochemiker Yellapragada Subbarow an der Harvard Medical School tätig ist.[10] Schließlich ist sie von 1952 bis 1953 Chief Medical Librarian an der School of Medicine Library University der University of Southern California, wo sie ab 1954 auch Kurse unterrichtet und sich mit Fragen der Zertifizierung befasst.[11] Sie versteht sich nun selbst als „liberarian", ist also selbst mit Archivierung und Vermittlung von Wissen befasst. Über ihr Selbstverständnis schreibt sie: *„The philosopher asks mainly why something happens, the scientist finds out how it happens, I find out where all this information is recorded."*[12] Eine verantwortungsvolle Aufgabe also, eine wissenschaftliche Grundlagentätigkeit.

Wollen wir eine solche auch in Bezug auf ihre Biographie betreiben, so kann man sagen, dass sich in Hamburg ab dem Zeitraum um 1959 wieder Aufzeichnungen in ihrer Personalakte finden lassen. Dann stellt sie einen Antrag auf Wiedergutmachung, nach *„§26 Absatz 1 des Bundesgesetzes zur Regelung der Wiedergutmachung nationalsozialistischen Unrechts für Angehörige des öffentlichen Dienstes"*. Schließlich ist in den 1930er Jahren ihre wissenschaftliche Karriere mit Gewalt unterbrochen worden. Der sich an dieser Stelle entzündende Rechtsstreit scheint nicht vollständig erhalten zu sein – eine eigene Akte aus dem einstigen „Amt für Wiedergutmachung" kann

---

7 Brief von Wilhelm Prochownick vom 8. Juli 1933, ebd., S. 16.

8 Antwortschreiben der Landesunterrichtsbehörde vom 12. Juli 1933, S. 17.

9 Schriftliche Stellungnahme von Hans Schlubach am 1.7.1932 auf eine Anfrage der Hochschulbehörde vom 17.6.1932 mit der nach der Art des Angestelltenverhältnisses gefragt wird. Ebd., S. 6.

10 `http://www.ysubbarow.info/Archive/gallery.php?pg_num=8` (26.12.13).

11 Zum Beispiel mit diesem als Artikel publizierten Vortrag: `http://www.ncbi.nlm.nih.gov/pmc/articles/PMC198487/?page=1` (26.12.13).

12 Ebd., S. 4.

Abbildung 18.2:
Vilma Prochownick (1904–1990)
Fachbereich Chemie der Universität Hamburg (Sammlung von Fritz Thieme)

Vilma Prochownick nicht zugeordnet werden. Der Personalakte liegt als „Lose-Blatt-Sammlung" ein Auszug des Verfahrens bei. Doch was dort dokumentiert erhalten ist, ist frappierend genug – um nicht zu sagen, dass es ein durchaus zwiespältiges Licht auf den Umgang der Universität mit ihren einstigen Opfern wirft. Erinnern wir uns: Mit der Einstellung von Vilma Prochownick als „wissenschaftliche Hilfsarbeiterin" teilt Hans Schlubach der Hochschulbehörde am 1.7.1932 mit, dass ihre Tätigkeit *„vorwiegend der weiteren Ausbildung dient"*. Sicher ist eine solche Formulierung eine standardisierte Wendung, die eine Befreiung von der Versicherungspflicht nach damaligem Versicherungsrecht bewirkt. Dass Schlubach aber die „weitere wissenschaftliche Ausbildung" seiner Doktorandin im Sinne einer weiteren Perspektive in der Wissenschaft für durchaus möglich hält, belegen die gemeinsamen Publikationen.

Als Vilma Prochownick einen Antrag auf Wiedergutmachung stellt, wird von der Universität dieser Anspruch bestritten, ihr Antrag wird abgelehnt – auch mit Berufung auf genau dieses Schreiben von Schlubach; dies wird allerdings zweimal auf Sinn entstellende Weise zitiert. Es heißt dort:

„[E]s (das Angestelltenverhältnis, Anm. Verf.) [wurde] im Sinne des §12 4 des Angestelltenversicherungsgesetzes als versicherungsfrei erklärt, da die Tätigkeit der Antragstellerin „vorübergehend der weiteren Ausbildung" dienend angesehen wurde. [...] Das wissenschaftliche Hilfspersonal, das als Hochschullehrernachwuchs nicht zur Habilitation gelangt – und das ist der weitaus überwiegende Teil – scheidet auch nach den Bestimmungen der inzwischen an die Stelle der Dienst – und Besoldungsregelung vom 23.12.1931 getretenen Reichsassistentenordnung vom 1.1.1940 grundsätzlich nach Ablauf von 4 Jahren wieder aus."[13]

Es ist nicht nur die bewusst falsche Zitierung des Sachverhaltes,[14] die wirklich empörend ist. Auch der Hinweis in diesem Zusammenhang, dass der *„weitaus überwiegende Teil des Hochschullehrernachwuchses nicht zur Habilitation gelange"* wirft die Frage auf, nach welchen Kriterien hier eigentlich geurteilt worden ist, wofür dieser Hinweis denn relevant sein sollte. Ohne Frage schließt er eine Habilitation der Antragstellerin aus. Gründe dafür werden nicht weiter ausgeführt, für die Universität scheint man dies nicht weiter erläutern zu müssen. Steht vielleicht die Frage dahinter: „Was hätte eine Frau hier schon für eine Karriere gemacht?" Genau das aber ist die Frage, die bleibt. Was hätte genau diese Frau an unserer Universität wohl für eine Karriere gemacht, wie wäre ihr Weg verlaufen, welche Erkenntnisse hätte sie gehabt, welche Fragen gestellt? In den 1950er Jahren weigert sich die Universität Hamburg sich mit solchen Fragen zu konfrontieren und sie werden damit an uns zurückgestellt.

Die Arbeit an einer Biographie ist immer eine Arbeit an der Geschichte, eine Arbeit des Gedächtnisses. Auch diese bleibt, wie Vilma Prochownick es für die naturwissenschaftliche Forschung formulierte, bewegt durch die Fragen, die Philosophen und Wissenschaftler an ihre Gegenstände richten: *Warum* ist etwas passiert und *wie* ist etwas geschehen? Eine solche Arbeit setzt das Lesen von Spuren, die Zugänglichkeit und Auswertung von Archivbeständen voraus und auch den Umgang mit den Grenzen, die sich bei der Arbeit in Archiven uns auftun.

Die Frage, die sich angesichts dieser konkreten Biographien hier ergibt, ist ebenfalls eine Grundlagenfrage, die an die Fachbereiche zurückgeht, die solche Geschichten als Teil ihrer Geschichte und damit als Teil ihrer Gegenwart zu lesen bemüht sind: Wessen Universität wollen wir sein? Wie wollen wir uns mit dem Wissen um solche Geschichten verstehen?

---

13 Schreiben vom Personalamt vom 27. Februar 1959, in der Personalakte ohne fortlaufende Nummerierung enthalten. Akte Vilma Prochownick, Bestandsnummer 361–6. Signatur der Archivguteinheit 1203. (Auslassung durch Verf.).

14 Es wäre schon ein ausgesprochen großer Zufall, wenn eine hier so entscheidende Wendung, die sowohl im Schreiben des Personalamtes, als auch in Schlubachs Stellungnahme unterstrichen hervorgehoben wird, hier versehentlich falsch zitiert wird, zumal in vergleichbaren Wiedergutmachungsverfahren genau diese Regelung dann als Argument für eine Bewilligung des Antrages diente.

Vilma Prochownick stirbt am 27. April 1990 in Los Angeles. Ihre Schwester Gerda ist ihr nach dem Krieg in die Vereinigten Staaten gefolgt. Nach Spuren dieser Lebensgeschichte wäre weiter zu suchen.

Abbildung 19.1:
Das Laborgebäude in Hamburg-Eidelstedt (2014)
Foto: Eike Schüttpelz

Das Wissenschaftliche Laboratorium der Zollverwaltung in Hamburg

Eike Schüttpelz (Hamburg)

Die wenig bekannten Laboratorien der deutschen Zollverwaltung wurden von Dr. Vinke den interessierten Lesern der Nachrichten aus der Chemie[1] vorgestellt. Auch in Hamburg gibt es seit 1922 ein solches Laboratorium. Die Geschichte dieses Laboratorium soll hier dargestellt werden.[2]

19.1 Der Bülow-Tarif

Die Aufgaben des Zolls sind auf der Internetseite des Zolls[3] erläutert. Die Zollbehandlung einer Ware beginnt mit der Einreihung in den Zolltarif. Der erste deutsche, halbwegs systematische Zolltarif wurde Weihnachten 1902 von Kaiser Wilhelm II. und dem Reichskanzler von Bülow unterschrieben, daher wird er als Bülow-Tarif bezeichnet, er trat 1906 in Kraft. Erstmals zeichnete sich hier ab, dass viele Waren nur eingereiht werden konnten, wenn die stoffliche Beschaffenheit bekannt war.

Am 1. Oktober 1905 wurde in Hamburg die Lehranstalt für hamburgische Zollbeamte gegründet. Im Gegensatz zu den Schwesteranstalten in Preußen, Bayern und Sachsen war dies keine Prüfanstalt. In einfachen Fällen wurden die Untersuchungen bei den Zolldienststellen durchgeführt, der Zolltarif enthielt und enthält Anweisungen zur Durchführung von Analysen.

---

1 Vinke, Ingeborg: Drogen, Wein, Getreide. In: Nachrichten aus der Chemie 61 (2013), S. 1286.

2 Im Laufe seiner Geschichte trug das Laboratorium die Bezeichnungen

- Wissenschaftliches Laboratorium (WL, die im Folgenden verwendet wird)
- Wissenschaftliche Abteilung (WA)
- Wissenschaftliches Referat (WR).

3 http://www.Der_Zoll/der_zoll.note.html (zuletzt besucht am 19.06.2014).

Es ist daher verständlich, wenn sich in den Akten der Hamburger Lehranstalt ein Antrag aus dem Jahre 1914 findet, in dem bei der Generalzolldirektion die Beschaffung von je drei Exemplaren folgender Bücher erbeten wird:[4]

Treadwell, Qualitative Analyse (11,50 Mark),

Hollemann, Lehrbuch der Anorganischen Chemie (10,00 Mark),

Hollemann, Lehrbuch der Organischen Chemie (10,00 Mark),

Gattermann, Praxis des Organischen Chemikers (8,50 Mark).

Bestanden Zweifel über die Beschaffenheit einer Ware, wurden vereidigte Handelschemiker, das Chemische oder das Botanische Staatsinstitut hinzugezogen. Daneben gab es im damals preußischen Altona eine Provinziallehranstalt beim Hauptzollamt Altona-Elbe, ab 1907 wurde daraus die Altonaer Lehranstalt, die direkt ihrer Oberzolldirektion unterstellt war.

19.2 Von der Hauptlehranstalt zur Zolltechnischen Prüfungsanstalt

Nach der Niederlage im Ersten Weltkrieg wurde die Reichsfinanzverwaltung neu geordnet. Die Landeszollverwaltungen wurden Teil der neuen Reichsfinanzverwaltung, dazu gehörten auch die Lehranstalten. Lösungen wurden in einer Zentralanstalt oder im Ausbau vorhandener Prüf- und Lehreinrichtungen gesehen. In der Denkschrift[5] zum Entwurf des Haushaltsplans 1922 wird der Ausbau von fünf Anstalten und der Personalmehrbedarf begründet. Die Anstalten in München, Dresden und Berlin waren bereits gut ausgestattet, für den Ausbau in Hamburg und Köln waren erhebliche Mittel erforderlich. Diese Hauptlehranstalten (HLA) wurden durch den Erlass des Reichsministers der Finanzen Dr. Hermes zum 1. Oktober 1922 errichtet.[6] Diese Datum gilt damit als Gründungsdatum auch des Hamburger Zolllabors,[7] dieser Beitrag folgt der zitierten Festschrift.

In Hamburg wurden 1,5 Millionen Mark für den Ausbau der Laboratorien und die Beschaffung von Untersuchungsgeräten, Chemikalien und Büchern bereitgestellt. Der Block III und das Offizierskasino der ehemaligen Viktoria-Kaserne im Zeiseweg

4 Polchow, Rainer: 25.12.1902 und die Folgen für die Chemie in Zollverwaltung, Vortrag beim Fachlehrgang für Chemiker über zolltarifliche und analytische Fragen. Köln 1992.
5 Anlage 4: Denkschrift zum Haushalt des Reichsfinanzministeriums Kapitel 8 Titel 1 der fortdauernden und Kapitel 2 Titel 5 der einmaligen Ausgaben des ordentlichen Haushalts für 1922.
6 Für die Bereitstellung von Unterlagen zur Errichtung der HLAen danke ich Frau Weißleder vom Bundesfinanzministerium in Berlin.
7 Scholl, Hans-Ulrich: 75 Jahre Zolltechnische Prüfungs- und Lehranstalt Hamburg (Festschrift 1997).

Errichtung Technischer Prüfungs- und Lehranstalten der Reichszollverwaltung
(Hauptlehranstalten)

In Ausführung des durch die Denkschrift zum Reichshaushaltsplan 1922 Kap. XV, Anl. 4 entworfenen Planes werden innerhalb der Reichsfinanzverwaltung für den Geschäftsbereich der Zölle und Verbrauchsabgaben 5 „Technische Prüfungs- und Lehranstalten der Reichszollverwaltung" (im folgenden abgekürzt: „Hauptlehranstalten") errichtet.

I. Zuständigkeit.

Die Aufgabe dieser Anstalten erstreckt sich auf

1. die fachliche Ausbildung der Beamten der Verwaltung der Zölle und Verbrauchsabgaben,

2. die Prüfung und Begutachtung von zoll- und steuertechnischen Fragen, insbesondere die Untersuchung von Waren für die Zwecke der Verwaltung mit den Hilfsmitteln der wissenschaftlichen Chemie.

Die Geschäfte der zum 1. Oktober 1922 aufgehobenen Technischen Prüfungsstelle werden den Hauptlehranstalten durch besonderen Erlaß übertragen. Hauptlehranstalten werden errichtet:

Abbildung 19.2:
Erlass zur Errichtung der Hauptlehranstalten
Amtsblatt der Reichsfinanzverwaltung vom 2. Oktober 1922, Nr. 232.

(Abbildung 19.3 und 19.4, S. 502+503)[8] wurden umgebaut. Am 12. Mai 1924 wurde die Anstalt eröffnet.

Nach den Plänen des Reichsministers der Finanzen verfügte jede HLA über vier Regierungschemiker, davon zwei in gehobener Stellung. Die Dienstgeschäfte regelte eine bis 1982 gültige Geschäftsordnung, im Wissenschaftlichen Laboratorium (WL) wurden dabei die Aufgaben zunächst von Fall zu Fall, je nach Auslastung der Chemiker und der Schwierigkeit der Aufgabe, vergeben.

Durch die Machtübernahme der Nationalsozialisten ergaben sich neue Änderungen. Zunächst wurden die Zuständigkeiten gestrafft. Mit dem Groß-Hamburg-Gesetz wurden Altona, Wandsbek und Harburg hamburgisch. Die Zollverwaltung wurde im Oberfinanzpräsidium mit dem Dienstgebäude am Rödingsmarkt zusammengefasst. Mit dem Erlass des Reichsfinanzministers wurde die fachliche und vor allem ideologische Ausbildung der Zollbeamten auf die Zollschulen übertragen. Daraufhin wurde am 1. Januar 1938 die Lehrtätigkeit bei den HLA eingestellt, die Behörde erhielt die neue Bezeichnung „Zolltechnische Prüfungsanstalt der Reichsfinanzverwaltung, Hamburg-Altona".

Schon vor dem Zweiten Weltkrieg kam es zu Personalengpässen, im Krieg wurde auch der Leitende Chemiker zur Wehrmacht eingezogen. Der Bombenkrieg in Ham-

---

8 Für die Überlassung dieser und nachfolgender Bilder bedanke ich mich beim Zollmuseum. Sie stammen aus der archivierten Festschrift von ZOI Meier und Dr. R. Polchow: 50 Jahre Zolltechnische Prüfungs- und Lehranstalt Hamburg-Altona.

Abbildung 19.3:
Die Hauptlehranstalt im Zeiseweg (Hamburg-Altona)
Deutsches Zollmuseum

Abbildung 19.4:
Laboratorium in den dreißiger Jahren (1930)
Deutsches Zollmuseum

burg führte u. a. zur völligen Zerstörung der Warensammlung, die später mit Hilfe der Handelskammer und verschiedener Firmen wieder aufgebaut wurde.

19.3 Die Zolltechnische Prüfungs- und Lehranstalt

Durch das 1949 verkündete Grundgesetz ging mit dem Artikel 108 die Zuständigkeit für die Zollverwaltung auf den Bund über. 1950 wurde die Anstalt in „Zolltechnische Prüfungs- und Lehranstalt Hamburg-Altona" (ZPLA) umbenannt. 1952 wurde der Bülow-Tarif durch den Deutschen Gebrauchszolltarif abgelöst. Die Bemessungsgrundlage war nun der Zollwert. Diese Umstellung brachte für das Laboratorium einen großen Anstieg zu untersuchender Waren. Dazu wurde im Zeiseweg 1953 ein weiteres Laboratorium eingerichtet. Bei der Untersuchungstätigkeit gewinnen in den nächsten Jahren die spektroskopischen und chromatographischen Methoden an Bedeutung (Abbildung 19.5, S. 504).

Abbildung 19.5:
Oben: IR-Spektrometer (1960),
Unten: Gaschromatographie mit Trennsäulen (1960)
Deutsches Zollmuseum

Um den Zollbeteiligten Sicherheit über die Einreihung und damit die Kosten bei der Einfuhr zu geben, wurde die verbindliche Zolltarifauskunft eingeführt. Die Angaben des Antragstellers zur stofflichen Beschaffenheit werden im WL geprüft, der erteilenden Zolldienststelle (z. Zt. das Hauptzollamt Hannover) wird ein Gutachten zum Antrag übersandt, das im Wesentlichen mit der rechtsgültigen Auskunft identisch ist. Mit dieser Einrichtung wurde das Prinzip, jede Prüfanstalt untersucht alle Waren durchbrochen zugunsten des sog. Tarifvororts. Jede Prüfanstalt erhält Teile des Zolltarifs zugewiesen.

Das WL in Hamburg ist zuständig für die Erstellung von Gutachten zu verbindlichen Zolltarifauskünften für folgende Waren (dies ist eine vereinfachte Aufzählung): Fleisch und Fleischwaren, Kaffee und Tee, Gewürze, Stärke und modifizierte Stärke, Ölsamen, Pflanzensäfte und Auszüge, tierische und pflanzliche Fette und Öle, Kakao und Zubereitungen aus Kakao, Futtermittel, Mineralische Brennstoffe, Mineralöle, Leime und Klebstoffe, Kunststoffe und Kunststoffwaren, Kautschuk und Kautschukwaren und verschiedene Erzeugnisse der chemischen Industrie.

Für die Einfuhren blieb es bei der örtlichen Zuständigkeit. Auch diese Regel wird für spezielle Analytik und Einreihungsfragen durchbrochen. So ist Hamburg seit 1958 bundesweit für die Untersuchung von Kautschuk und Kautschukwaren zuständig und verfügt über die Geräte zur Vulkanisation und Prüfung der erhaltenen Kautschuke. Die Abbildung 19.6, S. 506 zeigt die erste Reißdehnungsmessmaschine.

Neben den heute laborüblichen Analysengeräten wie Gaschromatographen, HPLC-Geräten, IR- und UV-Vis-Spektrometer verfügt das WL im Hamburg über eine GC-MS-Einheit, ein AAS und ein Röntgenpulverdiffraktometer.

Weitere Analysen werden nicht nur zur Erstellung von Gutachten im WL, sondern auch für andere Abteilungen oder Referate durchgeführt. Das betrifft z. B. Textiluntersuchungen.

Neben der Untersuchung für Zollzwecke stellten die Prüfungen für die Verbrauchsteuern eine regelmäßige Aufgabe des WL dar. Von Dr. Dörwald wurde eine Methode zur Heizölkennzeichnung entwickelt, um den Missbrauch von Heizöl als Diesel zu unterbinden. Damit konnte vor Ort mit einem Schnelltest ein Anfangsverdacht geprüft werden und eine eingesandte Probe konnte dann genauer im WL untersucht werden. Heute sind bis auf die Kaffee- und Alkopopsteuer auch die Verbrauchsteuern EU-weit harmonisiert.[9] Dies sind Steuern auf Energie (Benzin, Diesel, Heizöl, Erdgas, Strom), Tabak, Bier, Branntwein, Alkopops, Schaumwein und Zwischenerzeugnisse sowie Kaffee.

Ein weiteres Gebiet sind die Untersuchungen zu den sog. Verboten und Beschränkungen, den VuBs. Trotz der Bemühung des Abbaus der Zollsätze gibt es Ein- oder Ausfuhr-Verbote (oder Beschränkungen). Diese können dem Lebensmittelrecht entstammen, dafür sind in Deutschland die Lebensmitteluntersuchungsämter zuständig. Ein anderer Bereich ist das Betäubungsmittelgesetz, dessen Einhaltung der Zoll bei grenzüberschreitendem Verkehr zu überwachen hat. Das Washingtoner Artenschutz-

---

9 http://www.zoll.de/DE/Fachthemen/Steuern/Verbrauchsteuern/verbrauchsteuern_
node.html (03.07.2014).

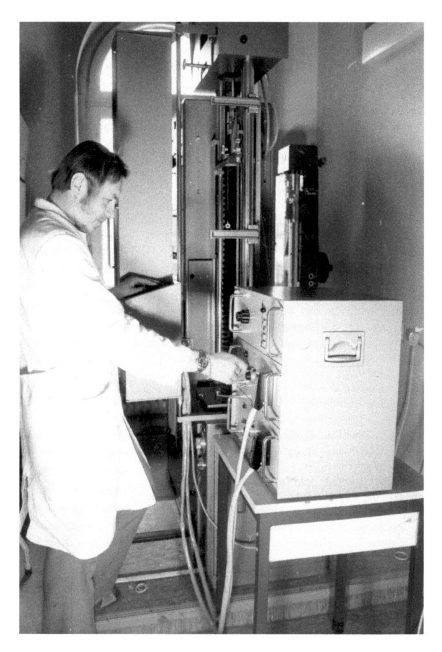

Abbildung 19.6:
Messung der Reißdehnung von Vulkanisaten (1960)
Deutsches Zollmuseum

Abbildung 19.7:
Unterricht über Betäubungsmittel
Deutsches Zollmuseum

abkommen führte zu Proben, für die die Einführung völlig neuer Analysenverfahren erforderlich war; der Nachweis wird über die Erbsubstanz mittels *Polymerase Chain Reaction* (PCR) geführt.

1957 trat die Bundesrepublik der Europäischen Wirtschaftsgemeinschaft bei, die Einführung der Marktordnung für Agrarprodukte 1962 sollte die Zolllabore die nächsten Jahre stark fordern. Ziel der Marktordnung war der Preisausgleich zwischen Drittlandsware und Erzeugnissen aus den Mitgliedsstaaten durch Abschöpfungen bei der Einfuhr und Ausfuhrvergünstigungen. Im WL in Hamburg wurden bundesweit Waren aus den Bereichen Fleisch und Fleischwaren, Stärke und Stärkeerzeugnisse, Kakaowaren und Futtermittel untersucht.

Abbildung 19.8:
Ausfuhrerstattung (2008):
Beispiel einer Probe Putenfleisch – gewürzt oder nicht gewürzt.
Bild 240_SA der Photo Libary der CLEN, Februar 2014.

19.4 Der Neubau in Eidelstedt

Die zahlreichen Untersuchungen für die Marktordnungen, der gestiegene Außenhandel
und die Schwierigkeiten, das alte Gebäude zu erweitern und für einen modernen La-
borbetrieb umzubauen, führten 1972 zur Planung eines Neubaus in Eidelstedt unter
der Führung von Dr. Polchow. Der erste Spatenstich erfolgte am 13. Januar 1973, nach
6 Jahren wurde am 9. November 1978 der Schlüssel von Ministerialdirigent Leufgen
an den Oberfinanzpräsidenten Dr. Thormann übergeben.

Mit Baukosten von 19 Millionen DM war es die bis dahin teuerste Baumaßnahme
der Oberfinanzdirektion Hamburg und bundesweit der erste Neubau einer ZPLA.
Selbst mit den Kosten für die später erforderliche Asbestsanierung blieb es jedoch
der preiswerteste Neubau. Das Titelbild zeigt das Laboratorium in Eidelstedt im
Jahre 2014. In diesem Laborgebäude sind auch viele Aufnahmen entstanden, die in

der Serie „Schwarz-Rot-Gold" die Unterstützung des Zollfahnders Zaluskowski durch die „wissenschaftliche Chemie" zeigten.

Die große Anzahl immer gleicher Untersuchungen mit einer überschaubaren Anzahl von Prüfmethoden bei den Marktordnungswaren verstärkten die Überlegungen zur Unterstützung der Arbeiten durch die elektronische Datenverarbeitung. Mit einem BASIC-Rechner wurden ab 1980 erste Erfahrungen gesammelt. Nach der Beschaffung weiterer Einzelplatzrechner und mehreren Berichten stellte das Bundesfinanzministerium 350.000 DM für ein Pilotprojekt zur Verfügung, mit dem die Einführung der elektronischen Datenverarbeitung in einer ZPLA erprobt werden sollte. Dazu wurde in Hamburg 1987 eine Siemens MX500 mit 16 Terminals, einem Datenbank-Managementsystem und einem Textsystem beschafft. Die komplette Vorgangsverwaltung wurde von Dr. Soldat erstellt. Unter dem Projektnamen TUWAS (Tarifierungs-Unterstützung der WAs) lief sie jahrelang stabil und zur Zufriedenheit der Chemiker und der Verwaltung. Die weitere Entwicklung des Verfahrens für alle Prüfanstalten übernahm das Rechenzentrum der Bundesfinanzverwaltung in Frankfurt (Verfahren ZEUS). Die Erfassung von Analysendaten blieb weiterhin den Systemen der Gerätehersteller überlassen, ihre Speicherung und Auswertung übernimmt heute ein kommerzielles Labor-Informations-Management-System.

19.5 Internationale Zusammenarbeit

1988 wurde nach 36 Jahren ein neuer Zolltarif eingeführt. Weltweit werden bei der Weltzollorganisation (WZO) das Einreihungsschema mit Positionen und Unterpositionen mit 6 Ziffern festgelegt, das sog. Harmonisierte System (HS). Auf dieser Grundlage entsteht die Kombinierte Nomenklatur mit 8 Ziffern, die 9. und 10. Stelle werden noch von der EU vergeben, die 11. Stelle ist nationalen Anwendungen vorbehalten. Neben der Anwendung zur Erhebung der Steuern und Zölle wird der Zolltarif für weitere Zwecke benutzt. So verwendet ihn das Statische Bundesamt für die Handelsstatistik. Auch das Abfallrecht lehnt sich an die Nomenklatur des Zolltarifs an.

Der Übergang des Zollrechts von einem nationalen zu einem internationalen Recht förderte auch die Zusammenarbeit der Zolllabore. Mit dem Neubau der ZPLA in Hamburg stand erstmals ein geeigneter Hörsaal zu Verfügung, um neben der bereits etablierten Tariflehrertagung auch eine Fortbildungsveranstaltung für die Zollchemiker durchzuführen. Die ersten beiden dieser Veranstaltungen fanden 1980 und 1982 in Hamburg statt. Teilnehmer waren nicht nur Chemiker der fünf deutschen Zolllaboratorien, sondern auch Gäste und Vortragende aus den Mitgliedsstaaten der EU. In der Group of Customs Laboratories (GCL)[10] werden seit 1999 die Aktivitäten der europäischen Zolllaboratorien koordiniert, diese wurde inzwischen umbenannt in CLEN (Customs Laboratories European Network).

---

10 http://ec.europa.eu/taxation_customs/customs/customs_controls/customs_ laboratories/group_ecl/index_de.htm.

Dabei hat das WL in Hamburg im BCR-Projekt 351 (BCR war das Referenzbüro der Europäischen Gemeinschaft, jetzt M&T) eine Sammlung von Präzisionsdaten von Analysenverfahren koordiniert,[11] die dazu vorgeschlagene Datenbank ist heute unter dem Namen ILIADE für die Zolllabore verfügbar. Das WL arbeitete in einer Arbeitsgruppe der ISO zur Analytik modifizierter Stärken mit. Es vertritt das BMF in DIN-Ausschüssen zur Mineralöl-Analytik.

19.6 Akkreditierung der Prüfeinrichtungen

Für bestimmte Einreihungsfragen schreiben die Erläuterungen zum Zolltarif oder Verordnungen und Richtlinien der EU Analysenverfahren vor, die sog. Referenzverfahren. Weitere Analysenmethoden sind von den Zollchemikern erarbeitet worden. Alle im WL verwendeten Methoden sind in einem Handbuch erfasst. Zum Nachweis der Richtigkeit und der ordnungsgemäßen Durchführung aller Analysen haben sich Verwaltung und Zollchemiker schon früh zu einer Akkreditierung nach der Norm DIN EN ISO/IEC 17025 entschlossen. Diese wurde erreicht und heute sind alle deutschen Zolllaboratorien bei der DAkkS akkreditiert.

19.7 Beim BWZ

Mit der Reform der Bundesfinanzverwaltung 2007 wurden die ZPLA'en der Abteilung Wissenschaft und Technik im Bildungs- und Wissenschaftszentrum der Bundesfinanzverwaltung zugeordnet. Das WL in Hamburg heißt nun „Wissenschaftliches Referat Dienstsitz Hamburg", damit stehen alle fünf Zolllabore in Deutschland erstmals unter einer einheitlichen Leitung.

Dem Zolllaboratorium in Hamburg und den dort tätigen Chemikern ist weiterhin eine erfolgreiche Arbeit mit vielen, interessanten Proben und Fragestellungen zu wünschen.

19.8 Literatur

MEIER, WINFRIED UND R. POLCHOW: *50 Jahre Zolltechnische Prüfungs- und Lehranstalt Hamburg-Altona.* (Festschrift) Hamburg 1972.

POLCHOW, RAINER: *25.12.1902 und die Folgen für die Chemie in Zollverwaltung.* Vortrag beim Fachlehrgang für Chemiker über zolltarifliche und analytische Fragen. Köln 1992.

SCHOLL, HANS-ULRICH: *75 Jahre Zolltechnische Prüfungs- und Lehranstalt Hamburg.* (Festschrift) Hamburg 1997.

---

11 Schüttpelz, Eike: Development and Validation of Methods for Customs Analysis, M&T Project 351, Study 6: Precision Data Study.

Schüttpelz, Eike: *Development and Validation of Methods for Customs Analysis.* M&T Project 351: Study 6: Precision Data Study (BCR information). European Commission. Research Directorate-General Office for Office Publ. of the Europ. Communities, Brüssel 2000 (263 Seiten).

Vinke, Ingeborg: Drogen, Wein, Getreide. In: *Nachrichten aus der Chemie* **61** (2013), S. 1286.

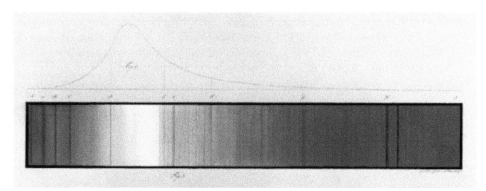

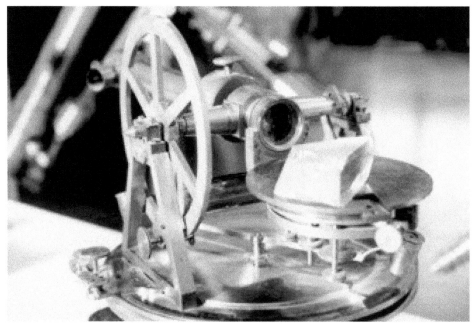

Abbildung 20.1:
Sonnenspektrum mit den Fraunhoferschen Linien und Prismenspektralapparat

Oben: Die von Joseph von Fraunhofer (1787–1827) gezeichnete und kolorierte Darstellung des Sonnenspektrums mit den nach ihm bennanten dunklen Linien belegte die exakte Messtechnik des Wissenschaftlers.
Unten: Prismenspektralapparat aus Fraunhofers Werkstatt. Solche Geräte dienen zur Zerlegung des Lichts nach der Wellenlänge.

Fotos oben und unten: Mit freundlicher Erlaubnis von Fraunhofer-Gesellschaft, Kommunikation

Instrumente für die naturwissenschaftliche und medizinische Forschung

Lourdes Cortes Dericks (Hamburg)

Die naturwissenschaftliche und medizinische Forschung erfordert in zunehmendem Maße den Einsatz hochspezifischer Geräte, die eine Schlüsselrolle für den Erfolg und Umsetzung neuer innovativer Konzepte bilden. Begriffe wie Umwelt- und Spurenanalytik, Nahrungsmittelsicherheit, Laboratoriums- und Nanomedizin, Dopingtests, Genanalyse usw. sind mit den Leistungen der hochentwickelten analytischen Instrumente verbunden. Sowohl Spektrophotometriegeräte als auch Zentrifugen haben sich in zahlreichen Anwendungsbereichen der Forschung als bedeutend wertvolle Laborinstrumente bewährt und sind unverzichtbar. Die Entwicklung und Grundlagen des Atom-Absorptions-Spektrometrie und der Zentrifuge (vgl. das Kapitel 21, S. 537) werden hier erläutert.

20.1 Geschichte der Spektroskopie vom 18. bis Mitte des 20. Jahrhunderts

Der Beginn der optischen Spektroskopie wird im Allgemeinen mit Isaac Newton in Verbindung gebracht, der 1672 die Beobachtung beschrieb, dass das Sonnenlicht in verschiedene Farben aufgespalten werden kann, wenn es durch ein Prisma geschickt wird. Jedoch wird Marcus Marci von Kronland (1595–1667), Professor der Medizin an der Universität Prag als erster Spektroskopiker bezeichnet nach seiner Erklärung über die Entstehung des Regenbogens auf der Basis von Beugung und Reflexion von Licht, die in seinem 1648 erschienenen Buch *Thaumantias. Liber de arcu coelesti deque colorum apparentium natura ortu et causis* veröffentlicht wurde.[1]

---

1 Welz / Sperling 1999, S. 1.

Abbildung 20.2:
Links: Sir Isaac Newton (1642–1726 jul./1643–1727 greg.),
porträtiert von Godfrey Kneller, London 1702
Rechts: Johannes Marcus Marci de Kronland (1595–1667),
Kupferstich von Johann Balzer (1772)
Wikipedia

Im Jahr 1802 wurden von William Wollaston (1766–1828) die schwarzen Linien im Sonnenlichtspektrum entdeckt, die später von Joseph von Fraunhofer (1787–1826) genau erfasst wurden. 1814 entdeckte Fraunhofer mit seinem selbst entwickelten Spektrometer zwischen den leuchtenden Farbbereichen 574 dunkle Linien. Fraunhofer erkannte, dass sie kein Zufallsprodukt sind, sondern in der Natur des Sonnenlichts liegen. Er vermaß und dokumentierte die Linien mit erstaunlicher Genauigkeit.[2]

„Ich stellte nämlich in einem verfinsterten Zimmer ein Prisma aus Flintglas vor dem oben erwöhnten Theodolith, und liess durch eine schmale, ungefähr 15 Sekunden breite und 36 Minuten hohe Oeffnung in den 24 Fuss vom Prisma entfernten Fensterladen, Sonnenlicht auf dasselbe fallen. Ich wollte nun zuerst sehen, ob sich in dem aus Sonnenlicht gebildeten Farbenbilder ein ähnlicher heller Streif, wie in dem Farbenbilde von Lampenlicht zeige; anstatt desselben erblickte ich aber mit dem Fernroh-

2 http://www.fraunhofer.de/de/ueber-fraunhofer/geschichte/
joseph-von-fraunhofer.html.

re in diesem horizontal stehenden Farbenbilde fast unzählig viele starke
und schwache vertikale Linien, die aber nicht heller, sondern dunkler
sind, als der übrige Theil des Farbenbildes, und von denen einige fast
ganz schwarz zu seyn scheinen. Wenn ich das Prisma drehte, so dass der
Einfalls-Winkel grösser oder kleiner wurde, so verschwand diese Linien,
wurde jedoch wieder sichtbar, wenn ich bei vergrössertem Einfalls-Winkel
das Fernrohr sehr bedeutend kürser machte, und bei Verminderung des
Einfalls-Winkel des Okulars sehr viel heraus zog.“[3]
„Ich habe mich durch viele Versuche und Abänderungen überzeugt, daß
diese Linien und Streifen in der Natur des Sonnenlichtes liegen, und daß
sie nicht durch Beugung, Täuschung usw. enstehen.“[4]

Die stärksten Linien hat er dabei mit Buchstaben bezeichnet wobei er am roten
Ende des Lichtsspektrums mit A begann. Fraunhofer katalogisierte 570 Fraunhofer-
Linien und versah sie mit kleinen und großen Buchstaben. Allerdings konnte er das
Phänomen noch nicht erklären.[5]

Erst 1859 erkannten Robert Wilhelm Bunsen (1811–1899) und Gustav Robert
Kirchhoff (1824–1887) bei der Entwicklung der Spektralanalyse, wie die Fraunhoferschen Linien entstehen. Durch Ihre Untersuchung der *„Linienumkehr in Alkali- und*
Erdalkalispektren“ haben sie bewiesen, dass die von Natriumsalzen in einer Flamme auftauchenden typischen gelben Doppel-Linien identisch sind mit der schwarzen
D-Linie des Sonnenlichtspektrums. Sie haben nachgewiessen, dass leuchtende Stoffe
mittels der von ihnen emittierten Spektrallinien identifiziert werden können und daß
die dunklen Linien auf Absorption in der kühleren Atmosphäre der Sonne zurückge-
hen.

Dieser Nachweis führte zur Geburt der *Spektralanalyse*. Den Zusammenhang zwischen Emission und Absorption in seinem gültigen Gesetz, welches besagt, dass jede
Materie auf der Wellenlänge Strahlung absorbiert, auf der sie auch Strahlung selbst
emittiert,[6] beschrieb Kirchhoff ausführlich in einem Artikel, der im Jahr 1860 mit dem
Titel *„Ueber das Verhältniss zwischen dem Emissionsvermögen und dem Absorptions-*
vermögen der Körper für Wärme und Licht“ veröffentlicht wurde.[7] Dieses Prinzip hat
Kirchhoff wie folgt erläutet:

„Ein Körper, der in einer Hülle sich befindet, deren Temperatur der sei-
nigen gleich ist, ändert durch Wärmestrahlung nicht seine Temperatur,
absorbiert also in einer gewissen Zeit eben so viel Strahlen als er aus-
sendet. Schon vor langer Zeit hat man heraus den Schluss gezogen, dass
bei derselben Temperatur das Verhältnis zwischen dem Emissionsvermö-
gen und dem Absorptionsvermögen für alle Körper das gleiche ist. Dabei

---

3 Fraunhofer 1817, S. 278–279.
4 Fraunhofer 1817, S. 278–279.
5 Zu den Anfängen der Spektroskopie siehe auch Wolfschmidt 2011.
6 Welz / Sperling 1999, S. 3.
7 Kirchhoff 1860, S. 275–301.

Abbildung 20.3:
Joseph von Fraunhofer (1787–1827) in seinem Arbeitszimmer (1814)
Foto: Alexander Heck

hat man vorausgesetzt, dass die Körper nur Strahlen einer Gattung aus-
senden. Dieser Satz ist durch Versuche, namentlich von den Herrn de la
Provostaye und Desains in vielen Fällen bestätigt gefunden, in denen die
Gleichartigkeit der ausgesendeten Strahlen wenigstens näharungsweise in
sofern vorausgesetzt werden konnte, als die Strahlen dunkle waren. Ob ein
ähnlicher Satz gilt, wenn die Körper gleichzeitig Strahlen verschiedener
Gattung aussenden, was strenge genommen wohl der Fall ist, darüber ist
bisher weder durch theoretische Betrachtungen noch durch Versuche etwas
ermittelt. Ich habe nun gefunden, dass jener Satz seine Gültigkeit auch
dann behält, sobald man nur unter dem Emissionsvermögen die Inten-
sität der ausgesendeten Strahlung der Gattung versteht und das Absorp-
tionsvermögen auf Strahlen derselben Gattung bezieht. Das Verhältniss
zwischen dem Emissionsvermögen und dem Absorptionsvermögen, die-

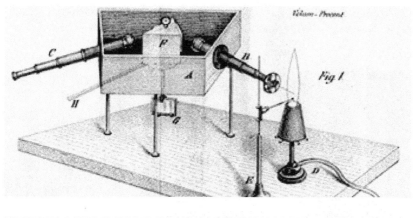

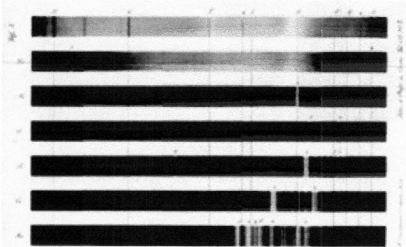

Abbildung 20.4:
Der erste Spektralapparat von Kirchhoff und Bunsen und ihre Spektraltafel

Oben: Mit diesem ersten Spektralapparat haben Kirchhoff und Bunsen die Spektralanalyse begründet. Es war ein Provisorium aus zwei
Fernrohren und einem drehbaren Prisma.
Unten: Die Spektraltafel zeigt das erste veröffentliche Spektrum von
Kirchhoff und Bunsen. Oben sieht man das Sonnenspektrum mit
den Fraunhoferschen Linien, darunter die Spektren von Kalium, Li-
thium, Strontium und Barium.

Kirchhoff / Bunsen 1860, S. 163. Kirchhoff / Bunsen 1860, die Abbildung
erschien als Abbildung 2 auf der letzten Seite der Publikation.

se Begriffe in der bezeichneten Weise genommen, ist für all Körper bei derselben Temperatur dasselbe."[8]

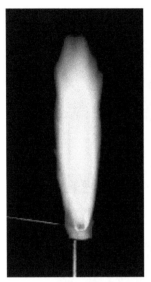 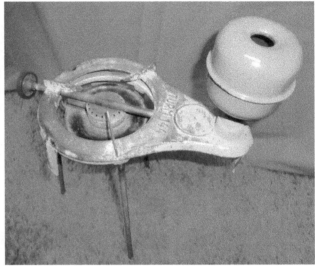

Abbildung 20.5:
Links: Der Flammentest für Natrium zeigt eine helle gelbe Emission aufgrund der sogennanten „Natrium D-Linien" bei 588.9950 und 589.5924 nm.
Rechts: Gas Brenner, Sammlungen des Zentrums für Geschichte der Naturwissenschaft und Technik, Universität Hamburg

http://de.wikipedia.org/wiki/Natrium-D-Linie (links),
Foto: Gudrun Wolfschmidt (rechts)

Obwohl Kirchhoff um das Jahr 1860 das Prinzip der Absorption beschrieben hat und in den folgenden Jahrzehnten die theoretischen Grundlagen immer weiter ausgebaut wurden, ist die praktische Bedeutung des Verfahrens lange nicht erkannt worden. Seit den Arbeiten von Kirchhoff wurde die Spektralanalyse haupsächlich von Astronomen angewandt. Nur selten wurden chemische Analysen nach diesem Prinzip durchgeführt.

20.2 Sir Allan Walsh und die Geburt

---

8 Kirchhoff 1860, S. 275–276.

der heutigen Atom-Absorptions-Spektrometrie (AAS), ab 1955

Das eigentliche Geburtsjahr der modernen Atom-Absorptions-Spektrometrie (AAS) ist das Jahr 1955. Sir Allan Walsh (1916–1998) sowie Alkemade und Milatz[9] brachten unabhängig voneinander Veröffentlichungen, in denen die AAS als ein generell anwendbares Verfahren vorgeschlagen wurde. Als Vater der AAS ist Sir Allan Walsch anerkannt. Dieses Privileg gebührt ihm, weil er Jahrzehnte für diese neue Idee gekämpft hat und viel Zeit aufgewendet hat, um den Widerstand und das Desinteresse zu überwinden.[10] Die während der Entwicklung des Atom-Absorptions-Spektrometers gewonnenen Erkenntnisse hat Walsh in *Spectrochimica Acta* im Jahr 1955 publiziert. Sir Allan Walsh hat den Einsatz des AAS in der Isotopenanalytik folgendermassen zusammengefasst:

> „*The theoretical factors governing the relationship between atomic absorption and atomic concentration are examined and the experimental problems involved in recording atomic absorption are discussed. [...] it is shown that such spectra provide a promising method of chemical analysis with vital advantages over emission methods, particularly from the viewpoint of absolute analysis. [...] the absorption method offers the possibility of providing a simples means of isotopic analysis.*"[11]

Boris V. L'vov (*1931), Chemiker und Professor an der Technischen Universität Petersburg, war einer der frühesten Anhänger von Walsh. Auch L'vov erntete damals das gleiche Unverständnis für seine Begeisterung wie vorher Walsh – aber auch er blieb seiner Idee treu. 1958 hielt er seinen ersten Vortrag über die „*Spektrochemische Bestimmung von Verunreinigungen in radioaktiven Proben*" und 1959 erschien seine erste Publikation über „*Die Untersuchung von Atomabsorptionsspektren durch vollständiges Verdampfen der Probe in einer Graphitküvette*". L'vov war sicher der erste, der nach der Wiederentdeckung der AAS einen elektrisch beheizten Ofen als Atomisator eingesetzt hat. Er hat diesen Atomisator nicht nur konstruktiv weiterentwickelt, er hat auch die theoretischen Grundlagen erarbeitet und in einem Buch zusammengefaßt, dass in 1966 in russischer Sprache und 1970 in englischer Übersetzung erschien.[12] Im Jahr 1993 erhielt L'vov den *Bunsen-Kirchhoff-Preis* vom DASp (Deutscher Arbeitskreis für Angewandte Spektroskopie in der Fachgruppe Analytische Chemie der Gesellschaft Deutscher Chemiker) für seinen Beitrag in der analytischen Spektroskopie. Er wurde als der Vater der Graphitrohrtechnik in der flammlosen AAS bezeichnet.[13]

---

9 Alkemade / Milatz 1955, S. 583–584.
10 Welz / Sperling 1999, S. 3.
11 Walsh 1955, S. 106–117.
12 Welz / Sperling 1999, S. 20.
13 http://barolo.ipc.uni-tuebingen.de/extern/dasp/buki93.html.

Abbildung 20.6:
Sir Allan Walsh (1916–1998), britisch-australischer Physiker
und Chemiker, Vater der heute bekannten AAS

http://scienceimage.csiro.au/library/
equipment/i/11200/sir-alan-walsh-1916-1998-/

Walter Slavin (*1927), Physiker und Mathematiker, entwickelte das erste kommerzielle AAS bei der Firma *PerkinElmer* in den USA. Slavin wurde von der Arbeit
von Walsh und auch von Alkemade und Milatz inspiriert. Im Jahr 1963 kam das
Model 303 nach 13-monatiger Entwicklungszeit auf den Markt. Das Gerät 303 wurde
in seinem Artikel *An Atomic Absorption Spectrophotometer*, Applied Optics, im Jahr
1963 gründlich beschrieben. Slavin gründete auch ein Applikationslabor der analytischen Chemie, um die Anwendungen von AAS in den Bereichen Umwelt, Biologie,
Geologie und in der Industrie zu erweitern. Seine Expertise in AAS hat er in seinem

Buch *Atomic Spectroscopy*, (John Wiley and Sons) 1963 zusammengefasst.[14] Slavin kommentiert seinen persönlichen Beitrag zur AAS wie folgt:

> *„In my opinion, and I think also in Walsh's, my major contribution to analytical chemistry was not the development of an instrument, that was engineering. It was showing chemists and physicists what the technique could do and how to use the technique. My book was the first that really presented the method, the philosophy behind the instrumentation, how it could be applied, etc. And there were more than 300 papers in a vast number of journals that I and my group published to develop the technology."*[15]

20.3 Atomabsorptions- und Flammenemissions-Spektroskopie (AAS und FES)

20.3.1 Grundlagen

Atom-Absorptions-Spektrometrie ist die Messung einer Absorption von optischer Strahlung durch Atome im Gaszustand. Ein Atom kann nur bestimmte Energiebeträge aufnehmen und nach Aufnahme eines Energiequants in einen energiereichen angeregten Zustand übergehen. Bei Rückkehr in energieärmere Zustände gibt das Atom die aufgenommene Energie dann in Form von Strahlung wieder ab.[16] Die erste Voraussetzung der optischen Atom-Spektralanalyse besteht darin, dass die Proben zunächst in einen atomaren Dampf überführt werden müssen. Durch Anregung dieses Dampfes mit Hilfe einer Strahlungsquelle erhält man das Emissionsspektrum, das der chemischen Zusammensetzung der Probe entspricht (Emissionsspektralanalyse).

Eine andere Möglichkeit besteht darin, die Absorption auszunutzen, die eine Strahlung bestimmter spektraler Eigenschaften beim Durchgang durch den Probendampf erfährt (Absorptionsspektralanalyse).[17] Die von einem Atom absorbierte und emittierte Strahlung weist für jedes Element eine bestimmte Charakteristik auf, so dass anhand der emittierten oder absorbierten Spektren das Element identifiziert (qualitative Analyse) werden kann. Die Intensität, der bei der spezifischen Wellenlänge emittierten oder absorbierten Strahlung, ist proportional der Menge dieses Elements (quantitative Analyse).[18]

Max Planck (1858–1947) stellte schliesslich das Gesetz der quantenhaften Absorption und Emission der Strahlung auf, nach dem ein Atom nur Strahlung eindeutig

---

14 Walter Slavin, persönliche Mitteilung.
15 Walter Slavin, persönliche Mitteilung.
16 Welz / Spalding 1999, S. 1.
17 Schrön / Rost 1968, S. 11.
18 Schön / Rost 1968, S. 13.

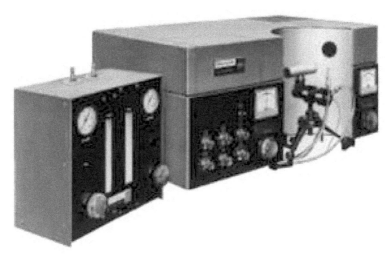

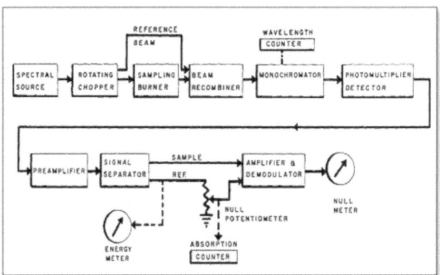

Abbildung 20.7:
Das erste gebaute AAS Spektrometer, Model 303 im Jahr 1963,
Fa. PerkinElmer Corp., und das entsprechende Blockdiagramm des Gerätes

Foto oben, Mit freundlicher Erlaubnis von Walter Slavin, PerkinElmer Inc.
(http://www.perkinelmer.com/)
Foto unten, Kahn / Slavin 1963, S. 932.

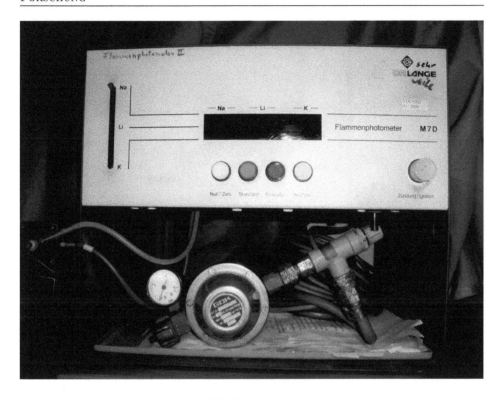

Abbildung 20.8:
Flammenphotometer Model M7D, Baujahr 1981
misst Alkalimetalle Natrium (Na), Litium (Li) und Kalium (K).
Als Brenngas is Propan bzw. Acetylen geeignet.

Sammlungen des Zentrums für Geschichte der Naturwissenschaft und Technik, Universität
Hamburg (Foto: Gudrun Wolfschmidt)

gegebener Wellenlänge (Frequenz) absorbieren, d. h. nur bestimmte Energiebeträge ε aufnehmen und auch wieder abgeben kann. Darin sind für jede Atomart besondere Werte von ε und ν charakteristisch.[19]

$$\varepsilon = h\nu = \frac{hc}{\lambda}$$

ε Energiebetrag, h Plancksches Wirkungsquantum,
c Lichtgeschwindigkeit, λ Wellenlänge.

---

19 Welz / Spalding 1983, S. 2.

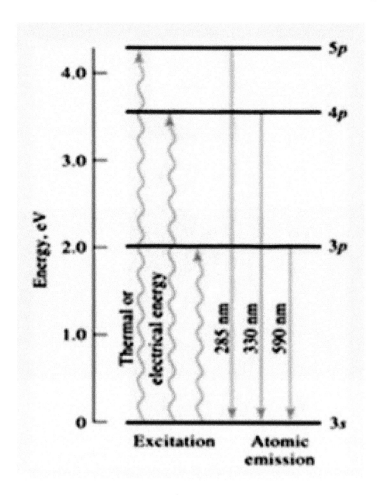

Abbildung 20.9:
Entstehung der Atomspektren

Ein Atom geht durch Aufnahme von Energie in einen angeregten Zustand über, der nicht stabil ist. Das Atom fällt nach einer Verweilzeit in den Grundzustand zurück. Dabei wird die freiwerdende Energie als Strahlung mit einer bestimmten Wellenlänge ausgestrahlt. Die atomaren Energien werden meist in der Einheit Elektronenvolt (abgekürzt eV). Unter 1 eV versteht man die Energie, die ein Elektron beim Durchfallen der Spannungsdifferenz von 1 V erhält. Die Übergänge in tiefere Zustände, die mit der Austrahlung eines Lichtquandts verbunden sind, werden durch Pfeile gezeigt. Jedem entspricht eine Spektrallinie bestimmter Frequenz bzw. Wellenlänge.

Schön / Rost 1968, S. 18–19. Grafik: Mit freundlicher Erlaubnis von Prof. Fred O. Garces, http://faculty.sdmiramar.edu/fgarces/

20.4 Messprinzip

Die Atom-Absorptions-Spektrometrie (AAS) und die Flammen-Emissions-Spektroskopie (FES) sind die derzeit leistungsfähigsten Methoden zur Bestimmung von Metallspuren in den verschiedensten Matrizes.

Das Prinzip der AAS und FES geht auf Arbeiten von Fraunhofer, Kirchhoff und Bunsen (Flammenemission und chemische Spektralanalyse) zurück.[20] Die Verflüchtigung von Atomen, entweder in einer Flamme oder elektrothermisch durchgeführt, bedingt eine Emission und Absorption von Licht von spezifischer Wellenlänge. Die Atom / Flammenspektometrie nutzt die Spezifität dieser Linienspektren aus, um die Menge eines spezifischen Elements in der Probe zu bestimmen.[21]

In Flammen-AAS wird die zu analysierende Probe mit Hilfe eines Zerstäubers in fein verteiler Form in eine heiße Flamme gesprüht. Beim Durchgang durch die Flamme laufen nacheinander mehrere Vorgänge ab:

Aus den Tröpfchen der Probenlösung („Aerosol") verdampft das Lösungsmittel; meist ist dies Wasser oder verdünnte Säure.

Die entstehenden Salzpartikel verdampfen.

Die Moleküle dissoziieren zu Atomen.

Ein sehr kleiner Teil der Atome wird thermisch angeregt bzw. ionisiert.

Wesentlich für die Atom-Absorptions-Spektrometrie (AAS) ist, dass die zu bestimmenden Elemente in Form von Atomdampf in der Flamme vorliegen, wobei sich die Atome im überwiegenden Anteil im energieärmsten Niveau, im Grundzustand befinden. Durch geeignete Wahl des in die Flamme eingestrahlten Lichtes lassen sich einzelne Elemente in kompliziert zusammengesetzten Probenlösungen selektiv anregen. Dazu wird ein Lichtbündel der Intensität I_0 mit kleinem Raumwinkel in die Flamme eingestrahlt; das im Resonanzprozess emittierte Licht derselben Wellenlänge wird aber in den gesamten Raumwinkel abgegeben, so dass eine Schwächung der Intensität des Bündels auf den Wert I resultiert. Zur Bestimmung der Elementkonzentration wird der von der Flamme absorbierte Anteil gemessen.[22]

Wie bei der photometrischen Bestimmung farbiger Stoffe in Lösungen gilt auch bei der AAS das Lambert-Beer'sche Gesetz:

$$E = lg\frac{I_0}{I} = \varepsilon \cdot c \cdot d$$

E ist Extinktion; I_0 ist die Intensität des einfallenden Lichts; I ist die Intensität des transmittierten Lichts; c ist die molare Konzentration des absorbierenden Elements im Atomdampf, die auch proportional zur Konzentration in der eingesprühten Probenlösung ist; d ist die Schichtdichte der Küvette; der molare Extinktionskoeffizient ε

---

20 *Atomabsorptionsspektroskopie* 2012, S. 80.

21 Wilson / Goulding 1991, S. 370.

22 http://www.ruhr-uni-bochum.de/utrm-chemielabor/versuche/beschreibungen/9_
Atomspektrometrie.

hängt von zahlreichen durch die Betriebsbedingungen des AAS-Gerätes beeinflussten Parameter ab. Da diese Bedingungen zwischen aufeinander folgenden Messserien nur unvollkommen reproduziert werden können, ist es erforderlich, bei jeder Analysenserie gleichzeitig die zugehörigen Eichmessungen durchzuführen.[23]

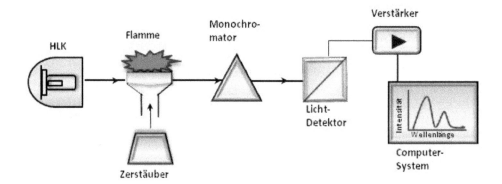

Abbildung 20.10:
Schematischer Aufbau eines Flammen-Atom-Absorptions-Spektrometers (AAS)

Als Lichtquelle eines Atom-Absorptions-Spektrometers dient meist ein Linienstrahler (z. B. eine Hohlkathodenlampe, HKL). Ein Zerstäuber wird zur Bildung feiner Tröpfchen des Analyten verwendet um diese effektiv in der Hitze einer Gasflamme zu atomisieren. Das Licht aus der HKL bestrahlt die Probe die es partiell absorbiert. Der Monochromator hat die Aufgabe, die Analysenlinie von anderen Emissionslinien aus der Strahlungsquelle abzutrennen. Bei dem Lichtdetektor handelt es sich in der Regel um einen Photomultiplier, der die nicht absorbierte Reststrahlung misst. Ein Comuputer-System zeigt die Auswertung der AAS Analyse mittels geeigneter Software.

Beaty / Kerber 1993, S. 1–4, 1–9. Welz / Sperling 1999, S. 80. Grafik: Lourdes Cortes-Dericks, basierend auf der Darstellung von Falbe / Regnitz (Falbe / Regitz 1996, S. 289).

20.5 Atomisierungs-Einrichtungen

Zur Erzeugung der Atome können unterschiedliche Atomisierungsmethoden beim Strahlengang des Atom-Absorptions-Spektrometers gebracht werden.

---

23 http://www.ruhr-uni-bochum.de/utrm-chemielabor/versuche/beschreibungen/9_ Atomspektrometrie. Seith / Ruthard 1949, S. 153–154.

20.5.1 Flamme

Die Flammentechnik ist die älteste in der AAS eingesetzte Atomisierungsmethode. Zur Atomisierung dient ein Brenner mit einer Länge von von 5–10 cm, der mit einem Gasgemisch aus Acetylen / Luft oder Acetylen / Lachgas gespeist wird. Das Gasgemisch erlaubt maximale Flammentemperaturen von 2300°C bzw. 2800°C. Bei dieser für die AAS idealen Temperatur liegen die meisten Atome noch im Grundzustand vor. Nur Alkali- und Erdalkalielemente werden thermisch nennenswert angeregt bzw. ionisiert. Chemische Reaktionen der zu bestimmenden Elemente in der Flamme werden in vielen Fällen durch die Zusammensetzug der Flammengase bestimmt oder zumindest entscheidend beeinflußt.[24]

20.5.2 Graphitrohre

Diese flammenlose Technik ist bis zu mehr als 100fach empfindlicher als die Flammen-Atom-Absorptions-Spektrometrie. 1–100 mm^3 der Probe oder eines Standards werden in einer Graphitröhre in Anwesenheit eines inerten Gases elektrothermisch langsam und kontinuierlich oder in Stufen auf 3000°C erhitzt. Monochromatisches Licht, das für das zu bestimmende Element spezifisch ist, wird entweder durch eine Hohlkathodenlampe oder eine elektrodenlose Entladungslampe erzeugt und durch die Graphitröhre geleitet. Die Absorption dieses Lichtes wird kontinuierlich während der Temperaturerhöhung gemessen. Da das flammlose System kein brennbares Gas benutzt, kann es auch ohne Risiko ohne Aufsicht betrieben werden, so dass die im Verhältnis zur Flammenspektrometrie verhältnismäßig langsame Messung durch eine Automatisierung kompensiert wird.[25]

20.5.3 Hydrid / Kaltdampftechnik

Bei der Hydridtechnik wird das zu bestimmende Element zunächst in eine gasförmige Verbindung überführt. Das Hydrid wird dann thermisch bzw. durch chemische Reaktionen unterstützt, bei verhältnismäßig niedrigen Temperaturen atomisiert. Der Vorteil dieser Technik ist in erster Linie die Abtrennung des zu bestimmenden Elements vom größten Teil der Matrix. Dadurch wird die Spezifität der Messung hoch, die unspezifische Absorption ist gering und bei Einsatz von Probenvolumina von etwa 500 μl kann die relative Nachweisgrenze des Graphitrohrofens nochmals um etwa eine Zehnerpotenz verbessert werden.[26]

20.6 Anwendungsbereich der Atom-Absorptions-Spektrometrie (AAS)

---

24 Matter 1995, S. 18.
25 Wilson / Goulding 1991, S. 373.
26 Matter 1995, S. 18.

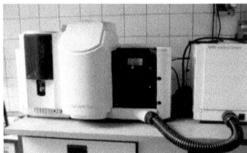

Abbildung 20.11:
Propangas Flammen-AAS (oben), Graphitrohr-AAS (Mitte),
Labor am Institut für Anorganische und Angewandte Chemie
der Universität Hamburg (unten).
Foto: Lourdes Cortes-Dericks

in Forschung und Medizin in Hamburg

Die heutige Spektrophotometrie ist eine Standardmessmethode, die in den verschiedensten Disziplinen wie Analytik, Biochemie, Physik, Molekularbiologie, Medizin usw. zur Anwendung kommt und deshalb zur Labor-Basisausstattung gehört. Die Atom-Absorptions-Spektrometrie eignet sich zur Bestimmung von Calcium, Aluminium, Magnesium, Kupfer, Gold, Blei und vieler anderer Spurenelemente.[27] In klinisch-chemischen Laboratorien wird die Flammenphotometrie und Atom-Absorptions-Spektrometrie eingesetzt um die Zusammensetzung von Körperflüssigkeiten wie Blut, Urin, Speichel, Milch oder Zerebrospinalliquor, zu analysieren. Abweichungen der Zusammensetzung vom Normalwert dienen häufig zur Diagnose von bestimmten Erkrankungen oder zur Überwachung über den Erfolg einer Behandlung.[28]

In Hamburg wird die Atom-Absorptions-Spektrometrie für die industrielle und klinische Forschung, der Lehre und zu analytischen Zwecken eingesetzt; hier einige Beispiele.

Prof. Walter Dannecker, ehemaliger Leiter des *Staatshüttenlaboratoriums* am Fachbereich Chemie (1984–1991) und Wissenschaftlicher Direktor an der Universität Hamburg (1971–1982), hat im Jahr 1969 das erste Atom-Absorptions-Spektrometer der Firma *PerkinElmer* in Zusammenarbeit mit der *Norddeutschen Affinerie AG* in Hamburg, heute *Aurubis AG*, zu diversen analytischen Verfahren zum Thema Umweltanalytik getestet. Das Gerät wurde von dem Gerätehersteller anhand der gewonnenen Ergebnisse nach und nach verbessert. Noch heute setzt die *Aurubis AG* die Atom-Absorptions-Spektrometrie zur Bestimmung von Haupt-, Neben- und Spurenbestandteilen ein.[29]

Unter der Leitung von Prof. Dannecker wurde das Gerät in der Forschung und Lehre an der Universität Hamburg eingeführt. Studenten und Praktikanten wurden über die Theorie und die Möglichkeiten der praktischen Anwendung des Gerätes unterrichtet. Auch biologische Proben, z. B. Blut und Urin vom Universitätskrankenhaus Eppendorf, wurden damals nach Eisen, Chrom, Blei und Calcium untersucht. Dr. Michael Sperling, damaliger Doktorand von Prof. Dannecker, hat zusammen mit Dr. Bernhard Welz ein viel beachtetes Buch über *Atomabsorptionsspektrometrie* geschrieben. Im Jahr 1999 hat PD Dr. Michael Steiger den Unterricht in Spektralanalyse an der Universität Hamburg übernommen.[30]

Seit 2002 unterrichtet Prof. Dr. José A. C. Broekaert, ehemaliges Mitglied des *Instituts für Anorganische und Angewandte Chemie* der Universität Hamburg, verschiedene Bereiche der analytischen Chemie im Bachelor Studiengang Chemie. Zusammen

---

27 Bruhn, Fölsch, Schäfer 2008, S. 46.

28 Wilson / Goulding 1991, S. 375.

29 http://www.aurubis.com/de/geschaeftsfelder/service/laborservice/bestimmung-von-metallen/.

30 Prof. Dr. Walter Dannecker, ehemaliges Mitglied des Instituts für Anorganische und Angewandte Chemie der Universität Hamburg, persönliche Mitteilung, PD Dr. Michael Steiger, Arbeitsgruppenleiter am Institut für Anorganische und Angewandte Chemie der Universität Hamburg, persönliche Mitteilung.

Abbildung 20.12:
Prof. Dr. Walter Dannecker (links) und Prof. Dr. José A. C. Broekaert (rechts)

Foto, links: Marlies Heffter, Foto, rechts:
`http://www.chemie.unihamburg.de/ac/broekaert/Mitarbeiter/broekaert.html`

mit Dr. Steiger unterrichtet er über die Spektralanalyse. Desweiteren führt er Seminare über ausgewählte Kapitel der Spektrometrie durch. Sein umfassendes Fachwissen im Bereich Atomspektrometrie hat er in den letzten 30 Jahren an verschiedenen Universitäten in Deutschland vermittelt. Im Jahr 2002 verfasste Prof. Broekaert die erste Auflage seines Buches mit dem Titel *„Analytical Atomic Spectrometry with Flames and Plasmas"*, in dem er seine fundierten Kenntnisse im Bereich AAS übermittelt.[31] In seinem Vorwort schrieb Broekaert:

> *„The work describes a number of achievements of over 30 years of research performed at the University of Gent (Belgium), the Institute of Analytical Sciences – ISAS (Dortmund), the University of Dortmund, the University of Leipzig, and the University of Hamburg which have been made possible through many interactions and collaborations with experts in the field, whom I thank thoroughly."*[32]

31 Prof. Dr. José A. C. Broekaert, ehemaliges Mitglied des Instituts für Anorganische und Angewandte Chemie der Universität Hamburg, persönliche Mitteilung.
32 Broekaert Vorwort, 2005.

Abbildung 20.13:
Ein Werkseingang der *Norddeutsche Affinerie AG*
in der Hovestrasse, Hamburg, um 1966
Foto: Mit freundlicher Erlaubnis von Aurubis AG

Auch am *Institut für Biochemie und Molekulare Zellbiologie* des *Universitätskran-kenhauses Hamburg-Eppendorf* (UKE) wurde die Methode seit Anfang 1980 in der Ei-senanalytik im Urin von Patienten mit Eisenstoffwechselkrankheiten verwendet. Seit vielen Jahren wird ein Graphitrohr-Atomabsorptionspektrometer in der Forschung eingesetzt um Fe (Eisen), Cr (Chrom), Cs (Caesium) in Zellen von Tieren oder Zell-kulturen aus dem Bereich Nanomedizin zu untersuchen.[33]

Das 1983 in Hamburg gegründete Labor Lademannbogen, eines der renommiertes-ten medizinischen Laboratorien in Deutschland, verwendet die Graphitrohrofen-AAS (GF-AAS) zur quantitativen Bestimmung von Spurenelementen in Blut und/oder

---

33 PD Dr. Dr. Peter Nielsen, Institut für Biochemie und Molekulare Zellbiologie, Universi-tätskrankenhaus Eppendorf, persönliche Mitteilung.

Urin. Ziel der quantitativen Analyse ist die Ermittlung der Konzentration von Spurenelementen in einer Probe. Die Ergebnisse dienen der Diagnose bestimmter Krankheiten oder zur Überwachung einer bestehenden Therapie von Patienten. Spuren von Metallen finden sich überall. Entscheidend für den medizinischen Bereich ist, dass diese generellen Spuren nicht in den medizinischen Normalbereich reichen bzw. ihn nicht überschreiten. Zur generellen Information wird bei einer Graphitrohr-AAS Messung immer das Untergrund-Signal ausgegeben (Background), dass eigentlich keine größere Bedeutung hat.[34] Die folgenden Darstellungen zeigen eine Graphit-AAS-Bestimmung von Chrom in Blut.

In der *Bundesforschungsanstalt für Fischerei* in Hamburg wurde im Jahre 1975 ein Bericht über den Gehalt metallischer Spurenelemente von Mangan, Eisen, Kobalt, Nickel, Kupfer, Zink, Cadmium, Blei und Quecksilber in bestimmten Fischarten (Kabeljau und Scholle) aus küstennahen und küstenfernen Fanggebieten der Deutschen Bucht bestimmt. Als Messverfahren wurde die Atom-Absorptions-Spektrometrie eingesetzt. Bei der Bestimmung der Elemente Mn, Fe, Cu, und Zn wurde die herkömmliche Flammentechnik (Laminarbrenner, Luft-Acetylen-Flamme) verwendet. Das flammenlose Atom-Absorptions-Spektrometer unter Verwendung der Graphitrohrküvette diente der Bestimmung von Cd, Pb, Co, und Ni.[35] Atomabsorptionsspektrometrie-basierte Analyse von Spurenelementen ist seit 1972 in der *Abteilung für Spurenanalytik* des *Thünen-Instituts*[36] im Einsatz.[37]

In Hamburg setzt die *Behörde für Gesundheit und Verbraucherschutz, Institut für Hygiene und Umwelt* im Bereich Luftstaubanalytik seit 1983 bis heute noch routinemäßig ein Atom-Absorptions-Spektrometer (GF-AAS) für Umweltuntersuchungen ein.[38]

20.7 Schlusswort

Die Atomspektrometrie ist ein in Wissenschaft und Technik nicht mehr wegzudenkendes Verfahren zur qualitativen und quantitativen Bestimmung chemischer Elemente.[39]

---

34 Dr. Jürgen Hartleb, Analytische Chemie, Drug Monitoring & Toxikologie im Labor Lademannbogen MVZ GmbH, persönliche Mitteilung.

35 Harms 1975, S. 125.

36 *Bundesforschungsanstalt für Fischerei* (BFAFi), 1948–1968, Gründung *BFAFi-Instituts für Fischereiökologie* (1993). Johann Heinrich von Thünen (1783–1850) veröffentlichte 1826 sein Hauptwerk „*Der isolierte Staat in Beziehung auf Landwirtschaft und National-Ökonomie: Untersuchungen über den Einfluß, den die Getreidepreise, der Reichtum des Bodens und die Abgaben auf den Ackerbau ausüben*". Siehe auch sein Gutshaus in Tellow, Mecklenburg-Schwerin, heute Thünen-Museum.

37 Dr. Michael Haarich, Thünen Institut für Fischerei und Fischerei Oekologie, Bundesforschungsinstitut für Ländliche Räume, Wald und Fischerei, Abteilung für Spuranalytik, persönliche Mitteilung.

38 Dr. Claudia Frels, Institut für Hygiene und Umwelt, Bereich Umweltuntersuchungen, persönliche Mitteilung.

39 Schön / Rost 1969 (Vorwort).

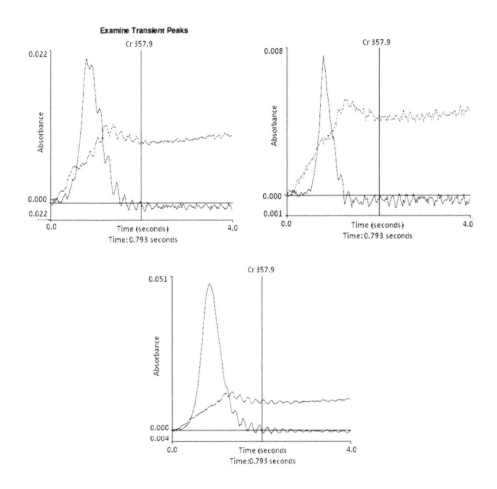

Abbildung 20.14:
Graphitrohr-Atomabsorptions-Signal von Chrom in einer Blutprobe

Konzentration: 1,8 µg/l (ausgezogene Linie, Absorption, 0.022) mit entsprechendem Untergrundsignal (Zeeman-Untergrundkompensation, gestrichelte Linie) (A). Zu jedem AAS-Signal gehört auch ein Blank. Ein Blank ist eine Messung ohne Matrix. Trotzdem finden sich häufig meist sehr kleine Signale (Absorption, 0.008) (B). Ein Kontrollplasma mit einer bekannten Konzentration: 4.9 µg/l (Absorption, 0.051) überprüft, ob das Gerät optimal geeicht ist und die Messung richtig durchgeführt wurde (C).

Graphitrohr-Atomabsorptions-Signaldaten: Dr. Jürgen Hartleb, Labor Lademannbogen

Aufgrund ihrer hohen Spezifität und Selektivität sowie wegen ihrer relativ einfachen Bedienbarkeit hat die Atomspektrometrie einen festen Platz eingenommen. Etablierte und angewandte Methoden innerhalb der Atomspektrometrie sind OES (Optical Emission Spectrometry), AES (Atomic Emission Spectrometry) und der ICP-MS (Inductively Coupled Plasma Mass Spectrometry). Mit Hilfe der Atomspektrometrie wird im Labor eine Vielzahl von Routineaufgaben erledigt, die von der Bestimmung von Spurengehalten bis zu Hauptkomponenten reicht.

Die Tatsache, dass immer noch jedes Jahr mehr als 1000 Originalarbeiten auf dem Gebiet Atom-Absorptions-Spektrometrie (AAS) publiziert werden, zeigt deutlich, dass es über die Routineanwendung hinaus noch eine Fülle neuer Erkenntnisse und Entwicklung gibt.[40]

20.8 Literatur

ALKAMADE, C. T. S. UND J. M. W. MILATZ: Double-Beam Method of Spectral Selection of Flames. In: *Journal of the Optical Society of America* **45** (1955), S. 583–584.

Atomabsorptionsspektroskopie [Biomonitoring Methods in German Language 1976]. In: *The MAK Collection for Occupational Health and Safety Wiley-VCH*, published online 2012, S. 80–104.

BEATY, RICHARD D. UND JACK D. KERBER: *Concepts, Instrumentation and Techniques in Atomic Absorption Spectrophotometry*. Norwalk, CT, USA: The Perkin-Elmer Corporation (2nd Edition) 1993.

BROEKAERT, JOSÉ A. C.: *Analytical Atomic Spectrometry with Flames and Plasmas*. Weinheim: Wiley-VCH Verlag (2. Auflage) 2005.

BRUHN, HANS D.; FÖLSCH, ULRICH R. UND HEINER SCHÄFER: *Labor Medizin*. Stuttgart: Schattauer (1. Auflage) 2008.

FALBE, JÜRGEN UND MANFRED REGITZ: *RÖMPP Lexicon Chemie, Band 1: A–Cl.* Stuttgart: Georg Thieme Verlag (10. Auflage) 1996.

FRAUNHOFER, JOSEPH VON: Bestimmung des Brechungs- und Farbenstreuungs-Vermögens verschiedener Glasarten, in Bezug auf die Vervollkommnung achromatischer Fernröhre. In: *Annalen der Physik* **56** (1817), S. 193–226.

KAHN, HERBERT L. UND WALTER SLAVIN: An Atomic Absorption Spectrophotometer. In: *Applied Optics* **2** (1963), S. 931–936.

HARMS, UWE: The Levels of Heavy Metals (Mn, Fe, Co, Ni, Cu, Zn, Cd, Pb, Hg) in Fish from Onschore and Offschore Waters of the German Bight. In: *Z. Lebensm. Unters.-Forsch* **157** (1975), S. 125–132.

KEITH, WILSON UND KENNETH H. GOULDING: *Methoden der Biochemie*. Übers. und Bearb. von HUGO FASOLD. Stuttgart-New York: Georg Thieme Verlag 1991.

40 Welz / Sperling 1999 (Vorwort).

Kirchhoff, Robert G.: Über das Verhältnis zwischen dem Emissionsvermögen und dem Absorptionsvermögen der Körper für Wärme und Licht. In: *Annalen der Physik* (2) **185** (1860), S. 275–301.

Kirchhoff, Robert G. und Robert Bunsen: Chemische Analyse durch Spectralbeobachtungen. In: *Annalen der Physik und Chemie* (2) **110** (1860), S. 161–189.

Matter, Lothar: *Lebensmittel- und Umweltanalytik mit Spektrometrie.* Weinheim: VCH Verlagsgessellschaft mbH 1995.

Schrön, W. und L. Rost: *Atom-Spektralanalyse.* Leipzig: VEB Deutscher Verlag für Grundstoffindustrie 1969.

Seith, Wolfgang und Konrad Ruthard: *Chemische Spektralanalyse.* Berlin, Göttingen Heidelberg: Springer (4. Auflage) 1949.

Walsch, Allan: The Application of Atomic Absorption Spectra to Chemical Analysis. In: *Spectrochimica Act* **7** (1955), S. 106–117.

Welz, Bernhard und Michael Sperling: *Atom Absorption Spectrometry.* Weinheim: Wiley VCH (3. Auflage) 1999.

Welz, Bernhard und Michael Sperling: *Atomabsorptionsspektrometrie.* Weinheim: Wiley VCH (2. Auflage) 1983

Wolfschmidt, Gudrun: Farben in der Astronomie – Vom Regenbogen zur Spektroskopie. In: Wolfschmidt, Gudrun (Hg.): Farben in Kulturgeschichte und Naturwissenschaft. Hamburg: tradition (Nuncius Hamburgensis – Beiträge zur Geschichte der Naturwissenschaften; Band 18) 2011, S. 150–173.

Abbildung 21.1:
Modelle des Alfa-Disc Separators,
entwickelt von Dr. Ing. Clemens von Bechtolsheim (1852–1930)

Das wesentlich neue an seine entwickelten Zentrifugen waren die Teller-
einsätze, die sich bei allen Konstruktionen bis auf den heutigen Tag immer wieder finden. Gerade diese Erfindung hat ihm 1924 den Dr. honoris
causa der Technischen Hochschule seiner Vaterstadt München eingetragen.
http://www.verein-milch-und-kultur.eu/milchwirtschaftler.html#rez06.
Foto: Mit freundlicher Erlaubnis von Hias Kreuzeder,
http://www.bauernhilfe-russland.de.

Von der Milchschleuder zur Ultra-Zentrifuge

Lourdes Cortes Dericks (Hamburg)

Die Zentrifuge ist ein technisches Gerät zur Abtrennung von Partikelflüssigkeitsmischungen durch Sedimentation mit Hilfe der Zentrifugalkraft, die mit einem rotierenden Rotor erzeugt wird. Dabei befindet sich die zu zentrifugierende Flüssigkeit in den im Rotor befindlichen Behältern.[1] Bei einer Zentrifugation soll eine Trennung suspendierter Partikel voneinander oder vom Lösungsmittel erreicht werden. Im einfachsten Fall geschieht dies durch Pelletierung der Partikel am Boden des Zentrifugengefäßes. Partikel verschiedener Größe können durch Pelletierung bei unterschiedlichen Schwerefeldern voneinander getrennt werden. Daneben können auch Unterschiede in Dichte und Masse der zu trennenden Partikel zur Auftrennung genutzt werden.[2]

21.1 Die Milchschleuder – Ursprung der Zentrifuge

Der Ursprung der jetzigen Zentrifugen geht zurück auf die Entwicklung der Milchschleuder. Vor der Zeit der Milchschleuder, goß man die Milch in sogenannte Satten, um den Rahm von Milch zu trennen. Satten sind flache Schüsseln aus Holz oder Steinzeug, die in einem sauberen und luftigen Raum bei einer Temperatur von 12–15°C aufgestellt wurden. Nach zwei bis vier Tagen hatte sich der Rahm abgesetzt und konnte mit einem Rahmlöffel abgeschöpft werden.

Durch eine Vergrößerung der Satten und eine Mechanisierung des Abschöpfens versuchte man im 19. Jahrhundert die Rahmgewinnung zu verbessern. Alle Verfahren benötigten viel Platz, weil die Satten möglichst flach sein sollten. Mit diesem Prozess wurden Milch und Rahm durch das lange Stehen bei relativ hohen Temperaturen sauer; die Erzeugung von Süßrahm war auf diese Weise nicht möglich.

Einen Fortschritt bot das *Schwarzsche Verfahren*, das 1863 vorgestellt wurde. Hierbei wurde die frische noch kuhwarme Milch in offenen Kanistern in ein Kühlwasser-

---

1 Gressner / Arndt 2007, S. 1388.
2 Pingoud / Urbane 1997, S. 132.

Abbildung 21.2:
Satten aus Holz oder Steinzeug, aufgestellt in einem luftigen Raum bei einer
Temperatur von 12–15°C (links),
Rahmlöffel zum Abschöpfung von Rahm (rechts)
Mit freundlicher Erlaubnis von Hias Kreuzeder,
http://www.bauernhilfe-russland.de/museum/milch/rahmframe.htm

becken gestellt (vgl. Eiskeller, Abb. 8.14, S. 208). Die Abscheidung des Fettes erfolgte auf mechanischem Wege durch die Zirkulation der sich abkühlenden Milch. Durch die Kühlung blieben Milch und Rahm süß.

Das *Schwarzsche Verfahren* wurde durch die Anwendung der Zentrifugalkraft zum Entrahmen verdrängt. In einem sich rasch um seine eigene Achse drehenden Gefäß ordnen sich gemischte Flüssigkeiten nach ihrem spezifischen Gewicht – die schwere Phase außen, die leichte innen. In einer Milchschleuder würde also die Milch nach außen dringen, das leichtere Fett aber nach innen. Antonin Prandtl d. J. (1842–1909), aus Weihenstephan konstruierte eine solche Milchschleuder.[3] Die Milch wurde in kleine Eimer gefüllt, die mit etwa 400 U/min herumgeschleudert wurden. Nach dem Anhalten der Maschine nahm man den Rahm an der Oberfläche der Milch ab. Diese Maschine konnte nicht kontinuierlich arbeiten, so daß die Leistung gering blieb.[4] Antonin Prandtls Bruder Alexander (1840–1896),[5] Professor an der Landwirtschaftlichen Zentralschule in Weihenstephan, gelang es, der Erfindung seines Bruders wesentliche Verbesserungen hinzufügen. Im Jahr 1875 zeigte er auf der *Weltausstellung in Frankfurt am Main* seine neue Entrahmungsmachine. Die als erste kontinuierlich

---

3 Antonin Prandtl d. J. war Braumeister in der Schweiz, von 1878 bis 1884 in Hamburg, dann in München. Sein Sohn Wilhelm Antonin Alexander Prandtl (1878–1956) wurde Chemiker und Chemiehistoriker in München, vgl. auch sein Buch Prandtl, Wilhelm (1938) über die von seinem Vater Antonin erfundene und seinem Onkel Alexander weiterentwickelte Milchzentrifuge.

4 http://www.bauernhilfe-russland.de/museum7milch/rahmframe.htm.

5 Der Sohn von Alexander Prandtl war Ludwig Prandtl (1875–1953), der Begründer der Strömungsmechanik, Prof. in Göttingen.

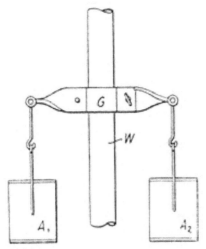

Milchschleuder von Antonin Prandtl
(1864).

Abbildung 21.3:
Antonin Prandtls (1842–1909) Milchschleuder
Mit freundlicher Erlaubnis von Hias Kreuzeder,
http://www.bauernhilfe-russland.de/museum/milch/rahmframe.htm

arbeitende Milchzentrifuge der Welt erregte erhebliches Aufsehen und den Anstoß zu weiterer Entwicklungen.[6]

Wilhelm Lefeldt (1836–1913) Ingenieur, Erfinder und Maschinenbauer entwickelte und baute 1876 in Schöningen (Niedersachsen) eine Milchschleuder nach Prandtlschem Vorbild. Diese Maschine trennte automatisch den Rahm von der Magermilch und hat damit die Milchverarbeitung revolutioniert. Es war die erste praktisch brauchbare Zentrifuge überhaupt und führte zu einer wesentlichen Verkürzung der Produktionszeiten von Butter bei gleichzeitig verbesserter Butterausbeute und ermöglichte damit die industrielle Herstellung. Die Michzentrifuge der *Molkereimaschinenfabrik Lefeldt & Lentsch* in Schöningen fand sowohl in der Forschung (z. B. als Laborzentrifuge) als auch in der Industrie (z. B. zur Rübenzuckerherstellung) Verwendung.[7]

Im Jahr 1883 gründeten Carl Gustav Patrick de Laval (1845–1913) und Oscar Lamm (1848–1930) die Firma AB Separator in Stockholm. Bereits 1878 patentierte de Laval seine Weiterentwicklung der von Wilhelm Lefeldt 1876 entwickelten Milchschleuder. Im ersten Jahr fertigte das Unternehmen 54 Separatoren/Milchschleudern

---

6 Prandtl-Vogel 2005, S. 3.
7 http://de.wikipedia.org/wiki/Wilhelm_Lefeldt.

 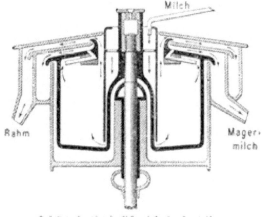

Abbildung 21.4:
Wilhelm Lefeldt (1836–1913) (links) – Die Lefeldtsche Zentrifuge (rechts)
besteht aus seiner Trommel, die sich auf einer vertikalen Welle mit einer
Geschwindigkeit von 800 bis 1000 Touren in einer Minute um ihre Achse dreht. Die
Pfeile zeigen den Zufluss der Milch und den Abfluss der Magermilch und des
Rahms.
Meyers Konversations-Lexikon 1888, S. 695. Mit freundlicher Erlaubnis von Hias Kreuzeder,
http://www.bauernhilfe-russland.de (links),
http://www.eLexikon.ch/1888_bild/03_0696 (rechts).

von denen 37 exportiert wurden. Im Dezember 1888 nach langwierigen Versuchen erfand Clemens von Bechtolsheim (1852–1930) eine Zentrifuge mit einem Tellereinsatz.
Bechtolsheim meldete seine Erfindung zum Patent an, welches ihm 1886 erteilt wurde.
Seine Alfa-Zentrifuge revolutionierte die industrielle Zubereitung von Milchprodukten
(vgl. Abb. 21.1, S. 536). Im Jahr 1889 erwarb AB Separator das Patent für den *Alfa
Disc Separator* von dessen Erfinder Clemens von Bechtolsheim (1852–1930).[8] Gustav
de Laval erkannte das Potential der Bechtolsheimschen Erfindung. Neben dem Erwerb
seines *Alfa Disc Separator* beschäftigte er auch den Erfinder in seiner Firma.[9]

   Am 29. May 1893 meldeten die Oelder Zentrifugen-Pioniere Franz Ramesohl und
Franz Schmidt ihre Konstruktion beim kaiserlichen Patentamt in Berlin als *„An-
triebvorrichtung an Milchschleudermaschinen mit Kettenantrieb für die Schnurschei-
benwelle einseitig mitgenommener und verstellbarer Spannrolle für die Schnur“*. Sie
folgten damit einen Trend, der die Milchverarbeitung revolutionierte. Die Trennung

---

8 http://de.academic.ru/dic.nsf/dewiki/308854.
9 Bechtolsheim 2012, S. 53.

Abbildung 21.5:
Carl Gustav Patrik de Laval (1845–1913)

Eine seiner zahlreichen Erfindungen auf allen Gebieten des Ingenieur-
wesens ist die wohl bedeutendsten eine weiterentwickelte Zentrifuge von
Wilhelm Lefeldt für Milch zum Trennen des Rahmens von 1878.
Wikipedia

der empfindlichen Rohmilch in Rahm und Magermilch war mit den neuen Zentrifugen
wesentlich schneller und gründlicher geworden.[10] Am 1. September 1893 eröffneten die
Schwager Franz Ramesohl und Franz Schmidt unter dem Namen *Ramesohl & Schmidt
oHG* in Oelde, Westfalen, eine Werkstatt mit fünf Mitarbeitern, zwei Drehern und
drei Schlossern für die Produktion von Milch Separatoren. Ein Jahr nach der Unternehmensgründung stieg die Mitarbeiterzahl auf 20 und die Produktionsräume wurden
um ein weiteres Gebäude erweitert. Im Jahr 1897 betrug die Jahresproduktion um
2000 Zentrifugen, bei einer Zahl von 60 Mitarbeitern.[11]

---

10 http://www.westfalia-separator.com/media-news/news-press-releases/singleview/
   article/milchschleuder-patent-feiert-120-geburtstag-1.html.
11 http://de.wikipedia.org/wiki/GEA_Westfalia_Separator.

Abbildung 21.6:
Die erste Milchschleuder der Firma Ramesohl und Schmidt oHG
http://de.wikipedia.org/wiki/GEA_Westfalia_Separator#mediaviewer/File:
GEA-WS-milchseparator.jpg

21.2 Der Weg der Zentrifuge ins Labor

Das Potential der Zentrifuge im Labor wurde von Friedrich Miescher (1844–1895),
Mediziner und Professor für Physiologie an der Universität Basel entdeckt. Im Jahr
1869 hat Miescher ein Zentrifugationssystem benutzt um Zellorganellen zu isolieren.
Dieses Verfahren führte zur Entdeckung eines neuen Bestandteils der Zellen, das später als Nukleinsäure bezeichnet wurde. Die Arbeit von Miescher wurde erkannt und
von anderen weiterentwickelt. Gustav de Laval hat im 1879 den ersten kontinuier-
lichen Zentrifugenseparator hergestellt und ermöglicht die Kommerzialisierung der
Zentrifuge.

Der größte Schritt in der Evolution der Labor-Zentrifuge wurde in den 1920er und
30er Jahren gemacht, als die Ultrazentrifuge, mit einer Zentrifugalbeschleunigung
von 900.000 × g von dem schwedischen Kolloidchemiker Theodor Svedberg (1884–
1971) entwickelt wurde. Ultrazentrifugen mit größeren Rotoren, mit einer Zentrifugalbeschleunigung von 260.000 × g wurden häufiger bei Routinearbeiten eingesetzt.
Svedberg benutzt seine Zentrifuge, um das Molekulargewicht und Untereinheiten von
komplexen Proteinen wie z. B. Hämoglobin zu identifizieren. Diese Arbeit führte zur

Abbildung 21.7:
Friedrich Miescher (1844–1895) und Theodor Svedberg (1884–1971)
Wikipedia

Erweiterung des Verständnisses der Proteinstukturen. 1926 erhielt Svedberg den Nobelpreis für Chemie für die Erfindung der Ultrazentrifuge und für seine Arbeit in der Kolloidchemie.

Parallel zu Svedberg's Gruppe beschäftigte sich in den USA der Physiker Jesse W. Beams (1898–1977) ebenfalls mit den Gravitationskräften. Sein Modell einer Ultrazentrifuge, das unter anderem eine wesentlich breiter gestreute Anwendung zuließ als das schwedische Pendant, bildet die Grundlage für die kommerzielle Produktion der Ultrazentrifuge. Durch zahlreiche Verbesserungen der ursprünglichen Apparatur wurde sie schließlich deutlich billiger, einfacher handzuhaben und die Ergebnisse waren besser reproduzierbar.[12] Das Interesse an der Isolierung der Viren brachte Edward G. Pickels und Johannes H. Bauer zusammen um die erste Hochgeschwindigkeits-Vakuumultrazentrifuge für die Isolierung von filtrierbaren Viren zu bauen.

In den 30er Jahren, verbesserte Dr. med. Martin Behrens die Zentrifugationstechnik für die Separation der subzellulären Komponenten der Zellen durch Dichtegradientenzentrifugation. Dieses Zentrifugationsverfahren wurde 20 Jahre nach seiner

---

12 Rebentrost 2006, S. 45.

Entwicklung zur hauptsächlich angewandten Methode zum Fraktionieren von Zellen.[13] Dr. Albert Claude und Dr. James S. Potter veröffentlichten 1942 eine Studie („*Isolation of Chromatin Threads from Resting Nucleus of Leukemic Cells*") die als ein Meilenstein zur Isolation der „chromatin threads" durch Zentrifugation gilt. Beide haben genau beschrieben wie man die „chromatin threads" durch eine Serie von Zentrifugationsschritten isolieren kann.[14]

Im Jahre 1946 stellte Edward G. Pickels, Mitbegründer der Firma SPINCO (Specialized Instruments Corp.) in Belmont, Kalifornien, die ersten Ultrazentrifugen für kommerzielle Zwecken vor. 1949 hat SPINCO die erste präparative Ultrazentrifuge mit einer maximalen Drehzahl von 40.000 rpm gebaut. 1954 kaufte *Beckmann Instruments* (jetzt Beckmann Coulter) SPINCO. Beckmann begann sofort die Verbesserung der Herstellung der Zentrifugen. Im Jahr 1980 wurde die erste Bodenzentrifuge von Beckmann eingeführt.

Die erste Mikrozentrifuge in Hamburg

Im Jahr 1962 entwickelte das in Hamburg ansässige Unternehmen *Netheler & Hinz Medizintechnik*, heute bekannt als *Eppendorf AG*, die erste Mikrozentrifuge für den Laboreinsatz. Das Mikrolitersystem wurde für den Einsatz von Routineanalyseverfahren auf Mikrolitermaßstab eingeführt. Das Mikrolitersystem war die Grundlage für eine breite Palette von Geräten für molekulare Untersuchungen, die später von verschiedenen biotechnologischen Firmen weiter entwickelt wurden.[15] Die Firma *Eppendorf AG*, die aus der 1945 gegründete Firma *Elektromedizinische Werkstätten GmbH* hervor ging, ist nicht nur Weltmarktführer in der Herstellung von Labor-Zentrifugen. Das Produktangebot umfasst verschiedene analytische Geräte und Laborverbrauchsartikel, die in akademischen oder industriellen Forschungslaboren, zum Beispiel in Unternehmen der Pharma- und Biotech-, sowie Chemie- und Lebensmittelindustrie eingesetzt werden.[16]

21.3 Theoretische Grundlage

In ihrer einfachsten Form besteht die Zentrifuge aus einem Metallrotor mit einer Anzahl von Bohrungen, in denen die Zentrifugen-Röhrchen mit dem zu zentrifugierenden Inhalt untergebracht werden und aus einem Motor oder einer anderen Antriebs-Vorrichtung, mit der der Rotor auf eine bestimmte Drehzahl gebracht werden kann. Alle anderen Teile, die man in modernen Zentrifugen findet, sind nur Zubehör für verschiedene andere Aufgaben und zur Konstanthaltung der Arbeitsbedingungen.[17]

Das physikalische Grundprinzip der Zentrifugation beruht darauf, dass jedes Objekt, das mit konstanter Winkelgeschwindigkeit kreisförmig bewegt wird, einer nach

---

13 De Duve / Beaufay 1981, S. 294.
14 Kumar / Awasthi 2009, S. 48.
15 Buie 2010, S. 38–39.
16 http://corporate.eppendorf.com/de/unternehmen/geschichte/.
17 Cooper 1980, S. 292.

Abbildung 21.8:
Dr. Heinrich Netheler (*1909) (links) und Dr. Hans Hinz (*1909) (rechts)

Sie gründeten im Jahre 1945 auf dem Gelände des Universitätskrankenhauses Eppendorf (UKE) in Hamburg die *„Elektromedizinische Werkstätten GmbH"*. Von 1988 an hieß das Unternehmen *Eppendorf Netheler
Hinz GmbH*; im Jahr 2000 wurde es Eppendorf AG.

Eppendorf AG „Auf dem familiären Gegenweg", Laborwelt Heft 6, 2011.
Foto: Mit freundlicher Unterstützung der Eppendorf AG / Hamburg, Abt. Werbung

außen gerichteten Beschleunigung **F** ausgesetzt ist. Die Größe der Beschleunigung
hängt von der Winkelgeschwindigkeit **w** und dem Radius der Rotation **r** (cm) ab. Daraus lässt sich ableiten, daß die Zentrifugalkraft und die relative Zentrifugalbeschleunigung dem Radius des verwendeten Rotors und dem Quadrat der Umdrehungszahl
proportional sind:

$$RZB = \frac{(\pi \cdot rpm)^2}{30^2} \cdot r / \frac{1}{980}$$

$$RZB = 1,119 \cdot 10^{-5} \cdot rpm^2 \cdot r$$

Abbildung 21.9:
Nach Kriegsende verlagern Dr. Netheler und Dr. Hinz Messgeräte und
Forschungsunterlagen in die Baracke am UKE und gründen die Arbeitsgruppe Dr.
Netheler, die Keimzelle für das heutige Weltunternehmen Eppendorf AG.
Foto: Mit freundlicher Unterstützung der Eppendorf AG / Hamburg, Abt. Werbung

RZB = Relative Zentrifugalbeschleunigung (abgekürzt mit einem g)

Mit dieser Formel kann man die relative Zentrifugalbeschleunigung (Vielfaches von
g) für jede Zentrifugaleinstellung und jede verwendeten Rotor berechnen. Bei gege-
benem Radius gilt, dass die Sedimentations-dauer umgekehrt proportional der Zentrifugalbeschleunigung ist:

$$Sedimentationsdauer = \frac{1}{Zentrifugalbeschleunigung}$$

Eine Verdoppelung der RZB verkürzt die Zentrifugationsdauer auf die Hälfte. Zum
Beispiel: Zur Plasmagewinnung muss man z. B. 10 Minuten bei 2000 g, fünf Minuten
bei 4000 g aber nur zwei Minuten bei 10.000 g zentrifugieren.[18]

18 Hallbach 2001, S. 26–27.

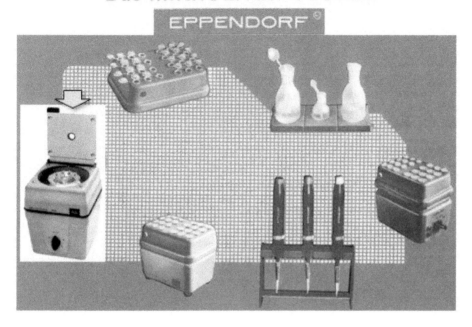

Abbildung 21.10:
Mikrolitersystem von Eppendorf

Es diente zur Vereinfachung der Laborarbeit in der klinischen Chemie und Biochemie. Zu diesem System gehört unter anderem eine Hochleistungs-Zentrifuge, die Mikrozentrifuge 3200, Baujahr 1964 (im Bild links, Pfeil), ausgestattet mit einem Rotor zur Aufnahmen von 12 Reaktionsgefäßen. Sie erreicht eine Drehzahl von 16.000 U/min und eine Zentrifugalbeschleunigung von etwa 15.000 × g.

Eppendorf Mikroliter System Bedienungsanleitung, Zentrifuge 3200. 1971, S. 3.
Grafik: Mit freundlicher Unterstützung der Eppendorf AG / Hamburg, Abt. Werbung

Der Sedimentationskoeffizient ist das Maß für die Sedimentationsgeschwindigkeit eines Teilchens in einem bestimmten Zentrifugalfeld.[19] Ein Teilchen, auf das die Zentrifugalkräfte wirken, wird in einem flüssigen Medium wandern. Eine geeignete Größe, die uns Auskunft über das Ausmaß dieser Bewegung gibt, ist der Sedimentationskoeffizient s der durch folgende Gleichung definiert ist:

---

19 Munk 2008, S. 152.

$$s = m\frac{(1 - \bar{\nu}p)}{f}$$

Wobei m die Masse des Teilchens ist, $\bar{\nu}$ dessen partielles spezifisches Volumen (das Reziproke seiner Dichte), p die Dichte der Lösung und f ein Reibungskoeffizient (ein Maß für die Form des Teilchens). Der Term $(1 - \bar{\nu}p)$ entspricht damit dem Auftrieb, den das flüssige Medium dem Teilchen gibt.

Sedimentationskoeffizienten werden meistens in Svedberg-Einheiten angegeben. Ein Svedberg (S) entspricht 10^{-13} Sekunden. Je geringer der S-Wert, desto langsamer bewegt sich das Molekül unter dem Einfluss der Zentrifugalkraft.[20]

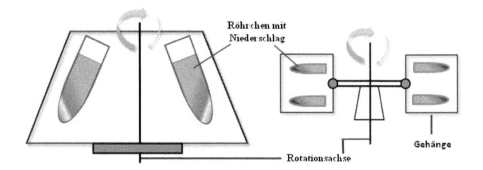

Abbildung 21.11:
Festwinkelrotor (links) und Ausschwingrotor (rechts) im Betriebszustand
Grafik: Lourdes Cortes-Dericks,
basierend auf der Darstellung von Kremer / Bannwarth 2014, S. 168.

21.4 Zentrifugen und Rotorentypen

Je nach Trennproblem setzt man in präparativ oder analytisch arbeitenden Labors verschiedene Rotortypen und Zentrifugen ein. Als Rotor verwendet man meist einen der folgenden drei Haupttypen, die allesamt bestimmte methodische Vorzüge bieten, aber auch Nachteile aufweisen:

Ausschwing- oder Horizontalrotor – Das Zentrifugengefäß mit der Probenaufnahme (Gehänge) schwingt während des Laufs nahezu horizontal in die Rotationsebene des Rotors aus.

Festwinkelrotor – Das Zentrifugengefäß bleibt während des Laufs in einem konstanten Winkel zur Rotationsachse.

20 Berg / Tymoczko / Stryer 2013, S. 77–78.

Abbildung 21.12:
Zentrifugenrotoren

Ausschwingrotoren sind für die Sedimentation bei kleineren Schwerefeldern bis zu ca. $6000 \times g$ einsetzbar. Einsatzbereiche sind vor allem die Medizin und die Forschung (links). Winkelrotoren sind für Sedimentation bei höheren Schwerefeldern bis über $60.000 \times g$ geeignet (rechts). Der Einsatz erfolgt vorwiegend in der Forschung.
Mit freundlicher Erlaubnis von Guido Guttmann, Sigma Laborzentrifugen GmbH

Durchflussrotor – Der Rotor ist mit Anschlüssen für den Probenein- und auslass ausgestattet und erlaubt die schonende Sedimentation von Teilchen aus großen Flüssigkeitsmengen, beispielsweise von Bakterien aus Fermenterkulturen. Diese Art Zentrifugen werden auch im industriellen Bereich eingesetzt. Der Flüssigkeitsdurchsatz liegt modellabhängig bei mehreren Litern in der Minute.

Weitere für Spezialanwendungen einzusetzende Rotortypen sind der Vertikal-, Fastvertikal- und Zonalrotor. Bei Hochgeschwindigkeitszentrifugen läuft der Rotor im Hochvakuum.[21] Ob für die Zentrifugation ein Festwinkel-, Vertikal-, oder ausschwingender Rotor verwendet wird, hängt in erster Linie von der technischen Voraussetzung ab. Differentialzentrifugationen sind am leichtesten in Festwinkelrotoren oder in Ausschwingrotoren, wenn das Verhältnis zwischen Höhe der Flüssigkeit im Becher und Becherdurchmesser nicht so groß ist, durchzuführen. Vertikalrotoren sind dafür ungeeignet. Dichtegradientenzentrifugation ist am günstigsten in Vertikalrotoren wegen der schnellen und scharfen Einstellung des Gradienten und in Ausschwingenden Rotoren durchzuführen.[22]

---

21 Kremer / Bannwarth 2009, S. 158.
22 Holtzhauer 1988, S. 112.

21.5 Sicherheitsbedienungen der Zentrifuge

Die oberste Regel zur Sicherheit beim Umgang mit Zentrifugen ist die gleichmäßige Beladung der Rotoren. Eine gleichmäßige Beladung läßt sich entweder durch gleiches Gewicht einander gegenüberstehender Probengefäße oder bei einer durch drei teilbaren Anzahl an Bohrungen durch dreiecksförmige Anordnung von drei gleichgewichtigen Probengefäßen erreichen. Beim Austarieren der Probengefäße muss berücksichtigt werden, daß die von Hersteller genannten Toleranzen Maximal Werte darstellen, die keinesfalls überschritten werden dürfen. Da das Schwerefeld in einem Rotor mit zunehmender Entfernung von der Rotorachse zunimmt, müssen austarierte Probengefäße nicht nur gleiche Masse sondern auch die gleiche Dichteverteilung aufweisen. Bei höherer Dichte und entsprechend geringem Volumen befindet sich die zu zentrifugierende Masse weiter vom Rotormittelpunkt entfernt, so daß beim Zentrifugieren eine dynamische Unwucht entsteht, wenn die Probengefäße zwar gleiches Gewicht aber ungleiche Dichteverteilung aufweisen.[23]

21.6 Zentrifugationsverfahren

Die Auswahl eines geeigneten Zentrifugationsverfahren hängt im Wesentlichen von der abzutrennenden Teilchengröße ab.

Differential Zentrifugation – Bei einer differenziellen Zentrifugation werden die abzutrennenden Teilchen entsprechend des Dichteunterschiedes zwischen Partikeln und Flüssigkeit als Sediment (Pellet) am Boden des Zentrifugengefäßes abgesetzt.

Dichtegradienten Zentrifugation – Bei einer Dichtegradientenzentrifugation werden die in einer Probe befindlichen Teilchen entsprechend ihrer Größe in Flüssigkeitgradienten sortiert. Es gibt zwei Arten der Dichtegradientenzentrifugation: Zonenzentrifugation und isopyknische Zentrifugation. Wenn die Teilchendichte ungefähr die gleiche Schwimmdichte, aber verschiedene Größen aufweist, spricht man von Zonenzentrifugation. In diesem Fall muss man die Zentrifugation abbrechen, bevor sich alle Partikeln als Sediment am Gefäßboden angesammelt haben. Die benötigten Gradienten, beispielsweise aus einer Saccharose-Lösung, werden üblicherweise von einem elektronisch gesteuerten Gradientenmischgerät angemischt. Man kann je nach Trennproblem im Zentrifugengefäß lineare, gestufte oder komplexe Gradienten bauen.[24]

Isopyknische Zentrifugation ist eine Gleichgewichtszentrifugation. Die zu sedimentierenden Teilchen bewegen sich bei der isopyknischen Zentrifugation so lange durch den Gradienten, bis sie einen Punkt erreichen, an dem ihre Dichte mit der des Gradienten übereinstimmt. Hier Sedimentieren die Teilchen nicht

---

23 Pingoud / Urbane 1997, S. 136.
24 Kremer / Bannwarth 2009, S. 159.

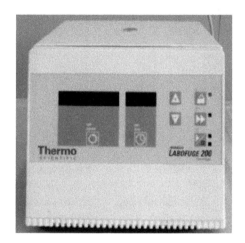

Abbildung 21.13:
Tisch-Zentrifuge im Labor der Anorganischen und Angewandten Chemie an der
Universität Hamburg (links). Eine *Heraeus Christ* Tisch-Zentrifuge in den
Sammlungen des Zentrums für Geschichte der Naturwissenschaft und Technik an
der Universität Hamburg (rechts).
Foto: Lourdes Cortes-Dericks (links); Gudrun Wolfschmidt (rechts).

weiter, da sie praktisch auf einer Unterlage schwimmen, die eine größere Dichte, als sie selbst besitzt. Für diese Methode wird ein ausreichend steiler Gra-
dient benötigt, da die maximale Dichte des Gradienten größer sein muss als
die größte Dichte der sedimentierenden Substanzen. Damit alle Teilchen ihre
Gleichgewichts-Dichte erreichen, muss die Zentrifugation lange genug und mit
höherer Geschwindigkeit durchgeführt werden als für die Zonen-Zentrifugation
notwendig ist. Diese Technik wird zur Trennung von Teilchen verwendet, die
sich in ihrer Dichte nicht jedoch in ihrer Größe voneinander unterscheiden. Bei
Substanzen mit unterschiedlicher Dichte ist die isopyknische Zentrifugation die

Methode der Wahl. Dies gilt z. B. für Moleküle wie Nukleinsäuren, subzelluläre Organellen wie Mitochondrien, Proplastiden und Glyoxysomen.[25]

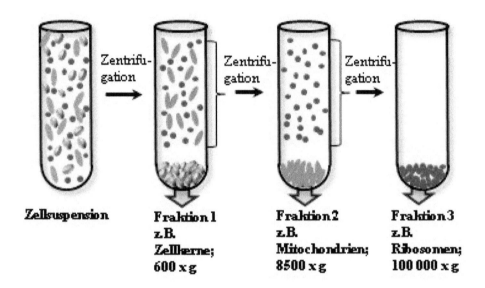

Abbildung 21.14:
Differentialzentrifugation

Bei der Differentialzentrifugation wird nach Größe und Dichte getrennt. Beim Zellfraktionierungsverfahren kann mit Hilfe einer Ultrazentrifuge verschiedene Zellbestandteile z. B. Zellkerne, Mitochondrien und Ribosomen aufgrund ihrer Dichte bzw. ihrer Größe/Masse getrennt werden. Große, dichte Organellen bilden im Zentrifugenröhrchen schneller ein Sediment als kleine und weniger dichte Strukturen. Das Sediment steht für weitere Untersuchungen zur Verfügung. Der Überstand kann in weiteren Zentrifugationsschritten weiter aufgetrennt werden.

Darnel / Lodish / Baltimorre 1994, S. 156.
Grafik: Lourdes Cortes-Dericks

21.7 Die Ultrazentrifuge

Eines der wichtigsten Instrumente der heutigen Industrie und Forschung ist die Ultrazentrifuge. Ihre Erfindung verdanken wir Theodor Svedberg und seinen Mitarbeitern,

25 Cooper 1981, S. 310, 312.

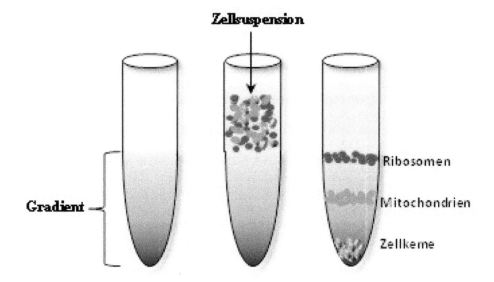

Abbildung 21.15:
Dichtegradientenzentrifugation

Verschiedene konzentrierte Salz (z. B. Caesiumchlorid) oder Zuckerlösungen werden vor Beginn der Zentrifugation übereinandergeschichtet um Gradienten zu erzeugen. Die Zellsuspension wird über einen Dichtgradienten geschichtet. Während der Zentrifugation wandern die Bestandteile der Zellsuspension (Ribosomen, Mitochondrien und Zellkerne) in den Bereich des Gradienten und bleiben bei ihrer entsprechenden Dichte in bestimmten Zonen hängen. Dort können die getrennten Zellbestandteile entnommen und weiter untersucht werden.

Darnel / Lodish / Baltimorre 1994, S. 159.
Grafik: Lourdes Cortes-Dericks

die im Jahr 1923 das erste brauchbare Model konstruierten. Die Anwendung der Ultrazentrifuge hat zu grundlegenden Erkenntnissen in der Chemie der Eiweißstoffe geführt, da es mit ihrer Hilfe möglich ist, die Molekulargewichte der Proteine unabhängig von Form und Hydration exakt zu bestimmen.[26] Eine Ultrazentrifuge besteht aus vier Funktionseinheiten:

1. der Antriebseinheit und Geschwindigkeitsregelung,

2. der Temperaturkontrolle,

3. dem Vakuumsystem und

---

26 Schramm 1945, S. 111.

4. dem Rotor.

Der Einsatz von Mikroprozessoren in modernen Geräten erlaubt eine noch präzisere Drehzahl- und Temperatur-Kontrolle. Die Verwendung von frequenzgesteuerten Induktionsmotoren bedeutet einen nahezu verschleißfreien Antrieb und Unabhängigkeit von externer Kühlung.[27]

Die Ultrazentrifugation kann sowohl für präparative als auch für analytische Zwecke eingesetzt werden. Die präparative Zentrifugation dient zur Trennung, Isolierung und Reinigung von etwa ganzen Zellen, subzellulären Organellen, Plasmamembranen, Ribosomen, Polysomen, Lipoproteine und Nukleinsäure um sie dann für biochemische Untersuchungen durchzuführen. Die analytische Zentrifugation dient vorwiegend der Untersuchung der Sedimentationscharakteristik biologischer Makromoleküle und molekularer Strukturen. Dazu gibt sie Informationen über die Reinheit, relative Molekülmasse und Form des Materials.[28]

Die Weiterentwicklung der Ultrazentrifuge eröffnete neue experimentelle Möglichkeiten. Sie erlaubt die Fraktionierung von subzellulären Organellen, die vorher nur im Elektronenmikroskop beobachtet werden konnten. Sie erlaubt die Bestimmung der enzymatischen Zusammensetzung dieser Organellen und somit einen Einblick in ihre Struktur- und Funktionszusammenhänge.[29] Mit Geschwindigkeiten von bis zu 150.000 Umdrehungen pro Minute (U/min) bei der Partikeltrennung und einer relativen Zentrifugalbeschleunigung (RZB) von über $1.000.000 \times g$ ist die Ultrazentrifugation eine ideale Technik für die Zellbiologie (subzelluläre Fraktionierung), Proteomik (Reinigung und Fraktionierung von Proteinen und Lipoproteinen), Genomik (RNA- und DNA-Reinigung), Mikrobiologie (Pelletierung und Virusreinigung/-Konzentration) aber auch in der Nanotechnologie zur Reinigung und Trennung von Nanopartikeln.[30]

21.8 Einsatzgebiete der Zentrifuge

Das Spektrum der Anwendungsbereiche erstreckt sich vom Einsatz im Haushalt als Salatschleuder oder Honigschleuder bis hin zu speziellen technischen Anwendungen in den verschiedenen Bereichen der Industrie, Medizin und Forschung. Die folgende Grafik zeigt die vielfältigen Einsatzbereiche der Zentrifuge.

Die Weiterentwicklung der Milchschleuder, die Mitte des 18. Jahrhunderts begonnen hat und bis zur heutigen Zeit immer noch stetig verbessert wird, haben wir dem großen Einsatz von Prandtl, Lefeldt, de Laval, von Bechtolsheim, Svedberg, usw. zu verdanken. Ohne deren innovative Entwicklungen wären die jetzigen Hochleistungszentrifugen nicht verfügbar.

So schätzen seit nunmehr über 100 Jahren Anwender auf der ganzen Welt die vielfältigen Anwendungsbereiche von Zentrifugen. Die Zentrifuge ist ein unentbehrliches

---

27 Geckeler / Eckstein 1998, S. 131.
28 Wilson / Goulding 1990, S. 55–56.
29 Cooper 1981, S. 298.
30 http://www.process.vogel.de/mechanische_verfahrenstechnik/articles/294935/.

Abbildung 21.16:
Ultrazentrifuge, Model TXL der Firma Beckman Coulter
http://commons.wikimedia.org/wiki/File:Ultracentrifuge.jpg

Werkzeug bei der Entwicklung neuer Produkte in allen Industriebereichen sowie in der
Medizin und der Biologie, wo sie bei der Entdeckung bislang unbekannter molekularer und zellulärer Strukturen die der Beantwortung wissenschaftlicher Fragestellungen
dienen, unabdinglich sind.

21.9 Literatur

BECHTOLSHEIM, SEBASTIAN VON: Wie die Milch ins Schleuder Geriet. In: *Kultur
und Technik* (Das Magazin aus dem Deutschen Museum) **36** (2012), Heft 2,
S. 52–54.

BERG, JEREY M.; STRYER, LUBERTUND JOHN L. TYMOCZKO: *Stryer Biochemie.*
Übers. von ANDREAS HELD, MANUELA HELD, BIRGIT JAROSCH, GUDRUN MA-
XAM UND LOTHAR SEIDLER. Berlin, Heidelberg: Springer Verlag (7. Auflage)
2013.

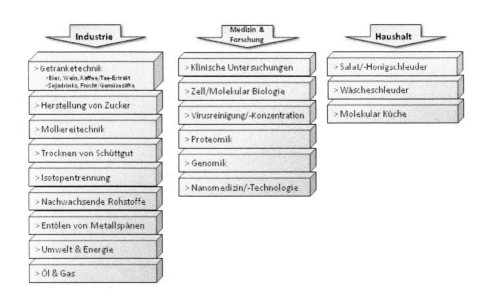

Abbildung 21.17:

Überblick der Einsatzmöglichkeiten der Zentrifuge / Ultrazentrifuge
`http://www.westfalia-separator.com/de/anwendungen/getraenketechnik/`
`bier-anwendungsuebersicht.html` Grafik: Lourdes Cortes-Dericks

BUIE, JOHN: Evolution of the Lab Centrifuge. In: *Lab Manager Magazine* **5** (2010), S. 38–39.

COOPER,TERRANCE: *Biochemische Arbeitsmethode.* Übers. und Bearb. von REINHARD NEUMEIER UND H. RAINER MAURER. Berlin, New York: de Gruyter 1980.

DARNELL, JAMES; LODISH, HARVEY UND DAVID BALTIMORE: *Molekulare Biologie.* Übers. von LOTHAR TRÄGER UND RUTH TRÄGER. Berlin: Walter de Gruyter & Co. 1993.

DUVE, CHRISTIAN DE UND HENRY BEAUFAY: A Short History of Tissue Fractionation. In: *The Journal of Cell Biology* **91** (1981), S. 293s–299s.

GECKELER, KURT E. UND HEINER ECKSTEIN (Hg): *Bioanalytische und biochemische Labormethoden.* Wiesbaden: Springer Fachmedien 1998.

GRESSNER, AXAL M. UND TORSTEN ARNDT: *Lexikon der Medizinischen Laboratoriumsdiagnostik.* Bd, 1: Klinische Chemie. Heidelberg: Springer Medizin Verlag (1. Auflage) 2007.

HALLBACH, JÜRGEN: *Klinische Chemie für den Einstieg.* Berlin, Heidelberg: Springer (1. Auflage) 2001.

Holtzhauer, Martin: *Biochemische Labormethoden.* Berlin, Heidelberg: Springer 1988.

Kremer, Bruno P. und Horst Bannwarth: *Einführung in die Laborpraxis.* Berlin, Heidelberg: Springer 2009.

Kumar, Ajay: *Abhishek Awasthi: Bioseparation Engineering.* International Publishing House Pvt. Ltd. 2009.

Meyers *Konversations-Lexikon*: Autorenkollektiv. 3. Band. Hg. von Peter Hug. Leipzig, Wien: Verlag des Bibliographischen Instituts (4. Auflage) 1888, S. 1885–1892. http://www.eLexikon.ch/1888_bild/03_0695.

Munk, Katharina: *Biologie-Zellbiologie.* Stuttgart: Georg Thieme 2008.

Pingoud, Alfred und Claus Urbane: *Arbeitsmethode in der Biochemie.* Berlin, New York: de Gruyter 1997.

Prandtl, Wilhelm: *Antonin Prandtl und die Erfindung der Entrahmung der Milch durch Zentrifugieren.* München 1938.

Prandtl-Vogel, Johanna: Ludwig Prandtl: ein Lebensbild; Erinnerungen, Dokumente. In: *Göttinger Klassiker der Strömungsmechanik.* Hg. von Andreas Dillmann. Göttingen: Universitätsverlag (Bd. 1) 2005.

Rebentrost, Inken: Das Labor in der Box: Technikentwicklung und Unternehmensgründung in der frühen deutschen Biotechnologie. In: *Schriftenreihe zur Zeitschrift für Unternehmensgeschichte.* München: Verlag C. H. Beck (Bd. 16) 2006.

Schramm, Gerhard: *Die Biochemie der Virusarten.* Fortschritte der Chemie Organischer Naturstoffe IV. Wien: Springer 1945.

Abbildung 22.1:
Adolf Knappwost (1913–2007) in typischer Pose
Film: 60. Geburtstag von Adolf Knappwost – Horst Wochnowski, Hamburg (1973)

Der Physikalischen Chemie auf den Zahn gefühlt: Die Ära von Adolf Knappwost

Horst Wochnowski und Volkmar Vill (Hamburg)

22.1 Die Epochen der Physikalischen Chemie in Hamburg

Die Physikalische Chemie in Hamburg ist und war sehr gewichtig in der internationalen Forschung. Sogar ein Nobelpreis konnte errungen werden. Die jeweiligen Ordinarien, z. B. Otto Stern, Harteck, Ewald Wicke und Adolf Knappwost, haben jeweils sehr charakteristische Epochen geprägt. Über die ersten drei sind bereits viele Übersichtsartikel erschienen (Schmidt-Böcking, Reich 2011, Schaaf (1999), Fell 1994),aber über Adolf Knappwost (1913–2007) findet man bisher keine Übersichten. Auch viele Details seiner Vita liegen noch im Nebel der Geschichte. Allerdings können wir jetzt noch auf das Wissen von Zeitzeugen zurückgreifen und es existieren auch einmalige Film- und Bildzeugnisse (Wochnowski 1973), die bisher der Öffentlichkeit nicht bekannt sind.

22.2 Leben und Wirken von Adolf Knappwost (1913–2007)

Adolf Knappwost, Dr.-Ing. habil, Dr. med. dent. h. c., war von 1960 bis 1981 als ordentlicher Professor für *Physikalische Chemie* an der Universität Hamburg tätig. Mit seinen über 300 wissenschaftlichen Arbeiten hat sich Adolf Knappwost nicht nur innerhalb seines Fachgebietes, sondern auch in Nachbardisziplinen weit über die Grenzen seines „Vaterlandes" einen Namen gemacht.

Adolf Knappwost wurde am 29. April 1913 in Hannover geboren. Der berufliche Werdegang von Knappwost begann mit dem Studium der Physik und Chemie an der Technischen Hochschule seiner Geburtsstadt Hannover, das er 1938 mit der Diplomprüfung abschloss. Es erfüllte ihm sein ganzes Leben hindurch mit einem gewissen

Stolz, dass er als einer der wenigen der damaligen Zeit von der *Studienstiftung des Deutschen Volkes* gefördert wurde. 1940 folgte die Promotion an der Technischen Hochschule Karlsruhe im Institut für Physikalische Chemie unter Prof. Dr. Ludwig Ebert (Johannes Ludwig Ebert, 1894–1956) und später unter Prof. Hans Nowotny (1911–1996).

Im Jahr 1942 kam Adolf Knappwost, vorher vom Kriegsdienst beurlaubt (s. u.), zum *Kaiser-Wilhelm-Institut* (KWI) für Metallforschung in Stuttgart. Hier war er an der Entwicklung von Stanniolstreifen beteiligt, die das gegnerische Radarsystem nicht zur Wirkung kommen lassen sollte (Radar-Täuschmittel). Diese hatten den Arbeitsnamen *„Düppel"*, benannt nach einem Stadtteil von Berlin, wo die ersten Versuche durchgeführt wurden (Johnson 1978). Die Entwicklung war, so nach eigener Aussage, bis zur Einsatzreife fortgeschritten. Sie kam aber nicht zum Einsatz, da auf Befehl der Heeresleitung (Göring) die Arbeiten abrupt gestoppt und alle Unterlagen vernichtet wurden, da sie nicht in die Hände des Kriegsgegners fallen sollten. Erst später erfuhr man, dass die Alliierten in der Entwicklung unter der Bezeichnung „windows" genauso weit fortgeschritten waren. Im Jahre 1943 wurde Adolf Knappwost in Karlsruhe für das Fach Physikalische Chemie habilitiert. In seiner Habilitationsschrift mit dem Thema *Untersuchungen amorpher Oberflächen des ternären Eutektikums Wismut-Blei-Zinn mittels einer Ultrahochfrequenzleitfähigkeits-Methode*, die ganz grob auf die Richtung seiner späteren Arbeitsgebiete hindeutete, bedankte er sich bei seinem berühmten Lehrer Hermann Ulich (Hermann Emil Ulich, 1895–1945). Zu ihm hatte er ein inniges, wissenschaftliches Verhältnis. Umso mehr erschütterte es Knappwost, dass Ulich am Ende des Krieges (14.4.1945 in Karlsruhe) seinem Leben auf tragischer Weise ein Ende setzte. Wie der Kontakt zwischen Ulich und Knappwost entstand, ist hier noch nicht zu klären. Typisch für Ulich war, nach der Erinnerung von Knappwost, sein Auftreten auch im Institut mit brauner Uniform [...].

Nach Kriegsende 1945 befasste sich Knappwost zunächst als Leiter einer Arbeitsgruppe des *Institut de Recherches Scientifique Tettnang* und später am zahnärzlichen Institut der Universität Tübingen mit der Entwicklung von Zahnlegierungen und Zahnzementen. In den Jahren nach 1948 leitete Adolf Knappwost die neu aufgebaute Abteilung für Physikalische Chemie und Werkstoffkunde am zahnärzlichen Institut der Universität Tübingen. Dort wurde er 1952 apl. Professor. Seine wissenschaftlichen Arbeiten wurden seinerzeit schon so anerkannt, dass er 1955 Ehrenmitglied der Stomatologischen Gesellschaft von Jugoslawien wurde. Seine Mitberatung bei einer Zahnwurzelbehandlung von Staatschef Tito hat ihm wohl auch den Weg zu dieser Auszeichnung geebnet.

1957 wurde er in den Wissenschaftlichen Rat des Atomzentrums Nordrhein-Westfalen in Jülich berufen. Im gleichen Jahr lehnte er einen Ruf an die Universität Jena ab. 1958 erhielt er den ORCA-Preis der europäischen Arbeitsgemeinschaft für Kariesforschung.

Im Jahre 1960 nahm Adolf Knappwost einen Ruf auf den Lehrstuhl für Physikalische Chemie der Universität Hamburg an und war bis 1969 Direktor des Instituts

Abbildung 22.2:
Iwan Stranski (1897–1979)

Er war u.v.a. 1953 bis 1970 Leiter einer Abteilung des Fritz-Haber-Instituts in Berlin. Stranski war ein großer Förderer und Freund von Knappwost. Oft war er Gast und Vortragender im Fachbereich. Stranski hielt einen Festvortrag.

Hans Nowotny (1911–1996)

Der Doktorvater von Knappwost war nur wenig älter als sein Doktorand. Nowotny hielt auch einen Festvortrag.

Film: 60. Geburtstag von Adolf Knappwost – Horst Wochnowski, Hamburg (1973)

für Physikalische Chemie der naturwissenschaftlichen Fakultät, danach bis 1977 geschäftsführender Direktor dieses Instituts im Fachbereich Chemie.

1981 wurde Adolf Knappwost emeritiert. Aber mit der Entbindung der Verpflichtung als Hochschullehrer in Hamburg war das wissenschaftliche Wirken von Adolf Knappwost noch nicht beendet. Er war weiterhin korrespondierendes Mitglied der *Joachim-Jungius-Gesellschaft der Wissenschaften* in Hamburg, forschte weiter am zahnärztlichen Institut der Universität Witten-Herdecke, erhielt 1984 den Ehrendoktor der Zahnmedizin von der Eberhard-Karls-Universität Tübingen und fungierte als wissenschaftlicher Berater der von ihm mitgegründeten Firma *Humanchemie GmbH* in Alfeld. Wissenschaftliche Kontakte zu osteuropäischen Universitäten führten 1998 zur Ernennung von Adolf Knappwost zum Ehrenmitglied der *Stomatologischen Gesellschaft* von Russland.

Das breitgefächerte Spektrum der wissenschaftlichen Tätigkeit von Adolf Knappwost, das im Gegensatz zur Einengung und Spezialisierung von heutigen Forschern steht, lässt sich drei größeren Bereichen zuordnen: Der Biophysikalischen Chemie, der Festkörperforschung und der Physikalischen Chemie der Grenzflächen.

Zur letzten gehört auch die Untersuchung physikalisch-chemischer Vorgänge in der Tribologie. Durch seine tiefgehenden Gedanken zu grundsätzlichen tribologischen Fragestellungen, in denen er die Reibungsvorgänge übergeordnet als dissipative, irreversible Prozesse mit einer Entropiezunahme des Gesamtsystems darstellt, lassen sich z. B. auch die Vorgänge bei Magnetlagern deuten, bei denen keine Materie zwischen den Gleitpartnern existiert.

Die schon frühen Arbeiten aus dem Bereich der Biophysikalischen Chemie betreffen Probleme des Mineralstoffwechsels, insbesondere von Fluoriden und Fluorokomplexen im Hinblick auf die Kariesprophylaxe, die, nach eigenen Aussagen, eine Beratung der Einführung der Fluorierung des Trinkwassers in der Schweiz zur Folge hatte. Das von Knappwost entwickelte Verfahren der Depotphorese zur Zahnwurzelkanalbehandlung hat sich überwiegend als positiv erwiesen und wird durch die bereits oben erwähnte Humanchemie im In- und Ausland vertrieben. Grundlegende Anfangsversuche von Adolf Knappwost und Mitarbeitern zur Dotierung des Knochenzements mit Antibiotica bei der Endoprothetik machten 1976 den Aufbau der weltberühmten Endoklinik in Hamburg durch den Gründer Prof. Hans-Wilhelm Buchholz (1910–2002) erst möglich.

Aus der Vielzahl der breit gefächerten Forschungsergebnisse konnten hier nur wenige herausragende erwähnt werden. Viele andere Forschungsgebiete, die Knappwost initiierte, wurden von einigen seiner zahlreichen Mitarbeiter, denen er die Freiheit der Entwicklung überließ, zu eigenständigen Forschungsschwerpunkten weiter geführt.

Adolf Knappwost verstarb am 1. Juni 2007 in Alfeld. Seine Schaffenskraft, seine Dynamik und Vitalität bis ins hohe Alter, deren Quelle in seiner geistigen Beweglichkeit, seiner Bereitschaft zur aktiven körperlichen Betätigung im weitesten Sinne und nicht zuletzt im familiären Bereich zu suchen waren, sind für die, die Adolf Knappwost kannten, unvergessen.

22.3 Einige Hintergründe zur Geschichte

Die Schaffensphase von Adolf Knappwost durchschritt viele turbulente Zeiten: Kriegs-, Nachkriegszeit und 68er Bewegung. Spannend wären hier Informationen aus erster Hand, wie er sich hier persöhnlich verhalten hat. Da wir ihn leider nicht mehr direkt fragen können, soll hier aus überlieferten Teilinformationen ein kleiner Einblick konstruiert werden.

Helmut Maier (2007) hat zwei ausführliche Bände über das *KWI für Metallforschung* erstellt. Etwas können wir hier auch zu Adolf Knappwost lesen. Seine Rückkehr von der Front zum Forschungslaboratorium 1942 und sein „Uk"-Stellung bis 1945 geht wohl direkt auf eine Vereinbarung zwischen dem Rüstungsminister Speer und Albert Vögler, dem Präsidenten der Kaiser-Wilhelm-Gesellschaft, zurück. Knappwost gehörte zur Gruppe zerstörungsfreie Werkstoffprüfung und Geräteentwicklung, die von Friedrich Förster (1908–1999) geleitet wurde. Der Doktorvater Hans Nowotny war einer der führenden Wissenschaftler des Institutes. Vermutlich gab er dann auch die Information, die hohe Qualifikation von Adolf Knappwost beschrieb und ihn dadurch von der Front zurückrief. Nowotny war aber wohl kein direkter Vorgesetzter im Institut. Die wissenschaftlichen Projekte von Knappwost sind im Buch von Maier (2007) leider nicht beschrieben. Auch die „Düppel"-Forschung wird hier nicht als Schwerpunkt beschrieben. 1945 haben dann die Aliierten das *KWI für Metallforschung* untersucht und analysiert. Dabei ging es sowohl um die Ergebnisse als auch die Kooperation mit den erfahrenen Wissenschaftlern. Die Amerikaner hatten zunächst ihre *ALSOS-Kommission* geschickt. Da das Institut aber in der französischen Besatzungszone lag, übernahmen diese die Verwertung des Knowhows und gründeten das *Institut de Recherches Scientifique Tettnang*, dem auch Knappwost dann angehörte. Leider liegen keine Berichte von Knappwost selbst aus dieser Zeit vor.

Der Wechsel der Organisationsform 1969 ergab sich aus der Abschaffung der Fakultäten und Gründung der Fachbereiche durch die Universitätsreform im Zuge der „68er"-Bewegung. Aus dem *Chemischen Staatsinstitut* unter der Leitung von Kurt Heyns und dem *Institut für Physikalische Chemie* unter der Leitung von Knappwost wurde der Fachbereich Chemie mit neuen Instituten gegründet. Knappwost blieb dabei Leiter eines gleichnamigen Institutes. Inhaltlich war Heyns, der von Studenten sogar den Titel *„Vorhut der Revolution"* bekam, mit den Änderungen zufriedener, als Knappwost, der eher noch mit der Ordinarienuniversität verwurzelt war. Als Physikochemiker war natürlich auch eine Zuordnung zur Fakultät, in der sowohl Chemie als auch Physik vertreten war, integrativer als die Zuordnung zu einem Fachbereich (nur) Chemie.

22.4 Der 60. Geburtstag – festgehalten im Film

Von der Feier zum 60. Geburtstag von Adolf Knappwost sind Film- und Tonaufnahmen erhalten geblieben. Heute stellen sie eine einmalige Quelle für ein historisches Life-Bild der Universität Hamburg des Jahres 1973 dar. Der Film umfasst den Empfang im Institut (damals noch im Laufgraben) und die Festvorträge im Hörsaal B (Martin-Luther-King-Platz). Zusätzlich wurden Tonaufnahmen beim Empfang gemacht, die allerdings mit den Bildern nicht synchonisiert sind (Wochnowski 1973). Siehe auch Abb. 22.1, S. 558.

22.5 Nachfolge und Nachwirkung von Adolf Knappwost

Viele Mitarbeiter von Adolf Knappwost bekamen Dauerstellen am Institut für Physikalische Chemie, viele von ihnen wurden auch zu Professoren ernannt und haben sich große wissenschaftliche Ehren erworben, z. B. Fritz Thieme (1925–2013). Er promovierte 1963 noch in Tübingen bei Knappwost. 1973 bis 1981 war er Sprecher des Fachbereiches Chemie der Universität Hamburg, 1993 bekam er die Silberne Medaille für Forschung der Universität Hamburg, 1997 wurde er Ehrensenator der TU Chemnitz, um nur einiges zu nennen.

Für die Besetzung der Nachfolge von Knappwost war aber die feste personelle Struktur ein Hindernis. Zwei Versuche zur Nachbesetzung scheiterten. Knappwost selbst schätzte diese Situation so ein, dass er nicht zu ersetzen wäre. Potentielle Nachfolger von Knappwost machten sich wohl eher die Sorge, dass die Lücke, die ihnen im Knappwost-Umfeld geboten wurde, zu klein zur eigenen Entfaltung war. Nach den Fehlversuchen zur Neubesetzung des Lehrstuhles erlosch dieser Lehrstuhl sogar, der mit dem Nobelpreisträger Otto Stern ruhmreich begann.

Neben Knappwost wurde 1974 ein zweiter Lehrstuhl für Elektrochemie eingerichtet, den Bertel Kastening bis 1994 vertrat. Fachlich stellte er eine sehr gute Ergänzung zum Themenfeld von Knappwost dar, arbeitete sehr selbstständig und war damit kein Teil der Knappwost-Familie. Nachfolger von Kastening wurde 1994 Horst Weller, der dem Institut eine neue Forschungsrichtung gab. Weitere Nachbesetzung alter Stellen und sogar die Schaffung neuer Stellen bzw. die Reaktivierung der verlorenen Knappwost-Stelle schuffen einen leistungsstarken Komplex in der Nanoforschung, der jetzt sogar von der Bundesexzellenz-Initiative als Teil des CUI gefördert wird.

Die letzten Schüler von Knappwost sind nun pensioniert, so dass man nun über die Ära Knappwost resümieren kann.

22.6 Literatur

FELL, ULRIKE: *Ewald Wicke am Institut für Physikalische Chemie der Universität Hamburg 1954 bis 1959.* Studienarbeit (Betreuer: Jost Weyer), Universität Hamburg, 1994.

5 JOHNSON, BRIAN: *Streng geheim: Wissenschaft und Technik im Zweiten Weltkrieg.* Augsburg: Weltbild-Verlag 1978.

6 MAIER, HELMUT: *Forschung als Waffe: Rüstungsforschung in der Kaiser-Wilhelm-Gesellschaft und das Kaiser-Wilhelm-Institut für Metallforschung 1900–1945/48.* Göttingen: Wallstein Verlag 2007.

Abbildung 22.3:
Kurt Heyns (1908–2005) und Klaus Nagorny (*1936)

im Gespräch während des Empfanges. Heyns war 1957 bis 1969 geschäftsführender Direktor des Chemischen Staatsinstituts in Hamburg. Nagorny war 1983 bis 1991 und 1993 bis 1999 geschäftsführender Direktor des Instituts für Physikalische Chemie der Universität Hamburg.

Heinz Raether(1909–1986) und Knappwost im Gespräch

Raeter war 1951 bis 1977 Direktor des Instituts für Angewandte Physik in Hamburg.

Film: 60. Geburtstag von Adolf Knappwost – Horst Wochnowski, Hamburg (1973)

Abbildung 22.4:
Friedrich Knauer (1897–1979)

war der letzte Assistent von Otto Stern. Von 1939 bis 1963 war er apl. Professor für
Physikalische Chemie in Hamburg.

Hansjörg Sinn (*1929), Walter Dannecker (*1934) und Walter Kaminsky (*1941)

im Gespräch. Hansjörg Sinn war u.v.a. 1969 bis 1970 Rektor der Universität Hamburg
und 1978 bis 1985 Senator für Wissenschaft und Forschung in Hamburg.

Film: 60. Geburtstag von Adolf Knappwost – Horst Wochnowski, Hamburg (1973)

2 SCHAAF, MICHAEL: *Der Physikochemiker Paul Harteck (1902–1985)*. Historisches Institut der Universität Stuttgart, 1999 (Betreuer: Armin Hermann), CENSIS-Report 33 (1999), 235 Seiten.

1 SCHMIDT-BÖCKING, HORST UND KARIN REICH: *Otto Stern: Physiker, Querdenker, Nobelpreisträger*. Frankfurt am Main: Societätsverlag 2011.

4 WOCHNOWSKI, HORST: *Film zu Adolf Knappwost Feier zum 60igsten Geburtstag*. Hamburg 1973.

WOCHNOWSKI, HORST: *Tonaufnahme der Anspachen zum 60igsten Geburtstag von Adolf Knappwost*. Hamburg 1973.

WOCHNOWSKI, HORST: *Erinnerung an Gespräche mit Adolf Knappwost* (unveröffentlicht, 2014).

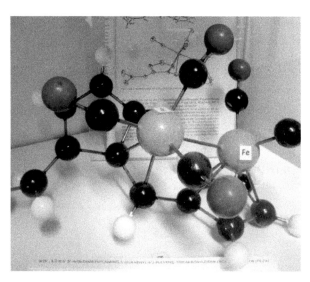

Abbildung 23.1:
Chemische Modelle: Kugel-Stabmodell Fulven-Eisen-Carbonyle,
Kalottenmodell Methyllithium ($[CH_3Li]_4$, kubisch – innenzentriert)
Foto: Gudrun Wolfschmidt (2014)

Modelle in Chemie, Physik und Technik in den Sammlungen des Zentrums für Geschichte der Naturwissenschaft und Technik

Gudrun Wolfschmidt (Hamburg)

23.1 GNT-Sammlung von naturwissenschaftlich-technischen Modellen

Die Sammlungen des physikalischen Kabinets und chemischen Laboratoriums des Akademischen Gymnasiums Hamburg aus dem 19. Jahrhundert sind leider nicht erhalten; eine genaue Beschreibung liefert aber Karl Wiebel (1808–1888) 1863.

Die Sammlung des IGN / GNT[1] umfaßt etwa 500 Objekte von physikalischen, chemischen, astronomischen und mathematischen Instrumenten und Modellen, großen Glas-Dias und mathematisch-technischen Schaubildern.[2] Ferner gibt es auch eine Informatik-Sammlung (Rechenmaschinen, Rechenschieber, Planimeter und Computer), aber auch eine Reihe von Abakussen, u. a. aus Russland, Japan, Indonesien, China und der Mongolei. Der Großteil der Objekte stammt aus dem 20. Jahrhundert. Die Instrumente und Modelle dokumentieren den Werdegang der Naturwissenschaft und Technik. Die Sammlung dient hauptsächlich zur Ausbildung von Studierenden der Geschichte der Naturwissenschaften (Lehramtler, Nebenfachstudierende Bachelor

---

1 Das Institut für Geschichte der Naturwissenschaften, Mathematik und Technik (IGN) wurde ab 2013 in Zentrums für Geschichte der Naturwissenschaft und Technik (GNT) umbenannt. http://www.hs.uni-hamburg.de/DE/GNT/events/Sammlungen_IGN.htm. Vgl. auch die Tagung *XV Universeum Network Meeting* (Wolfschmidt: Enhancing University Heritage-Based Research (2014). Wolfschmidt 2016.

2 Vgl. auch Wolfschmidt: Astronomische Modelle in den Sammlungen der Hamburger Sternwarte, 2014. http://www.hs.uni-hamburg.de/DE/GNT/events/Sammlungen_HS.htm.

und Master, Doktoranden). Ein Teil dieser Studenten wird später im Beruf Ausstellungen machen, in Archiven oder Bibliotheken historisch arbeiten oder die Kenntnisse als Gymnasiallehrer einbringen.

Die Luftpumpe war im 17. Jahrhundert das innovativste Forschungsgerät der Physik neben dem Mikroskop in der Biologie und dem Fernrohr in der Astronomie. Inspiriert von kosmologischen Fragen entwickelte Otto von Guericke (1602–1686) seine Luftpumpe um 1650: Was hielt die Planeten in einem luftleeren Raum auf der Bahn? Er demonstrierte spektakulär, daß 16 Pferde die luftleer gepumpten Magdeburger Halbkugeln nicht auseinanderreißen konnten (1656). So existiert in der GNT-Sammlung ein Modell der Luftpumpe mit Halbkugeln von Guericke (Abb. 23.2, S. 571 oben) neben zahlreichen mathematischen Modellen,[3] oder ein Modell des Pariser Dampfautos (1769) von Nicholas Joseph Cugnot (1725–1804), (Abb. 23.2, S. 571 unten).

Die fünf Platonischen Körper, *Tetraeder*, *Hexaeder* (Würfel, Kubus), *Oktaeder*, *Ikosaeder* und *Dodekaeder*,[4] benannt nach der Zahl der Flächen, wurden den vier Elementen und dem Äther als fünftes Element zugeordnet;[5] Johannes Kepler setzte die Bahnradien der damals bekannten Planeten mit einer bestimmten Abfolge der fünf Körper in Beziehung (*Mysterium Cosmographicum*, Tübingen 1596). Aber diese verschiedenen Modelle sollen hier nicht genauer diskutiert werden.[6]

Die Forschung an Modellen und Instrumenten steht einerseits in Zusammenhang mit der Konzeption und Vorbereitung neuer Ausstellungen:[7]

(2010–2014) *„Farben in Kulturgeschichte und Naturwissenschaft"*[8]

(2008–2011) *Sterne weisen den Weg – „Navigare necesse est" – Geschichte der Navigation*

(2007–2008) *„Von Hertz zum Handy – Entwicklung der Kommunikation"* – anläßlich des 150. Geburtstages von Heinrich Hertz (1857–1894)

(2005) *„Vom Magnetismus zur Elektrodynamik"* – anläßlich des 200. Geburtstages von Wilhelm Weber (1804–1891) und des 150. Todestages von Carl Friedrich Gauß (1777–1855)"

(seit 2004) *„Weltbild im Wandel – Von Copernicus bis zur modernen Kosmologie"*

---

3 Anläßlich der Deutschen Mathematiker-Vereinigung wurden bereits 1893 mathematische Modelle ausgestellt.

4 Zum Beispiel gibt es auch Bausätze, um die Modelle der Platonischen Körper selber zusammenzubauen.

5 Die fünf Platonischen Körper sind auch in der Ausstellung *„Weltbild im Wandel"* in der Hamburger Sterrnwarte zu sehen.

6 Modelle können zur Steigerung der Wirkung auch in Dioramen eingebettet werden, vgl. zum Beispiel das Modell des Radioteleskops Effelsberg in der Ausstellung Astronomie im Deutschen Museum in München.

7 Siehe auch Liste der Publikationen aufgrund der Sammlungen und Ausstellungen des IGN / GNT: http://www.hs.uni-hamburg.de/DE/GNT/events/Sammlungen_IGN.htm#Publ.

8 Hier spielt auch Runge und die Teerfarben eine Rolle sowie ein Beitrag zur Chemie der Farben.

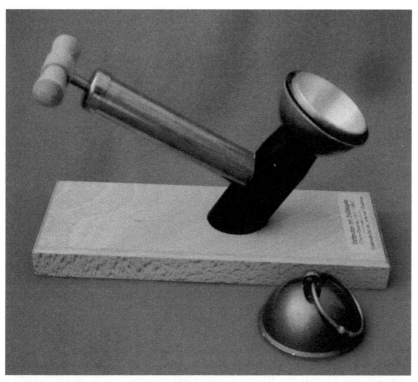

Abbildung 23.2:
Oben: Luftpumpe mit Halbkugeln von Otto von Guericke (1602–1686)
Unten: Dampfauto (1769) von Nicholas Joseph Cugnot (1725–1804)
Foto: Gudrun Wolfschmidt

Abbildung 23.3:
Mathematische Modelle und Bausätze für Dodekaeder- und Würfel-Modelle
Foto: Gudrun Wolfschmidt (2013)

(2000) *„Popularisierung der Naturwissenschaften"*[9]

(1998) Leben und Werk des Hamburger „Mechanikus' und Sprützenmeisters" Johann Georg Repsold.

Das neueste Projekt ist die 2015 eröffnete Ausstellung zur Geschichte der Rechentechnik (*„Vom Abakus zum Computer"*); in diesem Zusammenhang ist es noch geplant, ein Modell zur Kryptologie zu entwickeln.

Zum anderen werden Objekte für Schau-Experimente bei wissenschaftlichen Symposien einbezogen. Ein Beispiel bildet die Vorführung der historischen Experimente von Heinrich Hertz (2007).[10]

Bei den Modellen, die ich im folgenden vorstellen möchte, geht es nicht um exakte Replik oder Reproduktion historischer Instrumente (maßstäblich, mit identischen Materialien und mit hohem Detaillierungsgrad) oder um Wiederholung wissenschaftlicher Experimente unter möglichst gleichen Versuchsbedingungen oder um Einblick in frühere Forschungsmethodik zu bekommen,[11] sondern um einfache didaktische Modelle. Diese können im maßstäblichen oder verkleinerten (oder – in der Physik selten – vergrößerten) Maßstab hergestellt werden,[12] unter Verwendung preiswerter Materialien, die einfach zu verarbeiten sind. Es geht in erster Linie um die Funktion. Von Bedeutung ist eine gewisse Abstraktion, also das Weglassen von unwichtigen Details, um das Wichtige anschaulich hervorzuheben.

---

9 Wolfschmidt 2002.

10 Heering und Wittje 2011. Wolfschmidt 2008. Eine Videodokumentation der Experimente und des Symposiums erstellte Agnes Handwerk (2008).

11 Bzgl. Replikationsmethode siehe Heering 1998. Heering et al 2000.

12 Wichtig für die Qualität eines Modells ist die Maßstabstreue; je nach Maßstab kann ein unterschiedlicher Detaillierungsgrad erreicht werden.

Abbildung 23.4:
Atom-Orbital-Modellbaukasten PEEL,
A. Gallenkamp & Company Limited, London, Mitte 20. Jahrhundert
Foto: Joachim Feltkamp (IGN)

23.2 Chemische Modelle

Im Bereich der Chemie werden Atom- oder Molekülmodelle in stark vergrößertem Maßstab zu didaktischen Zwecken, also für die Lehre oder als Präsentationsobjekt, hergestellt, um die Bindungen darzustellen[13] (z. B. Ionenbindung, Metallbindung oder Atombindung (kovalente Bindung / Elektronenpaarbindung) oder die Eigenschaften der Moleküle und chemische Reaktionen anschaulich zu erklären und vorhersagen zu können.[14] Jedes Modell hat natürlich Vorteile oder auch Grenzen; die makroskopischen Modelle können nur Teile der submikroskopischen Wirklichkeit besonders gut beschreiben. Aber Modelle werden nicht nur zur Visualisierung, sondern auch zur Berechnung von Moleküleigenschaften eingesetzt. Sie verlieren mit immer besseren

---

13 Pauling, Linus: Die Natur der chemischen Bindung, [1939] 1968.
14 Tröger (1980), S. 269. Duvinage (2003).

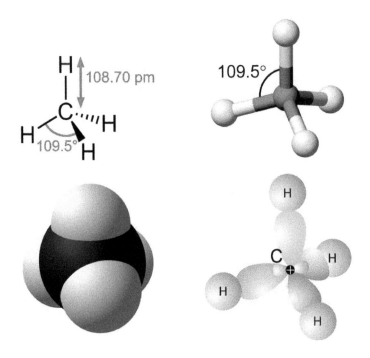

Abbildung 23.5:
Methan: Oben: Strichmodell und Kugel- / Stäbchenmodell,
Methan: Unten: Kalottenmodell und Orbitalmodell
Wikipedia

Möglichkeiten von Computer-3D-Modellen (Simulationen) ihre Bedeutung, besonders für Forschung und Entwicklung, seit dem Ende des 20. Jahrhunderts.

Einfache 3D-Molekülmodelle werden als einfache Strichmodelle zur Darstellung der Bindung, der Atomsorte und Ladung, als Gittermodell (Ionenbindung), als Kugel- / Stäbchenmodell (ball-stick / ball-wire model) zur Veranschaulichung der Molekülgeometrie (Bindungswinkel und Bindungslängen) oder als Kalottenmodell (spacefill model) dargestellt,[15] und zeigen damit ungefähr die Radien der Atome (Raumerfüllung) nach van der Waals; bekannte Beispiele sind Modelle vom Methan (CH_4) oder der Benzolring (C_6H_6). Orbitalmodelle können eine besonders anschauliche Vorstellung von der Aufenthaltswahrscheinlichkeit der Elektronen geben.[16]

---

15 Stuart (1934), S. 350–358.

16 Der Aufbau der Elektronenhülle des Atoms wird durch quantenmechanische Rechnung beschrieben. Die Lösungen der Schrödinger-Gleichung sind Wellenfunktionen. Das Qua-

Abbildung 23.6:
Links: Erwin Weiss am Röntgen-Pulverdiffraktometer, Philips
Rechts: Kalottenmodell des Kristallgitters von Methyllithium [MeLi]$_4$ (Erwin Weiß)
© Prof. em. Dr. Erwin Weiß, Fachbereich Chemie UHH

Am *Institut für Anorganische und Angewandte Chemie*, Fachbereich Chemie der Universität Hamburg, ist besonders Erwin Weiß (*1926) zu nennen, der als Erster mit Hilfe der Röntgenstrukturanalyse die Struktur organischer Kohlenstoff-Verbindungen mit Metallkomplexen, z. B. Dibenzolchrom (ein Benzolring mit Metallverbindungen, $(C_6H_6)_2Cr$), aufklärte; es handelte sich um ein Gruppe von Verbindungen, die gerade erst vom Nobelpreisträger Ernst Otto Fischer (1918–2007) entdeckt worden war.[17] Ab den 1960er Jahren stand ein erstes (mit PDP 8) computergesteuertes Ein-Kristall-Diffraktometer, Hilger & Watts (Y290, 1969, Syntex P21, 1977) und das erste NMR Spektrometer zur Verfügung. Zunächst mußte zur Aufklärung der Kristallstrukturen noch mit Logarithmen- und Kosinustafeln gearbeitet werden, dann mit Tischrechnern, schließlich konnte im Rechenzentrum der Universität Hamburg die TR4 bzw. ein PDP 8 Minirechner verwendet werden.

23.3 Antike Modelle und Automaten

Ein Unikat in der GNT-Sammlung mit ihrem breiten Spektrum aus der gesamten Naturwissenschafts-, Technik- und Kulturgeschichte bilden Modelle zur antiken Mechanik, also Modelle antiker Automaten, die für die Lehre einsetzbar und funktionsfähig sind.

---

drat der Wellenfunktion kann man als Aufenthaltswahrscheinlichkeit der Valenzelektronen deuten (Orbitale).
17 Calderazzo (2005). Weiß (1955). Herrmann (2012). Vgl. Weiß & Kopf (2014).

Abbildung 23.7:
Planetenschleifenmodell von Eudoxos
(die Hippopede ist unten zu sehen).
Foto: Gudrun Wolfschmidt (2013)

Zur Erläuterung der Planetenbewegung nach den Vorstellungen der Antike wird das Modell von Eudoxos von Knidos, Kleinasien, (408–355 v. Chr.) gezeigt. Inspiriert vom Wahlspruch von Platons Akademie: *„Wer nichts von Geometrie versteht, hat hier keinen Zutritt"* stellte er sich die Aufgabe, die Planetenbahnen zu berechnen und ein Modell zu entwerfen. Es handelte sich um ein *mathematisch-geometrisches Modell* von 27 homozentrischen, gleichförmig rotierenden Sphären.[18] Voraussetzung war für jedes Weltmodell – nach Platon – daß sich die Planeten als göttliche Wesen auf spezielle Art bewegen:

1. Die Himmelskörper müssen sich auf Kreisen um die Erde bewegen, d.h. auf (konzentrischen) Kreisbahnen und

2. Die Bewegung dieser Kreise muß mit konstanter Geschwindigkeit erfolgen, d.h. sie müssen sich gleichmäßig (gleichförmig) bewegen.

18 Dieses Modell beruht auf den Forschungen im Deutschen Museum München von Jürgen Teichmann (1980), hier S. 34–35.

Die Wurzeln dieser Forderung liegen im allgemeinen griechischen Verständnis von Einfachheit und Harmonie. Nur eine Kreisbewegung konnte vollkommen ausgewogen und ewig sein. Mit seinem geometrisch-mechanischen System der konzentrischen Sphären wollte Eudoxos die *Schleifenbewegung der Planeten* erklären.

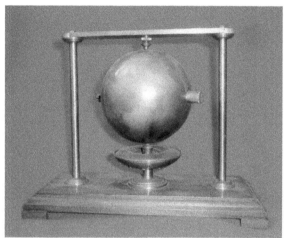

Abbildung 23.8:
Grafik und Funktionsmodell vom Heronsball
(Aeolipile des Heron, 62 n. Chr.)
Grafik: Wikipedia, Foto: Gudrun Wolfschmidt (2013)

So entwarf Eudoxos ein Modell mit 27 konzentrischen Kugelschalen, eine für den Fixsternhimmel und je drei für Sonne und Mond und je vier für die fünf Planeten. Die dritten und vierten Schalen bei den Planeten standen in Zusammenhang mit den Schleifenbahnen der Planeten (Funktionsmodell vgl. Abb. 23.7, S. 576). Drehen sich zwei Kugelschalen – hier als Ringe dargestellt – mit entgegengesetzt gleicher Geschwindigkeit um etwas zueinander geneigte Achsen, so beschreibt ein auf der inneren Schale befestigter Planet die Figur einer „Acht" (Hippopede oder Pferdefußfessel); diese kann auf einem Overheadprojektor visualisiert werden. Dieses kinematische Modell des Eudoxos konnte prinzipiell die Entstehung der Schleifenbewegung der Planeten erklären.

In der Antike war die Mechanik ein Bestandteil der Technik.[19] Ktesibios von Alexandrien (296–228 v. Chr.) hat u.a. eine Wasserorgel, eine Feuerspritze, eine Luftpumpe (Druckkolbenpumpe) und eine genaugehende Wasseruhr mit Schwimmer und Zeiger gebaut. Insbesondere basierten viele Erfindungen auf Pneumatik.

19 Für die folgenden Erläuterungen siehe Schürmann 1991.

Abbildung 23.9:
Herons sich automatisch öffnende Tempeltüren (Funktionsmodell)
Foto: Gudrun Wolfschmidt

Sein Schüler, der griechische Mechaniker Philon von Byzanz (um 230 v. Chr.), verfaßte ein Werk *Mechanikae syntaxis* (System der Mechanik) in neun Büchern. Er beschrieb Hebewerkzeuge, viel Kriegstechnik, Pneumatika, das sind Apparate mit Saug- und Druckluft (Vexiergefäße, Wasserkünste), beispielsweise eine Lampe mit automatischer Nachfüllung von Öl oder einen automatischen Opferaltar. Das Opferfeuer erwärmt die Luft unter dem Altar, die sich ausdehnt und die dann den Opferwein durch die Priesterfiguren nach oben drückte. Durch den Wein wurde das Opferfeuer ausgelöscht und dies war ein Zeichen, daß die Götter das Opfer angenommen hatten.

Der griechische Mathematiker und Mechaniker *Heron von Alexandria* ($\sim$10 –$\sim$70 n. Chr.) wirkte am Museion in Alexandria. Er verfaßte Schriften zur Mechanik, Hydraulik und Pneumatik und verbesserte die Automaten des Philon. Heron konstruierte Automaten für kultische, aber auch spielerische Zwecke, die mit Luft, Wasser oder Dampf arbeiteten. Beispielsweise entwarf Heron einen Weihwasserautomat, der das Prinzip der Schwerkraft (mit Hebelarm) ausnutzt, er gab nach Einwerfen einer Münze einige Tropfen Weihwasser ab.

Der Heronsball (Aeolipile) ist ein Vorläufer der Dampfmaschine (vgl. Abb. 23.8, S. 577). Eine Hohlkugel hängt an zwei Röhren über einem abgedeckten wassergefüllten Kessel, dieser wird erhitzt. Der Dampf aus dem Kessel steigt durch ein Röhrchen ins Innere der Kugel. Der aus den Düsen in entgegengesetzte Richtung ausströmende Dampf versetzt die Kugel in Drehung (Rückstoßprinzip).

Bei Herons sich automatisch öffnenden Tempeltüren (vgl. Abb. 23.10, S. 580) wird durch das Feuer auf dem Altar die Luft erwärmt und dehnt sich aus. Sie drückt Wasser aus dem Druck-Gefäß unter dem Altar in den Wasserbehälter links, das mit zunehmenden Gewicht über Seilrollen die Türangeln bewegt. Bei den sich automatisch öffnenden Tempeltüren (Abb. 23.11, S. 581) sieht man den Verlauf des Experiments in drei Schritten: die Entzündung des Feuers, dann die Erwärmung, die eine Öffnung der Tempeltüren zur Folge hat, schließlich die Abkühlung nach Löschen des Feuers und die Tempeltüren haben sich wieder geschlossen. Diese Modelle antiker Technik wurden von der Universität für Angewandte Wissenschaften in Hamburg (Physik) angefertigt. Neben diesem eindrucksvollen Automaten gab es weitere verblüffende Präsentationen wie Herons Zwitschermaschine, pneumatisches Trankopfer oder Trompetensignal beim Öffnen der Tempeltüren. Diese Modelle wurden in einem Festkolloquium von Prof. Dr. Willi Schmidt (Lübeck) und Dipl.-Ing. Jürgen Gottschalk 2003 vorgeführt (vgl. Abb. 23.11, S. 581) und in Foto und Video dokumentiert.

23.4 Fazit

Universitäre Sammlungen zeichnen sich dadurch aus, dass sie neben den klassischen Museumsaufgaben des Sammelns, Bewahrens, Erschließens, Präsentierens besonders der Forschung und Lehre dienen.[20] Bei der Ausbildung der Studenten ermöglichen

20 Den astronomischen Modellen und ihrer Bedeutung in Forschung, Lehre und für die Öffentlichkeit widmete sich ein eigener Beitrag (Wolfschmidt 2014).

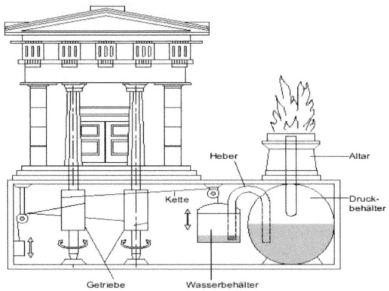

Abbildung 23.10:
Herons automatisch sich öffnende Tempeltüren
(Funktionsmodell und Grafik)
Foto: Gudrun Wolfschmidt (2013), Grafik: Schmidt 1899, Abb. 176.

Abbildung 23.11:
Experimente antiker Mechanik (2003):
Oben: Vorführung von Herons sich automatisch öffnenden Tempeltüren:
Unten Links: das Feuer wurde entzündet, Mitte: die Tempeltür öffnet sich,
Unten Rechts: das Feuer wurde gelöscht, die Tempeltür schließt sich wieder.
Foto: Gudrun Wolfschmidt (2003)

diese Modelle antiker Mechanik, aber auch die naturwissenschaftlich-technischen Modelle ein „Begreifen" im doppelten Sinne. Trotz moderner Wissensvermittlung auf audiovisuellem Weg kann in vielen Fachgebieten auf ein Lehren, Lernen und Forschen anhand konkreter Sammlungsobjekte, besonders anhand von Funktionsmodellen, nicht verzichtet werden.

23.5 Literatur

CALDERAZZO, FAUSTO: A celebration of inorganic lives. Interview with Erwin Weiss. In: *Coordination Chemistry Reviews* **249** (2005), S. 873–881.

DUVINAGE, B. (Hg.): Modelle und Modellexperimente. In: *Praxis der Naturwissenschaften – Chemie in der Schule* **52** (2003), Heft 2.

HANDWERK, AGNES UND HARRIE WILLEMS: *Allein mit der Natur. Heinrich Hertz – Experiment und Theorie.* Hamburg 2008 (DVD).

HEERING, PETER (Hg.): *Welt erforschen – Welten konstruieren.* Oldenburg: Isensee 1998.

HEERING, PETER; RIESS, FALK UND CHR. SICHAU (Hg.): *Im Labor der Physikgeschichte: Zur Untersuchung historischer Experimentalpraxis.* Oldenburg: BIS 2000.

HEERING, PETER UND ROLAND WITTJE (Hg.): *Learning by Doing. Experiments and Instruments in the History of Science Teaching.* Stuttgart: Franz Steiner Verlag 2011.

HERRMANN, WOLFGANG A.: Dibenzechromium: Chemistry only for Chemists? In: *Zeitschrift für anorganische und allgemeine Chemie* (2012), S. 1245–1247. DOI:10.1002/zaac.201210011.

PAULING, LINUS: *Die Natur der chemischen Bindung.* Übersetzt von H. NOLLER. Weinheim: Verlag Chemie 1968, 1976 (*The Nature of the Chemical Bond and the Structure of Molecules and Crystals.* Cornell University Press 1939, 1960).

SCHÜRMANN, ASTRID: *Griechische Mechanik und antike Gesellschaft. Studien zur staatlichen Förderung einer technischen Wissenschaft.* Stuttgart: Franz Scheiner (Boethius Bd. XXVII) 1991.

SCHMIDT, W.: *Herons von Alexandria Druckwerke und Automatentheater.* Leipzig: Teubner 1899.

STUART, HERBERT ARTHUR: Über neue Molekülmodelle. In: *Zeitschrift für Physikalische Chemie* (B), Bd. **27** (1934), S. 350–358.

TEICHMANN, JÜRGEN: *Wandel des Weltbildes – Astronomie, Physik und Meßtechnik in der Kulturgeschichte.* München 1980 (3. durchgesehene und aktualisierte Auflage) Leipzig 1996, (4. Auflage) 1999.

TRÖGER, CHRISTHARDT: Gedanken zum Modellgebrauch im Chemieunterricht. In: *Praxis der Naturwissenschaften Chemie* **9** (1980), S. 269.

Weiss, Erwin und Jürgen Kopf: Die Anfänge der Röntgenstrukturanalyse Fachbereich Chemie der Universität Hamburg. In: Vill, Volkmar und Thomas Behrens (Hg.): *400 Jahre Chemie als Wissenschaft in Hamburg. Von der Gründung des Akademischen Gymnasiums bis zu aktuellen Forschungsthemen am Fachbereich Chemie der Universität Hamburg.* Berlin: lehmanns media 2014, S. 45–48. Siehe auch `https://www.chemie.uni-hamburg.de/ac/publikationen/Weiss.html`.

Weiss, Erwin und Ernst Otto Fischer: Zur Kristallstruktur und Molekülgestalt des Dicyclopentadienylmangans. In: *Zeitschrift für Naturforschung* **10b** (1955), S. 58–59.

Wiebel, Karl: Das physikalische Kabinet und chemische Laboratorium des Akademischen Gymnasiums zu Hamburg. Geschichte ihrer Entwicklung und Schilderung ihres jetzigen Zustandes. In: *Verzeichniss der Vorlesungen, welche am Hamburgischen Akademischen und Real-Gymnasium von Ostern 1863 bis Ostern 1864 gehalten werden.* Hamburg 1863, S. 1–36.

Wolfschmidt, Gudrun (Hg.): *Popularisierung der Naturwissenschaften.* Diepholz, Berlin: GNT-Verlag (Verlag für Geschichte der Naturwissenschaft und der Technik) 2002.

Wolfschmidt, Gudrun (ed.): *Heinrich Hertz (1857–1894) and the Development of Communication.* Proceedings of the International Symposium in Hamburg, October 8–12, 2007. Norderstedt: Books on Demand (Nuncius Hamburgensis; Bd. 10) 2008.

Wolfschmidt, Gudrun: Learning by Doing – Science Education in Hamburg Observatory. In: *Enabling Scientific Understanding through Historical Instruments and Experiments in Formal and Non-Formal Learning Environments.* Proceedings of the 9th International Conference for the History of Science in Science Education, Flensburg, 2012. Ed. by Peter Heering, Stephen Klassen and Don Metz. Flensburg: Flensburg University Press (Flensburg Studies on the History and Philosophy of Science in Science Education; Vol. 2) 2013, p. 267–281.

Wolfschmidt, Gudrun: Astronomische Modelle in den Sammlungen der Hamburger Sternwarte. In: Ludwig, David; Weber, Cornelia und Oliver Zauzig (Hg.): *Das materielle Modell. Objektgeschichten aus der wissenschaftlichen Praxis.* Paderborn: Wilhelm Fink-Verlag 2014, S. 179–189.

Wolfschmidt, Gudrun (ed.): *Enhancing University Heritage-Based Research.* Proceedings of the XV Universeum Network Meeting, Hamburg, 12–14 June 2014. Hamburg: tredition (Nuncius Hamburgensis; Band 33) 2016. Siehe auch: Booklet of Abstracts (PDF): `http://www.hs.uni-hamburg.de/DE/GNT/events/pdf/Universeum-Abstract-Booklet-2014.pdf`.

Weitere Publikationen im Rahmen von Ausstellungen oder Symposien: `http://www.hs.uni-hamburg.de/DE/GNT/events/ausstell.php`.

Abbildung 24.1:
Stoltzenberg-Anlage nach dem Phosgen-Unglück (1928):
Die Kesselwagen, aus denen das Phosgen austrat
Quelle: Bundesarchiv, Bild 102.05941 (1928)

Heimliche Entwicklungen mit unheimlichen Folgen: Die explosive Geschichte der chemischen Fabrik Stoltzenberg

Constantin Canavas (Hamburg)

Kurzfassung

Der Name der Chemischen Fabrik Dr. Hugo Stoltzenberg (CFS, 1923–1979) ist in der breiteren deutschen Öffentlichkeit mit einer Reihe von medial wirksamen Ereignissen assoziiert, die von technischen Unfällen ausgelöst und im kollektiven Gedächtnis als Stoltzenberg-Skandale eingeprägt wurden. Veranlasst wurden diese Skandale durch zwei folgenschwere Unfälle, die sich 1928 und 1979 ereigneten, sowie durch eine Reihe von weiteren Störfällen. Der erste Skandal (1928) wurde durch das Entweichen toxischer Gase auf dem Unternehmensgelände im Hamburger Hafen ausgelöst, in dessen Folge mehrere Menschen starben. Der zweite (1979) wurde von einer tödlichen Explosion beim Spiel mit Chemikalien ausgelöst, die von drei Kindern aus einem Unternehmensgelände in Hamburg-Eidelstedt entfernt wurden. Die Auseinandersetzung der Medien und der historischen Forschung mit den Aktivitäten des Unternehmens brachte strittige Rüstungsprojekte mit Beteiligung des Unternehmens und der Reichswehr in der Sowjetunion, in Spanien des Franco-Regimes und anderen Ländern ans Licht der Öffentlichkeit, offenbarte fragwürdige Praktiken deutscher Aufsichts- und Genehmigungsbehörden und dokumentierte ein strittiges Erbe aus mangelnder Information, Rechtsverzerrungen und politischen Deckungsversuchen.

Ebenso skandalös ist allerdings der Umstand, dass eine wissenschaftliche und rechtliche ex post Auseinandersetzung mit den Vorfällen (vor allem des jüngsten) aufgrund der „materiellen" Intervention der Hamburger Behörden praktisch unmöglich geworden ist. Somit ist auch eine Diskussion über ein Denk- oder Mahnmal zu den Ereignissen obsolet geworden.

Abstract

The public perception of the chemical plant Stoltzenberg in Hamburg, North Germany, (1923–1979) is strongly associated with two major accidents (1928 and 1979), as well as with numerous "minor" disturbances with more or less strong public impact. The first major accident was linked to the release of toxic gases in the chemical plant in the area of Hamburg Haven which resulted to several human casualties. The second severe accident resulted through an explosion of substances removed by children from one abandoned areal of the company in Hamburg-Eidelstedt. In fact, public perception is concerned only in a small extent with the engagement of the company in the production of chemical weapons on an international scale. Moreover, it is concerned with the provocative laxness of the control authorities, as well as the elimination of any material traces concerning the plant activities through the decontamination and rehabilitation of the ultimate plant site.

24.1 Einleitung

Der Name der Chemischen Fabrik Dr. Hugo Stoltzenberg (CFS, 1923–1979) ist in der breiteren Öffentlichkeit weniger mit bestimmten, mehr oder weniger nachvollziehbaren industriechemischen Aktivitäten verbunden, die mit der Herstellung von „ultragiftigen Substanzen" assoziiert sind, als mit einer Reihe von medial wirksamen Ereignissen, die als Stoltzenberg-Skandale im kollektiven Gedächtnis eingeprägt wurden. Veranlasst wurden diese Skandale durch zwei folgenschwere Unfälle, 1928 und 1979, sowie durch eine Reihe von weiteren Störfällen. Der erste Skandal (1928) wurde durch das Entweichen toxischer Gase auf dem Unternehmensgelände im Hamburger Hafen ausgelöst, in dessen Folge mehrere Menschen starben. Der zweite (1979) wurde von einer tödlichen Explosion beim Spiel mit Chemikalien ausgelöst, die von drei Kindern aus dem Unternehmensgelände in Hamburg-Eidelstedt entfernt wurden. Die Auseinandersetzung der Medien und der historischen Forschung mit den Aktivitäten des Unternehmens brachte strittige Rüstungsprojekte mit Beteiligung des Unternehmens und der Reichswehr in der Sowjetunion, in Spanien des Franco-Regimes und anderen Ländern ans Licht der Öffentlichkeit, offenbarte fragwürdige Praktiken deutscher Aufsichts- und Genehmigungsbehörden und dokumentierte ein strittiges Erbe aus mangelnder Information, Rechtsverzerrungen und politischen Deckungsversuchen.

24.2 Die Frühgeschichte des Chemiewerks Stoltzenberg in Hamburg

Das Chemiewerk Stoltzenberg (*Chemische Fabrik Dr. Hugo Stoltzenberg, CFS*) wurde am 15. Februar 1923 an der Müggenburger Schleuse im Hamburger Hafen gegründet.

Der Gründer des Chemiewerks Hugo Stoltzenberg (1883–1974) hatte Chemie studiert und bei Fritz Haber (1868–1934) in der Entwicklung und Herstellung toxischer Kampfstoffe während des Ersten Weltkrieges assistiert. Haber wiederum unterstützte Stoltzenberg bei der Vermittlung von Projekten zur Produktion chemischer Waffen in den 1920er Jahren in Spanien und der Sowjetunion, sowie bei der Einrichtung von Vertretungen in Istanbul und New York.

Ausgangsbasis des Unternehmens hinsichtlich der Einrichtung und der Rohstoffe waren die Reste aus den Giftgas-Projekten des deutschen Kaiserreichs während des Ersten Weltkrieges. Dazu wurde bereits 1921 die *„Kampfstoffverwertung Dr. Stoltzenberg"*, eine Vorgängerin der *CFS*, gegründet. Diese sollte, unter Aufsicht der Alliierten, die hochtoxischen Stoffe, die während des Ersten Weltkrieges produzierten worden waren, vernichten oder lagern.[1] Letzteres erfolgte zuerst in Breloh, Westfalen.[2]

Die vordergründige Seite der Aktivitäten der *CFS* war die Produktion von Pestiziden. Unbemerkt von der Kontrolle durch den Versailles-Vertrag liefen jedoch Rüstungsprojekte im Hintergrund. Es ist gerade der *dual-use*-Charakter der Forschung über und der Produktion von Pestiziden, der diese Substanzen so verlockend zur Vertuschung verbotener Rüstungsaktivitäten während der Weimar-Republik machte. Das Experimentieren mit Sprengstoffen, Munition und chemischen Waffen war das Hauptziel verschiedener Anlagen der *CFS*, wie Schweer nachweisen konnte (Schweer 2008). Das heißt allerdings nicht, dass Pestizide nicht zur Produktionspalette gehörten. Offensichtlich sammelte Stoltzenberg Erfahrungen mit beiden Produktgruppen. Er bemühte sich z. B. um deutsche Aufträge für den Einsatz von Arsenpestiziden in Wäldern – allerdings erfolglos. Erfolgreicher war er in Spanien, wo er eine Niederlassung gründete und seinen eigentlichen Schwerpunkt pflegte. Dort wurden Munitionsprodukte und chemische Waffen hergestellt, die einen brutalen Einsatz durch die spanische Armee beim Kampf gegen marokkanische Aufständische fanden.[3] Zur Herstellung von chemischen Kampfstoffen – im Wesentlichen von Senfgas (Schwefellost) – wurde 1923 in La Marañosa bei Madrid mit Unterstützung der Reichswehr eine Fabrik errichtet und in Betrieb genommen.[4] Über 110 Tonnen Lost in ca. 10.000 Giftgasbomben – genannt »bombas especiales« bzw. »bombas x« – wurden während des Rifkrieges von spanischen Flugzeugen vorwiegend auf zivile Ziele abgeworfen.[5]

Zur gleichen Zeit bemühte sich Stoltzenberg um die Errichtung einer Giftgasfabrik in der Nähe von Samara in der Sowjetunion. Im Hintergrund stand die Idee, die Forschung über chemische Waffen, welche nach dem Versailles-Vertrag in Deutschland verboten war, in die Sowjetunion zu verlagern. Stoltzenbergs Plan, Kampfstoffforschung im Ausland durchzuführen, dürfte daran gescheitert sein, dass seit 1925 auch die deutsche Großchemie ins große Kampfstoffgeschäft mit der UdSSR eingestie-

---

1 Lütje/Wohlleben (1990), S. 142.
2 Schweer (2009), S. 149–150.
3 Schweer (2009), S. 151–152; Sasse (2006), insbesondere Kap. 3.1. Die Kriegsgreuel, S. 55–63.
4 Lütje/Wohlleben (1990), S. 142; Sasse (2006), S. 59.
5 Sasse (2006), S. 61.

gen war. Die Bedeutsamkeit des vergleichsweise kleineren Stoltzenberg-Unternehmens
für die Entwicklung deutscher chemischer Waffen ist dadurch seit 1925 geschrumpft.
Im gleichen Zug kam eine Unterbrechung von Aufträgen seitens der deutschen Reichs-
regierung, wodurch der deutsche Zweig des Unternehmens in die Insolvenz ging. Er
wurde bald darauf neu gegründet, und beschäftigte sich mit Projekten zur Abwehr
gegen Giftgase und zur Herstellung von Pestiziden – immer im staatlichen Auftrag.[6]

24.3 Der Störfall vom 20. Mai 1928: Phosgen über Wilhelmsburg

1927 erlangte Stoltzenberg die Erlaubnis, die hochtoxische Substanz Phosgen in der
CFS in Hamburg zu lagern und zu verarbeiten. Stoltzenberg hatte große Mengen dieses Stoffes in Form chemischer Kampfstoffe aus dem Ersten Weltkrieg sichergestellt
und unter seiner Verantwortung mit Duldung (oder auf Wunsch?) der Reichswehrführung im westfälischen Breloh gelagert. Wegen der schlechten Sicherheitsbedingungen
vor Ort bestand die Reichswehrführung darauf, dass die gelagerten Stoffmengen von
Breloh entfernt werden.[7] Stoltzenberg verlagerte das flüssige Phosgen zu einer Lager-
stätte im Hamburger Hafen gegenüber dem Fabrikgelände.

Am Sonntag, 20. Mai 1928 entwichen aus einem Transport-Tank ca. 10.400 Liter
flüssigen Phosgens, die bei einer Außentemperatur von 20°C sofort verdampften. Es
bildete sich eine hochtoxische Wolke, die vom Hafen aus sich über die Wohngebiete von
Wilhelmsburg ausbreitete. Zehn Menschen starben gleich, zwei weitere in den darauf
folgenden Tagen; über 300 erkrankten, zum Teil schwer. Das im Tank übrig gebliebene
Phosgen wurde mit Wasser verdünnt und in die Elbe entsorgt. Eine tiefgehende Untersuchung der Folgen für die Umwelt erfolgte nicht (Abb. 24.1, S. 584).[8] Nach einem
langen Rechtsprozess bezog Stoltzenberg 1933 sogar eine finanzielle Kompensation
von der Hamburger Stadtverwaltung für das in die Elbe verschüttete Phosgen.[9]

Trotz der öffentlichen Empörung, der politischen Turbulenzen und des Rechts-
streits: die Ursachen, die zu diesem folgenschweren Störfall führten, wurden nie geklärt. Über sechs Jahre wurden Untersuchungen durchgeführt – allerdings war weder
die Stadt Hamburg noch die Reichswehr an einem Ergebnis interessiert, welches ihren *protégé* Stoltzenberg hätte kompromittieren können. Zuerst der Polizeisenator,
danach auch der eingesetzte parlamentarische Untersuchungsausschuss vertrat die
These einer mangelnden technischen Kontrolle – sicherheitsrechtliche Mängel wurden

---

6 Lütje/Wohlleben (1990), S. 144.
7 Phosgen ist ein hochgiftiger, leichtsiedender Stoff mit einem Siedepunkt von 8°C. Auf
  feuchten Oberflächen oder Schleimhäuten bzw. in der Lunge, spaltet sich Phosgen in Salzsäure, woraus seine verzögerten aber folgenschweren physiologischen Wirkungen auf Tiere
  und Menschen resultieren.
8 Lütje/Wohlleben (1990), S. 135–136.
9 Schweer (2009), S. 156.

nicht festgestellt.[10] Die Opfer und ihre Angehörigen versuchten über mehrere Jahre vergeblich, eine Hauptverhandlung zu öffnen – schließlich wurde der Prozess durch die Nationalsozialisten unterbrochen. Es gab keine Verurteilung – weder im Stoltzenbergs Unternehmen noch bei den Behörden, die ihre Aufsichtspflicht offensichtlich verletzten.[11] Eine Nebenfolge hatte der Störfall trotzdem: Der Hamburger Senat beschloss am 23. Mai 1928 ein Verbot von Lagerung oder Verarbeitung von Phosgen im gesamten Hafen-Gebiet, sowie eine neue Regelung des Betriebs chemischer Anlagen, die nun aus der Nachbarschaft zu Wohngebieten entfernt werden mussten.[12]

24.4 Weitere Aktivitäten mit toxischen Stoffen

Diese Regelung hatte keine dramatische Auswirkung auf die Aktivitäten von Stoltzenberg. Zunächst durfte er seine Anlagen bis 31. Mai 1928 weiterhin betreiben. Dann musste er Lagerung und Produktion nach Hamburg-Eidelstedt verlagern, wo er sukzessiv verschiedene Geländestücke – vor allem zu Lagerzwecken – kaufte oder anmietete. Hier setzte er seine Bemühungen fort, die Produktion von toxischen Gasen in andere Länder zu exportieren – z. B. nach Griechenland oder Jugoslawien. 1930 erschien sein Buch zur Herstellung chemischer Waffen unter dem Titel „*Ultragifte*". Drei Jahre später veröffentlichte er ein weiteres Werk mit der gleichen Thematik unter dem Titel „*Experimente und Demonstrationen zum Luftschutz*".[13] Ferner bemühte er sich unter den neuen, kriegstreibenden Bedingungen bei der Reichswehr Konzessionen für Gasmasken und chemische Waffen zu bekommen.[14] Diese Geschäftsunternehmungen waren von wechselhaftem Erfolg gekrönt – bis zum Ausbruch des Zweiten Weltkriegs.

Nach dem Krieg verteilte Stoltzenberg die verbliebenen Stoffe aus chemischen Waffen – offiziell als Rohstoffe zur Herstellung von Pestiziden deklariert – in verschiedenen Lagern, vorwiegend in der Hamburger Region. In den 1950er und 1960er Jahren wurden verschiedene Unfälle mit Sprengstoffen und toxischen Gasen wurden von Nachbarn bei den Aufsichtsbehörden gemeldet, wobei letztere die Fälle nie klärten. Stattdessen verwiesen sie darauf, dass die betroffenen Stoffe aus Verteidigungsgründen unter Geheimhaltung gestellt gewesen wären. Eine offizielle Erlaubnis zur Herstellung oder Lagerung von Sprengstoffen oder toxische Chemikalien fehlte meistens, bei betrieblichen Störfällen, Schadstoffemissionen oder Auffälligkeiten bei Betriebskontrollen wurde jedoch die fehlende Erlaubnis (z. B. nach der Technischen Pyrotechnik, Klasse T1 wie BAM-PT1-0103 oder BAM-PT1-0104) nachträglich ausgestellt.[15]

Am 1. Januar 1969 wurde das Unternehmen von Martin Leuschner übernommen; Leuschner arbeitete bei Stoltzenberg seit 1925. Fünf Jahre später, 1974, verstarb Hugo Stoltzenberg.

---

10 Lütje/Wohlleben (1990), S. 138–139.
11 Schweer (2009), S. 155.
12 Lütje/Wohlleben (1990), S. 136.
13 Lütje/Wohlleben (1990), S. 144.
14 Schweer (2009), S. 154–158.
15 Lütje/Wohlleben (1990), S. 145.

24.5 Der tödliche Unfall vom 6. September 1979: „Katastrophe ohne Schuldige"?

Die Ära von Leuschner war durch eine zunehmende Häufung von Störfällen und öffentlichen Protestaktionen. Im 1970 mitveröffentlichten Anhang an seinem bereits 1969 erschienenen Buch „*13 unerwünschte Reportagen*" berichtete Günter Wallraff über verbotene Aufrüstung der Bundeswehr mit Giftgas. Darin prangerte er die Verwicklung der Stoltzenberg-Firma in geheimen Geschäften zur Herstellung von chemischen Waffen im Auftrag des Bundesamtes für Wehrtechnik und Beschaffung in Koblenz an (Wallraff 1969/1970/1975).[16] Im konkreten Fall ginge es um das Hautgift Stickstofflost.[17] Es entbrannte eine breite öffentliche Debatte, die zu Untersuchungen durch das Gewerbeaufsichtsamt als auch durch das Bundesamt für gewerbliche Wirtschaft sowie das Rüstungskontrollamt der Westeuropäischen Union führte. Wie nach dem tödlichen Unfall vom 6.9.1979 im Rabels-Bericht bekannt wurde (Rebels-Bericht 1979, S. 14), stellte die Stoltzenberg-Firma über längere Zeit kleinere Mengen von Schwefellost, Tabun, und Sarin her,[18] dies jedoch wurde von den Kontrolleuren nicht als Herstellung von Kampfstoffen eingestuft.[19]

Leuschner erklärte, die Firma zum 1. Dezember 1979 schließen zu wollen. Formal waren die Aktivitäten auf dem Produktionsgelände eingestellt. Dennoch war es sichtbar von außen, dass größere Mengen von Gefahrstoffen lagerten in den verschiedenen Lagergeländen, wie auch Anwohner mehrmals berichteten.[20]

Am 6. September 1979 ein achtjähriges Kind verstarb und zwei weitere dreizehnjährige Kinder wurden schwer verletzt, während sie mit Sprengstoffen spielerisch „experimentierten", welche sie auf einem der verlassenen aber durch einen beschädigten Zaun ungenügend abgesicherten Stoltzenberg-Geländen gefunden hatten. Die alarmierten Behörden untersuchten das Gelände und stellten verschiedene Sprengstoffe und toxische Chemikalien wie Kaliumzyanid, Strychnin, Phosgen, Arsen, sowie Nervenkampfstoffe wie Tabun sicher. Daraufhin wurden die Zugänge zum Areal für ca. ein Jahr gesperrt. Während der Aufräumungsarbeiten (Abb. 24.2, S. 591) mussten die Anwohner der benachbarten Gebäude aus Sicherheitsgründen mehrfach evakuiert werden. Sämtliche Bauten wurden abgerissen; danach wurden ca. $12{,}500m^3$ Erdreich

---

16 Wallraff (1969). Die „*13 unerwünschte[n] Industriereportagen*" erschienen in mehreren erweiterten Auflagen, ab 1970 mit einem Nachtrag: „*Aktueller Anhang Verbotene Aufrüstung II: Giftgas für die Bundeswehr*". Hier wird nach der Ausgabe von 1975 bei Rowohlt Taschenbuch Verlag, S. 191–200, zitiert.

17 Stickstoffloste sind chlorierte Amine mit hautätzender Wirkung.

18 Tabun ist ein phosphororganischer Nervenkampfstoff, der während des Zweiten Weltkrieges entwickelt wurde und auch als Pestizid eingesetzt wird. Sarin ist ein chemischer Kampfstoff aus der Gruppe der Phosphorsäureester, der das Nervensystem mit tödlicher Wirkung angreift. Senfgas oder Schwefellost ist ein starkes Hautgift mit verätzender Wirkung. Die Substanz wurde im Ersten Weltkrieg, später (1925) auch durch die Spanier – mit Hilfe von Stoltzenberg – in Marokko eingesetzt.

19 Lütje/Wohlleben (1990), S. 146–147.

20 Lütje/Wohlleben (1990), S. 145–147.

aus einer Tiefe von bis 2.5 m ausgegraben, aufgehoben und als kontaminierte Masse zur Bundeswehranlage für Kampfmittelbeseitigung in Münster abtransportiert.[21]

Abbildung 24.2:
Aufräumungsarbeiten auf dem Stoltzenberg-Gelände (1979)
Quelle: Lütje & Wohlleben (1990), S. 148.

Mit dem Verweis auf gebotene Militär- und Sicherheitsgeheimhaltung kommunizierten die Behörden so wenig Information über die Vorgänge wie nur möglich. Zuvor hatten sie mehrfach bestritten, dass auf dem Gelände Herstellung von chemischen Kampfstoffen stattfand; für nicht mehr zu bestreitende Fälle stellten sie nachträglich Produktions- und Lagergenehmigungen aus. Für mehrere Jahre nach dem schrecklichen Unfall sah die Gegend wie eine mehr oder weniger schlecht sanierte Grünfläche aus. Heute ist die genaue Lage der Stoltzenberg-Gelände in Mitten von Gewerbe, Straßen und dem Riesenparkplatz einer Sporthalle kaum auszumachen.

---

21 Scholz (2004); Lütje/Wohlleben (1990), S. 146.

Das Lager, wo die drei Kinder die tödliche Ladung fanden, an der Ecke Farnhornstieg und Hellgrundweg, war nicht das „offizielle" Stoltzenberg-Hauptquartier. Letzteres befand sich an der Schnackenburgallee 167; dort waren sämtliche Aktivitäten
bereits mehrere Monate vor dem tödlichen Unfall am 6.9.1979 eingestellt. Das Gelände an der Ecke Farnhornstieg und Hellgrundweg gehörte dem Land Hamburg; es war
eins der vielen angemieteten Gelände der Stoltzenberg-Firma, die als Lagerstätten
praktisch jenseits staatlicher Kontrolle fungierten. Der tragische Unfall löste einen
politischen Skandal aus. Viel schlimmer: Er entwickelte sich zu einer Katastrophe
für die Justizbehörde, von der Stoltzenberg die erforderlichen Unbedenklichkeitsbe-
scheinigungen und – meistens nachträglich ausgestellten – Zulassungen erhielt. Ende
September 1979 musste der Justizsenator Frank Dahrendorf zurücktreten.[22] In politischen Kreisen und in der Presse wurde Dahrendorfs Abgang als Bauernopfer gesehen,
das den ersten Bürgermeister, Hans-Ulrich Klose (SPD), aus der politischen Schlacht
heraushalten sollte.[23] Der Bericht eines Parlamentarischen Untersuchungsausschus-
ses lieferte im Kern eine Rehabilitierung Dahrendorfs,[24] was schließlich mehr mit den
Auseinandersetzungen zwischen der SPD-Landesregierung und der CDU-Opposition
als mit konkreten Verantwortlichkeiten zu tun hatte. Hugo Stoltzenberg war schon
1974 gestorben; von einem Strafverfahren gegen Leuschner wurde 1980 mit Verweis
auf dessen schlechten Gesundheitszustand abgesehen, da Leuschner als dauerhaft ver-
nehmungsunfähig eingestuft wurde. Das Verfahren gegen 11 Beamte wegen Verdachts
der fahrlässigen Tötung, Körperverletzung und der Herbeiführung einer Sprengstoff-
explosion wurde 1983 eingestellt.

24.6 Lessons learnt – oder nicht?

Der letzte tödliche Unfall in Zusammenhang mit den Aktivitäten der Stoltzenberg-
Firma stellte die bundesrepublikanische Politik beim Umgang mit Kampfstoffen aus
dem Zweiten Weltkrieg auf eine unbequeme Tagesordnung. Hinsichtlich der Beziehungen zwischen dem Staat und der Chemieindustrie, die unter dem Verdacht stand,
chemische Kampfstoffe – vielleicht im geheimen Auftrag staatlicher Stellen – zu produzieren und zu lagern, änderte sich allerdings nichts. Da diese Beziehungen als kritisch
und sensibel für die Staatssicherheit galten (und immer noch gelten), ist verlässliche
Information diesbezüglich nicht zu erwarten. Investigativer Journalismus (der letztlich, wie im Fall von G. Wallraff, auf mutige, wenn auch umstrittene Methoden greift)
und Verschwörungstheorien bleiben die wichtigsten (vielleicht die einzigen?) Ansätze.
Hinzu kommt der Mangel an materieller Evidenz – im konkreten Fall belastet durch
die Entsorgung des gesamten materiellen „Informationsspeichers", des Geländebo-
dens, und der Sanierung des Areals unter Ausschluss der empörten Öffentlichkeit.

---

22 Lütje/Wohlleben (1990), S. 148.
23 Scholz (2004).
24 Scholz (2004).

Die öffentlichen politischen Debatten im Zusammenhang mit den späten Aktivitä-
ten (bzw. deren Ausklang) der Chemiefirma Stoltzenberg fanden in Mitten des Kalten
Krieges statt, in einer Zeit mit heißen Auseinandersetzungen über Aufrüstung und
Militarisierung der BRD, über den Rüstungswettkampf zwischen Ost und West, über
die Geheimhaltung von Waffenentwicklung und über die durchsickernden Berichte zur
Herstellung von chemischen Waffen.[25]

Ein weiteres Motiv für die Geheimhaltungspolitik und die entsprechenden stets
zurückweisenden Reaktionsmuster in öffentlichen Stellungsnahmen von Behörden und
Unternehmen in den 1970er Jahren, insbesondere nach dem tödlichen Unfall von
1979, dürfte der offensichtlichen Obsession geschuldet sein, politische Aktivisten oder
RAF-Mitglieder könnten Zugang auf Sprengstoffe und toxische Stoffe in den schlecht
geschützten Stoltzenberg-Lagern finden – ähnlich wie (oder sogar leichter als) die
verunglückten Kinder.

In der öffentlichen Wahrnehmung wiederum sind die Verdachtsmomente über die
wirklichen Aktivitäten in der Stoltzenberg-Fabrik und das Katastrophenpotential der
dort gelagerten Stoffe – trotz oder gerade wegen unglaubwürdiger Beteuerungen seitens der Behörden – nie zerstreut worden. Diese Atmosphäre des öffentlichen Miss-
trauens ist typisch gegenüber den Beziehungen zwischen den deutschen Behörden und
der deutschen chemischen Industrie im 20. Jahrhundert.[26]

Auffällig in den Berichten zur Stoltzenberg-Fabrik und dem tödlichen Unfall von
1979 ist der Umstand, dass sie sich häufig auf verschiedene Adressen in der Hamburg-
Eidelstedt beziehen. Eine genauere Betrachtung dieser Adressen offenbart wichtige
taktische Entscheidungsmuster. Mindestens zwei Grundstücke in der Schnackenburgallee, an den Nummern 167 and 134, liegen gegenüber einander, auf beiden Seiten
der Allee. Anschließend kommt die Ecke Farnhornstieg/Hellgrundweg, von wo die
Sprengstoffe weggetragen wurden, die zum tödlichen Unfall von 1979 führten. Im Zu-
lassungsverzeichnis der Bundesanstalt für Materialforschung und Materialprüfung ist
das Unternehmen an der Straßennummer 167 eingetragen. Allerdings häuften sich
Beschwerden von Anwohnern mit Bezug auf die übrigen Gelände; so meldete z. B.
am 16.3.1979 ein Bürger bei der Hamburger Leitstelle Umweltschutz, dass auf dem
Betriebsgelände Schnackenburgallee 134 im Jahr 1976 Chemikalien vergraben worden seien.[27] Offensichtlich gehörte zur Stoltzenbergs Planung, Lagerflächen rings um
die Hauptanlage zu verwenden, um Gefahrstoffe dort zu verteilen, und dadurch jeglichen externen Kontrollversuch zu verwirren bzw. zu verunmöglichen. In der Tat: die
„gelagerten", „verlassenen" oder einfach „vergessenen" Stoffe waren viel gefährlicher
als die Verarbeitungsapparate selbst. Die unübersichtlich verteilte Lagerung von Gefahrstoffen bereitete später den beteiligten Behörden enorme Schwierigkeiten bei den

---

25 S. dazu den Artikel „Der Schoß ist fruchtbar noch" – Giftgas in der Bundesrepublik
    Deutschland, *Blätter für deutsche und internationale Politik*, Oktober 1979.
26 Für detailliertere historische Belege und Ausführungen über diese ambivalenten Beziehun-
    gen s. Brauch (1982), z. B. S. 112 ff.
27 Lütje/Wohlleben (1990), S. 145.

Sanierungsarbeiten, weil sich dadurch die Rekonstruktion eines stoffbezogenen Kontaminationsrasters in historischer und räumlicher Dimension praktisch unmöglich war.

24.7 Die Stoltzenberg-Gelände als Denkmäler?

Der Fall Stoltzenberg weist verschiedene Aspekte aus, die dem Thema „Lernen-aus-der-Katastrophe" gehören. Besonders drastisch war die Erkenntnis hinsichtlich der Schwierigkeiten im Zusammenhang mit den „Netzwerken der Geheimhaltung", welche die Beziehungen zwischen den Behörden, dem Militär und den Unternehmen bestimmen, die in der Produktion und Lagerung von *dual-use*-Chemikalien involviert waren (d. h. von Pestiziden *und* chemischen Waffen, wobei der Umgang mit letzteren durch verschiedene internationale – freiwillige oder erzwungene – Abkommen im Lauf der Zeit in Deutschland unterschiedlich streng reglementiert war).

In den obigen Betrachtungen wurde die Unfallserie im Zusammenhang mit den Produktions- und Lagerungsaktivitäten auf den verschiedenen Stoltzenberg-Geländen in einem räumlichen Netzwerk betrachtet. Dies positioniert die bereits beschriebenen Umwelt- bzw. politisch-ethischen Katastrophen auf ein überregionales (nationales) Niveau. Betrachtet man hingegen den regionalen Kontext, so treten die spezifischen Umweltschäden und die jeweils entscheidenden Partikularverhältnisse im (verletzten) rechtlichen Rahmen in den Vordergrund.

Wie lassen sich die einzelnen Geländestücke – sofern sie im Zusammenhang mit einem „technischen" Unfall betrachtet werden – als technische Denkmäler verstehen? Im Fall der 1928er Katastrophe im Hamburger Hafen muss man festhalten, dass durch den Abriss der Stoltzenberg-Anlagen und die Neueinrichtung des ganzen Hafenareals nach den Zerstörungen während des Zweiten Weltkriegs eine solche Diskussion obsolet geworden ist. Die Stimmen der Opfer bleiben stumm und ohne Repräsentation. Anders verhält es sich mit den Geländen in Hamburg-Eidelstedt. Einige dieser Flächen waren Landeseigentum, das an die Fa. Stoltzenberg vermietet war. Die Entfernung von riesigen Mengen aus dem kontaminierten Boden induzierte einen neuen Schwung zu der kritischen Befragung nach den Aktivitäten der chemischen Fabrik Stoltzenberg. Darüber hinaus startete sie einen Prozess der Rekonstruktion von fehlenden Verbindungen und der Stopfung von Lücken im öffentlichen Narrativ der Katastrophe – einem Narrativ, das sich aus Aussagen von Nachbarn/Augenzeugen, kritischen Berichten aus der Tagespresse, sowie bedingt aussagekräftigen Stellungnahmen von Behörden und offiziellen Berichten nach Kontrollgängen zusammensetzt.

Das jeweils spezifische Gelände spielt daher eine wichtige Rolle, indem es als Dokument und potentielles materielles Denkmal einer technischen Katastrophe fungiert. Die radikale Art, in der die Bodensanierung auf dem verlassenen Gelände in Hamburg-Eidelstedt durchgeführt wurde, aus dem am 6. September 1979 die tödlichen Sprengstoffe entfernt wurden, machte allerdings eine wissenschaftliche und rechtliche Dokumentation *ex post* unmöglich. Für die Öffentlichkeit blieb – mindestens aus der Behördenperspektive – lediglich die degradierte Rolle eines Empfängers vorausgewählter, gefilterter Information.

Die Anlagen der Stoltzenberg-Fabrik können nicht mehr besucht werden. Das Areal existiert zwar in virtuellen Kartierungen, die die Realität in ihr Phantom transformieren – allerdings kann es die entsprechenden Narrative nicht repräsentieren. Die Kontroverse zwischen dem Konzept für ein verlassenes dekontaminiertes Gelände als Denkmal einer morbiden Technologie und jenem einer für künftige (Um)Nutzung umgeformten Landschaft ohne jeglichen Verweis auf das umstrittene Erbe wurde durch die spezifische Intervention der Hamburger Behörden praktisch verunmöglicht.

24.8 Literatur

ANONYMUS: „Der Schoß ist fruchtbar noch" – Giftgas in der Bundesrepublik Deutschland. *Blätter für deutsche und internationale Politik* **24** (1979), 10, S. 1271–1279.

BRAUCH, HANS GÜNTER: *Der chemische Albtraum – oder gibt es einen C-Waffen-Krieg in Europa?* Bonn: 1982.

LÜTJE, ASTRID & WOHLLEBEN, THOMAS: Chemiefabrik Stoltzenberg – Zwei Katastrophen ohne Schuldige? In: ARNE ANDERSEN, ARNE (Hg.): *Umweltgeschichte: Das Beispiel Hamburg.* Hamburg: Ergebnisse-Verlag 1990, S. 134–150.

RABELS-BERICHT (1979): *Bericht Staatsrat Dr. Peter Rabels gem. Senatsauftrag 13.9.1979.*

SASSE, DIRK: *Franzosen, Briten und Deutsche im Rifkrieg 1921–1926.* München: Oldenbourg 2006.

SCHOLZ, ERNST-GERHARDT: Stoltzenberg-Skandal – zuerst starb ein Kind. In: *Hamburger Abendblatt* (7. September 2004).

SCHWEER, HENNING: *Die Chemische Fabrik Stoltzenberg bis zum Ende des Zweiten Weltkrieges. Ein Überblick über die Zeit von 1923 bis 1945 unter Einbeziehung des historischen Umfeldes mit einem Ausblick auf die Entwicklung nach 1945.* Diepholz: GNT 2008.

SCHWEER, HENNING: Die Chemische Fabrik Stoltzenberg in Hamburg von 1923 bis 1945. In: Wolfschmidt, Gudrun (Hg.): *Hamburgs Geschichte einmal anders – Entwicklung der Naturwissenschaften, Medizin und Technik, Teil 2.* Norderstedt: Books on Demand (Nuncius Hamburgensis; Band 7) 2009, S. 148–161.

WALLRAFF, GÜNTER: *„13 unerwünschte Industriereportagen."* Berlin, Köln: Kiepenheuer & Witsch 1969 (ab 1970 mit: *„Anhang Verbotene Aufrüstung, Teil II: Giftgas für die Bundeswehr."* Zitiert nach der Ausgabe bei Rowohlt Taschenbuch Verlag, Reinbek 1975).

Abbildung 25.1:
Hartecksche Uranmaschine

Die Bilder (vgl. auch Abb. 25.3 und 25.4) dokumentieren den experimentellen Aufbau der Harteckschen Uranmaschine. Mit den eingestapelten Trockeneisblöcken als Moderatormaterial konnte keine Neutronenüberhöhung gemessen werden. Der Reaktor wurde nicht kritisch.

Die Bilder entstammen dem Nachlass von Fritz Thieme und werden hier teilweise erstmals der Öffentlichkeit zugänglich gemacht. Ursprünglich stammen sie vermutlich von seinem Vorgänger und Hobbyphotographen Friedrich Knauer, der bei Otto Stern Assistent war und Mitarbeiter von Paul Harteck.

Begann in Hamburg das Nuklearzeitalter? Eine Spurensuche in Hamburg

Bertel Kastening, Markus Kohler, Hans Paulsen und Volkmar Vill (Hamburg)

Denkt man an die Bedeutung von Hamburg in der Welt, so denkt man oft an die Hanse, Handel im Allgemeinen und natürlich Pfeffersäcke, aber wohl weniger an Nobelpreise, Nuklearenergie oder gar Kernwaffen. Tatsächlich haben aber Hamburger Wissenschaftler – insbesondere die des Instituts für Physikalische Chemie – Spuren hinterlassen, die in diesem Artikel beleuchtet werden sollen. Es geht hier aber nicht darum, Biographien oder komplette Historien zu schreiben, sondern ergänzend zu bereits existieren Arbeiten neue Fundstücke in Hamburg auszuweisen. Es gibt also noch die Orte der Experimente, Originalfotos, Briefwechsel und persönliche Berichte, der überraschendes offenbart.

Die Geschichte, die hier berichtet werden soll, kreist um das Institut für Physikalische Chemie mit den ersten drei Forschergenerationen, deren hier relevante Personen kurz vorgestellt werden sollen:

Professor Max Volmer (1885–1965, 1920 bis 1922 außerplanmäßiger Professor in Hamburg) wurde nach dem Ende des Zweiten Weltkriegs zur kernphysikalischen Forschung nach Russland verbracht [Blumtritt 1985].

Prof. Otto Stern (1888–1969, von 1923 bis 1933 Professor in Hamburg) und sein Assistent Otto Robert Frisch (1904–1979), beide wurden 1933 vertrieben und emigrierten in die Vereinigten Staaten bzw. England [Schmidt-Böcking et al. 2011, Frisch 1980]. Otto Frisch, Mitautor des Frisch-Peierls Memorandums [Clark 1965, Gowing 1964], das die Entwicklung einer amerikanischen „super-bomb" forderte, war anschließend ein führender Wissenschaftler am Manhattan Projekt.

Prof. Paul Harteck (1934–1952) und seine Assistenten Wilhelm Groth (1904–1977) und Hans Suess (1909–1993) arbeiteten und forschten während des „3. Reiches" am

Institut für Physikalische Chemie der Universität Hamburg zu Fragen der Kernphysik, worauf im Folgenden näher eingegangen werden wird.

Mit der Entdeckung der Kernspaltung durch Otto Hahn und Fritz Straßmann im Jahre 1938 und der theoretischen Erklärung derselben Anfang 1939 durch die vertriebenen Wissenschaftler Lise Meitner und ihren Neffen Otto Robert Frisch (vormals Hamburg) wurde der Wissenschaftsgemeinde weltweit schlagartig klar, welches Potential diese Entdeckung zivil oder militärisch hat [Hahn, Strassmann (1939)]. Schon im April 1939 wandte sich Paul Harteck zusammen mit seinem Assistenten Wilhelm Groth in einem ersten Brief an das Heereswaffenamt mit dem Hinweis auf die militärische Nutzbarkeit der Kernspaltung (Siehe hierzu dir folgenden Briefausschnitte und Zitate) [Harteck 1939].

24. April 1939.

An das Reichskriegsministerium.

Berlin.

Wir gestatten uns, Sie auf die neueste Entwicklung in der Kernphysik aufmerksam zu machen, da sie unseres Erachtens viel leicht die Möglichkeit eröffnet, Sprengstoffe von einer Wirkung herzustellen, welche um viele Grössenordnungen den derzeitig in Verwendung befindlichen überlegen ist.

Weiteres Zitat aus dem Brief [Harteck 1939]:

„Da in Amerika und in anderen Angelsächsischen Ländern und ebenfalls in Frankreich diese reine Kernphysik zur Zeit wesentlich intensiver gepflegt wird als bei uns, da man für derartige Untersuchungen, die als rein theoretisch angesehen wurden, kein besonderes Interesse an den Tag legte, so halten wir es für unsere Pflicht, Sie auf diese Möglichkeiten aufmerksam zu machen."

Als Erklärung, für sein damaliges Verhalten hat sich Harteck u. a. bei einem Interview mit Mark Walker (22.08.1984) geäußert:

„[...] die Nazis in die Tschechoslowakei ein, und da war es allen Leuten klar, dass es irgendwie zum Krieg kommen würde. Da kamen in meinem Institut meine Assistenten und sagten zu mir, sie hätten mir etwas zu sagen, in ziemlich formeller Art. Sie sagten, es werde Krieg geben und es sei meine Aufgabe und die des Instituts, eine Arbeit zu finden, wo sie nicht eingezogen werden, also wie Warnschutz am Institut.[...] Ich

Es liegt auf der Hand,dass,wenn die oben skizzierte Möglichkeit
der Energieerzeugung sich verwirklichen lassen sollte,was durchaus im Bereich des möglichen liegt,dasjenige Land,welches von
ihr zuerst Gebrauch macht,den anderen gegenüber ein kaum einhol-
bares Aktivum aufzuweisen hat.

*hab zu ihnen gesagt, – Das werde ich mir überlegen, kommen sie morgen
wieder zu mir. – Ich habe es mir überlegt und dann habe ich mir gedacht.
„Kernenergie!" Das ginge über viele Jahre. Wenn es Krieg gibt, ist der
längst aus und man lernt eine Menge dabei."* [Walker 1990]

Die Tschechoslowakei wurde im März 1939 annektiert.

Dies und der Brief an das Heereswaffenamt fallen zeitlich zusammen, mit dem Zusammenschluss der führenden Wissenschaftler, die sich mit Kernphysik beschäftigten,
in dem sogenannten „Uranverein" (offiziell „Arbeitsgemeinschaft für Kernphysik"),
ebenfalls April 1939. Harteck war einer der führenden Köpfe in diesem Gremium und
der Leiter des Forschungszentrums Hamburg. Als Ziel wurde von den Wissenschaftlern der Bau einer „Uranmaschine" avisiert, einem Kernreaktor.

Das erste Reaktordesign wurde an der Universität Hamburg getestet. Da aus den
ersten Vorversuchen inzwischen klar war, dass sich das ^{235}Uran mit thermischen Neutronen besser spalten lässt und daher eine Kettenreaktion wahrscheinlicher wird, wurden verschiedene Moderatormaterialien identifiziert. Als erfolgversprechendste kamen
Schweres Wasser (D_2O) oder Kohlenstoff in Frage.

Der erste experimentell aufgebaute Reaktor sollte mit Kohlenstoff als Moderator
betrieben werden. Hierbei wurde Trockeneis verwendet, welches den Vorteil hätte,
dass der Moderator sich bei zu hohen Temperaturen verflüchtigen würde und der
Reaktor daher nicht „explodieren" konnte.

Der sogenannte „Trockeneis-Versuch" wurde an der Außenwand des Gebäudes der
Physikalische Chemie aufgebaut (siehe Abbildung 25.2 & 25.1), dabei wurden die 15
Tonnen von der IG Farben gelieferten Trockeneises in einem Holzverhau (2 m × 2 m
× 2,1 m) eingeschichtet und fünf quaderförmige Schächte (15 cm × 15 cm × 1,5 m)
mit Natururan 185 kg befüllt.[1] Dies entsprach den vollständigen Uranreserven des
Deutschen Reiches.

Um eine mögliche Kettenreation innerhalb des Reaktors in Gang zu bringen, wurde
in der Mitte eine Neutronenquelle eingesetzt. Ein Neutronenüberschuss, der auf eine

---

1 Technische Skizzen und interne Berichte wurden durch das Deutsche Museum München
  veröffentlicht.

Abbildung 25.2:
Die Bilder zeigen die Stelle an dem ehemaligen Gebäude der Physikalischen Chemie in der Jungiusstraße. Die Aufnahme in schwarz-weiß zeigt den ersten experimentellen Reaktor (Harтecksche Uranmaschine) auf der Basis von Trockeneis.

Das obere Bild entstammt dem Nachlass von Fritz Thieme. Ursprünglich stammt es vermutlich von seinem Vorgänger und Hobbyphotographen Friedrich Knauer.

Kettenreaktion schliessen lassen würde, konnte jedoch nicht gemessen werden [Harteck 1941b]. Andere Forschungsstellen des Uranvereins erhoben ebenfalls Anspruch, das Uran für Versuche nutzen zu können, so dass das Material abgegeben werden musste.

Als Professor für Physikalische Chemie wirkte Harteck zu jener Zeit nicht nur als Forscher, sondern auch als Hochschullehrer und Mensch. Einer der Autoren (Hans Paulsen) konnte Paul Harteck noch persönlich als Lehrenden erleben. Darum soll das folgende aus der Ich-Perspektive geschrieben werden.

Ich begann mein Studium der Chemie in Hamburg zum Wintersemester 1940/1941 und konnte dann ein Jahr (=3 Trimester) in Hamburg studieren, weil ich mich direkt nach dem Abitur freiwillig zum Arbeitsdienst gemeldet hatte. Andernfalls wurde man sofort zum Militär eingezogen. Im Winter 1941 musste ich dann doch zum Militär. In diesem Jahr konnte ich einige Professoren kennen lernen und auch Hinweise auf die Forschung bekommen – natürlich alles aus dem Blickwinkel eines Studienanfängers, der noch nicht Hintergründe damals erfasst hat. Das Fach Chemie hatte damals zwei Institute. Der Direktor des Chemischen Staatsinstitutes war Hans Heinrich Schlubach und sein wichtigster Abteilungsleiter war Heinrich Remy. Paul Harteck war der Direktor des Instituts für Physikalische Chemie. Neben beiden Gebäuden lag das Physikalische Staatsinstitut mit dem Direktor Peter Paul Koch. Die Personen möchte ich kurz aus meiner damaligen, subjektiven Sicht beschreiben, ohne hier über Menschen urteilen zu wollen. Schlubach war ein vornehmer, hanseatischer Professor, der sehr auf korrekte Formen achtete. Man konnte sich mit ihm sachlich gut unterhalten und sogar eigene Problem ansprechen – wenn man sich vorher angemeldet hatte. Mit Remy hatte ich weniger Kontakt. Er war zurückhaltender und in allen Dingen mehr als genau. Seine quantitativen Analysen waren gefürchtet. Er war uns Studenten geläufiger als Buchautor denn als Forscher. Natürlich wurden auch seine Bücher Grundlage seiner Vorlesung. Von Interesse für die Studenten waren die vielen Fußnoten, da deren Inhalte oft in Prüfungen abgefragt wurden. Paul Harteck habe ich mehr durch die Nachtwachen kennen gelernt, als durch die Vorlesungen. Seine Vorlesungen waren relativ schwer für Anfänger und didaktisch waren sie auch nicht optimal, da er oft in fortschreitenden Gedanken verfangen war. Persönlich war er aber auch für Anfängerstudenten sehr zugänglich und höflich – aber auch viel beschäftigt. Seinen Assistenten Groth hatte ich erst nach dem Krieg näher kennen gelernt. Tatsächlich hatte aber er mich zum Chemie-Studium geführt, weil er 1935 an meiner Schule (Gymnasium Altona) einen Vortrag über das Studium der Chemie gehalten hatte und für dieses geworben und mich überzeugt hat. Der Leiter der Physik, Peter Paul Koch, war sehr distanziert. Nach unserem Eindruck saß die Physik auf einem hohen Roß, aber Details sind mir nicht mehr geläufig.

Abbildung 25.3:
Die Bilder (vgl. auch Abb. 25.1 und 25.4) dokumentieren den experimentellen
Aufbau der Harteckschen Uranmaschine.
Nachlass von Fritz Thieme

Nun kam es tatsächlich zu persönlichen Begegnungen mit Paul Harteck im Sommer 1941. Es gab vereinzelte Bombenangriffe auf Hamburg, und Schlubach hatte beschlossen, dass in den beiden chemischen Instituten Nachtwachen notwendig waren. Es wurden zwei Gruppen gebildet aus jeweils einem Dozenten und etwa 5 Studierenden (mehr Studentinnen als Studenten). Die eine Gruppe wurde von Remy geleitet und die andere, zu der ich gehörte, von Harteck. Da es Sommer war, saß die Gruppe mit Harteck oft im Freien freundschaftlich zusammen. Harteck wunderte sich, dass die Studierenden mit der Physikalischen Chemie Schwierigkeiten hatten, vor allem die Entropie nicht verstehen konnten, die doch ganz einfach wäre. Sonst wurden hauptsächlich allgemeine, nicht-chemische Themen besprochen. Hierbei war Harteck sehr offen und ohne Standesvorbehalte. Die Studenten bereiteten in der Hitze Speiseeis, was sehr zur Unterhaltung beitrug. Bei dieser Gelegenheit sagte Harteck zu uns: „wollen wir nicht mal ausrechnen, wie lange der Krieg noch dauert?" Dann sagte er „geben Sie mir einen Rechenschieber, werde es probieren." Er nahm einen Rechenschieber, setzte verschiedene Zahlen ein und sagte meistens, „setzten wir zweier ein und noch einen einer ... Dann ergibt sich, wir haben den Krieg in vier Jahren verloren." Diese direkte Aussage überraschte uns natürlich, da sie in der damaligen Zeit sehr gefährlich war. Aber die Runde war eine legere Gruppe, die sich gegenseitig vertraute – und nie darüber gesprochen hat. Erst anlässlich eines Seminares[2] des Carl Friedrich von Weizsäcker-Zentrums für Naturwissenschaft und Friedensforschung der Universität Hamburg habe ich darüber erstmalig berichtet.

Uns Studenten waren die Forschungsschwerpunkte nicht genau bekannt. Es wurde nur darüber gesprochen, dass Harteck und seine Gruppe sich sehr für Schweres Wasser und für Zentrifugen interessierten. Aber es war uns nicht klar, wofür diese Zentrifugen eingesetzt wurden.

Paul Harteck teilte seine Einstellung zum Krieg und zu der politischen Führung, mit seinen Assistenten, so wurde Groth wegen seiner Gesinnung nicht zum Professor berufen, laut dem Hamburger Gaudozentenführer galt er als „politisch bedenklich" [Walker 1990]; Suhr war ebenfalls unpolitisch und wurde unter Druck gesetzt, in einen NSDAP-Verband einzutreten [Stumpf 1995].

Auch Harteck selbst wurde durch ein Schreiben von Peter Paul Koch, dem Leiter des Physikalischen Staatsinstituts, denunziert, nicht linientreu zu sein. Harteck konnte sich aber geschickt herauswinden, indem er Koch als intriganten Kollegen darstellte, der ihm seine erfolgreiche Forschung neide [Stumpf 1995].

Nachdem der Versuch, den ersten selbsterhaltenden Reaktor zu bauen, gescheitert war, beschäftigte sich die Gruppe von Wissenschaftlern um Harteck mit der

2 Proseminar: „Uranverein, Militärforschung im Dritten Reich";
Veranstalter: Volkmar Vill und Markus Kohler.

Erzeugung von schwerem Wasser und parallel dazu mit der Anreicherung von ^{235}U mittels verschiedenster Techniken.

Die einzige Anlage in Europa, die Schweres Wasser produzierte, war *Norsk Hydro*, Norwegen. Hintergrund hiervon war, dass die Produktion durch Elektrolyse hohe Mengen an elektrischer Energie benötigt, welche durch die Wasserkraftwerke vorhanden war. Harteck hatte 1940 beispielsweise abgeschätzt, dass eine Elektrolyseanlage in Deutschland für die Produktion von einer Tonne Schwerem Wasser 100.000 Tonnen an Kohle benötigen würde [Schaaf 1999].

Schweres Wasser war ursprünglich ein Abfallprodukt, da Schwerwassermoleküle Reaktionsträger bei der Elektrolyse („kinetischer Isotopeneffekt") sind und daher bei der Produktion von Wasserstoff und Sauerstoff dieses im Restwasser angereichert wird. Durch Kaskadierung und mehrere Trenn- und Verbrennvorgänge kann man Schweres Wasser erhalten.

Die ganzen Reserven des Kraftwerkes wurden vor Beginn des Zweiten Weltkrieges von dem französischen Forscher Frédéric Joliot-Curie aufgekauft, der ebenfalls Kernspaltungsexperimente in Paris durchführen wollte. Nach Kriegsbeginn und der Eroberung von Frankreich, Belgien und Norwegen standen den deutschen Forschern 3.500 Tonnen Uran (Belgien) und die gesamten Schwerwasservorräte und Produktionsstätten in Europa zur Verfügung.

Der Trennprozess für Schweres Wasser war jedoch ineffizient, so dass sich Harteck und sein Assistent Suess damit beschäftigten, dies zu korrigieren, und eine entsprechende Modifizierung der Anlage vorschlugen [Harteck 1941a].

Paul Harteck war auch Retter in der Not. Er hat sich für einen Kollegen, Odd Hassel (1833–1896),[3] verwendet, als dieser in Norwegen verhaftet worden war. Prekäres Detail, Paul Rosbaud, ein englischer Agent, der einen Anschlag auf die Produktionsstätten von *Norsk Hydro* initiiert hatte, bat Harteck um diesen Gefallen [Stumpf 1995].

Die Firma *Norsk Hydro* setze diesen wissenschaftlichen Vorschlag auf eigene Rechnung um, da die Produktion und der Verkauf an das Deutsche Reich Aussicht auf Gewinn versprach. Die Alliierten zerstörten im Verlauf des Krieges die Anlage, um die weitere Produktion von schwerem Wasser für den Einsatz und der Erforschung der Kernspaltung und den möglichen Bau einer Bombe zu stoppen.

Auf der anderen Seite arbeiteten Harteck und Groth / Suhr daran, das für die Kernspaltung geeignete ^{235}Uran, das im Natururan nur mit 0,71% enthalten ist, anzureichern. Es wurden verschiedene Techniken wissenschaftlich erforscht, unter anderem das Clusius-Dickelsche Trennrohr für Uranhexafluorid, welches sich als Fehlschlag erwies, oder die Entwicklung von Ultrazentrifugen, die, im Nachhinein betrachtet, sehr erfolgreich war [Groth, Harteck 1940, Stumpf 1995].

Die erste Zentrifuge wurde im August 1942 erfolgreich getestet [Stumpf 1995]. Heutzutage sind Ultrazentrifugen noch die geläufigsten und effektivsten Instrumente zur Anreicherung von Uran. Die Gruppe um Harteck hat hierzu die Grundlage geschaffen. Die entwickelten Zentrifugen hatten eine Länge von 40 Zentimetern und rotierten

---

3 Chemie-Nobelpreis 1969.

mit 50.000 Umdrehungen pro Minute was im Vergleich zu den heutigen Dimensionen (Länge 4 Meter und Umdrehungen von 60.000 Umdrehungen pro Minute) sehr klein erscheint.

Der Kriegsverlauf zwang die Forscher bereits 1943 dazu, von Hamburg erst nach Freiburg und später nach Celle zu ziehen. Eine Produktion von höher angereichertem Uran kann in signifikanter Menge nicht nachgewiesen werden. Der am Ende des Zweiten Weltkriegs durch die *Alsos Kommission* beschlagnahmte „Reaktor" in Haigerloch enthielt nur Schweres Wasser und Uranverbindungen, die aus Natururan gewonnen worden sind [Goudsmit 1947]. Harteck wurde als „Gast seiner Majestät" zusammen mit neun weiteren Wissenschaftlern in Farm Hall interniert. Ziel war es, die Erfolge der deutschen Wissenschaftler in Bezug auf die Entwicklung von Kernwaffen zu eruieren. Ebenfalls wurde hierbei von den Alliierten die Reaktion der deutschen Wissenschaftler auf den ersten Einsatz von Kernwaffen beobachtet. Harteck wurde hierbei wie folgt charakterisiert:

> „Ist während der ganzen Zeit seiner Internierung sehr freundlich und hilfsbereit gewesen. Er hat die Nachricht von der Atombombe wirklich gut aufgenommen und ist ehrlich bestrebt, mit den britischen und amerikanischen Wissenschaftlern zusammenzuarbeiten" [Hoffmann 1993].

Nach seiner Rückkehr baute Harteck das Institut in seiner Funktion als Direktor des Instituts für Physikalische Chemie (1934–1951) wieder auf. Parallel dazu hatte er in der turbulenten Zeit der Besatzung und Übergang in die Bundesrepublik verschiedene Positionen (Dekan der mathematisch-naturwissenschaftlichen Fakultät (1946–1947) und Rektor der Universität Hamburg (1948–1950)) inne.

Nachdem er im Jahre 1951 eine Gastprofessur am Rensselear Polytechnic Institute in Troy/New York angetreten hatte, übernahm er dort im Jahr 1952 eine feste Professur und verließ die Universität Hamburg. Dass er nach seinem Weggang weiterhin der Universität und vor allem seinem Institut für Physikalische Chemie verbunden blieb, zeigt der Folgenden persönliche Bericht von Professor Bertel Kastening

> „Paul Harteck habe ich persönlich zweimal nur sehr kurz kennen gelernt, als er Hamburg zu Besuch war. Das eine Mal, an das ich mich erinnere, stand in Zusammenhang mit der Gründung des Forschungszentrums GKSS[4] in Geesthacht, das von einem möglichen Antrieb von Schiffen durch Nuklearenergie ausging. Die GKSS wurde 1956 gegründet, und 1961 wurde der Bau des späteren „Nuklearschiffs Otto Hahn" bei den Howaldtswerken in Kiel in Auftrag gegeben. In diesen Jahren war ich zunächst Doktorand und danach Assistent am Hamburger Institut. Mein Doktorvater war Ludwig Holleck, der in der Interimszeit bis zur Berufung des Harteck-Nachfolgers das Institut leitete. Holleck war wenig jünger (*1904) als Harteck (*1902) und ebenfalls aus Wien stammend. Beide waren sehr charmante Herren.

---

4 Gesellschaft für Kernenergieverwertung in Schiffbau und Schiffahrt mbH.

Abbildung 25.4:
Die Bilder (vgl. auch Abb. 25.1 und 25.3) dokumentieren den experimentellen
Aufbau der Harteckschen Uranmaschine.
Nachlass von Fritz Thieme

Mir liegen noch Unterlagen vor aus der Zeit, als Harteck schon in die USA ausgewandert war. In einem Brief an Prof. Knauer sorgt er sich noch um die Stellen zweier Assistenten und eines Stipendiaten und macht Vorschläge für den Fall, dass sein Nachfolger eigene Assistenten mitbringt. In einem anderen Brief an Prof. Knauer bezieht er sich auf die Wiese, die jemand früher einmal dem Institut vermacht hatte und für die das Institut jährlich Pachtzins erhielt. Auf der Wiese stand eine Baracke, die mit Mitteln errichtet war, die dem Institut auch von dritter Seite zur Verfügung gestellt waren. Harteck wies darauf hin, dass die Baracke daher dem Institut gehöre, dass Akten nicht mehr vorlagen, da alle Akten nach Kriegsende von den Engländern beschlagnahmt waren und dass er (Harteck) 1948 (zwecks Legalisierung) die Gründung eines Vereins der Freunde des Instituts im Auge hatte, Vereinsgründungen damals aber nicht möglich waren.

Tatsächlich waren natürlich weder die Wiese noch die darauf stehende Baracke legitimer Institutsbesitz. Die daraus bezogenen Einnahmen waren allenfalls Gegenstand einer „grauen Kasse" und mussten eigentlich dem Fiskus zufließen; aber „graue Kassen" sind sehr nützlich, kann man daraus doch oft problemlos Dinge bezahlen, die aus Etatmitteln nicht bezahlbar sind. Prof. Knauer fühlte nun die Verantwortung auf sich lasten, und er nahm alles noch Vorhandene an Unterlagen und überbrachte sie der Bürokratie: Wiese und Baracke ade!

Als ich in das Institut kam (Anfang Mai 1954), war Harteck schon endgültig in den USA und doch noch allgegenwärtig. Nicht nur die Sekretärin Frau Holstein, sondern auch die Mitarbeiter im technischen Bereich (darunter Werkstattleiter Karl Reiser, den schon Otto Stern ans Institut geholt hatte) waren noch am Institut ebenso wie seine ehemaligen Mitarbeiter Prof. Knauer und Dr. Hermann Gerhard Hertz (der noch eine Weile an der von Harteck und Mitarbeitern entwickelten Gas-Zentrifuge zwecks Isotopenanreicherung von ^{235}U arbeitete, bevor diese nach Bonn an Prof. Groth verkauft wurde).

Als ich viel später geschäftsführender Direktor des Instituts war (1977–1983), starben zwei ehemalige Mitglieder des Instituts und Mitarbeiter Hartecks, zuerst Prof. Knauer (1979), danach Prof. Melkonian (1981). In beiden Fällen teilte ich diese Todesfälle Paul Harteck mit. Er antwortete mir und gab auch jeweils eine treffende Charakterisierung beider dazu. Zu Knauer: ‚Ich hatte seinen Fleiß und seine Pflichttreue immer hoch geschätzt, aber trotzdem war es mir nicht möglich, mit ihm in einen persönlichen Contact, wie mit den meisten Institutsmitgliedern, zu kommen.' Zu Melkonian: ‚Er gehörte zu denen, die auch in den schwersten Zeiten den Mut nicht sinken ließen, und ich habe ihn in sehr guter Erinnerung.'

*Als schließlich der 80. Geburtstag Hartecks anstand (20. Juli 1982), gra-
tulierte ich ihm, auch im Namen der übrigen Kollegen am Institut. Er
antwortete mir dankend und übersandte mir unter anderem zwei Unter
lagen, die seine Wertschätzung am Rensselaer Polytechnic Institute in
Troy/NY zeigten, zum einen eine Kopie des Aufsatzes „1979 Chemical
Pioneer Address" aus dem „The Chemist" 1979, Seiten 6+15/16, mit
dem Thema „The Gas Centrifuge Process for U235 Enrichment", bei dem
er als „Distinguished Research Professor of Physical Chemistry" bezeichnet wird. Hierin kommt nicht nur die Uran-Isotopentrennung zur Sprache, sondern die wesentlichen Aspekte seiner Forschungen im Zusammenhang mit der Kernphysik. So weist er auf seinen Aufenthalt (1932–1934)
am Institut Ernest Rutherfords hin. Als erstes bat ihn dieser freundlich,
er (Harteck) solle ein paar Kubikzentimeter Schweres Wasser ($D_2 O$) herstellen, worüber Harteck etwas indigniert war, hatte er doch mehr daran
gedacht, Neues auf kernphysikalischem Gebiet zu erforschen; aber ein
Wunsch Rutherfords war eine ehrenvolle Order, und Harteck hatte die
Genugtuung, dass er mit dem von ihm erzeugten Schwerwasser dann gemeinsam mit Rutherford und M.L.E. Oliphant 1934 die Kernreaktion $D
+ D \rightarrow H + T$ bzw. $D + D \rightarrow H + {}^3He$ entdeckte [Oliphant (1934)], die
Grundlage der energieliefernden Fusionsreaktion werden sollte.*

*In dem „Pioneer Address" geht Harteck auch auf den in Hamburg ge-
bauten CO_2-moderierten Kernreaktor ein, der nicht kritisch wurde: ‚We,
including myself, had not been aware of the extent of the tremendous health hazard and the amount of shielding against ionizing radiation which
is necessary even if a reactor operates at a very low power level. And if a
CO_2 reactor would have become critical, I doubt that I would be here to de-
liver this lecture.' Die zweite Unterlage über die dortige Wertschätzung ist
das Programm für „The Harteck Symposium" zu seinem 80. Geburtstag,
aus dem hervorgeht, dass neben allen bedeutenden Leuten des Instituts
auch zwei Nobelpreisträger Beiträge leisteten, einerseits John C. Polanyi[5] (* 1929), zum anderen Eugene P. Wigner[6] (* 1902).*

*Zugleich übersandte Harteck mir zwei jüngste Arbeiten, mit denen er
sich beschäftigt hatte: Die Klärung des Zustandekommens des rotbraunen
Flecks auf der Oberfläche des Planeten Jupiter [Howland (1979)] und
ein von ihm patentiertes Verfahren für die Fixierung von Stickstoff und
Bildung von Nitraten, das vielleicht billiger wäre als das Haber-Bosch-
Verfahren* [Harteck 1981b, Harteck 1981a].

*Im März 1985 erhielt ich dann einen Brief von Frau Marcella Harteck, in
dem sie mitteilte: „Mein Mann und Vater meiner Kinder Laurence und*

---

[5] Chemie-Nobelpreis 1986.
[6] Physik-Nobelpreis 1963.

Abbildung 25.5:
Paul Harteck (1902–1985) als Rektor der Universität Hamburg (1948)
Wikipedia (Bundesarchiv, Bild 183-2005-0331-501)

> *Claudia ist nach längerem Herz- und Nierenleiden am 21. Januar hier*
> *in Santa Barbara für immer von uns gegangen. Die Jahre seiner wis-*
> *senschaftlichen Tätigkeit in Hamburg 1934 bis 1951 und die ehrenvolle*
> *Stellung des Rektors der hamburgischen Universität sind ihm in bleiben-*
> *der Erinnerung geblieben."*

Paul Harteck und seine Assistenten Wilhelm Groth und Hans Suess erforschten die Grundlagen der Kernphysik an der Universität Hamburg zusammen und auf Augenhöhe mit den weltweiten Kapazitäten auf diesem Gebiet. Die Basis, die sie der Nachwelt hinterlassen haben, beschäftigt die Forschung noch heute. Die Techniken, die sie entwickelt haben, sind heutzutage State-of-the-Art und sind entsprechend proliferationsgefährdet; die Spuren der Hamburger Forscher werden der Menschheit noch lange erhalten bleiben, bis diese den ethischen und wissenschaftlichen Umgang mit der Kerntechnik gelernt haben wird.

25.1 Quellen und Literatur

[Blumtritt 1985] Blumtritt, Oskar: *Max Volmer, 1885–1965: eine Biographie.* Technische Universität Berlin 1985.

[Clark 1965] Clark, Ronald William: *Tizard.* London: Methuen 1965.

[Frisch 1980] Frisch, Otto R.: *What Little I Remember.* Cambridge: Cambridge University Press 1980.

[Goudsmit 1947] Goudsmit, Samuel A.: *Alsos. History of modern physics and astronomy.* American Institute of Physics 1947.

[Gowing 1964] Gowing, M.M.: *Britain and Atomic Energy: 1939–1945.* New York, NY: Macmillan 1964.

[Groth, Harteck 1940] Groth, Wilhelm and Paul Harteck: *Stand der Arbeiten zur Trennung der Isotope U 235 und U 238.* Kernphysikalische Forschungsberichte 1940.

[Hahn, Strassmann (1939)] Hahn, Otto and Fritz Strassmann: Über den Nachweis und das Verhalten der bei der Bestrahlung des Urans mittels Neutronen entstehenden Erdalkalimetalle. In: *Naturwissenschaften* **27** (1939), No. 1, S. 11–15.

[Harteck 1941a] Harteck, Paul: *Produktion von schwerem Wasser.* Kernphysikalische Forschungsberichte 1941.

[Harteck 1941b] Harteck, Paul: *Überblick über den Stand der Arbeiten am Institut für Physikalische Chemie, Hamburg.* Kernphysikalische Forschungsberichte 1941.

[Harteck 1981a] Harteck, Paul: *Fixation of nitrogen using silicon oxide catalysts.* December 29, 1981. US Patent 4,308,246.

[Harteck 1981b] HARTECK, PAUL: *Reaction with oxygen to form nitrogen oxides, producing nitrates therefrom with solid metal oxide.* June 2, 1981. US Patent 4,271,137.

[Harteck 1939] HARTECK, PAUL AND W. GROTH: *Brief an das Reichskriegsministerium, 1939.* Staatsarchiv Hamburg, Personalakte Paul Harteck 361-6 IV 367.

[Hoffmann 1993] HOFFMANN, DIETER: *Operation Epsilon: die Farm-Hall-Protokolle oder die Angst der Alliierten vor der deutschen Atombombe.* Reinbek bei Hamburg: Rowohlt 1993.

[Howland (1979)] HOWLAND, G.R.; HARTECK, PAUL AND R.R. REEVES JR.: The role of phosphorus in the upper atmosphere of Jupiter. In: *Icarus* **37** (1979), No. 1, S. 301–306.

[Oliphant (1934)] OLIPHANT, MARK L.E.; HARTECK, PAUL AND LORD E. RUTHERFORD: Transmutation effects observed with heavy hydrogen. *Proceedings of the Royal Society of London*, Series A, **144** (853) (1934), S. 692–703.

[Schaaf 1999] SCHAAF, MICHAEL: *Der Physikochemiker Paul Harteck (1902–1985).* CENSIS-Report. Historisches Institut der Universität Stuttgart 1999.

[Schmidt-Böcking et al. 2011] SCHMIDT-BÖCKING, HORST AND KARIN REICH: *Otto Stern: Physiker, Querdenker, Nobelpreisträger.* Frankfurt am Main: Societäts-Verlag (Gründer, Gönner und Gelehrte) 2011.

[Stumpf 1995] STUMPF, H.F.: *Kernenergieforschung in Celle 1944/45: Die geheimen Arbeiten zur Uranisotopentrennung im Seidenwerk Spinnhütte.* Celle: Stadtarchiv (Celler Beiträge zur Landes- und Kulturgeschichte) 1995.

[Walker 1990] WALKER, MARK: *Die Uranmaschine: Mythos und Wirklichkeit der deutschen Atombombe.* Berlin: Siedler 1990.

Nervengas im Hinterhof

Skandal-Schwaden über Hamburg: Ein Junge mußte sterben, ehe der Staat mit einer mörderischen Chemie-Klitsche aufräumte. Jetzt stellte sich heraus: Das Kind war nicht das erste Opfer. Kampfstoffe lagerten im Freien und die Behörden schauten weg. Warum?

Noch fühlen sich Hamburgs Spitzenpolitiker unschuldig an der Umweltkatastrophe des Jahres

„Ich bin klein, du bist klein, er ist klein, unsre Herzen sind ganz rein ..."

ZEICHNUNG: HICKS / COPYRIGHT DIE WELT

Abbildung 26.1:
Oben: Giftskandal, Schlagzeilen der *DIE ZEIT* (1979)
Unten: Karikatur, Zeichnung von Hicks, in der *Welt* (1979)

Oben: *DIE ZEIT*, Nr. 40 (28. September 1979), S. 25,
vgl. Archiv bei *ZEIT ONLINE*: `http://www.zeit.de/1979/40/nervengas-im-hinterhof`
Unten: Karikatur von Hicks in der *Welt* (Donnerstag, den 27.9.1979), S. 6 oben.

Licht und Schatten – Weitere Einblicke in die Geschichte der Chemie in Hamburg

Volkmar Vill (Hamburg)

Hamburg ist eine große Stadt und natürlich auch eine großartige Stadt. Chemische Forschung in Hamburg ist dabei auch vielfältig und großartig. Die heute bestehenden Forschungsinstitutionen und die Leistungen der dort arbeitenden Forscher lassen sich kaum auf einigen hundert Seiten zusammenfassen. Darum soll dieser kurze Artikel nur etwas Licht in die Vergangenheit werfen, zusätzlich zu den anderen Kapiteln dieses Buches

26.1 Akademische Forschung

Die akademische Erforschung der Chemie startet 1613 mit dem Akademischen Gymnasium, aus dessen Chemischen Laboratorium sich der Fachbereich Chemie der Universität Hamburg entwickelte über die Zwischenstufen des Chemischen Staatslaboratoriums und des Chemischen Staatsinstitut, sowie den zeitweilig eigenständigen Institut für Physikalische Chemie und Institut für Pharmazeutische Chemie.[1] Aber auch in anderen wissenschaftlichen Instituten arbeiteten bedeutende Chemiker.

In der *Bundesforschungsanstalt für Forst- und Holzwirtschaft* in Reinbek arbeitete der Chemiker und Holztechnologie Wilhelm Sandermann (1906–1994)[2] Auf der Suche nach Holzschutzmitteln entdeckte er das Dioxin, eines der gefährlichsten Umweltgifte überhaupt. Er stellte 25 g her und erkannte die gesundheitlichen Risiken dieses Stoffes und seine hohe Stabilität, die zu einer ungewöhnlichen Persistenz dieses Stoffes führen. Sandermann ist aber nur der Entdecker dieses Stoffes und nicht dessen Erfinder und auch nicht der Urheber der Umweltverseuchungen durch diesen Stoff. Dioxin entsteht ungewollt bei der Synthese von chlorierten Insektiziden und der Verbrennung von

---

1 Vill, Behrens 2014.
2 Noack (1994).

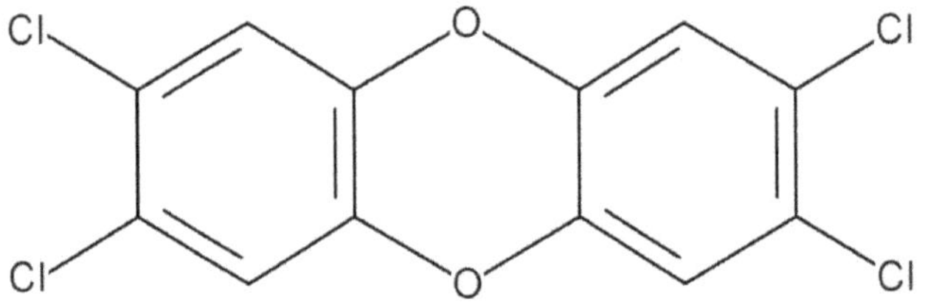

Abbildung 26.2:
Chemische Struktur des „Dioxins", dem „Sevesogift";
der korrekte Name ist 2,3,7,8-Tetrachlordibenzo-1,4-dioxin

PVC, dass früher oft für Fußböden und Kabelummantelungen Verwendung fand. Die Umwelt-Katastrophe von Seveso 1972 und der Brand des Düsseldorfer Flughafen 1996 sind Beispiele für Dioxin-Verseuchungen, die durch den Menschen ausgelöst wurden. 1984 traf es Hamburg: Das Gelände der Firma Boehringer in Hamburg-Moorfleet war Dioxin verseucht und löste einen der größten Umweltskandale der Bundesrepublik aus. Aber auch ohne die Tätigkeit des Menschen kann Dioxin entstehen. So wurde Dioxin sogar in den ägyptischen Mumien gefunden.[3]

Über deutsche Professoren wird ja oft gesagt, dass sie humorlos sind. Dieser Vorwurf trifft aber auf Sandermann nicht zu. Unter Pseudonymen veröffentlichte er sogar wissenschaftliche Satiren. So „bestätigte" er die Fantasien des Erich von Däniken und „entdeckte" quadratische Eichen, die bei der Schnittholzgewinnung weniger Abfall abwerfen.[4] Als er aber durch das Reinbeker Stadtparlament nach dem Verbleib seiner 25 g Dioxin gefragt wurde, musste er eine wenig humorvolle Antwort geben: er hatte die Reste dieses Stoffes, für die er keine praktikablen chemischen Abbauwege fand, während eines Arbeitskreisausfluges in der Ostsee versenkt, vermengt mit radioaktiven Strontium ...[5]

Auch am *Allgemeinen Krankenhaus in Eppendorf* (heute UKE) gab und gibt es Chemiker, die sich mit klinischer und physiologischer Chemie, sowie Pharmakologie befassen, z. B. Otto Schumm (1874–1958), der 1920 bei Paul Rabe im Chemischen Staatslaboratorium promoviert hatte. Eduard Keeser (1892–1956) war Arzt und Pharmakologe, beschäftigte sich aber auch mit Chemie-nahen Themen wie der toxischen Umweltverschmutzung durch Kraftfahrzeuge und der Giftwirkung von Sprengstoffen.

---

3 Hühnerfuss et al. (2008).
4 Selhus (1978). Selhus (1975).
5 Holtfoth (1985).

Vor fast 30 Jahren wurde in einem Reinbeker Laboratorium zufällig Dioxin entdeckt. 20 Gramm dieses Ultragiftes wurden damals in die Ostsee geworfen. Das könnte irgendwann böse Folgen haben.

Das Ultragift wurde in einem Bleirohr versenkt

Dioxin aus Reinbek gefährdet die Ostsee

Abbildung 26.3:
Schlagzeile der Hamburger Rundschau vom 10. Januar 1985

1900 wurde Gustav Giemsa (1867–1948) der Leiter der Chemischen Abteilung des neu gegründeten Hamburger Instituts für Schiffs- und Tropenkrankheiten, das als Bernhard-Nocht-Institut für Tropenmedizin noch heute Weltgeltung hat. Seine „Giemsa-Färbung" für Blutausstriche und Gewebeproben wird noch heute eingesetzt.

Giemsa (1904).

26.2 Staatliche Institute

Das 1841 eröffnete *Chemische Laboratorium des Akademischen Gymnasiums* übernahm zunehmend auch die Rolle eines Auftragslabors für Untersuchungen und Gutachten der Gerichte und Behörden. 1878 wurde es dann zum *Chemischen Staatslaboratorium* erhoben. Ihm oblag (zunächst) auch die Kontrolle der Nahrungs- und Genussmittel sowie der Gebrauchsgegenstände nach dem Nahrungsmittelgesetz von 1879, einem Reichsgesetz. Es gab in Hamburg aber zusätzliche Anforderungen für weitere Institutionen.

1875 wurde die Probieranstalt der Hamburger Bank gegründet, die 1893 dann in das *Staatshüttenlaboratorium* der Freien und Hansestadt Hamburg umgewandelt wurde. Wardeine analysierten hier Erzproben, z. B. für Schiedsgerichtsverfahren. Ein bekannter Wissenschaftler dieses Laboratoriums war Wilhelm Witter (1866–1949), der aber kurz vor dem Ersten Weltkrieg nach einem Betriebsunfall (einer Vergiftung) aus dem Staatsdienst in Hamburg ausscheiden musste. Er war Miterfinder des Pape-Witter-Babe Prozesses für die Zink-Gewinnung. Später arbeitete er in Halle als Geologe und Paläologe, wurde Mitglied der Leopoldina und bekam Ehrendoktortitel der Bergakademie zu Clausthal und der Universität Halle.

1892 brach in Hamburg die große Choleraepidemie mit einem verheerenden Ausmaß aus. Sie offenbarte, dass die hygienischen Zustände und die staatlichen Kontrollmechanismen zu reformieren waren. Deshalb wurde das *Hygiene-Institut* gegründet, das bis heute als „*Institut für Hygiene und Umwelt*" besteht. Es übernahm die Überwachung der Nahrungsmittel vom Chemischen Staatslaboratorium. Beide Institutionen kooperieren seit der Gründung und arbeiten z. B. bei der Ausbildung der Lebensmittelchemiker zusammen. Im Bereich der Nahrungsmittelforschung haben viele Chemiker internationale Anerkennung erreicht. So entwickelte Karl Lendrich (1862–1930) Schonkaffee (Idee-Kaffee) für die Firma *Darboven*. Dieser Handelsname ist jetzt seit 100 Jahre erfolgreich.

Erst 1938 wurden Altona und Harburg Stadtteile Hamburgs. Vor dieser Zeit mussten die Städte eigene Untersuchungslaboratorien betreiben. Von 1893 bis 1938 gab es das *Chemische Untersuchungsamt* in Altona. Alfred Behre (*1876) war von 1924 bis 1938 Leiter dieses Instituts. Er hätte 1938 wohl an das *Hygiene-Institut* wechseln können, ließ sich aber auf eigenen Wunsch in den Ruhestand versetzen. Zehn Jahre war er dann Berater der Hauptvereinigung der deutschen Fischwirtschaft und leitete deren Laboratorium bis 1949. Er schrieb viele und umfangreiche Publikationen zur Lebensmittelchemie von Fischwaren und der Einrichtung von Laboratorien allgemein. In Harburg wurde 1907 ein privates Untersuchungsamt zum „Öffentlichen Untersuchungsamt für Nahrungsmittel der Stadt Harburg a. d. E." umgewandelt, nachdem der bisherige Leiter Emil Schäfer gestorben war. 1927 bekam es auch eine Zweigstelle in Wilhelmsburg. Der bekannteste Vertreter war Wilhelm Bremer (1873–1936), der das Amt ab 1908 leitete.

26.3 Industrie und Handel

In Hamburg gab es bemerkenswerte Entwicklungen in der Chemie. Viele gingen von Privatinitiativen hiesiger Apotheker und Chemiker aus. Oft spielt dabei die Nähe zum Hafen und die guten kaufmännischen Verbindungen Hamburgs eine große Rolle. Die Firma *Beiersdorf* mit den Apothekern Paul Carl Beiersdorf (1836–1896) und Oscar Troplowitz (1863–1918) (vgl. S. 401), sowie dem Chemiker Isaac Lifschütz (1852–1938) sind im Kapitel von Katrin Cura über *Beiersdorf* 12, S. 371, ausführlich beschrieben.

Eine weitere Hamburger Chemiefirma von Weltruf ist die *Aurubis* (ehemals *Norddeutsche Affinerie*), die durch die bahnbrechenden Arbeiten von Emil Wohlwill (siehe Kapitel 14, S. 409) ihre Marktmacht aufbauen konnten.

In den 1920er Jahren arbeitete Wolfgang Ponndorf (1894–1948) bei der Firma *Anton Deppe Soehne* in Hamburg-Billbrook, die von der Schimmel & Co. AK übernommen wurde. Er erarbeitete hier ein Patent mit dem Titel *„Verfahren zur wechselseitigen Überführung von Alkoholen in Aldehyde oder Ketone sowie von Aldehyden oder Ketonen in Alkohole"*,[6] das in die Lehrbücher der Organischen Chemie als *Meerwein-Ponndorf-Verley-Reduktion* Einzug erhalten hat. 1925 wurde er dann chemischer Assistent in der Direktorialabteilung des *Krankenhauses Eppendorf*.

Sehr dunkle Seiten der Chemischen Industrie finden wir bei der „*Chemischen Fabrik Stoltzenberg*".[7] Diese wurde 1923 von Hugo Stoltzenberg (1883–1974) in Hamburg gegründet. Sie handelte mit „Ultragiften", insbesondere mit chemischen Kampfstoffen. Aufgrund liederlicher technischer Vorkehrungen kam es immer wieder zu Unfällen, von

---

6 Ponndorf, DRP 535954 (C) 1931-10-17. Ponndorf (1926).
7 Schweer 2009.

denen einige ein tragisches Ausmaß annahmen. 1928 kam es zu einer Phosgenfreiset-
zung, bei der mindesten zehn Menschen starben und 100 verletzt wurden (Abb. 24.1,
S. 584). Hugo Stoltzenberg war im Ersten Weltkrieg Mitarbeiter von Fritz Haber
bei der Produktion Chemischer Kampfstoffe, u. a. auch des Phosgens. 1928 kaufte
er Restbestände auf und lagerte sie unsachgemäß in Hamburg. So starben also in
Hamburg unbescholtene Bürger an Chemischen Waffen des Ersten Weltkrieges.

Als 1979 spielende Kinder Zugang zu Giftbeständen der Firma fanden und ein Kind
sogar starb, wurde die Firma endlich geschlossen. Da die Behörden bei der Kontrolle dieser Firma jahrzehntelang versagt hatten, gab es eine heftige Diskussion in der
Bürgerschaft und auch in den deutschen Zeitschriften. Der Justizsenator Frank Dahrendorf musste seinen Hut nehmen. 1980 wurde dann die Umweltbehörde in Hamburg
und damit auch der Beginn der Altlastensanierung in Hamburg geschaffen.

Abbildung 26.4:
Reinhard Kramolowsky 1980 in Munster
Bild: Reinhard Kramolowsky

Wenig berichtet wurde in der Literatur bisher über die Entsorgung der Gifte des
Firmengeländes. Die Untersuchung des Firmengeländes öffnete gewissermaßen die
Büchse der Pandora: ca. 2000 Gebinde von Chemikalien fand man dort, teils ver-
graben, praktisch immer unsachgemäß gelagert und manchmal sogar unbeschriftet.

Abbildung 26.5:
Zyklon B, Tesch & Stabenow (Testa), Hamburg
Wikipedia

Selbst in den Toilettenräumen wurden Giftstoffe gelagert. Ungefähr 50 Gebinde bein-
halteten Chemiekampfstoffe, die unter großen Sicherheitsmaßnahmen von Spezialisten
der Bundeswehr entsorgt werden mussten. Darunter befand sich sogar der Nervenkampfstoff Tabun! Für die Entsorgung der anderen Chemikalien blieb die Hansestadt
selbst verantwortlich. Und hier erreichten die Auswirkungen des zweiten Stoltzenberg-
Skandals auch den Fachbereich Chemie an der Universität Hamburg. Unter der Leitung von Prof. Dr. Walter Kaminsky haben die Professoren des Fachbereiches die
Gebinde eingehend untersucht und die endgültige Vernichtung durch Verbrennung
vorbereitet. Das alles unter den kritischen Augen der Öffentlichkeit. Ein kleinster
Fehler im Umgang mit diesen Gefahrstoffen hätte dabei einen weiteren Skandal aus-
lösen können. In Vollschutzanzügen mit Überdruck im Inneren und abgesichert durch
Einsatzkräfte, ausgestattet mit Atropininjektionsspritzen im Hintergrund, haben die
Professoren des Fachbereichs Chemie Armin de Meijere (*1939), Walter Kaminsky
(*1941), Günter Klar (*1935), Wilfried A. König (1939–2004), Reinhard Kramolow-
ski (*1935), Ernst Schaumann (*1943), Friedrich Steinbach (*1937) (PC) und Jürgen
Voss (*1936) die Analysen der aufgefundenen Chemikalien in dem als Zwischenlager
genutzten Standort der Bundeswehr in Munster durchgeführt. Am 7. November 1980
konnte dann die staatliche Pressestelle der Hansestadt Hamburg verkünden, dass die

Sanierungsarbeiten auf dem Stoltzenberg-Gelände früher als geplant abgeschlossen werden konnten (statt der geplanten 40 dauerte es nur 27 Wochen).

Abbildung 26.6:
Gedenktafel am Meßberghof
Photographie: Volkmar Vill (https://de.wikipedia.org/wiki/Tesch_%26_Stabenow)

Noch dunklere Seiten finden wir bei dem Hamburger Handelshaus *Tesch & Stabenow*.[8] Bruno Tesch (1890–1946) war wie Hugo Stoltzenberg in den Chemiewaffenprogrammen Fritz Habers involviert. 1924 gründete er die Firma *Tesch & Stabenow* (Testa) in Hamburg. Der Mitgründer Paul Stabenow verließ diese Firma schon 1927. *Testa* bekam das Handelsmonopol für Zyklon B östlich der Elbe. Es war als Schädlingsbekämpfungsmittel entwickelt worden, wurde aber dann für die Massentötungen in den Konzentrationslagern eingesetzt. Bruno Tesch lieferte das Zyklon B wissentlich für Massentötungen aus. Deshalb wurde er 1946 von einem britischen Militärgericht zum Tode verurteilt und hingerichtet. Eine Erinnerungstafel am Meßberghof, dem früheren Sitz dieser Firma, erinnert heute an die Opfer.

26.4 Apotheker und Handelschemiker

Für die Lebensmittelkontrolle braucht man nicht nur staatliche Stellen, sondern auch private, aber zertifizierte Laboratorien. Weltweit erstmalig kam es deshalb in Hamburg zum Beruf des „beeidigten Handelschemiker". Der erste war 1856 der Apotheker

---

8 Kalthoff und Werner 1998.

Georg Ludwig Ulex (1811–1883). Schon 1847 hatte er das erste öffentliche chemische Handelslaboratorium in Hamburg gegründet (heute: *Chemisches Laboratorium Dr. Hermann Ulex*). Ulex war auch einer der bekanntesten analytischen Chemiker seiner Zeit. Er entdeckte 1846 auch das Mineral *Struvit* in Hamburg.

Andere berühmte Handelschemiker Hamburgs waren Bernhard Carl Niederstadt (†1920), der 1878 den *„Verein gegen Verfälschung von Lebensmitteln"* gründete und Hugo Gilbert (1847–1897), der einige Jahre Redakteur der Zeitschrift *„Repertorium der analytischen Chemie für Handel, Gewerbe und öffentliche Gesundheitspflege"* war. Diese Zeitschrift ist der Vorläufer der sehr renommierten „Angewandte Chemie". Die Chemiker organisierten sich auch in Hamburg. 1883 wurde der *„Chemiker-Verein in Hamburg"* gegründet, 1892 dann zusätzlich der *„Verein Deutscher Chemiker, Bezirksverein Hamburg"*. Beide Vereine haben oft gemeinsame Veranstaltungen durchgeführt. Neben Hugo Gilbert war der Gewerbelehrer Ernst Glinzer (1844–1919) und der Apotheker und Handelschemiker Adolph Langfurth (1849–1917) sehr aktiv in der Vereinsarbeit.

Unter den vielen nennenswerten Apothekern soll noch Caesar Albrecht Jungclaussen (1855–1916) hervorgehoben werden. Er war von 1796 bis 1916 Pharmazeutischer Assistent des *Medizinalkollegiums* in Hamburg und von 1896 bis 1916 Direktor der *Pharmazeutischen Lehranstalt* in Hamburg. Besonders bekannt ist sein Werk *„Geschichte der Hamburgischen Apotheken seit Inkrafttreten der Medizinalordnung von 1818 bis zum Abschluß des Jahres 1912. Festschrift zur Feier des 75jährigen Bestehens des Apotheker-Vereins in Hamburg"*.[9]

Um 1669 entdeckte Hennig Brand (um 1630–1692) das chemische Element *Phosphor* in Hamburg. Er wird oft als Apotheker und Alchemist aufgeführt. Besser wäre aber wohl die Bezeichnung Kaufmann und Alchimist.

26.5 Lehrer und Privatforscher

In den Fächern Mathematik, Physik und insbesondere Biologie haben Lehrer oft hervorragende Forschungsarbeiten geliefert und es sind manche auch zur Universität gewechselt und/oder sind Ehrendoktoren geworden. In der Chemie ist die Zahl geringer, wohl weil die (labor)technischen Anforderungen für eine konkurrenzfähige Forschung sehr hoch sind. Unter den Chemie-Lehrern sind Paul Rischbieth (1862–1931) und Ludwig Dörmer (1877–1952) besonders hervorgetreten. Dörmer wurde 1933 aufgrund seiner freiheitlich demokratischen Gesinnung als Oberlehrer entlassen. Nach dem Krieg 1945 wurde er dann Landesschulrat im Hamburg, musste dieses Amt aber bald aus gesundheitlichen Gründen aufgeben.

Von großer Bedeutung für die Naturwissenschaften in Hamburg war Heinrich von Struve (1772–1851), der von 1813 bis 1850 russischer Geschäftsträger in den Hansestädten Hamburg, Bremen und Lübeck war. Er war ein Gründungsmitglied des

9 Jungclaussen 1913.

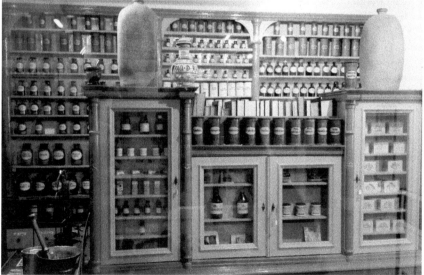

Abbildung 26.7:
Hamburger Apotheke und Lauenburger Apotheke
Foto: Gudrun Wolfschmidt (2016 im HamburgMuseum und im Altonaer Museum)

Naturwissenschaftlichen Vereins in Hamburg und weltbekannter Mineraloge. Das in Hamburg gefundene Mineral *Struvit* wurde nach ihm benannt.

Noch bekannter ist der Hamburger Arzt und Chemiker Andreas Cassius (um 1600–1673), der Goldpurpur-Pigmente zum Färben von Glas entwickelt hat (vgl. Abb. 1.2, S. 36). In der heutigen Nomenklatur würde man „Nano-Gold" sagen, und auch heute wieder ist die Chemie in Hamburg eine der weltweit gewichtigsten Nano-Forschungs-zentren. Gegenwart und Zukunft bleiben also spannend.

Zu den größten Lichtmomenten der Wissenschaft in Hamburg gehören die beiden „echten" Nobelpreise Hamburgs, also der Nobelpreise, die Forscher für ihre Arbeit in Hamburg bekommen haben. Otto Stern, der Direktor des *Instituts für Physikalische Chemie*, bekam 1943 den Nobelpreis für Physik und Ada Yonath, Strukturbiologin am Weizmann-Institut in Rechowot, Israel, und dem European Molecular Biology Laboratory (EMBL) am DESY in Hamburg bekam 2009 den Nobelpreis für Chemie. 2012 bekam sie auch die Ehrendoktorwürde des Fachbereichs Chemie.

Auch für die Schattenzeiten 1933 bis 1945 wurden Biographien der Hamburger Chemiker erstellt.[10] Hans Heinrich Schlubach (1889–1975) leitete ab 1935 das *Chemische Staatsinstitut*, allerdings zunächst nur kommissarisch. Da eine seiner Großmütter eine Südseeprinzessin war, wurden ihm der „Ariernachweis" sehr schwer gemacht. Er hat sich wohl nie offen gegen das Regime ausgesprochen, aber sein Verhalten gegenüber den NSDAP-Parteiaktivisten Henry Albers (1904–1987) und Johann Nikolaus Frers (1895–1952) kann man auch so interpretieren, dass er den Einfluss der Partei im Institut eindämmen wollte.[11]

Ein echter Widerstandskämpfer war der Chemiestudent Hans Leipelt (1921–1945). Er war eine der führenden Köpfe der *Weißen Rose* in Hamburg. Als „Halbjude" musste er 1941 sein Studium in Hamburg abbrechen, konnte es aber in München noch fortsetzen. Er brachte das 6. Flugblatt der *Weißen Rose* von München nach Hamburg und verbreitete es hier. Am 29. Januar 1945 wurde er in München-Stadelheim hingerichtet.[12]

Beim Durchleuchten der Geschichte der Chemie in Hamburg finden wir also Licht-und Schatten. Die Schattenzeiten waren aber ein Spiegel der Zeit und das Licht, dass die Nobelpreise und erfolgreiche Industriemarken nach Hamburg gebracht haben, gibt uns viel Optimismus für die Zukunft.

26.6 Literatur

Vill, Volkmar und Thomas Behrens (Hg.): *400 Jahre Chemie als Wissenschaft in Hamburg. Von der Gründung des Akademischen Gymnasiums bis zu aktuellen Forschungsthemen am Fachbereich Chemie der Universität Hamburg.* Berlin: lehmanns media 2014.

---

10 Vill, Behrens 2014.
11 Vill, Behrens 2014.
12 Bottin 1992.

NOACK, DETLEF: Wilhelm Sandermann [Nachruf]. In: *Uni HH: Berichte und Meinungen aus der Universität Hamburg* **25** (1994), (3) S. 55–56.

HÜHNERFUSS, KATJA; PÄPKE, OLAF UND HEINRICH HÜHNERFUSS: Polychlorodibenzofuran and polychlorodibenzo-p-dioxin patterns in Egyptian mummies – evidence for uptake of dioxins by ancient Egyptians? In: *Organohalogen Compounds* **70** (2008), S. 9–12.

SELHUS, WILHELM: Der „Quaderbaum", Quercus quadrata van Hoosten, ein sensationeller Fund. In: *Naturwissenschaftliche Rundschau* **31** (1978), S. 139–142. SELHUS, WILHELM: *Und sie waren doch da: Wissenschaftliche Beweise für den Besuch aus dem All.* Gütersloh: C. Bertelsmann (1975).

HOLTFOTH, MICHAEL: Dioxin aus Reinbek gefährdet die Ostsee. Das Ultragift wurde in einem Bleirohr versenkt. In: *Hamburger Rundschau* (10.01.1985).

GIEMSA, GUSTAV: Eine Vereinfachung und Vervollkommnung meiner Methylenblau-Eosin-Färbemethode zur Erzielung der Romanowsky-Nocht'schen Chromatinfärbung. In: *Centralblatt für Bakteriologie, Parasitenkunde und Infektionskrankheiten,* 1. Abteilung **32** (1904), S. 307–313.

PONNDORF, WOLFGANG: *Verfahren zur wechselseitigen Überführung von Alkoholen in Aldehyde oder Ketone sowie von Aldehyden oder Ketonen in Alkohol.* DRP 535954 (C) 1931-10-17. PONNDORF, WOLFGANG: Der reversible Austausch der Oxydationsstufen zwischen Aldehyden oder Ketonen einerseits und primären oder sekundären Alkoholen anderseits. In: *Zeitschrift für Angewandte Chemie* **39** (1926), S. 138–143.

SCHWEER, HENNING: Die Chemische Fabrik Stoltzenberg zu Hamburg von 1923 bis 1945. In: WOLFSCHMIDT, GUDRUN (Hg.):*Hamburgs Geschichte einmal anders: Entwicklung der Naturwissenschaften, Medizin und Technik, Teil 2.* Norderstedt: Books on Demand (Nuncius Hamburgensis; Band 7) 2009, S. 149–161.

KALTHOFF, JÜRGEN UND MARTIN WERNER: *Die Händler des Zyklon B: Tesch & Stabenow. Eine Firmengeschichte zwischen Hamburg und Auschwitz.* Hamburg: VSA-Verlag 1998.

JUNGCLAUSSEN, CAESAR ALBRECHT: *Geschichte der Hamburgischen Apotheken seit Inkrafttreten der Medizinalordnung von 1818 bis zum Abschluß des Jahres 1912. Festschrift zur Feier des 75jährigen Bestehens des Apotheker-Vereins in Hamburg.* Hamburg: Selbstverlag des Apotheker-Vereins 1913.

BOTTIN, ANGELA: *Enge Zeit. Spuren Vertriebener und Verfolgter der Hamburger Universität.* Katalog zur gleichnamigen Ausstellung im Audimax der Universität Hamburg vom 22. Februar bis 17. Mai 1991. Hamburg (Hamburger Beiträge zur Wissenschaftsgeschichte; Band 11) 1992.

Abbildung 27.1:
Theodor Zeise, Spezialfabrik für Schiffsschrauben, Altona, Schleiferei 1918
Gemälde, Foto: Gudrun Wolfschmidt (im Altonaer Museum)

Autoren

Dr. Dipl.-Chem. Matthias Böge (Hamburg)

geb. 1980 in Hamburg; studierte Chemie in Hamburg; verfasste 2007 seine Diplom-arbeit über die Synthese des Methyl-4,6-O-benzyliden-2,3-diamino-2,3-dideoxy-a,D-talopyranosids und Methyl-4,6-O-benzyliden-2,3-diamino-2,3-dideoxy-a,D-gulopyrano-sids und deren Platinkomplexe; 2007–2014 Promotion am Institut für Anorganische und Angewandte Chemie über die Synthese von Diaminopyranosiden, deren Komplexe der Platinmetalle und den Einsatz dieser Koordinationsverbindungen in der Katalyse; seit 2008 promotionsbegleitendes Masterstudium in Hochschuldidaktik am ZHW der Universität Hamburg.

Institut für Anorganische und Angewandte Chemie
Fachbereich Chemie
Martin-Luther-King-Platz 6, D-20146 Hamburg
E-mail: `boegem@chemie.uni-hamburg.de`

Prof. Dr.-Ing. Constantin Canavas (Hamburg)

Professor für Automatisierungstechnik und Technikbewertung

Hochschule für Angewandte Wissenschaften Hamburg
Hamburg University of Applied Sciences
Fakultät Life Sciences / Faculty Life Sciences
Ulmenliet 20, 21033 Hamburg
E-mail: `Constantin.Canavas@haw-hamburg.de`

Dr. Katrin Cura (Hamburg)

geb. 1968, Chemielaborantin, Abitur auf zweitem Bildungsweg, 1991–1998 Studium Berufsschullehramt Chemietechnik und Biologie sowie Geschichte der Naturwissen-schaften an der Universität Hamburg. 1996 Kuratorin der Ausstellung *„Kleben ver-bindet"* am Deutschen Museum, München (unter der Leitung von Otto Krätz), seit 2006 freie Mitarbeiterin am *Museum der Arbeit*, Hamburg. Seit 2000 Studienrätin in Hamburg, 2008 Lehrbeauftragte für Geschichte der Naturwissenschaften an der

Universität Hamburg, 2010 Lehrbeauftragte für Chemie und ihre Didaktik an der Universität Flensburg und Hamburg. 2010 Promotion in Geschichte der Naturwissenschaften über die Geschichte der Klebstoffe (G. Wolfschmidt).

Diverse Vorträge und Publikationen zur Chemie und deren Geschichte u.a.: *Schwefel, Mörser und heiße Öfen – die Alchemie im Deutschen Museum* (1997), *Chemie heute S II* – Lehrerhandbuch (Schroedel Verlag 1998), *Vom Hautleim zum Universalklebstoff – Zur Entwicklung der Klebstoffe* (GNT-Verlag 2010).

Zentrum für Geschichte der Naturwissenschaft und Technik
Hamburger Sternwarte, Fachbereich Physik, MIN Fakultät, Universität Hamburg
Bundesstraße 55 – Geomatikum, D-20146 Hamburg
E-mail: `KatrinCura@aol.com`

Dr. phil. Jürgen Ellermeyer (Hamburg)

geb. 1942 in Bremen, Studium in Marburg, Hamburg, Southampton und Cambridge; 1973 Dissertation: *Stade 1300–1399. Liegenschaften und Renten in Stadt und Land. Untersuchungen zur Wirtschafts- und Sozialstruktur einer hansischen Landstadt im Spätmittelalter* (Stade 1975); Assistent am Historischen Seminar der Universität Hamburg in Früher Neuzeit, dann Mittelalter (1973–83); 1983–94 Leiter der Abt. Stadtgeschichte am Helms-Museum, Harburg; 1994–2007 Wissenschaftlicher Mitarbeiter am Museum der Arbeit, Hamburg; Lehraufträge an der Universität Hamburg 1983–2000; Beisitzer im Vorstand des *Vereins für Hamburgische Geschichte*.
Publikationen und Ausstellungen zur Stadtgeschichte (Sozialstruktur), zu Arbeiterbewegung, Juden, Einwanderung (*Geteilte Welten – Hamburg und Migration*, Teil des EU-geförderten Projekts *Migration, Work and Identity. A History of People in Europe, Told in Museums*, 2001–2003) und Industrialisierung in Hamburg, speziell zur Geschichte der Kautschukindustrie (*Gib Gummi. Kautschukindustrie und Hamburg*, Bremen 2006), sowie zum Museum der Arbeit. Mitherausgeber und Beiträger von: *Stadt und Hafen. Hamburger Beiträge zur Geschichte von Handel und Schiffahrt*, hg. mit Rainer Postel (Hamburg 1986); *Harburg. Von der Burg zur Industriestadt. Beiträge zur Geschichte Harburgs 1288–1938*, hg. mit Klaus Richter und Dirk Stegmann (Hamburg 1988); *Recht und Alltag im Hanseraum. Gerhard Theuerkauf zum 60. Geburtstag*, hg. mit Silke Urbanski und Christian Lamschus (Lüneburg 1993).

Sohrhof 30, 22607 Hamburg
Museum der Arbeit Hamburg
Wiesendamm 3, 22305 Hamburg-Barmbek
e-mail: `j.ellermeyer@web.de`, `Ellermeyer@museum-der-Arbeit.de`

Dr. Bernd Elsner (Hamburg)

1944 geboren, in Hamburg die Schule besucht, ab 1965 an der Universität Hamburg Mathematik und Physik studiert, 1971 Staatsexamen für das Höhere Lehramt, seitdem im Hamburger Schuldienst tätig, 1988 Promotion bei Prof. Dr. Christoph J. Scriba.

Veröffentlichungen: Apollonius Saxonicus, Göttingen 1988; Die Matrikel des Christianeums zu Altona, Hamburg 1998; Joachim Jungius' *Geometria empirica und Reiß-Kunst*, Hamburg 2004; weitere Aufsätze in verschiedenen Zeitschriften.

Zentrum für Geschichte der Naturwissenschaft und Technik
Fachbereich Physik, MIN Fakultät, Universität Hamburg
Bundesstraße 55 – Geomatikum, D-20146 Hamburg
e-mail: `Bernd-Elsner@gmx.net`

Dr. cand. Dipl.-Wiss. Hist. Eike-Christian Harden (Hamburg)

Abitur im Jahr 2001, ab 2003 zunächst Studium der Physik an der Universität Hamburg, nach dem Vordiplom 2006 Hauptstudium in Geschichte der Naturwissenschaften (*Geschichte der Deichbautechnik mit Beispielen aus dem Gebiet der Tideküsten an der Deutschen Bucht* (Studienarbeit, 2009, *„Concordia res parvae crescunt"* – *Fortschritte der Naturwissenschaften und Technik im Goldenen Zeitalter der Niederlande*, Diplom-Wissenschaftsgeschichte, 2011). Seit 2012 Promotion (FB Physik, Betreuerin: Gudrun Wolfschmidt) *„Artes et scientias omnes dextra instructione propagare"* – *Vom Verhältnis der Lehr- zur Forschungspraxis bei Joachim Jungius am Beispiel der Physik.* 2012–2015 wissenschaftlicher Mitarbeiter am DFG-geförderten Projekt zur Digitalisierung des Nachlasses von Joachim Jungius in der SUB Hamburg (`www.sub.uni-hamburg.de/jungius-nachlass`).

Besondere wissenschaftliche Interessen: Wissenschafts- und Technikgeschichte Nordwesteuropas und maritime Themen.

Zentrum für Geschichte der Naturwissenschaft und Technik
Fachbereich Physik, MIN Fakultät, Universität Hamburg
Bundesstraße 55 – Geomatikum, D-20146 Hamburg
e-mail: `eikeharden@t-online.de`

Prof. Dr. phil. Dr. med. Andreas Hillert (Prien am Chiemsee)

geb. 1961 in Hamburg, ist Dozent für Klassische Archäologie an der Katholischen Universität Eichstätt und Chefarzt an der Schön Klinik Roseneck in Prien am Chiemsee.

Interessenschwerpunkte sind die Rezeption der antiker Kunst sowie die Interaktion beruflicher Belastungen und psychosomatischer Erkrankungen.

Schön Klinik Roseneck
Am Roseneck 6 - 83209 Prien am Chiemsee
e-mail: `AHillert@Schoen-Kliniken.de`

Prof. Dr. Bertel Kastening (Hamburg)

`http://www.chemie.uni-hamburg.de/pc/kastening/index.html`.

Institut für Physikalische Chemie der Universität Hamburg
Grindelallee 117, 20146 Hamburg

Dr. Markus Kohler (Hamburg)

Laborleiter / Koordination der Lehre, `https://www.znf.uni-hamburg.de/personen/ mitarbeiter/markus-kohler.html`.

Carl Friedrich von Weizsäcker-Zentrum für Naturwissenschaft
und Friedensforschung (ZNF) der Universität Hamburg
Labor Grindelallee 117, 20146 Hamburg
e-mail: `Markus.Kohler@uni-hamburg.de`

Prof. Dr. Hans Paulsen (Hamburg)

Kurzbiographie und Publikationen:
`http://www.chemie.uni-hamburg.de/oc/publikationen/Paulsen.html`.

Institut für Organische Chemie der Universität Hamburg
Martin-Luther-King-Platz 6, 20146 Hamburg

Dr. phil. Miriam N. Reinhard (Hamburg)

Studienabschluß/akademischer Grad: (Student/Doktorand/Dipl./Master/Bachelor), Doktor phil. (2011), Master of Arts (2010), Magister Artium (2005).
Seit 04/2013 PostDoc-Mitarbeiterin am Fachbereich Chemie, davor: „Berendsohn Forschungsstelle für Exilliteratur".
Forschungsinteressen: Geschichte der Chemie in Hamburg, Exilierte Naturwissenschaft, Exil in der Literatur, Judentum in der Literatur, Theologie und Literaturwissenschaft, usw.
Buch-Publikationen: *Von der Schwelle: Diana: Ihr eigener Tod in der Ordnung der*

Anderen (Relationen) (2014), *Entwurf und Ordnung. Übersetzungen aus „Jahrestage"
von Uwe Johnson. Ein Dialog mit Fragen zur Bildung* (2012).

Fachbereich Chemie
Martin-Luther-King-Platz 6, 20146 Hamburg
http://www.chemie.uni-hamburg.de/oc/vill/mitarbeiter/miriamreinhard.html
e-mail: Miriam.Reinhard@chemie.uni-hamburg.de

Prof. Dr. Sascha Rohn (Hamburg)

Jahrgang 1973, studierte Lebensmittelchemie an der Johann Wolfgang Goethe Universität Frankfurt/Main, wo der 1999 das zweite Staatsexamen zum Staatlich geprüften Lebensmittelchemiker ablegte. 2002 promovierte er in Lebensmittelchemie bei Jürgen Kroll am Institut für Ernährungswissenschaft der Universität Potsdam. Von 2004 bis 2011 habilitierte er sich am Institut für Lebensmittelchemie der TU Berlin bei Lothar W. Kroh. Seit 2009 ist er Professor für Lebensmittelchemie an der Universität Hamburg, *Hamburg School of Food Science*. Seine Arbeitsgruppe beschäftigt sich mit der Analytik von sekundären Pflanzenstoffen, deren antioxidativer Aktivität, insbesondere aber mit der Stabilität und Reaktivität bioaktiver Inhaltsstoffe bei der Be- und Verarbeitung pflanzlicher Lebens- und Futtermittel.

*Institut für Lebensmittelchemie der Universität Hamburg Grindelallee 117, 20146
Hamburg*
e-mail: rohn@chemie.uni-hamburg.de

Dr. Eike Schüttpelz (Hamburg)

Promotion 1978 an der Universität Hamburg bei Prof. Dr. Hans Paulsen promoviert. Von 1979 bis 2011 als wissenschaftlicher Gutachter in der Zollverwaltung in Hamburg beschäftigt: Gruppenleiter der *Arbeitsgruppe Kunststoffe, Kautschuke und andere Polymere*, ab 2005 Leiter der Wissenschaftlichen Abteilung.
Kontaktstudium mit Interesse an Naturwissenschaften und deren Geschichte.

Otternweg 16, 21279 Appel
e-mail: eike.schuettpelz@t-online.de

Prof. Dr. Joachim Thiem (Hamburg)

geb. 1941, 1972 Dr. rer. nat. Organische Chemie (Prof. Dr. Hans Paulsen), 1978 Habilitation, Organische Chemie, Universität Hamburg. 1989–2009 Professor (C4), Universität Hamburg.

Forschung: Synthetische Kohlenhydratchemie, Präparativ-chemoenzymatische Synthesen, Kohlenhydrate als Chemierohstoffe.
Weitere Informationen siehe `http://www.chemie.uni-hamburg.de/oc/thiem/`.

Department of Chemistry, University of Hamburg
Martin-Luther-King-Platz 6, D-20146 Hamburg e-mail: `thiem@chemie.uni-hamburg.de`

Prof. Dr. Volkmar Vill (Hamburg)

Jahrgang 1960, Studium der Chemie (Diplom & Promotion) und Physik (Diplom) an der Universität in Münster, Habilitation in organischer Chemie an der Universität Hamburg, Forschungen über Flüssigkristalle, Lipide und Chemie-Informationssysteme, Entwicklung von Softwaresystemen (SciDex, CLAKS, LiqCryst).

Institut für Organische Chemie der Universität Hamburg
Martin-Luther-King-Platz 6, D-20146 Hamburg
`http://www.chemie.uni-hamburg.de/oc/vill/vill.html`
e-mail: `vill@chemie.uni-hamburg.de`

Karl Ernst Vill (Korschenbroich)

Gerbermeister, Gerbereitechniker, Absolvent Lederinstitut Reutlingen. *Korschenbroich*
e-mail: `karl@vill.de`

Lucas Filipo Voges (Hamburg)

Jahrgang 1989, Studium der Chemie in Hamburg seit 2010.

Fachbereich Chemie der Universität Hamburg
Martin-Luther-King-Platz 6, D-20146 Hamburg
e-mail: `lucas.voges@chemie.uni-hamburg.de`

Prof. Dr. Gudrun Wolfschmidt (Hamburg)

geb. in Nürnberg, Dissertation *Analyse enger Doppelsternsysteme*, Dr. Remeis-Sternwarte Bamberg, Astronomisches Institut der Universität Erlangen-Nürnberg, 1. und 2. Staatsexamen (Physik und Mathematik), Gymnasiallehrerin im Freistaat Bayern.
Seit 1987 Forschung in Wissenschaftsgeschichte am „Deutschen Museum" in München; Konzept und Realisation der Dauerausstellung „Astronomie/Astrophysik" im „Deutschen Museum" (Eröffnung 1992, Begleitbuch 1993). 1992 bis 1995 wissenschaftliche Assistentin am Forschungsinstitut für Geschichte der Naturwissenschaft und

Technik des Deutschen Museums, verschiedene Ausstellungen (z. B. Copernicus 1994), Lehre und Habilitation *Genese der Astrophysik* (1997) an der „Ludwig-Maximilians-Universität" in München; seit 1997 Professorin am Institut für Geschichte der Naturwissenschaften der Universität Hamburg.

Forschungsschwerpunkte: Astronomie- und Physikgeschichte (Frühe Neuzeit sowie 19. und 20. Jahrhundert) und wissenschaftliche Instrumente.

Buchveröffentlichungen: *Copernicus – Revolutionär wider Willen* (1994), *Milchstraße – Nebel – Galaxien. Strukturen im Kosmos von Herschel bis Hubble* (1995), *Popularisierung der Naturwissenschaften* (2000, 2002), *Vom Magnetismus zur Elektrodynamik* (2005), *Development of Solar Research. Entwicklung der Sonnenforschung* (mit A. Wittmann und H. Duerbeck) (2005), *Astronomy in and around Prague* (mit Martin Šolc) (2005), *„Es gibt für Könige keinen besonderen Weg zur Geometrie"* (2007) *Von Hertz zum Handy – Entwicklung der Kommunikation* (2007), *Heinrich Hertz (1857–1894) and the Development of Communication* (2008), *„Navigare necesse est" – Geschichte der Navigation* (2008), *Prähistorische Astronomie und Ethnoastronomie* (2008), *Astronomisches Mäzenatentum* (2008), *Hamburgs Geschichte einmal anders – Entwicklung der Naturwissenschaften, Medizin und Technik, Teil 1 bis Teil 3* (2007), (2009) und (2011), *„Sterne weisen den Weg" – Geschichte der Navigation* (2009), die Proceedings of the International ICOMOS Symposium *Cultural Heritage of Astronomical Observatories – From Classical Astronomy to Modern Astrophysics* (Berlin 2009), *Astronomie in Nürnberg* (2010), *Weber's Planetary Model of the Atom* (2011) (mit A. K. T. Assis und K. H. Wiederkehr, 2011), *Farben in Kulturgeschichte und Naturwissenschaft* (2011), *Entwicklung der Theoretischen Astrophysik* (2011) und *Colours in Culture and Science* (2011), *Simon Marius, der fränkische Galilei,* (2012), zum 100jährigen Jubiläum der Hamburger Sternwarte *Sonne, Mond und Sterne* (2013), *Kometen, Sterne, Galaxien* (2014) und *Astronomie in Franken* (2015).

Zentrum für Geschichte der Naturwissenschaft und Technik
Hamburger Sternwarte, Fachbereich Physik, MIN Fakultät, Universität Hamburg
Bundesstraße 55 – Geomatikum, D-20146 Hamburg
E-Mail: gudrun.wolfschmidt@uni-hamburg.de
http://www.hs.uni-hamburg.de/DE/Ins/Per/Wolfschmidt/index.html und
http://www.hs.uni-hamburg.de/DE/GNT/w.htm.
E-Mail: gudrun.wolfschmidt@uni-hamburg.de.

Abbildung 27.2:
Seifix Dr. Thomson's selbsttätiges Bleichmittel (Wandmalerei)
Foto: Gudrun Wolfschmidt (2015)

Abbildungsverzeichnis

Nuncius Hamburgensis
Beiträge zur Geschichte der Naturwissenschaften

Norderstedt: Books on Demand (nur Bd. 2, 6, 7, 8, 10, 11, 14 und 15)

Hamburg: tradition Verlag 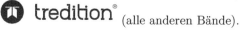 (alle anderen Bände).

Hg. von Gudrun Wolfschmidt,
Zentrum für Geschichte der Naturwissenschaft und Technik, Hamburger Sternwarte,
Fachbereich Physik, Fakultät für Mathematik, Informatik und Naturwissenschaften
(MIN), Universität Hamburg – ISSN 1610-6164

*Diese Reihe „Nuncius Hamburgensis" wird gefördert von
der Hans Schimank-Gedächtnisstiftung. Dieser Titel wurde inspiriert
von „Sidereus Nuncius" und von „Wandsbeker Bote".*

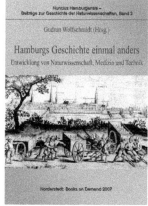

- Band 1 (2009):
  Hans Schimank (1888–1979) Ausgewählte Schriften.
  Mit einem Beitrag ‚Hans Schimanks Otto von Guericke' von Fritz Krafft.
  Bearbeitet von Timo Engels und Igor Abdrakhmanov.
- Band 2 (2007):
  Wolfschmidt, Gudrun (Hg.): *Hamburgs Geschichte einmal anders –
  Entwicklung der Naturwissenschaften, Medizin und Technik – Teil 1.*

- Band 3 (2010):
  Wolfschmidt, Gudrun (Hg.): *Astronomie in Nürnberg.*
  Proceedings der Tagung vom 2.–3. April 2005 in Nürnberg anläßlich
  des 500. Todestages von Bernhard Walther (1430–1504)
  und des 300. Todestages von Georg Christoph Eimmart (1638–1705).
- Band 4 (2011):
  Wolfschmidt, Gudrun (Hg.): *Entwicklung der Theoretischen Astrophysik.*
  Proceedings des Kolloquiums des Arbeitskreises Astronomiegeschichte
  in der Astronomischen Gesellschaft am 26. September 2005 in Köln.
- Band 5 (2019):
  Wolfschmidt, Gudrun (Hg.): *400 Jahre Physik in Hamburg*
  vom Akademischen Gymnasium über das Staatsinstitut zur Universität.
- Band 6 (2007): Wolfschmidt, Gudrun (Hg.):
  Von Hertz zum Handy – Entwicklung der Kommunikation. Begleitbuch
  zur Ausstellung zum 150. Geburtstag von Heinrich Hertz (1857–1894).
- Band 7 (2009):
  Wolfschmidt, Gudrun (Hg.): *Hamburgs Geschichte einmal anders –*
  Entwicklung der Naturwissenschaften, Medizin und Technik, Teil 2.
- Band 8 (2008): Wolfschmidt, Gudrun (Hg.):
  Prähistorische Astronomie und Ethnoastronomie.
  Proceedings des Kolloquiums des Arbeitskreises Astronomiegeschichte
  in der Astronomischen Gesellschaft am 24. September 2007 in Würzburg.
- Band 9 (2017):
  Wolfschmidt, Gudrun (Hg.):
  Genese der Astrophysik.
- Band 10 (2008): Wolfschmidt, Gudrun (ed.):
  Heinrich Hertz (1857–1894) and the Development of Communication.
  Proceedings of the International Symposium in Hamburg, Oct., 8–12, 2007.
- Band 11 (2008):
  Wolfschmidt, Gudrun (Hg.): *Astronomisches Mäzenatentum.*
  Proceedings des Symposiums in der Kuffner-Sternwarte in Wien,
  „Astronomisches Mäzenatentum in Europa", 7.–9. Oktober 2004.
- Band 12 (2017): Wolfschmidt, Gudrun (Hg.):
  Astronomie in neuen Wellenlängen – Astronomy in New Wavelength.
  Proceedings des Kolloquiums des Arbeitskreises Astronomiegeschichte
  in der Astronomischen Gesellschaft am 24. September 2007 in Würzburg.
- Band 13 (2017):
  Cura, Katrin: *Alchemie im Deutschen Museum.*
  Bearbeitet von Gudrun Wolfschmidt.
- Band 14 (2008): Wolfschmidt, Gudrun (Hg.):
  „Navigare necesse est"' – Geschichte der Navigation.
  Begleitbuch zur Ausstellung 2008/09 in Hamburg und Nürnberg.

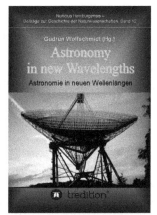

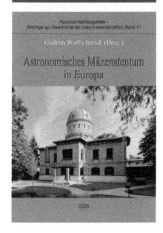

- Band 15 (2009): Wolfschmidt, Gudrun:
  „Sterne weisen den Weg" – *Geschichte der Navigation.*
  Katalog zur Ausstellung 2008/10 in Hamburg und Nürnberg.
- Band 16 (2012): Wolfschmidt, Gudrun (Hg.):
  Simon Marius, der fränkische Galilei,
  und die Entwicklung des astronomischen Weltbildes.
- Band 17 (2017):
  Cura, Katrin: *Auf den Leim gehen – Geschichte der Klebstoffe.*
  Hg. von Gudrun Wolfschmidt.
- Band 18 (2011):
  Wolfschmidt, Gudrun (Hg.): *Farben in Kulturgeschichte und*
  Naturwissenschaft. Begleitbuch zur Ausstellung in Hamburg 2010.
- Band 19 (2011): Andre Koch Torres Assis und Karl Heinrich Wiederkehr
  und Gudrun Wolfschmidt: *Weber's Planetary Model of the Atom.*
- Band 20 (2011):
  Wolfschmidt, Gudrun (Hg.): *Hamburgs Geschichte einmal anders –*
  Entwicklung der Naturwissenschaften, Medizin und Technik, Teil 3.
- Band 21 (2017):
  Wolfschmidt, Gudrun (Hg.): *Vom Abakus zum Computer –*
  Geschichte der Rechentechnik. Begleitbuch zur Ausstellung 2015–17.
- Band 22 (2011):
  Wolfschmidt, Gudrun (ed.): *Colours in Culture and Science.*
  200 Years Goethe's Colour Theory. Proceedings of the
  Interdisciplinary Symposium in Hamburg, October 12–15, 2010.
- Band 23 (2017):
  Wolfgang Lange: *Edition des Briefwechsels von Carl Friedrich Gauß*
  (1777–1855) und Johann Friedrich Benzenberg (1777–1846).
  Hg. von Gudrun Wolfschmidt.
- Band 24 (2014):
  Wolfschmidt, Gudrun (Hg.):
  Kometen, Sterne, Galaxien – Astronomie in der Hamburger Sternwarte.
  Zum 100jährigen Jubiläum der Hamburger Sternwarte in Bergedorf.
- Band 25 (2016):
  Wolfschmidt, Gudrun (Hg.): *Wissen aus 400 Jahre Chemie in Hamburg.*
  Hamburgs Geschichte einmal anders – Entwicklung der
  Naturwissenschaften, Medizin und Technik, Teil 4.
- Band 26 (2017):
  Eike-Christian Harden: *Concordia Res Parvae Crescunt –*
  Fortschritte in Naturwissenschaft und Technik
  im Goldenen Zeitalter der Niederlande. Hg. von Gudrun Wolfschmidt.

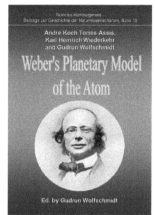

- Band 27 (2014):
  Susanne M. Hoffmann: *lingua sine limitibus – Analysen zur Sprache der Bilder und Bildsprachen, insbesondere zur Kommunikation von Fachinformationen.* Sprachen der Populärdidaktik mit zwei- bis vierdimensionalen Medien an Beispielen der Astronomie. Hg. von Gudrun Wolfschmidt.

- Band 28 (2014):
  Wolfschmidt, Gudrun (Hg.): *Der Himmel über Tübingen. Barocksternwarten – Landesvermessung – Astrophysik.* Proceedings der Tagung des Arbeitskreises Astronomiegeschichte in der AG 2013.

- Band 29 (2013): Wolfschmidt, G. (Hg.):
  Sonne, Mond und Sterne – Meilensteine der Astronomiegeschichte. Zum 100jährigen Jubiläum der Hamburger Sternwarte in Bergedorf.

- Band 30 (2017):
  Hans G. Beck: *Astrobecks Sternzeiten. Aus dem Leben des Industrie-Astronomen Hans G. Beck. Festschrift zu Ehren von Alfred Jensch und Rolf Riekher.* Bearbeitet und herausgegeben von Gudrun Wolfschmidt.

- Band 31 (2015):
  Wolfschmidt, Gudrun (Hg.): Astronomie in Franken. Von den Anfängen bis zur modernen Astrophysik – 125 Jahre Dr. Karl Remeis-Sternwarte Bamberg (1889). Proceedings der Tagung des Arbeitskreises Astronomiegeschichte in der AG 2014.

- Band 32 (2018):
  Wolfschmidt, Gudrun (Hg.): Hamburgs Geschichte einmal anders – Entwicklung der Naturwissenschaften, Medizin und Technik, Teil 5.

- Band 33 (2016):
  Wolfschmidt, G. (ed.): Enhancing University Heritage-Based Research. Proceedings of the XV Universeum Network Meeting, Hamburg, 2014.

- Band 34 (2017):
  Ewering, Christoph: Bürgerliches Sammeln im 19. Jahrhundert. Das Museum Godeffroy. Hg. von Gudrun Wolfschmidt.

- Band 35 (2017):
  Wolfschmidt, Gudrun (Hg.): Baudenkmäler des Himmels – Astronomie in gebautem Raum und gestalteter Landschaft. Proceedings der Tagung der Gesellschaft für Archäoastronomie 2014.

- Band 36 (2016):
  Wolfschmidt, Gudrun (ed.): „Mathematik ist eine Bedingung aller exakten Erkenntnis" Immanuel Kant (1724–1804) Christoph J. Scriba Memorial Meeting – History of Mathematics.

- Band 37 (2017):
  Wolfschmidt, Gudrun (Hg.): 60 Jahre Observatorium Hoher List. Sechs Jahrzehnte astronomische Beobachtung in der Eifel.

- Band 38 (2016): Wolfschmidt, Gudrun (Hg.):
  Astronomie im Ostseeraum – Astronomy in the Baltic. Proceedings
  der Tagung des Arbeitskreises Astronomiegeschichte in der AG 2015.
- Band 39 (2015):
  Pfitzner, Elvira: Vom Jakobsstab zur Spektralanalyse – Astronomie
  an der Rostocker Universität. Bearb. und hg. von Gudrun Wolfschmidt.
- Band 40 (2015):
  Kost, Jürgen: Wissenschaftlicher Instrumentenbau der Firma Merz
  in München (1838–1932). Bearb. und hg. von Gudrun Wolfschmidt.

`http://www.hs.uni-hamburg.de/DE/GNT/research/nuncius.php`

  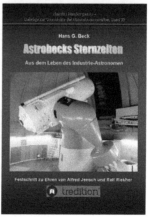

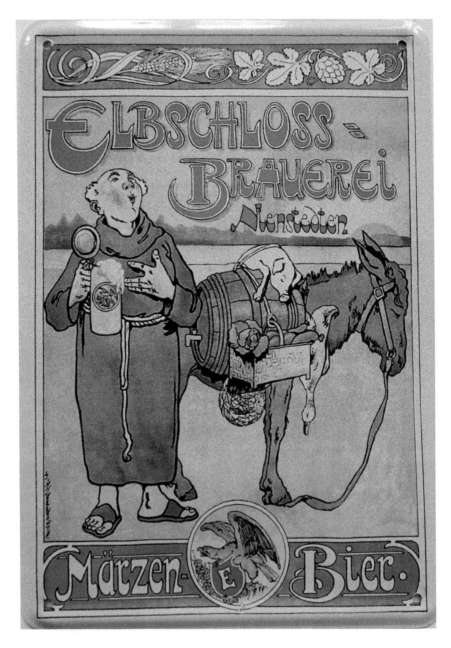

Abbildung 27.3:
Elbschloß-Brauerei Nienstedten, Märzen Bier (Blechschild)
Foto: Gudrun Wolfschmidt (2016), Blechschild Privatbesitz

Personenregister

Niel, Cornelius Bernardus van (1897–1985), 169

Nixon, Richard Milhous (1913–1994), 483

Nobel, Alfred Bernhard (1833–1896), 21, 26, 49, 50, 168, 169, 178, 182, 283, 341, 416, 451, 452, 455–457, 461, 474, 543, 559, 564, 567, 575, 597, 604, 608, 611, 622

Nocht, Bernhard (1857–1945), 615, 623

Norddeutsche Affinerie AG [Firma in Hamburg, 1866, AG seit 1998, Aurubis 2009], 25, 26, 529, 531, 616

Normann, Wilhelm (1870–1939), 388–390

Nowotny, Hans (1911–1996), 560, 561, 563

O'Flaherty, Liam (1896–1984), 95–97, 102, 104, 107, 109, 112, 115, 116, 118, 120–122

O'Flaherty, Michael, 94, 118, 119

Oeffentliches Handelslaboratorium Dr. Louis Allen [Firma in Hamburg, 1931], 141

Oetker, August (1862–1918), 48, 51, 88, 381, 407

Oetker, August [Firma in Bielefeld, 1891], 48, 381

Oetker, L.C. Dampf-Marzipan-Fabrik [Firma in Altona-Ottensen, 1870], 163

Oetker, Louis Carl (1844–1884), 163

Oliphant, Mark Laurence Elwin (1901–2000), 608, 611

Osbahr, Johann Friederich Leopold (1855–nach 1932), 324

P. Beiersdorf & Co → Beiersdorf [Firma in Hamburg-Lokstedt, 1882]

Palladio, Andrea di Piero della Gondola (1508–1580), 212

Pape, Hermann [Hamburger Zinkhüttenunternehmer] (fl. 1909–1945), 615

Partington, James (1886–1965), 63, 78

Pasteur, Louis (1822–1895), 168, 187, 199–202, 224, 226

Pauli, Wolfgang (1900–1958), 454, 455

Pauling, Linus Carl (1901–1994), 573, 582

Perkin, William Henry (1838–1906), 288, 290

PerkinElmer [Firma in Waltham, Massachusetts, USA, 1937], 520, 522, 529, 534

Philipp von Ohr (fl. 1600), 18

Philon von Byzanz (um 230 v.Chr.), 579

Phoenix [(Weich-)Gummiwerke, Harburg, 1856–2004], 21, 311, 353, 354

Planck, Max (1858–1947), 455, 521

Platon (427–348/347 v.Chr.), 570, 576

Plauson, Hermann (1. Hälfte 20. Jh.), 331

Plinius der Ältere, Gaius [Secundus] (~23–79 n.Chr.), 145, 165, 189, 198, 393, 407, 461

Plinius Secundus Maior, Gaius → Plinius der Ältere

Poggendorf, Johann Christian (1796–1877), 267, 287, 289, 299, 306, 307

Polanyi, John Charles (*1929), 608

Ponndorf, Wolfgang (1894–1948), 616, 623

Poppenhusen, Conrad (1818–1883), 311, 317, 322, 324, 368

Potrimaeva, Vera (*1927), 340

Prandtl d.J., Antonin (1842–1909), 538, 539, 554, 557

Prandtl, Alexander (1840–1896), 538

Prandtl, Ludwig (1875–1953), 538, 557

Lightning Source UK Ltd.
Milton Keynes UK
UKHW032353270122
397848UK00004B/312